INTRODUCTION À LA COMPTABILITÉ GÉNÉRALE

UNE PERSPECTIVE CONTEMPORAINE

Michael Gibbins

Adaptation française :

Aline Girard, Ph.D., c.a.
Professeure agrégée
École des Hautes Études Commerciales de Montréal

Anne-Marie Robert, Ph.D., c.a.
Professeure agrégée
Université de Sherbrooke

ÉDITIO
DU RENOUV
PÉDAGOGIQU

5757, RUE CYPIHOT, SAINT-LAURENT (QUÉBEC) H-
TÉLÉPHONE : (514) 334-2690 TÉLÉCOPIEUR : (514) 33-

D0813442

Supervision éditoriale :
Jacqueline Leroux

Traduction :
Jean-Louis Orianne

Révision linguistique :
Les traductions l'encrier

Correction d'épreuves :
Diane Martin

Édition électronique :
Pré-Impression TF

Couverture :
 LÉZART et ERPI

Cet ouvrage est une version française de *FINANCIAL ACCOUNTING: An Integrated Approach* de Michael Gibbins, publiée et vendue à travers le monde avec la permission de Nelson Canada, A Division of Thomson Canada Limited.

Dépôt légal: 3ᵉ trimestre 1995
Bibliothèque nationale du Québec
Bibliothèque nationale du Canada

Imprimé au Canada
ISBN 2-7613-0832-8

23456789 EM 987
2187 ABCD   OF2-10

Avant-propos
◆◆◆◆◆◆◆◆◆◆◆◆◆

C'est avec enthousiasme que nous avons accepté d'adapter en français cet ouvrage. En effet, le travail du professeur Michael Gibbins est remarquable à plusieurs égards. Tout en se voulant une introduction, cet ouvrage propose l'examen de sujets qui sont le plus souvent considérés comme trop complexes pour être abordés dans le premier, et peut-être unique, cours de comptabilité que suivra un étudiant. Ainsi, on y explique les états financiers consolidés et l'état de l'évolution de la situation financière à l'aide de schémas simples, intéressants, voire captivants, tout en spécifiant qu'une étude plus approfondie de ces sujets est prévue dans des cours de comptabilité plus avancés.

C'est un ouvrage où les préoccupations de gestion sont omniprésentes, ce qui permet de bien situer à la fois le rôle et la fonction de la comptabilité dans les organisations et dans les entreprises. C'est un ouvrage que méritent nos étudiants.

Nous tenons à remercier tous ceux qui nous ont appuyé au cours de la réalisation de ce travail, en particulier nos collègues pour leurs conseils judicieux et les membres de nos familles pour leur soutien constant.

Aline Girard, Ph.D., c.a.
École des Hautes Études Commerciales

Anne-Marie Robert, Ph.D., c.a.
Université de Sherbrooke

Table des matières

◆◆◆◆◆◆◆◆◆◆◆◆◆◆◆◆◆

Préface
◆ ◆ ◆ ◆ ◆ ◆ ◆

Introduction à la comptabilité générale : Une perspective contemporaine présente un panorama de la comptabilité générale. Il met l'accent sur l'utilisation et sur la préparation des données tout en initiant le lecteur aux techniques et aux concepts. Ainsi, chaque chapitre aborde les quatre éléments d'une compréhension articulée de la comptabilité générale : les concepts d'utilisation, les concepts de préparation, les techniques de préparation et les techniques d'utilisation. L'objectif premier du manuel est la compréhension, laquelle repose fondamentalement sur ces quatre éléments.

La comptabilité générale est présentée comme une discipline de service, qui produit des données comptables faites pour être utilisées et répondre du mieux possible aux besoins des utilisateurs en tenant compte de l'évolution des besoins au fil des ans. Ce manuel s'adresse bien sûr aux futurs comptables mais aussi aux futurs gestionnaires ou à ceux qui seront amenés à utiliser des données comptables dans la prise de décisions. C'est pourquoi cet ouvrage aspire à une compréhension équilibrée, nécessaire à la préparation et à l'utilisation intelligentes des données comptables.

Ce manuel propose une approche théorique accompagnée d'exemples provenant de la comptabilité et de la recherche. Le manuel couvre aussi les aspects pratiques qui font de la comptabilité générale une discipline stimulante et une profession intéressante. Même si, pour le rendre plus facile, le processus d'apprentissage et de compréhension est maintenu dans un cadre fortement structuré, l'étudiant n'a pas l'impression que la comptabilité générale est une matière qui repose sur la simple application de règles systématiques. L'étudiant doit assimiler les notions enseignées et se les approprier, sans quoi ses connaissances seront éphémères.

L'organisation du manuel vise à favoriser une compréhension intégrée. Le chapitre 1 aborde les notions de comptabilité générale ainsi que celles d'utilisateurs et de préparateurs de l'information comptable. Les chapitres 2, 3 et 4 présentent les quatre principaux états financiers (le bilan, l'état des résultats, l'état des bénéfices non répartis et l'état de l'évolution de la situation financière). Ils proposent également un exposé détaillé de l'utilisation de ces états financiers, l'historique de leur évolution, des modèles de préparation et des exemples illustrant les relations entre les quatre états. Le chapitre 5 associe plusieurs concepts à des situations pratiques afin d'examiner les principes comptables généralement reconnus qui sous-tendent les états financiers. La comptabilité inter-société et les états financiers consolidés sont présentés dans l'appendice du chapitre 5 pour illustrer les principes comptables généralement reconnus et permettre à l'étudiant de comprendre les états financiers publiés, lesquels sont habituellement consolidés. Les chapitres 6 et 7 sont centrés sur la préparation et traitent du système de tenue des livres ainsi que des concepts et techniques de la comptabilité d'exercice qui sont à la base des états financiers. Pour nous rappeler que les états financiers ne sont pas de simples registres comptables, le chapitre 6 aborde la question du contrôle interne. Les chapitres 8 et 9 reviennent sur l'utilisation des états financiers en insistant sur les concepts et les techniques d'analyse et d'interprétation des données, et s'intéressent notamment aux marchés financiers, aux contrats de gestion, aux vérificateurs, à l'analyse de la valeur actualisée des flux de trésorerie, aux impôts sur le revenu et à l'analyse des effets des changements. Au moyen des états financiers du Canadien Pacifique, une entreprise canadienne d'envergure, l'appendice du chapitre 9 illustre la présentation ou l'analyse des données comptables générales. Le chapitre 10 fait une synthèse sur le choix des conventions comptables relatives aux inventaires, à l'amortissement et à d'autres sujets comme les questions de préparation et l'analyse des répercussions des choix effectués. Contribuant à l'approche intégrée, les chapitres 9 et 10 contiennent d'importants éléments d'analyse et de choix de conventions; ils représentent à eux seuls le tiers du manuel.

Chaque chapitre s'ouvre sur un aperçu des sujets abordés et donne différentes indications visant à aider l'étudiant et l'enseignant. Après deux ou trois sections, les questions de la rubrique *Où en êtes-vous?* permettent à l'étudiant de vérifier s'il a bien compris ce qu'il vient de lire. Vers la fin de chaque chapitre, certaines sections examinent les questions du point de vue du gestionnaire, ce qui permet de replacer le chapitre dans le contexte des affaires. Viennent ensuite les résultats d'études empiriques illustrant la contribution de la recherche à la comptabilité générale.

Chaque chapitre comprend également un épisode du « cas à suivre », qui raconte l'histoire d'une petite entreprise dont le fonctionnement peut être facilement compris des étudiants. L'histoire évolue en fonction des sujets couverts dans le manuel et illustre ainsi les notions d'une manière progressive (surtout axée sur la préparation). À la fin de chaque chapitre, on retrouve un ensemble de problèmes pouvant faire l'objet de discussions en classe. Ces problèmes assurent l'équilibre entre l'analyse pratique et théorique; ils favorisent l'exploration de diverses solutions et renforcent l'acquisition des techniques comptables.

Le manuel s'achève par une annexe qui présente dans les grandes lignes les solutions de quelques problèmes et questions de discussion (signalés par un astérisque). Les solutions ne signifient pas qu'une seule réponse est possible; elles encouragent au contraire une analyse approfondie. L'annexe comprend aussi un exemple d'état de l'évolution de la situation financière, des conseils destinés aux étudiants qui doivent présenter des travaux écrits, un glossaire, une bibliographie et un index.

Ce manuel a pour objectif d'aider l'étudiant à acquérir une bonne compréhension, et non de lui apprendre à donner « la bonne réponse », car les réponses sont souvent multiples en comptabilité générale. Il est, à cette fin, rédigé dans un style simple et direct. Nous espérons que les étudiants et les enseignants apprécieront ce manuel et que les étudiants conviendront que la comptabilité générale est assurément une discipline passionnante.

1

INTRODUCTION À LA COMPTABILITÉ GÉNÉRALE

1.1 APERÇU DU MANUEL

Vous abordez maintenant l'un des sujets les plus importants du monde des affaires, sujet que certains qualifient de mystérieux : la **comptabilité générale**. Ce manuel a pour objectif de vous aider à comprendre le sujet de sorte que vous puissiez, à la fois, utiliser les rapports comptables et les expliquer à d'autres, et acquérir les rudiments essentiels à leur préparation. Pour comprendre la comptabilité générale, il faut posséder quatre types de connaissances. Ces connaissances, qui sont en corrélation, combinent des concepts d'utilisation et de préparation, ainsi que des techniques d'utilisation et de préparation. Le schéma ci-dessous illustre les relations entre ces quatre types de connaissances indispensables à la compréhension de la comptabilité générale.

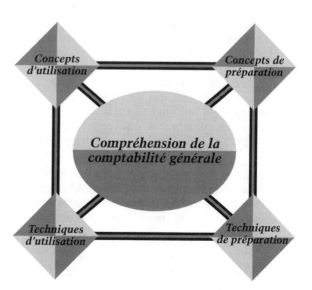

Les premiers chapitres portent sur l'un des produits de la comptabilité générale, les **états financiers**, et font appel aux quatre types de connaissances du schéma. Ainsi, vous pourrez avoir un aperçu du sujet sous tous ses angles. Ensuite, nous mettrons l'accent sur la préparation des états financiers; nous ferons ressortir à la fois les procédés techniques de base permettant de préparer des états financiers et les concepts reliant ces procédés entre eux. Après quoi, nous passerons à l'utilisation des états financiers dans l'analyse de la situation financière et des résultats d'une entreprise.

Dans le dernier chapitre, nous reprendrons les éléments du réseau de connaissances pour expliquer en détail ce qui détermine les choix en matière de présentation d'informations financières et comment soupeser l'incidence de divers événements ou de différentes hypothèses sur ces informations. L'exercice ne sera pas toujours facile mais, si vous persévérez, vous serez surpris de constater quel niveau d'analyse vous atteindrez.

Le manuel vise à assurer une bonne compréhension de la comptabilité générale : chacun des chapitres se rapporte précisément à une portion du schéma illustré précédemment.

1.2   SURVOL DU CHAPITRE

Ce chapitre vous initie à la comptabilité générale et à quelques concepts et techniques de base. Il propose une vision de la comptabilité générale qui vous sera très utile dans votre carrière, que vous deveniez expert-comptable ou que vous ayez besoin d'utiliser la comptabilité dans le cadre de l'exploitation d'une entreprise ou dans un autre domaine. Quoi qu'en pensent certains, la comptabilité ne se résume pas à additionner et à soustraire. La comptabilité va bien au-delà : elle oblige à choisir les chiffres et à décider de l'« histoire » que ces chiffres doivent raconter. Les opérations arithmétiques constituent souvent la partie facile du travail. La comptabilité est donc un sujet d'étude à la fois plus simple et plus complexe que vous ne l'aviez imaginé. Ne vous attendez pas à ce que tout soit parfaitement clair dès le début; il faut du temps pour acquérir les connaissances qui permettent de comprendre les affaires et la comptabilité dans le monde actuel. Votre apprentissage reposera sur la connaissance des concepts et des techniques, tant du point de vue des experts-comptables que de celui des utilisateurs de la comptabilité.

On a dit que « l'acquisition de la connaissance permet de passer de l'ignorance satisfaite à une incertitude raisonnée » ! Le directeur d'une entreprise renommée, qui aujourd'hui est aussi recteur d'une grande université, a récemment tenu les propos suivants sur la formation en administration des affaires :

J'espère que, dans les écoles d'administration, les étudiants apprennent qu'il n'existe pas de réponse simple aux questions importantes. Lors d'une formation pour cadres, je suivais moi-même un cours dans une école d'administration. Un jour, nous avons passé des heures à calculer une formule compliquée qui exigeait de longues explications sur ce que l'on tentait de prouver. Toutefois, on n'avait accordé que très peu de temps aux éléments de base de la formule, lesquels étaient eux-mêmes incertains et sujets à différentes interprétations. Aux yeux des étudiants, les résultats présentaient un degré de certitude qui n'était pas justifié par l'incertitude des prémisses. J'ai pensé que, dans le cadre de la formation de nos futurs dirigeants d'entreprise, il s'agissait d'une approche pédagogique dangereuse. J'ai mis beaucoup de temps à comprendre que même la comptabilité fait largement appel à la philosophie et qu'il faut savoir d'où proviennent les chiffres avant de les juger[1].

1.3   LA COMPTABILITÉ GÉNÉRALE

La comptabilité générale permet de mesurer la performance et la situation financière d'une entreprise en dollars, en yens, en francs ou en n'importe quelle devise. Elle s'applique à tous les types d'entreprises : les grandes et les petites, les gouvernements – que ce soit à l'échelon provincial ou national –, les administrations municipales, les universités, les organismes de charité, les églises, les coopératives, les associations internationales et bien d'autres encore. Les rapports comptables, qu'on appelle *états financiers*, récapitulent les mesures de la performance et de la situation financière d'une entreprise, selon une présentation uniformisée facilitant l'évaluation de la santé financière de l'entreprise. En plus des chiffres, les états financiers comprennent de nombreuses explications et interprétations. Ils traitent des aspects économique et financier, et sont principalement destinés aux utilisateurs externes tels que les investisseurs, les membres d'une coopérative, les organismes de réglementation et les administrations fiscales.

La **comptabilité de gestion**, un autre domaine d'application de la comptabilité, vise à combler les besoins des gestionnaires et des autres personnes œuvrant au sein de l'entreprise. Bien que ce manuel ne traite pas de la comptabilité de gestion, les étudiants qui s'intéressent à la mesure financière du rendement des gestionnaires y trouveront plusieurs références aux relations entre le gestionnaire et l'information financière.

Pour décrire rapidement le fonctionnement de la comptabilité générale, prenons l'exemple du système d'évaluation des étudiants fréquentant l'université, à savoir l'attribution de notes. L'analogie n'est peut-être pas parfaite, mais elle permet de souligner les principaux enjeux.

Exemple : les notes

Les étudiants vont à l'université, entre autres raisons, pour acquérir de nouvelles connaissances ; ils sont évalués au moyen de notes. Les notes ne constituent pas une mesure parfaite de leur apprentissage, mais leur rôle est déterminant dans la méthode d'évaluation employée dans les universités modernes. Les étudiants et les personnes intéressées, dont les parents et les dirigeants de l'université, utilisent ces notes pour apprécier les connaissances acquises au cours des différents trimestres et pour suivre les progrès. De leur côté, les employeurs les utilisent pour prévoir le rendement d'un candidat potentiel. Des organismes s'appuient sur les notes pour allouer des bourses d'études, etc. Même si l'étudiant et les autres personnes savent que les notes ne permettent de mesurer que plus ou moins fidèlement le niveau de connaissance, tous savent qu'elles auront néanmoins des répercussions heureuses ou malheureuses sur la vie de l'étudiant. Les relevés de notes sont produits à des périodes précises de l'année sur un formulaire type, et leur préparation occupe une bonne partie du temps des professeurs et des administrateurs. Bien des efforts sont déployés pour réduire au minimum les risques d'erreurs ou de fraudes. Par exemple, les transcriptions officielles sont préparées avec soin et sont certifiées conformes. De cette façon, toute personne qui les utilise est assurée qu'elles n'ont pas été falsifiées. Par conséquent, la tricherie ou la falsification des notes place l'étudiant en fort mauvaise posture. En raison de l'importance accordée aux notes, certains étudiants choisissent leurs cours en fonction non pas de leur intérêt pour telle matière, mais de la possibilité d'obtenir de bonnes notes. Alors qu'elles sont seulement censées refléter le niveau de connaissance, les notes finissent par diriger le système lui-même !

Voici quelques parallèles qui peuvent être établis entre les notes et la comptabilité générale :

1. Tout comme l'étudiant est à l'université pour apprendre, les entreprises et les autres organismes sont attentifs notamment à leur situation financière et à leur performance économique. Les questions financières et économiques constituent toutefois le principal intérêt de la comptabilité générale.

2. Un niveau de connaissance donné comprend de multiples facettes; et les notes n'en sont bien sûr que quelques-unes. La situation financière ainsi que la performance économique présentent aussi de nombreuses dimensions. La comptabilité générale tient compte, bien qu'imparfaitement, de plusieurs de ces dimensions, par exemple de la rentabilité, de la liquidité, du risque, mais elle en néglige d'autres, pourtant importantes, comme la **valeur marchande actuelle**. Malgré ces imperfections, la comptabilité générale a été et demeure une composante essentielle du monde des affaires.

3. De la même manière que les notes et les relevés de notes résultent de la compilation de nombreux examens, projets, travaux et autres activités de l'étudiant, les rapports de comptabilité générale – les états financiers – illustrent un grand nombre d'événements économiques. Tout comme l'examen final et le travail du trimestre, certains événements économiques sont plus importants que d'autres dans la préparation du rapport sommaire. L'importance de ces événements économiques peut varier d'une entreprise à l'autre, comme l'importance de l'examen final peut varier selon l'étudiant ou le cours.

4. Il faut comprendre comment on utilise les rapports financiers pour apprécier le rôle qu'ils jouent, tout comme l'utilisation faite des relevés de notes est importante pour comprendre leur rôle. Le président d'une société peut autant redouter la publication du rapport annuel des résultats financiers de son entreprise qu'un étudiant celle de son relevé de notes, alors qu'il sait que son année a été médiocre et qu'il risque de ne pas pouvoir poursuivre ses études. Les

personnes détenant un pouvoir sur la direction d'une société — comme les actionnaires, les banquiers, les administrateurs fiscaux, les syndicats et les analystes financiers — utilisent les états financiers même si la direction considère qu'ils ne reflètent pas toujours avec justesse la situation financière.

5. Les états financiers sont publiés à intervalles réguliers (au moins une fois par an, et souvent chaque trimestre ou même chaque mois) et sont préparés selon des normes de présentation visant à accroître leur utilité en tant qu'outils de comparaison entre différentes entreprises ou différents exercices d'une même entreprise. Si chaque étudiant pouvait choisir lui-même le système de notation devant servir à évaluer ses connaissances, il serait très difficile d'interpréter les notes. Dans cette perspective, la liberté d'une société quant à ses choix de méthodes comptables est restreinte par le besoin des utilisateurs de comprendre les états financiers et de faire des comparaisons.

6. Tout comme le professeur qui préfère enseigner plutôt que corriger des examens, beaucoup préfèrent s'occuper des affaires de leur entreprise plutôt que de consacrer du temps et des ressources à la comptabilité. Pourtant, ces tâches doivent être accomplies. Ainsi, sont apparues les professions d'experts-comptables, de commis comptables et de teneurs de livres. Comme pour la compilation des notes scolaires, les ordinateurs ont facilité (et compliqué) le travail.

7. On tente de réduire au minimum les erreurs ou la fraude tant dans l'attribution des notes que dans la préparation des états financiers. Pour obtenir des états financiers fiables, les entreprises doivent les préparer en se conformant aux principes généralement reconnus. Ensuite, les vérificateurs sont chargés de s'assurer que les états financiers sont fidèles et dressés selon ces principes.

8. Un étudiant qui triche aux examens ou qui falsifie des notes peut se retrouver dans une situation fâcheuse. La falsification des états financiers peut entraîner des conséquences tout aussi sérieuses pour les gestionnaires ou les vérificateurs. Chaque année, des gestionnaires sont accusés d'avoir fait des déclarations trompeuses dans leurs états financiers, et on blâme les vérificateurs de ne pas avoir décelé le problème. Parfois, on les accuse de complicité avec la direction. Ces situations sont malgré tout plutôt rares, compte tenu du très grand nombre d'états financiers produits chaque année. Toutefois, de temps à autre, des gestionnaires, des vérificateurs et d'autres personnes sont reconnus coupables et vont même en prison parce que des états financiers ont porté préjudice à ceux qui s'y sont fiés.

9. Devant l'importance des états financiers, certains gestionnaires semblent déployer davantage d'énergie à « trouver les bons chiffres » qu'à bien gérer leur entreprise. Cette situation est regrettable mais, comme dans le cas de l'étudiant dont le choix de cours est davantage motivé par les notes qu'il peut obtenir que par l'intérêt qu'il porte à la matière, les gestionnaires font parfois des investissements ou prennent des décisions dans le but de rehausser leurs états financiers, et non parce que ces décisions sont bonnes en soi. La

nécessité de préparer des états financiers peut inconsciemment influer sur le comportement des gestionnaires. Certains critiques de la comptabilité soulignent, par exemple, que la nécessité de dresser des états financiers annuels donne aux gestionnaires une perspective à trop court terme, alors qu'ils ont besoin pour gérer efficacement leur entreprise d'une perspective à long terme.

1.4   LA COMPTABILITÉ D'EXERCICE

En comptabilité générale, la production des états financiers est une tâche complexe. Même pour une petite entreprise, les « comptes » renferment des milliers d'opérations dont on a évalué l'incidence financière. Pour des grandes sociétés comme Eaton, McDonald, la Banque de Montréal et Toyota, ou pour des entités comme l'Université de Montréal, la ville de Sherbrooke ou la Croix-Rouge, le nombre d'opérations se chiffre en millions ou en milliards. Lorsque vient le moment de dresser les états financiers, il arrive souvent que les opérations ne soient pas terminées, qu'elles soient en litige ou qu'elles ne puissent être évaluées de façon précise. La valeur du stock de gobelets d'un restaurant McDonald, des prêts accordés par la Banque de Montréal aux pays en voie de développement ou, encore, la valeur des dons promis à la Croix-Rouge, mais qu'elle n'a pas encore reçus, constituent des exemples où la détermination des montants en cause ne se fait pas sans difficulté.

Pour faire face à ces problèmes complexes, la plupart des entreprises et autres entités recourent à la **comptabilité d'exercice**. Ainsi, lors de la préparation des états financiers, la comptabilité d'exercice sert à mesurer la valeur des opérations incomplètes, à effectuer des estimations lorsque l'on ne connaît pas les montants exacts et, d'une façon plus générale, à faire une évaluation économique significative des situations ambiguës et embarrassantes. Il en est de même lorsqu'un employé de McDonald tente de dénombrer les gobelets et d'évaluer combien d'entre eux sont utilisables, qu'un banquier tente d'estimer le pourcentage de dettes qui sera remboursé par les pays en voie de développement, et ainsi de suite.

Les états financiers, sous leur forme actuelle, ne peuvent pas être préparés uniquement à partir des opérations inscrites dans les livres comptables de la société ; ce n'est pas suffisant. Il faut tenir compte de bien d'autres estimations, redressements et jugements pour qu'ils prennent tout leur sens. Par conséquent, les états financiers dépendent de la qualité et de la fidélité de ces ajouts. Nous sommes donc face à un problème : ces ajouts sont nécessaires pour pouvoir utiliser les états financiers, mais ils peuvent aussi amener les gens à douter des résultats. L'un des rôles de l'expert-comptable consiste à déterminer la performance ou la situation économique « réelle », puis à faire en sorte que les états financiers reflètent cette situation. Mais comment doit-on définir la « réalité » ? Pour un expert-comptable, il est difficile d'« arrondir les chiffres » suffisamment pour donner du sens aux états financiers sans toutefois les rendre invalides. Si un professeur décide d'augmenter la note d'un étudiant qui a été malade, la nouvelle évaluation est-elle meilleure ou pire ? Comment les utilisateurs des états financiers peuvent-ils se fier à des chiffres qui ont été « redressés » ? D'autre part, comment pourraient-ils prendre des décisions valables sans s'en remettre à ces chiffres ?

La comptabilité générale est une science moins précise que ne le pensent la plupart des gens et même les utilisateurs habituels des états financiers, car elle s'appuie sur de nombreux jugements. Pour aider les étudiants à comprendre la réalité contemporaine de la comptabilité générale, il faut expliquer clairement que la préparation et l'utilisation des états financiers sont approximatives. Nous allons maintenant étudier la comptabilité d'exercice en la comparant, dans certains cas, à d'autres méthodes plus simples mais peut-être moins efficaces.

Exemple : l'entreprise d'Irène Gadbois

Voici un exemple illustrant le fonctionnement de la comptabilité d'exercice. Prenons le cas d'une petite entreprise quelconque qui rencontre les mêmes problèmes de comptabilité qu'une grande entreprise.

Irène Gadbois travaille dans un bureau durant la journée, et passe ses soirées et ses fins de semaine à fabriquer des bijoux en argent dans un atelier qu'elle a aménagé dans son sous-sol. Les bijoux d'Irène sont vendus dans des magasins d'artisanat de la région. Elle dépose le montant de ses ventes dans un compte bancaire spécial, dont elle se sert exclusivement pour payer ses matériaux. Essayez de vous la représenter travaillant dans son atelier, se rendant dans les magasins d'artisanat pour livrer ses bijoux et percevoir ses recettes, et s'offrant quelques chocolats belges lorsque les affaires vont bien.

L'an dernier, sa première année d'exploitation, elle a reçu 4 350 $ comptant des magasins d'artisanat pour la vente de ses bijoux et elle a déboursé 1 670 $ comptant pour acheter de l'argent et d'autres fournitures, et pour couvrir ses frais d'exploitation. Quels revenus nets Irène Gadbois a-t-elle pu tirer de son entreprise ? La réponse la plus simple serait de dire qu'elle a réalisé un bénéfice de 2 680 $ (4 350 $ moins 1 670 $). Ce montant correspond à l'augmentation de son solde bancaire au cours de l'année ou à ce qu'aurait été cette augmentation si elle n'avait pas retiré 2 000 $, l'automne dernier, pour partir en voyage.

Selon la comptabilité d'exercice, la réponse ci-dessus est plutôt simpliste, car elle ne reflète pas fidèlement le montant qu'Irène a gagné au cours de l'année. Lorsqu'on utilise la méthode de comptabilité d'exercice, on doit tenir compte de certaines données supplémentaires. Premièrement, à la fin de l'année, un des magasins d'artisanat devait toujours 310 $ à Irène, parce que le propriétaire était absent lors de son passage. Elle a été payée quelques semaines plus tard, mais ne faudrait-il pas ajouter cette somme au montant des ventes de l'an passé ? Irène n'a-t-elle pas fait cette vente l'an dernier ? Deuxièmement, à la fin de l'année, Irène détenait encore des fournitures, des bijoux prêts pour la vente et d'autres en production lui ayant coûté 280 $. Cette somme a été déboursée l'an dernier, mais les bijoux ne seront vendus que l'année suivante. Ces coûts ne devraient-ils pas être déduits seulement l'année suivante ? Troisièmement, à la fin de l'année, le montant des factures qu'Irène n'a pas réglées s'élève à 85 $. Elle les a payées au début de l'année suivante ; toutefois, ces frais ne sont-ils pas imputables à l'exercice financier au cours duquel ils ont été engagés plutôt qu'à l'exercice financier dans lequel ils ont été payés ? Quatrièmement, pour fabriquer ses bijoux, Irène Gadbois utilise un équipement qu'elle a acheté quelques années plus tôt et qui lui a coûté 1 200 $. Cet équipement est bon pour une dizaine d'années. Devrait-on déduire des revenus une somme relative à l'usure du matériel au cours de l'année ? Même s'il n'est pas facile de chiffrer l'usure du matériel pour une période donnée, Irène estime qu'elle en a fait un usage normal durant l'année. Par conséquent, le coût de cette usure représenterait environ 10 % du coût initial du matériel, soit 120 $. (Ce chiffre correspond à ce que les experts-comptables appellent l'**amortissement**. Nous verrons plus loin qu'on peut le calculer de différentes façons.)

En utilisant ces quatre données supplémentaires et en tenant compte des estimations et des opérations incomplètes, la comptabilité d'exercice permet de calculer, pour l'année ou l'exercice, le bénéfice de l'entreprise de la façon suivante :

Produits	
4 350 $ encaissés plus 310 $ à recevoir	4 660 $
Charges	
1 670 $ payés moins 280 $ de marchandises encore en main	
85 $ de frais non payés	
120 $ d'amortissement	1 595
Bénéfice de l'exercice calculé à l'aide des données fournies	3 065 $

Vous pouvez constater que le bénéfice établi selon la comptabilité d'exercice constitue une mesure plus précise du rendement de l'entreprise d'Irène Gadbois que le bénéfice établi selon une comptabilité de caisse (2 680 $) qui ne correspond qu'au changement du solde de son encaisse.

Toutefois, la méthode de comptabilité d'exercice comporte plusieurs difficultés. Par exemple, le bénéfice en comptabilité d'exercice exige de nombreux calculs ; il est donc plus complexe. Ces opérations peuvent prêter à confusion et laisser une plus grande place à l'erreur qu'un calcul plus simple. De plus, le bénéfice en comptabilité d'exercice ne coïncide pas du tout avec le changement de solde du compte bancaire. Ainsi, Irène ne connaît pas le montant exact qu'elle peut retirer de son compte pour ses prochaines vacances. De plus, on peut dire que la comptabilité d'exercice est une pente dangereuse. Vous additionnez et soustrayez des éléments pour établir le bénéfice, mais quand devez-vous vous arrêter ? Par exemple, faut-il soustraire un montant relatif au temps qu'Irène consacre à la fabrication de tous ses bijoux ? Le calcul ne semble pas tenir compte de ses heures de travail, hypothèse avec laquelle Irène ne serait probablement pas d'accord. La preuve, c'est qu'elle s'est payé des vacances qui lui ont coûté 2 000 $, sans mentionner les chocolats. Ce voyage constitue-t-il une charge pour l'entreprise ? Prenons d'autres exemples, tels les frais d'utilisation de son sous-sol comme atelier et de son automobile pour les livraisons. Ne devrait-on pas calculer ces frais, même s'il est difficile de les évaluer de façon précise ? En matière de fiscalité, il est permis de déduire des frais de ce genre dans le calcul du bénéfice, et Irène ne veut évidemment pas payer trop d'impôts. Est-il même nécessaire que le montant du bénéfice pour l'impôt soit le même que celui dont Irène se sert pour mesurer les résultats financiers de son entreprise ? D'ailleurs, si elle doit payer un impôt sur les bénéfices de son entreprise, cet impôt peut-il être déduit en tant que charge de l'entreprise ?

Cet exemple commence à se compliquer ! Pour le moment, rappelez-vous seulement que la comptabilité d'exercice s'efforce de « bien faire les choses », en fournissant une mesure plus juste des performances financières d'une entreprise qu'une simple comptabilité de caisse. Toutefois, pour ce faire, elle introduit des notions plus complexes, des estimations et des jugements. La plus grande partie de votre travail consiste à bien cerner ces éléments complexes, ces estimations et ces jugements, de façon à pouvoir comprendre les états financiers et à pouvoir déchiffrer ce qu'ils veulent dire au sujet de l'entreprise.

OÙ EN ÊTES-VOUS ? Voici deux questions auxquelles vous devriez pouvoir répondre à partir de ce que vous venez de lire. Si vous n'y arrivez pas, peut-être devriez-vous faire une deuxième lecture.

1. Votre cousin, un étudiant en médecine, déclare : « Dans notre cours portant sur la gestion d'un cabinet médical, on nous a dit que nos rapports financiers seront établis selon la comptabilité d'exercice. Qu'est-ce que cela veut dire ? »
2. Fred a mis sur pied son entreprise de livraison il y a un an. Depuis, il a reçu 47 000 $ de ses clients et a payé 21 000 $ de factures. Ses clients lui doivent 3 200 $; il doit 1 450 $ à ses fournisseurs et l'amortissement de son camion, pour l'année, se chiffre à 4 600 $. En utilisant ces données, calculez le bénéfice de Fred sur une base d'exercice. (Vous devriez obtenir 23 150 $.)

1.5 LES PERSONNES CLÉS DE LA COMPTABILITÉ GÉNÉRALE

La comptabilité générale fait intervenir de nombreux acteurs. Nous décrivons ci-dessous les principaux d'entre eux, soit les **utilisateurs**, les **préparateurs** et les **vérificateurs**, en précisant quelles sont les différentes catégories d'utilisateurs et de préparateurs.

Il faut se rappeler qu'une personne ou une entité peut jouer plusieurs des rôles énumérés. Par exemple, le **propriétaire** est souvent, en même temps, le principal gestionnaire (particulièrement dans les petites entreprises), et certains **créanciers**, comme les banques, peuvent détenir des actions dans une entreprise ou même participer aux décisions de gestion. Un tel chevauchement peut entraîner des conflits d'intérêts ou d'autres complications lorsqu'il faut prendre des décisions d'ordre comptable. De plus, au sein même des groupes décrits, il peut y avoir des intérêts différents : les créanciers peuvent être en désaccord au sujet de la situation financière de l'entreprise et des correctifs à y apporter ; les gestionnaires peuvent se livrer concurrence pour obtenir une promotion ; les actionnaires principaux peuvent ne pas avoir les mêmes intérêts que les petits actionnaires, etc. Le champ d'action de la comptabilité s'inscrit dans cette réalité compliquée et ambiguë, mais ô combien intéressante !

Les utilisateurs

En comptabilité générale, l'*utilisateur* est une personne ou une entité qui fonde ses décisions sur les états financiers. La comptabilité générale est utilitaire ; à la limite, la nature et le contenu des états financiers sont fonction de la demande d'information des utilisateurs. Toutefois, il ne faut pas croire que les utilisateurs sont les seuls qui comptent dans ce processus, que leurs demandes sont toujours claires et cohérentes ou, encore, que ce processus parvient toujours à les satisfaire. Cependant, l'existence des états financiers repose fondamentalement sur la demande d'information des utilisateurs. Il est donc important de bien comprendre cette demande pour saisir ce que sont les états financiers et la comptabilité sur laquelle ils reposent.

Avant tout, l'utilisateur veut recevoir – et cela constitue sa principale demande – un **rapport périodique** et **crédible** sur la situation financière et le rendement d'une entreprise. La *crédibilité* des rapports (états financiers) repose sur une information qui doit être à la fois digne de confiance et soigneusement présentée pour pouvoir aider l'utilisateur à prendre des décisions. Cependant, la recherche de cette crédibilité entraîne un problème coûts-avantages : on peut dépenser d'énormes sommes pour tenter de rendre les rapports absolument parfaits mais, puisque cet argent est puisé dans les fonds mêmes de l'entreprise, le fait de le dépenser amoindrira les résultats et la situation financière de l'entreprise. Parfois, comme les propriétaires et les gestionnaires, les utilisateurs ne veulent pas provoquer une telle situation ; c'est pourquoi la crédibilité est une notion relative et non absolue. L'information comptable est un bien économique et les coûts nécessaires pour l'obtenir ne devraient pas excéder sa valeur !

Le terme *périodique* signifie que les utilisateurs peuvent s'attendre à recevoir des rapports régulièrement, en général chaque année et parfois chaque trimestre. Plus l'attente est longue, plus l'information est précise. Néanmoins, le coût relié à l'attente incite parfois les utilisateurs à faire des compromis : ils sont prêts à accepter certaines imprécisions, pourvu qu'ils reçoivent à temps l'information dont ils ont besoin pour prendre leurs décisions. Ce compromis est au centre des préoccupations de la comptabilité d'exercice car, plus la période entre les rapports est courte, plus il faut procéder à des estimations et exercer son jugement professionnel pour les préparer. On peut donc dire que le principal but de la comptabilité d'exercice consiste à préparer des rapports périodiques en temps opportun.

Les principaux groupes d'utilisateurs sont :

Les *propriétaires* : Ce sont les chefs d'entreprise, les investisseurs sur les marchés boursiers, les sociétés qui investissent dans d'autres sociétés, les régimes de retraite dont les cotisations sont investies dans des sociétés, les détenteurs d'intérêts de « quasi-propriétaire » tels que les membres d'une coopérative ou les personnes qui ont le droit de vote dans une municipalité, d'autres encore qui investissent des fonds dans des sociétés, etc. Les propriétaires ont leur mot à dire sur la façon dont leur argent est utilisé et, par conséquent, ils sont désireux de prendre connaissance des rapports qui décrivent l'utilisation qu'on en fait.

Les *propriétaires éventuels* : Ce sont les mêmes groupes que ceux qui sont mentionnés ci-dessus, sauf qu'ils n'ont pas actuellement de fonds investis dans une entreprise mais qu'ils envisagent de faire un tel placement. Du fait que les propriétaires éventuels achètent souvent leurs actions aux propriétaires actuels, par le biais du marché boursier plutôt qu'en effectuant un investissement direct dans l'entreprise, il y a souvent une nette différence de point de vue entre les propriétaires actuels souhaitant vendre au prix le plus élevé et les propriétaires éventuels souhaitant acheter au prix le plus bas. Par conséquent, ce n'est pas parce qu'on dit que la comptabilité répond aux demandes des utilisateurs que tous les utilisateurs ont les mêmes demandes !

Les *créanciers actuels et potentiels* : Ce sont les fournisseurs, les banques, les détenteurs d'obligations, les employés et toute personne qui a prêté de l'argent à l'entreprise, à qui celle-ci doit de l'argent en contrepartie de biens reçus, ou toute personne qui envisage de jouer un tel rôle. Contrairement aux propriétaires, les créanciers n'ont pas le droit de vote dans l'entreprise, mais ils ont souvent un important droit de regard sur les décisions de l'entreprise, particulièrement lorsque celle-ci connaît des difficultés. Dans les cas de difficultés majeures, les créanciers ont parfois le droit de prendre le contrôle de l'entreprise.

Les *gestionnaires* : Ce sont les personnes qui dirigent l'entreprise au nom des propriétaires. Elles s'intéressent de près à la façon dont la comptabilité rend compte des activités et des résultats de l'entreprise. Fréquemment, les salaires des dirigeants, leurs primes et l'emploi qu'ils occupent sont directement touchés par le contenu des états financiers.

Les *employés* : Ce sont les travailleurs ainsi que leurs syndicats et d'autres associations qui s'intéressent à la capacité de l'entreprise de payer les salaires, de maintenir l'emploi et de tenir ses promesses, comme celle de verser des pensions de retraite. Les états financiers servent à évaluer ce type d'engagements.

Les *administrations fiscales*, les *organismes de réglementation* et les *autres entités gouvernementales* : Ce sont les organismes gouvernementaux qui peuvent utiliser les états financiers pour vérifier si l'entreprise a respecté les divers règlements et ententes. L'impôt sur les bénéfices de l'entreprise et les autres charges fiscales dépendent directement des résultats présentés dans les rapports comptables.

Les *analystes financiers*: Ce sont les personnes qui étudient le rendement des entreprises, qui préparent des rapports d'analyse pour des tiers, et qui font souvent des recommandations concernant les investissements et les prêts.

Les *concurrents*: Ce sont les personnes ou les groupes qui peuvent utiliser les états financiers pour tenter de comprendre le fonctionnement de l'entreprise et en ralentir la croissance. Il arrive même que les gestionnaires hésitent à fournir de l'information aux actionnaires car, si les concurrents l'obtiennent, ils peuvent contrecarrer les projets de l'entreprise.

Les *chercheurs en comptabilité*: Ce sont les personnes qui étudient la comptabilité dans le but de mieux la comprendre et de contribuer à son développement. Il s'agit de professeurs d'université pour la plupart, mais aussi de membres de cabinets d'experts-comptables et d'autres entités. La recherche en comptabilité peut être théorique ou pratique. Il existe des centaines de revues professionnelles ou universitaires de par le monde qui font état des résultats de ces recherches. Ces recherches comprennent l'étude de la vérification, de la fiscalité, de la comptabilité générale, de la comptabilité de gestion, des systèmes informatiques, des aspects économiques de l'information et de l'exercice du jugement professionnel.

Les *autres tiers*: Ce sont les différentes personnes qui peuvent avoir accès aux états financiers d'une entreprise et s'en servir de multiples façons. En se basant sur ceux-ci, des politiciens peuvent, par exemple, porter des jugements sur l'efficacité ou le taux d'imposition des entreprises. Des journalistes peuvent écrire des articles sur les pratiques en matière d'emploi. Des juges peuvent évaluer la capacité d'une entreprise de payer des dommages si elle perd un procès. Toutefois, la façon dont l'information financière est utilisée est difficile à vérifier: plusieurs personnes peuvent l'obtenir et l'utiliser dans n'importe quel but, que ce but ait été envisagé ou non par les préparateurs responsables de cette information ou par les vérificateurs.

Les préparateurs

La préparation de l'information contenue dans les états financiers incombe essentiellement à trois groupes de personnes: les gestionnaires, les teneurs de livres ou les commis comptables, et les experts-comptables.

Les *gestionnaires* sont les personnes qui dirigent une entreprise — tâche qui inclut, entre autres, la publication d'informations comptables — et qui veillent aux activités financières. Puisque les gestionnaires sont également des utilisateurs vivement intéressés par les résultats financiers, on a créé la fonction de vérification pour éviter les conflits de rôles.

Les *teneurs de livres* et les *commis comptables* sont les personnes qui, sous la direction des gestionnaires, ont pour fonction d'enregistrer les opérations de l'entreprise afin de constituer la base de données servant à la comptabilité d'exercice. Dans les entreprises d'aujourd'hui, la plupart des fonctions de comptabilité et de tenue des livres sont effectuées par des ordinateurs, avec tous les avantages et inconvénients que cela comporte.

Les *experts-comptables* sont les personnes chargées de mettre en forme les états financiers en appliquant les principes de la comptabilité d'exercice. Leur travail se fait sous la direction des gestionnaires. La plupart des experts-comptables s'acquittant de cette tâche sont membres d'associations professionnelles, comme les comptables agréés (CA), les comptables généraux licenciés (CGA) et les comptables en management accrédités (CMA). Les experts-comptables membres de ces associations ont souvent de l'expérience et des intérêts en vérification, et ils exercent parfois le rôle de vérificateurs. Toutefois, la tâche consistant à dresser les états financiers est assez différente, en principe, de celle qui consiste à les vérifier.

Les vérificateurs

Les vérificateurs doivent établir un lien entre les préparateurs de l'information financière et les utilisateurs, vérifier si les états financiers ont été dressés fidèlement, avec compétence et en conformité avec les principes comptables généralement reconnus. Le rôle de vérificateur est très ancien. Il est né du besoin des utilisateurs d'obtenir une certaine assurance quant à la crédibilité des données contenues dans les rapports publiés par les gestionnaires. Puisque le travail du vérificateur sert à la fois au préparateur et à l'utilisateur, il faut que les deux parties s'entendent sur le choix de la personne. Le vérificateur doit donc habituellement être « externe » et « indépendant ». En d'autres termes, il ne doit pas être un employé de l'entreprise dont il vérifie l'information financière et il doit recevoir ses honoraires même si les résultats financiers de l'entreprise sont mauvais et que les gestionnaires et les utilisateurs sont mécontents. On accorde une telle importance à la fonction de vérificateur externe que le droit de l'exercer est habituellement réservé à des experts-comptables membres d'associations professionnelles reconnues pour leurs compétences en matière de vérification.

Les vérificateurs externes peuvent exercer seuls, mais la plupart d'entre eux sont associés avec d'autres vérificateurs externes dans un cabinet d'experts-comptables. Certains de ces cabinets sont vraiment très imposants : ils comptent des milliers d'associés et des dizaines de milliers d'employés, et sont installés dans de nombreuses villes de plusieurs pays. Les cabinets d'experts-comptables offrent à leurs clients non seulement des services de vérification externe, mais aussi des services touchant la fiscalité, la comptabilité, les systèmes informatiques et bien d'autres services d'ordre financier ou commercial. En offrant tous ces services aux entreprises dont ils vérifient aussi l'information financière, les vérificateurs doivent être prudents : ils doivent penser aux conflits d'intérêts et éviter de se retrouver dans une situation où ils vérifient leur propre travail. Ils doivent faire preuve d'une grande compétence et respecter les normes et les règles de déontologie.

OÙ EN ÊTES-VOUS ?

Voici deux questions auxquelles vous devriez pouvoir répondre à partir de ce que vous venez de lire :

1. Qu'est-ce qu'un « utilisateur » de rapports financiers et pourquoi cette personne désire-t-elle consulter ces rapports ?
2. Quelle est la différence entre le préparateur et le vérificateur de l'information financière, et pourquoi cette différence est-elle importante ?

1.6   POURQUOI UN GESTIONNAIRE DEVRAIT-IL S'INITIER À LA COMPTABILITÉ GÉNÉRALE ?

Si vous voulez devenir expert-comptable, il est évident que vous devez étudier la comptabilité générale. Ce n'est peut-être pas aussi clair si vous envisagez une carrière en gestion, en marketing, en finance, en ingénierie, en droit, en relations du travail ou en production. Afin de fournir une vue d'ensemble à ceux qui ne feront pas carrière en comptabilité et afin d'approfondir la compréhension de ceux qui choisiront la profession de comptable, nous ferons de fréquents commentaires concernant les gestionnaires et leur manière d'utiliser la comptabilité générale. Ces compléments d'informations élargiront votre vision de la comptabilité. N'en tirez pas de conclusion définitive : pensez-y et confrontez-les à votre représentation du monde.

Les gestionnaires s'intéressent-ils à la comptabilité générale ? Comme nous l'avons déjà précisé dans l'exemple des notes scolaires, les états financiers intéressent directement les gestionnaires parce qu'ils rendent compte de leurs réalisations et de leur rendement en tant que décideurs, fiduciaires de l'entreprise, représentants des propriétaires, directeurs légaux de l'entreprise, etc. Seul le plus engourdi ou le plus cynique des gestionnaires négligerait de s'intéresser à la façon dont ses réalisations sont mesurées, analysées, projetées et scrutées. La plupart des entreprises, des professions, des services gouvernementaux et des autres entités basent l'évaluation de leurs dirigeants, spécialement ceux de la haute direction, sur les résultats présentés dans les états financiers. Les primes, les promotions, les renvois, les transferts et les autres récompenses ou sanctions sont souvent directement fonction des chiffres et des commentaires préparés par les experts-comptables. Certains avancent que les choses sont allées trop loin, particulièrement en Amérique du Nord. En effet, la comptabilité néglige parfois de nombreux aspects des réalisations des gestionnaires ou ceux-ci peuvent avoir été mal mesurés, ou avoir été évalués trop indirectement. À titre d'exemples, rappelons les décisions entraînant des améliorations à long terme mais dont le coût se fait sentir à court terme, l'attention portée aux ressources humaines, les préoccupations à caractère non financier telles que l'environnement et la philanthropie.

Chaque gestionnaire devrait avoir une parfaite compréhension de la façon dont la comptabilité mesure ses réalisations. Il pourra alors prendre des décisions plus éclairées, même (ou spécialement) lorsque l'effet de ces décisions est incertain, complexe ou qu'il se fait attendre. Il pourra aussi faire une utilisation plus réfléchie de l'information comptable et des conseils des experts-comptables pour évaluer son rendement personnel ou celui des autres. Comme les autres disciplines, la comptabilité possède son vocabulaire particulier, mais cela ne devrait pas arrêter le gestionnaire soucieux de savoir comment les experts-comptables s'y prennent pour en arriver à des résultats ou à des prévisions importantes. Chaque gestionnaire devrait être capable de faire son propre « contrôle de vraisemblance » de l'information qui lui est fournie et avoir une connaissance suffisante des répercussions comptables des événements.

1.7   EN QUOI CONSISTE LA RECHERCHE EN COMPTABILITÉ ?

Vous vous demandez peut-être quels types de recherche effectuent les professeurs de comptabilité et les autres chercheurs en comptabilité, en vérification, en fiscalité, en comptabilité informatisée et dans les autres domaines connexes. Évidemment, ils n'utilisent pas de souris de laboratoire, ne portent pas de sarraus, n'arpentent pas des terrains inconnus et ne font pas de fouilles pour retrouver des fragments de poteries anciennes. Alors, sur quoi peuvent bien porter les recherches en comptabilité ?

Ci-dessous, vous trouverez quelques exemples des sujets faisant actuellement l'objet de recherches en comptabilité dans le monde entier. Cette liste témoigne de l'ampleur de l'activité, de l'intérêt et de l'utilité des questions soulevées. N'hésitez pas à demander à un professeur de comptabilité quels sont les sujets de recherche qui l'intéressent.

1. Comment le marché des actions et des obligations réagit-il à l'information comptable ? Si une société modifie ses conventions comptables, peut-elle constater une différence dans le cours de ses actions ?

2. Comment doit-on concevoir les régimes de primes, les budgets et les autres systèmes de mesure et de récompense de la performance en vue de motiver les dirigeants ?

3. En période d'inflation, quel est le bénéfice « réel » (sans inflation) d'une société ? Quel est le taux d'imposition réel retenu par les gouvernements sur ces bénéfices ?

4. De quelle façon les vérificateurs, les gestionnaires, les analystes financiers et les autres personnes qui utilisent la comptabilité prennent-ils leurs décisions ? Dans quelle mesure ces décisions sont-elles efficaces, fiables, judicieuses et précises ?

5. En quoi le jugement professionnel diffère-t-il du jugement ordinaire, et comment les experts-comptables et les vérificateurs peuvent-ils améliorer leur jugement ?

6. Comment les propriétaires, les gestionnaires, les créanciers et les autres personnes intéressées utilisent-ils l'information comptable pour mieux gérer leurs relations contractuelles et leurs autres relations d'affaires ?

7. Quel est le rôle historique joué par la comptabilité dans le développement de notre société et de notre système commercial ? Comment ce rôle a-t-il évolué et quelles sont les prévisions pour l'avenir ?

8. Existe-t-il un cadre théorique qui sous-tend la comptabilité et permet de juger si elle remplit bien sa fonction ou d'apprécier la comptabilité des entreprises ?

9. Les notions et les méthodes de l'informatique peuvent-elles nous aider à améliorer la tenue de livres informatisée et les systèmes comptables ?

10. Qu'est-ce que les recherches dans des domaines tels que la psychologie, la finance, le marketing et l'économie peuvent nous apprendre au sujet du rôle que jouera vraisemblablement la comptabilité dans le monde des affaires, au cours des années à venir ?

11. Comment peut-on utiliser les statistiques, l'analyse par ordinateur, les modèles mathématiques et les autres techniques pour améliorer la qualité de l'information comptable et aider les gens à mieux l'utiliser ?

12. Quelles informations doit-on présenter ? À qui, comment et quand ? Quelles sont les règles, les mesures incitatives et les circonstances dont les sociétés tiennent compte pour communiquer de l'information ?

Cette liste pourrait encore s'allonger ! Au fur et à mesure que nous étudierons les différents aspects de la comptabilité générale, nous reviendrons sur plusieurs de ces points.

◆   **1.8   CAS À SUIVRE...**   ◆

Première partie

À la fin de chaque chapitre de ce manuel, vous trouverez une partie du cas que nous allons maintenant introduire. Le cas décrit la constitution et la croissance initiale d'une société de distribution en gros, Mado inc., et son évolution en fonction des sujets traités dans les différents chapitres. Chaque partie contient des données nouvelles. On y présente ensuite les résultats obtenus en utilisant ces données. Ce cas a pour objectif d'illustrer les aspects techniques des sujets traités dans le chapitre de façon que le lecteur puisse les utiliser et ainsi approfondir ses connaissances. Quel que soit l'usage que vous ferez de ce cas, il vous sera utile, mais n'oubliez pas d'analyser les données fournies dans chaque partie et d'envisager ce que vous en feriez avant de regarder les résultats suggérés. Ce cas vous sera moins profitable si vous consultez les résultats avant même d'avoir réfléchi au problème.

La première partie contient l'information présentant les deux personnes susceptibles de gérer l'entreprise Mado inc. La deuxième partie traitera de la constitution de la société.

Données de la première partie
◆ ◆ ◆ ◆ ◆ ◆ ◆ ◆ ◆ ◆ ◆ ◆ ◆ ◆ ◆ ◆ ◆

« Allô ! Thomas, ici Mado. Je t'appelle pour te remercier d'avoir assisté aux funérailles de mon grand-père la semaine dernière. Ta présence m'a beaucoup touchée. Grand-père était une personne formidable qui m'a

◆ ◆ ◆

toujours encouragée à prendre ma place dans le monde. Encore maintenant, il m'apporte son soutien, car il m'a légué de l'argent pour m'aider à fonder ma propre entreprise. Peut-être pourrions-nous nous rencontrer un de ces jours pour en parler. »

Mado Longpré et Thomas Caron sont des amis de longue date ; ils se sont connus à l'époque où ils poursuivaient ensemble leurs études en administration à l'université. Ils ont souvent envisagé de fonder leur propre entreprise. Depuis l'obtention de son diplôme en marketing, Mado travaille pour un détaillant d'envergure nationale et elle a gravi les échelons pour devenir chef de service d'un magasin de détail local. Même si elle aime cette entreprise et y réussit bien, elle préférerait vraiment s'établir à son compte afin de prendre les décisions et d'assumer les risques elle-même. Elle a beaucoup d'idées qu'elle ne peut mettre à exécution dans le cadre de son travail, et elle craint de perdre son esprit d'entreprise si elle demeure à ce poste trop longtemps.

Thomas, quant à lui, est diplômé en finance et travaille comme directeur du crédit commercial dans une banque. Il explique : « Après avoir étudié des centaines de plans d'affaires préparés par des demandeurs de prêt, je suis sûr que je serais en mesure de concevoir un meilleur plan pour mes propres projets, si j'en avais seulement l'occasion. Même quand l'économie marche au ralenti, les gens ont de très bonnes idées, et je sais qu'il y a de la place pour les miennes. »

L'héritage de Mado a servi de catalyseur ; Mado et Thomas ont décidé de s'associer. Afin de mettre sur papier un projet d'entreprise, ils ont dressé deux listes : (a) les objectifs qu'ils entendent poursuivre pour toute entreprise qu'ils géreraient en commun ; (b) les risques, les contraintes et les difficultés qu'ils veulent éviter ou limiter. Thomas est plus intéressé que Mado par la liste (b) ; il se voit déjà en train de « canaliser » l'enthousiasme de son associée. Ces deux listes figurent plus bas mais, avant de les consulter, faites un brouillon des points susceptibles d'y figurer.

Résultats de la première partie

Voici les listes des points sur lesquels Mado et Thomas se sont mis d'accord. Ces listes vous aideront à déterminer le contexte dans lequel la comptabilité et les états financiers de leur entreprise éventuelle seront utilisés. Les états financiers et le système comptable sous-jacent doivent correspondre aux besoins de l'entreprise, de ses propriétaires, de ses gestionnaires et des autres personnes intéressées.

a) Objectifs
- Être fier de l'entreprise et en tirer une satisfaction personnelle.
- Être en mesure de fonctionner indéfiniment en tant qu'entreprise indépendante.
- Bâtir une entreprise qui permette aux deux associés de participer pleinement à l'exploitation.
- Stimuler les compétences de chacun dans une ambiance agréable.
- Générer des sommes suffisantes pour subvenir aux besoins de chacun (besoins modestes pour le moment mais qui seront plus élevés dans le futur, car Thomas et Mado comptent tous deux fonder une famille).

- Accroître la valeur de l'entreprise en vue d'assurer une source de revenus qui permettra aux associés de mener une vie confortable et, finalement, de pouvoir vendre l'entreprise au moment de leur retraite.
- Vivre une expérience enrichissante qui permettrait à chacun de reprendre sa carrière dans le cas où l'entreprise ne fonctionnerait pas.

b) Risques et contraintes

- Mésententes et problèmes qui pourraient compromettre leur amitié ou rendre difficile la poursuite d'un travail commun au sein de l'entreprise.
- Perte financière majeure (ils ne sont pas prêts à perdre leur investissement et encore moins à perdre plus).
- Détérioration de l'environnement occasionnée par leur entreprise ou ses produits.
- Départ difficile en raison d'une sous-capitalisation (insuffisance de capitaux pour mener à bien leur entreprise, problème dont Thomas a souvent entendu parler dans le cadre de son travail à la banque).
- Perte de la direction de l'entreprise devant la nécessité de recueillir beaucoup plus de capitaux qu'ils ne peuvent en investir personnellement.
- Croissance initiale trop forte qui pourrait être difficile à maîtriser par la suite.
- Horaire de travail trop chargé, ce qui pourrait compromettre leur vie familiale et leur qualité de vie.
- Difficultés physiques ou produits dangereux.
- Emplacement trop éloigné nécessitant de longs et fréquents déplacements.
- Produits et services contraires à l'éthique (ils n'ont pas défini ce qu'ils entendaient par là, pensant qu'ils sauront, le moment venu, si une activité est contraire à l'éthique).

1.9   RÉFLEXIONS ET TRAVAUX PROPOSÉS POUR AMÉLIORER LA COMPRÉHENSION

Certains problèmes que vous devrez résoudre sont suivis d'un astérisque (*). Pour chacun d'eux, vous trouverez une ébauche de solution à la fin du manuel. Ces solutions devraient faciliter votre apprentissage et constituent des occasions de mettre en pratique les notions étudiées. Ne consultez pas la solution avant d'avoir vraiment tenté de résoudre le problème car, lorsque vous aurez vu la solution, le problème vous semblera toujours plus facile qu'il ne l'est en réalité. De plus, rappelez-vous qu'*un problème peut avoir plusieurs solutions*. Par conséquent, il est possible que votre solution diffère par certains détails de la solution proposée, mais que votre raisonnement soit tout aussi bon, en particulier si vous avez posé d'autres hypothèses valables ou si vous connaissez très bien la situation particulière présentée dans le problème.

Problème 1.1   D'après vous, les professeurs devraient-ils avoir le droit d'exercer leur propre jugement pour déterminer les notes des étudiants, ou ces notes devraient-elles être établies au moyen d'examens objectifs dont la responsabilité reviendrait à quelqu'un d'autre ? Pourquoi ? Estimez-vous que les gestion-naires des entreprises devraient avoir le droit de choisir les conventions comptables et les méthodes qui servent à mesurer leur rendement ? Pourquoi ? Le cas échéant, en quoi ces deux cas sont-ils différents ?

Problème 1.2   Dressez une liste des difficultés auxquelles peut avoir à faire face un vérifica-teur chargé de contrôler les états financiers dressés par la direction pour les propriétaires et les créanciers. Pour bien comprendre ce que l'on vous demande, utilisez au besoin un exemple qui vous est familier. Par exemple, imaginez que vous êtes le trésorier (le directeur financier) d'une association étudiante qui doit préparer un rapport pour le conseil étudiant. Le conseil étudiant, qui désire un rapport objectif, a engagé un vérificateur. Le vérifica-teur sera payé avec les fonds de l'association dont vous êtes responsable.

*Problème 1.3**   Supposons que, pour le compte des propriétaires d'une entreprise, vous soyez chargé de concevoir un système général de mesure et d'évaluation du rendement des gestionnaires. Énumérez les principes (les caractéristiques) sur lesquels devrait reposer un tel système pour qu'il soit accepté tant par les propriétaires que par les gestionnaires. Quels principes, selon vous, devraient susciter le plus facilement un consensus parmi les propriétaires et les gestion-naires ; lesquels devraient soulever le plus de discussions ?

Problème 1.4   Le directeur d'un cabinet international de consultation en économie a déclaré récemment : « Je trouve intéressant de constater que, à mesure que leurs opérations deviennent plus complexes, les sociétés, et même les pays, ont tendance à passer de la préparation de rapports financiers établis sim-plement selon la comptabilité de caisse à des rapports établis selon la comp-tabilité d'exercice. » Si cette observation est valable, pourquoi, selon vous, adopte-t-on la méthode de comptabilité d'exercice ?

*Problème 1.5**   Les informations ci-dessous proviennent des livres comptables de l'entreprise Plongée sous-marine Duval. Calculez (1) le solde du compte bancaire à la fin de 1994 et (2) le bénéfice établi selon la comptabilité d'exercice pour l'année 1994.

Fonds en banque à la fin de 1993	12 430 $
Montants dus par les clients à la fin de 1993 (encaissés en 1994)	1 000
Montants encaissés en 1994 pour des activités de 1994	68 990
Montants dus par les clients à la fin de 1994 (encaissés en 1995)	850
Montants à payer aux fournisseurs à la fin de 1993 (payés en 1994)	1 480
Montants payés aux fournisseurs en 1994 pour des charges engagées en 1994	36 910

Montants à payer aux fournisseurs à la fin de 1994 (payés en 1995)	2 650
Amortissement du matériel de plongée pour 1994	3 740
Retrait du compte bancaire effectué par M. Duval en 1994 pour son usage personnel	28 000

Problème 1.6   « Je n'y comprends rien », déclare Benoît Deschênes qui vient de recevoir de son comptable le calcul des bénéfices de son entreprise qui se chiffrent à 36 290 $ pour la première année d'exploitation. « Si j'ai fait autant d'argent, comment se fait-il que le solde de mon compte bancaire s'élève seulement à 7 540 $? »

Benoît Deschênes exploite l'entreprise Fournitures Deschênes qui vend des articles de papeterie et des fournitures de bureau aux entreprises. Il n'a pas de magasin, seulement un petit entrepôt loué, et il a un seul employé. Voici les données qui ont servi au calcul du bénéfice. Expliquez clairement à Benoît Deschênes comment le comptable a calculé le bénéfice de 36 290 $ et pourquoi il a seulement 7 540 $ sur son compte.

Montants encaissés au cours de l'exercice	143 710 $
Montants dus par des clients à la fin de l'exercice (perçus au cours de l'exercice suivant)	11 220
Montants payés au cours de l'exercice pour les marchandises destinées à la revente et les autres charges, y compris les salaires	128 670
Montants dus à la fin de l'exercice pour des marchandises ou d'autres charges (payés au cours de l'exercice suivant)	9 040
Coût des marchandises encore en main à la fin de l'exercice (vendues au cours de l'exercice suivant)	21 070
Amortissement du matériel pour l'exercice	2 000
Retraits personnels de Benoît Deschênes au cours de l'exercice	7 500

Problème 1.7*   Roland fait face à des problèmes de liquidités et éprouve beaucoup de difficultés à gérer son compte bancaire. Le 15 septembre, il est allé à la banque pour connaître son solde : il était de 365 $. Il se souvient d'avoir fait un dépôt de 73 $ que la banque n'a pas crédité sur son compte et d'avoir émis des chèques aux montants suivants : 145 $, 37 $, 86 $ et 92 $.

Au même moment, l'un de ses bons amis – très costaud cependant – lui demande de rembourser une dette de 70 $. Roland dispose-t-il d'assez d'argent dans son compte bancaire pour le rembourser ? Il sait que son ami peut avoir des réactions déplaisantes s'il reçoit un chèque sans provision.

Problème 1.8   Le président de Miam Miam ltée, une entreprise alimentaire qui prépare toutes sortes de plats à partir de viande de dinde, compare ses résultats financiers à ceux de Produits Won ltée, une société qui prépare le même type de plats, mais à partir de tofu. Les informations financières de Produits Won ltée sont tirées de la section économique du journal l'*Express*.

Bénéfice de 1988	1 565 000 $
Bénéfice de 1989	2 432 000
Perte de 1990	(985 000)
Bénéfice de 1991	123 000
Bénéfice de 1992	1 249 000
Bénéfice de 1993	2 915 000
Bénéfice du premier semestre de 1994	873 000

À partir des notions apprises dans ce chapitre, de votre expérience et de votre aptitude à comparer les données, énumérez les facteurs dont le président de Miam Miam ltée devrait tenir compte pour comparer les résultats financiers de son entreprise à ceux de Produits Won ltée.

Problème 1.9   Supposons que vous disposiez de quelques milliers de dollars que vous pourriez investir dans une petite entreprise locale. Quels objectifs aimeriez-vous atteindre grâce à cet investissement ? À propos des risques inhérents aux projets d'investissement, quelle assurance souhaiteriez-vous obtenir avant d'investir votre argent ?

RÉFÉRENCE   1. Sandy A. Mactaggart, recteur de l'Université d'Alberta ; lettre à l'auteur, 24 janvier 1991.

2

LE BILAN: REPRÉSENTATION DE LA SITUATION FINANCIÈRE

2.1 APERÇU DU CHAPITRE

Dans ce chapitre, nous étudions le rapport financier le plus ancien et le plus fondamental qui soit : le **bilan**. Cet état financier présente les ressources de l'entreprise, ses obligations et les intérêts des propriétaires à une date déterminée. C'est un document de synthèse de tout ce que la comptabilité générale a enregistré sur l'entreprise depuis sa constitution. Par conséquent, il représente le point d'ancrage auquel se rattachent tous les autres états financiers.

Comme l'illustre le diagramme, le présent chapitre vous instruit des notions suivantes :

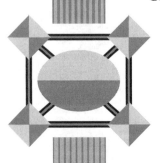

Concepts d'utilisation : la demande d'informations financières fiables qui existe depuis des siècles et qui a donné à la comptabilité générale sa forme actuelle.

Concepts de préparation : la manière dont les fondements théoriques du bilan ont permis de répondre à la demande d'une information financière fiable.

Techniques de préparation : la présentation d'un bilan et la préparation d'un bilan simple.

Techniques d'utilisation : une initiation à l'interprétation d'un bilan.

Nous faisons référence, dans ce chapitre, à des faits et à des notions historiques qui permettront de comprendre la pratique actuelle de la comptabilité. La comptabilité générale est en fait un système très ancien qui repose sur des idées séculaires. Par exemple, le **système de comptabilité en partie double** (avec les **débits** à gauche et les **crédits** à droite) a été inventé il y a près de cinq siècles et n'a pas beaucoup changé depuis. C'est pourquoi il rend difficilement compte de la complexité des opérations commerciales actuelles. Le bilan fournit une information financière détaillée, mais il a originellement été inventé en vue de démontrer que le total des débits et le total des crédits sont égaux, ou équilibrés.

2.2   INTRODUCTION AU BILAN

Les **sociétés** et la plupart des entités produisent des états financiers au moins une fois par an. Pour les grandes entreprises, ces états financiers sont inclus dans un document plus élaboré que l'on appelle le **rapport annuel**. Un rapport annuel commence habituellement par un bref compte rendu des différentes activités de la société et se poursuit avec les états financiers, dont le bilan. Cet état financier reflète deux valeurs égales : les ressources et leur provenance. Il comprend donc l'ensemble des ressources d'une entreprise et leur provenance à un moment déterminé. Par conséquent, il décrit la situation financière de l'entreprise à ce moment-là. Voici un exemple simple :

Société Son et Lumière ltée
Bilan au 30 avril 1994

Ressources (débits)			Provenance des ressources (crédits)		
Actif à court terme :			Passif à court terme :		
Encaisse	50 $		Emprunt bancaire	30 $	
Montants dus par les clients	75		Montants dus aux fournisseurs	80	110 $
Produits non vendus	120	245 $	Passif à long terme :		
Actif à long terme :			Emprunt hypothé- caire relatif à un terrain	80	
Terrain (au coût)	100 $				
Bâtiment*	110		Capitaux propres :		
Matériel*	40	250	Capital-actions émis	100 $	
			Bénéfices non répartis	205	350
Total		495 $	Total		495 $

* Coût moins amortissement cumulé

Ce bilan est équilibré ! Au 30 avril 1994, le total des ressources s'élève à 495 $, et il est égal au total de la provenance de ces biens. On appelle *débits* les éléments inscrits à gauche et *crédits* les éléments inscrits à droite (les raisons de ces appellations se perdent dans la nuit des temps). Nous pouvons donc dire que les débits sont égaux aux crédits.

Les **ressources**, que les experts-comptables appellent **actif** ou **éléments d'actif**, définissent l'ensemble des éléments nécessaires à l'exploitation de l'entreprise ; par exemple, les produits destinés à la vente, le bâtiment servant à l'exploitation et ce que l'entreprise a accumulé au cours de son exploitation, y compris l'encaisse et les montants dus par les clients.

La **provenance** des ressources, que les experts-comptables appellent **passif**, **éléments de passif** et **capitaux propres**, précise la provenance des ressources et comment elles ont été financées. La Société Son et Lumière ltée a financé 495 $ d'éléments d'actif en empruntant 110 $ à court terme et 80 $ à long terme, de même qu'en recevant 100 $ des propriétaires sans leur verser les 205 $ de bénéfices antérieurs. Ce dernier élément, les **bénéfices non répartis**, représente les **bénéfices** passés (appelés aussi *gains* ou *profits*) que les propriétaires auraient pu retirer de l'entreprise, en se versant un **dividende** par exemple, mais qu'ils ont choisi de réinvestir dans l'entreprise. Par conséquent, l'entreprise peut utiliser ces fonds pour poursuivre son exploitation et faire plus de bénéfices dans le futur.

À partir de ce bilan simple, il est possible de tirer les conclusions suivantes qui peuvent s'avérer très utiles pour prendre diverses décisions :

1. Le financement de la société est-il solide ? Le financement des 495 $ d'éléments d'actif se divise de la façon suivante : 190 $ proviennent des créanciers (38 %) et 305 $ proviennent des propriétaires (62 %). La dette n'est donc pas trop élevée par rapport à l'investissement des propriétaires. Si la société devait 450 $ aux créanciers et que les capitaux propres ne s'élevaient qu'à 45 $, la situation serait bien plus risquée pour les créanciers.

2. L'entreprise est-elle en mesure de payer ses factures dans les délais convenus ? Elle doit 110 $ à court terme et a seulement 50 $ en espèces. Par conséquent, pour payer ses factures, elle devra toucher l'argent des clients, soit en leur réclamant ce qu'ils doivent, soit en leur vendant au comptant certains produits qui ne sont pas encore vendus. Il ne semble pas y avoir de problème sur ce point : il est probable que le recouvrement des créances, les ventes, de même que les paiements aux créanciers continueront à se faire régulièrement. Toutefois, si l'entreprise traversait une période de ralentissement des ventes ou des recouvrements de crédit, elle pourrait avoir des difficultés à payer ses factures. Aussi serait-il souhaitable de connaître les moments de l'année qui constituent pour l'entreprise des périodes de pleine activité et ceux où ses activités sont ralenties. Ainsi, si l'entreprise disposait seulement de 10 $ en caisse et de 160 $ de produits non vendus, elle aurait alors un excédent de stocks et ses liquidités seraient insuffisantes ; elle pourrait par conséquent avoir des difficultés à payer ses factures.

3. Les propriétaires devraient-ils s'attribuer un dividende ? Si oui, de quel montant ? Légalement, la société peut déclarer un dividende de 205 $, soit le montant total des bénéfices non répartis, mais elle ne dispose pas d'assez d'argent pour le faire. L'entreprise a réinvesti les derniers bénéfices (en produits non encore vendus, en bâtiments, en matériel, etc.) et ne les a pas conservés pour les verser en dividendes aux propriétaires. Il est probable qu'un dividende de plus de 25 $, soit un huitième seulement des bénéfices non répartis, entraînerait des problèmes de liquidités. Si l'entreprise ne possédait ni bâtiments, ni matériel et que le solde de l'encaisse se chiffrait plutôt à 300 $, elle pourrait soit investir l'argent de façon productive, soit verser un dividende aux propriétaires, leur permettant ainsi de disposer à leur gré de cet argent.

Vous constatez donc que le bilan fournit de l'information intéressante lorsque l'on sait comment le lire. Votre habileté à lire cet état financier croîtra avec la pratique.

OÙ EN ÊTES-VOUS ?

Voici deux questions auxquelles vous devriez pouvoir répondre à partir de ce que vous venez de lire :

1. Le bilan est un résumé de certains éléments à un moment déterminé. Quels sont ces éléments ?

2. À partir de l'information suivante, préparez le bilan de la société Norbec ltée et commentez la situation financière de l'entreprise à ce moment particulier : capital-actions, 1 000 $; montants dus par les clients, 1 100 $; montants dus aux fournisseurs, 2 100 $; produits non vendus, 1 700 $; bénéfices non répartis, 2 200 $; encaisse, 500 $; matériel, 2 000 $. Le total des débits devrait se monter à 5 300 $ et le même montant devrait figurer au total des crédits.

2.3   LA DYNAMIQUE HISTORIQUE

Comme d'autres inventions humaines complexes, la comptabilité générale ne s'est pas créée en une seule journée. Son développement s'est étendu sur des milliers d'années, parallèlement au développement de la civilisation. Une écrivaine scientifique, citant un propriétaire de brasserie, disait récemment ceci à propos de la comptabilité et de la bière :

> Les premiers agriculteurs de Mésopotamie faisaient des cultures céréalières. Lorsque vous avez du grain, vous avez besoin d'entrepôts ; lorsque vous avez des entrepôts, vous avez besoin de comptables, et lorsque vous avez des comptables, vous êtes sur la voie de la civilisation (ou de la première vérification du monde)[1].

Notre sujet est la comptabilité, non l'histoire. Néanmoins, le passé est important car la comptabilité a évolué au fil du temps comme les entreprises, les gouvernements et les autres institutions de la société. Lorsque les besoins d'information changent, la comptabilité s'adapte à ces changements. L'évolution de la comptabilité ne se fait pas toujours en douceur et n'est pas toujours efficace. En fait, certains aspects de la comptabilité peuvent sembler ne pas répondre aux besoins actuels mais, avec le temps, nous pouvons nous attendre à ce que la comptabilité générale réponde à ces besoins (s'ils persistent) comme elle a su le faire dans le passé. Comparez ce processus à une sorte d'échelle qui relie, dans le temps, l'évolution des entreprises et de la société au développement de la comptabilité générale (voir la figure 2.1). Les flèches de chaque barreau ont de petites pointes à gauche et de plus grosses pointes à droite pour indiquer que la comptabilité a une incidence sur l'entreprise et la société, et qu'elle subit elle-même leur influence.

Lorsque le commerce se traduisait principalement par des échanges entre des familles ou des tribus, les demandes en matière d'information n'étaient pas très compliquées. L'argent n'existait pas encore, de sorte que même le bilan sommaire de la Société Son et Lumière ltée que nous avons vu précédemment n'aurait pu être préparé. Il n'en demeure pas

Figure 2.1

L'échelle de l'histoire de la comptabilité générale

| L'évolution des entreprises et de la société dans le temps... | produit une demande d'information... | qui entraîne le développement de méthodes de comptabilité générale. |

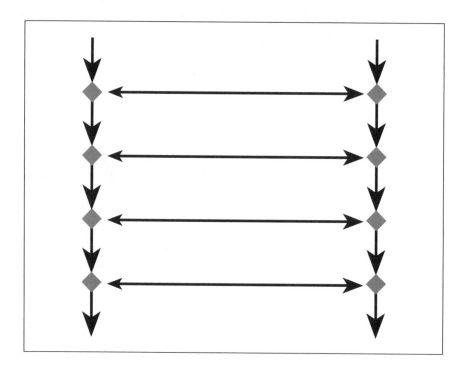

moins que les gens voulaient savoir ce qu'ils possédaient. Ils avaient donc besoin de certains documents qu'ils pouvaient consulter lors d'expéditions de façon à mettre par écrit les ententes de vente conclues avec leurs clients. Pour répondre à ces besoins, la comptabilité a commencé par produire des listes simples. À titre d'exemples de listes importantes, on peut mentionner les listes des biens de la famille ou de la tribu et, plus tard, les listes des dettes contractées envers des commerçants ou d'autres familles. Plus tard encore, lorsque les activités commerciales sont devenues plus complexes, les familles ont commencé à employer d'autres personnes pour gérer certains aspects de leurs entreprises et elles se sont mises à créer des entités commerciales plus complexes. La comptabilité a su répondre à cette demande en produisant des registres qui servaient à contrôler les activités des employés et des entreprises éloignées. Les gens voulaient être en mesure de vérifier les faits présentés par les employés et les commerçants. Pour répondre à ces besoins, ils ont commencé à tenir systématiquement des registres qui étaient vérifiés par la suite.

2.4   BREF HISTORIQUE DES DÉBUTS DE LA COMPTABILITÉ

Pour vous aider à comprendre la naissance des notions et des techniques de la comptabilité contemporaine, voici un aperçu historique qui commence vers l'an 4500 av. J.-C. et se termine au début des années 1800 ap. J.-C., en Angleterre. Au chapitre 3, nous traiterons des deux siècles suivants, ce qui complétera l'aperçu historique jusqu'à nos jours. Rappelez-vous que cet aperçu a pour but de vous aider à comprendre la comptabilité et non de commenter l'histoire générale !

La comptabilité d'exercice, telle qu'elle se pratique en Amérique du Nord et dans de nombreuses parties du monde, tire son origine du développement de la civilisation occidentale : ce développement guidera donc l'histoire de la comptabilité. Par conséquent, nous ne traitons pas des faits intéressants concernant l'évolution de la comptabilité dans d'autres parties du monde, comme la Chine, l'Inde ou l'Afrique. Les commentaires qui suivent sont nécessairement brefs. Si vous voulez en savoir davantage, nous vous invitons à consulter les ouvrages sur l'histoire de la comptabilité que nous vous proposons à la fin de ce chapitre.

Figure 2.2

Ce morceau de marbre, sur lequel sont inscrits les décaissements de l'État des Athéniens de l'an 418 à l'an 415 av. J.-C., constitue un exemple rare de système de comptabilité de l'Antiquité. Reproduction autorisée par les conservateurs du British Museum.

De la Mésopotamie à Rome : de l'an 4500 av. J.-C. à l'an 400 de notre ère

Pour qu'une société ait recours à la comptabilité, il faut que ses affaires et son commerce soient actifs, qu'elle dispose des fondements de l'écriture, de méthodes de mesure et de calcul, de même que d'un instrument d'échange ou d'une monnaie[2]. La civilisation la plus ancienne ayant disposé d'un système de tenue des livres se serait développée, à notre connaissance, dans la région de la Mésopotamie, qui couvre actuellement l'Irak et la Syrie. Cette civilisation utilisait habituellement un langage commun (le babylonien) pour les affaires. Elle possédait aussi un bon système de chiffres et de monnaie, et effectuait la tenue des livres sur des tablettes d'argile. D'après ce que nous savons, les marchands ordinaires et les négociants généraux ne tenaient pas de registres officiels. C'étaient les dignitaires des gouvernements et les chefs religieux des temples qui décidaient des registres officiels à tenir, et les scribes se chargeaient de la tenue des livres. Un scribe devait faire un apprentissage de plusieurs années avant de maîtriser l'art de l'inscription des impôts, des droits de douane, des offrandes au temple et des affaires commerciales entre les gouvernements et les temples. Ces registres se composaient de feuilles de dénombrement et de listes de céréales, de bétail et d'autres ressources, ainsi que des obligations liées au commerce. Nous retrouvons encore ces éléments aujourd'hui : le bilan de la Société Son et Lumière ltée, dont nous avons déjà parlé, comprend des données sur les produits non vendus et le matériel, et des obligations liées au commerce, telles que les montants dus par les clients et les montants dus aux fournisseurs. Tous ces chiffres sont étayés par des listes détaillées.

Lorsqu'un scribe considérait qu'un registre était complet et rigoureux, il apposait son sceau sur une tablette d'argile pour authentifier les données et il faisait cuire la tablette pour qu'on ne puisse la modifier[3]. Les scribes étaient en quelque sorte les précurseurs des experts-comptables et des vérificateurs d'aujourd'hui. Cependant, plutôt que d'utiliser des sceaux, les vérificateurs d'aujourd'hui signent un rapport dans lequel ils expriment une opinion quant à la fidélité de la présentation des états financiers. Cette forme de tenue des livres a été utilisée pendant de nombreuses années et s'est étendue à d'autres régions comme l'Égypte, la Grèce et Rome. Avec le temps, les scribes ont utilisé d'autres supports que les tablettes d'argile, dont le papyrus[4].

Opérations familiales de petite envergure au départ, les affaires et le commerce ont évolué pendant des milliers d'années pour devenir des activités très importantes dans lesquelles se sont engagés des rois, des chefs religieux et différents paliers de gouvernement. Par exemple, au fur et à mesure que l'Empire gréco-romain s'étendait, les conquérants s'organisaient en régions administratives de façon à simplifier la gestion. Ces régions étaient dirigées par des administrateurs ou des gouverneurs locaux qui ne savaient généralement ni lire ni écrire. Lorsque le gouvernement leur demandait de rendre compte de leur gestion, il fallait qu'un membre officiel du gouvernement central se déplace afin d'écouter le rapport oral du dirigeant. Il s'agissait donc en fait d'une « audition », et l'officiel qui écoutait était un « auditeur » (du mot latin signifiant *écouter*). Aujourd'hui, on appelle *vérificateur* la personne qui vient examiner et approuver les états financiers d'une entreprise, et sa fonction dépasse largement la simple « audition » !

Du Moyen Âge à la Renaissance : de l'an 400 à l'an 1500

La chute de l'Empire romain, environ au IVe siècle de notre ère, a provoqué une stagnation du commerce et de la tenue des livres en Europe, bien que les activités commerciales se soient poursuivies à Constantinople, au Moyen-Orient, en Inde, en Chine et ailleurs. La période des croisades en Europe, vers le XIe siècle, a considérablement stimulé le commerce. Les rois et les princes ne pouvant fournir eux-mêmes le matériel nécessaire aux croisés partant pour la Terre sainte, ce fut une époque prospère pour les petits nobles et les marchands privés qui les approvisionnaient à partir de ports comme Venise. Cette période marque le début du passage du pouvoir économique, jusque-là détenu par les gouvernements, aux mains du secteur privé, ce qui a donné lieu à la formation de grandes « banques de marchands », comme celles des Médicis à Florence. Ces banques jouaient un rôle actif dans les entreprises et les gouvernements qu'elles contribuaient à financer.

Toutes ces activités ont nécessité l'élaboration d'un système plus rigoureux de tenue des livres pour comptabiliser les matières fournies, l'argent reçu et dépensé, et spécialement pour inscrire les opérations financières conclues entre les gens[5]. Pour les négociants, les marchands et les banquiers, l'essor amorcé à l'époque des croisades a été l'occasion de mieux organiser et de systématiser la tenue des livres. Le raffinement du système des nombres et de l'arithmétique, élaboré dans les pays arabes au cours du Moyen Âge européen, rendait également possible cette réorganisation. Le système numérique que nous utilisons dans la comptabilité et dans notre vie quotidienne tire son origine de ces améliorations.

L'évolution particulière de la comptabilité au cours de cette période animée, ou plus précisément de la base de la comptabilité que nous appelons *tenue des livres*, reste un sujet de controverse pour les historiens. Toutefois, la publication, en 1494, du traité sur la comptabilité en partie double par le frère Pacioli, de Venise, constitue un fait marquant. Dans ce livre, l'auteur parle de cette méthode comme d'une procédure établie, utilisée depuis un certain temps dans les banques des Médicis en Italie et dans d'autres entreprises. Le traité du frère Pacioli a apporté une contribution importante à la connaissance de l'algèbre et de l'arithmétique. Ce traité est particulièrement intéressant du point de vue de la description détaillée et de la codification du système de comptabilité en partie double. L'ouvrage a rapidement été traduit dans toutes les principales langues européennes et, grâce à ces traductions, les érudits européens ont pu prendre connaissance des idées de Luca Pacioli et les approfondir.

Les notions de Pacioli étaient révolutionnaires mais sensées : elles constituent les fondements de la comptabilité moderne et fournissent une méthode de compilation de toutes les listes de ressources et d'obligations, tout en permettant d'éviter les erreurs. L'idée à la base de cette méthode est d'inscrire chaque opération commerciale deux fois : une fois

Figure 2.3

Au cours de la Réforme, les marchands et les banquiers européens ont fondé des compagnies qui constituaient en quelque sorte les premières versions des sociétés commerciales modernes. L'un de ces marchands est représenté sur cette gravure de Rembrandt, datant de 1630. Remarquez la présence d'une balance et d'un grand livre qui indique que le travail du marchand était organisé, documenté et précis. L'utilisation attentive de ces outils de travail facilitait la gestion du capital (sacs d'argent ou d'or) et des marchandises (tonneaux et coffres). Reproduction autorisée par The Bettmann Archive.

pour comptabiliser la ressource qui a fait l'objet de l'opération, et une autre fois pour constater la provenance ou l'effet du changement de la ressource. Contrairement aux listes n'ayant aucun lien entre elles qui existaient avant l'invention de la comptabilité en partie double, les listes des ressources et de leur provenance sont interreliées. Nous étudierons cette question beaucoup plus en profondeur mais, pour le moment, contentons-nous d'examiner deux exemples simples de liens entre des éléments, tirés du bilan de la Société Son et Lumière ltée que nous avons présenté auparavant :

Achat de marchandises destinées à la revente :
a) La **ressource** est un ajout au stock de produits non vendus.
b) La **provenance** représente l'obligation de payer le fournisseur (montants dus aux fournisseurs).

Emprunt à la banque :
a) La **ressource** constitue un ajout au montant d'encaisse.
b) La **provenance** représente l'obligation de rembourser la banque (emprunt bancaire).

Si l'on peut attribuer à chaque opération un montant en dollars ou en n'importe quelle autre monnaie — livres, francs, yens, marks, etc. —, on peut utiliser ce montant pour inscrire à la fois l'aspect (a) et l'aspect (b) de chaque opération. Ensuite, en additionnant tous les montants inscrits du côté (a), puis ceux du côté (b), on peut utiliser un côté pour vérifier l'autre. Si l'on a commis des erreurs, il est probable qu'on les détectera parce que le total des deux côtés ne sera pas le même. Si les totaux sont égaux, on dit qu'ils sont *équilibrés*. En fait, le bilan permet de montrer que les deux côtés sont équilibrés. Pour des raisons qui ont peut-être été importantes mais qui ne le sont plus aujourd'hui, on appelle les montants inscrits du côté (a) les *débits* et les montants inscrits du côté (b) les *crédits*. C'est une convention. Dans les chapitres suivants, nous approfondirons le système de comptabilité que Luca Pacioli a livré au monde ; il s'agit de l'une des plus importantes inventions humaines.

Le Royaume-Uni : de 1500 au début des années 1800

Pendant plusieurs centaines d'années après la parution du traité de Luca Pacioli, la comptabilité s'est adaptée au contexte social et aux opérations commerciales ayant cours dans chaque pays. La France, par exemple, était dirigée par un gouvernement fort et centralisé, et son système de comptabilité nationale relevait d'un conseil d'administration central. Par contre, en Angleterre, le gouvernement était moins engagé dans les affaires commerciales et ses services publics étaient de moindre envergure ; l'État se fiait davantage aux initiatives du secteur privé et aux tribunaux[6]. Le système comptable qui est encore en vigueur actuellement au Canada et aux États-Unis s'inspire fortement des règles établies au cours de cette période en Angleterre.

Avant les écrits de Luca Pacioli, le système anglais de tenue des livres empruntait largement aux méthodes romaines utilisées des centaines d'années auparavant. Pour gérer leurs propriétés, les aristocrates anglais employaient des régisseurs, qui se comportaient un peu comme les gouverneurs locaux des régions conquises par les Romains. En 1300, l'université d'Oxford offrait un cours de comptabilité intitulé *Tenue romaine des comptes* à l'intention des régisseurs[7]. La conception fiduciaire de la comptabilité, ou la façon dont une personne gère des biens appartenant à autrui, constitue aujourd'hui un aspect important de la comptabilité. On dit souvent, par exemple, que les états financiers d'une entreprise démontrent aux propriétaires la qualité de la gestion des dirigeants de l'entreprise.

Jusqu'au milieu du XVIIe siècle, comptabilité et tenue des livres étaient pratiquement synonymes. Les registres constituaient des documents d'ordre privé destinés au lord, au marchand ou au banquier. Toutefois, un fait significatif allait changer les choses : la création de sociétés vendant des actions, ou participations, au public. Ces actionnaires ne pouvaient pas tous s'installer dans les bureaux des sociétés pour examiner les registres, même s'ils pouvaient les comprendre. Voici l'origine de la demande d'un certain type de rapport destiné aux actionnaires, qui prendra la forme d'états financiers fiables, synthétisant l'information des registres. En outre, la vente d'actions au public a entraîné la demande d'une description plus détaillée des capitaux propres et de leurs modifications. Il y a même eu une demande visant une certaine réglementation de ces rapports. Par exemple, en 1657, Oliver Cromwell, le régent d'Angleterre, a exigé de la Compagnie des Indes qu'elle publie son bilan[8]. Ainsi, les normes de calcul et de **présentation de l'information financière**, très importantes dans la comptabilité actuelle, prenaient forme et permettaient de distinguer la comptabilité de la tenue des livres qui s'y rattache. À ce stade, les changements se sont faits lentement, mais la révolution industrielle a accéléré le processus.

Figure 2.4

Un outil comptable d'une valeur inestimable : la première calculatrice mécanique européenne, inventée par Blaise Pascal en 1642. Elle allait rapidement être considérée comme une merveille dans le monde entier. Blaise Pascal était déjà connu comme homme de science et mathématicien lorsqu'il inventa cette calculatrice à l'âge de 19 ans. Il s'est également fait connaître en tant qu'inventeur du baromètre, entre autres réalisations. Reproduction autorisée par The Bettmann Archive.

Il s'est toutefois produit d'autres faits intéressants entre-temps. En 1670, il y a eu la fondation d'une célèbre compagnie, le Gouverneur et la Société des aventuriers du commerce anglais dans la baie d'Hudson. La compagnie de la baie d'Hudson, maintenant connue sous le nom de La Baie, a joué un rôle très important au cours des siècles et constitue encore une entreprise canadienne importante. Divers registres tenus par ses très nombreux employés existent encore aujourd'hui et fournissent une image détaillée de l'entreprise et de la société au fil des années[9]. En 1720, l'effondrement spectaculaire de la Compagnie des Mers du Sud est à l'origine de la première vérification écrite connue, effectuée dans le but de déterminer l'actif de la compagnie[10]. À la fin du XVIIIe siècle et au début du XIXe siècle, la révolution industrielle allait contribuer à l'émergence du secteur commercial en Grande-Bretagne. Les pratiques comptables allaient alors tenir une place importante dans l'entreprise. En 1825, le Parlement britannique levait les interdictions séculaires relatives au commerce des actions des sociétés. C'était le début de l'ère moderne des **marchés boursiers** et des sociétés ouvertes. Quelques années plus tard, le Parlement exigeait que les bilans de ces sociétés soient vérifiés sur une base annuelle[11]. La comptabilité et la vérification poursuivaient leur développement en fonction des besoins changeants de la société.

À cette étape du développement commercial en Angleterre, les préoccupations en comptabilité passent de la tenue des livres à des sujets tels que le choix de la méthode comptable appropriée, l'éthique professionnelle et les diverses normes et lois régissant les rapports et la présentation de l'information financière. Nous continuerons cet aperçu historique au chapitre 3.

OÙ EN ÊTES-VOUS ? Voici deux questions auxquelles vous devriez pouvoir répondre à partir de ce que vous venez de lire :

1. Pourriez-vous expliquer à un autre étudiant pourquoi il est utile de traiter de sujets historiques dans un manuel de comptabilité ?
2. Pourquoi la comptabilité générale est-elle devenue de plus en plus systématique et globale au cours des siècles ?

2.5 LES DÉBITS, LES CRÉDITS ET L'ÉQUATION COMPTABLE

À l'image de la comptabilité en partie double, le bilan se compose de deux parties présentant toutes deux le même total. Ainsi, le bilan fait la démonstration de l'égalité suivante, appelée *équation comptable* :

Actif = Passif + Capitaux propres

Débits = Crédits

Avant d'aller plus loin, il faut mentionner deux complications. Premièrement, tous les bilans ne présentent pas l'actif à gauche, et le passif et les capitaux propres à droite. Parfois, l'actif est présenté dans la première moitié de la page et le passif et les capitaux propres occupent la seconde moitié. Toutefois, les totaux des deux parties sont quand même égaux. Deuxièmement, tous les débits ne sont pas nécessairement inscrits du côté gauche de l'équation, et les crédits, du côté droit. Il arrive parfois que les montants négatifs apparaissent d'un côté ou de l'autre. Par exemple, les fonds en banque constituent normalement un actif et, par conséquent, un débit ; mais qu'arrive-t-il si le compte bancaire est à découvert, si l'on a retiré de ce compte plus d'argent qu'il n'en contenait ? Il arrive fréquemment que la banque permette ce genre de situation, consentant alors un prêt pour couvrir le découvert. Un découvert bancaire constitue-t-il encore un débit puisqu'il s'agit d'un montant négatif ?

Que fait-on des montants négatifs ? On pourrait donner n'importe quel nom à ces actifs négatifs (les débits négatifs) ; appelons-les, par exemple, les « dobits ». De la même façon, appelons les comptes négatifs du passif ou des capitaux propres les « crabits ». Notre équation deviendrait alors :

Débits – Dobits = Crédits – Crabits

Mais cela est fastidieux. Il est beaucoup plus simple d'appeler les débits négatifs des crédits, et les crédits négatifs, des débits. L'équation devient alors :

Débits – Crédits = Crédits – Débits

Si vous êtes fort en arithmétique, vous constatez que les deux termes négatifs de l'équation ci-dessus peuvent être intervertis, et leurs signes inversés. Si nous le faisons, nous obtenons :

Débits + Débits = Crédits + Crédits

Nous revenons donc à l'équation de départ : **Débits = Crédits**. Le but de ce développement est de démontrer que le bilan sera toujours équilibré, peu importe si tous les débits sont d'un côté et tous les crédits de l'autre, ou si l'on trouve des débits et des crédits des deux côtés du bilan. Cela signifie que les totaux de chaque côté du bilan sont des montants *nets*. Le total de l'actif représente le résultat net des actifs positifs moins les montants négatifs. Le total du passif et des capitaux propres représente le résultat net de tous les éléments positifs du passif et des capitaux propres moins les montants négatifs. Cette méthode confère à la comptabilité une grande flexibilité, parce que les montants peuvent être déplacés dans le bilan de manière à fournir une présentation plus pertinente de l'information, sans contrevenir à la règle selon laquelle le bilan doit être équilibré.

Prenons le cas du découvert bancaire mentionné ci-dessus. Supposons qu'une société ait un découvert bancaire de 500 $ et que le total de ses autres éléments d'actif s'élève à 12 400 $. Son actif net sera par conséquent de 11 900 $, ce qui correspond aussi au total du passif et des capitaux propres. La société peut choisir de présenter cette information de deux façons :

Autres éléments d'actif de 12 400 $ = Passif et capitaux propres
moins le découvert bancaire de 500 $ de 11 900 $

ou encore

Autres éléments d'actif de 12 400 $ = Passif et capitaux propres de
                                          11 900 $ plus le découvert
                                          bancaire de 500 $

La pratique favorise la seconde méthode, qui consiste à déplacer le montant d'encaisse négatif de l'autre côté du bilan. En fait, même si un compte bancaire constitue normalement un actif pour la société, le fait qu'il présente un découvert de 500 $ doit être signalé comme un passif ; en réalité, la banque a prêté 500 $ à la société et celle-ci devra les rembourser. On appelle **reclassement** le fait de modifier la présentation des éléments à l'intérieur d'un même état financier. Les experts-comptables effectuent un reclassement chaque fois qu'ils estiment que la qualité de l'information des états financiers peut être améliorée. Il se peut qu'un reclassement modifie les totaux des deux côtés du bilan, mais les nouveaux totaux seront égaux, c'est-à-dire équilibrés.

Dans le même ordre d'idée, le montant de l'**amortissement cumulé** constitue un important solde créditeur qui est présenté, dans le bilan, du côté de l'actif et qui est défalqué du montant de l'actif. Il s'agit de la somme des amortissements calculés à ce jour pour les éléments d'actif, tels que les bâtiments et le matériel. On pourrait, comme certains le font encore, le présenter avec les autres crédits du côté droit du bilan. Néanmoins, en le déduisant du total de l'actif, de façon à présenter la valeur comptable nette des biens, les experts-comptables estiment fournir une meilleure information. La **valeur comptable nette** représente le coût d'origine du bien moins son amortissement cumulé ; elle indique à l'utilisateur le montant de la valeur initiale déjà amorti. Par exemple, si un camion a coûté 38 000 $ et qu'on a déduit 21 500 $ d'amortissement à ce jour, selon la comptabilité d'exercice, la valeur comptable nette du camion est de 16 500 $. Le camion sera présenté dans le bilan sous une forme similaire à la suivante :

Actif		
Actif à court terme :		
Éléments divers d'actif		XX XXX $
Actif à long terme :		
Camion (au coût)	38 000 $	
Moins : amortissement cumulé	21 500	
Valeur comptable nette	16 500 $	
Autres éléments d'actif à long terme	XX XXX	XX XXX $
Total de l'actif (*actif net*)		XX XXX $

Dans l'exemple de la Société Son et Lumière ltée dont nous avons parlé à la section 2.2, nous avons vu une autre façon de présenter l'actif à long terme : seul apparaissait le montant du coût moins l'amortissement cumulé. Si nous utilisons la même méthode dans l'exemple ci-dessus, seule la valeur comptable nette — soit 16 500 $ — serait présentée dans le bilan. Pour aider les utilisateurs, il faudrait joindre au bilan une note complémentaire présentant les chiffres relatifs au coût et à l'amortissement cumulé.

Tous ces propos illustrent une caractéristique importante de l'équation comptable. Il s'agit d'une invention soutenue par le système de comptabilité en partie double, qui trouve son utilité comme outil de mesure de la situation financière. C'est une règle d'arithmétique et non un postulat. Comme nous le verrons plus loin avec plusieurs exemples, l'objectif de la tenue des livres qui consiste à vérifier l'équilibre du bilan n'est que le point de départ du problème fondamental en comptabilité, à savoir l'évaluation de la situation financière.

OÙ EN ÊTES-VOUS ? Voici deux questions auxquelles vous devriez pouvoir répondre à partir de ce que vous venez de lire :

1. Comment des débits ou des crédits peuvent-ils se retrouver des deux côtés du bilan ?
2. À partir des soldes suivants, préparez le bilan du Garage Dufour dont George Dufour est propriétaire. Découvert bancaire, 250 $; montants dus par les clients, 640 $; stock de fournitures, 210 $; coût du matériel, 890 $; amortissement cumulé sur le matériel, 470 $; montants dus aux fournisseurs, 360 $; capitaux propres 660 $. Le premier compte de la liste est un crédit, les trois comptes suivants sont des débits et les trois derniers comptes sont des crédits. Vous devriez obtenir 1 270 $ comme total de l'actif net et le même montant comme total du passif et des capitaux propres.

2.6   ÉTUDE PLUS DÉTAILLÉE DU CONTENU DU BILAN

Le bilan est équilibré. Vous vous demandez peut-être quels sont les comptes de l'actif, du passif et des capitaux propres qui sont si parfaitement équilibrés les uns avec les autres. Pour vous aider à comprendre, nous vous présentons le bilan récent d'une société québécoise, Les Épiciers Unis ltée. Voici certaines constatations que vous pouvez faire en examinant ce bilan :

1. Il s'agit d'un bilan *comparatif*: il contient des chiffres qui portent à la fois sur l'exercice le plus récent et sur l'exercice précédent, afin d'aider les utilisateurs à reconnaître les changements. On place habituellement les chiffres les plus récents à gauche, près des intitulés des comptes.
2. Pour éviter de surcharger la présentation, les chiffres ne sont pas inscrits au cent près mais en milliers de dollars.
3. Le bilan est signé par des membres du conseil d'administration de la société. Le conseil représente les propriétaires — les actionnaires dans notre exemple — et constitue l'échelon de gestion le plus élevé. Chacun se rappellera que les états financiers relèvent de la responsabilité de la direction. Les experts-comptables et les vérificateurs apportent une aide considérable aux membres de la direction qui s'acquittent de cette tâche, sans les décharger de leur responsabilité.
4. Il est impossible d'expliquer directement dans le bilan chaque élément; c'est pourquoi les lecteurs doivent consulter les notes

explicatives qui sont annexées à la plupart des bilans. Ces notes ne sont pas fournies dans notre exemple parce qu'elles soulèvent des questions que nous n'avons pas encore abordées ; rappelons simplement que vous devez consulter les notes complémentaires lorsque vous examinez un bilan ou d'autres états financiers.

5. La société possède divers types de comptes d'actif, de passif et de capitaux propres. Il n'est pas toujours facile de les classer selon les catégories élémentaires mentionnées dans l'exemple de la Société Son et Lumière ltée, comme les actifs à court terme et à long terme. Il est probable que vous ne saisissiez pas immédiatement la signification de tous ces comptes et la façon dont la société les a classés. Mais vous acquerrez une meilleure compréhension au fil des chapitres.

6. Ce bilan n'est pas daté du 31 décembre, fin de l'année civile. Le 31 décembre est la date de fin d'exercice la plus couramment utilisée, mais de nombreuses sociétés en choisissent une autre.

Il serait maintenant utile de fournir quelques explications sur le contenu du bilan. Un actif est une ressource qu'une personne, une entreprise ou un pays détient ou gère et qui doit procurer certains avantages dans l'immédiat ou dans le futur. Parmi les éléments d'actif, mentionnons l'encaisse, les stocks et le matériel. Tous ces éléments devraient apparaître dans le bilan de la plupart des sociétés canadiennes.

Des employés satisfaits et un environnement de travail sûr constituent aussi des « actifs » pour une société, mais ils ne sont pas mentionnés dans le bilan. En effet, contrairement aux autres éléments d'actif, ils ne peuvent être mesurés de façon objective, en fonction de normes, et il est difficile d'en assurer un contrôle économique. Par exemple, on peut aisément définir le coût d'un stock de pièces de machines appartenant à une société. À l'inverse, il est très difficile d'évaluer la différence de productivité entre un ouvrier mécontent et un ouvrier satisfait, censé être plus productif. Ainsi, la comptabilité ne tient généralement compte que des éléments d'actif qui peuvent faire l'objet d'un contrôle économique et qui peuvent être mesurés selon des techniques donnant des résultats fiables. Il s'agit en quelque sorte des limites de la portée des états financiers.

Un passif est un engagement actuel en vertu duquel certaines ressources d'une personne, d'une entreprise ou d'un pays seront transférées ultérieurement à des tiers. À titre d'exemples courants, on peut citer les emprunts, les prêts hypothécaires et les sommes dues aux fournisseurs. Comme l'actif, le passif n'inclut habituellement que les obligations qui peuvent être mesurées de façon objective, selon des normes. Si vous devez 10 $ à un ami, cette dette sera inscrite dans votre bilan. Mais si vous avez une dette de reconnaissance envers un ami parce qu'il vous a sauvé la vie, cela n'apparaîtra pas dans votre bilan.

Il faudra encore du temps et de nombreux exemples pour que vous compreniez bien ce que sont l'actif et le passif. Vous vous demandez peut-être d'où proviennent les valeurs des débits et des crédits. Dans le bref historique, nous avons noté que la condition préalable à la comptabilité générale, telle que nous la connaissons, était l'existence d'un instrument

Les Épiciers Unis ltée
Bilan consolidé
au 24 mars 1990
(en milliers de dollars)

	1990	1989
Actif à court terme		
Comptes clients	7 619 $	7 011 $
Stocks	17 921	15 390
Frais payés d'avance	157	61
Tranche à court terme des créances à long terme	67	121
	25 764	22 583
Créances à long terme et placements		
Créances à long terme	229	173
Sites de développement	2 833	2 962
Placements dans des sociétés	372	311
	3 434	3 446
Immobilisations (note 2)	14 907	14 292
Autres actifs (note 3)	341	408
	44 446 $	40 729 $
Passif à court terme		
Dettes envers la banque (note 4)	2 802 $	4 722 $
Comptes fournisseurs et charges à payer	15 196	10 566
Impôts sur les bénéfices à payer	521	420
Dividendes à payer	12	12
Tranche de la dette à long terme échéant à moins d'un an	2 472	2 468
	21 003	18 188
Dette à long terme (note 5)	13 180	13 716
Impôts reportés	259	346
	34 442	32 250
Capitaux propres		
Capital-actions (note 6)	684	692
Surplus d'apport	1 067	1 081
Bénéfices non répartis	8 253	6 706
	10 004	8 479
	44 446 $	40 729 $

AU NOM DU CONSEIL D'ADMINISTRATION
VICTOR J. BLANCHARD, administrateur
JEAN CORRIVEAU, administrateur

d'échange. L'unité de mesure de la comptabilité est l'unité monétaire que l'entreprise utilise. Au Canada, l'unité de mesure habituelle est le dollar canadien. Cependant, certaines entreprises canadiennes utilisent d'autres unités ; par exemple, Alcan, une grande société canadienne qui œuvre dans tout le pays, évalue ses éléments d'actif et de passif en dollars américains. De par le monde, presque toutes les unités monétaires imaginables sont utilisées à des fins comptables ; il n'est donc pas surprenant de voir des bilans dressés en livres, en lires, en roubles, en yens, etc.

Mais d'où proviennent les chiffres qui sont exprimés en dollars ? Nous abordons ici une question fondamentale et très controversée. Nous ne pouvons fournir pour le moment que quelques éléments de réponse mais, après quelques chapitres, vous comprendrez mieux le problème. La comptabilité est un système de mesure historique ; elle mesure ce qui s'est passé et non ce qui va se passer ou ce qui aurait pu se passer dans d'autres circonstances. Par conséquent, les valeurs comptables des éléments d'actif et de passif sont dérivées du passé. Les éléments d'actif sont habituellement évalués à leur coût au moment où on les a achetés, et les éléments de passif sont habituellement évalués à la valeur promise au moment où l'obligation a été contractée. Les éléments d'actif et de passif ne sont pas évalués aux montants qu'on pourrait obtenir lors d'une vente ou d'une négociation. Cela crée de la confusion, car de nombreux utilisateurs examinent un bilan en pensant que les éléments d'actif — comme le terrain et les bâtiments — sont présentés à leur valeur marchande. Ces biens sont en fait évalués au prix coûtant, c'est-à-dire ce qu'ils ont coûté au moment de leur acquisition. L'écart entre le coût d'acquisition et la valeur marchande est parfois considérable. Par exemple, une société peut avoir payé 50 000 $ il y a 20 ans pour un terrain dans le centre de la ville qui vaut maintenant des millions de dollars. Cependant, le montant qui figurera dans le bilan sera 50 000 $, soit le coût initial du terrain. Cet écart peut s'expliquer de la façon suivante : l'achat du terrain il y a 20 ans est le seul événement tangible, et le coût payé à ce moment-là peut être vérifié. Depuis, il ne s'est rien passé : le terrain n'a pas été vendu, de sorte que sa valeur actuelle reste hypothétique et difficile à vérifier.

Les capitaux propres constituent le troisième terme de l'équation comptable. Ils représentent la participation résiduelle dans l'entreprise composée, d'une part, du capital-actions acquis par les propriétaires et, d'autre part, des bénéfices non répartis, c'est-à-dire le total des bénéfices ou des pertes des exercices passés compte tenu de sommes telles que les dividendes. Les composantes de la section des capitaux propres du bilan dépendent de la forme juridique de l'entreprise et des ententes régissant sa propriété, comme nous l'étudierons un peu plus loin dans ce chapitre. Avant tout, il est utile de voir comment l'équation comptable peut être restructurée de façon à mettre l'accent sur les capitaux propres. L'équation initiale était :

Actif = Passif + Capitaux propres

Si on déplace le passif du côté gauche, ce qui entraîne l'inversion du signe, on obtient l'équation suivante :

Actif – Passif = Capitaux propres

Il est alors possible de considérer les capitaux propres comme un intérêt résiduel. Les capitaux propres sont égaux à l'actif moins le passif, quels qu'ils soient. Par conséquent, ils constituent un montant net, souvent considéré comme la **valeur comptable** de l'entreprise de la même façon que, dans l'exemple du camion, la valeur comptable nette correspondait au coût du camion moins l'amortissement cumulé. Dans le cas où l'actif est moins élevé que le passif – situation que pourrait connaître une entreprise en mauvaise posture, lorsque ses obligations dépassent ses ressources – les capitaux propres seraient *négatifs*. Une telle situation indique qu'une entreprise a de sérieux problèmes financiers, lesquels peuvent l'acculer à la faillite ou l'obliger à faire face à d'autres problèmes déplaisants.

Les bilans sont habituellement conçus de façon à distinguer l'actif et le passif à court terme de l'actif et du passif à long terme. En règle générale, l'actif ou le passif **à court terme** comprennent les éléments qui seront convertis en encaisse, payés ou utilisés en moins d'un an, tandis que l'actif et le passif **à long terme** comprennent les éléments qui demeureront dans l'actif ou le passif pour au moins un an. Cette distinction aide le lecteur du bilan à juger de la situation financière à court terme de l'entreprise. L'actif à court terme de la Société Son et Lumière ltée (section 2.2) s'élève à 245 $, et son passif à court terme, à 110 $. Par conséquent, l'actif à court terme dépasse de 135 $ le passif à court terme ; l'actif à court terme représente donc 223 % de la dette à court terme. Ainsi, cette entreprise possède un **fonds de roulement** de 135 $, et son **ratio du fonds de roulement**, ou ratio d'endettement à court terme, est de 2,23 pour 1. Un fonds de roulement faible ou négatif traduit habituellement des difficultés financières à court terme qui, si elles ne sont pas corrigées, peuvent mener à la faillite ou à d'autres problèmes sérieux.

Le bilan donne une mesure de l'actif, du passif et des capitaux propres à une date donnée ; c'est un instantané de l'entreprise, montrant ses ressources, ses obligations et les intérêts des propriétaires à cette date. Comme dans l'exemple des Épiciers Unis ltée, le bilan de l'exercice précédent est également fourni dans le rapport annuel, ce qui permet de comparer l'exercice actuel avec le précédent. Néanmoins, le bilan présente une lacune. Pour reprendre notre comparaison, le bilan constitue un instantané, non un film vidéo. Il ne nous dit donc pas comment l'entreprise en est arrivée à détenir cet ensemble particulier d'éléments d'actif et de passif. Pour obtenir cette information, nous devons consulter les autres états financiers, ce que nous ferons dans des chapitres ultérieurs.

◆

2.7   EXEMPLE DE PRÉPARATION D'UN BILAN

À titre d'exemple, nous allons dresser le bilan de Jean Gauvin, qui a décidé de mettre sur pied une entreprise de messagerie dans le centre de la ville. Avant de pouvoir fournir ce service, il a besoin du matériel suivant : une bicyclette, un cadenas pour son vélo, un sac de livraison et une bonne paire de chaussures de sport. Il dispose de 200 $, mais il se rend rapidement compte que ce sera insuffisant pour acheter tout ce dont il a besoin. Jean demande donc à sa tante Élisabeth de lui prêter 200 $ qu'il promet de rembourser dès qu'il le pourra. Elle accepte.

Jean achète un vélo de bonne qualité au coût de 500 $, il verse un acompte de 275 $ et s'engage à payer le reste plus tard. Ensuite, il achète comptant un cadenas pour son vélo qui lui coûte 15 $, une paire de chaussures de sport à 60 $ et un sac de livraison à 25 $. L'exploitation de son entreprise a débuté le 15 avril 1994, sous le nom de Messageries Jean.

À partir de cette information, nous pouvons dresser le bilan suivant :

Messageries Jean
Bilan provisoire au 15 avril 1994

Actif		Passif et capitaux propres	
Encaisse (le solde)	25 $	Emprunt à tante Élisabeth	200 $
Vélo (au coût)	500	Montant à payer sur le vélo	225
Cadenas de vélo (au coût)	15		
Chaussures de sport (au coût)	60		
Sac de livraison (au coût)	25	Investissement de Jean	200
Total	625 $	Total	625 $

Sous la colonne « Actif » du bilan, on a inscrit le coût d'achat du vélo et non le montant que Jean a déboursé jusqu'à présent ; on a fait de même pour le cadenas, les chaussures de sport et le sac de livraison. On considère ces éléments comme des éléments d'actif parce qu'on présume que Jean en retirera des avantages futurs. En effet, ces articles devraient lui permettre d'offrir des services de messagerie, lesquels lui procureront des revenus. Son actif comprend également les 25 $ qui lui restent en espèces. Le solde s'établit comme suit : il possédait 400 $ au total (200 $ provenant de ses économies + 200 $ prêtés par sa tante Élisabeth) et il a déboursé 375 $ (275 $ pour le vélo + 15 $ pour le cadenas + 60 $ pour les chaussures de sport + 25 $ pour le sac de livraison).

Sous la colonne « Passif et Capitaux propres », on peut constater que Jean doit 200 $ à sa tante et 225 $ au vendeur de vélos. Ces montants constituent des créances sur les ressources et sont donc des éléments de passif. De plus, il a investi 200 $ dans son entreprise ; ce montant fait partie de la section des capitaux propres de son bilan. Vous pouvez remarquer que ces éléments, qui figurent du côté droit du bilan et totalisent 625 $, représentent l'ensemble des moyens utilisés par Jean en vue de se procurer les fonds nécessaires pour obtenir les éléments d'actif présentés du côté gauche. Les éléments qui figurent du côté gauche (encaisse, vélo, etc.) sont réels : il peut les utiliser, les dépenser ou les compter.

Comme les éléments qui se trouvent du côté droit du bilan correspondent aux sources de financement ou aux provenances des éléments d'actif présentés du côté gauche, le total du côté droit est égal au total du côté gauche. Cela signifie que les ressources sont égales aux provenances. Les ressources et les provenances sont évaluées aux montants exigés lors de l'acquisition des ressources, soit aux « montants historiques » qui avaient cours quand Jean a effectué les diverses opérations qui lui ont permis de mettre sur pied sa petite entreprise. Ce bilan sommaire illustre les principes qui régissent tous les bilans, quels que soient la taille de l'entreprise ou les montants engagés.

Toutefois, il nous manque des renseignements pour classer les éléments d'actif et de passif de Jean à court ou à long terme, ou pour analyser son fonds de roulement. L'encaisse est un actif à court terme. Par contre, puisque nous ignorons quand Jean doit rembourser sa tante et finir de payer son vélo, nous ne sommes pas en mesure de déterminer la composition de son passif à court terme. Un expert-comptable appelé à établir le bilan des Messageries Jean devrait connaître la composition de son passif à court terme, afin de rendre les états financiers plus profitables pour les utilisateurs.

Voici le type de renseignements à recueillir :

« Jean, quand dois-tu rembourser ta tante Élisabeth ?

— Elle ne me l'a pas dit, mais j'ai l'intention de la rembourser à la fin de l'année 1995. Je suis sûr qu'elle n'aimerait pas que je tarde plus longtemps.

— Et quand dois-tu finir de payer ton vélo ?

— Le commerçant voulait que je paie tout de suite. Je lui ai expliqué que je devais d'abord tirer un revenu de l'exploitation de mon entreprise. Il m'a alors répondu qu'il me faudrait payer dès que je le pourrais. J'ai dû signer un document les autorisant à reprendre le vélo et les autres articles si je ne payais pas. »

À partir de ces renseignements et en procédant à quelques modifications, nous pouvons produire le bilan suivant :

Messageries Jean (note 1)
Bilan au 15 avril 1994

Actif		Passif et capitaux propres	
Actif à court terme :		Passif à court terme :	
Encaisse	25 $	Compte fournisseur sur matériel (note 2)	225 $
Actif à long terme :		Passif à long terme :	
Matériel (au coût)	600	Emprunt à tante Élisabeth (note 3)	200
		Capitaux propres :	
		Investissement de Jean	200
Total	625 $	Total	625 $

Notes annexées au bilan :
1. Les Messageries Jean sont une entreprise non constituée en société de capitaux dont le propriétaire unique est Jean Gauvin. L'exploitation a débuté le 15 avril 1994.
2. Le compte fournisseur sur le matériel est dû. Il est garanti par le matériel saisissable si la dette n'est pas remboursée.
3. La somme due à la tante de Jean devrait être remboursée à la fin de l'année 1995.

Ce bilan contient plus de renseignements sur le passif et les capitaux propres que la première version, mais il est également moins détaillé en ce qui concerne le matériel présenté dans la section de l'actif. Vous pouvez préférer cette version à l'autre, ou l'inverse. Cette version nous permet d'analyser le fonds de roulement de Jean. Son actif à court terme s'élève à 25 $, et son passif à court terme, à 225 $, ce qui donne un fonds de roulement négatif de 200 $ et un ratio de fonds de roulement de 0,11 (25 $/225 $). La situation financière de l'entreprise de Jean n'est pas très solide. Il doit compter sur les revenus futurs que devrait lui procurer l'exploitation de son entreprise pour rembourser son vélo. Comme beaucoup de nouvelles entreprises, les Messageries Jean débutent malheureusement dans une situation financière précaire et, si l'avenir n'est pas aussi rose que son propriétaire l'espère, elle pourrait bien ne pas faire long feu.

OÙ EN ÉTES-VOUS ? Voici deux questions auxquelles vous devriez pouvoir répondre à partir de ce que vous venez de lire :

1. Le bilan de la société Les Épiciers Unis ltée présente un actif et un passif. Que représentent l'actif et le passif en comptabilité générale ?
2. Jean Gauvin veut vous emprunter 300 $, qu'il vous rendra dans deux ans, pour rembourser le magasin de vélos et stabiliser la situation financière de sa nouvelle entreprise. Si vous lui prêtiez cette somme, quels seraient les nouveaux chiffres du bilan après votre prêt et le paiement versé au magasin ? (L'encaisse à court terme serait de 100 $ [25 $ + 300 $ – 225 $] et la dette à long terme qui vous est due se chiffrerait à 300 $, en remplacement des 225 $ qui étaient dus au magasin de vélos. Ainsi, l'actif total serait de 700 $ [100 $ à court terme], le passif représenterait 500 $ [à long terme] et l'investissement du propriétaire resterait le même, soit 200 $. L'entreprise de Jean est un peu plus endettée, mais sa situation à court terme s'est améliorée, il n'a aucune dette à rembourser avant l'an prochain.)

2.8 LE CONTEXTE : ENTREPRISES INDIVIDUELLES, SOCIÉTÉS DE PERSONNES, SOCIÉTÉS PAR ACTIONS ET FINANCEMENT

Le bilan donne une vue d'ensemble quasi complète du financement des entreprises : il indique les sources d'emprunt et les capitaux propres qui ont été utilisés pour acquérir les éléments d'actif. Au cas où les principaux types d'entreprises commerciales et leur système de financement ne vous seraient pas familiers, nous les décrivons brièvement dans cette section. Cette courte introduction vous aidera à mieux saisir les différentes notions traitées dans cet ouvrage. Bien que ce sujet soit étudié plus en profondeur dans des ouvrages ou des cours de droit des sociétés et de finance, le présent manuel en abordera de nombreux aspects. Le glossaire présenté à la fin de cet ouvrage vous aidera également à comprendre la terminologie utilisée.

Il existe certaines grandes catégories d'entreprises, comme les entreprises constituées en sociétés de personnes, les sociétés par actions ou les coopératives, de même que les entreprises non commerciales, comme les regroupements sportifs, les associations de bienfaisance, les gouvernements et les partis politiques. Toutefois, nous ne pouvons toutes les décrire ici. Nous mettrons plutôt l'accent sur les quatre grands types d'entreprises commerciales et les méthodes de financement qu'elles utilisent principalement.

Les quatre types d'entreprises commerciales

L'entreprise individuelle

Une **entreprise individuelle** est une entreprise qui appartient à une seule personne et qui n'est pas constituée en société par actions. Si Jean, le messager à bicyclette, met sur pied une entreprise sans faire de démarches légales, l'entreprise sera individuelle. Légalement, les activités que mène Jean au sein d'une entreprise de ce genre ne se distinguent pas de ses activités non commerciales. S'il le souhaite, il peut utiliser l'argent que son entreprise lui rapporte pour acheter ses produits d'alimentation et, s'il ne paie pas les factures de son entreprise, ses créanciers peuvent réclamer tous les biens qu'il possède et qui ne font pas directement partie de l'entreprise.

Comme une entreprise individuelle n'a pas d'existence légale, la section des capitaux propres du bilan ne fait pas de distinction entre l'apport direct en capital du propriétaire et les bénéfices non répartis considérés comme un apport indirect du fait que le propriétaire aurait pu les retirer tous. On les additionne simplement sous le poste Capital du propriétaire. Par conséquent, le bilan d'une entreprise individuelle peut contenir tous les éléments d'actif et de passif que le propriétaire juge pertinents (il n'existe pas de définition stricte de ce qui constitue un actif ou une dette d'entreprise par rapport à un actif ou une dette personnelle), et la section des capitaux propres du bilan ne contient que le poste suivant :

Capitaux propres

Capital du propriétaire   X XXX $

La société de personnes

Comme l'entreprise individuelle, la **société de personnes** n'est pas constituée en société par actions, mais elle compte plusieurs propriétaires. Dans ce cas également, les biens personnels des propriétaires peuvent être réclamés par les créanciers de l'entreprise, et la distinction entre les affaires de l'entreprise et les affaires personnelles est également assez arbitraire. Toutefois, le fait qu'il y ait plusieurs propriétaires nécessite l'adoption de certaines formalités au sein de l'entreprise. Par exemple, il existe normalement une entente sur la répartition des bénéfices de l'entreprise entre les associés et sur le montant que chaque associé peut retirer de l'entreprise. Si les associés n'ont pas prévu par contrat la façon de régler leurs différends, ils peuvent se référer aux lois stipulant la procédure à suivre dans chaque province ou pays. Le bilan d'une société de personnes peut, comme celui d'une entreprise individuelle, contenir tous les éléments d'actif et de passif que les propriétaires jugent pertinents. De même, la section des capitaux propres, comme celle de l'entreprise individuelle, ne fait pas de distinction entre l'apport direct de capital de chaque associé et les bénéfices non répartis. La seule différence consiste à préciser le capital de chaque associé lorsque les associés sont très nombreux, comme dans les cabinets d'avocats, les cabinets d'experts-comptables ou les bureaux d'ingénieurs.

Capitaux propres

Capital des associés	
Associé A	X XXX $
Associé B	X XXX
Associé C	X XXX
Total du capital	X XXX $

La société par actions

Une **société par actions** est une entité juridique qui a une existence légale, distincte de celle de ses propriétaires. Elle peut posséder des biens, embaucher du personnel et mener ses affaires de la même façon que peut le faire une personne. Elle peut même faire l'objet de poursuites judiciaires et être traduite en justice par ses propriétaires. Vous pouvez habituellement reconnaître une entreprise qui est constituée en société par actions par sa raison sociale, qui renferme la mention « limitée », « ltée » ou « inc. » ou d'autres indications exigées par les autorités compétentes (province ou pays). La structure des sociétés par actions peut être très complexe. Nous allons examiner à présent deux de ces éléments complexes.

a) Les formes de capital-actions

Des personnes peuvent posséder des intérêts dans une société par actions en achetant des actions qui leur donnent le droit de vote ou d'autres droits au sein de cette société. Lorsqu'une société émet des actions pour la première fois, l'argent reçu est déposé dans le compte bancaire de la société et la provenance de cet élément d'actif est appelé **capital-actions**. Ce compte constitue un élément des capitaux propres. Si une personne qui a acheté des actions de la société les revend par la suite à quelqu'un d'autre, l'argent revient au vendeur et non à la société. Par conséquent, le capital-actions de la société ne présente que le montant reçu lorsque l'action a été vendue la première fois. La plupart des achats et ventes de millions d'actions qui ont lieu chaque jour dans les bourses de valeurs mobilières du monde entier n'ont aucune incidence sur les comptes de capital-actions figurant dans le bilan des sociétés, parce qu'il s'agit d'échanges entre propriétaires et non d'émissions par la société. Il existe diverses catégories d'actions.

- Les actions *ordinaires* : les détenteurs de ces actions ont le droit de voter dans les assemblées et ce sont les propriétaires les plus importants de la société, car ils élisent les membres du conseil d'administration qui gèrent la société en leur nom et déclarent les dividendes.

- Les actions *privilégiées* ou actions *de priorité* : habituellement, les détenteurs de ces actions ne votent pas, sauf dans des cas particuliers, mais ils possèdent d'autres droits, comme celui de recevoir un divi-dende fixe chaque année et ce, généralement avant les détenteurs d'ac-tions ordinaires, ou celui de convertir leurs actions privilégiées en actions ordinaires.

- Les actions de *catégorie A* et autres : selon les droits spécifiques qui leur sont attribués, elles se rapprochent des actions ordinaires ou des actions privilégiées. De nombreuses sociétés utilisent ces dénomina-tions moins précises parce que la complexité des droits accordés les empêche de les classer comme des actions ordinaires ou des actions privilégiées.

Dans le bilan ou dans un tableau annexe, on trouve la liste de toutes les catégories d'actions que la société a le droit d'émettre, accompagnée des droits afférents à chacune d'elles ainsi que du montant obtenu au moment de l'émission de chaque catégorie d'actions. Ce montant appar-tient à la société. Sauf dans des circonstances exceptionnelles, les proprié-taires, les actionnaires ou les détenteurs d'actions ne peuvent se faire rembourser les montants investis sous forme de capital-actions.

b) Les bénéfices non répartis

Les bénéfices d'une société appartiennent à la société et non à ses pro-priétaires. Les actionnaires ne peuvent recevoir les bénéfices que si le conseil d'administration leur déclare un dividende. Le montant des bénéfices non répartis, soit les bénéfices passés moins les dividendes, est inscrit dans un poste distinct de la section des capitaux propres.

Ainsi, le bilan d'une société par actions présente les éléments d'actif et de passif de la société, et la section des capitaux propres du bilan four-nit divers détails juridiques susceptibles d'intéresser les propriétaires actuels ou potentiels :

Capitaux propres

Capital-actions :	
Autorisé (description de	
toutes les catégories	
d'actions autorisées)	
Émis et versé :	
Actions de catégorie A	X XXX $
Actions de catégorie B	X XXX
Total du capital émis	X XXX $
Bénéfices non répartis	X XXX
Total des capitaux propres	X XXX $

En sus des comptes « capital émis et versé » et « bénéfices non répar-tis », d'autres rubriques peuvent être présentées dans la section des capi-taux propres. Ces rubriques sont le reflet d'aspects juridiques et compta-bles complexes que nous ne retiendrons pas pour le moment.

Les regroupements de sociétés

De nombreuses sociétés connues comme General Motors, John Labatt, Sears et Pepsico ne sont pas des sociétés uniques, mais plutôt des regrou-pements de plusieurs sociétés — parfois des centaines. Le bilan de ces regroupements de sociétés tente de présenter le regroupement comme une entité *économique* consolidée même si elle n'a pas d'existence juridique en elle-même. La préparation de ce bilan suppose la mise en œuvre de techniques comptables complexes qui dépassent largement l'objectif de cet ouvrage. Dans un chapitre ultérieur, nous étudierons brièvement les hypothèses qui sous-tendent les états financiers des regroupements de sociétés ; pour le moment, rappelons-nous seulement que les états financiers consolidés constituent des compilations.

Le financement des entreprises

Le côté droit du bilan contient les provenances des éléments d'actif présentés du côté gauche. Tout au long de cet ouvrage, nous donnerons de nombreux détails sur les deux côtés du bilan ; pour le moment, voici une liste des principales provenances :

Passif à court terme (à régler pendant l'année)

- Emprunts bancaires payables sur demande ou exigeant un remboursement rapide.
- Financement accordé par les fournisseurs, ou autres créanciers commerciaux, qui autorisent la société à acheter à crédit et à payer ultérieurement.
- Salaires gagnés par les employés, non encore versés, et retenues d'impôts à la source qui doivent être remises aux administrations fiscales.
- Estimations des montants à payer relatifs aux frais d'électricité, aux frais financiers et juridiques, et à d'autres dettes qui s'accumulent mais que les créanciers n'ont pas encore facturées.
- Impôts et autres taxes à payer par la société.
- Dividendes dus par la société, déclarés par le conseil d'administration, mais non encore versés aux actionnaires.
- Tranche de la dette à long terme échéant à court terme, comme le remboursement en capital d'une hypothèque à long terme qui sera effectué l'année suivante.

Passif à long terme (dettes arrivant à échéance dans plus de un an)

- Hypothèques, dettes obligataires, conventions d'achat de matériel et autres dettes s'échelonnant sur plusieurs années.
- Dettes à long terme, comme les prêts spéciaux consentis par les propriétaires en plus de leur participation dans la société, les estimations des impôts reportés et les dettes relatives aux régimes de retraite.

Capitaux propres

- Dans une entreprise individuelle : capital du propriétaire, soit le capital investi et les bénéfices non retirés par le propriétaire.
- Dans une société de personnes : capital des propriétaires, soit le capital investi et les bénéfices non retirés par les propriétaires.
- Dans une société par actions : capital-actions émis et bénéfices non répartis.

OÙ EN ÊTES-VOUS ?

Voici deux questions auxquelles vous devriez pouvoir répondre à partir de ce que vous venez de lire :

1. Les associés de la Société de consultants Bleau se demandent s'ils devraient constituer leur entreprise en une société par actions qui s'appellerait alors Consultants Bleau inc. Quelle incidence ce changement aurait-il sur la section des capitaux propres du bilan de leur entreprise ?
2. Donnez quelques exemples courants de passif à court terme et de passif à long terme, et expliquez en quoi diffèrent ces deux catégories de passif.

2.9   LES GESTIONNAIRES ET LES BILANS

Pourquoi les gestionnaires se préoccupent-ils du bilan de leur société ? Ils s'en préoccupent principalement parce que de nombreux groupes de l'extérieur s'y intéressent, parmi lesquels figurent les propriétaires, les créanciers, les administrations fiscales et les syndicats. Vous n'avez qu'à lire quelques articles de journaux et de magazines d'affaires pour vous rendre compte de l'intérêt que suscite l'information contenue dans les bilans. Vous trouverez sans doute des commentaires semblables à ceux-ci :

> La structure financière de Maigret ltée est déficiente. La direction doit résoudre ce problème avant que les investisseurs, qui hésitent à prendre des risques, s'intéressent à la société.

> Legros ltée dispose d'importantes réserves de liquidités, de sorte que l'on peut supposer que la direction cherche à acquérir une autre société qui viendrait s'ajouter au groupe consolidé de Legros ltée.

> Le prix des obligations des sociétés ont peu réagi aux changements récents des taux d'intérêt parce que trop de bilans présentent une dette importante.

> Dans le climat actuel d'effervescence des affaires, les dirigeants d'entreprise doivent trouver d'autres moyens que l'emprunt bancaire pour financer l'actif à court terme.

Le bilan présente la situation financière de l'entreprise à un moment donné. Il montre les éléments d'actif, soit les ressources que la direction a choisi d'acquérir pour l'entreprise et la façon dont elle a décidé de les financer. Par conséquent, le bilan fournit une image utile de la situation financière de la société et il permet aux utilisateurs externes d'évaluer la qualité des décisions prises par la direction en ce qui concerne l'acquisition, l'utilisation et le financement de l'actif. Pour le meilleur ou pour le pire, c'est un sommaire de toute l'information constatée par la comptabilité et il constitue pour beaucoup le relevé de notes de la direction en ce qui concerne la gestion de l'entreprise. Cette responsabilité est encore mise en évidence par l'obligation pour certains membres du conseil d'administration de signer le bilan de leur société, ce qui les rend responsables devant les propriétaires et les créanciers.

Par ailleurs, le bilan ne précise pas explicitement dans quelle mesure la direction a réussi à utiliser les biens pour produire des bénéfices, ou à gérer les flux monétaires, afin de régler rapidement ses dettes. Ces renseignements se trouvent dans l'état des résultats et dans l'état des flux de trésorerie, qui seront abordés plus loin dans cet ouvrage, mais sont aussi reliés à l'information en partie double contenue dans le bilan. Les forces et les faiblesses du bilan, étudiées tout au long de cet ouvrage, sont par conséquent d'une importance primordiale pour les dirigeants, puisque ces derniers sont responsables de la gestion de l'actif et du passif de l'entreprise. D'ailleurs, leurs revenus, leur promotion, leur carrière, leur régime de retraite et leur réputation dépendent des décisions que prennent d'autres personnes en s'appuyant, dans une certaine mesure, sur l'information contenue dans le bilan.

2.10 LA RECHERCHE COMPTABLE : THÉORIE DITE DE L'ENTITÉ OU THÉORIE DITE DU PROPRIÉTAIRE ?

Un bilan, nous l'avons déjà dit, présente les éléments d'actif et de passif d'une entreprise ainsi que leur valeur en dollars. Nous savons aussi que l'équation comptable se présente sous la forme suivante, Actif = Passif + Capitaux propres, ou sous une forme équivalente, Actif - Passif = Capitaux propres, forme que nous utiliserons dans cet ouvrage. Comme nous le verrons en détail plus loin, la comptabilité en partie double fait en sorte que l'équation soit toujours vraie en attribuant des valeurs aux éléments d'actif, de passif et aux capitaux propres qui assurent l'égalité des membres de l'équation. Même en ne connaissant que cette fonction arithmétique, on peut tout de même se demander si un côté de l'équation a priorité sur l'autre. Devrions-nous attribuer des valeurs à l'actif et au passif, et ne donner aux capitaux propres que la valeur nécessaire pour permettre d'assurer l'égalité de l'équation ? Ou, encore, devrions-nous attribuer une valeur aux capitaux propres et choisir des valeurs arbitraires pour l'actif ou le passif, pourvu qu'elles assurent l'égalité de l'équation ?

La première approche, centrée sur l'actif et le passif, qui considère les capitaux propres comme une valeur résiduelle, est la *théorie dite de l'entité*. Elle met l'accent sur l'entreprise en tant qu'**entité économique**, et juridique si elle est constituée en société par actions, distincte de ses propriétaires, quels qu'ils soient. Dans ce cas, aucune distinction n'est faite entre les propriétaires et les créanciers, puisqu'ils contribuent tous au financement de l'entité dans son ensemble.

La seconde approche est la *théorie dite du propriétaire*. Elle est centrée sur les capitaux propres et elle met l'accent sur les intérêts du propriétaire ou des propriétaires. Elle tente de déterminer la valeur des capitaux propres pour les propriétaires ou, autrement dit, les valeurs de l'actif et du passif pour les propriétaires. Selon cette théorie, l'entreprise est vue comme un prolongement des propriétaires. Le problème consiste à déterminer exactement qui est ou qui sont les propriétaires. S'agit-il seulement des détenteurs d'actions ordinaires ayant le droit de vote ? Qu'en est-il alors des détenteurs d'obligations qui peuvent convertir leurs obligations en actions ? D'un point de vue juridique, la réponse peut être simple si l'on tient compte uniquement de ceux à qui incombe l'ultime responsabilité légale de la société, c'est-à-dire les actionnaires ayant le droit de vote, les associés ou l'unique propriétaire d'une entreprise individuelle.

Selon la théorie dite du propriétaire, l'entreprise est considérée du point de vue de son propriétaire. L'entreprise n'est pas distincte de ce dernier, et les questions portant sur la combinaison parfaite d'éléments d'actif ou la meilleure combinaison de dettes et de capitaux propres sont posées du point de vue du propriétaire. La théorie dite de l'entité a une vision plus globale et envisage l'entreprise dans son ensemble en se demandant quels sont les meilleurs éléments d'actif et sources de financement pour l'entreprise.

Dans les années 50 et 60, des chercheurs en comptabilité ont examiné une série d'approches conceptuelles des états financiers, en vue de déterminer les principes qui permettraient de faire un choix entre la théorie dite de l'entité et la théorie dite du propriétaire. Au cours des années 70 et 80, les recherches ont révélé qu'aucune approche conceptuelle des états financiers ne répondait à tous les critères proposés et ne satisfaisait également les différents groupes d'intérêts en concurrence, à savoir les propriétaires actuels ou potentiels, les créanciers et les gestionnaires. D'où la nécessité pour la comptabilité d'incorporer, dans la mesure du possible, des éléments des deux théories. En effet, d'une part, les entreprises constituent des entités économiques distinctes qui peuvent changer de propriétaire en tout temps et, d'autre part, chaque propriétaire est assurément intéressé par la valeur que représente l'entreprise pour lui.

Nous sommes donc forcés de constater que les principes comptables empruntent à la fois aux deux théories et que la plupart des utilisateurs des états financiers sont satisfaits de ce compromis. Par exemple, tous les éléments d'actif sont évalués à leur valeur pour l'entreprise et non pour le propriétaire, selon la théorie dite de l'entité, alors que, selon la théorie dite du propriétaire, on calcule les bénéfices de l'entreprise en déduisant les intérêts payés aux créanciers mais en ne considérant pas les dividendes versés aux propriétaires.

Vous avez sans doute déjà constaté que, dans cet ouvrage, nous mettons l'accent sur l'aspect utilitaire de la comptabilité, car celle-ci s'adapte aux besoins des utilisateurs plutôt qu'aux principes théoriques. Par conséquent, la comptabilité n'a pas pour tâche de défendre l'un ou l'autre des points de vue avancés. Jusqu'à présent, cependant, la recherche en comptabilité a établi qu'il n'existe aucun principe théorique permettant de répondre de façon infaillible aux questions importantes de cette discipline. Plusieurs principes apparemment sensés, défendus par certains groupes de personnes et fondés sur des théories claires, donnent des résultats contradictoires lorsqu'ils sont appliqués à la comptabilité. Il nous faut donc considérer la comptabilité générale comme une création complexe dans un monde complexe, et non comme un simple assemblage de chiffres[12].

◆ 2.11 CAS À SUIVRE...

Deuxième partie

Données de la deuxième partie
◆ ◆ ◆ ◆ ◆ ◆ ◆ ◆ ◆ ◆ ◆ ◆ ◆ ◆ ◆ ◆ ◆ ◆

Après de nombreuses recherches et de longues discussions, Mado et Thomas en sont venus à élaborer un projet d'entreprise. Ils ont constaté dans leur région une forte croissance des magasins de détail, de type « boutique », habituellement gérés par des familles. Ils estiment toutefois que la région n'approvisionne pas convenablement ces magasins en fournitures ou en marchandises attrayantes et que la mise en marché comporte des lacunes. Ils en ont donc déduit que la région était un endroit propice pour établir une société de distribution en gros, qui permettrait à ces petites boutiques d'avoir accès aux fournisseurs nationaux et internationaux, et qui les aiderait à adapter leurs gammes de produits aux marchés locaux et à bien mettre en marché leurs produits. Il existe d'autres distributeurs de ce genre en Amérique du Nord, mais la région où vivent Mado et Thomas ne semble pas être bien servie par ceux-ci. Nos deux amis considèrent qu'ils ont des idées innovatrices qui tranchent avec celles des autres distributeurs. Le secteur est très concurrentiel, mais ils entrevoient une forte possibilité de croissance, du fait que la génération des baby boomers — qui a atteint l'âge mûr — montre de plus en plus d'intérêt pour les boutiques de détail. De plus, le commerce international offre l'occasion de se procurer des produits attrayants à des prix intéressants.

Ils ont eu beaucoup de choses à faire avant de pouvoir commencer l'exploitation de la société. Voici quelques-unes des démarches entreprises par Mado et Thomas. Premièrement, ils ont décidé de se constituer en société par actions en vue d'obtenir un financement externe et de limiter leur responsabilité personnelle. Ils ont aussi décidé d'utiliser le prénom de Mado dans la raison sociale et de baptiser l'entreprise Mado inc., estimant que cette appellation avait une certaine résonance exotique et internationale. Deuxièmement, il leur a fallu rassembler le capital initial. Thomas estimait qu'ils avaient besoin d'un capital-actions d'environ 125 000 $ ainsi que d'un financement bancaire additionnel important pour pouvoir acquérir la marchandise nécessaire. Ils ont également décidé d'utiliser des techniques de gestion modernes afin de réduire au minimum les quantités de stocks, sachant que ceux-ci constitueront un actif important de la société.

Après quelques analyses et discussions avec des parents et amis, ils ont rassemblé le capital suivant : Mado tenait à acheter 40 % des actions avec droit de vote en contrepartie de 50 000 $ comptant provenant de son héritage, et Thomas devait acheter 24 % des actions. Il ne disposait pas des 30 000 $ nécessaires, mais il mettrait son automobile, évaluée à 10 000 $, dans l'actif de l'entreprise et ajouterait 20 000 $, puisés dans ses économies. Cinq parents et amis ont accepté d'investir 45 000 $ comptant pour acquérir le reste des actions, soit 36 %. De plus, le père de Thomas a accepté de prêter 15 000 $ à l'entreprise. Il ne voulait pas

◆ ◆ ◆

d'actions parce qu'il s'inquiétait de sa santé et voulait pouvoir être remboursé s'il avait besoin d'argent.

Troisièmement, il leur a fallu déterminer la structure de gestion de la société. Ils ont décidé que le conseil d'administration de la société serait composé de Mado, de Thomas et d'un représentant des cinq parents et amis. Mado serait la présidente, et Thomas, le vice-président. Mado veillerait essentiellement au développement de l'entreprise et au marketing, tandis que Thomas s'occuperait du financement et des opérations journalières.

Quatrièmement, il leur a fallu trouver un entrepôt vacant qui pouvait être loué à un prix abordable. Il devait être situé à la fois au centre de la région cible et assez proche de leurs domiciles respectifs. Le bâtiment qu'ils ont trouvé nécessitait quelques rénovations, mais ils pouvaient l'aménager directement et commencer leurs opérations. Cinquièmement, Thomas a élaboré un plan d'action et communiqué avec plusieurs banques et autres institutions financières pour obtenir leur soutien. D'après les antécédents de Mado et les siens, et compte tenu de leur plan d'action et du financement déjà amassé, il était sûr d'obtenir une marge de crédit qui autoriserait la société à disposer sur-le-champ de 80 000 $ et à recevoir un crédit subséquent garanti par le stock et les comptes clients une fois que les opérations auraient débuté. Mado et Thomas devaient cautionner personnellement la marge de crédit et donner leurs actions en garantie pour obtenir le prêt.

Le 1er mars 1994, la nouvelle société était officiellement constituée avec une seule catégorie d'actions. Sa première facture s'élevait à 1 100 $, ce qui couvrait les honoraires de l'avocat chargé de la constitution. Les divers investisseurs ont versé leur quote-part, un contrat de location de cinq ans pour l'entrepôt a été signé, Thomas a transféré les droits de propriété de son automobile à la société et Mado a abandonné son travail pour devenir la seule employée à temps plein de la société avec un salaire mensuel de 2 500 $. Alors que Thomas continuera de travailler à la banque, Mado passera la plupart de son temps à établir des contacts avec les fournisseurs et les détaillants, tout en supervisant les rénovations et en s'acquittant des autres tâches nécessaires à la mise en route de l'entreprise. Tous deux pensaient qu'il valait mieux que Thomas conserve son emploi bien rémunéré à la banque plutôt que de le quitter et d'imposer le prix d'un salaire additionnel à la société. Tant qu'il conservera son emploi, Thomas prendra en note les heures qu'il consacrera à la société. Il sera payé plus tard au même taux que Mado sur une base de 200 heures par mois, nombre d'heures que Mado pense consacrer à l'entreprise au moment de sa mise en route.

Thomas désire disposer d'un bilan de départ, en partie pour pouvoir le présenter à la banque. C'est pourquoi, le soir du 1er mars, il entreprend de le préparer avec Mado.

Résultats de la deuxième partie

Mado et Thomas ont préparé deux bilans, l'un présentant de façon détaillée le capital investi par chacun, et l'autre présenté sous une forme plus courante. Voici le premier :

Mado inc.
Bilan détaillé au 1ᵉʳ mars 1994

Actif		Provenance de l'actif	
Encaisse :		Honoraires à payer	
De Mado	50 000 $	à l'avocat	1 100 $
De Thomas	25 000	Investissements :	
Des autres actionnaires	45 000	Actions de Mado	50 000
Du père de Thomas	15 000	Actions de Thomas	30 000
Automobile	10 000	Autres actionnaires	45 000
Frais de constitution	1 100	Père de Thomas	15 000
Total	141 100 $	Total	141 100 $

Voici le second bilan. Le prêt du père de Thomas a été classé dans le passif à court terme, puisque ce dernier a précisé qu'il voulait pouvoir le réclamer en tout temps. Le coût de l'automobile, dont Thomas a transféré les droits de propriété à la compagnie, a été inscrit à la valeur convenue, soit 10 000 $.

Mado inc.
Bilan officiel au 1ᵉʳ mars 1994

Actif		Passif et capitaux propres	
Actif à court terme :		Passif à court terme :	
Encaisse	130 000 $	Compte fournisseur	1 100 $
		Emprunt à payer	15 000
Actif à long terme :			
Automobile (au coût)	10 000	Capitaux propres :	
Frais de constitution	1 100	Capital-actions	125 000
Total	141 100 $	Total	141 100 $

2.12 RÉFLEXIONS ET TRAVAUX PROPOSÉS POUR AMÉLIORER LA COMPRÉHENSION

Problème 2.1 Il est reconnu que les affaires et la comptabilité ont connu un développement parallèle, du fait que la comptabilité répond aux demandes d'information des gens. On peut d'ailleurs le constater en consultant un rapport financier moderne. Prenez le bilan de n'importe quelle société moderne, par exemple celui des Épiciers Unis ltée dans ce chapitre, et nommez deux caractéristiques ou éléments de ce bilan qui peuvent être liés à un fait historique ou à une demande d'information. Comment expliquez-vous la présence de ces caractéristiques ou éléments à la fin du XXᵉ siècle ?

Problème 2.2   Prenez comme exemple une société que vous connaissez ou qui vous intéresse, et dressez la liste de toutes les personnes ou de tous les groupes qui peuvent être intéressés par son bilan. Divisez votre liste en deux colonnes : dans la colonne intitulée *Personnes ou groupes*, indiquez qui sont les décideurs et, dans la colonne *Utilisations*, précisez les décisions qu'ils doivent prendre.

Tentez de trouver le plus d'utilisations possibles : votre liste pourrait être très longue. Elle le sera davantage si vous incluez les personnes qui voudraient bien utiliser le bilan, si celui-ci répondait à leurs besoins ou si elles pouvaient le consulter en temps opportun.

Problème 2.3   En utilisant le bilan des Épiciers Unis ltée ou celui d'une autre société, répondez aux questions suivantes :

1. Quelles sont les ressources dont dispose la société ?

2. Comment sont financées ces ressources ?

3. Dans quelle mesure la société s'appuie-t-elle sur ses emprunts ou sur ses capitaux propres pour assurer son financement ? Calculez le ratio d'endettement (le total du passif divisé par le total des capitaux propres) afin d'apprécier l'équilibre de ses sources de financement. Y a-t-il des comptes présentés du côté droit du bilan qui ne semblent pas clairement constituer une dette ou des capitaux propres ?

*Problème 2.4** 1. Définissez chacun des éléments suivants et donnez un exemple tiré du bilan des Épiciers Unis ltée présenté dans ce chapitre (ou du bilan d'une autre société que vous connaissez bien ou qui vous intéresse).
   a) Un actif à court terme.
   b) Un actif à long terme.
   c) Un passif à court terme.
   d) Un passif à long terme.
   e) Un élément des capitaux propres.

2. Pensez-vous que les éléments que vous avez choisis seront toujours classés de la même façon pour toutes les entreprises ? Pourquoi ? Donnez des exemples, dans la mesure du possible.

3. Calculez à combien s'élèvent le fonds de roulement de la société et le ratio du fonds de roulement pour les deux exercices présentés dans le bilan. La situation à court terme de la société s'est-elle améliorée ou détériorée au cours de ces deux exercices ?

*Problème 2.5** 1. Dressez la liste de vos ressources et obligations personnelles, et essayez de les classer de la même manière que les éléments présentés dans un bilan comptable standard, où les ressources sont énumérées d'un côté, et les dettes et les droits sur ces ressources de l'autre côté. Gardez à l'esprit que le total des ressources doit être égal au total des dettes plus les capitaux propres. En dressant cette liste, demandez-vous quelles ressources ou obligations pourraient être présentées dans un bilan ; quels renseignements vous devriez fournir sur chacun de ces éléments ; quels éléments doivent être classés dans le court ou le long terme ; et quels sont ceux qui peuvent facilement ou difficilement être évalués en chiffres. (Si vous avez rempli une demande de bourse ou de prêt étudiant, l'information que vous avez fournie dans cette demande pourrait constituer un bon point de départ.)

2. Quelle information susceptible de favoriser la prise de décision votre liste de ressources et d'obligations pourrait-elle fournir ?

3. Calculez votre ratio d'endettement (le total du passif divisé par le total des capitaux propres). Votre financement est-il sainement géré ?

Problème 2.6*   Le 3 janvier 1994, à la veille de leur mariage, Julie et Simon font chacun la liste de leurs ressources financières et des droits sur ces ressources. Voici leurs listes :

Liste de Julie :

Encaisse dans un compte de chèques	500 $
Chaîne stéréo	2 000
Dépôt donné en garantie pour la salle (noces)	300

Liste de Simon :

Encaisse dans un compte de chèques	1 000 $
Prêt étudiant	2 000
Meubles	500
Loyer payé d'avance pour la salle (noces)	300

1. Dressez le bilan de Julie en vous servant de sa liste.

2. Dressez le bilan de Simon en vous servant de sa liste.

3. Vous posez-vous des questions au sujet des montants attribués à certains éléments des deux bilans ? Lesquelles ? Pourquoi ?

4. Le 4 janvier 1994, Julie et Simon se sont mariés. Voici quelques-uns de leurs cadeaux de noces :

Argent	2 000 $
Cadeaux divers	1 500
Remboursement du prêt de Simon par ses parents	2 000

Le couple a versé immédiatement 1 000 $ à l'orchestre qu'il avait engagé pour les noces. Au cours de la réception, la salle n'a pas été endommagée. Après la fête, les jeunes mariés sont partis en lune de miel jusqu'au mardi suivant ; ils ont payé toutes leurs dépenses avec la carte de crédit American Express de Julie, dont ils devront régler la facture à la fin du mois de février 1994. Leur lune de miel leur a coûté 600 $.

Dressez le bilan du couple au 8 janvier 1994, soit le lendemain de leur lune de miel. Veillez à y inclure toute l'information financière qui vous a été fournie.

Problème 2.7   Rédigez un court texte dans lequel vous présenterez une profession que vous-même ou quelqu'un que vous connaissez pourrait exercer, et expliquez l'intérêt de l'information fournie dans un bilan pour cette profession. Si vous pensez qu'il n'existe aucune relation entre cette profession et un élément quelconque présenté dans un bilan, expliquez pourquoi.

Problème 2.8   Vous avez été engagé comme directeur adjoint de Stéphane Joly, propriétaire dynamique d'une chaîne de restaurants en plein essor. Vous prenez l'avion avec Stéphane Joly pour vous rendre dans une autre ville, mais le film présenté à bord est tellement ennuyeux que vous passez tout le voyage à travailler. Stéphane Joly vous fait part de son agacement au sujet des comptables et de la comptabilité, probablement parce que la vérification annuelle des comptes de la société est en cours et qu'elle semble particulièrement rigoureuse. Si Stéphane Joly vous posait les questions suivantes, que lui répondriez-vous ?

1. Ce qui me dérange particulièrement au sujet du bilan, c'est que les éléments doivent s'équilibrer. Qui s'en préoccupe ? D'où vient cette idée et pourquoi est-elle importante ?

2. Mon vérificateur veut discuter avec moi des éléments que le bilan présente au sujet des finances de la société et de la façon dont je les ai administrées. Mais moi, je regarde toujours vers l'avenir. Pourquoi devrais-je m'intéresser à un bilan qui reflète le passé ?

3. L'an dernier, j'ai eu vraiment une bonne idée au sujet du bilan. Tu sais, je considère que les gérants de nos restaurants constituent l'actif le plus important de la société. Je voulais qu'on ajoute les gérants dans l'actif du bilan, de façon à montrer tous les éléments de notre actif. Mais les experts-comptables et les vérificateurs n'ont pas paru intéressés par mon idée. Pourquoi ?

4. Quelqu'un m'a déjà dit que le bilan constitue une photographie de l'entreprise à un moment précis, et qu'il faut être vigilant parce que cette photographie peut avoir été retouchée par certains experts-comptables pour en faire disparaître les défauts. Que voulait-il dire ? Le bilan ne constitue-t-il pas une liste exacte de tous les éléments d'actif et de passif de la société ?

Problème 2.9   Armand Lamer ltée est un restaurant spécialisé dans les fruits de mer et les soupes de poisson. L'établissement est loué et toutes les ventes se font au comptant, de sorte que le bilan de la société comporte peu de comptes. On peut voir ci-dessous comment se présentent les comptes au 31 mai 1994.

1. Dressez le bilan d'Armand Lamer ltée au 31 mai 1994. Joignez au bilan toutes les notes complémentaires que vous jugez utiles.

2. Commentez la situation financière du restaurant, telle qu'elle se présente dans le bilan.

3. Supposons que, lorsque vous avez vérifié les comptes de la société après avoir dressé le bilan, vous ayez découvert une erreur dans les registres : la société a versé 2 900 $ à un fournisseur mais, par erreur, on n'a pas déduit ce montant du compte bancaire de l'entreprise ni du registre des comptes à payer aux fournisseurs. Vous décidez d'inscrire ce paiement. Quelle incidence cette modification aura-t-elle sur le bilan que vous avez dressé au point 1 et sur les commentaires que vous avez faits au point 2 ?

Solde des comptes au débit		Solde des comptes au crédit	
Coût des aliments	2 100 $	Montants à payer aux	
Matériel et mobilier		fournisseurs	5 300 $
(au coût)	64 900	Emprunt à long terme	25 000
Autres fournitures		Salaires à payer	900
(au coût)	4 500	Capital-actions émis	10 000
Fonds en banque	2 200	Amortissement cumulé	27 400
		Bénéfices non répartis	5 100
	73 700 $		73 700 $

Problème 2.10 Fleur d'Amour ltée fabrique et vend divers produits romantiques destinés à une clientèle d'âge mûr. Parmi ces produits, on trouve des bouquets de fleurs, des philtres d'amour, des sous-vêtements affriolants et des recettes de biscuits aphrodisiaques.

Voici les comptes du bilan de la société au 30 juin 1994 ; ils sont classés par ordre alphabétique.

Fleur d'Amour ltée
Comptes du bilan
au 30 juin 1994

Amortissement cumulé	63 700 $	Matériel et agencements	37 900
Bâtiment	102 100	Matières premières	
Bénéfices non répartis	47 500	non utilisées	18 700
Capital-actions émis	25 000	Produits finis non vendus	29 600
Clients	6 200	Retenues d'impôt	
Emprunt bancaire	21 200	à la source	
Encaisse	2 500	non encore versées	600
Fournisseurs	21 900	Salaires à payer aux	
Fournitures de bureau	1 400	employés	1 800
Fraction à court terme		Solde du compte bancaire	14 300
de l'hypothèque	8 000	Terrain	48 000
Fraction à long terme de			
l'emprunt hypothécaire	71 000		

1. Précisez quels sont les comptes dont le solde est « débiteur » (actif) et ceux dont le solde est « créditeur » (passif, capitaux propres et amortissement cumulé). Selon le système comptable de la société, le total des débits est égal au total des crédits, soit 260 700 $.

2. En vous basant sur la réponse que vous avez fournie au point 1, dressez le bilan de la société au 30 juin 1994 à partir des comptes ci-dessus.

3. Commentez brièvement la situation financière de la société, telle qu'elle est présentée dans le bilan.

Problème 2.11 Les exemples suivants, associés respectivement à une société particulière, constituent-ils un élément d'actif, un élément de passif ou un élément des capitaux propres ? Peuvent-ils être à la fois un élément d'actif et un élément de passif ? Justifiez votre réponse.

Société	*Élément*
1. Maclean-Hunter ltée	Liste des abonnés du magazine *L'actualité*.
2. L'Université de Sherbrooke	Fonds retenus sur les salaires des employés et qui doivent leur être reversés plus tard sous forme de pension de retraite.
3. La compagnie T. Eaton ltée	Clients satisfaits des services fournis par la compagnie.
4. Société d'électrolyse et de chimie Alcan ltée	Poursuite intentée contre la société par un plombier qui prétend ne pas avoir été payé pour le travail qu'il a effectué à l'usine.

5. Hudon et Deaudelin ltée	Terrain que la société a accepté de vendre à un promoteur immobilier, après analyse.
6. La compagnie T. Eaton ltée	Clients insatisfaits de la compagnie.
7. Maclean-Hunter ltée	Talentueuse équipe de rédacteurs et de reporters du magazine *L'actualité*.
8. Compagnie pétrolière impériale ltée	Pétrole découvert sur les terrains de la société mais qui n'est pas encore exploité et ne le sera probablement pas avant plusieurs années.
9. Club de hockey Canadien de Montréal	Joueurs de l'équipe ayant signé un contrat.
10. Le Père du Meuble inc.	Dépôts laissés par des clients pour des meubles qui n'ont pas encore été livrés.
11. La Presse ltée	Profits réalisés par la compagnie mais qui n'ont pas encore été versés en dividendes aux actionnaires.
12. Sears Canada inc.	Camions de livraison loués par Sears à diverses entreprises de location de camions.
13. Buick centre-ville ltée	Automobile louée à Denis Potvin, courtier en immeubles.
14. Boutin Express inc.	Sommes dues par un client ayant récemment déclaré faillite.
15. Les Rôtisseries St-Hubert ltée	L'appellation Saint-Hubert et le logo du coq, deux marques de commerce déposées.
16. Les Centres à la mode ltée	Terrain de stationnement du centre commercial les Galeries d'Anjou à Montréal.
17. Mont Saint-Sauveur International ltée	Garantie donnée par la compagnie sur l'emprunt bancaire fait par une société affiliée.
18. Les Produits Pharmaco ltée	Nouveau produit chimique prometteur pour guérir définitivement l'acné des adolecents, en attente de l'approbation gouvernementale.

Problème 2.12 Rédigez un court texte dans lequel vous exprimerez votre point de vue sur la question suivante : un seul bilan peut-il satisfaire tous les utilisateurs des états financiers d'une société ou faudrait-il plutôt dresser plusieurs bilans afin de répondre aux besoins des différents groupes d'utilisateurs ?

Problème 2.13 Dans les hautes montagnes de Whimsia, deux bergers, Tim et Tom, discutent de leur situation financière respective, sujet débattu régulièrement depuis des années. Tim déclare qu'il possède 400 moutons alors que Tom n'en possède que 360 ; par conséquent, Tim considère que sa situation est bien meilleure. Tom réplique en disant qu'il possède 30 hectares de terre, tandis que Tim n'en possède que 20. Toutefois, Tim a reçu sa terre en héritage alors que Tom a vendu 35 moutons pour acquérir 20 hectares il y a 10 ans et, cette année, il a échangé 40 moutons contre 10 hectares de terre. Tom fait remarquer aussi que, dans le troupeau de Tim, 35 moutons ne lui appartiennent pas et qu'il ne fait qu'en assurer la garde. Tim ajoute qu'il possède une grande cabane d'une pièce qu'il a bâtie lui-même et pour laquelle on lui aurait offert 3 hectares de terre. En plus, il possède une charrue qu'un ami lui a donnée, 2 chèvres, 2 charrettes qu'il a reçues en échange de 1 hectare de terre pauvre et un bœuf qu'il a acheté en échange de 5 moutons.

Tom relance le débat en disant qu'on a demandé à sa femme de tisser 5 manteaux en pure laine, et qu'elle recevra 25 chèvres en échange. Sa femme possède déjà 10 chèvres dont 3 reçues en échange d'un mouton l'année dernière. Elle possède aussi un bœuf, qu'elle a acheté en échange de trois moutons, et une charrette qui lui a coûté deux moutons. La cabane de Tom compte deux pièces, mais elle est plus petite que celle de Tim ; elle devrait tout de même lui permettre d'acquérir deux hectares de bonne terre. Tom rappelle à Tim qu'il doit trois moutons à Ted, un autre berger qui lui a apporté son dîner chaque jour l'année dernière.

D'après vous, quel berger est dans la meilleure situation financière ? Précisez toutes les hypothèses que vous posez. Essayez de trouver une façon de présenter les données décrivant la situation financière des deux bergers pour étayer votre évaluation[13].

RÉFÉRENCES

1. Judith Stone, « Big Brewhaha of 1800 B.C », *Discover*, janvier 1991, p. 14. La citation est de Fritz Maytag, propriétaire de l'Anchor Brewing Company de San Francisco.
2. George J. Coustourous, *Accounting in the Golden Age of Greece : A Response to Socioeconomic Changes*, Champaign, Center for International Education and Research in Accounting, Université de l'Illinois, 1979.
3. Orville R. Keister, « The mechanics of Mesopotamian Record-Keeping » dans *Contemporary Studies in the Evolution of Accounting Thought*, Michael Chatfield, Belmont, Californie, Dickenson Publishing Company Inc., 1968, p. 12 à 20.
4. Ten Have, *The History of Accounting*, Paolo Alto, Californie, Bay Books, 1976, p. 27 à 30.
5. *Ibid.*, p. 30 à 46.
6. *Ibid.*, p. 56 à 74.
7. Michael Chatfield, « English Medieval Bookkeeping : Exchequer and Manor », dans *Contemporary Studies in the Evolution of Accounting Thought*, p. 36.
8. Ten Have, *op. cit.*, p. 67.
9. Peter C. Newman, *Company of Adventurers*, Markham, Ontario, Viking/Penguin Books, 1985, p. xii.
10. C. J. Haasson, « The South Sea Bubble and M. Shell », dans *Contemporary Studies in the Evolution of Accounting Thought*, p. 86 à 94.
11. Ross M. Skinner, *Accounting Standards in Evolution*, Toronto, Holt, Rinehart and Wilson, 1987, p. 15 et 16.
12. Pour une explication des notions d'entité et de propriété, vous pouvez consulter, par exemple, l'étude de l'Institut Canadien des Comptables Agréés intitulée *L'information financière publiée par les sociétés : évolution future*, Toronto, ICCA, 1981, p. 18 et 19. Cette étude aborde également beaucoup d'autres notions comptables. Pour des recherches exhaustives sur la difficulté d'adapter une approche aux divers problèmes comptables, voir Ross M. Skinner, *Accounting Standards*, ou R. L. Watts et J. L. Zimmerman, *Positive Accounting Theory*, Englewood Cliffs, N.J., Prentice-Hall, 1986.
13. Adapté de *Accounting Education : Problems and Prospects*, Saratosa, Floride, American Accounting Association, 1974.

3

L'ÉTAT DES RÉSULTATS : EXPRESSION DE LA PERFORMANCE FINANCIÈRE DE L'ENTREPRISE

3.1 APERÇU DU CHAPITRE

Nous avons vu au chapitre 2 que le bilan constitue un document essentiel pour présenter le résultat cumulatif des activités financières d'une entreprise. Toutefois, le portrait qu'il brosse de la situation financière de l'entreprise reste incomplet. L'image fournie par le bilan est statique : elle nous renseigne sur la situation financière, mais la plupart des gestionnaires, des propriétaires et des créanciers veulent aussi connaître le rendement de l'entreprise de même que son parcours. En comparant les bilans préparés à deux moments différents, il est possible de constater des changements, mais cela ne nous explique pas vraiment pourquoi ces changements se sont produits. Pour fournir cette information, on a élaboré trois autres états financiers. Dans ce chapitre, vous étudierez l'*état des résultats*, soit le plus important d'entre eux. Vous vous familiariserez aussi avec l'état financier qui fait le lien entre l'état des résultats et le bilan, soit l'*état des bénéfices non répartis*. Au chapitre 4, vous étudierez l'*état de l'évolution de la situation financière*.

Avec la révolution industrielle et la croissance de la taille et de la complexité des entreprises, on a pu constater un intérêt grandissant pour une information relative à la performance financière des entreprises. De ce besoin est né l'état des résultats. L'image statique présentée par le bilan ne parvenait plus à répondre aux besoins, que ce soit ceux des nouvelles bourses des valeurs mobilières, ceux des gestionnaires professionnels non propriétaires, de plus en plus nombreux, ou encore ceux des gouvernements désireux d'évaluer le rendement des entreprises (et de taxer leurs revenus !).

Voici les concepts que vous étudierez dans ce chapitre :

Concepts d'utilisation : La demande d'information servant à évaluer la performance financière des entreprises au cours d'une période donnée (et pas seulement leur situation financière à un certain moment). Cette demande émane des gestionnaires de plus en plus spécialisés, des propriétaires, des gouvernements et des bourses des valeurs mobilières.

Concepts de préparation : La notion de *bénéfices* (aussi appelés *profits*), que l'on mesure en soustrayant les charges des produits, selon la méthode de comptabilité d'exercice présentée brièvement au chapitre 1. Cette méthode a été conçue en vue de mesurer le rendement des entreprises beaucoup plus que celui des organismes publics ou celui des organismes à but non lucratif.

Techniques de préparation : La présentation de l'état des résultats et de l'état des bénéfices non répartis, et la façon de les préparer et de les articuler.

Techniques d'utilisation : Quelques notions sur la manière d'interpréter l'état des résultats et l'état des bénéfices non répartis.

Dans ce chapitre, nous poursuivons l'aperçu historique amorcé au chapitre 2 jusqu'à nos jours. Bien des événements reliés à l'évolution des états financiers se sont produits au cours des deux derniers siècles. Ce sont les mêmes forces qui ont toujours façonné la comptabilité générale et qui exercent encore leur influence aujourd'hui. Nous traiterons aussi des sciences comptables et des relations entre la direction et la comptabilité. Enfin, nous continuons la description du cas amorcé au chapitre 1 par la présentation du premier état des résultats de l'entreprise Mado inc.

3.2 INTRODUCTION À L'ÉTAT DES RÉSULTATS ET À L'ÉTAT DES BÉNÉFICES NON RÉPARTIS

L'existence d'une société s'étend sur une période donnée. Si les propriétaires et les gestionnaires réussissent, l'entreprise peut durer fort longtemps. Prenons, par exemple, la Compagnie de la baie d'Hudson : constituée en 1670, elle existe depuis plus de trois siècles ! Supposons que l'on désire mesurer la performance financière de cette entreprise en vue de la comparer avec d'autres sociétés, d'évaluer les impôts sur les bénéfices, de fixer le prix auquel elle pourrait être vendue, ou pour bien d'autres raisons. Comment pourrions-nous mesurer cette performance ?

La performance financière est ce qu'il resterait aux propriétaires si l'on fermait une compagnie, si l'on vendait tout son actif et que l'on réglait tout son passif. Une bonne performance permettrait aux propriétaires de récolter plus d'argent qu'ils n'en ont investi au départ dans l'entreprise, compte tenu de l'inflation et des coûts engagés pour réunir ces fonds (les frais d'intérêt, par exemple). Toutefois, mettre fin aux activités d'une entreprise pour évaluer son rendement constituerait une mesure assez draconienne ! Quant à attendre qu'elle meure de causes naturelles, cela ne semble pas être une meilleure solution. En effet, la Compagnie de la baie d'Hudson a survécu à de nombreuses générations de propriétaires et de gestionnaires, et chez Ford Motor on achève presque le règne de la troisième génération de la famille Ford. Il est plus utile d'évaluer la performance d'une entreprise en choisissant des périodes plus courtes : une année, un trimestre ou un mois. Les utilisateurs peuvent alors décider du moment où ils veulent investir dans la compagnie ou se retirer, ainsi que du moment de l'embauche ou du renvoi des gestionnaires.

C'est le but de l'état des résultats. L'**état des résultats** s'appuie sur la comptabilité d'exercice pour évaluer les bénéfices nets d'une entreprise durant une période donnée, habituellement un an, trois mois ou un mois.

Le bénéfice net correspond à la différence entre les produits et les charges, y compris les charges fiscales.

Bénéfice net de la période = Produits – Charges de la période

Du fait qu'il est basé sur la comptabilité d'exercice, le bénéfice net constitue une mesure économique de la performance financière et non une mesure de la variation des flux monétaires (rappelez-vous l'exemple de l'entreprise de fabrication de bijoux d'Irène Gadbois à la section 1.4 du chapitre 1). On mesure le bénéfice net sans déduire les revenus des propriétaires (versés sous forme de dividendes). On considère que ces versements sont des *distributions des bénéfices*.

Dans l'**état des bénéfices non répartis**, le bénéfice net de la période est ajouté à la somme des bénéfices accumulés depuis le début des opérations de la société. De ce montant, on soustrait les dividendes déclarés, versés ou non, pour la même période. Le résultat de ces opérations donne les bénéfices non répartis.

Bénéfices non répartis = Bénéfices non répartis
à la fin de la période   au début de la période
**   + Bénéfice net de la période**
**   – Dividendes déclarés durant**
**   la période**

Par conséquent, l'état des bénéfices non répartis montre que le bénéfice net de la période est inclus dans les bénéfices non répartis à la fin de la période, indiquant ainsi qu'il fait partie des *changements* apportés aux bénéfices non répartis au cours de la période couverte par l'état des résultats.

Le bilan présente tous les comptes d'actif, de passif et de capitaux pour une date donnée. Cet état financier est habituellement comparatif, car il montre les soldes des comptes au début et à la fin de la période couverte par l'état des résultats. Il présente donc les bénéfices non répartis au début et à la fin de cette période.

Actif au début   = Passif + Capitaux propres
de la période   (y compris les bénéfices non
**   répartis) au début de la période**

Actif à la fin   = Passif + Capitaux propres
de la période   (y compris les bénéfices
**   non répartis) à la fin de la période**

Évolution* de l'actif = *Évolution* du passif + *Évolution
**   des capitaux propres (y compris**
**   les bénéfices non répartis)**

Par conséquent, les soldes de début et de fin de période du bilan décrivent la situation financière d'une entreprise au début et à la fin de la période couverte par l'état des résultats. Le bénéfice net provoque un changement des bénéfices non répartis, lequel entraîne un changement dans le bilan. Ainsi, l'état des bénéfices non répartis lie l'état des résultats et le bilan, ce qui nous permet de distinguer le rôle du bénéfice dans l'équation comptable.

Le bénéfice fait partie des composantes des capitaux propres de l'équation comptable.

Analysons un exemple. Au début de l'année 1994, la société Brillant présentait le bilan suivant : actif, 5 000 $; passif, 3 000 $; capitaux propres, 2 000 $. Le montant des capitaux propres se composait alors du capital investi par les propriétaires, soit 500 $, et de 1 500 $ de bénéfices non répartis. Ces 1 500 $ représentent, par conséquent, la somme de tous les bénéfices nets engendrés par la société jusqu'au début de 1994, moins tous les dividendes déclarés aux propriétaires durant la même période. Au cours de 1994, les produits d'exploitation de la société se chiffraient à 11 000 $, les charges à 10 000 $, et la société avait déclaré 300 $ de dividendes aux propriétaires. À la fin de l'année 1994, l'actif de la société s'élevait à 5 900 $, le passif, à 3 200 $, et les capitaux propres, à 2 700 $. Ce dernier montant englobe le capital investi par les propriétaires, soit 500 $, et les bénéfices non répartis de 2 200 $. Voici les trois états financiers qui rendent compte de cette information :

Brillant ltée
État des résultats pour l'exercice 1994

Produits	11 000 $
Charges (y compris les impôts)	10 000
Bénéfice net de 1994	1 000 $

Brillant ltée
État des bénéfices non répartis pour l'exercice 1994

Bénéfices non répartis au début de 1994	1 500 $
Plus bénéfice net de 1994 (provenant de l'état des résultats)	1 000
	2 500 $
Moins dividendes déclarés en 1994	300
Bénéfices non répartis à la fin de 1994	2 200 $

Brillant ltée
Bilans au début et à la fin de 1994

Actif			Passif et capitaux propres		
	Fin	**Début**		**Fin**	**Début**
Actif	5 900 $	5 000 $	Passif	3 200 $	3 000 $
			Capitaux propres :		
			Capital investi	500	500
			Bénéfices non répartis*	2 200	1 500
Total	5 900 $	5 000 $	Total	5 900 $	5 000 $

* Chiffres tirés de l'état des bénéfices non répartis.

À partir de cet exemple, vous pouvez constater que la dernière ligne de l'état des résultats a été transférée dans l'état des bénéfices non répartis, et que le solde de clôture des bénéfices non répartis a été repris dans le bilan, ce qui indique que les trois états financiers sont liés par l'intermédiaire des bénéfices non répartis. Cette relation se vérifie pour toutes les entreprises, et pas seulement pour celles dont les états financiers sont aussi simples que ceux de la société Brillant ltée. Cet exemple démontre que les états des résultats et des bénéfices non répartis fournissent des explications détaillées sur les changements modifiant les soldes des bénéfices non répartis du bilan. Toutefois, dans la section des capitaux propres du bilan, on aurait pu présenter les bénéfices non répartis de la façon suivante :

Bénéfices non répartis :	
Solde d'ouverture	1 500 $
Plus produits	11 000
	12 500 $
Moins charges	10 000
	2 500 $
Moins dividendes déclarés	300
Solde de clôture	2 200 $

Même si elle contient toute l'information nécessaire, cette façon de présenter les bénéfices non répartis alourdit le bilan et laisse peu de place aux détails concernant les produits, les charges et les dividendes. De plus, le bénéfice n'apparaît pas comme une mesure de la performance financière. Par conséquent, l'état des résultats et l'état des bénéfices non répartis ont été conçus de manière à fournir une mesure détaillée de la performance financière aux utilisateurs de l'information, sans alourdir le bilan.

Nous avons présenté deux catégories de chiffres paraissant dans l'état des résultats. Les **produits** accroissent la richesse d'une société en contrepartie de la prestation de services ou de la vente de marchandises. La richesse augmente lorsque les clients paient comptant, promettent de payer (de telles promesses sont appelées *comptes clients*) ou, plus rarement, procurent d'autres éléments susceptibles d'accroître la richesse, comme de nouveaux éléments d'actif à long terme ou des diminutions du passif. Ainsi, qu'un client paie 1 000 $ comptant, qu'il promette de payer 1 000 $ plus tard, qu'il donne 1 000 $ de matériel à la société ou qu'il efface une dette de 1 000 $ que la société avait envers lui, on parlera dans tous les cas d'un produit de 1 000 $.

Les **charges** sont l'inverse des produits. Elles correspondent à une diminution de la richesse de la société qui résulte de dépenses effectuées pour gagner un produit. La richesse d'une entreprise diminue parce qu'elle doit engager des frais d'exploitation, fournir aux clients les marchandises vendues et faire des emprunts pour conduire ses affaires. De plus, les immobilisations à long terme s'usent au fur et à mesure que les produits sont gagnés et l'entreprise peut contracter des dettes en cours d'exploitation. Ainsi, que la société ait payé 600 $ de loyer, que les marchandises vendues lui aient coûté 600 $, que l'amortissement du bâtiment s'élève à 600 $, ou encore que la société ait promis 600 $ de salaire à un employé, on parlera chaque fois d'une charge de 600 $.

Puisque le bénéfice net est le résultat de la différence entre les produits et les charges, il représente l'*augmentation nette de la richesse* de la société au cours de l'exercice. Le bénéfice net présenté signifie que la société s'est enrichie au cours de l'exercice. Si le montant du bénéfice net est négatif, c'est-à-dire que les produits sont inférieurs aux charges, ce montant est alors appelé **perte nette** et il représente une *diminution nette de la richesse*. Dans ce cas, la société s'est appauvrie.

Les produits et les charges sont mesurés selon la méthode de la comptabilité d'exercice. Par conséquent, ils constituent des augmentations ou des diminutions de la richesse, qu'ils correspondent ou non à des encaissements ou à des décaissements. De même, le montant des dividendes figurant dans l'état des bénéfices non répartis représente les sommes promises aux propriétaires au cours de l'exercice, que ces versements aient déjà été effectués ou non. Dans une société par actions, le conseil d'administration représente l'échelon de gestion supérieur qui dirige la société au nom des propriétaires. Lorsque le conseil d'administration déclare un dividende, le montant est alors déduit des bénéfices non répartis. À ce moment-là, la société contracte une dette envers ses actionnaires et la réglera en versant l'argent promis. S'il s'agit de dividendes en actions, elle distribuera de nouvelles actions de la société aux actionnaires. Nous venons d'illustrer deux principes de la comptabilité générale : (1) les opérations effectuées avec les propriétaires, les dividendes par exemple, sont présentées dans l'état des bénéfices non répartis et non dans l'état des résultats. On peut ainsi mesurer le bénéfice net sans tenir compte de ces opérations ; et (2) les propriétaires peuvent être des créanciers de la société, si celle-ci doit leur verser des dividendes ou s'ils ont prêté de l'argent à la société en plus de leur investissement dans les actions.

OÙ EN ÊTES-VOUS ? Voici deux questions auxquelles vous devriez pouvoir répondre à partir de ce que vous venez de lire :

1. Que signifient les termes *produits* et *charges* en comptabilité générale ?
2. Supposons que les registres comptables de la société Brillant ltée présentent l'information suivante pour 1995 : produits, 14 200 $; argent reçu des clients, 13 800 $; charges engagées, 12 900 $; charges payées comptant, 11 200 $; dividendes déclarés, 600 $; dividendes payés comptant, 500 $. À combien s'élèvent le bénéfice net de la société en 1995 et ses bénéfices non répartis à la fin de 1995 (reportez-vous aux données ci-dessus pour 1994) ? (Vous devriez obtenir 1 300 $ et 2 900 $.)

3.3 L'HISTOIRE RÉCENTE DE LA COMPTABILITÉ GÉNÉRALE

Au chapitre 2, nous avons vu comment le développement du commerce et la demande d'information ont contribué à l'élaboration de la comptabilité en partie double et du bilan. Nous allons poursuivre l'aperçu historique amorcé au chapitre 2, en reprenant à partir des années 1800 jusqu'à nos jours. Nous décrirons l'évolution de l'état des résultats et des **principes comptables généralement reconnus** qui sous-tendent la comptabilité d'exercice.

La comptabilité actuelle, telle qu'elle est pratiquée au Canada, est le résultat de nombreuses forces économiques, sociales et politiques qui se sont exercées au Canada, en Grande-Bretagne et aux États-Unis au cours des deux derniers siècles. En dépit de certaines variantes dans les trois pays, la comptabilité générale canadienne ne diffère pas beaucoup de celle qui est exercée en Grande-Bretagne et aux États-Unis. Cette similitude s'explique par le fait que les pressions économiques et autres se sont exercées de façon similaire dans les trois pays. La pratique canadienne s'est largement inspirée de la comptabilité anglaise du XIXᵉ siècle[1] mais, au cours du XXᵉ siècle, elle a subi davantage l'influence des changements survenus aux États-Unis à mesure que ces derniers assuraient leur prédominance économique. Le phénomène récent de la mondialisation de l'économie pourrait encourager certaines modifications de la comptabilité générale au Canada.

Les innovations au XIXᵉ siècle[2]

Jusqu'au début du XIXᵉ siècle, la plupart des entreprises commerciales étaient créées dans un but bien précis. Elles étaient financées par quelques propriétaires fortunés, et la fin des activités était fixée à une date donnée. La répartition du profit entre les propriétaires ne se faisait qu'une fois l'actif vendu et le passif réglé. On pouvait alors distribuer le solde net entre les propriétaires. Lorsque les grandes usines de l'ère industrielle ont commencé à remplacer les projets à court terme comme forme principale d'entreprise commerciale, la méthode traditionnelle de financement et de répartition du profit s'est révélée insatisfaisante. Les importants coûts de construction et d'entretien de ces entreprises exigeaient habituellement de plus gros capitaux que ne pouvaient en fournir les propriétaires. De plus, en raison de la longue durée de vie des éléments d'actif, il était impensable d'attendre la liquidation de l'entreprise pour partager les bénéfices.

Au cours des années 1830, 1840 et 1850, la Grande-Bretagne a adopté de nombreuses lois sur les sociétés commerciales. La législation permettait aux sociétés de vendre des actions sur les **marchés financiers** et de limiter la responsabilité des créanciers. Cette dernière caractéristique vient du fait que les investisseurs individuels ne pouvaient pas toujours être au courant des activités des administrateurs qu'ils avaient élus ou des directeurs nommés par les administrateurs. Par conséquent, la responsabilité des investisseurs ne devait pas dépasser le montant qu'ils avaient investi dans l'entreprise.

Cette particularité marque le début de l'existence juridique de la société par actions, ou société de capitaux. Le problème de la répartition des bénéfices a amené les législateurs à exiger de chaque société un bilan annuel à l'intention des actionnaires et la présence d'un vérificateur pour évaluer la validité de cet état financier. De plus, la loi exigeait que les sommes versées annuellement aux actionnaires d'une entreprise ne proviennent ni de la vente d'immobilisations de l'entreprise ni de la diminution de la valeur de l'actif. Ces versements devaient être faits à partir de l'argent généré annuellement par cet actif, une fois les dettes de l'année réglées. Cette loi est proche des exigences relatives aux dividendes auxquelles les entreprises actuelles doivent se soumettre, car les dividendes ne peuvent normalement être versés qu'à partir du bénéfice net.

Ces exigences légales posaient un problème sur le plan comptable. En effet, il n'existait aucune théorie ni convention comptable susceptibles de permettre d'illustrer et de définir ces exigences. Jusqu'à la fin du XIX\ :superscript{e} siècle, il n'existait aucune association nationale d'experts-comptables en Grande-Bretagne, mis à part la Société des experts-comptables d'Édimbourg qui avait reçu une charte royale en 1854 et avait ainsi donné naissance à l'expression anglaise *chartered accountant*. Au cours de cette période, les méthodes comptables ont été improvisées au fur et à mesure.

Au début du XX\ :superscript{e} siècle, les experts-comptables pouvaient déjà s'appuyer sur certaines théories et principes généraux pour favoriser le développement de leur profession. On utilisait certains modèles d'états financiers et des exemples tirés de la loi, mais il devenait toutefois nécessaire d'établir une base rationnelle d'utilisation de ces principes et d'étendre leur application aux nouvelles entreprises au fur et à mesure que le commerce se développait. Vers la fin du XIX\ :superscript{e} siècle, les tribunaux britanniques ont accordé aux experts-comptables et aux vérificateurs le pouvoir de se prononcer pour évaluer l'exactitude et la véracité des états financiers, une décision que la cour ne prendrait pas à leur place. En 1894, Ernest Cooper, un célèbre expert-comptable, exprimait ses craintes en ces termes : «[...] Les responsabilités et les angoisses du vérificateur, déjà fort nombreuses, vont s'étendre au-delà de tout ce que connaissent les autres associations et les autres professions[3]. » La comptabilité allait devoir définir les droits, les responsabilités et les critères de compétence de la profession, comme l'avaient déjà fait les avocats, les médecins et les ingénieurs.

Les innovations au cours du XX\ :superscript{e} siècle[4]

Durant le XX\ :superscript{e} siècle, la pratique comptable canadienne a commencé à se démarquer de celle de la Grande-Bretagne, et l'influence des États-Unis a été très importante. Le système de gouvernement fédéral en vigueur au Canada, moins centralisé que celui de la Grande-Bretagne, a fait en sorte que la législation régissant la comptabilité et les associations professionnelles d'experts-comptables du Canada soit soumise à des influences à la fois nationale et provinciale. Par exemple, au tout début de ce siècle, l'Ontario a été la première province à adopter une loi ayant une incidence sur les méthodes comptables. Aujourd'hui, la Commission des valeurs mobilières de l'Ontario est le plus important organisme de réglementation des marchés financiers canadiens. Par conséquent, elle a une grande influence sur la comptabilité qu'utilisent les sociétés dont les actions se négocient dans les bourses des valeurs mobilières. Ainsi, il n'existe pas de commission nationale des valeurs mobilières au Canada, comme c'est le cas aux États-Unis avec la Securities and Exchange Commission.

En 1920, la loi canadienne a obligé les sociétés par actions à présenter leur situation financière et elle a commencé à définir ses exigences quant au contenu de l'état des résultats. L'état des résultats prenait de l'importance pour deux raisons : d'une part, à cause des lois fiscales édictées en 1917, qui précisaient les règles à utiliser pour le calcul des produits et des charges, et, d'autre part, à cause de l'augmentation des investissements en capital dans l'industrie canadienne qui forçait les entreprises à fournir une information financière encore plus détaillée. En outre, l'augmentation des investissements américains dans l'industrie canadienne a entraîné une exigence, comparable aux impératifs américains, visant à préciser le calcul du bénéfice net et, par conséquent, celui des dividendes déclarés à partir des bénéfices. Les gestionnaires se sont montrés, et se montrent encore, peu enclins à fournir plus de détails sur les principaux postes de produits et de charges. Ils craignent en effet que les concurrents ou des groupes mal intentionnés n'utilisent cette information au détriment de l'entreprise. Cette crainte est aussi tenace que la peur de dévoiler l'information contenue dans le bilan, car la performance financière traduite par l'état des résultats peut servir à estimer la part du marché de l'entreprise, les marges bénéficiaires et les majorations, ainsi que d'autres éléments concurrentiels d'une importance extrême.

Malgré ces pressions, la prospérité générale qu'a connue l'Amérique du Nord dans les années 20 a détourné l'attention portée à la présentation de l'information financière des sociétés. Le krach de 1929 et la Crise qui a suivi devaient modifier cette situation de façon définitive. À partir de 1930, les pratiques comptables, et plusieurs aspects des opérations financières et de production des entreprises, ont grandement attiré l'attention des législateurs et du public, qui se sont montrés parfois très critiques. Au milieu des années 30, la Securities and Exchange Commission des États-Unis a vu le jour. Parallèlement, dans certaines provinces canadiennes, on a fondé les commissions des valeurs mobilières.

Les associations professionnelles d'experts-comptables ont commencé à élaborer des normes de comptabilité et de vérification plus rigoureuses, puis les ont imposées à leurs membres. De plus, en vertu des lois, on a commencé à exiger que les entreprises se conforment à ces normes. Au Canada, l'association Dominion des comptables incorporés, l'ancêtre de l'*Institut Canadien des Comptables Agréés (ICCA)*, soumettait au Parlement des dossiers concernant les problèmes comptables, publiait des bulletins suggérant des normes de comptabilité et de vérification et, vers la fin des années 60, se chargeait de la publication des normes officielles dans le **Manuel de l'ICCA**. Les lois sur les sociétés commerciales et les règlements des commissions des valeurs mobilières ont conféré à ces normes une influence considérable. D'ailleurs, nous y ferons souvent référence dans ce manuel. Aux États-Unis, l'American Institute of Accountants, aujourd'hui appelé l'*American Institute of Certified Public Accountants* ou l'*AICPA*, a aussi commencé à publier des recommandations pour la comptabilité et la vérification. L'AICPA publie encore des normes de vérification. Cependant, au début des années 70, l'organisme de normalisation de la comptabilité est devenu le Financial Accounting Standards Board (FASB), un organisme indépendant de l'AICPA. En général, la Securities and Exchange Commission appuie les positions du FASB, qui agit à titre d'organisme de normalisation de la comptabilité générale aux

États-Unis, ce qui donne au FASB un certain pouvoir en ce qui concerne la comptabilité dans une grande partie du monde, y compris au Canada.

Comme nous le verrons dans ce manuel, de nombreux groupes interviennent dans l'élaboration des normes comptables et l'évolutôn de la comptabilité générale. Il existe, par exemple, des lois stipulant que l'on doit utiliser des méthodes comptables particulières dans le cas de certaines sociétés, comme les banques ou les sociétés de fiducie. D'autres associations, notamment l'Association des comptables généraux licenciés du Canada, ont parfois créé des précédents en matière comptable comme dans d'autres domaines. D'autres activités ont également lieu à l'échelon international. C'est le cas notamment de la Fédération internationale des comptables et du Comité international de normalisation de la comptabilité, fondé en 1973, qui ont publié un grand nombre de normes internationales en comptabilité. Jusqu'à présent, ces normes sont moins contraignantes que les normes nationales, comme celles édictées par l'ICCA ou par le FASB. Cependant, on essaie fortement d'harmoniser ces normes de façon que les investisseurs, les gestionnaires et les autres parties intéressées soient capables de se fier au contenu et à la qualité des états financiers, peu importe le pays où ils ont été préparés[5].

Le XXe siècle a connu une forte croissance des activités commerciales et industrielles, des marchés financiers et des autres marchés de capitaux, du commerce international, des gouvernements, du perfectionnement des gestionnaires et des investisseurs, ainsi que des communications qui les lient. À n'importe quelle heure du jour et de la nuit, une bourse des valeurs mobilières est ouverte quelque part dans le monde, et des investisseurs du monde entier y effectuent des opérations. L'activité commerciale bouillonne 24 heures par jour et 365 jours par année, et elle s'appuie sur des informations financières transmises de façon électronique, sur papier ou autrement. Comme nous l'avons précisé à la section 2.3 du chapitre 2, la comptabilité générale est continuellement modelée par cette activité. Le modèle fondamental de la comptabilité en partie double existe depuis des siècles, mais la façon dont il est appliqué et l'information supplémentaire qui lui est associée vont bien au-delà de la description qu'en faisait Luca Pacioli. Les mesures comptables de la situation financière et de la performance des entreprises sont au centre des structures politiques et économiques internationales. Par ailleurs, la comptabilité générale et les normes comptables constituent elles-mêmes des institutions politiquement et économiquement puissantes dans la société.

La comptabilité générale est en perpétuelle évolution. Cela ne veut pas dire que chaque changement apporte une amélioration — pas plus que dans les autres secteurs de l'activité humaine —, mais plutôt que la comptabilité générale est une discipline vivante et dynamique. La meilleure prévision que nous puissions faire au sujet des bilans et des états des résultats, c'est qu'ils seront différents dans le futur de ce qu'ils sont aujourd'hui. Tout au long de cet ouvrage, nous nous efforcerons de vous faire comprendre comment la comptabilité est devenue ce qu'elle est, et quelles sont les pressions en jeu. Ainsi, vous garderez à l'esprit le fait que la comptabilité n'est pas une discipline statique et vous serez en mesure d'apprécier les changements qui ne manqueront pas de se produire.

Exemple : les états des résultats et des bénéfices non répartis

Les forces sociales et économiques ont contribué à l'élaboration d'états des résultats bien plus complexes que celui de la société Brillant ltée, analysé précédemment. Les états des résultats et des bénéfices non répartis de la société Technologies nouvelles inc., reproduits ci-dessous, sont beaucoup plus représentatifs de leur forme actuelle. Voici, entre autres éléments, ceux que vous devriez remarquer en parcourant les deux états financiers :

1. Ces états financiers couvrent une *période donnée* (un an, dans ce cas) et ne portent pas sur une date précise comme dans le cas d'un bilan. Ils sont *comparatifs*, comme l'était le bilan des Épiciers Unis présenté au chapitre 2 ; dans le cas présent, trois années consécutives sont présentées. Ces états financiers sont également présentés en milliers de dollars.

2. L'état des résultats, comme le bilan, fait référence à des notes explicatives détaillées qui lui sont annexées. Les notes ne sont pas reproduites ici. Cependant, leur contenu est important et nous y reviendrons dans les chapitres suivants.

Technologies nouvelles inc.
États consolidés des résultats et des bénéfices non répartis

Exercices se terminant le 31 mars	1994	1993	1992
Résultats	(en milliers de dollars canadiens)		
Produits :			
Vente de marchandises	90 813 $	113 877 $	88 339 $
Services	40 510	47 023	30 842
	131 323	160 900	119 181
Frais d'exploitation :			
Coût des marchandises vendues	49 509 $	61 237 $	45 828 $
Coût des services	27 024	29 333	17 925
Frais de vente et de distribution	43 678	47 928	35 777
Frais généraux d'administration	11 094	14 879	10 001
Recherche et développement (note 13)	14 316	17 279	13 679
Coûts de restructuration (note 14)	28 662	5 547	3 678
Perte d'exploitation	(42 960)	(15 303)	(7 707)
Produits (frais) financiers (note 15)	(4 127)	(4 653)	(2 715)
Produits financiers et gains sur devises	991	449	510
Impôts sur les bénéfices (note 16)	(615)	(1 635)	(6 271)
Perte nette de l'exercice	(47 238) $	(19 307) $	(9 912) $
Perte nette par action (note 17)	2,27 $	1,24 $	0,63 $
Nombre d'actions ordinaires en circulation (en milliers)	20 802	15 702	15 658
Bénéfices non répartis			
Solde d'ouverture	(6 532)	12 975	23 585
Perte nette de l'exercice	(47 238)	(19 507)	(9 912)
Frais d'émission d'actions	—	—	(698)
Solde de clôture	(53 770)	(6 532)	12 975

3. La partie supérieure de l'état des résultats présente habituellement les produits courants suivis des charges courantes engagées pour gagner ces produits. Il arrive souvent que l'on présente le *bénéfice d'exploitation*, qui correspond à la différence entre ces produits et ces charges. Ensuite, on y ajoute ou on en soustrait les éléments que l'on estime devoir distinguer des résultats de l'exploitation courante. Certains de ces postes sont assez compliqués. Dans un ouvrage d'introduction comme celui-ci, nous tenterons de les comprendre globalement, ce qui demandera déjà un certain temps. Parmi tous ces éléments, on trouve les impôts sur les bénéfices et, finalement, on présente le bénéfice net de l'exercice.

4. Le bénéfice net n'est pas nécessairement positif. S'il est négatif, on l'appelle habituellement *perte nette* ou on le désigne par une expression semblable. Les montants négatifs sont fréquemment présentés entre parenthèses.

5. Habituellement, une société qui présente une perte nette ne versera pas de dividendes aux actionnaires ; l'état des bénéfices non répartis peut alors être très simple et présenter le solde d'ouverture moins la perte nette.

6. Ce sont des états financiers *consolidés*, ce qui signifie qu'ils présentent les états d'un groupe de sociétés et non ceux d'une seule société. Nous reviendrons sur le sujet de la consolidation au chapitre 5.

OÙ EN ÊTES-VOUS ? Voici deux questions auxquelles vous devriez pouvoir répondre à partir de ce que vous venez de lire :
1. Citez quelques-unes des forces qui ont contribué à modeler la comptabilité générale au cours des deux derniers siècles et qui ont suscité un intérêt croissant pour la mesure de la performance financière et pour l'état des résultats.
2. Comment expliquez-vous que les états des résultats tendent à être présentés conformément à des normes précises et que de telles normes soient de plus en plus utilisées dans le monde entier ?

3.4   LES COMPTES

Jusqu'à présent, nous avons vu trois états financiers : le bilan, l'état des résultats et l'état des bénéfices non répartis. Ces trois états financiers sont tous préparés à partir des soldes des comptes établis selon la comptabilité en partie double. Cela signifie que la somme en dollars de tous les comptes à solde débiteur est égale à la somme en dollars de tous les comptes à solde créditeur. Mais qu'entend-on exactement par *compte* ? Sans entrer dans les détails des procédés utilisés dans la tenue des livres, procédés qui permettent la création des comptes (sujet abordé dans un chapitre suivant), nous pouvons utiliser la définition suivante : un **compte** correspond à l'inscription en dollars d'événements comptables compilés en vue de résumer les activités relatives à un élément particulier d'actif, de passif, de capitaux propres, de produits ou de charges. L'incidence nette de ces activités produit un débit ou un crédit appelé *solde* du compte.

Voici quelques exemples de comptes :

a) Supposons au départ que le solde de l'encaisse s'élève à 500 $. Si l'on encaisse en premier lieu 400 $, et 750 $ par la suite, si deux décaissements sont effectués — l'un de 300 $ et l'autre de 525 $ —, le compte Encaisse devrait présenter un solde de 825 $ (au débit puisqu'il s'agit d'un compte d'actif).

b) Supposons au départ que le solde du compte capital-actions s'élève à 1 000 $. Si l'on émet d'autres actions pour une valeur de 400 $ (ce qui entraîne l'encaissement des 400 $ mentionnés en a), le compte Capital-actions devrait présenter un solde de 1 400 $ (au crédit, puisqu'il s'agit d'un compte des capitaux propres).

c) Supposons au départ que les montants à payer aux fournisseurs s'élèvent à 950 $. Si l'on rembourse 300 $ à l'un d'eux (le décaissement de 300 $ mentionné en a), le compte Fournisseurs devrait présenter un solde de 650 $ (au crédit parce qu'il s'agit d'un passif).

d) Si l'on vend des marchandises au comptant pour 750 $ (le second encaissement mentionné en a), et s'il n'y a pas d'autres ventes au cours de la période, un compte intitulé Ventes devrait présenter un solde de 750 $. Ce solde sera créditeur parce que, comme nous l'avons vu précédemment dans le chapitre, les produits constituent l'une des composantes du bénéfice net, qui fait lui-même partie des bénéfices non répartis, lesquels représentent un compte des capitaux propres.

e) Si l'on verse 525 $ pour payer le loyer (le second décaissement mentionné en a), et s'il n'y a pas d'autres frais de loyer à payer au cours de la période, un compte dont le titre pourrait être Loyer devrait présenter un solde de 525 $. Ce solde sera débiteur parce que les charges diminuent le bénéfice et ont donc un effet négatif sur les bénéfices non répartis qui constituent un compte des capitaux propres.

Le solde des comptes du bilan est continuellement ajusté, tant qu'il se produit des faits qui ont une incidence sur lui. Cependant, les comptes de l'état des résultats et le compte des dividendes servent à inscrire les produits, les charges et les dividendes d'un seul exercice à la fois. Lorsque l'exercice se termine, les soldes de ces comptes sont transférés dans le compte Bénéfices non répartis du bilan, ce qui remet les comptes en question à zéro pour les enregistrements de l'exercice suivant. On appelle **clôture** l'opération qui consiste à transférer les soldes des comptes de produits, de charges et de dividendes dans le compte des bénéfices non répartis.

Les chiffres des états financiers peuvent englober les soldes de plusieurs comptes individuels. Les états financiers sont des documents de synthèse et ne présentent pas tous les détails du système comptable sous-jacent. Par exemple, un poste du bilan appelé *Débiteurs* peut présenter un montant de 145 290 $, qui est en fait la somme de quatre soldes de comptes : Clients, 129 300 $; Prêts consentis aux employés, 5 000 $; Avances sur frais de déplacement, 3 860 $; et Montant dû par une société affiliée, 7 130 $. Autre exemple, un état des résultats pourrait comprendre un poste appelé *Ventes*, dont le montant s'élèverait à 329 540 $, mais qui serait la somme du solde de deux comptes : Ventes à crédit, 301 420 $; et Ventes au comptant, 28 120 $.

3.5 EXEMPLES DE PRÉPARATION D'ÉTATS FINANCIERS

Les états des résultats et des bénéfices non répartis présentent la performance financière d'une entreprise au cours d'une période donnée. Comme nous l'avons vu dans l'exemple de la société Brillant ltée, on peut dresser un bilan au début d'une période et un autre à la fin. L'ordre chronologique suivant vous aidera à mieux comprendre la séquence des états financiers :

Bilan d'ouverture de la période

État des résultats de la période

État des bénéfices non répartis de la période

Bilan de clôture de la période

L'exemple de l'entreprise Tapalœil ltée que nous présentons ci-dessous illustre plusieurs éléments, dont les suivants :

- La préparation des états des résultats et des bénéfices non répartis à partir des comptes.

- Le fonctionnement de la méthode de la comptabilité d'exercice dans la détermination du bénéfice net.

- Les comptes reflétant les transactions de l'entreprise.

- La suite chronologique présentée ci-dessus, liant les bilans d'ouverture et de clôture aux deux autres états financiers.

Tapalœil ltée est une petite société établie dans l'est du Québec. Elle loue ses installations, fait toutes ses ventes à crédit et a seulement trois postes de charges : le coût des marchandises vendues, le loyer et les impôts sur les bénéfices. Le **coût des marchandises vendues (CMV)** correspond au coût engagé par la société pour acquérir et préparer les marchandises qu'achètent les clients.

À la fin de son dernier exercice financier, le 30 septembre 1993, le bilan de l'entreprise Tapalœil ltée se présentait comme suit :

Tapalœil ltée
Bilan au 30 septembre 1993

Actif		**Passif et capitaux propres**	
Actif à court terme :		Passif à court terme :	
Encaisse	800 $	Achats à payer	600 $
Comptes clients	400	Loyer à payer	300
Stock	900	Capitaux propres :	
		Capital-actions	500
		Bénéfices non répartis	700
	2 100 $		2 100 $

Au cours de l'exercice se terminant le 30 septembre 1994, l'entreprise a inscrit dans ses comptes l'information suivante :

1. Ventes à crédit, 10 000 $;
2. Recouvrement des comptes clients, 9 600 $;
3. Achats de marchandises destinées à la vente, 6 100 $;
4. Paiements aux fournisseurs, 6 300 $;
5. Coût des marchandises vendues, 6 400 $;
6. Loyer annuel exigé par le locateur, 2 400 $;
7. Loyer payé au locateur, 2 900 $;
8. Impôts à payer sur les bénéfices de l'exercice, 350 $;
9. Dividendes en espèces déclarés et versés aux actionnaires, 450 $.

Après l'inscription de ces neuf éléments, les comptes de l'entreprise présentaient les soldes suivants :

	Débits	**Crédits**
Encaisse (800 $ + 9 600 $ - 6 300 $ - 2 900 $ - 450 $)	750 $	
Clients (400 $ + 10 000 $ - 9 600 $)	800	
Stock (900 $ + 6 100 $ - 6 400 $)	600	
Achats à payer (600 $ + 6 100 $ - 6 300 $)		400 $
Loyer à payer (300 $ + 2 400 $ - 2 900 $)	200	
Impôts à payer sur les bénéfices (de l'exercice)		350
Capital-actions (aucun changement)		500
Bénéfices non répartis (pas encore modifiés par la clôture)		700
Ventes à crédit		10 000
Coût des marchandises vendues	6 400	
Loyer	2 400	
Impôts sur les bénéfices	350	
Dividendes déclarés et versés	450	
	11 950 $	11 950 $

Avant de dresser les états financiers, assurons-nous de bien comprendre les changements qui se sont produits dans les comptes entre 1993 et 1994 :

a) L'encaisse a augmenté à la suite des recouvrements et a diminué lors des paiements effectués aux fournisseurs, au locateur et aux actionnaires.

b) Les comptes clients ont augmenté du montant des ventes à crédit et ont diminué du montant des recouvrements.

c) Le stock a augmenté en raison des achats de marchandises et a diminué du coût des marchandises vendues aux clients.

d) Les achats à payer ont augmenté du montant des achats effectués et ont diminué en raison des paiements versés aux fournisseurs.

e) Le loyer à payer a augmenté du montant exigé par le locateur et a diminué par suite du paiement effectué. Au cours de l'exercice, le locateur a reçu plus d'argent qu'il n'en réclamait, de sorte que le montant relatif au loyer change de signe ; il est maintenant inscrit au débit et devient un « loyer payé d'avance ». De nombreux comptes peuvent avoir un solde parfois débiteur parfois créditeur selon les circonstances, comme c'est le cas avec des paiements en surplus. Même l'encaisse peut avoir un solde au crédit : si vous émettez trop de chèques, vous pouvez vous retrouver avec un découvert et, dans ce cas, le solde de l'encaisse sera négatif parce qu'au lieu de posséder de l'argent dans votre compte, vous êtes endetté envers la banque.

f) Le solde du compte Impôts à payer sur les bénéfices est constitué du montant que la société doit payer sur ses bénéfices de l'exercice, compte tenu du fait qu'elle n'avait pas d'impôts à payer à la fin de l'exercice précédent.

Préparons maintenant les états financiers selon la méthode de la comptabilité d'exercice en suivant l'ordre chronologique proposé ci-dessus. Le bilan d'ouverture étant fait, préparons l'état des résultats :

Tapalœil ltée Résultats pour l'exercice clos le 30 septembre 1994		
Produits		10 000 $
Frais d'exploitation :		
Coût des marchandises vendues	6 400 $	
Loyer	2 400	8 800
Bénéfice avant impôts		1 200 $
Impôts pour l'exercice		350
Bénéfice net de l'exercice		850 $

Ainsi, le bénéfice établi selon la comptabilité d'exercice est de 850 $. Il ne correspond pas à la variation de l'encaisse, il constitue plutôt une mesure des événements économiques qui se sont produits au cours de l'exercice, événements qui n'ont pas tous eu une incidence sur l'encaisse.

Voici d'autres éléments mis en évidence dans l'état :

- Les clients ont acheté en promettant de payer 10 000 $ au total. En comptabilité d'exercice, ce montant de 10 000 $ constitue un produit, quel que soit le montant encaissé (9 600 $).
- Les clients ont acheté des marchandises qui ont coûté 6 400 $ à la société Tapalœil ltée. Ce montant correspond au CMV selon la comptabilité d'exercice, quel que soit le montant des achats (6 100 $).
- L'entreprise a reçu une facture de loyer de 2 400 $. Selon la comptabilité d'exercice, ce montant correspond à la charge de loyer, quel que soit le montant payé au locateur.
- Des impôts sur les bénéfices de 350 $ doivent être payés. Ce montant correspond à la charge d'impôts selon la comptabilité d'exercice, même si le montant des impôts de l'exercice n'a pas encore été payé.

Notez que les dividendes ne sont pas présentés dans l'état des résultats. On les considère comme une *distribution* du bénéfice et non comme une charge engagée en vue d'engendrer un produit. Les dividendes sont présentés dans l'état des bénéfices non répartis :

Tapalœil ltée
Bénéfices non répartis
pour l'exercice clos le 30 septembre 1994

Solde d'ouverture (30 septembre 1993)	700 $
Plus bénéfice net de l'exercice, figurant dans l'état des résultats	850
Moins dividendes déclarés	(450)
Solde de clôture (30 septembre 1994)	1 100 $

L'état des bénéfices non répartis sert de transition entre l'état des résultats et le bilan. Nous pouvons constater cela de deux façons. Premièrement, nous pouvons « fermer » les comptes de l'état des résultats et les dividendes dans les bénéfices non répartis et faire ensuite la liste de ces comptes :

	Débits	Crédits
Encaisse	750 $	
Comptes clients	800	
Stock	600	
Achats à payer		400 $
Loyer payé d'avance	200	
Impôts à payer sur les bénéfices		350
Capital-actions		500
Bénéfices non répartis (700 $ + 10 000 $ - 6 400 $ - 2 400 $ - 350 $ - 450 $)		1 100
	2 350 $	2 350 $

Les comptes sont encore équilibrés, mais les bénéfices non répartis contiennent à présent toute l'information des états des résultats et des bénéfices non répartis. Par conséquent, ils représentent l'accumulation de tous les bénéfices (produits moins charges) moins tous les dividendes versés depuis les débuts de la société.

De plus, nous pouvons dresser un bilan comparatif, au 30 septembre 1993 et au 30 septembre 1994.

	Tapalœil ltée **Bilan au 30 septembre 1994** (les chiffres au 30 septembre 1993 sont présentés à titre de comparaison)	
	1994	**1993**
Actif		
Actif à court terme :		
Encaisse	750 $	800 $
Comptes clients	800	400
Stock	600	900
Loyer payé d'avance	200	–
	2 350 $	2 100 $
Passif et capitaux propres		
Passif à court terme :		
Achats à payer	400 $	600 $
Loyer à payer	–	300
Impôts à payer sur les bénéfices	350	0
	750 $	900 $
Capitaux propres :		
Capital-actions	500 $	500 $
Bénéfices non répartis	1 100	700
	1 600	1 200
	2 350 $	2 100 $

Dans la liste des comptes présentés à la fin de 1994, qui figure ci-dessus, les soldes des comptes du bilan de 1994 se composent des soldes de 1993, plus ou moins les opérations au comptant, *et* plus ou moins les produits et les charges. Par exemple, les comptes clients correspondent au solde de 1993 plus les produits de 1994 moins les recouvrements. On découvre ainsi une caractéristique essentielle de la comptabilité d'exercice et du système de la comptabilité en partie double : *le calcul du bénéfice implique le calcul des montants figurant sur le bilan, et vice versa.* L'état des résultats et le bilan sont intimement et nécessairement liés, et, la plupart du temps, un changement dans l'un implique systématiquement un changement dans l'autre. Il est essentiel de saisir ce point crucial pour bien comprendre la comptabilité générale, et nous y reviendrons fréquemment. Nous mettrons l'accent sur cette relation à la fois théorique et arithmétique dans une partie du chapitre 4.

OÙ EN ÊTES-VOUS ? Voici deux questions auxquelles vous devriez pouvoir répondre à partir de ce que vous venez de lire :

1. Au début de l'exercice, les comptes clients de la société Grimaud ltée s'élevaient à 5 290 $. Au cours de l'exercice, le montant des ventes à crédit a été de 39 620 $ et l'entreprise a encaissé 41 080 $ de ses clients. Quel sera le solde des comptes clients de la société à la fin de l'exercice ? (3 830 $)

2. Le bénéfice net de l'exercice de la société Grimaud ltée s'élève à 2 940 $ et, au cours de cette période, elle a déclaré un dividende de 900 $ à ses actionnaires. Au début de l'exercice, le solde des bénéfices non répartis était de 7 410 $. Quel sera le solde des bénéfices non répartis, *après la clôture* des comptes ? (9 450 $)

3.6   LES MARCHÉS DES CAPITAUX, LES GESTIONNAIRES ET L'ÉVALUATION DU RENDEMENT

À la section 2.9 du chapitre 2, nous avons signalé que les gestionnaires doivent porter une attention particulière au bilan, non seulement parce qu'il leur fournit de l'information utile, mais aussi parce que les utilisateurs de l'extérieur s'en servent pour évaluer la performance financière de la société qu'ils dirigent. Cette remarque s'applique aussi à l'état des résultats, spécialement lorsque les marchés des capitaux, comme les bourses des valeurs mobilières, sont en cause. Les gestionnaires des grandes sociétés ouvertes subissent des pressions constantes en raison de la grande importance attachée au bénéfice net. Fréquemment, les observateurs du milieu des affaires et de la société jugent que cette attention portée au bénéfice net est excessive et ils soulignent que la performance des gestionnaires dépend également d'autres indices. Ils ajoutent que la mesure du rendement fournie par l'état des résultats est discutable parce qu'elle reflète les limites de la comptabilité d'exercice en partie double. Néanmoins, le bénéfice net reste un élément d'information important.

On trouve des exemples de cette importance accordée aux bénéfices dans la plupart des journaux financiers, comme *La Presse, Les Affaires* et *Finances*, lorsqu'ils annoncent le bénéfice annuel ou trimestriel des sociétés. Ces présentations sont brèves, probablement parce qu'elles ne doivent porter que sur les aspects cruciaux de l'information. Habituellement, ces journaux se contentent presque exclusivement de présenter le bénéfice net par action. On y trouve parfois quelques données relatives au bilan ou à la gestion de l'encaisse, mais rarement des informations sur la gestion non financière, les problèmes à long terme (exception faite, parfois, de la tendance des bénéfices par action) ou d'autres aspects des efforts de la direction. Cela ne veut pas dire que ces facteurs ne sont jamais pris en considération, mais, dans ces parutions, l'importance accordée au bénéfice net laisse dans l'ombre les autres données.

Les bourses des valeurs mobilières portent une attention particulière aux bénéfices. Le cours des actions boursières et le bénéfice d'une société ont une corrélation positive : lorsque le bénéfice est à la hausse, le cours des actions a tendance à augmenter et lorsque le bénéfice est à la baisse, le cours des actions évolue dans le même sens. Il est peu probable que le cours des actions soit déterminé par le calcul des bénéfices de la société, mais il y est associé : les facteurs économiques mesurés par la comptabilité d'exercice sont semblables à ceux qui servent aux acheteurs et aux vendeurs d'actions lorsqu'ils décident de négocier les actions des entreprises.

Il est facile d'observer ces relations entre les bourses des valeurs mobilières et les sociétés ouvertes parce que les données sont disponibles. Il est plus difficile de dire si l'état des résultats est aussi important pour les gestionnaires des petites sociétés ou des sociétés fermées, mais il n'y a pas de raison de penser qu'il en est autrement. Dans les sociétés ouvertes, toute perte a une incidence immédiate sur la valeur d'achat/vente des sociétés, que nous pouvons constater immédiatement sur le marché boursier. Ces pertes inquiètent les gestionnaires et les propriétaires-gestionnaires de petites sociétés, par rapport aux impôts sur les bénéfices et aux primes liées à la performance financière. Ainsi, chaque gestionnaire devrait être au courant de la manière dont son rendement est mesuré dans l'état des résultats parce que bien d'autres personnes le savent.

3.7   LA RECHERCHE COMPTABLE : MESURE DU RENDEMENT

La détermination du bénéfice est l'un des aspects les plus importants de la comptabilité et, pour bien des gens, c'est même le plus important. Le bénéfice et ses composantes de produits et de charges constituent une mesure comptable de la performance économique d'une entreprise au cours d'une période donnée. La situation de l'encaisse est mesurée de façon distincte mais liée, comme nous le verrons au chapitre 4. En raison de l'importance des bénéfices, il n'est pas surprenant de constater qu'une bonne partie de la recherche comptable porte sur ce sujet. En voici deux exemples :

1. La façon de mesurer le bénéfice élaborée par les experts-comptables au cours des siècles et qui est bien définie aujourd'hui par divers principes et méthodes comptables généralement reconnus est assez différente de celle qu'utilisent les économistes. L'approche de la comptabilité diffère par bien des points de la théorie économique et de la façon dont l'économie est appliquée à des domaines comme la finance. L'un de ces points porte sur les valeurs numériques attribuées aux éléments d'actif et de passif : les experts-comptables utilisent les coûts historiques, tandis qu'en finance on préfère les prix courants du marché. Une autre différence porte sur le calcul de certaines charges, comme les intérêts et l'amortissement, et sur le traitement des dividendes : les experts-comptables considèrent les dividendes comme le versement d'une partie des bénéfices, tandis qu'en finance on peut les associer à une charge destinée à contenter les actionnaires. Par conséquent, nous ne pouvons pas considérer la mesure de la performance financière qui repose sur la comptabi-lité d'exercice comme faisant l'unanimité. Quoique la mesure

comptable du bénéfice soit en fait reliée à des indicateurs économiques comme le cours des actions, elle en diffère par bien des aspects[6].

2. La comptabilité d'exercice exige que l'on pose des jugements et que l'on procède à des évaluations pour calculer le bénéfice. Nous examinerons plusieurs exemples tout au long de ce manuel. Le lissage des bénéfices fait l'objet de nombreuses études. Les chercheurs ont constaté que la haute direction des entreprises choisit souvent des conventions et des méthodes comptables qui ont pour effet d'atténuer les variations du bénéfice présenté au cours des années. Habituellement, le bénéfice établi selon la comptabilité d'exercice connaît des variations moins fortes que le bénéfice établi selon la comptabilité de caisse. De tels choix ne sont pas nécessairement motivés par une volonté de fraude : les lois fiscales ou d'autres bonnes raisons peuvent être à l'origine de ces choix. Toutefois, l'idée sous-jacente au lissage des bénéfices est le désir des gestionnaires de présenter des variations moins marquées du bénéfice — voir la colonne B ci-dessous — plutôt que de fortes variations — voir la colonne A —, même lorsque le bénéfice total sur cinq ans est le même et que les chiffres des deux colonnes montrent une tendance à la hausse.

	A (initial)	B (lissé)
Bénéfice de 1989	1 800 000 $	4 150 000 $
Bénéfice de 1990	6 570 000	4 310 000
Bénéfice de 1991	2 650 000	4 570 000
Bénéfice de 1992	8 230 000	4 820 000
Bénéfice de 1993	3 620 000	5 020 000
Total sur cinq ans	22 870 000 $	22 870 000 $

La principale raison qui semble pousser la direction à privilégier la forme de présentation B au détriment de la présentation A est la suivante : un bénéfice qui ne subit pas trop d'écarts sur un certain nombre d'exercices montre que la direction a la situation bien en main et qu'elle dirige l'entreprise de façon compétente. La tendance inverse, c'est-à-dire de forts écarts entre les bénéfices d'un certain nombre d'exercices, laisse supposer plus de risques. Donc, dans la mesure où les gestionnaires ont vis-à-vis des actionnaires la responsabilité de maintenir le risque à un faible niveau, ils pourront préférer niveler les bénéfices.

Par ailleurs, on observe parfois des choix comptables qui sont l'inverse du lissage. Par exemple, lorsqu'une société qui connaît un mauvais exercice (des bénéfices peu élevés ou même des pertes) entreprend des opérations de **grand nettoyage**, elle opte pour des méthodes comptables qui font paraître les résultats encore pires qu'ils ne le sont en réalité. Sachant que de toute façon ils auront à faire face à des problèmes, les dirigeants décident ainsi de « nettoyer » les registres comptables. Cette année-là, les résultats sont épouvantables, mais les dirigeants espèrent ainsi obtenir de meilleurs résultats comptables dans le futur. Par exemple, la direction peut inscrire une somme supplémentaire à titre d'amortissement pour l'exercice en cours, diminuant ainsi les charges d'amortissement à inscrire dans les exercices suivants. Par conséquent, les bénéfices futurs seront plus élevés qu'ils ne l'auraient été autrement[7].

◆　　**3.8　　CAS À SUIVRE...**　　◆

Troisième partie

Données de la troisième partie
◆ ◆ ◆ ◆ ◆ ◆ ◆ ◆ ◆ ◆ ◆ ◆ ◆ ◆ ◆ ◆ ◆ ◆ ◆

Dans la deuxième partie, la société débutante a préparé son bilan d'ouverture :

Mado inc.			
Bilan au 1er mars 1994			
Actif		**Passif et capitaux propres**	
Actif à court terme :		Passif à court terme :	
Encaisse	130 000 $	Compte fournisseur	1 100 $
Actif à long terme :		Emprunt	15 000
Automobile (au coût)	10 000	Capitaux propres :	
Frais de constitution	1 100	Capital-actions	125 000
Total	141 100 $	Total	141 100 $

Les six premiers mois d'existence de la société ont été une période mouvementée pour Mado et Thomas. Ils devaient s'installer et fournir les marchandises aux détaillants pour la forte saison de vente de juillet à décembre. Mado a regretté plusieurs fois de ne pas avoir commencé l'exploitation plus tôt, en raison du temps exigé pour conclure des accords avec les fournisseurs et les détaillants et pour faire livrer les marchandises. Toutes ces opérations lui ont pris beaucoup plus de temps qu'elle ne le pensait. Quelques recettes ont été réalisées au cours des six premiers mois, mais cette période a été essentiellement une période de mise en place.

Certains faits importants se sont produits au cours des six mois qui se sont achevés le 31 août 1994. L'entrepôt a été occupé au début du mois de mars et les améliorations locatives (mise en place de cloisons, d'étagères et autres aménagements) ont été terminées au début du mois de juin, avec un retard d'un mois. Ils ont acheté un ordinateur pour faire la comptabilité, la tenue des registres des achats, des ventes, du stock et des clients, de même que des logiciels permettant d'accomplir ces tâches. Thomas a quitté son travail à la banque et a commencé en juillet à travailler à temps plein pour l'entreprise, après avoir consacré la plupart de ses soirées et de ses fins de semaine à la société depuis le mois de mars. Mado a voyagé dans la région pour rencontrer les propriétaires de boutiques et prendre les commandes. Elle s'est déplacée aussi à l'extérieur de la région pour rencontrer les fournisseurs. Les comptes de téléphone de la société ont grimpé en raison de l'activité relative à son développement, mais cela avait été prévu dans le plan de l'entreprise. À la mi-août, un

◆ ◆ ◆

employé a été embauché pour tenir les comptes et aider Mado à organiser ses activités.

Thomas a comptabilisé l'amortissement de la façon suivante : automobile, améliorations locatives, ordinateur et logiciels : $1/2$ année x 20 % du coût ; autre matériel et mobilier : $1/4$ d'année x 10 % du coût. Au 31 août 1994, les comptes de la société présentaient les soldes suivants :

Comptes dont le solde est débiteur		Comptes dont le solde est créditeur	
Encaisse	4 507 $	Emprunt bancaire	75 000 $
Clients	18 723	Fournisseurs	45 616
Stock	73 614	Emprunt à payer	15 000
Automobile	10 000	Capital-actions	125 000
Améliorations locatives	63 964	Produits	42 674
Matériel et mobilier	29 740	Amortissement cumulé	
Ordinateur	14 900	— automobile	1 000
Logiciels	4 800	Amortissement cumulé	
Frais de constitution	1 100	— améliorations locatives	6 396
Coût des marchandises vendues	28 202	Amortissement cumulé	
Salaire — Mado	15 000	— matériel	744
Salaire — Thomas	9 280	Amortissement cumulé	
Salaires — Autres	1 200	— ordinateur	1 490
Frais de déplacement	8 726	Amortissement cumulé	
Téléphone	2 461	— logiciels	480
Loyer	12 000		313 400 $
Services publics	1 629		
Frais généraux d'administration	3 444		
Amortissement			
— automobile	1 000		
Amortissement			
— améliorations locatives	6 396		
Amortissement			
— matériel	744		
Amortissement			
— ordinateur	1 490		
Amortissement			
— logiciels	480		
	313 400 $		

Le conseil d'administration s'est réuni au début du mois de septembre 1994 en vue d'étudier les résultats des six premiers mois d'exploitation et de planifier l'avenir. Certains états financiers ont donc été préparés à partir des comptes ci-dessus.

Résultats de la troisième partie
◆ ◆

Voici les états des résultats et des bénéfices non répartis (déficit) ainsi qu'un bilan comparatif pour les six premiers mois d'exploitation de la société.

Les deux chefs d'entreprise n'ont assurément pas été très satisfaits des résultats. Ils s'attendaient à perdre de l'argent au cours de cette

◆ ◆ ◆

période, mais pas autant ! La perte s'élevait à près de 40 % du capital-actions. La société ne pourrait faire face à de telles pertes très longtemps. Le fonds de roulement était négatif : le passif à court terme dépassait l'actif à court terme de 40 000 $. Thomas était sûr que la banque serait irritée de cette situation, et Mado et lui s'attendaient à ce que la réunion du conseil d'administration soit difficile. Ils ont commencé à préparer pour le conseil un rapport dans lequel ils ont inclus un plan des améliorations à apporter au cours du semestre suivant.

Mado inc.
Résultats et déficit pour la période de six mois se terminant le 31 août 1994

Produits		42 674 $
Coût des marchandises vendues		28 202
Bénéfice brut		14 472 $
Frais d'exploitation :		
Salaires	25 480 $	
Déplacements	8 726	
Téléphone	2 461	
Loyer	12 000	
Services publics	1 629	
Administration	3 444	
Amortissement	10 110	63 850
Perte nette pour les six mois (avant impôts)		49 378 $
Déficit au 31 août 1994		49 378 $

Mado inc.
Bilan comparatif au 31 août et au 1er mars 1994

Actif	Août	Mars	Passif et capitaux propres	Août	Mars
Actif à court terme :			Passif à court terme :		
Encaisse	4 507 $	130 000 $	Emprunt bancaire	75 000 $	0 $
Clients	18 723	0	Fournisseurs	45 616	1 100
Stock	73 614	0	Emprunt à payer	15 000	15 000
	96 844 $	130 000 $		135 616 $	16 100 $
Actif à long terme :			Capitaux propres :		
Matériel	54 640 $	10 000 $	Capital-actions	125 000 $	125 000 $
Amortissement cumulé	(3 234)	0	Déficit	(49 378)	0
Améliorations locatives (nettes)	57 568	0		75 622 $	125 000 $
Logiciels (nets)	4 320	0			
Frais de constitution	1 100	1 100			
	114 394 $	11 100 $			
Total	211 238 $	141 100 $	Total	211 238 $	141 100 $

3.9   RÉFLEXIONS ET TRAVAUX PROPOSÉS POUR AMÉLIORER LA COMPRÉHENSION

Problème 3.1

1. À la section 3.7, nous avons parlé du lissage du bénéfice effectué par certaines sociétés pour manipuler le bénéfice dans le but de créer une certaine impression à propos de leurs compétences et de leur performance. Nous avons aussi fait allusion à d'autres manipulations du bénéfice. Du point de vue de l'éthique, pensez-vous que la manipulation des chiffres par lesquels on mesure la performance financière de la direction est acceptable ? Pourquoi ?

2. On répond habituellement, à la question 1, qu'un tel comportement est contraire à l'éthique. Pouvez-vous envisager des circonstances dans lesquelles une telle manipulation du bénéfice pourrait être conforme aux règles de l'éthique ? Autrement dit, existe-t-il d'autres personnes que les membres de la direction qui pourraient être avantagées par une telle pratique ?

Problème 3.2

Jusqu'à présent dans ce manuel, nous avons mis l'accent sur le fait que la comptabilité générale n'est pas une science qui se suffit à elle-même. La comptabilité a évolué au cours des siècles au même rythme que les affaires et la société, réagissant aux changements qui touchaient le monde des affaires et la société en général, et influant aussi sur ces changements. Donnez deux exemples de cette évolution parallèle.

Problème 3.3*

L'entreprise Embouteillage Labrosse ltée présente le bilan suivant :

Embouteillage Labrosse ltée
Bilan au 30 septembre 1994

Encaisse	1 642 $	Hypothèque	1 000 $
Stock	1 480	Capital-actions	3 000
Terrain	2 100	Bénéfices non répartis	1 222
	5 222 $		5 222 $

1. Pourquoi le poste Terrain est-il inclus dans le bilan et que représente-t-il ?

2. Le 5 octobre 1994, la société a emprunté 2 410 $ à la banque et a utilisé immédiatement l'argent pour acheter un autre terrain. Quel sera le montant total de l'actif juste après cette opération ?

3. Expliquez pourquoi le poste Bénéfices non répartis apparaît dans le bilan et analysez ce qu'il représente.

4. Pourquoi la société n'a-t-elle pas utilisé du capital-actions de 3 000 $ pour acheter le terrain additionnel plutôt que d'emprunter à la banque ?

5. Pour l'exercice qui se terminait le 30 septembre 1994, les produits de l'entreprise se sont élevés à 10 116 $, et ses charges (y compris les impôts), à 9 881 $. Quel a été le bénéfice net de l'exercice ?

6. Au cours de l'exercice qui se terminait le 30 septembre 1994, la société a déclaré 120 $ de dividendes. Quel était le solde des bénéfices non répartis *au début* de l'exercice ?

Problème 3.4* L'information financière qui suit concerne la société Limousines Kujuak ltée. À partir de cette information, préparez des bilans comparatifs, en classant les postes à court terme et à long terme, pour 1994 et 1993, ainsi qu'un état des résultats pour 1994 et un état des bénéfices non répartis pour 1994. Envisagez toutes les hypothèses qui vous semblent nécessaires.

Limousines Kujuak ltée		
	30 septembre 1994 Débit (crédit)	30 septembre 1993 Débit (crédit)
Soldes des comptes :		
Amortissement cumulé	(30 000)$	(20 000)$
Amortissement — limousines	10 000	
Autres charges	70 000	
Bénéfices non répartis	(4 000)	(4 000)
Capital-actions	(1 000)	(1 000)
Dividendes	80 000	
Montant dû par Jean Grosbois		1 000
Montant dû à Crédits Réunis		(10 000)
Encaisse	2 000	4 000
Financement à long terme des limousines	(50 000)	(30 000)
Impôts	35 000	
Limousines (au coût)	90 000	60 000
Produits	(300 000)	
Salaires à payer	(2 000)	
Salaires	100 000	
	0 $	0 $

Problème 3.5 Jeanette est ingénieure en électricité et elle travaille depuis plusieurs années pour une grande entreprise dans le domaine de l'électronique. Cependant, elle a décidé de monter sa propre entreprise pour offrir des services de conception et de consultation en électronique aux autres entreprises. Pour s'y préparer, elle a rassemblé les capitaux nécessaires et a lu des ouvrages portant sur la gestion des affaires. Elle a également discuté avec des gens d'affaires de la façon de diriger une entreprise. Ayant appris que vous suiviez des cours en comptabilité, elle vous demande : « Peut-être pourriez-vous m'aider à comprendre certains aspects spécifiques de la comptabilité ! » Vous lui répondez que vous venez juste de commencer votre cours, mais elle vous demande tout de même d'essayer de répondre à ses questions. Donnez des réponses brèves aux questions suivantes, en utilisant un langage simple dépourvu de termes trop techniques.

1. Chacun dit qu'il aimerait savoir si ma société fera des bénéfices. Comment les experts-comptables mesurent-ils ces bénéfices ? Je sais que cela se fait

dans un état des résultats, mais je ne comprends pas vraiment ce que cet état inclut et ce qu'il n'inclut pas.

2. L'une des raisons qui pourrait m'inciter à vouloir faire de bons profits serait de pouvoir mettre de l'argent en banque. Mais quelqu'un m'a expliqué que, selon la méthode de la comptabilité d'exercice, le profit n'était pas mesuré en fonction de l'argent en caisse. Qu'est-ce que cela signifie ?

3. J'ai lu que la comptabilité de l'entreprise se faisait selon un système en partie double, de sorte que l'état des résultats et le bilan sont liés. Comment fonctionne ce système ?

4. Une personne m'a conseillé de maintenir mon bénéfice à un niveau faible afin de payer moins d'impôts. Une autre m'a conseillé de le maintenir à un niveau élevé pour attirer d'autres investisseurs et amadouer les créanciers. Pourquoi a-t-on le choix ? Je pensais que la comptabilité générale se contentait de présenter les faits !

5. J'ai noté dans un livre une expression étrange. On y parlait de « clôture des comptes » à la fin de l'exercice. Comment ferme-t-on des comptes et pourquoi ?

Problème 3.6   Au cours d'une allocution prononcée dans une chambre de commerce, un professeur de comptabilité a pris la parole pour décrire les avantages de la concurrence dans le monde des affaires :

> « Au cours des deux derniers siècles, on a constaté une forte augmentation de la réglementation de la comptabilité générale par les associations professionnelles et les organismes gouvernementaux. Ainsi, la "composante politique" allait prendre de plus en plus de place dans l'élaboration des normes comptables, et la comptabilité allait répondre aux préoccupations du temps plutôt que d'être objective et stable. Voilà des éléments qui compliquent et rendent plus coûteuse la mesure de la performance financière des entreprises. À mon avis, la comptabilité coûte plus cher à une entreprise qu'elle ne lui procure d'avantages. »

Répondez brièvement aux questions suivantes en utilisant vos connaissances du monde et les connaissances que vous avez acquises en comptabilité. Il n'y a pas de réponses définitives à ces questions, bien que les enjeux soient importants. Peut-être voudrez-vous tenter d'y répondre de nouveau à la fin de ce cours afin de voir si votre façon de penser a changé.

1. Pourquoi, selon vous, la société semble-t-elle désirer que la comptabilité générale soit réglementée et que les entreprises aient des normes à respecter en ce qui concerne la présentation de leurs informations financières ?

2. Est-il possible que la comptabilité puisse être plus coûteuse qu'avantageuse pour une entreprise, mais qu'elle soit valable de toute façon ?

3. Les normes comptables devraient-elles faire partie du processus politique de la société ou devraient-elles être stables et n'être nullement influencées par les changements qui se produisent dans la société ?

4. Si le professeur a raison de dire que la comptabilité générale et ses normes sont compliquées et coûteuses, pourquoi n'évite-t-on pas les phénomènes aussi discutables que le lissage des bénéfices et le « grand nettoyage » ?

Problème 3.7   1. Consultez ci-dessous la liste des comptes de la société Productions Grisé ltée, qui n'ont pas été classés selon un ordre particulier, et précisez lesquels font partie de l'état des résultats.

C	Salaires	71 000 $ Dt	BNR	Dividendes déclarés	11 000 $ Dt	
PCT	Impôts à payer	2 800 Ct	ALT	Amortissement cumulé	94 000 Ct	
ALT	Terrain	63 000 Dt	ACT	Encaisse	18 000 Dt	
C	Avantages sociaux des employés	13 100 Dt	C	Impôts sur les bénéfices	6 900 Dt	
PCT	Retenues d'impôts à la		P	Ventes à crédit	346 200 Ct	
	source à payer	5 400 Ct	ALT	Stock	68 000 Dt	
ACT	Clients	16 400 Dt	ALT	Assurance payée d'avance	2 400 Dt	
P	Ventes au comptant	21 600 Ct	BNR	Bénéfices non répartis		
PCT	Dividendes à payer	5 500 Ct		à l'ouverture	92 800 Ct	
C	Amortissement	26 700 Dt	PCT	Fournisseurs	41 000 Ct	
C	Coût des marchandises		P	Intérêts créditeurs	1 700 Ct	
	vendues	161 600 Dt	ALT	Bâtiment	243 000 Dt	
C	Assurances	11 200 Dt	ALT	Camions et matériel	182 500 Dt	
CP	Capital-actions	200 000 Ct	PCT	Salaires à payer	4 100 Ct	
C	Frais de bureau	31 100 Dt	C	Frais divers	8 200 Dt	
PLT	Hypothèque à payer	114 000 Ct	C	Intérêts débiteurs	16 800 Dt	
PCT	Emprunt bancaire	21 800 Ct				
		23 000 $ Dt			23 000 $ Ct	

Dt = Débit
Ct = Crédit

2. Calculez le bénéfice net à partir de la réponse que vous avez donnée au point 1.

3. Calculez les bénéfices non répartis à la fin, à partir de la réponse que vous avez fournie au point 2.

Problème 3.8   Jérémie Jobin exploite une petite boulangerie. Il produit seulement du pain levé qu'il vend 1 $ la miche. Au cours du mois de mai 1993, M. Jobin a vendu 600 pains — 400 pains ont été payés comptant et 200 ont été achetés à crédit. Produire un pain lui coûte 50¢. Cela comprend le coût de la farine, de la levure, de l'électricité nécessaire aux fours et des sacs en plastique servant à l'emballage. Au début du mois d'avril, le pétrin mécanique de M. Jobin s'est brisé. Son ami, André Caron, le lui a réparé et ne lui a réclamé que le prix des pièces remplacées, soit 40 $. Ces 40 $ constituaient donc une dette avant le début du mois. André Caron et M. Jobin se sont mis d'accord pour régler cette dette en nature. M. Jobin devra fournir deux pains, évalués à 1 $ chacun, chaque semaine à partir du 1er mai et ce, jusqu'à l'extinction de sa dette. Par ailleurs, M. Jobin songeait à prendre de l'expansion. Il a donc décidé d'engager un étudiant en marketing pour faire une étude de marché en mai, afin de trouver une méthode d'augmenter les ventes. Il a été convenu que l'étudiant sera payé 150 $, et que ce montant lui sera versé à la fin juin, même si le travail sera fait en mai.

À partir de cette information, préparez un état des résultats de la boulangerie de M. Jobin pour le mois de mai.

Problème 3.9   1. Définissez, dans vos propres mots, les termes suivants : produits, charges, bénéfice net et bénéfices non répartis.
2. Nous vous présentons ci-dessous une liste de transactions qui ont eu lieu au cours du mois de septembre et qui concernent l'entreprise Instruments de Précision ltée. Examinez cette liste de transactions et distinguez les produits des charges. Dressez un état des résultats pour le mois de septembre, en utilisant ces produits et ces charges. Prêtez attention à la façon de présenter les divers éléments de votre état des résultats, ainsi qu'aux intitulés des postes des produits et des charges, de façon que l'état des résultats soit compréhensible pour les utilisateurs.

Date	Fait
2 sept.	Vente au comptant, 300 $
5	Chèque reçu, inscrit dans les produits du mois d'août et déposé à la banque, 500 $
8	Vente à crédit à M. Joly, 650 $
8	Facture relative à la peinture effectuée dans la salle d'exposition, 250 $
9	Ventes au comptant, 150 $
11	Encaissement du compte d'un client, M. Bastien, 75 $
14	Achat d'instruments à inclure dans le stock, 1 500 $; un tiers de la somme est payé comptant, et le reste, à crédit.
17	Encaissement sur le compte de M. Joly, 300 $
18	Paiement de la facture des services publics, 65 $
20	Ventes au comptant, 550 $; ventes à crédit, 200 $
23	Achat de fournitures de bureau, 710 $; l'entreprise ne paie rien comptant et n'aura rien à rembourser avant six mois.
24	Émission d'actions ordinaires au comptant, 2 000 $
25	Ventes au comptant, 275 $
30	Les deux employés reçoivent leurs chèques du mois de septembre, dont le total est de 1 800 $. L'un des deux employés reçoit également un chèque couvrant les heures supplémentaires faites au cours du mois d'août, 200 $.

Problème 3.10   Mathilde Jeanotte exploite avec succès un magasin de vêtements d'occasion, Boutique Mathilde ltée. Elle achète des vêtements de bonne qualité, neufs et d'occasion, et les revend à un prix abordable. Pour constituer son entreprise, Mathilde a investi 1 500 $ de ses épargnes et sa mère a fourni 500 $. Elles ont reçu toutes deux des actions de la société en contrepartie de leur investissement, de sorte que le capital-actions de la société s'élève à 2 000 $. L'entreprise a aussi obtenu un emprunt bancaire de 3 000 $. Mathilde loue un espace dans un centre commercial, moyennant un loyer mensuel de 200 $. Elle paie le loyer d'avance pour une période de six mois, soit 1 200 $ deux fois par an, le 1er janvier et le 1er juillet de chaque année. La société est propriétaire du matériel d'étalage, des comptoirs, des étagères et des porte-manteaux nécessaires pour le commerce, pour un coût total de 2 400 $. Mathilde espère pouvoir utiliser ce matériel pendant cinq ans, de sorte qu'elle inscrit un amortissement de 480 $ par année (2 400 $/5 ans = 480 $ par

année). L'amortissement cumulé est inclus dans le bilan. La police d'assurance est une police annuelle contractée le 1er janvier au coût de 1 200 $.

Mathilde paie ses employés vers le 20 du mois, pour la période écoulée du 15 du mois précédent au 15 du mois en cours. Par conséquent, la moitié des salaires gagnés par les employés au cours du mois leur a déjà été versée (la partie gagnée du 1er au 15) et l'autre moitié reste à payer. Le taux d'imposition de la société est de 20 %. Mathilde ferme ses comptes chaque mois, de sorte que les comptes des produits et des charges contiennent seulement les données d'un mois à la fois. Nous vous présentons ci-dessous les soldes des comptes à la fin du mois d'avril 1994 (comme d'habitude, les chiffres entre parenthèses doivent être soustraits).

Préparez les états des résultats et des bénéfices non répartis du magasin Boutique Mathilde ltée pour le mois d'avril 1994, de même qu'un bilan daté du 30 avril 1994. Il n'est pas nécessaire de présenter les notes complémentaires avec les états financiers.

	Ressources	Sources
Comptes du bilan au 30 avril 1994 :		
Encaisse	780 $	
Clients	1 300	
Stock	10 000	
Fournitures de bureau	500	
Assurance payée d'avance	800	
Loyer payé d'avance	400	
Matériel de magasin	2 400	
Amortissement cumulé — matériel de magasin	(1 120)	
Emprunt bancaire		3 000 $
Fournisseurs		2 800
Salaires à payer		500
Impôts à payer		1 200
Capital-actions		2 000
Bénéfices non répartis au 31 mars 1994		4 360
Comptes de l'état des résultats pour le mois d'avril 1994 :		
Produits		7 000
Coût des marchandises vendues		(3 500)
Salaires		(1 000)
Assurance		(100)
Loyer		(200)
Conciergerie et frais divers		(580)
Fournitures de bureau utilisées		(50)
Intérêts		(30)
Amortissement		(40)
Impôts sur les bénéfices		(300)
	15 060 $	15 060 $

Problème 3.11   Une année s'est écoulée depuis que vous avez mis fin à la discussion entre Tim et Tom, les deux bergers du problème 2.13. Après avoir étudié votre solution, Tom et Tim ont accepté à contrecœur votre opinion sur leur

situation financière respective à la fin de l'année précédente. Le temps écoulé n'a cependant pas diminué leur penchant pour la discussion. Ils veulent maintenant déterminer lequel a fait le plus de bénéfices au cours de l'année qui vient de s'achever.

Tom avance qu'il possède 80 moutons de plus qu'au début de l'année, tandis que Tim n'en a que 20 de plus. Mais Tim rétorque qu'il aurait eu 60 moutons de plus s'il n'en avait pas vendu 40 au cours de l'année pour acheter 10 acres de terre. De plus, au cours de l'année, il a échangé 18 moutons contre de la nourriture et des vêtements, alors que Tom n'en a vendu que 7 aux mêmes fins. À la fin de d'année, la nourriture est pratiquement épuisée, et les vêtements sont usés.

Tim est content parce que sa femme a tissé 5 manteaux au cours de l'année. Elle s'est acquittée des commandes passées au début de l'année et, en échange, elle a reçu 25 chèvres. Elle s'est organisée pour obtenir des commandes pour 5 autres manteaux (toujours contre 25 chèvres), mais elle n'a pas encore commencé à les tisser. Tom fait remarquer qu'il a préparé lui-même ses repas au cours de l'année, de sorte qu'il ne doit rien à Ted. Néanmoins, Tom était vraiment mécontent le jour où il a constaté que son bœuf était mort d'une mystérieuse maladie. Les deux hommes se réjouissent toutefois de n'avoir perdu aucun autre animal.

En dehors des faits mentionnés ci-dessus, les avoirs des deux hommes à la fin de l'année sont les mêmes qu'à la fin de l'année précédente. Donnez votre avis aux deux hommes au sujet de celui qui a obtenu le bénéfice le plus élevé au cours de l'année[8].

RÉFÉRENCES
1. George Murphy, « Corporate Reporting Practices in Canada : 1900–1970 », *The Academy of Accounting Historians, Working Paper Series*, vol. 1, The Academy of Accounting Historians, 1979.

2. Certaines notions de cette section sont inspirées du livre de Ross Skinner, *Accounting Standards in Evolution*, Toronto, Holt, Rinehart and Winston, 1987. Dans la première partie de cet ouvrage, on trouve un exposé détaillé du sujet.

3. *Ibid.*, p. 23.

4. Certaines des notions présentées dans cette section sont inspirées de l'ouvrage déjà cité de George Murphy.

5. Vous découvrirez les diverses sources des normes de la comptabilité générale canadienne dans l'ouvrage de Christina S. R. Drummond et Alister K. Mason, *Guide to Accounting Pronouncements and Sources*, Toronto, ICCA, 1990. En ce qui concerne les divers fondements des états financiers du monde entier, il faut consulter *The Spicer & Oppenheim Guide to Financial Statements Around the World*, New York, John Wiley & Sons, 1989. Vous trouverez un bref aperçu des origines des normes internationales de comptabilité dans l'entrevue intitulée « Setting New Standards », parue dans le *CGA Magazine* de février 1991, p. 36 à 43.

6. On trouvera plus de renseignements sur les postulats comptables concernant le bénéfice de même que sur les ressemblances et différences qu'ils ont avec la théorie économique en consultant les ouvrages publiés au cours des années 60, 70 et au début des années 80 par des auteurs tels que E. O. Edwards, P. W. Bell, R. J. Chambers et R. R. Sterling. Les ouvrages de comptabilité de niveaux intermédiaire et avancé contiennent des chapitres sur « la mesure du bénéfice » ou sur « la théorie du bénéfice ». Voir aussi

Kenneth W. Lemke, « Asset Valuation and Income Theory », dans *The Accounting Review*, janvier 1966, p. 32 à 41.

7. Vous trouverez d'autres renseignements sur le lissage des bénéfices dans *Smoothing Income Numbers : Objectives, Means, and Implications* de Joshua Ronen et Simcha Sadan, Reading, Mass., Addison-Wesley, 1981. Le lissage des bénéfices, comme d'autres manipulations apparentes du chiffre des bénéfices, a souvent fait l'objet d'articles dans les magazines d'affaires tels que *Forbes*, *Fortune* et *Business Week*. La série d'articles et de livres publiés par Abraham Briloff sur la manipulation du chiffre des bénéfices, notamment *Unaccountable Accounting*, New York, Harper & Row, 1972, fournissent des commentaires critiques et sont faciles à lire.

8. Adapté de *Accounting Education : Problems and Prospects*, Saratosa, Floride, American Accounting Association, 1974.

LES ÉTATS FINANCIERS ET L'ANALYSE DES FLUX DE TRÉSORERIE

4.1 APERÇU DU CHAPITRE

Nous avons vu que les trois états financiers étudiés aux chapitres 2 et 3, soit le bilan, l'état des résultats et l'état des bénéfices non répartis, sont en corrélation parce qu'ils sont tous trois préparés selon la comptabilité en partie double. Dans ce chapitre, nous verrons comment utiliser l'information contenue dans ces trois états financiers afin de préparer une analyse des flux de trésorerie d'une entreprise, c'est-à-dire une analyse des rentrées et des sorties de fonds. L'évaluation de la gestion des liquidités par la direction est primordiale. C'est pourquoi le résultat de cette analyse, appelé *état de l'évolution de la situation financière* ou état des flux de la trésorerie, fait partie intégrante des états financiers. L'état de l'évolution de la situation financière est préparé à partir des autres états financiers et de certains renseignements additionnels, et non pas à partir des comptes comme les autres états financiers. Il constitue, par conséquent, un exemple type d'*analyse* des états financiers. Nous développerons davantage le sujet de l'analyse financière dans les chapitres suivants de cet ouvrage. Pour vous aider à considérer les quatre états financiers comme un tout, nous étudierons aussi, dans le présent chapitre, le rapport annuel qui, en particulier pour les grandes sociétés, contient de nombreux renseignements en plus des états financiers.

Selon le schéma habituel, voici les concepts que vous étudierez dans ce chapitre :

Concepts d'utilisation : Des renseignements sur la demande d'information permettant d'évaluer la performance financière des entreprises au cours d'une période donnée et, en particulier, la demande d'information concernant la façon dont les liquidités ont été obtenues et utilisées.

Concepts de préparation : La définition essentielle selon laquelle des liquidités de l'entreprise peuvent être représentées par une catégorie de comptes du bilan. On peut ensuite analyser les variations de ces liquidités en examinant les variations des autres comptes du bilan, y compris les variations des bénéfices non répartis que l'on peut retrouver dans les états des résultats et des bénéfices non répartis.

Techniques de préparation : En classant les comptes des états financiers en catégories prédéterminées, les experts-comptables peuvent faciliter leur analyse. L'utilité de cette technique est illustrée par l'analyse des flux de trésorerie.

Techniques d'utilisation : Avec l'information concernant les flux de trésorerie, nous amorçons l'apprentissage de l'analyse de l'information comptable qui sera traitée dans les chapitres suivants. Nous présentons également quelques idées sur la façon d'interpréter l'information selon l'endroit où elle se trouve dans les états financiers.

4.2 LE RAPPORT ANNUEL ET LES ÉTATS FINANCIERS

Toutes les sociétés par actions et la plupart des autres entreprises constituées juridiquement sont obligées d'établir des états financiers au moins une fois par année. Habituellement, les sociétés ouvertes, c'est-à-dire les sociétés dont les actions sont négociées à la bourse des valeurs mobilières ou sur des marchés hors cote, publient aussi périodiquement ou trimestriellement de l'information financière, en particulier au sujet des résultats. La plupart des entreprises individuelles et des sociétés de personnes préparent également des états financiers à la demande de leurs banques ou en vue de les inclure dans les déclarations d'impôts du propriétaire ou des associés, ou pour d'autres raisons.

Les états financiers se composent habituellement de cinq éléments :

1. Le bilan ;
2. L'état des résultats (appelé autrefois *état des revenus et dépenses*) ;
3. L'état des bénéfices non répartis ;
4. L'état de l'évolution de la situation financière (D'autres intitulés conviendraient pour cet état financier, soit «[état des] ressources et emplois», «[état des] mouvements de la trésorerie» ou «[état de l'] évolution des liquidités»[1].) ;
5. Les notes complémentaires aux états financiers.

Une sixième composante accompagne les états financiers et les notes complémentaires : le rapport du vérificateur. Il ne fait pas officiellement partie des états financiers ; il constitue en fait un rapport sur la fidélité de la présentation des états financiers. Le contenu des états financiers et des notes relève de la responsabilité de la direction, et le rapport du vérificateur présente l'opinion de ce dernier sur ces états financiers et ces notes. Vous devriez vous méfier des états financiers qui n'ont pas été vérifiés ou de ceux auxquels on n'a pas annexé le rapport du vérificateur. Les états financiers doivent toujours avoir été soumis au moins à une révision externe. Le rapport du vérificateur constitue normalement une déclaration courante, dans laquelle le vérificateur affirme que les états financiers lui paraissent fidèles. Lorsqu'il ne s'agit pas d'une simple formalité, les vérificateurs tentent de communiquer aux utilisateurs les éléments qu'ils jugent importants. Le rapport du vérificateur peut comporter des réserves et indiquer certaines inquiétudes au sujet des états financiers. Dans les cas extrêmes, le vérificateur peut même «refuser de se prononcer» sur la fidélité des états financiers, marquant ainsi implicitement qu'il émet de sérieuses critiques à l'égard de ces états.

Les sociétés ouvertes et certaines autres entreprises incluent leurs états financiers dans un **rapport annuel** beaucoup plus détaillé. Le rapport contient habituellement, et à peu près dans cet ordre, les éléments suivants :

a) Un sommaire des données relatives à la performance de la société au cours de l'exercice, habituellement sous la forme d'un graphique ou sous une autre forme facile à lire, ainsi que des comparaisons avec les cinq ou dix exercices antérieurs.

b) Une lettre de la haute direction de la société destinée aux actionnaires et habituellement signée par le président du conseil d'administration.

c) Un commentaire et une analyse de la direction, souvent plus approfondis, comprenant une description des facteurs économiques, financiers et autres, liés aux affaires de la société. On y retrouve également les principales gammes de produits ou les principaux services de la société.

d) Une brève section expliquant que les états financiers et le contrôle interne général de l'entreprise relèvent de la responsabilité de la direction.

e) Les états financiers et le rapport du vérificateur.

f) Divers détails relatifs au statut de la société, le nom des administrateurs et des dirigeants, de même que tout renseignement que la société juge important.

Dans un récent article portant sur le rapport annuel, un expert-comptable renommé expliquait :

> Quoique l'on ait observé de nombreux changements dans la présentation de l'information financière des sociétés au cours des dernières années [...], le rapport annuel demeure la pièce centrale de la présentation de l'information [...]. Le monde de la présentation de l'information financière est en constante évolution. Pour tenir compte des besoins des utilisateurs, l'information divulguée a dépassé de beaucoup la portée des états financiers[2].

Outre les experts-comptables, les entreprises et les vérificateurs externes, beaucoup de gens sont engagés dans la préparation du rapport annuel. La haute direction donne le ton, et les équipes de publicité et de relations publiques conçoivent la présentation, en l'agrémentant souvent de photos et de graphiques. Le rapport annuel peut finalement être très attrayant et comporter plus de cinquante pages !

Les rapports annuels constituent des documents très importants. D'ailleurs, depuis plusieurs années, *The Financial Post* parraine le concours du meilleur rapport annuel. Les juges sont nommés par l'Institut Canadien des Comptables Agréés, le Conseil Canadien des Analystes Financiers et l'Institut National des Relations aux Investisseurs, lesquels doivent choisir les gagnants et les seconds prix dans plusieurs catégories. Les résultats sont annoncés vers la fin du mois de novembre. Voici des commentaires tirés de l'article dans lequel on annonçait les lauréats de 1990 :

Il fut un temps où les rapports annuels n'étaient guère qu'une compilation de données financières dans une petite brochure. Aujourd'hui, ils sont aussi attrayants que des magazines contenant [...] autant de renseignements et de fioritures qu'on peut en insérer à l'intérieur de la couverture [...] [pour refléter] l'image que l'entreprise veut projeter[3].

Si vous n'avez jamais vu un rapport annuel, il pourrait être intéressant d'en consulter un. La plupart des bibliothèques en possèdent quelques exemplaires, et la plupart des sociétés ouvertes fournissent sur demande des copies de leur rapport.

4.3 INTRODUCTION À L'ANALYSE FINANCIÈRE : LES LIQUIDITÉS

Chaque étudiant suivant un cours d'introduction à la comptabilité générale devrait apprendre à analyser les états financiers. L'**analyse financière** suppose la compilation de l'information contenue dans les états financiers sous forme de divers ratios (comme le ratio du fonds de roulement, que l'on calcule en divisant l'actif à court terme par le passif à court terme) et la réorganisation de l'information en vue de fournir des données additionnelles aux décideurs. L'analyse est importante parce qu'elle est le fondement de la conversion des états financiers à usage général sous d'autres formes qui répondent aux demandes de décideurs et d'utilisateurs particuliers. Il s'agit d'une activité très courante que les diplômés en comptabilité et en gestion des affaires sont censés être à même d'effectuer — tout au moins dans une certaine mesure.

L'analyse financière suppose la compréhension des perspectives à la fois de ceux qui préparent l'information financière et de ceux qui utilisent cette information. Ainsi, nous devons comprendre pourquoi les utilisateurs ont besoin de cette information, savoir comment évaluer les résultats et comment utiliser les principaux ratios courants. Du côté de ceux qui préparent l'information, nous devons comprendre comment fonctionne le système comptable et savoir comment agencer les soldes des comptes en vue d'une utilisation pratique.

Nous avons déjà étudié certains ratios fondamentaux, tels que le ratio du fonds de roulement et le ratio d'endettement. Dans le présent chapitre, nous aborderons le remaniement des données financières nécessaire pour établir l'état de l'évolution de la situation financière (EESF). Il s'agit de prendre les soldes des comptes ayant servi à la préparation du bilan et les états des résultats et des bénéfices non répartis, et de les agencer autrement afin de produire une analyse des flux de trésorerie au cours de la période. L'importance de l'analyse des flux de trésorerie est telle que l'on a jugé nécessaire d'ajouter cet état financier à ceux qui sont déjà exigés. L'EESF fait partie intégrante des états financiers, ce qui signifie que sa préparation doit être conforme aux principes comptables et qu'il doit être soumis à une vérification. Cependant, comme nous le verrons, il diffère des trois autres états financiers, en ce sens qu'il n'est pas fait directement à partir des comptes. En effet, on le prépare à partir d'une analyse des *changements* qui se sont produits dans les divers comptes au cours d'une période donnée. L'EESF a pour but de fournir des informations au sujet des rentrées, des sorties de fonds et des éléments les plus liquides de l'actif à court terme et, par conséquent, d'aider à évaluer la viabilité financière de l'entreprise.

Rappelons que le bénéfice net établi selon la comptabilité d'exercice n'équivaut pas aux rentrées de fonds. Cet écart s'explique par le fait que certains produits et charges ne correspondent pas à des rentrées ni à des sorties de fonds au cours du même exercice. De plus, certaines rentrées de fonds (comme celles qui proviennent de l'émission d'actions ou d'obligations) ou certaines sorties de fonds (comme la distribution de dividendes ou l'achat d'un terrain) n'apparaissent pas dans l'état des résultats. Par conséquent, l'EESF fournit une information différente de celle de l'état des résultats.

Pourquoi prêter autant d'attention aux flux de trésorerie ? Pour répondre simplement, on peut dire qu'une entreprise ne peut pas survivre sans liquidités. Il faut payer les salaires des employés, les marchandises des fournisseurs et les impôts, et il faut aussi renouveler les éléments d'actif. Beaucoup de nouvelles entreprises et de sociétés solidement établies présentant un bénéfice net positif ont toutefois manqué de liquidités et ont fait faillite. Il est donc important de fournir aux investisseurs potentiels et aux créanciers des informations au sujet des liquidités d'une entreprise. Une entreprise peut-elle régler toutes ses dettes et obligations lorsqu'elles arrivent à échéance — en d'autres termes, est-ce une entreprise **solvable** — et dispose-t-elle actuellement d'une encaisse et d'un actif à court terme suffisants pour couvrir ses dettes et obligations immédiates ? C'est ce que l'on appelle habituellement les **liquidités** de l'entreprise.

Dans l'EESF, on prend comme point de départ le bénéfice net, on effectue les redressements requis pour tenir compte des produits et des charges qui n'ont pas d'incidence sur les liquidités, puis on ajoute les rentrées de fonds et on soustrait les sorties de fonds qui ne font pas partie du bénéfice net mais que l'on peut retrouver ailleurs dans les états financiers. Pour l'exercice financier, l'état montre donc d'où proviennent les liquidités de l'entreprise (l'encaisse et les quasi-espèces telles que les dépôts ou les dettes à très court terme) et l'utilisation que l'entreprise a faite de ces éléments. Jusqu'à récemment, l'EESF se basait sur le fonds de roulement, soit l'actif à court terme moins le passif à court terme. Cependant, nous ne tiendrons pas compte de ce point sauf pour nous rappeler qu'il existe différentes façons de préparer cet état financier, ce qui est vrai pour une grande partie de la comptabilité.

Pour comprendre l'EESF, il faut comprendre la notion de liquidités, parce que l'EESF envisage les flux de trésorerie sans se limiter aux seuls flux de l'encaisse, comme le démontrent les points suivants :

1. Certains éléments d'actif à court terme constituent simplement une forme d'encaisse ou en sont très proches. On classe dans l'actif de trésorerie (AT) l'encaisse, les comptes bancaires d'épargne ou les comptes de chèques, ainsi que les placements à très court terme tels que les dépôts à terme, les titres négociables pouvant être revendus facilement et d'autres placements temporaires faits de liquidités disponibles.

2. Certaines dettes à court terme sont également très proches de l'encaisse, ce qui indique qu'il existe un déficit de caisse ou qu'on a

utilisé des moyens pour se procurer de l'argent rapidement. Ce passif de trésorerie (PT) comprend les découverts bancaires, les emprunts bancaires remboursables sur demande et les autres dettes à très court terme.

3. Les liquidités (LIQ) correspondent à l'actif de trésorerie moins le passif de trésorerie (LIQ = AT – PT). Le résultat est habituellement positif, mais il se peut qu'il soit négatif. L'EESF permet d'expliquer les variations des liquidités qui se sont produites au cours de l'exercice, pas seulement les variations de l'encaisse. Les flux de trésorerie ne tiennent donc pas uniquement compte de l'encaisse puisque d'autres comptes sont également pris en considération. Certains déplorent qu'il en soit ainsi, mais on s'accorde généralement pour reconnaître qu'une définition élargie des liquidités est très utile car elle inclut les activités de gestion des liquidités à court terme (comme les transferts entre comptes bancaires et les placements à très court terme), ce qui permet d'éviter d'encombrer l'EESF de ces détails.

4. Chaque société doit déterminer les éléments qu'elle inclut dans ses liquidités et établir l'EESF en conséquence. Ainsi, en bas de la plupart des EESF, on trouve un petit tableau présentant la composition des liquidités de l'entreprise.

Voici un exemple de détermination des liquidités. La société Rat musqué ltée présente comme suit les sections de l'actif et du passif à court terme de son bilan :

Actif à court terme		Passif à court terme	
Encaisse et fonds en banque	286 895 $	Emprunts bancaires remboursables sur demande	1 648 900 $
Dépôts à terme	400 000	Comptes fournisseurs	2 957 364
Titres négociables	1 100 000	Impôts à payer	321 325
Comptes clients	3 002 672	Salaires à payer	121 431
Stocks	3 198 780	Tranche de la dette à long terme échéant à moins d'un an	250 000
Charges payées d'avance	56 368		
Total de l'actif à court terme	8 044 715 $	Total du passif à court terme	5 299 020 $

Si nous voulons analyser les flux de trésorerie de l'entreprise, nous devons connaître les éléments qui constituent les liquidités. Celles-ci peuvent englober simplement l'encaisse et les fonds en banque. Cependant, l'entreprise utilise ses dépôts à terme et ses titres négociables pour placer temporairement l'excédent d'encaisse lui permettant d'obtenir des intérêts créditeurs. Par conséquent, une définition des liquidités se limitant à l'encaisse et aux fonds en banque serait trop restreinte. Les emprunts bancaires sont remboursables sur demande, de sorte que la banque peut exiger leur remboursement en tout temps. L'entreprise a accepté cette condition, car elle prévoyait utiliser ses dépôts à terme et ses titres négociables pour s'acquitter du remboursement le moment venu. Il est donc raisonnable de considérer ces quatre comptes comme les composantes des liquidités : LIQ = 286 895 $ + 400 000 $ + 1 100 000 $ − 1 648 900 $ = 137 995 $. La composition des liquidités peut varier d'une entreprise à l'autre, mais le raisonnement qui permet d'aboutir à la détermination des LIQ est valable pour toutes les entreprises.

OÙ EN ÊTES-VOUS ? Voici deux questions auxquelles vous devriez pouvoir répondre à partir de ce que vous venez de lire :
1. Pourquoi l'analyse des flux de trésorerie est-elle importante ?
2. Le solde de l'encaisse de la société Assec ltée s'élève à 21 674 $ mais, selon l'état de l'évolution de la situation financière de l'entreprise, le montant de ses liquidités — soit 17 931 $ — est négatif. Comment est-ce possible ? (Il faut que son passif de trésorerie soit plus élevé que son actif de trésorerie.)

4.4   LE CLASSEMENT DES POSTES DANS LES ÉTATS FINANCIERS

Nous verrons bientôt comment préparer une analyse simple des flux de trésorerie, et votre habileté dans ce domaine croîtra avec l'étude des autres chapitres. Commençons par étudier la notion de **classement** des éléments des états financiers.

Vous avez sans doute remarqué que les chiffres ne sont pas placés n'importe comment dans les états financiers. Le bilan présente l'actif et le passif à court terme dans la partie supérieure. Puis viennent les postes à long terme. Les capitaux propres sont présentés en bas, à droite. L'état des résultats commence avec les produits, puis contient une liste des diverses charges et se termine par le montant du bénéfice net. Ce ne sont là que quelques exemples d'éléments soumis à des normes de présentation. En plaçant ces postes à des endroits particuliers et prévus à cette fin dans les états financiers, on veut que la place qu'ils occupent ait une valeur informative en elle-même. Le fait de placer un élément sous la rubrique Actif à court terme plutôt que sous la rubrique Actif à long terme indique que l'on prévoit, par exemple, que cet élément sera utilisé ou encaissé au cours du prochain exercice. On peut donc considérer que les états financiers se composent de catégories à l'intérieur desquelles les éléments sont classés de façon que la place qu'ils occupent dans l'une ou l'autre de ces catégories ait une valeur informative pour l'utilisateur.

Voici une liste des principales catégories utilisées dans les états financiers et des symboles que nous utiliserons fréquemment pour les désigner dans le reste de cet ouvrage. Nous présenterons quelques autres catégories par la suite.

Catégories utilisées dans les états financiers	Symboles
Catégories utilisées dans le bilan :	
Actif à court terme	ACT
Actif de trésorerie	AT
Autres actifs à court terme	AACT
Actif à long terme	ALT
Passif à court terme	PCT
Passif de trésorerie	PT
Autres passifs à court terme	APCT
Passif à long terme	PLT
Capitaux propres	CP
Capital investi	CI
Bénéfices non répartis	BNR
Catégories utilisées dans l'état des résultats :	
Produits d'exploitation	PE
Charges d'exploitation	CE
Autres produits et charges	APC
Impôts sur les bénéfices	IB
Éléments extraordinaires	EEI
Bénéfice net	BN
Catégories utilisées dans l'état des bénéfices non répartis :	
Redressements et corrections aux bénéfices non répartis	RBN
Dividendes déclarés	DIV

Au moyen de ces symboles, nous pouvons organiser le bilan ainsi que les états des résultats et des bénéfices non répartis de façon à montrer où doivent apparaître ces catégories :

Bilan		État des bénéfices non répartis	État des résultats
ACT :	PCT :	BNR (ouverture)	PE
AT	PT	RBN (s'il y a lieu)	CE
AACT	APCT	BN	APC (s'il y a lieu)
ALT	PLT	DIV	IB
	CP :	BNR (clôture)	EEI (s'il y a lieu)
	CI	BN	BN
	BNR (clôture)		

Grâce à l'utilisation de ces symboles, il est facile de constater les liens entre les états financiers, tels que nous les avons décrits au chapitre 3. La ligne du bas de l'état des résultats — BN — apparaît aussi dans l'état des bénéfices non répartis, et la ligne du bas de l'état des bénéfices non répartis — BNR (clôture) — apparaît aussi dans le bilan.

4.5 EXEMPLE D'ANALYSE DES FLUX DE TRÉSORERIE D'UNE SOCIÉTÉ

Nous expliquerons les principes de l'analyse des flux de trésorerie en plusieurs étapes : (1) réorganisation des catégories du bilan afin de mettre l'accent sur les liquidités (section 4.6), (2) élargissement de l'équation comptable de manière à y inclure les états des résultats et des bénéfices non répartis (section 4.7) et (3) préparation de l'état de l'évolution de la situation financière (section 4.8). Pour vous aider à assimiler ces notions et renforcer l'idée que les états financiers forment un ensemble cohérent, nous utiliserons dans cette analyse l'exemple de la société Moteurs Québec ltée. Chaque compte est désigné par un des symboles énumérés ci-dessus, et tous les chiffres des états financiers sont exprimés en milliers de dollars.

Examinez ces états financiers et assurez-vous de bien les connaître avant de poursuivre.

Moteurs Québec ltée
Bilans aux 31 mars 1994 et 1993

Actif	1994	1993	Passif et capitaux propres	1994	1993
Actif à court terme (ACT) :			Passif à court terme (PCT) :		
Encaisse et fonds			Emprunt remboursable		
en banque (AT)	512 $	382 $	sur demande (PT)	1 000 $	800 $
Dépôts à terme (AT)	200	1 000	Comptes fournisseurs		
Comptes clients (AACT)	3 145	2 690	(APCT)	4 691	3 887
Stocks (AACT)	5 420	5 606		5 691 $	4 687 $
	9 277 $	9 678 $			
			Passif à long terme (PLT) :		
Actif à long terme (ALT) :			Hypothèques (PLT)	7 105 $	7 595 $
Immobilisations			Capitaux propres (CP) :		
(au coût) (ALT)	15 641 $	12 486 $	Capital-actions (CA)	2 300 $	2 000 $
Amortissement			Bénéfices non répartis		
cumulé (ALT)	(6 066)	(5 221)	(BNR)	3 756	2 661
	9 575 $	7 265 $		6 056 $	4 661 $
	18 852 $	16 943 $		18 852 $	16 943 $

Résultats pour l'exercice clos le 31 mars 1994			Bénéfices non répartis pour l'exercice clos le 31 mars 1993	
Produits d'exploitation (PE)		14 689 $	Solde d'ouverture (BNR, ouverture)	2 661 $
Charges d'exploitation (CE) :			Plus bénéfice net de 1994 (BN)	1 695
Amortissement (CE)	845 $			4 356 $
Autres charges (CE)	11 160	12 005	Moins dividendes déclarés (DIV)	600
		2 684 $	Solde de clôture (BNR, clôture)	3 756 $
Impôts sur les bénéfices (IB)		989		
Bénéfice net de 1994 (BN)		1 695 $		

4.6 LA RÉORGANISATION DU BILAN : ACCENT SUR LES LIQUIDITÉS

Vous vous rappelez sans doute l'équation comptable : **Actif = Passif + Capitaux propres**. En utilisant les catégories du bilan énumérées précédemment, nous pouvons réécrire cette équation de la façon suivante :

$$AT + AACT + ALT = PT + APCT + PLT + CI + BNR \quad (1)$$

Si nous insérons les valeurs correspondantes dans les catégories de cette équation ayant trait à la société Moteurs Québec ltée au 31 mars 1993, nous obtenons :

AT	+ AACT +	ALT	=	PT	+ APCT +	PL	+	CI	+	BNR
512	3 145	15 641		1 000	4 691	7 105		2 300		3 756
200	5 420	(6 066)								
712 +	8 565 +	9 575	=	1 000	+ 4 691	+ 7 105	+	2 300	+	3 756

$$18\ 852 = 18\ 852$$

(en milliers de dollars)

Puisqu'il s'agit d'une équation, il est possible d'en déplacer les termes en respectant les règles de l'algèbre. Pour mettre l'accent sur les liquidités, rassemblons-les du côté gauche de l'équation et groupons toutes les autres catégories du côté droit.

$$AT - PT = APCT - AACT + PLT - ALT + CI + BNR \quad (2)$$
$$712 - 1\ 000 = 4\ 691 - 8\ 565 + 7\ 105 - 9\ 575 + 2\ 300 + 3\ 756$$
$$-288 = -288$$

(en milliers de dollars)

Cette réorganisation constitue la base à la fois conceptuelle et technique de l'analyse des flux de trésorerie. Elle démontre que les liquidités correspondant à **AT – PT** sont égales au montant net de tous les autres comptes du bilan. Ce n'est pas un hasard : en raison du système de comptabilité en partie double, cela se produira aussi longtemps que le bilan sera équilibré. Peu importe d'ailleurs que le montant des liquidités soit positif, ce qui est habituellement le cas, ou négatif, comme dans l'exemple de la société Moteurs Québec ltée. Nous avons d'ailleurs choisi cet exemple pour vous démontrer que l'égalité subsiste, même si le chiffre est négatif.

4.7 LES VARIATIONS DU BILAN

Le bilan est aussi appelé *état de la situation financière*. L'analyse des flux de trésorerie que nous allons faire repose sur les *variations* qui surviennent entre un bilan donné et le bilan de l'exercice suivant. C'est pourquoi, comme nous l'avons mentionné précédemment, l'état qui présente cette analyse est appelé *État de l'évolution de la situation financière*. À la section 3.5 du chapitre 3 consacrée à des exemples de préparation d'états financiers, nous avons vu que les variations qui se produisent d'un bilan à un autre sont en partie expliquées par l'état des résultats et l'état des bénéfices non répartis. Donc, l'analyse des flux de trésorerie tient compte des trois états financiers que nous avons vus jusqu'à présent.

Voyons comment cela fonctionne. Rappelons-nous l'équation comptable par catégories (1) et sa version modifiée (2) qui met l'accent sur la trésorerie :

$$AT + AACT + ALT = PT + APCT + PLT + CI + BNR \qquad (1)$$

et

$$AT - PT = APCT - AACT + PLT - ALT + CI + BNR \qquad (2)$$

Chaque bilan est équilibré, de sorte que l'équation s'applique à tous les bilans, quelle que soit la forme qu'elle prend. Cela vaut pour le bilan d'ouverture de l'exercice comme pour le bilan de clôture. Dans le cas de la société Moteurs Québec ltée, il s'agirait des bilans du 31 mars 1993 et du 31 mars 1994. En ajoutant la lettre *c* aux catégories du bilan de clôture et la lettre *o* aux catégories du bilan d'ouverture, l'équation (2) devient :

$$ATc - PTc = APCTc - AACTc + PLTc - ALTc + CIc + BNRc$$
$$ATo - PTo = APCTo - AACTo + PLTo - ALTo + CIo + BNRo$$

Pour mettre l'accent sur les *variations* qui se sont produites dans les liquidités, nous pouvons soustraire l'équation du bilan d'ouverture de celle du bilan de clôture, ce qui donnera les résultats suivants, la lettre *v* représentant les variations :

$$\mathbf{ATv - PTv = APCTv - AACTv + PLTv - ALTv + CIv + BNRv} \qquad (3)$$

Cette « équation exprimant les variations » est la base de l'analyse des flux de trésorerie. Vérifions sa validité en insérant les chiffres des états financiers de la société Moteurs Québec ltée :

Chiffres au 31 mars 1994 (tirés du bilan) :

$$(c)\ 712 - 1\ 000 = 4\ 691 - 8\ 565 + 7\ 105 - 9\ 575 + 2\ 300 + 3\ 756$$

(en milliers de dollars)

Chiffres au 31 mars 1993 (vérifiez-les dans le bilan car les soldes de certains comptes ont été combinés) :

$$(o)\ 1\ 382 - 800 = 3\ 887 - 8\ 296 + 7\ 595 - 7\ 265 + 2\ 000 + 2\ 661$$

(en milliers de dollars)

Nous pouvons maintenant soustraire les chiffres de 1993 de ceux de 1994 afin d'obtenir les résultats suivants :

$$(v)\ -670 - 200 = 804 - 269 - 490 - 2\ 310 + 300 + 1\ 095$$
$$-870 = -870$$

(en milliers de dollars)

Avant d'effectuer toute autre analyse, nous pouvons déjà soulever un point à propos de la gestion de la trésorerie de la société Moteurs Québec ltée au cours de l'exercice. Les liquidités ont diminué de 870 000 $. L'équation exprimant les variations (*v*) donne l'une des causes possibles : il y a eu une augmentation de 2 310 000 $ de l'actif à long terme au cours de l'exercice. Toutefois, si vous consultez le bilan, vous voyez qu'il s'agit d'une variation nette de l'actif à long terme : son coût est passé de

12 486 000 $ à 15 641 000 $. Par contre, venant partiellement compenser ce phénomène, l'amortissement cumulé (un poste de contrepartie) a augmenté lui aussi, passant de 5 221 000 $ à 6 066 000 $.

Pour bien expliquer ces variations, il est nécessaire d'élargir l'« équation exprimant les variations » afin d'y inclure l'état des résultats et l'état des bénéfices non répartis. L'état des résultats nous aidera à expliquer les variations des bénéfices non répartis et celles d'autres comptes comme celui de l'amortissement cumulé. L'état des bénéfices non répartis nous permettra aussi d'expliquer certaines variations de liquidités.

Recommençons avec la version des variations de l'équation comptable qui met l'accent sur les liquidités :

$$ATv - PTv = APCTv - AACTv + PLTv - ALTv + CIv + BNRv \quad (3)$$

Comme nous le verrons plus loin, nous pourrions rendre cette équation plus complexe, mais commençons par ajouter seulement trois éléments afin d'approfondir notre illustration de l'analyse des flux de trésorerie :

1. Les variations des bénéfices non répartis (**BNRv**) représentent le bénéfice gagné au cours de l'exercice moins les dividendes déclarés. Pour la société Moteurs Québec ltée, les variations des bénéfices non répartis correspondent à une augmentation de 1 095 000 $, soit le montant de bénéfice net (1 695 000 $) moins les dividendes (600 000 $). Remplaçons les **BNRv** par ces deux composantes, c'est-à-dire le bénéfice net (**BN**) et les dividendes déclarés (– **DIV**).

2. Les variations de l'actif à long terme résultent de variations dans le coût des immobilisations (acquisitions moins cessions), moins les variations de l'amortissement cumulé (causées principalement par la charge d'amortissement inscrite pour l'exercice et présentée dans l'état des résultats). Dans l'exemple de la société Moteurs Québec ltée, les variations de l'actif à long terme se traduisent par une augmentation de 2 310 000 $, soit une augmentation du coût de 3 155 000 $ (15 641 000 $ – 12 486 000 $) moins une augmentation de l'amortissement cumulé de 845 000 $ (6 066 000 $ – 5 221 000 $). Remplaçons les **ALTv** par ces deux composantes, soit les variations du coût (**ALTcoût**) et les variations de l'amortissement cumulé (– **ALTam**).

3. Théoriquement, les variations du passif à long terme peuvent aussi se diviser, premièrement, en variations des obligations provenant d'emprunts supplémentaires ou de remboursements d'obligations et, deuxièmement, en variations (habituellement des augmentations) touchant des éléments de l'état des résultats, comme les charges relatives aux régimes de retraite, lesquelles sont présentées dans les charges de l'exercice parce qu'elles sont engagées mais ne seront payées que beaucoup plus tard. Remplaçons les **PLTv** par ces deux composantes, soit les variations de l'encaisse (**PLTenc**) et les variations touchant des éléments de l'état des résultats (**PLTrés**). Pour la société Moteurs Québec ltée, nous ne savons pas s'il y a eu des variations dans ces deux catégories. L'expert-comptable qui prépare l'analyse des flux de trésorerie devrait s'informer à ce sujet.

Supposons cependant que les variations portent toutes sur l'encaisse.

Avec les nouvelles catégories que nous venons de présenter, l'équation (3) exprimant les variations devient :

$$ATv - PTv = APCTv - AACTv + (PLTenc + PLTrés) - (ALTcoût - ALTam) + CIv + (BN - DIV) \quad (4)$$

En réorganisant les termes de l'équation et en retirant les parenthèses, nous obtenons :

$$ATv - PTv = BN + ALTam + PLTrés + APCTv - AACTv - DIV + PLTenc + CIv - ALTcoût \quad (5)$$

Les trois premiers termes du membre droit de l'équation proviennent tous de l'état des résultats. Les deux suivants sont des variations de l'actif et du passif à court terme qui n'ont pas d'incidence sur les liquidités. Le suivant, les dividendes, provient de l'état des bénéfices non répartis, et les deux qui suivent correspondent à des variations de l'encaisse provenant du passif à long terme et du capital investi. Le dernier terme correspond aux variations de l'encaisse relatives à l'actif à long terme. Pour la société Moteurs Québec ltée, les chiffres de l'équation sont les suivants :

$$-670 - 200 = 1\,695 + 845 + 0 + 804 - 269 - 600 - 490 + 300 - 3\,155$$

(en milliers de dollars)

Si l'on rassemble ces éléments selon l'état des résultats et les autres catégories mentionnées ci-dessus, en prenant soin de respecter tous les signes *plus* et *moins*, nous obtenons :

$$-870 = 2\,540 + 535 - 600 - 190 - 3\,155$$

(en milliers de dollars)

OÙ EN ÊTES-VOUS ? Voici deux questions auxquelles vous devriez pouvoir répondre à partir de ce que vous venez de lire :

1. Qu'entend-on par *liquidités* et pourquoi l'analyse des flux de trésorerie repose-t-elle sur ces éléments plutôt que sur l'encaisse uniquement ?
2. Les variations suivantes se sont produites dans les comptes de la société Bilodeau ltée au cours de l'exercice précédent : AACT a augmenté de 270 $; ALTcoût a augmenté de 600 $; ALTam a augmenté de 250 $; APCT a augmenté de 340 $; PLTrés a augmenté de 80 $; PLTenc a diminué de 120 $; CI a augmenté de 200 $; le bénéfice net s'élevait à 475 $ et la société a versé 215 $ en dividendes. Calculez les variations des liquidités au cours de l'exercice. (Augmentation de 140 $)

4.8   L'ÉTAT DE L'ÉVOLUTION DE LA SITUATION FINANCIÈRE

L'état de l'évolution de la situation financière, ou état des flux de la trésorerie, s'appuie sur l'équation (5) qui regroupe et réagence les variations dans les comptes comme nous l'avons vu à la section 4.7. Nous vous présentons un exemple de cet état, dans lequel nous indiquons les catégories et les signes tirés de cette équation. Nous poursuivons l'exemple de la société Moteurs Québec ltée.

Moteurs Québec ltée
Évolution de la situation financière pour l'exercice clos le 31 mars 1994

Liquidités provenant de l'exploitation :		
Bénéfice net de l'exercice (**BN** : 1695 $)		1695 $
Ajustements relatifs aux variations de l'actif à long terme, comme l'amortissement cumulé, et aux variations du passif à long terme, comme les charges de retraite n'ayant pas d'incidence sur les liquidités (**ALTam + PLTrés** : 845 $ + 0)		845
		2 540 $
Ajustements relatifs aux variations de l'actif à court terme et du passif à court terme hors liquidités (**AACTv − APCTv** : 804 $ − 269 $)		535
Liquidités provenant de l'exploitation		3 075 $
Dividendes versés (**DIV** : incidence négative de 600 $ sur les liquidités)		(600)
Liquidités générées (utilisées) par les activités de financement :		
Dette à long terme (**PLTenc** : négatif de 490 $)	(490)$	
Capital investi (**CIv** : positif de 300 $)	300	(190)
Liquidités générées (utilisées) pour des activités d'investissement :		
Variations de l'actif à long terme (**ALTcoût** : acquisitions nettes de 3 155 $, ayant une incidence négative sur l'encaisse)		(3 155)
Variations nettes des liquidités au cours de l'exercice		(870)$
Rapprochement des variations des liquidités :		
Liquidités au début de l'exercice (encaisse plus dépôts à terme moins emprunt remboursable sur demande au début de l'exercice)		582 $
Moins : Liquidités à la fin de l'exercice (encaisse plus dépôts à terme moins emprunt remboursable sur demande à la fin de l'exercice)		(288)
Variation nette des liquidités		(870)$

Cet état comprend les mêmes chiffres que ceux qui ont été utilisés dans les dernières équations de la section 4.7. Tous les états de l'évolution de la situation financière ne sont pas présentés exactement de la même façon. Certains incluent les dividendes soit dans les activités d'exploitation, soit dans les activités de financement ; certains montrent le total de l'encaisse provenant de l'exploitation, mais pas le détail des ajustements apportés à l'état des résultats et aux éléments de l'actif et du passif à court terme n'ayant pas d'incidence sur l'encaisse ; d'autres présentent la section des activités d'investissement avant celle des activités de financement. On peut constater aussi une autre pratique courante : les variations de l'actif à long terme, du passif à long terme et du capital investi sont « détaillées » afin de fournir le maximum d'information. Par exemple, si un bâtiment a été acheté par la société Alpha et est entièrement financé par une hypothèque, l'EESF de la société Alpha présentera le montant global des acquisitions dans les activités d'investissement et le même montant d'augmentation du passif à long terme dans les activités de financement, comme si les fonds provenant de l'hypothèque avaient fait partie de l'encaisse de la société et avaient été ensuite engagés dans l'achat du bâtiment. On procède ainsi même si l'argent n'a jamais été déposé dans le compte bancaire (comme lorsqu'un avocat gère les fonds, ce qui est fréquent).

Quelles que soient ces différences, l'analyse apporte de précieux renseignements. Dans l'exemple de la société Moteurs Québec ltée, par exemple, nous pouvons constater les faits suivants :

1. La société a généré 3 075 000 $ grâce à ses activités d'exploitation. Ce montant est supérieur au bénéfice net de 1 695 000 $ parce que :

   a) On a calculé le bénéfice en déduisant des produits la charge relative à l'amortissement. Comme cette charge n'a exigé aucun décaissement au cours de l'exercice, il faut donc l'ajouter au bénéfice pour déterminer le montant de liquidités provenant de l'exploitation. Le même raisonnement s'applique aux charges de retraite.

   b) Les liquidités ont augmenté puisque les comptes fournisseurs ont augmenté. Si les fournisseurs ne sont pas payés, les liquidités sont meilleures ! Toutefois, cette augmentation de l'encaisse est compensée par les augmentations touchant certains éléments d'actif à court terme. Ainsi, le solde des comptes clients a augmenté. Si les clients doivent plus qu'avant, cela réduit les liquidités de l'entreprise.

2. L'augmentation des liquidités provenant de l'exploitation a été largement utilisée pour le paiement des dividendes, le remboursement d'une partie de l'hypothèque et l'acquisition d'éléments d'actif à long terme, quoiqu'on ait obtenu un petit montant supplémentaire d'encaisse en émettant davantage d'actions.

Sans plus de renseignements sur la société, nous ne sommes pas en mesure de dire si tout cela est bon ou mauvais. Toutefois, la forte diminution des liquidités donne l'impression que des pressions s'exercent sur la société. L'analyse des flux de trésorerie nous incite à poser certaines questions et elle améliore notre compréhension de ce qui s'est produit dans l'entreprise au cours de l'exercice. L'EESF fournit une information abondante qui ne serait pas directement disponible, et qui serait même impossible à obtenir, à partir des trois autres états financiers. La gestion des liquidités étant considérée comme une part essentielle des responsabilités de la direction, l'EESF fait maintenant partie intégrante des états financiers vérifiés présentés dans le rapport annuel.

Autre exemple d'un état de l'évolution de la situation financière

Le récent état consolidé de l'évolution de la situation financière d'une société canadienne, Les Entreprises Repap inc., illustre l'analyse des flux

Les Entreprises Repap inc.
États consolidés de l'évolution de la situation financière
(En millions de dollars canadiens)

	Notes	Exercices terminés le 31 décembre		
		1993	1992	1991
Activités d'exploitation :				
Perte nette		**(211,1)$**	(209,9)$	(180,2)$
Plus (moins) les éléments sans incidence sur les liquidités :				
Amortissement		**115,8**	102,6	94,8
Impôts sur le revenu reportés	14	**(0,8)**	(76,2)	(105,8)
Part des actionnaires sans contrôle	11	**16,1**	12,7	10,1
Éléments inhabituels et autres	17	**34,1**	23,0	51,6
Mouvements de trésorerie avant variation nette des éléments hors caisse du fonds de roulement :		**(45,9)**	(147,8)	(129,5)
Variation des éléments hors caisse du fonds de roulement	21	**34,1**	18,8	73,5
Sorties nettes liées aux activités d'exploitation		**(11,8)**	(129,0)	(56,0)
Activités d'investissements :				
Acquisitions	2	**—**	(23,9)	—
Nouvelles immobilisations		**(57,3)**	(35,7)	(65,8)
Frais reportés et autres éléments d'actif		**(20,4)**	(19,7)	(17,8)
Placements et autres		**0,3**	3,6	(3,0)
Sorties nettes liées aux activités d'investissement		**(77,4)**	(75,7)	(86,6)
Activités de financement :				
Augmentation de la dette		**34,6**	50,6	99,4
Remboursement de la dette		**(9,1)**	(36,0)	(52,9)
Crédits renouvelables, variation nette		**22,8**	39,8	(10,6)
Émission d'actions et de débentures convertibles	12, 13	**—**	146,0	147,1
Dividendes versés aux actionnaires sans contrôle	11	**—**	(6,8)	(2,5)
Remboursements d'avances de sociétés affiliées	18	**(1,5)**	—	(20,0)
Subventions reçues		**13,6**	—	3,9
Autres		**—**	(4,3)	0,3
Rentrées nettes liées aux activités de financement		**60,4**	189,3	164,7
Augmentation (diminution) nette des liquidités		**(28,8)**	(15,4)	22,1
Liquidités, début de l'exercice		**5,8**	21,2	(0,9)
Liquidités, fin de l'exercice		**(23,0)$**	5,8 $	21,2 $
Composition des liquidités :				
Encaisse et dépôts à court terme		**6,6 $**	26,6 $	36,5 $
Emprunts à moins d'un an et chèques en circulation		**(29,6)**	(20,8)	(15,3)
		(23,0)$	5,8 $	21,2 $

de trésorerie que nous venons d'expliquer. Vous remarquerez que cet état comprend les chiffres relatifs à trois exercices successifs — ce qui permet de les comparer — et que ces trois exercices présentent de fortes variations des flux monétaires. On y trouve beaucoup de renseignements sur les diverses activités de financement et d'investissement de l'entreprise. Les rubriques et les regroupements de l'information sont les mêmes que ceux de l'exemple de la société Moteurs Québec ltée, bien que les activités d'investissement soient présentées avant les activités de financement et qu'il y ait certaines autres différences.

On trouve au bas de l'état financier un tableau additionnel qui précise la composition des liquidités. Comme pour les autres états financiers, on annexe des notes complémentaires pour faciliter la compréhension de cette analyse, mais ces notes ne sont pas présentées ici.

OÙ EN ÉTES-VOUS ? Voici deux questions auxquelles vous devriez pouvoir répondre à partir de ce que vous venez de lire :

1. Quelle information l'état de l'évolution de la situation financière vous fournit-il au sujet des flux de trésorerie que vous ne pourriez obtenir directement, du moins à partir de l'état des résultats et du bilan ?

2. L'EESF de la société Bêta ltée présente les chiffres suivants : liquidités provenant des activités d'exploitation, 123 976 $; dividendes versés, 40 000 $; liquidités consacrées aux activités d'investissement, 238 040 $; et liquidités provenant des activités de financement, 147 000 $. Quelle est la variation nette des liquidités de la société au cours de l'exercice ? (Diminution de 7 064 $)

4.9   EXEMPLE D'ÉTATS FINANCIERS

Lors de la préparation des états financiers, une grande partie du travail des comptables consiste à classer l'information, c'est-à-dire à placer les comptes dans les catégories appropriées des états financiers. La catégorie choisie est importante parce qu'elle nous en dit long au sujet de ce compte. Par exemple, l'encaisse classée dans l'actif à court terme indique que ce montant est disponible ; l'encaisse classée dans l'actif à long terme indique que ce montant n'est *pas* disponible, qu'il est réservé à un usage particulier. Une vente placée dans les produits d'exploitation indique qu'elle doit faire partie des opérations courantes de l'entreprise. Par contre, lorsqu'une vente est classée dans d'autres produits que les produits d'exploitation, cela indique qu'il s'agit d'une opération peu courante.

Nous présentons maintenant une description détaillée de la façon dont l'information est habituellement classée dans les états financiers. Pour vous aider dans votre apprentissage, nous avons inclus les symboles des catégories, présentés à la section 4.4, en vue de mettre l'accent sur le type de compte dans lequel devrait figurer chacun des éléments. Dans les vrais états financiers, on *n'utilise pas* ces symboles car l'utilisateur est censé savoir où ils figurent.

A. Résultats pour l'exercice clos le...

Symboles des catégories

PE	Produits (de l'exploitation courante)	XXX $
CE	Charges (engagées pour gagner des produits) :	
CE	Coût des marchandises vendues	XXX $
CE	Autres charges d'exploitation (services, chauffage, réparations, impôts fonciers, etc.)	XXX $
CE	Frais d'administration (frais de bureau, salaires des dirigeants, dons, comptabilité, etc.)	XXX $
CE	Frais de vente (publicité, promotions, expéditions, garanties offertes, etc.)	XXX $
CE	Amortissement (souvent réparti entre les catégories d'immobilisations)	XXX $
CE	Intérêts débiteurs (à court et à long terme)	XXX $
	Total des charges	XXX $
	Bénéfice d'exploitation	XXX $
APC	Autres produits et charges	XXX $
	Bénéfice avant impôts et éléments particuliers	XXX $
	Impôts sur les bénéfices :	
IB	À court terme	XXX $
IB	À long terme	XXX $
	Total de l'impôt	XXX $
	Bénéfice avant éléments particuliers	XXX $
	Éléments particuliers (après impôts) :	
EEI	Bénéfice ou perte sur participation dans des entreprises	XXX $
EEI	Participation des actionnaires sans contrôle dans le bénéfice	XXX $
EEI	Éléments extraordinaires	XXX $
	Total des éléments particuliers	XXX $
BN	Bénéfice net de l'exercice	XXX $
	Bénéfice par action (pour les sociétés ouvertes) :	
	BPA*	XXX $
	BPA dilué	XXX $

* Nous étudierons ces éléments plus en détail dans d'autres chapitres.

B. Bénéfices non répartis pour l'exercice clos le...

Symboles des catégories		
BNR	Bénéfices non répartis au début de l'exercice	XXX $
RBN	Redressements effectués au solde d'ouverture (corrections d'erreurs, modifications de conventions comptables, redressements affectés aux exercices antérieurs)	XXX
	Solde redressé des bénéfices non répartis	XXX $
BN	Plus bénéfice net de l'exercice	XXX
		XXX $
DIV	Moins dividendes déclarés au cours de l'exercice	XXX
BNR	Bénéfices non répartis à la fin de l'exercice	XXX $

C. Bilan au...

Symboles des catégories	Actif		
ACT	Actif à court terme (principalement au coût ou à la valeur marchande, selon le moins élevé des deux) :		
AT	Encaisse et fonds en banque	XXX $	
AT	Titres négociables et autres éléments de trésorerie	XXX	
AACT	Comptes clients (moins provision pour créances douteuses)	XXX	
AACT	Stocks (matières premières, fournitures, produits finis, produits en cours)	XXX	
AACT	Frais payés d'avance (assurances, par exemple)	XXX	
	Total de l'actif à court terme		XXX $
ALT	Actif à long terme (principalement au coût) :		
ALT	Placements à long terme (par exemple, dans d'autres sociétés)	XXX $	
ALT	Terrain	XXX	
ALT	Bâtiments et matériel	XXX	
ALT	Moins amortissement cumulé	(XXX)	
ALT	Immobilisations incorporelles (net de l'amortissement cumulé)	XXX	
	Total de l'actif à long terme		XXX $
	Total de l'actif		XXX $

Passif et capitaux propres

Symboles des catégories		
PCT	Passif à court terme :	
PT	Passif à très court terme (emprunts bancaires remboursables sur demande, découverts, etc.)	XXX $

C. Bilan au... (suite)

Symboles des catégories			
APCT	Comptes à payer (fournisseurs, employés, impôts, etc.)	XXX	
APCT	Autres frais à payer (intérêts débiteurs, par exemple)	XXX	
APCT	Dividendes à payer (déclarés mais non encore versés)	XXX	
APCT	Tranche de la dette à long terme échéant à moins d'un an	XXX	
	Total du passif à court terme		XXX $
PLT	Passif à long terme (moins la tranche de la dette échéant à moins d'un an) :		
PLT	Dette garantie à long terme (hypothèques, obligations, etc.)	XXX $	
PLT	Autres dettes à long terme	XXX	
PLT	Charges estimatives à long terme impayées (par exemple, charges de retraite)	XXX	
PLT	Impôts reportés	XXX	
PLT	Participation des actionnaires sans contrôle dans l'actif net de filiales (voir la section 5.14)	XXX	
	Total du passif à long terme		XXX $
CP	Capitaux propres :		
CI	Capital-actions (investissement direct)	XXX $	
BNR	Bénéfices non répartis (provenant de l'état des bénéfices non répartis)	XXX	
CP	Redressement requis pour la conversion des monnaies étrangères (voir la section 10.13)	XXX	
	Total des capitaux propres		XXX $
	Total du passif et des capitaux propres		XXX $

D. Évolution de la situation financière pour l'exercice clos le...
(Aucun symbole n'est présenté dans cet état, étant donné qu'il est préparé à partir des variations intervenues dans les comptes des autres états financiers)

Activités d'exploitation :
Bénéfice net (provenant de l'état des résultats)   XXX $
Ajustements du bénéfice (ajout des charges n'ayant
    pas d'incidence sur les liquidités comme
    l'amortissement, la fraction reportée des impôts,
    les pertes sur cessions d'éléments d'actif et la part
    des actionnaires sans contrôle dans le bénéfice ;
    déduction des profits et des gains sur cession
    d'éléments d'actif, sans incidence sur les liquidités)   XXX
Variations des autres actifs à court terme
    (ajout des diminutions, et déduction des
    augmentations des comptes clients, des stocks
    et des frais payés d'avance)   XXX

D. Évolution de la situation financière pour l'exercice clos le... (suite)

Variations des autres passifs à court terme
(ajout des augmentations, et déduction des diminutions
des comptes fournisseurs, des charges à payer,
de la tranche de la dette à long terme échéant
à moins d'un an)   XXX

Liquidités provenant des activités d'exploitation   XXX $

Dividendes :
Dividendes versés (total des dividendes déclarés,
redressé pour tenir compte des variations des
dividendes à payer)   (XXX) $

Activités d'investissement :
Dépenses en actifs à long terme (nouveaux
investissements, nouveau matériel, terrain, etc.)   (XXX) $
Produits de la cession d'actifs à long terme   XXX

Liquidités utilisées pour les activités d'investissement   (XXX) $

Activités de financement :
Nouvel emprunt à long terme   XXX $
Moins remboursement de l'emprunt à long terme   (XXX)
Nouvelles émissions d'actions ou autres apports
de capital des propriétaires   XXX
Moins remboursement ou rachat d'actions   (XXX)

Liquidités provenant des activités de financement   XXX $

Variation nette des liquidités   XXX $

Rapprochement de la variation nette des liquidités
(Actif de trésorerie AT moins passif de trésorerie PT) :
Liquidités au début de l'exercice   XXX $
Liquidités à la fin de l'exercice   XXX

    Variation nette des liquidités   XXX $

E. Notes complémentaires annexées aux états financiers

L'information présentée dans les notes devrait inclure les éléments suivants :

- Les principales conventions comptables adoptées par la société et utilisées pour la préparation des états financiers.
- Des explications concernant des comptes importants (comme les actifs à long terme, les dettes, le capital-actions, les impôts sur les bénéfices).
- L'information relative à certains éléments *qui ne sont pas inclus* dans les états financiers (par exemple, les engagements, les dettes éventuelles — possibles mais non encore définies —, les opérations entre apparentés).
- Les suppléments d'information, tels que les données sectorielles et les résumés des cinq ou dix derniers exercices.

F. Rapport du vérificateur

La présentation et le contenu du rapport du vérificateur évoluent régulièrement afin que soit améliorée la façon de communiquer l'information aux utilisateurs des états financiers. Officiellement, le rapport du vérificateur s'adresse aux propriétaires de la société et non à la direction. La version la plus récente du rapport du vérificateur comporte trois parties :

1. Dans la première partie, le vérificateur indique qu'il a vérifié les états financiers de la société en donnant le nom de la société et les dates figurant sur ces états financiers, puis déclare que ces derniers relèvent de la responsabilité de la direction et que sa responsabilité professionnelle se limite à exprimer son opinion.

2. Dans la deuxième partie, le vérificateur décrit la nature et l'étendue du travail qu'il a effectué pour être en mesure d'exprimer une opinion, en précisant en particulier qu'il s'est conformé aux normes de vérification généralement reconnues pour évaluer les estimations et les principes comptables utilisés par la direction.

3. Dans la troisième partie, le vérificateur exprime son opinion quant à la fidélité de la présentation et à la conformité des états financiers aux principes comptables généralement reconnus ; en cas de problèmes, il précise les lacunes.

4.10   LES FLUX DE TRÉSORERIE ET LE GESTIONNAIRE

Les gestionnaires ont la responsabilité de générer des bénéfices, mais ils doivent aussi gérer les liquidités de l'entreprise, de façon que les factures puissent être payées à temps, que des frais de financement trop élevés soient évités et que les liquidités et la solvabilité de l'entreprise soient protégées. Les rentrées de fonds et le bénéfice sont généralement corrélés positivement et ils s'équivalent à long terme. Mais, à court terme, leur relation est assez complexe, comme en témoignent ces deux exemples :

1. Il y a quelques années, le Québec a augmenté ses taxes sur l'essence, à un niveau supérieur à celui de l'Ontario. Cette situation a entraîné immédiatement des problèmes pour les stations-service du Québec situées le long de la frontière entre le Québec et l'Ontario. En effet, si elles ne décidaient pas de supporter la différence de taxes, les consommateurs trouveraient plus avantageux de faire quelques kilomètres de plus et d'aller acheter leur essence en Ontario. Un journaliste de Radio-Canada interrogeait le propriétaire d'une station-service du Québec : « Quelle incidence cette situation peut-elle avoir sur votre rentabilité à long terme ? » Le propriétaire a déclaré : « Si je n'arrive pas à me procurer rapidement des liquidités, *il n'y aura pas* de long terme ! »

2. La croissance trop rapide est l'un des problèmes courants auxquels font face les nouvelles entreprises. Il arrive souvent que la demande relative à leur produit et l'enthousiasme des jeunes entrepreneurs soient excessifs. L'entreprise est constituée dans l'espoir que les gens voudront obtenir tel produit ou tel service, et, par miracle, voilà que la demande est là ! L'état des résultats de ces entreprises

présente souvent des bénéfices nets élevés, mais l'EESF et le bilan peuvent modifier ce portrait. Devant l'enthousiasme suscité par les ventes et la satisfaction des clients, le niveau des stocks est souvent trop élevé parce qu'on veut s'assurer de pouvoir répondre à la demande. Les recouvrements des comptes clients se font souvent lentement, parce que l'entrepreneur préfère vendre que s'occuper du travail fastidieux du recouvrement des comptes; ainsi, les soldes des comptes clients sont trop élevés. Lorsqu'on déduit les augmentations des stocks et des comptes clients du bénéfice net établi selon la comptabilité d'exercice, l'EESF peut mettre en évidence le fait que les liquidités disponibles pour l'exploitation sont faibles ou parfois négatives. Le cas échéant, les gestionnaires n'ont pas besoin de l'EESF pour prendre conscience de ces difficultés: le solde bancaire le leur dit! Cependant, l'EESF rend compte de toute l'histoire aux utilisateurs externes, ce qui leur permet de connaître la façon dont les gestionnaires ont géré les rentrées et les sorties de fonds des activités d'exploitation, de financement et d'investissement. Les gestionnaires doivent alors se préparer à expliquer ces activités aux utilisateurs des états financiers.

4.11   LA RECHERCHE COMPTABLE: BÉNÉFICE NET OU LIQUIDITÉS?

Dans ce chapitre, nous avons présenté l'EESF comme un ajout important aux états financiers. L'EESF fournit de l'information sur les flux de trésorerie, en plus des renseignements que fournit l'état des résultats sur le bénéfice net établi selon la comptabilité d'exercice et des renseignements portant sur la situation « statique » de l'entreprise fournie par le bilan. A-t-on des preuves établissant que cette information additionnelle est utile? A-t-elle une incidence sur les décisions que prennent les utilisateurs?

Il a été difficile d'effectuer des recherches sur cette question. En effet, pour la plupart des sociétés, le bénéfice net présenté dans l'état des résultats et les rentrées nettes provenant de l'exploitation présentées dans l'EESF sont fortement liés. Cependant, les sociétés qui ne préservent pas ce lien étroit entre le bénéfice net et les liquidités dans leur gestion ne survivent habituellement pas assez longtemps pour qu'on puisse en faire une étude vraiment approfondie. Par ailleurs, la réaction, par exemple celle des bourses des valeurs mobilières, aux informations concernant les bénéfices est tellement forte qu'elle peut engloutir les effets de l'information additionnelle fournie par l'EESF. Finalement, du fait que l'EESF résulte du réagencement des variations des comptes du bilan, on pourrait croire qu'il ne contient guère de renseignements additionnels. L'information nouvelle contenue dans l'EESF aurait donc trait à la présentation et aux descriptions, ou à la classification des variations des comptes du bilan d'une façon qui rend apparentes des variations qui ne l'étaient pas lorsque l'on consultait seulement le bilan. On peut néanmoins affirmer que l'EESF contient réellement de l'information additionnelle parce qu'il est rare que vous puissiez reproduire exactement l'EESF d'une société par vous-même: il est le reflet d'une connaissance détaillée des comptes que vous ne pouvez posséder à partir des données compilées présentées dans le bilan.

Qu'a pu établir la recherche comme preuve de la valeur de l'EESF? Ce problème n'a été étudié que depuis peu et la plupart du temps en relation avec les variations du cours des actions des sociétés ouvertes qui représentent les effets des décisions d'achat ou de vente prises par les investisseurs. Jusqu'à présent, la conclusion qui se dégage est la suivante : si « les flux de trésorerie » sont définis simplement comme le bénéfice net plus l'amortissement (ce qui ne constitue qu'une partie de l'information présentée dans l'EESF, que l'on peut facilement calculer sans l'aide de l'EESF, car l'amortissement est présenté dans l'état des résultats), le cours des actions réagit peu à l'information additionnelle.

Quoique le cours des actions réagisse surtout aux variations du chiffre des bénéfices, on a noté aussi une certaine réaction à l'information relative aux flux de trésorerie. Ce ne sont là que des résultats préliminaires, et beaucoup de travail reste encore à faire. L'information semble cependant utile, puisqu'on a prouvé l'utilité d'une des composantes de l'EESF pour un certain type de décision[4].

◆　　4.12　　CAS À SUIVRE...　　◆

Quatrième partie

Données de la quatrième partie
◆ ◆ ◆ ◆ ◆ ◆ ◆ ◆ ◆ ◆ ◆ ◆ ◆ ◆ ◆ ◆ ◆ ◆ ◆ ◆

En préparant la réunion du conseil d'administration, Thomas a pensé qu'il serait intéressant d'expliquer ce qu'il était advenu des liquidités au cours des six premiers mois. À titre d'information, nous vous présentons de nouveau le bilan comparatif de la société Mado inc., préparé dans la troisième partie :

Mado inc.
Bilan comparatif au 31 août et au 1er mars 1994

Actif	Août	Mars	Passif et capitaux propres	Août	Mars
Actif à court terme :			Passif à court terme :		
Encaisse	4 507 $	130 000 $	Emprunt bancaire	75 000 $	0 $
Clients	18 723	0	Fournisseurs	45 616	1 100
Stock	73 614	0	Emprunt à payer	15 000	15 000
	96 844 $	130 000 $		135 616 $	16 100 $

◆ ◆ ◆

Mado inc.
Bilan comparatif au 31 août et au 1er mars 1994 (suite)

Actif	Août	Mars	Passif et capitaux propres	Août	Mars
Actif à long terme :			Capitaux propres :		
Matériel	54 640 $	10 000 $	Capital-actions	125 000 $	125 000 $
Amortissement			Déficit	(49 378)	0
cumulé	(3 234)	0		75 622 $	125 000 $
Améliorations					
locatives					
(nettes)	57 568	0			
Logiciels (nets)	4 320	0			
Frais					
de constitution	1 100	1 100			
	114 394 $	11 100 $			
Total	211 238 $	141 100 $	**Total**	211 238 $	141 100 $

Pour analyser les liquidités, Thomas a déterminé qu'elles se composaient de l'encaisse moins l'emprunt bancaire — l'emprunt bancaire étant un emprunt remboursable sur demande. Il commence son analyse en relevant les variations qui se sont produites dans les comptes du bilan depuis le 1er mars. Voici le résultat de son travail :

Variations des comptes du bilan entre le 31 août et le 1er mars 1994

Variations de l'actif		Variations du passif et des capitaux propres	
Encaisse	(125 493)$	Emprunt bancaire	75 000 $
Clients	18 723	Fournisseurs	44 516
Stock	73 614	Emprunt à payer	0
Matériel (au coût)	44 640*	Capital-actions	0
Amortissement		Déficit	(49 378)
cumulé	(3 234)		
Améliorations			
locatives	63 964		
Amortissement			
cumulé	(6 396)		
Logiciels	4 800		
Amortissement			
cumulé	(480)		
Frais de constitution	0		
	70 138 $		70 138 $

*Ordinateur, 14 900 $; autres éléments faisant partie du matériel, 29 740 $.

Résultats de la quatrième partie
◆ ◆ ◆ ◆ ◆ ◆ ◆ ◆ ◆ ◆ ◆ ◆ ◆ ◆ ◆ ◆ ◆ ◆ ◆ ◆

Thomas a inscrit ensuite toutes les rubriques de l'état de l'évolution de la situation financière en leur associant les chiffres appropriés, ce qui donne l'état présenté ci-dessous.

L'EESF montre que la forte diminution de l'encaisse est attribuable à deux causes principales. Premièrement, les opérations courantes ont entraîné une diminution de l'encaisse de 87 089 $, principalement à cause des charges qui ont excédé les produits et de la constitution de l'actif à court terme, en particulier des stocks. L'augmentation des comptes fournisseurs a contribué à financer cela. Cependant, même après cette sorte d'emprunt auprès des fournisseurs, la société manquait toujours gravement de liquidités. Deuxièmement, l'acquisition d'éléments d'actif à long terme a exigé l'utilisation de 113 404 $ sans financement à long terme. Cette situation a provoqué une sérieuse baisse du solde de l'encaisse : alors qu'il y a six mois, les liquidités s'élevaient à 130 000 $, le solde de l'encaisse, maintenant négatif, est de 70 493 $. La société doit mettre rapidement un terme à ses problèmes de trésorerie.

Mado inc.
Évolution de la situation financière
pour la période de six mois se terminant le 31 août 1994

Activités d'exploitation :		
Perte nette pour le semestre		(49 378) $
Plus amortissement de la période		10 110
		(39 268) $
Variations des comptes à court terme		
n'ayant pas d'incidence sur les liquidités :		
Augmentation des comptes clients	(18 723) $	
Augmentation des stocks	(73 614)	
Augmentation des comptes fournisseurs	44 516	(47 821)
Liquidités utilisées pour les activités d'exploitation		(87 089) $
Dividendes versés		0
Activités de financement		0
Activités d'investissement :		
Acquisition de matériel et de mobilier	(29 740) $	
Améliorations locatives effectuées	(63 964)	
Acquisition de l'ordinateur et des logiciels	(19 700)	(113 404)
Diminution des liquidités au cours du semestre		(200 493) $
Liquidités au 1er mars 1994		130 000
Liquidités au 31 août 1994		(70 493) $
Liquidités au 31 août 1994 :		
Encaisse	4 507 $	
Emprunt bancaire remboursable sur demande	(75 000)	
	(70 493) $	

4.13   RÉFLEXIONS ET TRAVAUX PROPOSÉS POUR AMÉLIORER LA COMPRÉHENSION

Problème 4.1   Procurez-vous le rapport annuel d'une société (dans une bibliothèque, par exemple), consultez les états financiers et, en particulier, l'état de l'évolution de la situation financière.

1. Quelles différences constatez-vous entre les intitulés et la présentation de l'EESF que vous avez en mains et ceux qui ont été présentés dans ce chapitre ? Que pensez-vous des variantes adoptées par cette société ?

2. Relevez le chiffre des « liquidités provenant de l'exploitation » et comparez-le avec le chiffre du bénéfice net présenté dans l'état des résultats. Qu'est-ce qui explique la différence ?

3. Comment la société définit-elle ses liquidités ?

4. Quel a été l'effet de chacun des éléments suivants sur (i) le fonds de roulement et (ii) les liquidités au cours du dernier exercice ?

   a) Les variations des comptes clients et des comptes fournisseurs ;

   b) Les variations des stocks ;

   c) L'amortissement et les charges similaires.

5. Au point 4*c*, vous avez dû répondre que l'amortissement et les charges similaires n'avaient pas d'incidence sur le fonds de roulement ou les liquidités. Pourquoi alors les ajoute-t-on au bénéfice dans l'EESF ?

6. Résumez, dans un court texte, les principales causes des variations des liquidités connues par la société au cours de l'exercice. Quelles sont les principales activités que devrait poursuivre la compagnie ?

Problème 4.2   Voici la balance de vérification de la société Côté ltée au 31 décembre 1994 :

Compte	Solde	Symbole de la catégorie
Clients	6 000 $	_ _ _ _ _ _ _ _
Fournisseurs	34 000	_ _ _ _ _ _ _ _
Terrain	160 000	_ _ _ _ _ _ _ _
Emprunt bancaire	40 000	_ _ _ _ _ _ _ _
Encaisse	12 000	_ _ _ _ _ _ _ _
Obligations à payer	120 000	_ _ _ _ _ _ _ _
Bâtiments	100 000	_ _ _ _ _ _ _ _
Actions ordinaires	6 000	_ _ _ _ _ _ _ _
Stock	30 000	_ _ _ _ _ _ _ _
Placements	24 000	_ _ _ _ _ _ _ _
Bénéfices non répartis	?	

1. Pour chacun des comptes de la liste, notez dans l'espace prévu le symbole de la catégorie (utilisez les symboles proposés à la section 4.4). Vous devrez peut-être émettre des hypothèses afin d'attribuer des symboles à certains éléments ; veuillez les préciser.

2. À partir des symboles que vous avez choisis, calculez les bénéfices non répartis et préparez le bilan esquissé à la page suivante.

Société Côté ltée
Bilan au 31 décembre 1994

Actif	Passif et capitaux propres
Actif à court terme	Passif à court terme
	Passif à long terme
Actif à long terme	
	Capitaux propres

Problème 4.3   Votre ami Julien exploite une petite entreprise florissante. Il vous a dit récemment: «Je me suis rendu à la banque afin d'emprunter de l'argent pour mon entreprise, mais mon banquier m'a dit que je devais, avant toute chose, lui présenter des états financiers. Je ne suis pas sûr de ce qu'il faut y inclure!» Vous vous demandez comment votre ami s'est débrouillé pour gérer son entreprise jusque-là, mais vous lui énumérez les composantes des états financiers en lui expliquant la fonction de chacun d'entre eux.
Expliquez ce que vous diriez à Julien.

Problème 4.4   Un autre étudiant a éprouvé beaucoup de difficultés en essayant de préparer l'état de l'évolution de la situation financière des Restaurants Lebœuf ltée pour l'exercice 1994. Vous décidez de l'aider et vous trouvez la liste désordonnée des variations des comptes du bilan (présentée ci-dessous). Vous constatez que les comptes sont équilibrés et que l'étudiant a bien noté toutes les variations qui se sont produites en 1994.

1. Utilisez cette liste et préparez l'EESF des Restaurants Lebœuf ltée pour l'exercice 1994. Pour ce faire, vous devriez commencer par définir les comptes qui peuvent être considérés comme des liquidités.
2. Expliquez ce que révèle votre EESF au sujet de la gestion des liquidités de la société en 1994.

Liste des variations des comptes du bilan des Restaurants Lebœuf ltée pour l'exercice 1994

	Variations	Débit	Crédit
Fournisseurs	Augmentation		54 240 $
Amortissement cumulé	Augmentation		67 300
Dividendes versés	S/O*	30 000 $	
Fonds en banque	Augmentation	4 328	
Clients	Diminution		34 984
Emprunt remboursable sur demande	Augmentation		35 400
Stocks	Augmentation	53 202	
Bénéfice net	S/O*		87 345
Charges payées d'avance	Augmentation	12 540	
Bâtiments et matériel	Augmentation	295 631	
Hypothèque à payer	Augmentation		65 000
Impôts à payer	Diminution	13 568	
Capital-actions	Augmentation		50 000
Dépôts à terme	Diminution		15 000

Somme des variations au débit = 409 269 $;
Somme des variations au crédit = 409 269 $

* Sans objet

Problème 4.5   À la section 4.8, nous avons présenté l'état consolidé de l'évolution de la situation financière des Entreprises Repap inc. Sans disposer des autres états financiers, que pensez-vous des rentrées de fonds de la société et de l'utilisation qu'elle a faite de ses liquidités en 1993, puis comparez la situation avec les données de 1992 et de 1991.

Problème 4.6   Un membre de la haute direction d'une grande société ouverte a fait remarquer à un analyste d'une bourse des valeurs mobilières : « Je ne comprends pas pourquoi vous vous inquiétez tellement de notre état de l'évolution de la situation financière. La gestion de la trésorerie relève de la responsabilité de la direction, qui lui prête attention jour après jour. Pourquoi ne vous contentez-vous pas d'examiner notre rendement en matière de bénéfices sans vous préoccuper des flux de trésorerie ? Nous nous en occupons nous-mêmes ! »

Que répondriez-vous à cet administrateur ? Vous n'êtes pas tenu d'être entièrement d'accord ou entièrement en désaccord !

Problème 4.7 Expliquez à votre oncle, qui n'a jamais étudié la comptabilité, ce que l'état de l'évolution de la situation financière lui indique sur une société dans laquelle il détient des actions.

Problème 4.8 1. À partir des états financiers de la société Vignobles du Québec ltée, préparez un état de l'évolution de la situation financière :

Bilans aux 31 août 1994 et 1993

Actif	1994	1993	Passif et capitaux propres	1994	1993
Actif à court terme :			**Passif à court terme :**		
Encaisse	80 $	175 $	Emprunt remboursable sur demande	140 $	100 $
Dépôts à terme	0	150	Fournisseurs	425	200
Clients	520	350		565 $	300 $
Stocks	340	250			
	940 $	925 $	**Passif à long terme :**		
			Emprunts à long terme	225	400
Actif à long terme :				790 $	700 $
Usine (au coût)	1 450 $	925 $	**Capitaux propres :**		
Amortissement cumulé	(475)	(350)	Capital-actions	700 $	500 $
	975 $	575 $	Bénéfices non répartis	425	300
				1 125 $	800 $
	1 915 $	1 500 $		1 915 $	1 500 $

(handwritten annotations: liquidité, exploitation, Comptes, investissement, financement, Dividendes, Bénéfice net exploitation; figures: (95), (150), 170, 90, 15, 525, 125, 400, 40, 225, 265, (175), 900, 200, 125, 325, 415)

Résultats et bénéfices non répartis pour l'exercice clos le 31 août 1994

Produits		3 000 $
Charges :		
Amortissement	125 $	
Autres	2 450	2 575
Bénéfice avant impôts		425 $
Impôts sur les bénéfices		190
Bénéfice net de l'exercice		235 $
Bénéfices non répartis — solde d'ouverture		300
Dividendes déclarés et versés		(110)
Bénéfices non répartis — solde de clôture		425 $

2. Commentez l'information que fournit l'EESF sur la gestion de la trésorerie au cours de l'exercice se terminant le 31 août 1994. Si vous étiez actionnaire de la société Vignobles du Québec ltée, seriez-vous satisfait du rendement de la direction ?

Problème 4.9 En prenant certaines décisions ou en choisissant l'endroit où seront classés certains éléments de leurs états financiers, les sociétés sont en mesure de modifier le contenu de l'EESF. Pour chacune des décisions ou des choix ci-dessous, expliquez quel serait, le cas échéant, son incidence sur l'EESF et sur les liquidités présentées au bas de l'EESF.

1. La société A décide d'emprunter 100 000 $ remboursables sur demande à la banque plutôt que de faire un emprunt à long terme.

2. La société B décide de classer 50 000 $ de ses comptes clients dans l'actif à long terme plutôt que dans l'actif à court terme.

3. La société C décide d'acheter un terrain au coût de 500 000 $ en le finançant à 100 % par emprunt plutôt qu'en émettant de nouvelles actions.

4. La société D décide d'augmenter de 75 000 $ l'amortissement de l'exercice.

5. La société E décide de déclarer 40 000 $ en dividendes aux actionnaires, payables immédiatement en espèces.

6. La société F décide de faire un don de 25 000 $ à l'Association des Parrains et Marraines du Québec, don qui sera inclus dans les charges de l'entreprise.

Problème 4.10   Votre amie du cégep, Nathalie Verreault, est actuellement en deuxième année à la faculté des Beaux-Arts. Elle possède plusieurs talents, dont un certain flair en affaires. Au cours des deux étés précédents, elle a exploité une entreprise de location de bicyclettes à côté d'un parc. L'an passé, alors que l'entreprise venait seulement de démarrer, elle a gagné suffisamment d'argent pour payer ses frais de scolarité et de subsistance pour la durée de l'année scolaire. Encouragée par ce succès initial, elle a acheté d'autres bicyclettes cette année ainsi qu'un hangar mobile pour abriter son entreprise.

Location de vélos Verreault ltée
Évolution de la situation financière
pour l'exercice clos le 31 août 1994 et chiffres comparatifs de 1993

	1994	1993
Activités d'exploitation :		
Bénéfice net	9 000 $	5 500 $
Plus amortissement	3 000	1 000
	12 000 $	6 500 $
Emprunt bancaire	7 000	—
Liquidités provenant de l'exploitation	19 000 $	6 500 $
Dividendes versés	—	(5 500)
Activités d'investissement :		
Achat de bicyclettes	(15 000)	(5 000)
Achat du hangar	(5 000)	—
Activités de financement :		
Emprunt aux parents	—	3 000
Émission d'actions	—	2 000
Augmentation (diminution) des liquidités	(1 000)$	1 000 $
Solde des liquidités au début de l'exercice	1 000	0
Solde des liquidités à la fin de l'exercice	0 $	1 000 $

Location de vélos Verreault ltée
Bilan au 31 août 1994 et chiffres comparatifs du bilan au 31 août 1993

Actif	1994	1993
Actif à court terme :		
Encaisse	0 $	1 000 $
Immobilisations :		
Bicyclettes	20 000 $	5 000 $
Hangar	5 000	—
Moins amortissement cumulé	(4 000)	(1 000)
Immobilisations nettes	21 000 $	4 000 $
Total de l'actif	21 000 $	5 000 $

Passif et capitaux propres		
Passif à court terme :		
Emprunt bancaire	7 000 $	—
Passif à long terme :		
Emprunt aux parents	3 000	3 000
Total du passif	10 000 $	3 000 $
Capitaux propres :		
Capital-actions	2 000 $	2 000 $
Bénéfices non répartis	9 000	—
Total des capitaux propres	11 000 $	2 000 $
Total du passif et des capitaux propres	21 000 $	5 000 $

Location de vélos Verreault ltée
Résultats et bénéfices non répartis
pour les exercice clos le 31 août 1994 et le 31 août 1993

	1994	1993
Produits de location	20 000 $	10 000 $
Charges :		
Salaires	6 500 $	3 000 $
Réparations et frais divers	500	500
Amortissement	3 000	1 000
Intérêts débiteurs	1 000	—
Total des charges	11 000 $	4 500 $
Bénéfice de l'exercice (aucun impôt)	9 000 $	5 500 $
Bénéfices non répartis au début	0	0
Dividendes déclarés	—	(5 500)
Bénéfices non répartis à la fin	9 000 $	0 $

Les affaires ont été encore meilleures cet été, mais Nathalie n'y comprend rien : bien que le bénéfice de l'entreprise ait été fameux, elle ne dispose pas d'encaisse qu'elle puisse retirer. Elle ne sait pas comment elle paiera ses frais de cours cette année ni ses frais de subsistance.

Sachant que vous suivez un cours de comptabilité, elle vous demande de l'aider. Elle se rend compte que vous ne pouvez pas lui prêter d'argent, mais peut-être pourrez-vous lui expliquer ce qui arrive à son entreprise. Les états financiers pertinents vous ont été fournis.

1. En vous servant de l'état de l'évolution de la situation financière, expliquez à Nathalie comment il se fait que l'état des résultats présente un bénéfice, alors qu'elle ne dispose pas d'encaisse pour ses propres besoins. Expliquez-lui où est passé l'argent.

2. Pour pouvoir payer ses frais de scolarité et de subsistance, Nathalie décide d'emprunter encore 4 000 $ à ses parents — qui ne sont pas pressés d'être remboursés. Elle a aussi emprunté 2 000 $ de plus à la banque, laquelle suit de près la situation financière de Nathalie et sait que ses bicyclettes peuvent être facilement revendues. La banque souhaite être remboursée aussitôt que possible. Quelle sera l'incidence de ces deux événements sur l'état de l'évolution de la situation financière ?

Problème 4.11   La société Grimaud ltée fabrique et vend un seul produit et tire également des revenus de la prestation de services connexes. L'entreprise a pris lentement mais régulièrement de l'expansion jusqu'à cette année, où ses revenus, en particulier ceux qui proviennent des services, ont augmenté substantiellement.

Titre du compte	1994		1993	
	Débit	Crédit	Débit	Crédit
Amortissement cumulé		36 000 $		32 000 $
Amortissement	4 000 $		5 800 $	
Bénéfices non répartis au début		37 500		33 300
Capital-actions		25 000		25 000
Frais payés d'avance	2 100		800	
Clients	44 200 $		21 300 $	
Coût des marchandises vendues	103 190		71 650	
Dividendes versés	4 000		6 000	
Emprunt bancaire à court terme		29 000		19 000
Encaisse	4 700		5 400	
Financement du matériel		20 000		24 000
Fournisseurs		12 300		8 900
Frais d'administration	14 600		11 900	
Frais d'emballage et d'expédition	8 100		7 500	
Impôts à payer		2 200		1 000
Impôts reportés	250		500	
Impôts sur les bénéfices de l'exercice	5 200		3 000	
Intérêts débiteurs	4 800		3 900	
Matériel	87 000		87 000	
Impôts reportés créditeurs		4 350		4 100
Produits - ventes		163 290		116 250
Produits - services		73 700		32 600
Salaires - services	69 500		28 200	
Services publics	9 200		6 200	
Stock	42 500		37 000	
	403 340 $	403 340 $	296 150 $	296 150 $

Le commis chargé de la tenue des livres était en train de préparer les états financiers pour 1994 et 1993 lorsqu'il a fait appel à vous pour l'aider à achever son travail. Sur les lieux, vous obtenez l'information qui précède. Supposez que les chiffres sont exacts.

1. Préparez des états financiers comparatifs, comprenant le bilan, l'état des résultats et l'état des bénéfices non répartis pour 1994 et 1993.
2. Établissez la composition des liquidités de la société.
3. Préparez l'état de l'évolution de la situation financière pour 1994 sous sa forme habituelle. Notez que le bilan de 1993 est pertinent pour ce travail, mais que les états des résultats et des bénéfices non répartis de 1993 ne le sont pas; ils convenaient pour l'exercice se terminant à la fin de 1993.

RÉFÉRENCES

1. ICCA, *Manuel*, chapitre 1540, p. 281.
2. Gerald D. Trites, « Read It in the Annual Report », *CA Magazine*, décembre 1990, p. 45 à 48.
3. Bruce Gates, « Reports Deliver Message with Style and Pizzazz », *The Financial Post*, 27 novembre 1990, p. 17.
4. Pour obtenir plus d'informations sur les résultats des recherches éparses effectuées jusqu'à présent, reportez-vous à l'ouvrage de W. H. Beaver, *Financial Reporting: An Accounting Revolution*, 2e éd., Englewood Cliffs, New Jersey, Prentice-Hall, 1989, p. 116, ou à celui de P. A. Griffin, *Usefulness to Investors and Creditors of Information Provided by Financial Reporting*, 2e éd., Stamford, Conn., Financial Accounting Standards Board, 1987, p. 144-145.

5

LES PRINCIPES COMPTABLES GÉNÉRALEMENT RECONNUS

5.1 APERÇU DU CHAPITRE

Vous connaissez maintenant les quatre états financiers de base. Pour approfondir vos connaissances sur ces productions de la comptabilité générale, nous expliquons dans ce chapitre le système des principes et des règles qui gouvernent la façon dont les chiffres des états financiers sont calculés et présentés : les *principes comptables généralement reconnus* (PCGR). L'étude des PCGR nous permettra de faire le lien entre les aspects techniques des états financiers, que nous avons traités dans les chapitres 2, 3 et 4, et les aspects techniques de la tenue des livres et de la comptabilité à la base de ces états financiers, que nous examinerons dans les chapitres 6 et 7.

Il se peut que certains professeurs décident d'aborder la matière des chapitres 6 et 7 avant de présenter le contenu de ce chapitre, préférant ainsi passer directement des états financiers à la tenue des livres. Ce chapitre et les deux suivants ont été conçus de façon à permettre de choisir l'une ou l'autre option. De plus, ce chapitre inclut une introduction aux états financiers des regroupements de sociétés en tant qu'*exemples* des PCGR. Il se peut que, dans certains cours, on aborde ce sujet plus tard ou qu'on ne l'aborde pas du tout ; il a donc été placé en annexe de manière à faciliter son utilisation à tout autre moment.

Vous savez que la comptabilité générale a évolué au fil des siècles, et que, au XXe siècle, la réglementation et la normalisation des états financiers et des autres formes de présentation de l'information financière se sont intensifiées. Il n'existe toutefois aucun moyen de réglementer et de normaliser entièrement la comptabilité générale. Or, de nombreuses méthodes comptables n'ont fait l'objet d'aucune règle spécifique, mais sont néanmoins reconnues et acceptées. D'autre part, il existe de nombreux problèmes qu'aucune règle ne semble pouvoir résoudre et qui doivent être soumis au jugement professionnel des gestionnaires, des experts-comptables et des vérificateurs. Les PCGR constituent l'ensemble des règles juridiques, des normes comptables formulées par l'organisme responsable, des méthodes reconnues, des analyses théoriques et des jugements professionnels antérieurs. Les PCGR peuvent évoluer, mais ils sont généralement plutôt stables, de sorte que les gens peuvent prévoir le résultat de leur application. Ils évoluent au fur et à mesure que la demande d'information change et qu'on élabore de nouvelles solutions. Ils sont « généralement reconnus », mais pas toujours faciles à cerner parce qu'ils sont assez flexibles pour s'adapter aux situations particulières des sociétés et des autres organismes. Ils font souvent l'objet de controverses, parce que les gens estiment qu'ils sont trop souples ou ne le sont pas assez, trop détaillés ou non. Le fait qu'ils combinent des aspects techniques et l'intervention du jugement professionnel rend les PCGR à la fois intéressants et frustrants à étudier.

Vous verrez dans ce chapitre des notions qui serviront de base pour la suite de cet ouvrage :

Concepts d'utilisation : Des concepts complémentaires à propos de la demande d'information, touchant en particulier la fréquence et la qualité de la préparation, ainsi que de la présentation des états financiers, étant donné la diversité des utilisateurs qui s'en servent pour prendre des décisions.

Concepts de préparation : Des concepts comme la valorisation de l'actif (coût d'origine, coût de remplacement, valeur au marché et autres valeurs) élaborés pour répondre aux besoins présumés des utilisateurs, et des normes générales de présentation des états financiers correspondantes, y compris celles qui portent sur les regroupements de sociétés.

Techniques de préparation : Une introduction à l'application des PCGR au problème du montant auquel il faut inscrire l'actif ou tout autre élément des états financiers, afin que les résultats soient crédibles et fidèles. Cela inclut l'exemple des états financiers consolidés.

Techniques d'utilisation : La compréhension de l'application des PCGR lors de la préparation des états financiers fournit une base essentielle à leur analyse, que nous aborderons dans les chapitres suivants.

5.2   ÉLABORATION DES PRINCIPES COMPTABLES GÉNÉRALEMENT RECONNUS

Les PCGR englobent les règles juridiques, les normes comptables édictées par les organismes responsables, les méthodes reconnues, les analyses théoriques et les jugements professionnels antérieurs. Ils sont destinés à guider les gestionnaires et les experts-comptables dans la préparation des états financiers et des autres renseignements financiers. Ils guident le vérificateur qui doit formuler une opinion sur des états financiers et les utilisateurs qui ont à interpréter l'information financière. On présume que ce sont les méthodes et les notions généralement reconnues et mises en pratique qui, *en général*, se sont révélées les plus utiles pour satisfaire les différents groupes intéressés par la comptabilité générale. Cependant, précisément en raison de leur caractère général, les PCGR ne s'adaptent pas à toutes les circonstances. Parfois même, il n'en existe pas qui s'applique aux problèmes nouveaux. On a d'ailleurs déjà dit que « les PCGR peuvent satisfaire tout le monde une partie du temps, et une partie des gens tout le temps, mais pas tout le monde tout le temps ! ».

Le *Manuel de l'ICCA*, comme nous l'avons mentionné à la section 3.3 du chapitre 3, est un recueil de feuilles volantes fréquemment mis à jour et regroupant l'ensemble des normes de comptabilité et de vérification. C'est la principale référence canadienne en ce qui concerne les PCGR. Le *Manuel de l'ICCA* traite de divers sujets relatifs à la comptabilité et à la vérification. Il présente également des « recommandations » quant à la façon de les aborder. Au cours des dernières années, on a étendu la portée du *Manuel de l'ICCA*, et redéfini les PCGR, de façon à y inclure les organismes sans but lucratif aussi bien que les entreprises commerciales. À la section 8.13 du chapitre 8, nous reviendrons sur les organismes de ce genre (organismes de charité, associations et autres organismes privés non commerciaux). Dans les extraits suivants, tirés de la version 1991 du chapitre 1000 du *Manuel de l'ICCA*, intitulé « Fondements conceptuels des états financiers », on trouve d'abord une présentation du contenu et de la portée de ce chapitre, puis une description de la composition des états financiers et des PCGR.

COMPTABILITÉ GÉNÉRALE — CHAPITRE 1000

Fondements conceptuels des états financiers

OBJET

.01 Le présent chapitre a pour objet de définir les concepts sur lesquels reposent la formulation et l'application des principes comptables suivis par les entités dans la préparation de leurs états financiers à vocation générale (appelés ci-après les « états financiers »). Ces états financiers sont destinés à satisfaire les besoins d'information communs des utilisateurs externes de l'information financière relative à une entité.

.02 Le Comité s'attend à ce que les auteurs d'états financiers et les praticiens de la comptabilité s'appuient sur le présent chapitre dans les cas où ils sont appelés à exercer leur jugement professionnel aux fins de l'application des principes comptables généralement reconnus, et à établir des conventions comptables dans les domaines où les principes comptables sont en voie de formulation.

.03 Le présent chapitre ne contient aucune norme visant des problèmes particuliers de mesure ou de présentation de l'information. En outre, rien dans le texte n'a prééminence sur les recommandations particulières énoncées dans les autres chapitres du Manuel, ni sur les autres principes comptables qui sont réputés généralement reconnus. Le Comité examinera tout problème de cohérence entre le présent chapitre et tout autre chapitre qu'il sera appelé à réviser.

États financiers

.04 Les états financiers des entreprises à but lucratif se composent normalement du bilan, de l'état des résultats, de l'état des bénéfices non répartis et de l'état de l'évolution de la situation financière. Les états financiers des organismes sans but lucratif, pour leur part, se composent normalement du bilan et d'autres états qui sont semblables à ceux des entreprises à but lucratif, si ce n'est que l'intitulé et la forme de chacun de ces états peuvent varier selon la nature de l'organisme*. Les notes et les tableaux auxquels renvoient les états financiers font partie intégrante de ces derniers.

.05 Le contenu des états financiers se limite d'ordinaire à des informations de nature financière portant sur des opérations et des faits. Les états financiers sont fondés sur la représentation d'opérations et de faits passés, et non futurs, bien qu'ils puissent souvent nécessiter que l'on procède à des estimations concernant des opérations et des faits futurs, et comporter des mesures qui, de par leur nature, peuvent n'être que des approximations.

.06 Les états financiers s'inscrivent dans le processus de communication de l'information financière qui englobe également, par exemple, la publication d'informations dans les rapports annuels (en dehors des états financiers), dans les prospectus et dans les demandes de fonds. Une grande partie des concepts sur lesquels reposent les états financiers sont également valables pour ces informations, mais le présent chapitre ne traite spécifiquement que des états financiers [...]

PRINCIPES COMPTABLES GÉNÉRALEMENT RECONNUS

.59 L'expression « principes comptables généralement reconnus » sert à désigner les règles selon lesquelles les états financiers sont normalement établis. Il se peut que d'autres règles comptables puissent convenir dans des circonstances particulières, notamment dans le cas d'états financiers établis en conformité avec des exigences réglementaires ou contractuelles.

.60 L'expression « principes comptables généralement reconnus » englobe non seulement des règles, méthodes et procédés précis ayant trait à des circonstances particulières, mais aussi des principes généraux et conventions d'application générale, y compris les concepts fondamentaux définis dans le présent chapitre. Plus précisément, les principes comptables généralement reconnus comprennent les recommandations concernant la comptabilité énoncées dans le Manuel et, dans les domaines non couverts par une recommandation, d'autres principes comptables qui sont :

   a) soit généralement reconnus du fait qu'ils sont appliqués par un nombre important d'entités canadiennes dans des circonstances analogues ;

   b) soit cohérents avec les recommandations énoncées dans le Manuel, conformes aux concepts exposés dans le présent

---

* Par exemple, les états financiers des organismes sans but lucratif peuvent comporter un état des recettes et dépenses, un état de la variation de l'actif net, un état du surplus ou du solde des différents fonds, par opposition à l'état des résultats et à l'état des bénéfices non répartis que comporte normalement le jeu d'états financiers des entreprises à but lucratif.

chapitre, et formulés en ayant recours au jugement professionnel, éventuellement après consultation d'autres comptables bien informés. L'exercice du jugement professionnel se fonde sur les principes établis dans le Manuel à l'égard de situations analogues et s'inspire :

   i) d'autres éléments pertinents traités dans le Manuel ;
  ii) de la pratique courante dans des circonstances analogues ;
 iii) des Notes d'orientation concernant la comptabilité publiées par le Comité de direction du Comité des normes comptables de l'ICCA ;
  iv) des Abrégés des délibérations du Comité sur les problèmes nouveaux de l'ICCA ;
   v) des Normes comptables internationales publiées par le Comité international de normalisation de la comptabilité (International Accounting Standards Committee) ;
  vi) des normes publiées par les organismes autorisés à établir des normes de comptabilité générales dans d'autres pays ;
 vii) des monographies de l'ICCA ;
viii) des autres sources du référentiel comptable, telles que les manuels et revues spécialisés.

L'importance relative de ces diverses sources est affaire de jugement professionnel dans les circonstances.

.61 Dans les rares cas où le respect d'une recommandation du Manuel aboutirait à des états financiers trompeurs, toute solution de rechange appropriée se trouve englobée dans les principes comptables généralement reconnus. Pour apprécier si une dérogation à une recommandation du Manuel est justifiée, il convient de prendre en considération :

   a) l'objectif de la recommandation du Manuel et la raison pour laquelle cet objectif n'est pas atteint ou n'est pas pertinent dans les circonstances en cause ;
   b) la façon dont les circonstances propres à l'entité diffèrent de celles des autres entités qui suivent la recommandation du Manuel ;
   c) les principes sous-jacents aux autres méthodes comptables, qui sont présentés dans d'autres sources (voir le paragraphe 1000.60).

La détermination des circonstances dans chaque cas est affaire de jugement professionnel. Toutefois, on peut généralement présumer que le respect des recommandations du Manuel aboutit à une présentation appropriée de l'information et qu'une dérogation à ces recommandations constitue une dérogation aux principes comptables généralement reconnus.

Manuel de l'ICCA, chapitre 1000, Toronto, Institut Canadien des Comptables Agréés, version en vigueur en mars 91, paragraphes .01 à .06 et .59 à .61. Reproduction autorisée par l'Institut Canadien des Comptables Agréés, Toronto, Canada.

L'évolution des PCGR peut être associée à l'histoire de la comptabilité générale ainsi qu'aux efforts des organismes de normalisation pour tenter d'améliorer les principes et les pratiques comptables. La *normalisation* correspond au développement de principes comptables généralement reconnus, documentés et faisant autorité. Le *Manuel de l'ICCA* est actuellement la principale source de référence au Canada. Cependant, avant 1934, les sociétés canadiennes pouvaient présenter leur information financière sans avoir à se conformer à aucune norme, puisqu'il n'en existait pas et que l'on n'accordait pas autant d'importance à la présentation qu'aujourd'hui. Comme nous l'avons fait remarquer au chapitre 3, le krach de Wall Street en 1929 a joué le rôle d'un catalyseur dans la divulgation croissante de l'information financière ainsi que dans l'établissement des règles de présentation de cette information. On a considéré le manque d'information financière comme l'une des causes du krach. On a même avancé que, si les investisseurs avaient été mieux informés, ils auraient pu prendre des décisions plus éclairées, et éviter ainsi l'effondrement du marché boursier ainsi que ses désastreuses conséquences économiques et sociales. Les PCGR ont été rendus nécessaires par (1) la législation qui régit la constitution des sociétés canadiennes et les oblige à présenter de façon plus détaillée l'information financière; (2) la mise sur pied des commissions des valeurs mobilières provinciales, qui ont adopté des règlements obligeant les sociétés dont les actions se négocient sur un marché boursier à présenter des états financiers vérifiés; et (3) la création d'associations professionnelles comptables indépendantes, comme l'Institut Canadien des Comptables Agréés, qui jouent le rôle de normalisateurs impartiaux. Nous consacrons le reste de cette section à l'influence exercée par ce dernier organisme, l'ICCA, et par le *Manuel de l'ICCA*.

Avec l'accord des ordres et instituts provinciaux des comptables agréés, l'ICCA a commencé à publier des « bulletins » dès 1946, dans le but de fournir un cadre assurant l'uniformité des pratiques comptables. À ce moment, l'ICCA codifiait dans ses bulletins les pratiques existantes. Ce n'est qu'en 1967 qu'un comité de révision a décidé que l'ICCA entreprendrait des recherches en vue de définir les meilleures pratiques comptables, plutôt que de présenter seulement les meilleures pratiques en usage. Par ailleurs, les bulletins devraient être compilés dans un « manuel » qui serait mis à jour par le Comité des normes comptables (CNC). C'est de l'application de ces recommandations qu'est né le *Manuel de l'ICCA*.

La comptabilité générale a évolué au cours des siècles afin de s'adapter aux besoins de la société. Le processus par lequel des changements sont apportés au *Manuel de l'ICCA* — et donc aux PCGR — comporte plusieurs étapes. Les membres du CNC sont à l'affût des changements survenant dans le milieu des affaires, des problèmes comptables, des règlements édictés par les commissions des valeurs mobilières ou les gouvernements, de même que des changements qui se produisent à l'extérieur du Canada (par exemple, les recommandations faites par le Financial Accounting Standards Board, pendant américain de l'ICCA). Si les membres du CNC jugent que le problème est important, une recherche est entreprise (souvent par un sous-comité du CNC ou par des mandataires externes expressément désignés). Si le problème demeure entier lorsque la recherche est terminée, on présente alors une recommandation préliminaire au comité plénier du CNC. Elle doit être acceptée par les deux tiers des membres avant la publication d'un

« exposé-sondage ». L'exposé-sondage est ensuite soumis à toutes les parties intéressées afin qu'elles expriment leur opinion. Une fois tous les commentaires recueillis et évalués, le comité doit de nouveau se prononcer en faveur de la recommandation et des amendements, à une majorité des deux tiers, avant qu'ils ne soient intégrés dans le *Manuel de l'ICCA*. Ce processus obligatoire de négociation et d'évaluation collectives permet de maintenir le consensus qui se manifeste dans l'expression « principes comptables généralement reconnus ». Les organismes de normalisation de la vérification du Canada et du reste du monde se plient généralement à un tel processus[1]. Le processus de normalisation évolue, au même titre que la comptabilité générale. D'ailleurs, au moment de mettre cet ouvrage sous presse, l'ICCA envisageait de modifier le nom, la composition et le fonctionnement du CNC.

5.3   OBJECTIFS DES ÉTATS FINANCIERS

Nous avons étudié le jeu d'états financiers, et nous savons qu'il doit être préparé en conformité avec les PCGR et que les normalisateurs, comme l'ICCA au Canada et le FASB aux États-Unis, cherchent à codifier et à améliorer ces principes. Dans les chapitres précédents, nous avons décrit les demandes d'information financière et les divers événements qui ont façonné les états financiers. Les normalisateurs ont donc défini ce que devaient être les états financiers afin que leurs normes puissent être orientées vers un objectif cohérent. Dans l'extrait suivant tiré d'un document du FASB portant sur les fondements conceptuels de la comptabilité générale, le FASB commente le lien qui existe entre la présentation de l'information financière (qui comprend les états financiers et d'autres renseignements financiers comme les circulaires d'information et les communiqués de presse) et les décisions prises par les utilisateurs.

Énoncé n° 2 des fondements conceptuels de la comptabilité générale

LE RÔLE CENTRAL DE LA PRISE DE DÉCISIONS

27. Toute la présentation de l'information financière concerne, à divers degrés, la prise de décisions (quoique les décideurs utilisent également de l'information provenant d'autres sources). Le besoin d'information pour prendre les décisions, d'investissement, de crédit ou autres, fait ressortir les objectifs de la présentation de l'information financière que nous avons mentionnés précédemment.

28. Même les objectifs qui sont davantage centrés sur les fonctions fiduciaires de la comptabilité sont rattachés à la prise de décisions. D'ailleurs, une vue élargie de la fonction fiduciaire de la comptabilité incorpore l'efficience, l'efficacité et l'intégrité de l'administrateur, et aide les détenteurs d'actions et les autres groupes d'intérêt (par exemple, les détenteurs d'obligations) à évaluer la gestion d'une entreprise.

Cependant, cette activité serait vaine si l'on n'avait pas la possibilité de se référer aux résultats pour prendre des décisions. La direction doit rendre des comptes aux actionnaires par l'entremise du conseil d'administration, mais les actionnaires sont souvent passifs et exercent peu de pression sur la haute direction tant que l'entreprise se porte relativement bien. L'appréciation qu'ils font de la gestion de la direction leur permet de prédire la valeur de leurs investissements, et les actionnaires insatisfaits de la gestion de ces investissements vendent habituellement leurs actions. Les détenteurs d'obligations s'inquiètent du respect des clauses de l'acte de fiducie par la direction et pourraient intenter des poursuites judiciaires si le contrat n'était pas respecté. Donc, la prise de décisions et la fonction fiduciaire constituent des objectifs complémentaires de la comptabilité. En effet, le rôle fiduciaire de la comptabilité peut être considéré comme subordonné au rôle qu'elle joue dans la prise de décisions, lequel englobe pratiquement tout.

29. La fonction fiduciaire de la comptabilité ne diminue pas son importance, pas plus qu'elle ne place la valeur de prédiction de l'information comptable au-dessus de sa valeur de confirmation. La fonction fiduciaire permet de compiler les enregistrements des opérations et des faits passés, et ces enregistrements sont utilisés pour mesurer le rendement. Cette mesure confirme les attentes ou souligne les écarts entre les résultats et les attentes. Dans les deux cas, les constatations servent d'appui à une décision — souvent le *statu quo*. Lorsqu'on explique que la fonction fiduciaire fait partie intégrante du rôle de la comptabilité dans la prise de décisions, cela signifie simplement qu'elle a pour objectif d'orienter les décisions éventuelles concernant les gestionnaires ou l'activité examinée.

30. Le rôle central que nous attribuons ici à la prise de décisions nous conduit directement au critère essentiel qui doit servir à juger tous les choix comptables. Le meilleur choix est celui qui, en tenant compte des facteurs de coût et des données disponibles, fournit l'information la plus utile pour la prise de décisions.

31. Une telle généralisation relève de l'évidence. En effet, elle ne dit rien de plus que ce qu'a dit le Comité dans le « concepts statement 1 » (paragraphe 9): « La présentation de l'information financière ne constitue pas une fin en soi, mais elle est destinée à fournir une information utile pour la prise de décisions dans les domaines de la gestion et de l'économie [...]» La difficulté consiste à décrire de façon plus détaillée les éléments qui rendent l'information comptable utile pour la prise de décisions. Si les opinions divergent, ce n'est pas sur des questions générales telles que la pertinence et la fiabilité. Ces caractéristiques occupent évidemment une place prépondérante dans la hiérarchie des qualités qui rendent l'information utile, bien qu'il puisse exister des désaccords quant à leur importance relative. Cependant, les plus sérieux désaccords portent sur le choix entre deux méthodes comptables (par exemple, les méthodes de répartition des coûts ou de constatation des produits), lorsque le choix nécessite l'exercice du jugement quant à la méthode qui produira les résultats les plus pertinents ou les plus fiables, ou que le jugement vise à déterminer si une

méthode fournissant des données plus pertinentes doit l'emporter sur la méthode fournissant des données plus fiables.

Statement of Financial Accounting Concepts No. 2, Stamford, Conn., Financial Accounting Standards Board, 1980, paragraphes 27 à 31[2].

La version révisée de 1991 du chapitre 1000 du *Manuel de l'ICCA*, portant sur les fondements conceptuels des états financiers, met l'accent sur les objectifs des états financiers. Dans la description des objectifs, on définit également divers concepts et termes associés, tels que l'importance relative, la pertinence et la fiabilité. Ces notions sont très importantes pour comprendre la fonction des états financiers.

COMPTABILITÉ GÉNÉRALE — CHAPITRE 1000

Fondements conceptuels des états financiers

OBJECTIFS DES ÉTATS FINANCIERS

.07 Dans le contexte économique canadien, la production de biens et la prestation de services sont assurées, dans une large mesure, par des entreprises commerciales du secteur privé qui sont la propriété d'investisseurs et, dans une mesure moindre, par des entreprises commerciales dont l'État est le propriétaire. Le marché des capitaux et les institutions financières offrent les mécanismes d'échange des ressources consacrées aux investissements dont ces entreprises ont besoin.

.08 La prestation de services et, dans certains cas, la production de biens sont également assurées par des organismes sans but lucratif tant du secteur privé que du secteur public. Il arrive souvent que ces organismes sans but lucratif ne soient pas tributaires des mécanismes d'échange dont dépendent les entreprises à but lucratif. Toutefois, ils sont souvent assujettis, par leurs membres ou par les subventionneurs ou donateurs, à des mandats qui limitent leur pouvoir de dépenser. L'expression « subventionneurs ou donateurs » englobe les particuliers, les sociétés par actions et autres personnes morales, les organisations, ainsi que les gouvernements et les autres organismes du secteur public qui accordent des fonds à des fins déterminées et non déterminées.

.09 Il arrive souvent que la propriété et la gestion des entreprises à but lucratif soient dissociées ; il devient alors nécessaire de publier, à l'intention des investisseurs, des informations de nature économique sur l'entité. Aux fins du présent chapitre, l'expression « investisseurs » s'entend des investisseurs de qui l'entité a obtenu ou est susceptible d'obtenir des capitaux empruntés ou des capitaux propres, ainsi que des conseillers de ces investisseurs. Les créanciers et les autres tiers qui ne peuvent consulter les documents d'information internes de l'entité ont également besoin de rapports externes pour obtenir l'information qui leur est nécessaire. Dans le cas des institutions financières, les déposants et les titulaires de contrat d'assurance sont compris parmi les investisseurs, créanciers et autres tiers.

.10 De même, les membres ainsi que les subventionneurs ou donateurs d'un organisme sans but lucratif sont souvent dissociés de la direction de l'organisme ; il devient alors également nécessaire de publier, à l'intention des membres et des subventionneurs ou donateurs, des informations de nature économique sur l'entité. Comme dans le cas des entreprises à but lucratif, les créanciers et les autres tiers qui ne peuvent consulter les documents d'information internes de l'entité ont aussi besoin de rapports externes pour obtenir l'information qui leur est nécessaire.

.11 Il est irréaliste de penser que les états financiers puissent satisfaire les besoins d'information nombreux et variés de tous les utilisateurs externes des informations relatives à l'entité. L'objectif des états financiers consiste donc principalement à satisfaire les besoins d'information des investisseurs et des créanciers dans le cas des entreprises à but lucratif, et les besoins d'information des subventionneurs ou donateurs et des créanciers dans le cas des organismes sans but lucratif. Les états financiers préparés dans le but de satisfaire ces besoins sont souvent utilisés par d'autres personnes qui ont aussi besoin d'informations publiées au sujet de l'entité.

.12 Pour faciliter la prise de décisions touchant l'affectation des ressources, les investisseurs et les créanciers des organismes à but lucratif cherchent à faire des prédictions portant sur la capacité de l'entité de réaliser les produits et de générer les flux de trésorerie qui lui permettront de remplir ses obligations et de produire un rendement sur le capital investi.

.13 Pour faciliter la prise de décisions touchant l'affectation des ressources, les membres, les subventionneurs ou donateurs et les créanciers des organismes sans but lucratif cherchent à connaître le coût des services offerts par l'entité, et à faire des prédictions portant sur la capacité de l'entité de générer des flux de trésorerie qui lui permettront de remplir ses obligations et d'atteindre ses objectifs.

.14 Les investisseurs, les membres, les subventionneurs ou donateurs et les autres pourvoyeurs de fonds ont également besoin d'informations sur la façon dont la direction de l'entité s'est acquittée de sa responsabilité de gérance envers ceux qui ont fourni des ressources à l'entité. Les informations relatives à la façon dont la direction de l'entité s'est acquittée de sa responsabilité de gérance sont particulièrement importantes dans le cas des organismes sans but lucratif qui reçoivent souvent des fonds destinés à des fins déterminées, fonds à l'égard desquels la direction doit répondre d'une utilisation appropriée.

Objectif

.15 L'objectif des états financiers est de communiquer des informations utiles aux investisseurs, aux membres, aux subventionneurs ou donateurs, aux créanciers et aux autres utilisateurs (les « utilisateurs ») qui ont à prendre des décisions en matière d'affectation des ressources ou à apprécier la façon dont la direction s'acquitte de sa responsabilité de gérance. En conséquence, les états financiers fournissent des informations sur :

a) les ressources économiques, les obligations et les capitaux propres (ou l'actif net) de l'entité ;

b) l'évolution des ressources économiques, des obligations et des capitaux propres (ou de l'actif net) de l'entité ;

c) la performance économique de l'entité.

ÉQUILIBRE AVANTAGES-COÛTS

.16 Les avantages que sont censées procurer les informations contenues dans les états financiers doivent être supérieurs au coût de celles-ci. Cette condition vaut également lorsque le Comité formule des normes comptables. Il s'agit d'une préoccupation qui est aussi présente dans la préparation d'états financiers en conformité avec ces normes, par exemple lorsqu'on envisage de présenter plus d'informations que n'en exigent les normes. Le Comité reconnaît qu'il est possible que les avantages ne reviennent pas aux parties qui assument les coûts, et que l'évaluation de la nature et de la valeur des avantages et des coûts soit, dans une large mesure, affaire de jugement.

IMPORTANCE RELATIVE

.17 Les utilisateurs s'intéressent aux informations qui sont susceptibles d'influer sur leurs décisions. L'expression « importance relative » est utilisée pour décrire le caractère significatif, pour les décideurs, des informations contenues dans les états financiers. Un élément d'information ou un ensemble d'éléments d'information est important s'il est vraisemblable que son omission ou son inexactitude aurait comme conséquence d'influencer ou de modifier une décision. L'appréciation de l'importance relative est une question de jugement professionnel dans chaque cas d'espèce.

QUALITÉS DE L'INFORMATION

.18 Les qualités de l'information sont les caractéristiques de l'information fournie dans les états financiers qui font que celle-ci est utile aux utilisateurs. Les quatre principales qualités de l'information sont la compréhensibilité, la pertinence, la fiabilité et la comparabilité.

Compréhensibilité

.19 Pour être utile, l'information contenue dans les états financiers doit être compréhensible pour les utilisateurs. Ceux-ci sont réputés avoir une bonne compréhension des activités commerciales et économiques et de la comptabilité, ainsi que la volonté d'étudier l'information d'une façon raisonnablement diligente.

Pertinence

.20 Pour être utile, l'information fournie dans les états financiers doit être pertinente par rapport aux décisions que sont appelés à prendre les utilisateurs. L'information est pertinente de par sa nature lorsqu'elle peut influer sur les décisions des utilisateurs en les aidant à évaluer l'incidence financière des opérations et des faits passés, présents ou futurs, ou en permettant de confirmer ou de corriger des évaluations antérieures. La pertinence de l'information est fonction de sa valeur prédictive ou rétrospective et de la rapidité de sa publication.

a) Valeur prédictive et valeur rétrospective

Toute information qui aide les utilisateurs à faire des prédictions portant sur les résultats et les flux de trésorerie futurs a une valeur prédictive. Bien que l'information fournie dans les états financiers n'ait normalement pas un caractère prédictif en soi, elle peut être utile à l'établissement de prédictions. La valeur prédictive de l'état des résultats, par exemple, se trouve accrue lorsque les éléments anormaux sont présentés séparément. L'information qui permet de confirmer ou de corriger les prédictions antérieures a une valeur rétrospective. Il arrive souvent que l'information ait une valeur à la fois prédictive et rétrospective.

b) Rapidité de la publication

Pour que l'information soit utile à la prise de décisions, il faut que le décideur puisse l'obtenir à un moment où elle est encore susceptible d'influencer ses décisions. L'utilité de l'information pour la prise de décisions diminue avec le passage du temps.

Fiabilité

.21 Pour être utile, l'information fournie dans les états financiers doit être fiable. L'information est fiable lorsqu'elle concorde avec les opérations et les faits sous-jacents, que ce rapport de concordance est susceptible de faire l'objet d'une vérification indépendante et que l'information est raisonnablement exempte d'erreurs et de partis pris. Pour être fiable, l'information doit donner une image fidèle et vérifiable, et elle doit être neutre. La neutralité est affectée par la formulation de jugements fondés sur la prudence dans des situations d'incertitude.

a) Fidélité

L'image que donnent les états financiers est fidèle lorsque la présentation qu'on y trouve des opérations et des faits qui influent sur la marche de l'entité concorde avec les opérations et faits réels sous-jacents. Ainsi, les opérations et les faits sont comptabilisés et présentés d'une manière qui exprime leur substance et non obligatoirement leur forme juridique ou autre.

La substance des opérations et des faits ne correspond pas toujours à ce qu'elle paraît être si l'on s'en tient à leur forme juridique ou autre. Pour déterminer la substance d'une opération ou d'un fait, il peut être nécessaire d'examiner un ensemble d'opérations et de faits connexes pris collectivement. La détermination de la substance d'une opération ou d'un fait est, dans chaque cas d'espèce, affaire de jugement professionnel.

b) Vérifiabilité

L'image que donnent les états financiers d'une opération ou d'un fait est vérifiable dans la mesure où des observateurs compétents et indépendants conviendraient qu'elle concorde avec l'opération ou le fait réel sous-jacent, avec un degré raisonnable de précision. La vérifiabilité concerne avant tout l'application correcte d'un mode de mesure et non le caractère approprié de celui-ci.

c) Neutralité

L'information est neutre lorsqu'elle est exempte de tout parti pris susceptible d'amener les utilisateurs à prendre des décisions qui seraient influencées par la façon dont l'information est mesurée ou présentée. La mesure d'éléments donnés est partiale lorsqu'elle a tendance à aboutir systématiquement à une surévaluation ou à une sous-évaluation de ces éléments. Le choix des principes comptables peut être partial lorsqu'il est fait dans la perspective des intérêts d'utilisateurs particuliers ou de la réalisation d'objectifs économiques ou politiques précis.

Les états financiers qui ne contiennent pas toutes les informations nécessaires pour donner une image fidèle des opérations et des faits influant sur la marche de l'entité sont incomplets et risquent par conséquent de ne pas être neutres.

d) Prudence

La formulation de jugements fondés sur la prudence dans des situations d'incertitude exerce sur la neutralité des états financiers une incidence qui est acceptable. Dans les situations d'incertitude, on procède à des estimations prudentes en vue d'éviter toute surévaluation des actifs, des produits et des gains ou, inversement, toute sous-évaluation des passifs, des charges et des pertes. Toutefois, le principe de prudence ne justifie pas que l'on sous-évalue à dessein les actifs, les produits et les gains, ni que l'on surévalue à dessein les passifs, les charges et les pertes.

Comparabilité

.22 La comparabilité est une caractéristique du rapport qui existe entre deux éléments d'information et non une caractéristique qui se rattache à un élément d'information en soi. Elle permet aux utilisateurs de relever les analogies et les différences entre les informations fournies dans deux jeux d'états financiers. La comparabilité est importante lorsqu'on établit un parallèle entre les états financiers de deux entités distinctes, ou entre les états financiers d'une même entité ayant trait à deux exercices différents ou dressés à deux dates différentes.

.23 La comparabilité des états financiers d'une entité se trouve accrue lorsque les mêmes conventions comptables sont appliquées de la même manière d'un exercice à l'autre. La permanence des conventions comptables contribue à prévenir les méprises que pourrait causer l'application de conventions comptables différentes au cours d'exercices distincts. Lorsqu'on juge approprié d'effectuer un changement de convention comptable, il peut être nécessaire d'indiquer l'incidence du changement pour maintenir la comparabilité des états financiers.

COMPROMIS ENTRE LES DIVERSES QUALITÉS DE L'INFORMATION

.24 En pratique, il est souvent nécessaire de faire un compromis entre les diverses qualités de l'information, notamment entre la pertinence et la fiabilité. À titre d'exemple, il faut souvent consentir à un compromis entre la rapidité de la publication des états financiers et la fiabilité de l'information présentée dans ces états. Généralement, on cherche à réaliser un équilibre approprié entre les diverses qualités de manière à pouvoir remplir l'objectif des états financiers. L'importance à accorder à chacune de ces qualités, dans chaque cas d'espèce, est affaire de jugement professionnel.

Manuel de l'ICCA, chapitre 1000, Toronto, Institut Canadien des Comptables Agréés, version en vigueur en mars 1991, paragraphes .07 à .24. Reproduction autorisée par l'ICCA, Toronto, Canada.

OÙ EN ÊTES-VOUS ? Voici deux questions auxquelles vous devriez pouvoir répondre à partir de ce que vous venez de lire :

1. Vous consultez le rapport annuel d'une grande société et vous constatez que, dans le rapport du vérificateur, il est précisé que les états financiers ont été préparés conformément aux principes comptables généralement reconnus. Qu'est-ce que cela signifie ?
2. Décrivez brièvement ce que les concepts suivants ont à voir avec la comptabilité générale : utilité pour la prise de décisions, importance relative, normes faisant autorité, et fiabilité.

5.4 NORMES GÉNÉRALES RELATIVES AUX ÉTATS FINANCIERS

Nous examinerons, dans les chapitres suivants, la comptabilisation de divers éléments propres aux états financiers. Afin de préparer cette étude, voici deux extraits du *Manuel de l'ICCA* qui traitent des normes générales. Le premier est tiré du premier chapitre définissant les fondements conceptuels, le chapitre 1000, dans lequel on définit ce qu'on entend généralement par actif, passif et autres composantes.

Fondements conceptuels des états financiers

COMPOSANTES DES ÉTATS FINANCIERS

.25 Les composantes (ou rubriques) des états financiers sont les principales catégories d'éléments (ou postes) qui sont présentées dans les états financiers en vue de répondre à l'objectif de ces derniers. Elles sont de deux ordres : celles qui décrivent les ressources économiques, les obligations et les capitaux propres (ou l'actif net) de l'entité à une date donnée, et celles qui décrivent les changements intervenus dans les ressources économiques, les obligations et les capitaux propres (ou l'actif net) au cours d'un exercice donné. Les notes complémentaires, qui servent à clarifier ou à mieux expliquer certains postes présentés dans les états financiers, ne sont pas considérées comme une composante, bien qu'elles fassent partie intégrante des états financiers.

.26 Les composantes définies ci-après correspondent aux catégories d'éléments que l'on trouve le plus couramment dans les états financiers. L'existence d'autres éléments n'est nullement écartée. En pratique, le bilan peut comprendre des éléments qui sont inscrits à l'actif ou au passif du simple fait que la constatation de certains produits, charges, gains ou pertes est retardée. Les critères régissant la constatation des éléments dans les états financiers font l'objet du paragraphe 1000.44. [Voir le chapitre 7, section 7.6.]

.27 Dans le cas des entreprises à but lucratif, le bénéfice net représente l'excédent du total des produits et des gains sur le total des charges et des pertes. Sont généralement pris en compte dans le bénéfice net toutes les opérations et tous les faits qui contribuent à augmenter ou à diminuer les capitaux propres de l'entité, à l'exception de ceux et celles qui résultent des apports et des distributions de capitaux propres. Les investisseurs, les créanciers et les autres utilisateurs considèrent souvent le bénéfice net comme une mesure de la performance économique des entreprises à but lucratif.

.28 Dans le cas des organismes sans but lucratif, l'excédent du total des produits et des gains sur le total des charges et des pertes a une signification qui s'écarte de la notion de bénéfice net et il peut être indiqué de recourir à une terminologie différente. Cet excédent peut constituer pour les utilisateurs de l'information un indice important de la mesure dans laquelle l'organisme sans but lucratif réussit à obtenir des fonds pour couvrir le coût de ses services.

Actifs

.29 Les actifs sont les ressources économiques sur lesquelles l'entité exerce un contrôle par suite d'opérations ou de faits passés, et qui sont susceptibles de lui procurer des avantages économiques futurs.

.30 Les actifs ont trois caractéristiques essentielles :

    a) Ils représentent un avantage futur en ce qu'ils pourront, seuls ou avec d'autres actifs, contribuer directement ou indirectement aux flux de trésorerie nets futurs dans le cas des entreprises à but lucratif, ou contribuer à la prestation des services dans le cas des organismes sans but lucratif ;

    b) L'entité est en mesure de contrôler l'accès à cet avantage ;

    c) L'opération ou le fait à l'origine du droit de l'entité de bénéficier de l'avantage, ou à l'origine du contrôle qu'elle a sur celui-ci, s'est déjà produit.

.31 Il n'est pas essentiel que le contrôle de l'accès à l'avantage découle d'un droit exécutoire pour que la ressource constitue un actif, pourvu que l'entité puisse exercer, par d'autres moyens, un contrôle sur son utilisation.

Passifs

.32 Les passifs sont des obligations qui incombent à l'entité par suite d'opérations ou de faits passés, et dont le règlement pourra nécessiter le transfert ou l'utilisation d'actifs, la prestation de services ou toute autre cession d'avantages économiques.

.33 Les passifs ont trois caractéristiques essentielles :

    a) Ils représentent un engagement ou une responsabilité envers des tiers, qui doit entraîner un règlement futur, par transfert ou utilisation d'actifs, prestation de services ou toute autre cession d'avantages économiques, à une date certaine ou déterminable, lorsque surviendra un fait précis, ou sur demande ;

    b) L'engagement ou la responsabilité constitue pour l'entité une obligation à laquelle l'entité n'a guère ou pas du tout la possibilité de se soustraire ;

    c) L'opération ou le fait à l'origine de l'obligation de l'entité s'est déjà produit.

.34 Il n'est pas nécessaire que les passifs soient des obligations exécutoires pourvu qu'ils soient conformes à la définition d'un passif ; ils peuvent être fondés sur des obligations morales ou implicites. L'obligation morale repose sur des considérations d'ordre déontologique ou s'impose sur le plan de la conscience ou de l'honneur. L'obligation implicite est celle dont l'existence peut être déduite des faits dans une situation donnée, par opposition à l'obligation contractuelle.

Capitaux propres (ou actif net)

.35 Les capitaux propres représentent le droit de propriété sur les actifs d'une entreprise à but lucratif, après déduction de ses passifs. Bien que les capitaux propres d'une entreprise à but lucratif constituent un solde résiduel, ils comportent plusieurs catégories d'éléments bien définis, par exemple les diverses catégories de capital-actions, le surplus d'apport et les bénéfices non répartis.

.36 L'actif net (appelé aussi avoir net ou solde du fonds) d'un organisme sans but lucratif représente le solde résiduel des actifs de cet organisme après déduction de ses passifs. L'actif net peut comporter des catégories bien définies d'éléments assujettis à des restrictions et d'éléments qui ne le sont pas.

Produits

.37 Les produits sont les augmentations des ressources économiques, sous forme d'entrées ou d'accroissements d'actifs ou de diminutions de passifs, qui résultent des activités courantes de l'entité. Les produits sont généralement générés par la vente de biens, la prestation de services ou l'utilisation de certaines ressources de l'entité par des tiers moyennant un loyer, des intérêts, des redevances ou des dividendes. En outre, une part importante des produits de nombreux organismes sans but lucratif se présentent sous la forme de dons, de subventions gouvernementales et autres subventions.

Charges

.38 Les charges sont les diminutions des ressources économiques, sous forme de sorties ou de diminutions d'actifs ou de constitutions de passifs, qui résultent des activités courantes menées par l'entité en vue de la génération de produits ou de la prestation de services.

Gains

.39 Les gains sont les augmentations des capitaux propres (ou de l'actif net) provenant d'opérations ou de faits périphériques ou accessoires et de l'ensemble des autres opérations, faits et circonstances qui ont un effet sur l'entité, à l'exception des augmentations résultant des produits ou des apports de capitaux propres (ou d'éléments de l'actif net).

Pertes

.40 Les pertes sont les diminutions des capitaux propres (ou de l'actif net) provenant d'opérations et de faits périphériques ou accessoires et de l'ensemble des autres opérations, faits et circonstances qui ont un effet sur l'entité, à l'exception des diminutions résultant des charges ou des distributions de capitaux propres (ou d'éléments de l'actif net).

Manuel de l'ICCA, chapitre 1000, Toronto, Institut Canadien des Comptables Agréés, version en vigueur en mars 1991, paragraphes .25 à .40. Reproduction autorisée par l'ICCA, Toronto, Canada.

Dans le chapitre 1500 du *Manuel de l'ICCA*, on spécifie les normes générales de présentation des états financiers. Vous remarquerez que dans ce chapitre, comme dans le reste du manuel, les « recommandations » ont été mises en italique afin qu'elles soient bien distinctes des commentaires d'ordre général.

COMPTABILITÉ GÉNÉRALE — CHAPITRE 1500

Normes générales de présentation des états financiers

.01 Les états financiers visent essentiellement à communiquer des renseignements. Si la réalisation de cet objectif dépend pour une part de l'application judicieuse des principes comptables et de l'intelligence du lecteur, elle est liée aussi à la présentation suffisante des faits.

.02 La présentation des faits doit toujours procéder d'un jugement éclairé, s'inspirer des normes de présentation établies par la profession et respecter les dispositions législatives. Elle doit aussi tenir compte de l'originalité des situations et de l'évolution des exigences des propriétaires, des bailleurs de fonds, des pouvoirs publics et de la société en général.

.03 Les états financiers se composent normalement du bilan, de l'état des résultats, de l'état des bénéfices non répartis et de l'état de l'évolution de la situation financière. Les notes et les tableaux auxquels les états financiers renvoient en sont parties intégrantes, mais cela n'est pas le cas pour les renseignements que l'on donne ailleurs dans le rapport annuel, dans le prospectus ou dans tout autre document que l'on joint aux états financiers ou que l'on soumet avec eux.

.04 Les notes et les tableaux auxquels les états financiers renvoient servent à en expliquer les postes. Ces notes et ces tableaux ont la même importance que les renseignements et explications présentés dans le corps même des états financiers, mais ils ne doivent pas se substituer pour autant à la bonne comptabilité. Les renseignements qu'ils renferment doivent se conformer au traitement comptable dont les postes ont fait l'objet. Tout poste qui est complété par une note ou par un tableau doit renvoyer expressément à cette note ou à ce tableau.

.05 *On doit donner dans les états financiers, et dans les notes et les tableaux auxquels ils renvoient, tout renseignement qu'exige la présentation fidèle de la situation financière, de son évolution et des résultats d'exploitation.* (Voir également le paragraphe .04 du chapitre 5400, Rapport du vérificateur : le rapport type.)[SEPT. 1974]

.06 *Si l'on adopte un traitement comptable ou un mode de présentation aux états financiers qui s'éloignent des recommandations du Manuel, il faut les expliquer dans une note aux états financiers en indiquant également les motifs de la dérogation.* Il est impossible d'énoncer des règles si générales qu'elles puissent convenir à tous les cas ; c'est le jugement du praticien qui décide en définitive de la bonne présentation d'une situation donnée aux états financiers ou de la bonne pratique à suivre dans un cas donné. Toutefois, vu l'adoption quasi universelle des recommandations du comité, les lecteurs d'états financiers ont le droit de supposer que les pratiques recommandées ont été suivies, à moins qu'une dérogation ne soit mentionnée. Pour mentionner convenablement une dérogation, il faudrait, en règle générale, indiquer quel en est l'effet sur les états financiers sauf si, dans un cas particulier, la pratique recommandée ne convient pas. (NOV. 1969)

.07 Les recommandations qui suivent se bornent à exposer de manière générale les normes de présentation des états financiers. Les recommandations visant la présentation de chacun des postes se trouvent dans la partie intitulée COMPTABILITÉ — POSTES PARTICULIERS.

.08 *La disposition, la terminologie et le groupement des postes doivent permettre de saisir d'emblée les renseignements essentiels. Les comptes d'importance secondaire doivent être incorporés aux postes dont la nature s'en rapproche le plus.* Pour faciliter la lecture, il est bon d'arrondir les chiffres au dollar ou au millier de dollars près, selon l'ordre de grandeur.

.09 *Lorsque le sens peut y gagner, les états financiers doivent être présentés de manière comparative, en reproduisant les chiffres correspondants de l'exercice précédent. (JANV. 1969*)*

(Le paragraphe 1500.10 a été supprimé.)

.11 *Si la base des éléments d'actif n'est pas évidente, elle doit être indiquée explicitement.* L'expression « valeur comptable » ne suffit pas à décrire la base d'évaluation.

.12 *Les états financiers doivent indiquer la nature et, dans la mesure du possible, la valeur comptable de tout élément d'actif affecté à la garantie d'une dette.*

---

* Formulation modifiée en décembre 1980.

Manuel de l'ICCA, chapitre 1500, Toronto, Institut Canadien des Comptables Agréés, version en vigueur en mars 1991, paragraphes .01 à .12. Reproduction autorisée par l'ICCA, Toronto, Canada.

5.5   VALORISATION ET MESURE DU BILAN

Vous connaissez déjà la présentation de base du bilan et ses principales divisions : l'actif, le passif et les capitaux propres. À la section 2.6 du chapitre 2, nous avons soulevé la question suivante : quelles valeurs faut-il attribuer aux éléments d'actif et aux éléments de passif du bilan ? Nous allons reprendre ici cette question à la fois complexe et controversée. Vous serez sans doute porté, par intuition, à dire qu'il faut attribuer à ces éléments la valeur qu'ils ont. Mais qu'est-ce que cela signifie ? Il existe cinq méthodes courantes pour mesurer l'actif et le passif : le coût d'origine, le coût d'origine indexé, la valeur actuelle ou la valeur marchande, la valeur d'usage ou la valeur de liquidation. Tout en lisant ci-dessous la description de chacune de ces méthodes, pensez à celle qui vous semble appropriée et dans quelles circonstances elle l'est. Ou, encore, devrait-on permettre l'utilisation de chacune d'entre elles, quelles que soient les circonstances ?

Le coût d'origine

Selon la méthode du coût d'origine, aussi appelé *coût d'acquisition*, on attribue à un élément d'actif la valeur du montant versé ou promis pour acquérir ce bien, et on attribue aux éléments de passif le montant des obligations qui y sont associées. On peut généralement connaître ces montants en se référant aux documents établis lors des opérations, tels que les factures, les reçus ou les contrats. Il est généralement commode de se fier à ces pièces justificatives ; c'est pourquoi le coût d'origine constitue la méthode de valorisation la plus utilisée pour la plupart des éléments d'actif et de passif. En outre, une entreprise achète rarement des biens ou supporte difficilement des obligations pour un montant supérieur à la valeur qu'elle attribue à ces biens ou à ces obligations. Si vous pensez qu'un bien vous procurera une capacité de production de 10 000 $, vous ne paierez pas ou vous ne contracterez pas d'obligations pour plus de 10 000 $ afin de l'acquérir. Selon cette méthode, lors de l'acquisition, c'est la valeur la plus faible, ou la plus prudente, des avantages futurs escomptés qui doit être attribuée à l'actif. Dans la plupart des cas, les PCGR supposent l'utilisation du coût d'origine.

Il est important de noter d'autres points concernant cette méthode.

- Si la valeur marchande d'un actif tombe au-dessous de son coût d'origine, il faut rajuster à la baisse sa valeur pour l'accorder à la valeur marchande.

- Dans la plupart des cas, à la date d'acquisition, le coût d'origine est égal à la valeur marchande, elle-même égale à la valeur d'usage. Nous posons l'hypothèse que des personnes rationnelles n'accepteront pas de payer un actif plus cher que ce qu'il leur procurera dans le futur et que, en général, cette valeur d'usage tend à déterminer la valeur marchande du bien.

- La plupart des critiques formulées à l'égard du coût d'origine portent sur les questions de temps. Le fait qu'un terrain ait été acheté au prix de 50 000 $ il y a dix ans ne signifie pas grand-chose aujourd'hui. Le terrain vaut-il 200 000 $ ou 100 $? La méthode du coût d'origine n'apporte pas de réponse à cette question.

- L'état des résultats et certains comptes connexes du bilan, comme l'amortissement cumulé ou les charges payées d'avance, concernent plus l'évaluation du bénéfice que la valorisation de l'actif ou du passif du bilan. Ainsi, du fait qu'on utilise le coût d'origine, plusieurs éléments d'actif du bilan, et en particulier les éléments les moins liquides, sont valorisés davantage comme des éléments « dont le coût sera déduit des produits dans le futur » ou comme des « coûts non absorbés ». Quoique ces résultats concordent avec la mesure du bénéfice et avec le principe de continuité, certains experts-comptables s'y opposent parce qu'ils pensent que la valeur attribuée aux éléments d'actif ne devrait pas représenter seulement les coûts non absorbés. Selon eux, ils devraient représenter une valeur plus actuelle en comprenant les coûts actuels.

Les discussions portant sur la valorisation de l'actif au moyen du coût d'origine ont amené les théoriciens à élaborer d'autres méthodes de valorisation de l'actif et du passif. Nous vous présentons ci-dessous les méthodes les plus courantes.

Le coût d'origine indexé

D'après la méthode du coût d'origine indexé, les chiffres sont ajustés pour tenir compte des variations de valeur ou de pouvoir d'achat du dollar (l'unité de mesure), plutôt que pour refléter les variations de la valeur d'un bien particulier. Les valeurs établies au coût d'origine de l'actif et du passif sont indexées en fonction des variations de la valeur du dollar (par l'utilisation des indices généraux, comme l'indice des prix à la consommation) depuis que les biens ont été acquis ou que les obligations ont été contractées. Cette idée intéressante, avancée au début du siècle et utilisée par certaines sociétés (par exemple, le géant de l'électronique Philips aux Pays-Bas) et certains pays (le Brésil fut le premier), n'a pas suscité beaucoup d'intérêt en Amérique du Nord. Le problème peut être présenté de la façon suivante : si le coût d'origine n'est pas satisfaisant lorsqu'on le compare à la valeur actuelle, le fait de l'ajuster pour tenir compte de l'inflation n'améliore pas les choses et les complique même.

La valeur actuelle ou la valeur marchande

Selon la méthode de la valeur actuelle ou de la valeur marchande, on inscrit chaque élément d'actif ou de passif à sa valeur marchande propre. Cette méthode met l'accent sur les valeurs particulières des éléments du bilan et non sur la valeur de l'argent, comme le fait la comptabilité indexée. On suppose que cette « valeur » est déterminée par le marché et que le bénéfice doit être mesuré en fonction des variations des valeurs marchandes dans le temps. Ce raisonnement s'appuie sur le fait que, par exemple, si votre maison vaut plus aujourd'hui qu'hier, vous avez aujourd'hui gagné de l'argent grâce à cette maison, même si vous ne l'avez pas vendue. Inversement, si elle a perdu de la valeur, vous avez perdu de l'argent. Cette méthode a fait couler beaucoup d'encre et a été expérimentée aux États-Unis comme au Canada. Toutefois, il semble peu probable qu'elle supplante le coût d'origine, bien qu'elle soit théoriquement plus acceptable du point de vue de l'économie ou de la finance.

La comptabilité à la valeur actuelle peut s'appuyer sur différentes valeurs d'entrée ou de sortie, ou un mélange des deux :

a) *La valeur marchande d'entrée*, ou prix d'entrée, fait référence au montant qu'il en coûterait à une entreprise pour se procurer un nouveau bien. On évalue généralement cette valeur en calculant le coût de remplacement qu'il faudrait engager pour racheter ce bien ou le coût de reconstitution qu'il faudrait engager pour le reconstruire. On applique le même raisonnement pour évaluer le passif, en supposant son refinancement.

b) *La valeur marchande de sortie*, ou prix de sortie, est le montant qu'on obtiendrait en vendant un élément d'actif aujourd'hui (soit sa valeur de réalisation nette) ou le montant qu'il faudrait débourser dès maintenant pour rembourser un élément de passif ; ces montants sont habituellement estimés selon des valeurs cotées, des évaluations ou d'autres estimations similaires.

La valeur d'usage

Selon cette méthode, la valeur est définie d'après la façon dont la société utilisera le bien pour engendrer des flux de trésorerie : encaisse provenant des produits nets de charges. On estime habituellement la valeur d'usage en calculant la « valeur actuelle » des flux de trésorerie futurs que le bien devrait apporter et, le cas échéant, des économies, des sorties de fonds, qui ne seront pas nécessaires. Par exemple, on peut évaluer une machine en fonction des stocks qu'elle permettra de fabriquer et de vendre. Les théories les plus récentes en finance et en comptabilité de gestion s'appuient sur la valeur d'usage (mesurée à partir de la valeur actuelle nette). Selon ces théories, cette méthode est la plus appropriée pour les décisions de gestion concernant l'acquisition et le financement de biens. De plus, la valeur d'usage sert de base à la valeur marchande. Cependant, cette méthode est peu employée pour produire de l'information financière.

La valeur de liquidation

La valeur de liquidation ressemble à la valeur marchande de sortie, mais elle suppose que l'entreprise cesse ses activités et liquide son actif. Elle correspond à la valeur que les éléments d'actif rapporteraient s'ils étaient vendus et au montant qu'il faudrait débourser pour régler le passif, s'il y avait dissolution de l'entreprise. On l'utilise quand la continuité de l'exploitation de la société devient incertaine et que sa viabilité semble menacée.

Il faut se rappeler que le lecteur d'états financiers établis au coût d'origine présume de la continuité de l'exploitation de la société. Cette présomption de la continuité de l'exploitation constitue un principe important de la comptabilité générale mais, chaque année, elle se révèle trompeuse parce que certaines sociétés font faillite alors qu'on ne s'y attendait pas. Cela nous indique que l'exercice du jugement est nécessaire pour choisir la base de valorisation des éléments du bilan. Le fait de juger que la continuité de l'exploitation d'une société est assurée et que, dans ce cas, l'utilisation du coût d'origine est justifiée peut se révéler être une erreur si la société fait faillite. D'autre part, émettre un jugement qui met en doute la continuité de l'exploitation peut semer la panique auprès des créanciers et des investisseurs, et déclencher une faillite dont personne ne veut.

Voici ce que l'on trouve dans le chapitre 1000 du *Manuel de l'ICCA* au sujet de la valorisation au coût d'origine et des autres méthodes de mesure et de valorisation.

COMPTABILITÉ GÉNÉRALE — CHAPITRE 1000

Fondements conceptuels des états financiers

MESURE

.53 La mesure est l'opération qui consiste à déterminer la valeur à laquelle un élément sera constaté dans les états financiers. Il existe un certain nombre de bases de mesure. Toutefois, les états financiers sont surtout établis sur la base du coût historique, c'est-à-dire que les opérations et les faits sont constatés dans les états financiers au montant des liquidités versées ou reçues, ou à la juste valeur qui leur a été attribuée lorsqu'ils sont intervenus.

.54 D'autres bases de mesure sont utilisées, mais seulement dans de rares circonstances. Certaines de ces bases de mesure sont les suivantes:

a) Coût de remplacement: montant qui serait nécessaire aujourd'hui pour acquérir un actif équivalent. Cette base de mesure peut être utilisée, par exemple, lorsque les stocks sont évalués au moindre du coût historique et du coût de remplacement.

b) Valeur de réalisation: montant correspondant au prix qui pourrait être tiré de la vente d'un actif. Cette base de mesure peut servir, par exemple, à évaluer les placements temporaires et les placements de portefeuille. La valeur marchande peut servir à estimer la valeur de réalisation lorsqu'il existe un marché pour l'actif considéré.

c) Valeur actualisée: valeur actualisée des rentrées de fonds futures que procurera vraisemblablement un actif ou qui seront vraisemblablement requises pour le règlement d'un passif. Cette base de mesure est utilisée, par exemple, pour estimer le coût des obligations découlant des régimes de retraite.

.55 Aux fins de l'établissement des états financiers, la préservation des capitaux propres est mesurée en numéraire, et aucun ajustement n'est effectué pour tenir compte de l'incidence sur les capitaux propres des variations du pouvoir d'achat général de la monnaie au cours de la période visée.

.56 La notion de préservation du patrimoine adoptée par les entreprises à but lucratif aux fins de la préparation de leurs états financiers a également une incidence sur la mesure, étant donné que, sur le plan économique, un bénéfice est réalisé uniquement à compter du moment où le patrimoine de l'entité est préservé. Ainsi, le bénéfice représente la différence entre le montant des capitaux propres en fin d'exercice et le montant des capitaux propres en début d'exercice, à l'exclusion des effets des apports et des distributions de capitaux propres.

.57 La préservation de la capacité de prestation de services*, qui dans le cas des organismes sans but lucratif serait de manière générale une notion plus appropriée que la notion de préservation du patrimoine, ne peut actuellement être mesurée en numéraire.

.58 Les états financiers sont fondés sur l'hypothèse de la continuité de l'exploitation de l'entité, c'est-à-dire sur l'hypothèse que celle-ci

---

* La capacité de prestation de services a trait tant à la qualité des services fournis qu'à l'efficience de leur prestation.

poursuivra ses activités dans un avenir prévisible et sera en mesure de réaliser ses actifs et de s'acquitter de ses dettes dans le cours normal de ses activités. Diverses bases de mesure peuvent être appropriées dans les cas où il est vraisemblable que l'entreprise ne continuera pas d'être exploitée dans un avenir prévisible.

Manuel de l'ICCA, chapitre 1000, Toronto, Institut Canadien des Comptables Agréés, version en vigueur en mars 1991, paragraphes .53 à .58. Reproduction autorisée par l'ICCA, Toronto, Canada.

La controverse entourant la valorisation des éléments du bilan continue, en raison d'une préoccupation d'utilité dans la prise de décisions, d'une part, et, d'autre part, parce que l'on se demande si les valeurs établies au coût d'origine ne sont pas moins profitables que celles qui sont davantage orientées vers le futur. Conduiriez-vous votre automobile en regardant uniquement dans le rétroviseur? Le problème, c'est que le coût d'origine produit des états financiers trop figés dans le temps, alors que la projection dans l'avenir est tout aussi importante lors de la prise de décisions.

La valorisation et la mesure demeurent des éléments importants tout au long de cet ouvrage. Pour le moment, vous devez savoir que la valorisation de l'actif et du passif est toujours une question controversée. Pour l'actif, le problème est de savoir si les valeurs marchandes sont meilleures que le coût d'origine, au moins dans certains cas, comme celui des banques et des institutions financières semblables. Pour le passif, le problème est de savoir si les obligations dues dans un avenir lointain, comme les obligations découlant des régimes de retraite, devraient être évaluées à la « valeur actualisée » des paiements futurs probables plutôt que selon le flux estimatif lui-même, comme on le fait à l'heure actuelle[3].

5.6 NOTES ET AUTRES SUPPLÉMENTS D'INFORMATION

Comme vous le savez, les quatre états financiers ne sont pas suffisants pour transmettre toute l'information dont ont besoin les utilisateurs. Par conséquent, les PCGR prévoient l'adjonction de diverses données aux états financiers sous forme narrative et sous forme de tableaux. Les sociétés peuvent ajouter d'autres informations si elles le désirent, mais les PCGR exigent ce minimum. Certains ajouts sont suffisamment importants pour qu'on les considère comme faisant partie intégrante des états financiers et qu'ils soient couverts par le rapport du vérificateur (voir le point 1 de la liste ci-dessous).

Voici le résumé de l'information habituellement transmise dans les notes complémentaires et dans les suppléments d'information, dont certains éléments figurent à la section 4.2 du chapitre 4, dans nos explications concernant le rapport annuel.

1. L'information normalement requise par les normes faisant autorité :

   a) Une description des principales conventions comptables de la société, nécessaires pour interpréter les états financiers.

b) Des détails explicatifs sur les postes des états financiers qui l'exigent, habituellement les montants des amortissements, des dettes à long terme, du capital-actions, des obligations découlant des régimes de retraite et de tout compte dont le calcul est inhabituel ou très important pour la société en question.

c) Des renseignements portant sur des aspects qui ne sont pas inclus dans les montants présentés, comme les dettes éventuelles, les engagements contractuels, les poursuites judiciaires, les liens avec des sociétés affiliées ou les apparentés, les événements importants survenus après la date officielle du bilan, par exemple un incendie majeur.

d) L'analyse des produits et des contributions au bénéfice de chaque gamme de produits importante ou des secteurs géographiques de la société (par exemple, le Canada et les États-Unis, ou la bière et les équipes sportives).

2. Les quasi-PCGR, spécialement pour les grandes sociétés :

a) Les chiffres comparatifs du bilan et des résultats couvrant au moins cinq exercices et parfois dix. Si une société change une importante convention comptable, elle doit modifier rétrospectivement ses outils d'analyse pour que les chiffres des exercices passés puissent être comparés.

b) Une explication des responsabilités incombant respectivement à la direction et aux vérificateurs externes en matière d'information financière, et de la responsabilité de la direction en matière de gestion des biens de la société.

c) Des « commentaires et une analyse » de la direction portant sur les décisions et les résultats de l'exercice.

3. Les présentations laissées à la discrétion de la société :

a) Des graphiques et autres illustrations supplémentaires.

b) Des détails sur les contrats de travail, les caractéristiques des produits, les politiques commerciales, les dons, les objectifs de l'entreprise et d'autres détails du même genre.

c) Des listes des filiales et des sociétés affiliées, des membres de la haute direction et des adresses commerciales.

d) Des rapports sur le contrôle de la pollution, les relations de travail, le commerce avec des pays impopulaires, ainsi que d'autres renseignements sur des sujets épineux.

Il ne faut pas oublier que le rapport du vérificateur fait partie intégrante du jeu d'états financiers et qu'il convient de le lire attentivement. Il faut se montrer très circonspect quand on a affaire à des états financiers qui *ne sont pas* accompagnés d'un rapport indiquant qu'ils ont été approuvés par des vérificateurs. Lorsque l'ensemble des informations fournies inclut d'autres éléments que les états financiers, le vérificateur précisera aussi dans son rapport les éléments ayant fait l'objet de sa vérification.

OÙ EN ÊTES-VOUS ? Voici deux questions auxquelles vous devriez pouvoir répondre à partir de ce que vous venez de lire :

1. Le propriétaire de la société Industries Salois ltée est mécontent des limites que lui impose la comptabilisation de l'actif et du passif au coût d'origine. Renseignez le propriétaire sur les autres méthodes de valorisation ou de mesure qu'il pourrait utiliser en précisant les avantages de chacune d'elles par rapport à la méthode du coût d'origine.

2. La société a embauché un concepteur graphique pour améliorer l'aspect visuel de son rapport financier. En a-t-elle le droit ?

5.7 APPLICATION DES PRINCIPES COMPTABLES GÉNÉRALEMENT RECONNUS

C'est très bien de connaître l'existence des PCGR, mais comment sait-on quand et comment les appliquer ? Cela exige une connaissance approfondie du monde complexe des affaires, des gouvernements ainsi que de la comptabilité. Fondamentalement, vous devez connaître les PCGR qui concernent le genre d'entreprise ou l'élément des états financiers qui vous intéresse. Vous devez donc prendre connaissance d'un bon nombre de normes et de textes, consulter d'autres sources de références sur les PCGR, et posséder une solide expérience quant à la coordination de tous ces éléments. En étudiant les différents états financiers, vous avez déjà vu quelques PCGR, et vous en découvrirez d'autres aspects dans la suite de cet ouvrage. Vous devriez ainsi acquérir l'expérience qui vous permettra d'interpréter des états financiers que vous aurez l'occasion d'examiner et de travailler avec les gestionnaires, les investisseurs, les experts-comptables et les autres groupes intéressés par les états financiers.

Dans cette perspective, vous trouverez des exemples d'application des PCGR à des problèmes comptables particuliers dans les sections suivantes. Dans la section 5.8, nous verrons comment établir le coût d'un élément d'actif, ce qui vous aidera à comprendre la façon dont les experts-comptables s'y prennent pour calculer les chiffres au coût d'origine qui apparaissent dans le bilan. Dans la section 5.9, nous envisagerons certains détails concernant la présentation des états des résultats et des bénéfices non répartis, afin d'illustrer comment les PCGR sont élaborés et d'approfondir les connaissances que vous possédez déjà sur ces deux états financiers. Dans l'annexe A — que vous trouverez après le cas à suivre —, nous verrons en détail comment les PCGR s'appliquent au phénomène actuel de regroupements d'entreprises : soit la comptabilisation des regroupements. Cette annexe a été incluse parce que la plupart des états financiers que vous examinerez, en particulier ceux des plus grandes entreprises, sont en fait des états financiers de regroupements de sociétés. Si vous voulez les interpréter de façon intelligente, vous devez savoir comment ils ont été préparés.

5.8   COÛT D'UN BIEN : LES COMPOSANTES DE BASE

Le postulat de la méthode de valorisation au coût historique est l'utilisation du coût d'acquisition d'un élément d'actif pour le présenter dans le bilan. Apparemment, cette méthode est simple. Vous achetez un camion 25 000 $ et vous l'inscrivez à ce prix dans le bilan. Toutefois, il peut y avoir des éléments d'actif dont le coût n'est pas seulement celui qui figure sur la facture ou le coût direct. Par exemple, vous achetez un ordinateur et le matériel seul coûte 50 000 $. Néanmoins, pour que l'entreprise puisse l'utiliser, elle doit satisfaire à certaines conditions environnementales : contrôle de la température ambiante, plancher surélevé afin de permettre l'installation des fils et système d'extinction automatique d'incendie. Il faut, par conséquent, que l'entreprise aménage une pièce pour répondre à ces spécifications.

Ces coûts, appelés *coûts d'installation*, constituent un bon exemple des dépenses comprises dans le coût du bien. Ce « coût » inclut tous les frais requis pour *préparer le bien en vue de son utilisation*. Il est parfois difficile à déterminer. Par exemple, supposons qu'une entreprise construise un nouvel équipement de production en utilisant la main-d'œuvre et les ressources dont elle dispose. Le coût d'un bien de ce genre, qu'une entreprise construit pour son propre usage plutôt que de l'acheter tout fait, doit inclure évidemment le coût des matières premières et de la main-d'œuvre requises pour la fabrication. Mais faut-il inclure aussi le coût des services de la dette servant à financer le projet ? Vous ne savez pas ? Ne vous inquiétez pas : personne n'est d'accord sur ce point. C'est une question de jugement et cela dépend de la situation. On inclut parfois les intérêts dans le coût des biens de ce genre, mais la plupart du temps ils n'en font pas partie.

La détermination du coût des stocks est aussi difficile. Évidemment, dans le cas de marchandises achetées, c'est très simple. On utilise, à la base, le coût qui figure sur la facture, plus les frais de transport, d'entreposage et de manutention. Quant aux produits fabriqués, il faut prendre certaines décisions. Comme dans le cas des éléments d'actif construits par l'entreprise, on y inclut habituellement le coût des matières premières et de la main-d'œuvre directe. Qu'en est-il des charges indirectes ? Les charges indirectes sont les frais reliés indirectement au processus de production, tels que les salaires des comptables et des contremaîtres, les frais d'entretien du bâtiment, y compris l'électricité, le loyer, l'amortissement et l'assurance. Lesquels de ces frais doivent être inclus dans le coût du stock et, le cas échéant, comment faut-il les répartir sur chaque unité produite ?

Ces problèmes relèvent du domaine de la comptabilité de gestion, qui étudie plus en profondeur le **prix de revient du stock**. Il existe diverses méthodes de valorisation, telles que la *méthode du coût de revient par commande*, la *méthode du coût de revient en production uniforme et continue*, la *méthode du coût de revient complet* et la *méthode des coûts variables*. Pour l'instant, retenez seulement qu'il n'y a pas que le coût de la matière première qui entre dans le coût des stocks produits.

En résumé, les composantes du coût d'un bien comprennent tous les frais qui sont nécessaires pour assurer son utilisation, qu'il s'agisse de rendre l'ordinateur opérationnel pour le traitement des données, ou de faire en sorte que les marchandises soient prêtes à la vente. Dans le tableau ci-dessous, nous énumérons les composantes courantes du coût d'un bien.

Composantes courantes du coût d'un bien

A. Stock
— Matières premières;
— Main-d'œuvre;
— Coûts d'entreposage;
— Coûts de manutention avant la vente;
— Coûts indirects de production tels que le chauffage, l'électricité et les salaires des contremaîtres;
— Autres charges indirectes associées à la production des articles en stock.

B. Terrain
— Prix d'achat, y compris les commissions du courtier en immobilier;
— Frais engagés pour libérer le droit de propriété de toute dépendance, comme les frais juridiques et les frais de recherche du titre de propriété;
— Frais de nettoyage, de drainage et d'aménagement paysager.

C. Bâtiment (acheté)
— Prix d'achat;
— Frais de rénovation ou d'amélioration;
— Peinture et décoration initiales.

D. Bâtiment (construit par l'entreprise)
— Matériaux;
— Main-d'œuvre;
— Frais d'excavation, d'arpentage, de conception et de spécifications techniques;
— Frais d'assurance durant la construction;
— Frais de financement, tels que les intérêts sur les fonds empruntés.

E. Matériel acheté
— Prix d'achat, y compris les taxes;
— Frais de transport;
— Frais d'installation;
— Frais de rodage;
— Modifications devant augmenter la durée d'utilisation ou la valeur du bien.

F. Améliorations locatives d'une propriété louée
— Matières premières, main-d'œuvre et autres coûts des améliorations;
— Peinture et décoration initiales des installations louées.

Dans les années qui suivent l'acquisition, la question qui consiste à savoir s'il faut modifier le coût se posera de nouveau lorsqu'il faudra effectuer des réparations. Vous devez vous demander alors si les réparations augmentent la valeur économique, étendent la durée d'utilisation du bien ou servent uniquement à le maintenir en bon état. En d'autres termes, s'agit-il d'une amélioration ou de l'entretien du bien? Une amélioration devrait être « capitalisée » (ajoutée au coût du bien), alors que les frais d'entretien devraient être inclus dans les charges.

◆

5.9   PRÉSENTATION DES ÉTATS DES RÉSULTATS ET DES BÉNÉFICES NON RÉPARTIS

Lorsqu'ils ont conçu la forme que devaient prendre les états des résultats et des bénéfices non répartis, les normalisateurs de la comptabilité ont voulu atteindre les deux objectifs suivants, qui ne sont pas entièrement compatibles.

a) Rendre l'état des résultats aussi complet que possible, afin que tous les résultats soient inclus dans l'état et que le bénéfice ne fasse pas l'objet de manipulations qui laisseraient certains éléments en dehors du calcul du bénéfice et les attribueraient directement aux bénéfices non répartis ou à un autre poste des capitaux propres.

b) Faire en sorte que l'état des résultats présente les résultats de l'exploitation de la période en cours afin que les lecteurs de l'état financier puissent distinguer la part des résultats de l'exploitation courante et celle des faits inhabituels.

Vous trouverez ci-dessous la forme générale sous laquelle se présentent l'état des résultats et l'état des bénéfices non répartis. Toutes les sociétés ne divulguent pas autant de détails, mais vous devriez être en mesure de les obtenir à partir des états financiers et des notes complémentaires. Pour vous aider à vous familiariser avec les éléments qui composent ces états, essayez d'y appliquer les chiffres présentés par une société réelle, puis tentez d'expliquer pourquoi certains éléments ne semblent pas correspondre.

Les normes, comme celles que contient le *Manuel de l'ICCA*, fournissent des définitions détaillées de certains des éléments mentionnés ci-dessous. Ne vous préoccupez pas, pour le moment, de ce genre de détails, et attachez-vous seulement aux rubriques principales, qui sont les suivantes :

a) Les charges et les produits *inhabituels* sont des éléments suffisamment importants pour être traités séparément. Pour le meilleur ou pour le pire, ils reflètent les activités normales de l'entreprise (par exemple, les pertes pour créances irrécouvrables occasionnées par la faillite d'un client ou les redressements effectués par suite de révisions d'estimations comptables comme celle de l'amortissement).

b) Les éléments *extraordinaires* sont des éléments qui ne sont pas typiques des activités normales de l'entreprise, qui ne sont pas censés se répéter fréquemment et qui ne découlent pas fondamentalement de décisions de la direction (comme les pertes résultant d'expropriations de terrains appartenant à la société).

c) Les *effets de l'abandon des activités* (les bénéfices ou les pertes provenant de ces activités avant qu'elles soient abandonnées, plus les gains ou les pertes résultant de leur abandon) s'apparentent à des éléments extraordinaires, sauf qu'ils dépendent de décisions de la direction ; c'est le cas, par exemple, de l'abandon ou de la vente d'un secteur d'activité.

d) Les *redressements affectés aux exercices antérieurs* doivent pouvoir être reliés directement à l'exploitation de certains exercices antérieurs, et ils sont l'œuvre de tiers et non de la direction (comme

État des résultats

Produits — de l'exploitation courante*	X XXX $	
— inhabituels**	X XXX	X XXX $
Charges — de l'exploitation courante*	X XXX	
— inhabituelles**	X XXX	X XXX
Bénéfice avant impôts et éléments extraordinaires		X XXX

Provision relative aux impôts sur les bénéfices des
secteurs d'activité en exploitation :

— due cette année	X XXX	
— due plus tard	X XXX	X XXX

Bénéfice avant éléments non imposables, extraordinaires et abandon d'activités	X XXX
Éléments sans incidence fiscale †	X XXX
Bénéfice après impôts mais avant éléments extraordinaires et abandon d'activités††	X XXX
Éléments extraordinaires, après impôts (chaque élément important** est présenté séparément, net d'impôts et avec mention de son incidence fiscale)	X XXX
Effets des abandons d'activités (également nets d'impôts et avec mention de leur incidence fiscale)**	X XXX
Bénéfice net ††	X XXX $

État des bénéfices non répartis

Solde d'ouverture des bénéfices non répartis (chiffre présenté à la fin de l'exercice précédent et redressé pour tenir compte des effets rétroactifs nets d'impôts, de toute modification de convention comptable** ou de correction d'erreurs**)	X XXX
Redressements affectés aux exercices antérieurs, nets d'impôts (chaque élément important** est présenté séparément, avec déduction et mention de son incidence fiscale)	X XXX
Solde d'ouverture redressé des bénéfices non répartis	X XXX
Bénéfice net, tiré de l'état des résultats	X XXX
Moins : Dividendes déclarés	(X XXX)
Solde de clôture des bénéfices non répartis	X XXX $

* Les produits et les charges de l'exploitation courante incorporent les effets rétroactifs des révisions d'estimations comptables, à moins qu'ils ne soient suffisamment importants pour être traités séparément en tant qu'éléments « inhabituels ».

** Tous les éléments importants sont décrits dans les notes complémentaires, si c'est nécessaire.

† Les éléments sans incidence fiscale comprennent différentes sortes de transferts entre sociétés dont les bénéfices ont déjà été imposés et certains autres éléments déterminés par les lois fiscales.

†† Ces montants de bénéfice sont convertis en bénéfices par action.

le règlement définitif d'une question d'impôts sur les bénéfices ou le règlement d'un litige intenté dans un exercice précédent).

e) Les *corrections d'erreurs* sont les corrections apportées aux éléments qui ont fait l'objet d'erreurs comptables commises dans le passé mais découvertes durant l'exercice en cours.

f) Les *modifications de conventions comptables* comprennent les effets rétroactifs de toute modification de conventions comptables décidée au cours de l'exercice (comme un changement dans la façon de calculer le chiffre du stock présenté dans le bilan).

5.10   GESTIONNAIRES ET NORMES COMPTABLES

Les gestionnaires peuvent avoir divers motifs de s'intéresser aux normes comptables. Voici d'abord les aspects positifs des normes : (1) elles peuvent faire en sorte que le rendement des gestionnaires soit présenté plus clairement ; (2) elles devraient rendre plus faciles les comparaisons avec d'autres sociétés ; (3) elles devraient réduire les coûts de la comptabilité parce que chaque société n'a pas à élaborer et à créer ses propres méthodes comptables ; et (4) elles devraient renforcer la crédibilité de l'entreprise aux yeux des utilisateurs des états financiers en général. Voici maintenant les aspects négatifs des normes : (1) elles peuvent recommander expressément l'utilisation de méthodes générales qui s'appliquent moins bien à certaines entreprises dans des situations données ou qui faussent leurs résultats ; (2) elles facilitent la comparaison avec d'autres entreprises, ce qui peut ne pas plaire à tous les gestionnaires ; (3) le respect de certaines normes complexes peut être fort coûteux pour les entreprises ; et (4) l'introduction de nouvelles normes peut entraîner des difficultés en ce qui concerne l'application des clauses des contrats d'emprunts, les régimes de rémunération des dirigeants ou les ententes s'appuyant sur des informations comptables qui ont été conclues avant la mise en vigueur de ces nouvelles normes.

Des raisons de ce genre font qu'il n'est pas surprenant que la haute direction de nombreuses entreprises (et les cabinets d'experts-comptables qui ont ces entreprises comme clients) prenne les normes comptables très au sérieux. Beaucoup de sociétés tentent d'influer sur les normes comptables en faisant pression sur les normalisateurs tels que l'ICCA et le FASB, sur les commissions des valeurs mobilières et sur les autres organismes gouvernementaux en effectuant leurs propres études sur les incidences des normes proposées, en recherchant les cabinets d'experts-comptables qui les aideront à éviter les effets négatifs qu'ils redoutent et, parfois même, en intentant des poursuites[4].

5.11   RECHERCHE COMPTABLE : JUGEMENT PROFESSIONNEL ET NORMES

Les extraits suivants sont tirés d'une étude intitulée *Jugement professionnel et information financière,* dans laquelle on précise le lien existant entre le jugement professionnel des préparateurs et des vérificateurs et les états financiers préparés selon les normes comptables[5].

Le jugement professionnel qu'exercent ceux qui préparent et vérifient les données comptables constitue le fondement même de l'information financière. Sans la souplesse et la compréhension que procure le jugement professionnel, le système complexe des procédés, normes et règles de comptabilité générale serait lourd, froid, détaché de la réalité : bref, inutilisable. La présentation de l'information financière, au Canada comme à l'étranger, repose sur le jugement professionnel exercé à de nombreux niveaux, dans des circonstances variées, et par diverses personnes compétentes et expérimentées. Le jugement professionnel constitue un élément essentiel de la présentation de l'information financière. C'est le premier grand thème de la présente monographie.

L'information publiée est en grande partie numérique, elle présente un caractère factuel et objectif, et repose sur des procédés comptables appliqués de façon systématique. Pourtant, les messages ainsi véhiculés sont formulés, et souvent peut-être même déterminés, au terme d'un jugement professionnel approfondi. Voilà l'un des paradoxes de la comptabilité générale. La plupart des états financiers sont le fruit de nombreux jugements posés par de nombreuses personnes. Faisons une analogie avec le base-ball. Les auteurs et les vérificateurs des états financiers, aussi désireux qu'ils soient de demeurer objectifs, sont encore comme l'arbitre du troisième coussin qui, appelé à juger de la qualité d'un lancer, déclare : « L'arbitre posté au premier coussin dit : "Mon jugement est basé sur ce qui est", tandis que l'arbitre du second coussin dit : "Mon jugement dépend de ce que je vois." Quant à moi, arbitre du troisième coussin, je dis que c'est mon jugement qui est décisif. » Dans la présente monographie comme dans d'autres recherches, on constate que deux comptables d'expérience peuvent fort bien émettre des jugements différents dans une situation identique et à partir des mêmes renseignements, ce qui peut donner lieu à des résultats comptables différents sur ces résultats. Nous en arrivons au second grand thème de l'étude : pour comprendre l'information financière publiée, il est essentiel de comprendre le rôle et l'incidence du jugement professionnel.

Les auteurs de cette étude ont tiré plusieurs conclusions à partir de l'examen du lien unissant le jugement professionnel et les normes professionnelles, dont les suivantes :

1. La relation entre jugement et normes professionnelles est cruciale pour la compréhension de la valeur et de la qualité du jugement professionnel dans le cadre de la présentation de l'information financière.

2. Les normes sont utiles parce qu'elles permettent de réduire les risques inhérents à la nature imparfaite du jugement humain, de transmettre de façon efficace les solutions de la profession aux problèmes courants en matière de jugement ainsi que de composer avec la subjectivité et la complexité de la comptabilité d'exercice et avec l'évolution de l'environnement.

3. Le jugement professionnel est également important pour assurer un fonctionnement efficace du système des normes. Le jugement est nécessaire pour déterminer l'application particulière des normes générales, procéder aux estimations requises et évaluer l'importance

relative, et ainsi distinguer le fond de la forme. Il est également utile à l'évolution et à l'adaptation des normes en fonction de l'environnement.

4. Les normes ont une incidence sur la nature du jugement professionnel et sur l'établissement des situations où le jugement intervient; elles limitent les choix et précisent les critères applicables, mais elles peuvent à l'occasion être imprécises, conflictuelles sur le plan interne, ou autrement imparfaites.

5. La relation jugement-normes est importante, non seulement pour les préparateurs et les vérificateurs des états financiers, mais également pour les utilisateurs.

Dans le chapitre 5 de la même étude, les auteurs envisagent diverses raisons justifiant l'existence des normes professionnelles, dont la réduction des risque d'erreur de jugement, la présentation des meilleures réflexions sur les solutions, l'augmentation de l'efficacité dans la résolution des problèmes et la prise en considération de la complexité des affaires ainsi que des méthodes par lesquelles la comptabilité d'exercice rend compte de cette complexité.

Dans leur sommaire, les auteurs font les commentaires suivants:

La relation qui existe entre le jugement professionnel et les normes professionnelles est étroite et, dans la plupart des cas, cette relation est bilatérale. Des améliorations apportées aux normes contribueront à l'amélioration du jugement professionnel, et vice versa. Les préparateurs, les vérificateurs et les utilisateurs de l'information comptable ont tous intérêt à ce que cette relation soit efficace.

◆   **5.12   CAS À SUIVRE...**   ◆

Cinquième partie

Données de la cinquième partie
◆ ◆

La préparation du jeu d'états financiers de la société Mado inc., au 31 août 1994, a déjà été expliquée. Nous avons laissé Mado et Thomas au moment où ils préparaient la réunion du conseil d'administration. Ils s'interrogeaient alors sur les mesures à prendre pour tirer d'affaire leur entreprise. En examinant leurs états financiers, Mado et Thomas se sont posé des questions concernant leur comptabilité. Rappelons-nous qu'ils ne sont pas des experts-comptables et qu'ils souhaitent surtout faire prospérer leur entreprise. Voici donc certaines de leurs questions:

a) Devraient-ils embaucher un comptable pour «tenir leurs livres», ce qui les libérerait de cette tâche?

b) Leurs états financiers doivent-ils être préparés conformément aux recommandations du *Manuel de l'ICCA*?

c) Quels sont les éléments de ces états financiers, le cas échéant, qui exigent que des politiques soient établies par les propriétaires-gestionnaires?

◆ ◆ ◆

d) Leur société devrait-elle faire appel à un vérificateur externe ?

Résultats de la cinquième partie
❖❖❖❖❖❖❖❖❖❖❖❖❖❖❖❖❖❖❖❖❖

a) L'engagement d'un comptable est vraiment une question de préférence et d'argent. Si Mado et Thomas ne tiennent pas à faire ce travail qu'ils estiment assez important, et s'ils sont disposés à payer quelqu'un d'autre pour effectuer cette tâche et qu'ils en ont les moyens, ils devraient le faire. Leur nouvel employé devrait être en mesure de répondre à leurs besoins avec l'aide des logiciels dont ils disposent déjà. Cependant, cela ne les dispense pas de leur ultime responsabilité concernant la comptabilité et les états financiers.

b) Non, leurs états financiers ne doivent pas être préparés conformément aux recommandations du *Manuel*. Le *Manuel* est un guide, non une loi. Cependant, Mado inc. est une société constituée en capitaux, et la loi en vertu de laquelle elle est constituée exige que des états financiers annuels soient préparés selon des principes reconnus. La loi peut même contenir une mention précise ou laisser entendre implicitement que le *Manuel* est la source des normes acceptables. Ainsi, certains groupes — comme les banques, les autres investisseurs, les acheteurs éventuels de l'entreprise, l'administration fiscale et les vérificateurs externes — peuvent s'opposer à la présentation d'états financiers qui s'écartent sensiblement des recommandations du *Manuel*.

c) Les états financiers dressés dans les troisième et quatrième parties peuvent poser quelques problèmes de comptabilité :
- Il semble que l'amortissement ait été calculé d'une façon simple. Même si ce n'est pas mauvais, les calculs simples peuvent ne pas donner les montants nécessaires pour évaluer le rendement de ce type d'entreprise en particulier.
- Les inventaires sont élevés. Si les clients sont des détaillants de boutiques sensibles aux variations saisonnières et aux autres changements de la demande, la société pourrait se retrouver avec des articles désuets qui ne sont plus à la mode, et avoir besoin d'adopter une convention comptable pour évaluer ces articles (réduire leur valeur à une estimation de leur valeur marchande).
- Le bilan n'est pas très explicite au sujet du capital-actions autorisé et émis par la société, ni à propos du nombre d'actions et des droits des actionnaires. Ce serait une bonne idée d'inclure une note à cet effet dans les états financiers, c'est ce que suggèrent les PCGR.
- La société peut s'être engagée à acheter diverses marchandises — des marchandises pour une période précise, comme le temps de Noël. Les utilisateurs des états financiers aimeraient peut-être connaître ces engagements.
- La société s'est installée dans des locaux loués et elle a engagé de fortes sommes pour améliorer les lieux. Il pourrait être utile pour les lecteurs des états financiers de disposer de plus de

❖ ❖ ❖

renseignements sur le contrat de location, particulièrement sur les conditions et les privilèges de renouvellement.
- Les utilisateurs des états financiers pourraient désirer en savoir davantage sur l'emprunt effectué auprès du père de Thomas, par exemple pour avoir la confirmation qu'il est remboursable sur demande, ce qui l'apparenterait plus qu'on ne l'aurait cru au prêt bancaire — ou pour connaître le taux d'intérêt qui doit être payé sur cet emprunt, le cas échéant.
- L'état des résultats ne présente pas d'intérêts débiteurs, pourtant il existe un emprunt bancaire important. Il semble qu'il s'agisse soit d'une erreur, soit d'un passif non inscrit. (Ou, encore, peut-être a-t-on payé les intérêts et sont-ils inclus dans les frais d'administration.)
- Il est probable que la banque ait le droit de saisir le stock et les comptes clients pour se faire rembourser son prêt. Ces conditions et les autres garanties données à la banque devraient être mentionnées.
- Il est courant de faire connaître les salaires versés aux administrateurs et aux dirigeants (en d'autres termes, ceux de Mado et de Thomas) sous un poste distinct de celui des autres salaires.

d) Pour le moment, il n'est probablement pas nécessaire pour Mado et Thomas de faire vérifier les états financiers. La vérification est coûteuse. Cependant, ces états doivent être crédibles aux yeux de l'administration fiscale, de leur banque et des autres investisseurs. Mado et Thomas doivent par conséquent tenir leurs registres avec soin et faire appel aux services d'un expert-comptable, à tout le moins pour réviser les états financiers et avoir la confirmation qu'ils ne contiennent pas d'erreurs importantes. L'aide externe peut prendre diverses formes : il peut s'agir d'un simple avis, d'un examen plus approfondi ou d'une vérification complète.

5.13   COMPTABILISATION DES GROUPES DE SOCIÉTÉS

Les entreprises actuelles, surtout les plus grosses, sont souvent des regroupements de sociétés constituées séparément. General Motors, John Labatt, Noranda Mines, Sears, la Banque Royale du Canada et American Express sont des exemples de sociétés qui se composent véritablement de plusieurs sociétés, parfois des centaines. De tels groupes sont unis par le fait qu'ils possèdent des actions de chacune des entités par l'intermédiaire d'au moins une société du groupe, mais d'abord par les relations d'affaires qui sont à la base de la formation du groupe. Vous avez eu l'occasion d'entendre des expressions comme *fusion, prise de contrôle* et *filiale*. Ces expressions sont toutes liées au phénomène de regroupement des sociétés.

La plupart des états financiers inclus dans les rapports annuels sont des états financiers de regroupements de sociétés. La comptabilisation des groupes de sociétés est une composante complexe de la comptabilité générale. C'est pourquoi nous vous en présenterons seulement les principes fondamentaux et certains calculs de base. Cet aspect de la comptabilité est étudié en détail dans les recommandations de l'ICCA et du FASB. Dans les pages qui suivent nous illustrons comment les normes sont appliquées. Nous mettons l'accent, dans les sections 5.15 et 5.16, sur la **consolidation**, soit la comptabilité appliquée aux groupes de sociétés qui sont fortement liées. Au préalable, nous parlerons, à la section 5.14, des sociétés entretenant des relations moins étroites.

5.14 PLACEMENTS INTERSOCIÉTÉS : LES GROUPES DE SOCIÉTÉS ET LES PCGR

De nombreuses sociétés investissent dans d'autres sociétés, constituent des sociétés « filiales » et s'engagent dans des sociétés en participation ou d'autres formes d'entreprises communes, pour créer des groupes de sociétés aux liens plus ou moins étroits. La mention « consolidés » accolée au titre des états financiers vous indique qu'il s'agit d'un regroupement de sociétés plutôt que d'une société unique.

Pour vous familiariser avec la notion de groupes de sociétés et pour décrire comment les PCGR s'appliquent à un domaine de la comptabilité, nous parlerons, dans cette section et dans les deux prochaines, des PCGR relatifs aux groupes de sociétés. Cette section est consacrée aux généralités concernant les placements ; les deux suivantes, à la consolidation.

Placements intersociétés à court terme

Les placements à court terme, qui comprennent les *titres négociables*, servent principalement à faire fructifier temporairement l'excédent d'encaisse. Ils incluent des actions, des obligations, des effets de commerce (comme les effets émis par des sociétés financières), les obligations des gouvernements et les bons du Trésor, ainsi que les dépôts à terme dans les banques. Vous pouvez constater que tous ces titres ne sont pas vraiment des placements intersociétés, étant donné qu'il n'y a peut-être aucune relation d'affaires ni de propriété liant le détenteur du titre à l'émetteur.

Comme ces placements ne sont pas destinés à être conservés à long terme, ni à influer sur les opérations ou les politiques des organismes qui ont émis ces titres, ces placements sont classés dans l'actif à court terme. L'actif à très court terme est habituellement considéré comme faisant partie des liquidités. Les placements sont évalués d'après le moins élevé de leur coût d'achat ou de leur valeur marchande, parce que le lecteur du bilan doit savoir que la valeur présentée dans le bilan n'est pas supérieure au montant que l'on obtiendrait en vendant les placements.

Placements intersociétés à long terme

La comptabilisation des placements intersociétés à long terme dépend de l'*intention* du détenteur des actions et de l'*influence* qu'il exerce sur la société émettrice, ce qui fait référence à la proportion des actions détenues avec droit de vote. Si la proportion est faible, on présume généralement que la société participante ne cherche pas à exercer, ou n'est pas en mesure d'exercer, une influence sensible sur la société émettrice. Si la proportion est forte (suffisante pour assurer la majorité du vote), on présume habituellement que la société participante exerce une influence marquée sur la société émettrice. La société émettrice est appelée alors *filiale* de la société participante.

Trois méthodes de comptabilisation peuvent être utilisées pour les placements dans les sociétés : la méthode de la comptabilisation à la valeur d'acquisition, la méthode de la comptabilisation à la valeur de consolidation et la méthode de la consolidation. Ces trois méthodes sont expliquées ci-dessous.

Méthode de la comptabilisation à la valeur d'acquisition : La méthode de la comptabilisation à la valeur d'acquisition est appliquée lorsque la société participante n'est qu'un investisseur passif qui n'exerce aucune influence sur la société émettrice. Dans le *Manuel de l'ICCA*, on recommande l'utilisation de cette méthode lorsque la société participante détient moins de 20 % des droits de vote de la société émettrice[6].

Selon cette méthode, on évalue le placement à son coût et on le présente dans l'actif à long terme. On ne s'intéresse pas à la valeur marchande parce que le placement n'est nullement destiné à être vendu. Les produits tirés du placement (intérêts s'il s'agit d'obligations, dividendes s'il s'agit d'actions) sont inclus dans les autres produits au moment où ils sont perçus.

Méthode de la comptabilisation à la valeur de consolidation : On utilise la méthode de la comptabilisation à la valeur de consolidation lorsque la société participante exerce une certaine influence, mais ne dispose pas de la majorité des droits de vote (pas plus de 50 % des actions avec droit de vote). On l'utilise également lorsque la société participante a la majorité des droits de vote mais que, pour certaines raisons, il ne convient pas d'appliquer la méthode de la consolidation que nous verrons plus loin[7].

Selon cette méthode, le placement est évalué initialement au coût, puis, en fonction des résultats de la société émettrice, on ajuste la valeur du placement selon la quote-part des bénéfices revenant à la société participante. De plus, cette quote-part est incluse dans les résultats de la société participante. Dans le cas d'un bénéfice, la société participante considère qu'il s'agit d'un accroissement auquel elle a droit, et elle tient donc compte de sa quote-part dans l'augmentation des bénéfices non répartis de la société émettrice. Lorsqu'une partie des bénéfices de la société émettrice est versée sous forme de dividendes, ces derniers ne sont pas considérés, par la société participante, comme un revenu puisque le bénéfice a déjà été ajouté aux résultats. Le montant des dividendes vient plutôt réduire la valeur du placement parce qu'on le considère comme un remboursement d'une partie de l'investissement.

Un placement comptabilisé à la valeur de consolidation doit aussi être ajusté pour tenir compte de l'amortissement de tout « écart d'acquisition » inclus dans le prix d'achat, tout comme dans le cas d'états financiers consolidés (voir les sections 5.15 et 5.16).

Méthode de la consolidation : La méthode de la consolidation est une technique utilisée lorsque la société participante détient le contrôle de la société émettrice, c'est-à-dire lorsqu'elle est en mesure de définir de manière durable, et sans le concours de tiers, la gestion de la société émettrice[7]. Dans ce cas, la société émettrice est une filiale. Nous reprendrons ce thème dans les sections 5.15 et 5.16.

Exemple : la société Guay ltée

Comparons la méthode de la comptabilisation à la valeur d'acquisition et la méthode de la comptabilisation à la valeur de consolidation en prenant comme exemple la société Guay ltée, qui a acquis des placements dans deux autres sociétés le 1er janvier 1994. Les acquisitions sont décrites aux points *a* et *b* ci-dessous ; les faits présentés dans les points *c* à *g* ont eu lieu également au cours de 1994.

   a) Acquisition de 60 000 actions (15 % du droit de vote) de la société A ltée en contrepartie de 1 800 000 $ versés en espèces. Puisque Guay ltée, la société participante, n'exerce aucune influence sur la société émettrice, soit A ltée, la société Guay ltée comptabilise ce placement à sa *valeur d'acquisition*.

   b) Acquisition de 145 000 actions (29 % du droit de vote) de la société B ltée pour 4 640 000 $ versés en espèces. Puisque la société Guay ltée a l'intention de participer à la gestion de la société B ltée, elle comptabilise ce placement à sa *valeur de consolidation*. Dans ce cas, les PCGR exigent de préciser tout « écart d'acquisition » (voir la section 5.15) inclus dans le prix d'achat. On estime que cet écart d'acquisition s'élève à 725 000 $.

   c) Le 30 juin, les deux sociétés émettrices font connaître leur bénéfice par action pour le premier semestre de 1994 : 2 $ l'action pour la société A ltée et 2,10 $ l'action pour la société B ltée.

   d) Le 10 décembre, les deux sociétés émettrices déclarent des dividendes devant être versés le 27 décembre : 1,50 $ l'action pour la société A ltée et 1,60 $ l'action pour la société B ltée.

   e) Le 27 décembre, la société Guay ltée reçoit les dividendes des deux sociétés émettrices.

   f) Le 31 décembre, les deux sociétés émettrices annoncent leur bénéfice par action pour 1994 : 3,40 $ l'action (1,40 $ de plus depuis le 30 juin) dans le cas de la société A ltée et 3,90 $ (1,80 $ de plus depuis le 30 juin) dans le cas de la société B ltée.

   g) Le 31 décembre, la société Guay ltée décide d'adopter une convention comptable visant à amortir l'écart d'acquisition inclus dans le prix d'achat de la société B ltée. Cet écart devra être amorti sur 25 ans. (Selon les PCGR, on est tenu d'amortir l'écart d'acquisition.)

Voici les effets des éléments *a* à *g* sur les états financiers de la société Guay ltée à la fin de l'année 1994 :

Placement dans la société A ltée à la valeur d'acquisition

   a) Le placement à long terme est présenté initialement à son coût d'acquisition de 1 800 000 $ (on réduit l'encaisse du même montant).

   b) Concerne seulement la société B ltée.

   c) À des fins comptables, on ne tient pas compte de l'annonce des bénéfices.

d) On inscrit les revenus de dividendes et les dividendes à recevoir à une valeur de 90 000 $ (60 000 actions — 1,50 $ l'action).

e) On diminue de 90 000 $ les dividendes à recevoir et on augmente l'encaisse des 90 000 $ reçus de la société A ltée.

f) On ne tient pas compte de l'annonce des bénéfices dans la comptabilisation.

g) Concerne uniquement la société B ltée.

Ainsi, au 31 décembre 1994, les résultats sont les suivants :

Placement dans la société A ltée, actif à long terme	1 800 000 $
Revenus de dividendes, probablement sous l'intitulé « Autres produits »	90 000 $

Placement dans la société B ltée à la valeur de consolidation

a) Concerne uniquement la société A ltée.

b) Le placement à long terme est inscrit initialement au coût d'achat de 4 640 000 $ (l'encaisse est diminuée du même montant).

c) À l'annonce des bénéfices, on augmente de 304 500 $ (145 000 actions x 2,10 $ l'action) les revenus de placement et la valeur du placement dans l'actif.

d) On inscrit les dividendes à recevoir et on diminue la valeur du placement dans l'actif de 232 000 $ (145 000 actions x 1,60 $ l'action). On considère donc que le dividende constitue le remboursement d'une partie du placement de la société Guay ltée.

e) À l'encaissement des dividendes de la société B ltée, on diminue les dividendes à recevoir et on augmente l'encaisse de 232 000 $.

f) Au moment de l'annonce des bénéfices, on augmente les revenus de placement et la valeur du placement dans l'actif de 261 000 $ (145 000 actions x 1,80 $ l'action).

g) On inscrit une charge de 29 000 $ (écart d'acquisition de 725 000 $ x 1/25) et on diminue la valeur du placement du même montant, de façon à appliquer la convention comptable relative à l'amortissement de l'écart d'acquisition.

Ainsi, au 31 décembre 1994, les résultats sont les suivants :

Placement dans la société B ltée, actif à long terme (4 640 000 $ + 304 500 $ – 232 000 $ + 261 000 $ – 29 000 $)	4 944 500 $
Revenus de placements, probablement sous l'intitulé « Autres produits » (304 500 $ + 261 000 $ – 29 000 $)	536 500 $

À partir de cet exemple, vous pouvez constater que la méthode de la comptabilisation à la valeur d'acquisition est la plus simple, car elle ne tient compte que des flux de trésorerie. La méthode de la comptabilisation à la valeur de consolidation est plus compliquée parce qu'elle s'efforce de tenir compte de deux concepts additionnels : (1) l'investisseur (société Guay ltée) peut porter à son crédit une partie des bénéfices de la société B ltée parce qu'elle a participé à sa gestion, ce qui a engendré des bénéfices ; et (2) au moment de la déclaration des dividendes, ceux-ci représentent le remboursement d'une partie des bénéfices que la société a déjà portés à son crédit au point (1). Selon la méthode de la comptabilisation à la valeur d'acquisition, le compte de placement reste inchangé. Selon la méthode de la comptabilisation à la valeur de consolidation, le compte de placement est considéré davantage comme une créance à recevoir à long terme : on l'augmente de la quote-part des bénéfices annoncés et on le diminue du montant des dividendes déclarés et versés.

Coentreprises

Les coentreprises ou cosociétés sont le fruit d'un regroupement de sociétés exerçant un contrôle conjoint en vue d'effectuer une exploration (habituellement dans les secteurs du pétrole et du gaz naturel), d'élaborer de nouveaux produits ou de mettre des ressources en commun en vue d'atteindre un objectif particulier.

Les sociétés en participation utilisent la méthode de la *consolidation proportionnelle,* qui consiste à porter la quote-part du coentrepreneur à l'actif et au passif de la société en participation. Nous ne traiterons pas de cette méthode dans cet ouvrage.

OÙ EN ÊTES-VOUS ? Voici deux questions auxquelles vous devriez pouvoir répondre à partir de ce que vous venez de lire :

1. Si la société Gretel ltée achète pour 460 000 $ d'actions de la société Hansel ltée, quels sont les critères qui permettront à la direction de Gretel ltée de décider si le placement doit être comptabilisé à la valeur d'acquisition, à la valeur de consolidation ou selon la méthode de la consolidation ?

2. Au cours d'un exercice financier, la société Hansel ltée a versé 45 000 $ à la société Gretel ltée sous forme de dividendes. À la fin de l'exercice, Hansel ltée présente un bénéfice net. Si on calcule la quote-part du bénéfice qui revient à Gretel ltée en fonction des actions avec droit de vote de la société Hansel ltée qu'elle possède, on obtient le chiffre de 78 500 $. Si Gretel ltée comptabilise son placement à la valeur d'acquisition, quel sera le montant du produit de son placement dans Hansel ltée ? À combien s'élèvera le montant si elle comptabilise son placement à la valeur de consolidation ? Quel chiffre Gretel ltée présentera-t-elle à titre de « Placement dans Hansel ltée » dans ses registres à la fin de l'exercice, si elle comptabilise son placement à la valeur d'acquisition ? Si elle le comptabilise à la valeur de consolidation ? (45 000 $; 78 500 $; 460 000 $; 493 500 $)

5.15   PRINCIPES DE BASE
DES ÉTATS FINANCIERS CONSOLIDÉS

Dans le *Manuel de l'ICCA*, on définit comme suit les états financiers consolidés :

> L'établissement des états financiers consolidés de la société mère et des filiales consiste à intégrer, ligne par ligne, les états financiers de ces sociétés (c'est-à-dire à additionner un par un les postes correspondants de l'actif, du passif, des produits et des charges), tout en éliminant les opérations intersociétés et les soldes réciproques et en tenant compte de la part des actionnaires sans contrôle des filiales[8].

La consolidation est « imaginaire » : il n'existe aucune entité *juridique* consolidée. Juridiquement, il s'agit plutôt d'un groupe d'entités distinctes dont la propriété est liée. L'objectif poursuivi est de présenter le groupe de sociétés comme s'il s'agissait d'une seule entité. Cette méthode vise à présenter les opérations économiques et commerciales de façon plus fidèle que ne le feraient des états financiers distincts pour chaque société juridiquement distincte, laissant à l'utilisateur le soin de les compiler.

La consolidation part d'une idée très simple : pour dresser les états financiers d'un groupe de sociétés, il suffit de placer côte à côte les bilans, les états des résultats et les autres états financiers de toutes les sociétés et d'additionner les comptes correspondants. Le montant de l'encaisse du bilan consolidé serait la somme de tous les montants de l'encaisse des sociétés, le coût des marchandises vendues présenté dans l'état consolidé des résultats serait la somme des coûts des marchandises vendues des sociétés, et ainsi de suite. Pour appliquer cette idée simple à des entreprises entretenant des relations complexes entre elles, un ensemble de PCGR assez compliqués ont été élaborés au sujet de la consolidation. Nous expliquons dans cette section et la suivante comment fonctionnent les principaux éléments de cet ensemble, afin que vous soyez en mesure de comprendre l'essentiel des états financiers consolidés.

Il existe deux principales méthodes de consolidation des états financiers : la méthode de la **fusion d'intérêts communs** et la méthode de l'**achat pur et simple**. La méthode de la fusion d'intérêts communs est la plus simple des deux. On l'utilise lorsqu'il y a fusion véritable de deux sociétés de taille semblable, dans laquelle on ne peut pas dire qu'une société acquiert l'autre. On peut reconnaître une fusion lorsqu'il y a un échange d'actions (plutôt que le versement d'une somme d'argent par une société pour acquérir les actions de l'autre), lorsque la direction des deux sociétés demeure en place et grâce à d'autres indices semblables indiquant que les deux sociétés poursuivent leur exploitation dans une opération commune. Dans une fusion d'intérêts communs, on dresse les états financiers consolidés simplement en additionnant les comptes des deux sociétés. L'actif est égal à la somme de l'actif du bilan des deux sociétés, il en est de même pour le passif, et les capitaux propres correspondent à la somme des capitaux propres des deux sociétés. On ne réévalue aucun compte du bilan et on n'a pas de comptes de part des actionnaires et d'« écart d'acquisition », comptes que nous expliquerons plus loin.

Malheureusement pour les étudiants en comptabilité, les conditions qui doivent être satisfaites, selon les PCGR, pour appliquer la méthode de la fusion des intérêts communs se présentent très rarement. On a abusé de cette méthode lors de la grande vague de fusions de la fin des années 60 et du début des années 70. C'est pourquoi des normes comptables ont été édictées depuis, en grande partie pour bannir leur utilisation. C'est la méthode de l'achat pur et simple qui est généralement la plus répandue. Selon les PCGR, cette méthode doit être appliquée lorsqu'une des sociétés est dominante dans la fusion, c'est-à-dire lorsqu'il ne s'agit pas vraiment d'une fusion, mais plutôt de l'acquisition d'une société par une autre. Ce cas est le plus fréquent. Par conséquent, dans les pages qui suivent, nous nous attarderons sur la méthode de l'achat pur et simple.

Concernant cette méthode, on peut lire ce qui suit dans le *Manuel de l'ICCA*:

> À la date d'acquisition, il faut ventiler le prix d'achat entre les éléments identifiables de l'actif acquis [...], le passif pris en charge et, s'il y a lieu, l'écart d'acquisition (achalandage). On calculera à partir de la juste valeur, à la date d'acquisition, des éléments identifiables de l'actif et du passif de la société acquise la part de ces éléments qui revient à la société acheteuse. [...] On calculera la part des actionnaires sans contrôle à partir des valeurs comptables portées dans les livres de la société acquise [...] Tout excédent du prix d'achat sur la somme algébrique des montants attribués aux éléments identifiables de l'actif acquis et du passif pris en charge sera considéré comme un écart d'acquisition [...] Puisque la répartition du prix d'achat entraîne la mise à jour de l'évaluation du fonds commercial de la société acquise, tout écart d'acquisition qui aurait pu être comptabilisé antérieurement dans les livres de la société ne sera pas repris tel quel[9].

Consolidation à la date d'acquisition

Lorsque la filiale est détenue à part entière par la société mère

Les représentations graphiques suivantes illustrent les exigences contenues dans le *Manuel de l'ICCA*. Elles devraient vous aider à comprendre les notions qui sous-tendent la méthode de l'achat pur et simple[10]. Commençons par une boîte qui représente la « valeur comptable » de la société en voie d'acquisition (qui deviendra la « filiale » de la « société mère » qui l'acquiert):

Figure 5.1

La **valeur comptable** correspond à la section des capitaux propres du bilan de la filiale *à la date d'acquisition* de ses actions par la société mère. En appliquant l'équation comptable (Capitaux propres = Actif – Passif), la valeur comptable de la société correspond aux valeurs des éléments d'actif du bilan moins les valeurs des éléments de passif du bilan.

Comme nous l'avons vu dans des sections précédentes du chapitre, la valeur comptable est fondée sur la comptabilité au coût d'origine, telle qu'elle a été interprétée par la direction de la société lorsqu'elle a choisi ses conventions et ses méthodes comptables. Il serait peu probable que la valeur comptable calculée par la direction de la société acquise soit égale à la valeur marchande actuelle des éléments d'actif moins les éléments de passif, tels que les évalue la direction de la société acheteuse. Par exemple, il se peut que le terrain de la société soit présenté dans le bilan à son coût de 250 000 $, mais que la société acheteuse estime que la valeur actuelle du terrain est plutôt de 560 000 $. Nous pourrions dire que la somme des valeurs actuelles de l'actif net de la société, qu'on appelle généralement les **justes valeurs** en consolidation, est égale à la somme des justes valeurs de ses éléments d'actif moins la somme des justes valeurs de ses éléments de passif. Il est important de noter que la détermination de ces justes valeurs dépend de la société acheteuse parce que, lorsqu'on applique la méthode de l'achat pur et simple, la consolidation est faite du point de vue de la société acheteuse.

Représentons la somme des justes valeurs de l'actif net acquis par une boîte légèrement plus grande que la première. La boîte pourrait aussi être plus petite : il se peut que la direction de la société acheteuse estime que la valeur de l'actif net de la filiale à la date d'acquisition est inférieure à sa valeur comptable. L'arithmétique de la consolidation fonctionne dans les deux cas, mais il est plus facile de dessiner une boîte plus grande. Ce graphisme traduit d'ailleurs le cas le plus fréquent.

Figure 5.2

SOMME DES

JUSTES

VALEURS DE

L'ACTIF NET

Mais ce n'est pas tout... Il se peut également que la société mère n'ait pas voulu acheter la filiale uniquement en raison des justes valeurs des éléments individuels de l'actif et du passif, mais aussi à cause de la valeur globale de la filiale. La filiale peut disposer d'une bonne équipe de gestion, de bons points de vente, d'une main-d'œuvre efficace ou de marques de commerce bien connues. De plus, on peut espérer obtenir une plus grande capacité de rendement dans l'exploitation ou réduire la concurrence si les efforts des deux sociétés sont combinés. Pour de telles raisons, que les experts-comptables regroupent sous la notion d'**écart d'acquisition**, il se peut que la société mère soit disposée à payer un prix global pour la filiale qui diffère à la fois de la valeur comptable et de la somme des justes valeurs de l'actif net. Il arrive parfois que cette différence soit très importante : l'écart d'acquisition peut compter pour une portion importante du prix payé.

Représentons maintenant (figure 5.3) la valeur marchande globale de la filiale, telle que l'évalue la société mère, par une boîte encore plus grande. Ici encore, la valeur marchande globale pourrait être illustrée par une boîte plus petite que les autres, ce qui supposerait alors un « écart d'acquisition négatif ». Mais, habituellement, elle est plus grande.

Figure 5.3

Figure 5.4

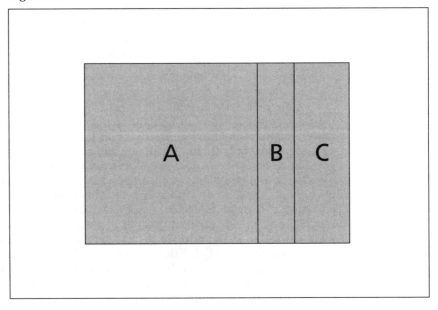

Pour résumer la situation à la date d'acquisition, on peut présenter les trois boîtes ensemble. Dans la figure 5.4, la surface **A** correspond à la valeur comptable. La surface **B** représente la différence entre la valeur comptable et la somme des justes valeurs, de sorte que la somme des justes valeurs est égale à **A** + **B**. La surface **C** correspond à l'écart d'acquisition, la différence entre la somme des justes valeurs et le prix d'achat total (valeur marchande globale), de sorte que le prix d'achat total est égal à **A** + **B** + **C**.

En supposant que la société mère achète toutes les actions avec droit de vote de la filiale, voici comment on applique la méthode de l'achat pur et simple afin de combiner les deux sociétés *à la date d'acquisition*.

La société Nord ltée achète aux actionnaires de la société Sud ltée toutes les actions avec droit de vote pour une somme de 1 000 000 $ comptant, devenant ainsi le seul actionnaire propriétaire de la société Sud ltée. À la date d'acquisition, le bilan de Sud ltée présente un actif de 1 300 000 $, un passif de 700 000 $ et des capitaux propres de 600 000 $. À cette date, Nord ltée évalue la juste valeur des éléments d'actif de Sud ltée à 1 540 000 $ et celle de ses éléments de passif à 750 000 $.

À la date d'acquisition, le bilan de Nord ltée présentait un actif de 28 000 000 $ (y compris son placement de 1 000 000 $ dans Sud ltée), un passif de 19 000 000 $ et des capitaux propres de 9 000 000 $.

À partir de cette information, nous pouvons calculer les valeurs suivantes à la date d'acquisition :

1. La valeur comptable de la société Sud ltée : capitaux propres figurant dans son bilan = 600 000 $ (surface **A** de la figure 5.4);

2. La différence entre la somme des justes valeurs et la valeur comptable : (1 540 000 $ – 750 000 $ = 790 000 $) – 600 000 $ = 190 000 $ (surface **B** de la même figure);

3. L'écart d'acquisition au moment de l'achat : 1 000 000 $ – 790 000 $ = 210 000 $ (surface **C** de la même figure);

4. Les composantes du prix d'achat : valeur comptable + augmentation pour atteindre les justes valeurs + écart d'acquisition (achalandage) = 600 000 $ + 190 000 $ + 210 000 $ = 1 000 000 $ (**A** + **B** + **C** de la même figure).

Pour grouper ces montants avec ceux de la société Nord ltée et préparer un bilan consolidé à la date d'acquisition, nous devons tenir compte d'un principe important : l'*élimination des soldes intersociétés*. Les montants consolidés doivent représenter le groupement des deux sociétés comme si elles ne formaient qu'une seule entité économique. Par conséquent, selon les PCGR, les soldes intersociétés (créances, comptes à payer, placements et plusieurs autres) ne doivent pas paraître dans les chiffres consolidés puisque, du point de vue de la société combinée, ils constituent des opérations internes de la société combinée, lesquelles n'existeraient pas si les deux sociétés formaient réellement une seule entité. Dans l'exemple simplifié que nous avons utilisé, il y a deux soldes intersociétés à éliminer. Le premier, dans la société Nord ltée, est le compte Placement dans Sud ltée. Il représente l'acquisition des capitaux propres de la société Sud ltée par la société Nord ltée; par conséquent, il ne doit pas être inclus dans l'actif consolidé. Le deuxième, dans la société Sud ltée, concerne la section des capitaux propres, c'est-à-dire ce que la société Nord ltée a acheté. À la date d'acquisition, Sud ltée est théoriquement reconstituée comme une partie de Nord ltée, de sorte que ses capitaux propres sont considérés comme un solde intersociété ne devant pas être inclus dans les capitaux propres consolidés.

Nous sommes maintenant en mesure de dresser le bilan consolidé à la date d'acquisition. L'actif consolidé est égal à l'actif de Nord ltée, moins son placement dans Sud ltée, plus les justes valeurs de l'actif de Sud ltée, plus l'écart d'acquisition. Le passif consolidé est égal au passif de Nord ltée, plus les justes valeurs du passif de Sud ltée. Les capitaux propres consolidés correspondent uniquement aux capitaux propres de Nord ltée. Il en résulte le bilan consolidé suivant :

Nord ltée
Bilan consolidé à la date d'acquisition de la société Sud ltée

Actif

Actifs divers	
(28 000 000 $ – 1 000 000 $ + 1 540 000 $)	28 540 000 $
Écart d'acquisition résultant de la consolidation	
(tel qu'il a été calculé ci-dessus)	210 000
	28 750 000 $

Passif

Passifs divers (19 000 000 $ + 750 000 $)	19 750 000 $

Capitaux propres

Capitaux propres (Nord ltée seulement)	9 000 000
	28 750 000 $

On peut s'étonner de voir que le bilan est équilibré ! Mais il le sera toujours. Si vous vous reportez au point 4 des calculs précédents relatifs aux chiffres de la société Sud ltée, vous verrez que les composantes de l'acquisition (les surfaces **A** + **B** + **C** de la figure 5.4) sont égales au prix d'achat. Par conséquent, lorsque le prix d'achat est éliminé du bilan consolidé et qu'il est remplacé par ses composantes, l'incidence nette sur l'équation comptable est nulle.

Lorsque la filiale n'est pas détenue à part entière par la société mère

Il arrive fréquemment que la société mère achète 100 % des actions avec droit de vote de la société acquise, mais ce n'est pas toujours le cas. Si la société mère acquiert une proportion des actions avec droit de vote (plus de 50 % des actions avec droit de vote) mais non la totalité, on considère toujours la société acquise comme une filiale et on prépare des états financiers consolidés. Dans ce cas, toutefois, on doit tenir compte du fait qu'une fraction de la filiale appartient toujours à *d'autres personnes* que la société mère. Ces personnes sont appelées *actionnaires sans contrôle*, et la part qui leur revient des capitaux propres de la filiale et des bénéfices que celle-ci engendre après l'acquisition est appelée **part des actionnaires sans contrôle**. Puisque, selon la méthode de l'achat pur et simple, on effectue toujours la consolidation du point de vue de la société mère, il peut être utile de considérer la part des actionnaires sans contrôle comme ne faisant pas partie de ses capitaux propres du point de vue de la société mère, mais plutôt comme une sorte de passif. La société mère a la responsabilité de gérer la filiale dans l'intérêt de ses propriétaires, mais elle est aussi responsable envers les actionnaires sans contrôle de leur quote-part dans la filiale. Par conséquent, la part des actionnaires sans contrôle dans les capitaux propres de la filiale est traitée comme un passif consolidé plutôt que comme une partie des capitaux propres de l'entité consolidée. Ainsi, les capitaux propres consolidés ne comprennent que les capitaux propres de la société mère.

Comment tient-on compte de tout cela dans la préparation du bilan consolidé à la date d'acquisition? Ce n'est pas très compliqué, mais les PCGR spécifient une méthode de calcul qui n'est pas celle à laquelle vous pourriez vous attendre. Pour vous aider à comprendre comment cette méthode fonctionne, utilisons de nouveau notre représentation graphique. Nous avons ajouté de nouveaux éléments (voir la figure 5.5), afin d'inclure le cas où la société mère n'achète pas toutes les actions avec droit de vote de la filiale. La ligne horizontale permet de distinguer la quote-part de la société mère (**A″**, **B″** et **C″**) de celle qui ne lui appartient pas (**A′**, **B′** et **C′**). Par exemple, si la société mère a acheté 80 % des actions avec droit de vote, **A″** représente 80 % de la valeur comptable de la filiale à la date d'acquisition et **A′** représente 20 % des actions avec droit de vote, toujours détenues par des tiers, les actionnaires sans contrôle.

Figure 5.5

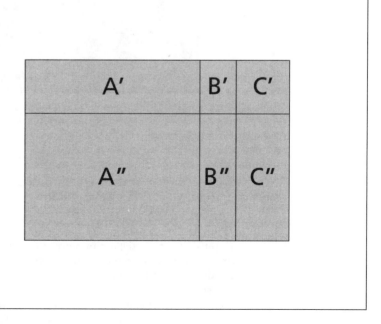

C'est ici qu'intervient un des PCGR qui peuvent surprendre. Selon les PCGR, les surfaces **A″**, **B″** et **C″** font toutes partie du bilan consolidé : elles correspondent à ce que la société mère a acheté. La surface **A′** fait aussi partie du bilan consolidé : elle correspond à la part des actionnaires sans contrôle dans la filiale dont la société mère est responsable. Mais les surfaces **B′** et **C′** *ne sont pas incluses* dans le bilan consolidé parce qu'on considère qu'elles sont hypothétiques : la société mère ne les a pas achetées et les actionnaires sans contrôle non plus. On estime que la société mère a attribué une valeur seulement à la fraction des justes valeurs et de l'écart d'acquisition (achalandage) dont elle s'est portée acquéreur, et que les actionnaires sans contrôle qui, dans le fond, n'ont rien fait, mais possèdent toujours leurs actions, continuent à détenir une participation dans la valeur comptable de la filiale. Ce principe est illustré dans la figure suivante : le bilan consolidé inclut **A″**, **B″**, **C″** et **A′**, mais pas **B′** et **C′**.

Figure 5.6

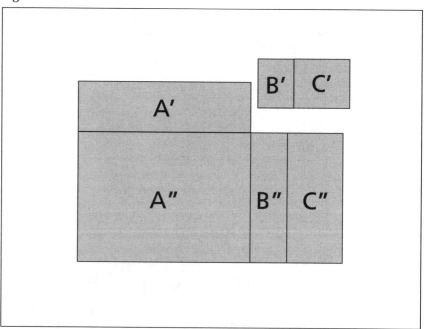

Voyons comment cette méthode fonctionne. Supposons que le jour suivant l'acquisition de la société Sud ltée :

La société Nord ltée achète 60 % des actions avec droit de vote à des actionnaires de la société Est ltée, pour un montant de 650 000 $ comptant, et devient ainsi l'actionnaire qui contrôle la société Est ltée. Les autres 40 % d'actions avec droit de vote de la société Est ltée sont toujours détenus par plusieurs actionnaires. À la date d'acquisition, le bilan de la société Est ltée présentait un actif de 2 450 000 $, un passif de 1 960 000 $ et des capitaux propres de 490 000 $. À cette date, la société Nord ltée évalue respectivement les justes valeurs de l'actif et du passif de la société Sud ltée à 2 600 000 $ et 1 940 000 $.

À partir de cette information, nous pouvons calculer les éléments suivants à la date d'acquisition :

1. La quote-part de la société mère dans la valeur comptable de la société Est ltée : 60 % x Capitaux propres figurant dans le bilan = 60 % x 490 000 $ = 294 000 $ (surface **A″** de la figure 5.6) ;

2. La part des actionnaires sans contrôle dans la société Est ltée = 40 % x 490 000 $ = 196 000 $ (surface **A′** de la même figure) ;

3. La quote-part de la société mère dans la différence entre la somme des justes valeurs et la valeur comptable : 60 % x ([2 600 000 $ – 1 940 000 $] – 490 000 $) = 102 000 $ (surface **B″** de la même figure ; on ne tient pas compte de **B′**) ;

4. L'écart d'acquisition (pour la société Nord ltée) : 650 000 $ – 60 % x (2 600 000 $ – 1 940 000 $) = 254 000 $ (surface **C″** de la même figure ; on ne tient pas compte de **C′**) ;

5. Les composantes du prix d'achat = quote-part de la société mère dans la valeur comptable + quote-part de la société mère dans la différence pour atteindre les justes valeurs + achat de l'écart d'acquisition = 294 000 $ + 102 000 $ + 254 000 $ = 650 000 $ (**A″** + **B″** + **C″** de la même figure).

Ici encore, les soldes intersociétés seront éliminés. Ainsi, on élimine le compte Placement de la société Nord ltée dans Est ltée ainsi que la partie des capitaux propres de la société Est ltée qui est entre les mains de la société mère. Il reste encore deux étapes à franchir. La première étape consiste à transférer la part des actionnaires sans contrôle dans les capitaux propres de la société Est ltée dans la section du passif. Ainsi, les capitaux propres de la société consolidée correspondent uniquement aux capitaux propres de la société mère, tels qu'ils étaient après l'acquisition de Sud ltée par Nord ltée. La deuxième étape consiste à inclure, dans l'actif et le passif consolidés, seulement la quote-part de la société mère dans la différence entre les justes valeurs et la valeur comptable (c'est-à-dire à inclure la surface **B″** de la figure 5.6 mais pas la surface **B′**).

Nous pouvons maintenant préparer le bilan consolidé de Nord ltée et de *ses deux filiales*. Puisque nous disposons déjà du bilan consolidé de Nord ltée et de Sud ltée, ajoutons simplement les chiffres relatifs à la société Est ltée :

Nord ltée
Bilan consolidé à la date d'acquisition de la société Est ltée

Actif

Actifs divers (28 540 000 $ – 650 000 $ + 2 450 000 $ + 60 % x [2 600 000 $ – 2 450 000 $])	30 430 000 $
Écart d'acquisition (210 000 $ pour Sud ltée + 254 000 $ pour Est ltée)	464 000
	30 894 000 $

Passif

Passifs divers (19 750 000 $ + 1 960 000 $ + 60 % x [1 940 000 $ – 1 960 000 $])	21 698 000 $

Nord ltée (suite)	
Bilan consolidé à la date d'acquisition de la société Est ltée	
Part des actionnaires sans contrôle (de Est ltée)	196 000
	21 894 000 $
Capitaux propres	
Capitaux propres (Nord ltée seulement)	9 000 000
	30 894 000 $

Une fois encore, le bilan est équilibré ! En effet, la quote-part de la société mère dans les capitaux propres de la filiale plus la fraction de l'augmentation des justes valeurs plus l'écart d'acquisition équivalant au prix d'achat et le solde des capitaux propres de la filiale sont transférés dans un compte de passif.

Les comptes Écart d'acquisition et Part des actionnaires sans contrôle apparaissent seulement dans le bilan consolidé. Ils ont été créés lors de l'addition des comptes selon la méthode de l'achat pur et simple et n'apparaissent pas dans les bilans individuels des sociétés. De même, la réévaluation de l'actif et du passif des filiales à leur juste valeur ne doit être faite que dans le bilan consolidé. Il n'est pas nécessaire de modifier les bilans individuels des filiales puisqu'il n'y a eu en fait pour elles qu'un changement de propriétaires. Néanmoins, il arrive parfois que l'on effectue certaines réévaluations à la baisse.

OÙ EN ÊTES-VOUS ?

Voici deux questions auxquelles vous devriez pouvoir répondre à partir de ce que vous venez de lire :

1. Le 1er janvier 1994, la société Supersix ltée achète 75 % des actions avec droit de vote de la société Faiblarde ltée pour 231 000 $ comptant. À cette date, le bilan de Faiblarde ltée présente un actif de 784 000 $ et un passif de 697 000 $. Supersix ltée évalue les justes valeurs de l'actif de Faiblarde ltée à 800 000 $ et de son passif à 690 000 $ à la date d'acquisition. À la même date, le bilan de Supersix ltée présente un actif de 56 782 000 $ et un passif de 45 329 000 $. Quel devrait être le chiffre des capitaux propres consolidés de Supersix ltée après l'achat des actions de Faiblarde ltée ? (11 453 000 $)

2. Pourquoi le bilan consolidé de Supersix ltée comporte-t-il un compte Part des actionnaires sans contrôle et un autre appelé Écart d'acquisition, et quels seraient les chiffres de ces deux postes à la date d'acquisition ? (21 750 $; 148 500 $)

5.16 AUTRES CONSIDÉRATIONS ET EXEMPLES RELATIFS À LA CONSOLIDATION

Le bénéfice net consolidé correspond à la somme des bénéfices produits depuis l'acquisition et depuis les redressements visant notamment à éliminer les soldes intersociétés et la part des actionnaires sans contrôle dans les bénéfices réalisés par la filiale, et à refléter l'amortissement de l'écart d'acquisition. Le calcul est le suivant:

Débuter avec la somme des bénéfices de la société mère et des filiales.	XXXX $
Soustraire:	
a) Tout profit réalisé par l'une des sociétés sur des ventes intersociétés;	(XXXX)$
b) Tout amortissement ou autre charge additionnelle provenant du redressement, lors de la consolidation, de l'actif et du passif des filiales aux justes valeurs;	(XXXX)$
c) Tout bénéfice provenant des filiales et déjà inclus dans les comptes de la société mère ou des autres filiales à la suite de l'application de la méthode de la comptabilisation à la valeur de consolidation;	(XXXX)$
d) Toute part des bénéfices de la filiale revenant aux actionnaires sans contrôle (qui correspond approximativement au pourcentage de leur participation sans contrôle multiplié par le bénéfice net de la filiale);	(XXXX)$
e) L'amortissement de tout écart d'acquisition provenant de la consolidation (selon les PCGR, cet écart doit être amorti sur une période déterminée et déduit du bénéfice).	(XXXX)$
Le résultat est le bénéfice net consolidé.	XXXX $

Vous pouvez constater que le bénéfice net consolidé est inférieur à la somme des bénéfices nets individuels des sociétés. Cette différence peut être significative si l'écart d'acquisition est grand ou si la part des actionnaires sans contrôle est importante.

Autres commentaires sur l'élimination des comptes intersociétés

Habituellement, de nombreuses opérations intersociétés ont lieu à l'intérieur d'un groupe de sociétés. C'est d'ailleurs une des raisons pour lesquelles elles se regroupent. Si les états financiers consolidés sont destinés à représenter les opérations du groupe avec le monde extérieur, comme c'est le cas pour une entité unique, alors tous les éléments intersociétés qui faussent les états financiers doivent être éliminés.

Par exemple, la société Sud ltée emprunte 60 000 $ à la société Nord ltée, somme encore due à la date du bilan consolidé. À cette date, ce montant fait partie du passif du bilan de Sud ltée et il doit être présenté comme une créance à recevoir dans le bilan de Nord ltée. Si on n'élimine pas ces deux montants, le bilan consolidé présentera 60 000 $ de créances dans l'actif et 60 000 $ d'effets à payer dans le passif. L'entité consolidée se devrait alors de l'argent à elle-même ! En éliminant la créance et le compte à payer, on présente convenablement dans l'actif et le passif les seuls montants dus à des tiers ou par des tiers. Les montants ne sont pas retirés des bilans individuels des sociétés, mais uniquement du bilan consolidé. Légalement, Sud ltée doit toujours 60 000 $ à Nord ltée.

Les produits et les charges intersociétés doivent être éliminés de façon similaire. Supposons que la société Sud ltée vende à la société Est ltée pour 230 000 $ de marchandises lui ayant coûté 175 000 $. La société Sud ltée présentera un produit de 230 000 $, un coût des marchandises vendues de 175 000 $ et, par conséquent, un bénéfice avant impôts de 55 000 $. La société Est ltée devrait présenter un stock de 230 000 $ dans l'actif. Si cette dernière revend les marchandises au prix de 245 000 $, elle présentera des produits de 245 000 $, un coût des marchandises vendues de 230 000 $ et, par conséquent, un bénéfice net avant impôts de 15 000 $. Il faut éliminer les 23 000 $ des produits et des marchandises vendues, parce que les seuls produits et charges concernant le monde extérieur sont les produits de 245 000 $ réalisés par la société Est ltée et le montant de 175 000 $ que la société Sud ltée a payé pour la marchandise. Le bénéfice net du groupe est calculé correctement si l'on additionne les deux bénéfices des sociétés (55 000 $ plus 15 000 $), parce que cette somme est égale à la différence entre 245 000 $ et 175 000 $.

Si, à la date du bilan, la société Est ltée n'avait pas vendu les marchandises, il faudrait éliminer non seulement les produits de la société Sud ltée, puisque les marchandises ne sont pas encore vendues à l'extérieur du groupe, mais aussi le bénéfice inscrit par la société Sud ltée. En effet, le bénéfice de 55 000 $ de la société Sud ltée est compris dans le chiffre du stock de la société Est ltée, parce que cette dernière présente un actif de 230 000 $ qui n'a coûté au groupe que 175 000 $. On résout ce problème en éliminant le bénéfice de Sud ltée et en réduisant le coût de l'actif à 175 000 $, c'est-à-dire son coût à l'extérieur du groupe.

Un dernier exemple : consolidation à la date d'acquisition

La société ABC ltée a décidé d'acheter 80 % des actions avec droit de vote de la société XYZ ltée pour 500 000 $. Nous disposons de l'information suivante sur la société XYZ à la date d'acquisition :

Société XYZ ltée	Valeurs comptables	Justes valeurs
Encaisse	45 000 $	45 000 $
Clients	75 000	60 000
Stock	100 000	120 000
Immobilisations (nettes)	200 000	300 000
	420 000 $	525 000 $
Fournisseurs	90 000 $	95 000
Capital-actions ordinaires	50 000	
Bénéfices non répartis	280 000	
	420 000 $	
Somme des justes valeurs de l'actif net		430 000 $

Écart d'acquisition résultant de la consolidation

La société ABC ltée a payé 500 000 $ pour obtenir 80 % de 430 000 $ (les justes valeurs identifiables):

Juste valeur acquise (80 % x 430 000 $)	344 000 $
Prix d'achat	500 000
Écart d'acquisition	156 000 $

Part des actionnaires sans contrôle

La société ABC ltée n'a acheté que 80 % des actions avec droit de vote de la société XYZ ltée. Par conséquent, les 20 % restants constituent les « capitaux propres » des actionnaires sans contrôle. Ils correspondent à 20 % de la valeur comptable des capitaux propres de la société XYZ ltée à la date d'acquisition, soit 20 % x (50 000 $ + 280 000 $) = 66 000 $.

Détermination des montants consolidés

	Valeur comptable à la date d'acquisition		80 % de JV-VC* de XYZ ltée	Écart d'acquisition Part des actionnaires sans contrôle	Bilan consolidé
	ABC ltée	XYZ ltée			
Encaisse	175 000 $	45 000 $	0 $		220 000 $
Clients	425 000	75 000	(12 000)		488 000
Stock	660 000	100 000	16 000		776 000
Placement dans XYZ ltée	500 000	—		À éliminer	—
Immobilisations	1 700 000	200 000	80 000		1 980 000
Écart d'acquisition	—	—		156 000 $	156 000
	3 460 000 $	420 000 $			3 620 000 $
Fournisseurs	730 000	90 000	4 000		824 000 $
Dette à long terme	850 000	0	0		850 000
Part des actionnaires sans contrôle	—	—		66 000	66 000
Capital-actions ordinaires	100 000	50 000		ABC ltée seulement	100 000
Bénéfices non répartis	1 780 000	280 000		ABC ltée seulement	1 780 000
	3 460 000 $	420 000 $			3 620 000 $

* JV - VC : juste valeur des éléments moins leur valeur comptable.

5.17   RÉFLEXIONS ET TRAVAUX PROPOSÉS POUR AMÉLIORER LA COMPRÉHENSION

Problème 5.1* Vous passez devant le bureau de votre patron et vous l'entendez s'exclamer : « Ces principes comptables généralement reconnus me donnent des maux de tête ! Que puis-je faire pour savoir lesquels il faut appliquer à mon entreprise et pour décider comment il faut les appliquer ? » Pour impressionner votre patron, vous faites irruption dans son bureau et vous répondez à sa question. Que lui dites-vous ?

Problème 5.2 Présentez les arguments pour ou contre la proposition suivante : le coût d'origine n'est pas utile pour les utilisateurs qui doivent prendre des décisions.

Problème 5.3 Rédigez un court texte (un ou deux paragraphes) sur le sujet suivant : la seule chose qui pourrait être pire que l'ensemble complexe de pratiques, de normes et de théories qui composent les principes comptables généralement reconnus serait l'absence de PCGR.

Problème 5.4 Harold est un dirigeant d'entreprise audacieux et impatient. Vous travaillez pour lui et la pression qu'il exerce sur vous vous donne des cheveux gris. Un jour, il revient d'un déjeuner avec son expert-comptable en brandissant une copie de la partie du chapitre 1000 du *Manuel de l'ICCA* citée dans la section 5.3 de ce chapitre, et il déclare : « Le comptable m'a dit que ce texte contenait des choses importantes au sujet de l'utilité de mes états financiers et qu'il expliquait pourquoi ils coûtent si cher à produire et à vérifier. Mais je ne suis pas convaincu. »

Expliquez à Harold pourquoi les *cinq expressions* utilisées comme titres de cette partie du chapitre 1000 sont utiles. Vos explications doivent être brèves et précises, car Harold déteste les réponses trop longues !

Problème 5.5* Pour vérifier votre compréhension de quelques concepts de base, déterminez si chacun des énoncés suivants est vrai ou faux. S'il est faux, modifiez l'énoncé de façon à le rendre vrai.
1. Dans le bilan, on ne crée aucune nouvelle information qui ne soit déjà contenue dans la liste des comptes.
2. On définit le fonds de roulement comme le ratio de l'actif à court terme sur le passif à court terme.
3. La liquidité est une mesure de la rapidité avec laquelle un actif peut être converti en encaisse.
4. Tôt ou tard, tous les éléments d'actif à court terme deviendront de l'encaisse.
5. Le versement d'encaisse est une dépense, mais pas nécessairement une charge.
6. Le bilan présente la situation financière d'une entreprise pour une période donnée.
7. Capital, valeur nette et capitaux propres sont trois synonymes.

Problème 5.6* À partir de l'information suivante, déterminez les valeurs du terrain et du bâtiment qui devraient apparaître dans le bilan de la société Simard ltée.

Prix d'achat de l'emplacement de l'usine	175 000 $
Matériaux de construction (dont 10 000 $ de matériaux gaspillés en raison de l'inexpérience des travailleurs)	700 000
Frais d'installation des machines	40 000
Nivelage et drainage du terrain	20 000
Frais de main-d'œuvre de construction (Simard ltée utilise ses propres travailleurs pour construire l'usine plutôt que de les congédier parce que les affaires sont au ralenti. Cependant, la main-d'œuvre utilisée pour la construction de l'usine a coûté 40 000 $ de plus — en raison de l'inexpérience des travailleurs et de leur inefficacité — que ce qu'aurait demandé un entrepreneur de l'extérieur)	500 000
Coût d'acquisition des machines	1 000 000
Frais de livraison des machines	10 000
Nivelage et asphaltage du terrain de stationnement	60 000
Remplacement des fenêtres du bâtiment brisées par suite d'actes de vandalisme commis avant le début de la production	7 000
Honoraires de l'architecte	40 000

Problème 5.7 Plusieurs auteurs se sont demandé si les petites entreprises devraient avoir leur propre ensemble de principes comptables généralement reconnus au lieu d'avoir à se conformer à toutes les recommandations qu'on trouve actuellement dans le *Manuel de l'ICCA*. Ils arguent que bon nombre des principes comptables actuels semblent destinés avant tout aux grandes entreprises et qu'on ne devrait pas demander aux petites entreprises de se conformer à des recommandations qui ne sont pas appropriées ou dont les coûts ne se justifient pas, comparés aux avantages qu'ils procurent[11].
1. Présentez des arguments en faveur d'un seul ensemble de principes comptables généralement reconnus pour toutes les entreprises, petites ou grandes.
2. Présentez maintenant les arguments en faveur de principes comptables généralement reconnus destinés aux petites entreprises.

Problème 5.8 Lors d'une récente conférence, un orateur déclarait ce qui suit : « De nombreux groupes, y compris les gouvernements, les institutions financières, les investisseurs et les sociétés des divers secteurs d'activité, soutiennent que leurs intérêts sont touchés par les recommandations actuelles concernant la comptabilité et par celles qui sont à l'étude. La profession comptable reconnaît que ces groupes ont des intérêts parfois contradictoires. Toutefois, la comptabilité est neutre et n'est pas influencée par les intérêts particuliers d'un seul groupe[12]. »
Donnez votre avis sur cette déclaration.

Problème 5.9 1. Donnez trois exemples pour illustrer comment l'état des résultats fait la distinction entre les résultats de l'exploitation courante et les faits qui ne relèvent pas de l'exploitation.
2. Pourquoi l'état des résultats est-il présenté de cette façon ?

Problème 5.10   Les gestionnaires devraient-ils être tenus responsables de la comptabilité de leur entreprise si les normes comptables prescrivent des méthodes avec lesquelles ils sont en désaccord ? Justifiez votre réponse.

Problème 5.11   Les questions suivantes portent sur le chapitre 1500 du *Manuel de l'ICCA*, dans lequel on met l'accent sur les normes générales de présentation qui ont été présentées dans la section 5.4.

1. Comment une société — ou l'expert-comptable auquel elle a fait appel — peut-elle décider de l'information qu'elle doit inclure pour se conformer aux recommandations du paragraphe .05 du chapitre 1500 du *Manuel* ?
2. Le contenu du paragraphe .06 signifie-t-il qu'une société est libre d'utiliser le traitement comptable ou la présentation de son choix pour ses états financiers, pourvu qu'elle explique la situation dans les notes complémentaires annexées aux états financiers ? Est-ce une bonne interprétation et pourquoi ?

Problème 5.12   La société Macro ltée est spécialisée dans l'entretien et la réparation des ordinateurs personnels. Daniel Débit, l'expert-comptable de la société, a dressé la liste suivante des soldes des comptes de Macro ltée au 31 janvier 1993, date de fin d'exercice de l'entreprise.

Macro ltée : liste des soldes des comptes au 31 janvier 1994	
Amortissement cumulé — Bâtiment	6 000 $
Amortissement de l'exercice — Bâtiment	6 000
Bâtiment	86 000
Bénéfices non répartis	25 000
Capital-actions	15 000
Clients	48 000
Dividendes à payer	5 000
Dividendes déclarés	20 000
Emprunt des actionnaires	60 000
Emprunt bancaire	100 000
Encaisse	30 000
Fournisseurs	40 000
Fournitures utilisées	38 000
Frais généraux	170 000
Gain sur cession d'usine et de matériel	15 000
Impôts sur les bénéfices	3 000
Intérêts de l'exercice sur l'emprunt bancaire	12 000
Placements	16 000
Revenu d'honoraires	213 000
Terrain	50 000

Voici des renseignements complémentaires sur certains des chiffres ci-dessus :

1. Les fournisseurs seront payés en février 1994, mais il restera un montant de 5 000 $ qui leur sera payé le 1er février 1995.
2. Les comptes clients seront encaissés en février ou en mars 1994.
3. L'emprunt bancaire est remboursable en versements annuels de 20 000 $ qui doivent être faits le 31 décembre de chaque année pendant les cinq prochaines années. L'intérêt sur l'emprunt a été payé le 31 janvier 1994.

4. La société a déclaré un dividende de 20 000 $ le 31 janvier 1994, et 15 000 $ ont été payés aux actionnaires le même jour. Le solde sera versé le 31 décembre 1994.

5. Les « placements » ont été achetés juste avant la fin de l'exercice et ils se composent des titres suivants :

Dépôts à terme à 8 %, échéant en avril 1994	4 000 $
Placement en actions de ABC ltée	12 000
	16 000 $

Les actions de la société ABC ltée ne se négocient pas dans une bourse des valeurs mobilières. Macro ltée détient 3 % des actions de ABC ltée.

6. L'emprunt des actionnaires est remboursable sur demande, mais on ne s'attend pas à ce qu'il soit remboursé au cours de l'exercice qui vient. Cet emprunt n'est pas garanti.

7. Le terrain et le bâtiment sont inscrits à leur valeur marchande estimative, basée sur une expertise faite le 2 janvier 1994. Le terrain a coûté 40 000 $; le bâtiment, 96 000 $.

8. L'emprunt bancaire est garanti par une hypothèque de premier rang sur le terrain et le bâtiment.

9. Un montant de 5 000 $ d'encaisse est détenu en fiducie, en vertu de certaines conditions d'un contrat de vente récent conclu avec un client.

10. Les frais généraux incluent 50 000 $ de créances irrécouvrables relatives à la faillite d'un client important au cours de l'exercice.

11. Les impôts sur les bénéfices comprennent 1 000 $ d'impôts relatifs à la vente de l'usine et du matériel au cours de l'exercice.

12. Les honoraires comprennent 20 000 $ de revenus qui auraient dû être comptabilisés dans l'exercice précédent.

À partir de l'information ci-dessus, dressez, en respectant les classements appropriés, un bilan, un état des résultats et un état des bénéfices non répartis pour l'exercice clos le 31 janvier 1994. Rédigez également les notes complémentaires que vous estimez nécessaires pour répondre aux besoins des utilisateurs (posez l'hypothèse qu'il existe un investisseur éventuel) et respectez les exigences de présentation des PCGR.

Note : les problèmes suivants portent sur les placements intersociétés, sujet traité dans les pages 160 à 179.

Problème 5.13* Au début de l'année, la société Québec Sports ltée a acheté 40 % des actions avec droit de vote de la société Bilodeau ltée pour un montant de 4 100 000 $. Au cours de l'exercice, Bilodeau ltée a fait un bénéfice net de 600 000 $ et a versé 250 000 $ en dividendes. Québec Sports ltée, qui comptabilise son placement dans Bilodeau ltée à la valeur d'acquisition, présente un bénéfice de 800 000 $ pour cet exercice. Quel serait le bénéfice de Québec Sports ltée si cette société utilisait plutôt la méthode de la comptabilisation à la valeur de consolidation ?

Problème 5.14 La société Placements Biron ltée détient 23 % des actions avec droit de vote de l'entreprise Hôtel Riche ltée. Elle a acheté sa participation pour 1 500 000 $ au cours de l'exercice précédent et, depuis lors, Hôtel Riche ltée a présenté un bénéfice net de 400 000 $ et déclaré des dividendes totalisant

160 000 $. Placements Biron ltée comptabilise son placement dans Hôtel Riche ltée à la valeur de consolidation.

1. Trouvez les montants des éléments suivants :
   a) Produits que la société Placements Biron ltée a dû constater en ce qui concerne son placement depuis l'acquisition.
   b) Solde du compte Placement dans Hôtel Riche ltée qui paraîtra dans le bilan de la société.
2. Trouvez les mêmes chiffres qu'au point 1, mais cette fois-ci dans le cas où Placements Biron ltée comptabiliserait son placement à la valeur d'acquisition.

Problème 5.15 La comptabilisation des placements intersociétés est soumise aux PCGR. Utilisez vos connaissances sur les PCGR pour répondre aux questions concernant la situation suivante.

L'entreprise Journaux du monde ltée détient 45 % des actions avec droit de vote de la société Imprimeurs nomades ltée. Elle a acquis ces actions il y a plusieurs années pour 10 000 000 $. Imprimeurs nomades ltée a subi des pertes pendant quelques années après l'acquisition, mais elle a recommencé à être rentable récemment : depuis que Journaux du monde ltée a acheté ses actions, Imprimeurs nomades ltée a enregistré des pertes totalisant 790 000 $ et des bénéfices de 940 000 $, ce qui donne un bénéfice net total de 150 000 $ depuis l'acquisition. L'an dernier, Imprimeurs nomades ltée a versé son premier dividende de 100 000 $.

1. Journaux du monde ltée comptabilise son placement dans Imprimeurs nomades ltée à la valeur de consolidation. Qu'est-ce que cela signifie ?
2. Quel est le montant actuel du compte Placement dans Imprimeurs nomades ltée qui figure dans le bilan de Journaux du monde ltée ?
3. Y aurait-il une différence dans le bilan de Journaux du monde ltée s'il y avait consolidation ?
4. Supposons que Journaux du monde ltée achète 65 % des actions avec droit de vote de Imprimeurs nomades ltée au coût de 10 000 000 $, et que, à cette date, Imprimeurs nomades ltée présentait les chiffres suivants : valeur comptable de l'actif, 18 000 000 $; somme des justes valeurs de l'actif, 19 000 000 $; valeur comptable du passif, 7 000 000 $; somme des justes valeurs du passif, 10 000 000 $. Calculez l'écart d'acquisition qui serait présenté dans le bilan consolidé de Journaux du monde ltée à cette date.

Problème 5.16 La société Abitibi ltée a décidé d'adopter une politique de croissance par acquisitions. Au cours des dernières années, elle a acheté des actions de plusieurs autres sociétés :

Forestière du Nord ltée (détenue à 65 %)
Immobilière du Lac à La Biche ltée (détenue à 10 %)
Bœuf de l'Ouest ltée (détenue à 30 %)
Informatique Clabec ltée (détenue à 100 %)

1. Les PCGR prévoient différentes méthodes de comptabilisation des placements du genre de ceux d'Abitibi ltée.
   a) Pourquoi prévoit-on différentes méthodes ?
   b) Si Bœuf de l'Ouest ltée présente un bénéfice net de 600 000 $ et déclare des dividendes de 150 000 $ pour un exercice donné, quel montant présentera Abitibi ltée dans son état des résultats sous le poste

Produit de placement dans Bœuf de l'Ouest ltée ? Posez l'hypothèse que la société Abitibi ltée y exerce une influence sensible.

2. Abitibi ltée a acheté ses actions de Forestière du Nord ltée pour 200 000 $ comptant. À cette date, les capitaux propres de Forestière du Nord ltée se composaient comme suit : capital-actions, 50 000 $; bénéfices non répartis, 110 000 $. Les chiffres consolidés d'Abitibi ltée (*sans inclure Forestière du Nord ltée*) étaient les suivants : capital-actions, 2 600 000 $; bénéfices non répartis, 4 900 000 $. Abitibi ltée veut inclure Forestière du Nord ltée dans ses états financiers consolidés. À la date d'acquisition :

   a) Quel chiffre apparaîtra sous le poste Part des actionnaires sans contrôle dans Forestière du Nord ltée dans le passif consolidé ?

   b) À combien s'élèveront les capitaux propres consolidés ?

3. Si Forestière du Nord ltée réalise un bénéfice net de 50 000 $ chaque année, cela augmentera-t-il le bénéfice net consolidé de 50 000 $? Sinon, quel sera l'écart en moins ? en plus ? Expliquez brièvement.

4. Les états financiers consolidés regroupent les chiffres des sociétés parce que celles-ci ont des propriétaires communs et pas nécessairement parce qu'elles sont semblables. Par exemple, les sociétés dans lesquelles Abitibi ltée détient une participation ne sont pas très semblables. Estimez-vous que cela a du sens ? Pourquoi ?

Problème 5.17* La société Meubles Pouf ltée a décidé de détenir une participation de 65 % dans l'entreprise d'appareils ménagers Clic ltée pour 43 000 000 $ comptant. Voici les bilans des deux sociétés à la date d'acquisition (en millions de dollars) :

Actif			Passif et capitaux propres		
	Meubles Pouf ltée	**Clic ltée**		**Meubles Pouf ltée**	**Clic ltée**
Espèces et quasi-espèces	112 $	10 $	Emprunt bancaire	128 $	0 $
Autres actifs à court terme	304	45	Autres passifs à court terme	160	10
Actif à long terme (net)	432	25	Passif à long terme	272	15
			Capital-actions	160	15
			Bénéfices non répartis	128	40
	848 $	80 $		848 $	80 $

Meubles Pouf ltée estime que la juste valeur marchande de tous les éléments d'actif et de passif de Clic ltée est égale à leur valeur comptable, sauf pour l'actif à long terme dont Meubles Pouf ltée évalue la juste valeur à 33 000 000 $.

1. Calculez l'écart d'acquisition qui sera présenté dans le bilan consolidé à la date d'acquisition.

2. Calculez les montants consolidés suivants à la date d'acquisition :

   a) L'actif total consolidé ;

   b) Les capitaux propres consolidés ;

   c) Le passif total consolidé.

Problème 5.18   L'entreprise Supermarchés du Nord ltée accroît l'intégration verticale de ses opérations en faisant l'acquisition de fournisseurs. Le 1er juillet 1994, Supermarchés du Nord ltée acquiert 70 % des actions ordinaires de Pouce Vert ltée, un fournisseur de la rive sud de Montréal qui lui procure des asperges, des céleris et d'autres légumes. Pouce Vert ltée fait elle-même partie d'un conglomérat parce qu'elle possède de grandes superficies de terrains à Atlanta et à Dallas, de même que des laiteries dans l'État de New York et au Québec.

Le 1er juillet 1994, le bilan de Pouce Vert ltée présentait une valeur comptable de 112 800 000 $. La juste valeur nette totale de tous les éléments d'actif et de passif s'élevait à 161 000 000 $ à cette date. Supermarchés du Nord ltée a payé 154 000 000 $ pour détenir une participation dans Pouce Vert ltée (25 000 000 $ comptant et le reste par une émission de nouvelles actions).

Nous sommes maintenant au 31 mars 1995, date de fin d'exercice de Supermarchés du Nord ltée. Pour la société, l'année a été bonne. Pouce Vert ltée présente aussi de bons résultats : un bénéfice net de 33 000 000 $ pour la période de neuf mois se terminant le 31 mars 1995 et des dividendes déclarés de 15 000 000 $ au cours de cette période. Sur une base non consolidée, le placement de Supermarchés du Nord ltée dans Pouce Vert ltée se chiffrait à 166 600 000 $ au 31 mars 1994, et son bénéfice net de l'exercice s'élevait à 74 200 000 $.

1. Quelle est la méthode de comptabilisation utilisée par Supermarchés du Nord ltée pour son placement dans Pouce Vert ltée ? Justifiez votre réponse.

2. Voici deux postes qui pourraient se trouver dans le bilan consolidé de Supermarchés du Nord ltée et Pouce Vert ltée : Écart d'acquisition résultant de la consolidation et Part des actionnaires sans contrôle. Pourquoi les justes valeurs des éléments d'actif de Pouce Vert ltée permettent-elles de calculer le premier poste, mais pas le second ?

3. Calculez le bénéfice net consolidé pour l'exercice se terminant le 31 mars 1995 du mieux que vous le pouvez avec les données dont vous disposez.

Problème 5.19*   En vue de prendre de l'expansion, Chat ltée a acquis récemment 80 % des actions avec droit de vote de Souris ltée, au prix de 10 800 000 $. À la date d'acquisition, l'actif de Souris ltée s'élevait à 14 600 000 $, son passif se chiffrait à 8 200 000 $ et ses capitaux propres à 6 400 000 $. Selon la meilleure estimation que Chat ltée pouvait faire à la date d'acquisition, la juste valeur marchande des éléments d'actif de Souris ltée s'élevait à 16 100 000 $ et celle de ses éléments de passif à 8 300 000 $.

1. Calculez l'écart d'acquisition à la date d'acquisition.

2. Calculez la part des actionnaires sans contrôle à la date d'acquisition.

3. Trouvez les montants manquant dans le bilan consolidé présenté ci-dessous :

Comptes	Chat ltée	Souris ltée	Chiffres consolidés
Éléments divers d'actif	105 000 000	14 600 000 $	$
Placement dans Souris ltée	10 800 000		
Écart d'acquisition			
Éléments divers de passif	83 700 000	8 200 000	
Part des actionnaires sans contrôle			
Capitaux propres	32 100 000	6 400 000	

Problème 5.20   Géant ltée a décidé récemment de se procurer une participation de 70 % dans Publibec ltée, un petit grossiste en magazines. À la date d'acquisition, le bilan de Publibec ltée se présente comme suit :

Actif		Passif et capitaux propres	
Encaisse	10 000 $	Passif	102 000 $
Clients (nets)	55 000	Capitaux propres	108 000
Stock	70 000		
Immobilisations (nettes)	75 000		
	210 000 $		210 000 $

Pour ses comptes clients, Publibec ltée a prévu une provision pour créances douteuses suffisante. Les stocks sont présentés au coût et leur valeur de remplacement s'élève à 70 000 $ environ. La valeur comptable du terrain s'élève à 20 000 $, mais sa valeur marchande est de 29 000 $. Dans le contrat d'achat, Géant ltée prend sous sa responsabilité le passif de Publibec ltée. Avant que la vente ne soit conclue, les propriétaires de Publibec ltée ont été autorisés à retirer toute l'encaisse de la société.

1. Si Géant ltée a payé 104 000 $ pour acquérir une participation dans Publibec ltée, quel est le montant de l'écart d'acquisition ?
2. Pourquoi Géant ltée a-t-il accepté de payer ce montant pour l'écart d'acquisition ?
3. Supposons que, au cours de l'exercice qui suit l'acquisition, Publibec ltée réalise un bénéfice net de 14 000 $. En conséquence, l'affirmation suivante vous paraît-elle vraie ou fausse et expliquez pourquoi : pour inscrire les bénéfices de Publibec ltée, il faut augmenter les bénéfices non répartis consolidés de Géant ltée de 14 000 $.

Problème 5.21   La société Conglobec ltée détient, entre autres placements, une participation de 45 % dans le club de base-ball Les Expros de Montréal, placement qu'elle comptabilise à la valeur de consolidation. Les Expros subissent des pertes depuis des années. À l'origine, Conglobec ltée avait investi 20 000 000 $ dans le club. Pour l'exercice se terminant le 30 avril 1994, le club subit des pertes de 8 000 000 $ (la quote-part de Conglobec ltée dans la perte devrait être de 3 600 000 $), ce qui porte le total cumulatif des pertes à 18 000 000 $ au 30 avril 1994 (la quote-part de Conglobec ltée devrait être de 8 100 000 $). Il est inutile de préciser que Les Expros n'ont pas versé de dividendes à leurs propriétaires, puisqu'ils n'ont connu que des pertes depuis longtemps.

1. Le placement dans le club de base-ball Les Expros est comptabilisé à la valeur de consolidation. Qu'est-ce que cela signifie ?
2. Quelle est, selon la méthode de la comptabilisation à la valeur de consolidation, la valeur comptable du placement de Conglobec ltée dans le club de base-ball au 30 avril 1994 ?
3. Y aurait-il une différence dans les états financiers de Conglobec ltée s'il y avait consolidation ?
4. Le rapport annuel de Conglobec ltée inclut un supplément d'information sur les secteurs d'activité et les secteurs géographiques. Que nous indique ce supplément d'information que les états financiers consolidés ne fournissent pas, et en quoi cela peut-il modifier la décision prise par un utilisateur ?

Problème 5.22   L'entreprise Meubles Dubé ltée veut prendre de l'expansion en faisant l'acquisition d'autres fabricants de meubles et entreprises connexes. C'est pourquoi le président de l'entreprise voudrait connaître les méthodes de comptabilisation des regroupements d'entreprises. Répondez brièvement à ses quatre questions :

1. Pourquoi faut-il regrouper les comptes d'une filiale et ceux de la société mère ?
2. Pourquoi la consolidation d'une filiale nouvellement acquise n'influe-t-elle pas sur les bénéfices non répartis consolidés ? (Après tout, la filiale dispose également de bénéfices non répartis.)
3. Puisqu'il regroupe les montants de plusieurs sociétés, le bilan consolidé ne devrait-il pas présenter une image financière plus solide que le bilan non consolidé de la société mère ?
4. Que représente le poste Écart d'acquisition résultant de la consolidation dans le bilan consolidé ?

Problème 5.23   Supposons que, pour diversifier les risques qu'elle prend, une grande brasserie décide de faire l'acquisition d'une participation qui lui conférera le contrôle d'une chaîne nationale de magasins de meubles, d'appareils ménagers et d'autres marchandises. Modifiant sa politique habituelle de participation à 100 %, elle décide d'acquérir une participation de 60 %. Le 1er janvier 1994, la brasserie paie 54 000 000 $ comptant pour obtenir 60 % des actions avec droit de vote de la chaîne de magasins. À cette date, le bilan de la chaîne est le suivant :

Encaisse	2 000 000 $	Emprunt bancaire remboursable	
Autres actifs à court terme	53 000 000	sur demande	14 000 000 $
Actif à long terme	38 000 000	Autres passifs à court terme	26 000 000
Moins : Amortissement		Passif à long terme	20 000 000
cumulé	(6 000 000)	Capitaux propres	27 000 000
	87 000 000 $		87 000 000 $

Selon l'évaluation de la brasserie, les justes valeurs de tous les éléments d'actif et de passif de la chaîne de magasins au 1er janvier 1994 sont les mêmes que les valeurs comptables, sauf en ce qui concerne le terrain : le coût inscrit dans les registres de la chaîne de magasins est de 4 000 000 $ mais, selon l'évaluation faite par la brasserie, sa juste valeur est de 7 000 000 $ au 1er janvier 1994.

La chaîne de magasins devrait présenter un bénéfice net important pour la période de quatre mois qui s'étend du 1er janvier 1994 au 30 avril 1994 (fin de l'exercice de la brasserie). Les dirigeants de la brasserie se réjouissent donc de leur décision de s'engager dans la vente au détail des meubles.

1. La brasserie détient une participation lui conférant le contrôle de la chaîne de magasins de meubles, de sorte que cette dernière doit être intégrée, avec les autres sociétés, aux états financiers. Toutefois, la chaîne de magasins est passablement différente des autres activités de la brasserie. Dans ce cas, est-il opportun d'additionner des oranges avec des pommes ? Donnez votre avis sur cette question.

2. S'il y a lieu, calculez l'écart d'acquisition qui résulte de l'acquisition de la chaîne de magasins le 1ᵉʳ janvier 1994.
3. Évaluez chacun des éléments suivants en expliquant votre raisonnement. Si l'on regroupe les comptes de la chaîne de magasins de meubles et ceux de la brasserie au 1ᵉʳ janvier 1994, que deviendront à *cette date* les postes suivants ?

	Augmentera	Diminuera	Sans changement	Non déterminable
a) Actif total consolidé				
b) Capitaux propres consolidés				
c) Bénéfice net consolidé, depuis le 1ᵉʳ mai 1993				

4. En examinant ce que sera le bénéfice consolidé de l'exercice se terminant le 30 avril 1994, jugez de l'effet du bénéfice considérable prévu pour la chaîne de magasins de meubles.

RÉFÉRENCES

1. On trouvera un bon index de la plupart des sources « officielles » se rapportant aux états financiers dans le *Guide to Accounting Pronouncements and Sources*, de C. S. R. Drummond et A. K. Mason, Toronto, ICCA, 1990.
2. Copyright — Financial Accounting Standards Board, 401, Merritt 7, P.O., Box 5116, Norwalk, Connecticut, 06856—5116, U.S.A. Traduction et reproduction autorisées. On peut se procurer des copies du document complet auprès du FASB.
3. On trouvera notamment des commentaires relatifs à l'utilisation des valeurs marchandes pour des éléments comme les emprunts et les titres détenus par les banques et les autres institutions financières dans Kevin G. Salwen et Robin G. Blumenthal, « SEC Starts a Revolution in Accounting », *Globe and Mail*, 15 octobre 1990, B8 ; et Dana W. Linden, « If Life Is Volatile, Account for It », *Forbes*, 12 novembre 1990, p. 114 et 115. Pour des études sur la valorisation du passif à long terme, voir, par exemple, J. Alex Milburn, *Temporalité et actualisation en comptabilité générale*, Toronto, ICCA, 1990 ; et Discussion mémorandum du FASB, *Present Value-Based Measurements in Accounting*, Stamford, Conn., Financial Accounting Standards Board, 7 décembre 1990.
4. R. L. Watts et J. L. Zimmerman, dans *Positive Accounting Theory* (Englewood Cliffs, N.J., Prentice-Hall, 1986), examinent l'intérêt des gestionnaires pour les normes de comptabilité et de présentation de l'information, et citent de nombreux exemples (spécialement dans les chapitres 7 à 10).

5. M. Gibbins et A. K. Mason, *Jugement professionnel et information financière*, Toronto, ICCA, 1989. Les extraits proviennent du chapitre 1, p. 1 et 2; du chapitre 5, p. 40; et du sommaire, p. xvi.

6. *Manuel de l'ICCA*, chapitre 3050, paragraphe .04, Toronto, Institut Canadien des Comptables Agréés, version en vigueur en octobre 1994.

7. *Ibid.*, chapitre 1590, paragraphe .03.

8. *Ibid.*, chapitre 1600, paragraphe .03. Reproduction autorisée par l'Institut Canadien des Comptables Agréés, Toronto, Canada.

9. *Ibid.*, chapitre 1580, paragraphe .42. Reproduction autorisée par l'Institut Canadien des Comptables Agréés, Toronto, Canada.

10. On peut trouver une autre explication graphique très utile de la consolidation dans l'ouvrage de R. Fraser, *Consolidations: A Simplified Approach*, Dubuque, Iowa, Kendall/Hunt, 1981.

11. Adapté de l'examen final uniforme des comptables agréés de 1979. Autorisation accordée par l'Institut Canadien des Comptables Agréés, Toronto, Canada.

12. Adapté de l'examen final uniforme des comptables agréés de 1984. Autorisation accordée par l'Institut Canadien des Comptables Agréés, Toronto, Canada.

6

LA TENUE DES LIVRES ET LE CONTRÔLE

6.1 APERÇU DU CHAPITRE

Nous traitons dans ce chapitre des aspects fondamentaux de la comptabilité, soit les procédés de tenue des livres et les mesures de contrôle interne qui régissent la présentation des enregistrements de l'information comptable. Nous y examinons la base comptable des opérations, à savoir les écritures de journal et les registres servant à l'inscription des opérations. Nous expliquons aussi les notions fondamentales de débit et de crédit, nécessaires à la préparation de l'information comptable.

Les registres doivent absolument être exacts et complets : ils procurent l'information et présentent en quelque sorte l'historique des opérations de l'entreprise. Sans connaître le passé de l'entreprise, les investisseurs et les gestionnaires ne peuvent pas planifier l'avenir, évaluer convenablement les options qui se présentent à eux ou tirer des leçons des expériences antérieures. De nos jours, dans un environnement économique complexe — en particulier lorsque les entreprises sont très importantes —, les événements (ou opérations, comme nous les désignerons) sont beaucoup trop nombreux pour qu'on puisse les retrouver sans tenir des comptes écrits dans des livres. Les registres fournissent des informations permettant d'établir des précisions, d'évaluer et de récompenser la performance et d'assurer le contrôle interne concernant l'existence et la qualité des biens que possède l'entreprise. En outre, le contrôle interne procure une protection systématique contre le vol et la perte, mais il fournit aussi une documentation servant à des fins juridiques ainsi qu'à des fins de communication avec les compagnies d'assurances. Toutefois, la tenue des livre comporte un coût, et ce coût doit être compensé par les avantages qu'offrent les registres. Leur degré de complexité et d'exactitude doit être défini par la direction de l'entreprise, tout comme les prix ou le type de mise en marché d'un produit sont déterminés par elle.

Voici les concepts que vous étudierez dans ce chapitre :

Concepts d'utilisation : Les utilisateurs s'attendent à ce que la direction tienne des registres complets et exacts ; tous ceux qui les utilisent apprécient la valeur de registres bien tenus, et la direction a la responsabilité d'assurer une gestion saine et efficace des biens de l'entreprise.

Concepts de préparation : L'importance d'un système comptable de tenue des livres qui repose sur les opérations pour répondre à la nécessité de disposer de registres valables, fournissant ainsi un moyen objectif et vérifiable d'inscrire les faits de l'entreprise et une base solide pour le contrôle interne des biens.

Techniques de préparation : Les procédés de tenue des livres intervenant dans la création des registres des opérations ainsi que les pièces justificatives, les écritures à journaliser, les grands livres et les autres éléments qui composent la tenue des livres, ainsi que les mesures destinées à assurer le contrôle de deux biens importants : l'encaisse et le stock.

Techniques d'utilisation : L'utilité des divers procédés et leur rôle dans la production de l'information qui est présentée dans les états financiers, de même que leur rôle dans la production de l'information nécessaire pour les impôts, les compagnies d'assurances ou pour d'autres fins, comme la prévention des fraudes.

6.2   IMPORTANCE DES REGISTRES BIEN TENUS

Dans la section précédente, nous avons souligné l'importance d'un système de tenue des livres complet et soigné. Voici un extrait d'une brochure de la Banque Royale du Canada, destinée aux nouveaux entrepreneurs.

Vous devez absolument instaurer un bon système de tenue des livres et de classement des documents. Vous économiserez ainsi beaucoup de temps et d'efforts au moment où votre entreprise fonctionnera à plein rendement. Des comptes bien tenus vous aideront à répondre aux exigences de tenue des livres imposées par les lois fiscales canadiennes, mais ils constitueront aussi un outil indispensable dans la gestion de votre entreprise. Grâce à des comptes définis spécialement pour votre entreprise, vous serez en mesure de contrôler étroitement les résultats de vos opérations. Vous pourrez comparer votre rendement actuel avec vos plans initiaux et évaluer votre situation en comparant vos ratios financiers et vos ratios d'exploitation avec ceux d'entreprises similaires. Le fait de savoir à temps ce qui s'est produit — et ne s'est pas produit — pour pouvoir intervenir peut faire toute la différence entre le succès et l'échec.

Votre système devrait tenir compte de la taille et de la nature de votre entreprise. À la limite, vous pouvez vous contenter d'un système de classement rudimentaire se composant de 24 dossiers dans lesquels vous comptabiliseriez vos revenus et dépenses de chaque mois. Mais vous aurez vraisemblablement besoin d'un système plus perfectionné. En effet, il vous faudra certainement tenir des registres permanents de vos actifs, de vos dettes et des titres de participation de votre entreprise, en plus de comptabiliser vos revenus et dépenses.

La tenue des comptes exacts des dépenses de votre entreprise et leur comparaison avec vos revenus fournissent une information essentielle dont vous avez besoin pour prendre des décisions importantes, telles que la détermination des prix et la budgétisation.

Un comptable ou un teneur de livres compétent peut vous être d'un précieux secours en vous aidant à trouver la meilleure façon de tenir les comptes de votre entreprise et à interpréter les résultats de votre exploitation. Vous pouvez faire appel aux services de cette personne soit à temps partiel, soit en fonction de vos besoins. Il existe aussi une grande variété d'excellents programmes informatiques de comptabilité et de tenue des livres qui peuvent vous permettre de réduire vos frais au minimum. Mais, quel qu'en soit le coût, établir un système comptable approprié à vos besoins constitue un investissement nécessaire[1].

Toujours dans la même brochure, la Banque Royale du Canada souligne plusieurs fois que les registres font partie des éléments que tous ceux qui veulent mettre sur pied une entreprise doivent prendre en considération. Ces éléments comprennent le respect des exigences légales, la préparation des plans d'affaires et du marketing de l'entreprise, la mesure et l'analyse des résultats, l'assurance et le contrôle de gestion.

6.3 COMPTABILITÉ GÉNÉRALE : FILTRE DES OPÉRATIONS

Les systèmes d'information de gestion agissent comme des filtres comptables qui préparent l'information : ils sélectionnent les renseignements provenant du monde, rassemblent les résultats dans des banques de données, organisent et résument les données en vue de produire des catégories particulières d'information. Ce filtrage et cette récapitulation se font pour deux raisons principales : les gens ne peuvent utiliser une masse d'information brute non organisée et, du point de vue économique, il est très rentable d'avoir recours à une personne ou à un système qui organise les données en fonction des besoins des utilisateurs ou d'un utilisateur particulier, à différents moments. Pour illustrer la première raison, prenons l'exemple de la presse écrite : les rédacteurs en chef regroupent les rapports et les événements de sorte que vous sachiez où trouver ce que vous cherchez. Il y a la section des sports, la section des loisirs, une page pour le courrier des lecteurs, et ainsi de suite. On pourrait aussi garder la presse comme exemple de la deuxième raison : même si aucun journal ne contient ce que vous cherchez, l'information fournie satisfait uffisamment la plupart des gens pour que le journal soit publié à un coût peu élevé. Pensez à ce qu'il vous en coûterait si vous deviez engager vous-même des journalistes pour obtenir de l'information sur mesure. Pour exécuter ce travail, chaque système d'information de gestion doit faire des choix ; il doit passer au crible toutes les données disponibles et retenir uniquement celles qui sont pertinentes à l'objectif visé. Vous n'escomptez pas que votre journal vous offre des reproductions sur papier glacé des toiles de Rembrandt que vous puissiez encadrer ou qu'il imprime vos résultats universitaires. Pour cela, vous vous adressez à d'autres sources d'information.

Un système d'information de gestion est limité en soi. Il ne peut fournir que ce que ses capteurs ont recueilli (s'il s'agit d'un système rigoureux de recherche des données) ou ce qu'il choisit dans la masse des faits qui se produisent (s'il s'agit d'un système de filtrage plus passif). Aucun système d'information ne vous dit « la vérité » et certainement pas « toute la vérité » parce qu'il ne peut vous transmettre que l'information pour laquelle il a été conçu ou qu'il a été autorisé à recueillir[2]. La figure suivante décrit la situation :

Figure 6.1

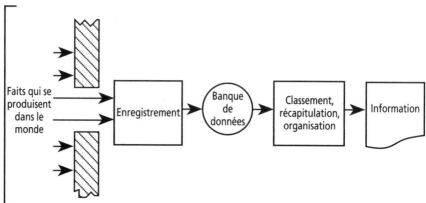

La brèche dans le mur représente en quelque sorte le filtre du système ou la « fenêtre sur le monde ». Une fois qu'un élément d'information brute a été admis, l'activité d'enregistrement entre en fonction et cet élément est intégré dans la banque de données. En comptabilité, l'élément est inscrit dans les comptes, les grands livres et les « livres », tenus manuellement ou de façon informatique, de même que dans les pièces justificatives. Les données de cette banque sont ensuite organisées de façon à produire une information utile (les états financiers et les rapports en comptabilité générale). En comptabilité, nous désignons habituellement par l'expression *tenue des livres* la partie gauche de la figure, soit l'enregistrement des données et certaines activités courantes de classement et de récapitulation. Nous désignons la partie droite, soit la transformation des données en information destinée aux utilisateurs, par les termes *comptabilisation* ou *présentation de l'information*. L'information comptable générale se retrouve dans le produit final du système, soit les états financiers et les notes complémentaires.

Les rapports comptables s'appuient sur les données rassemblées (certains critiques disent qu'ils se limitent à cela). Par conséquent, si vous voulez comprendre les rapports, vous devez comprendre comment la comptabilité filtre, relève et choisit les faits qui doivent être inscrits dans sa banque de données. Le filtre de la comptabilité générale, sa « fenêtre sur le monde », c'est l'« opération ». Habituellement, si un fait ou un événement économique constitue une opération, il est alors enregistré dans la base de données de la comptabilité générale ; si ce n'en est pas une, alors le système comptable n'en tient pas compte.

Voici des exemples d'opérations comptables. Elles doivent être enregistrées régulièrement par le système comptable :

a) Le service de la paye émet un chèque à l'ordre d'un employé.

b) Un client règle comptant un compte qu'il doit depuis le mois dernier ; en contrepartie, on lui remet un reçu.

c) Un commis prépare pour un client une facture concernant la vente de marchandises qui sont en possession du client et que celui-ci a promis de payer plus tard.

d) Le caissier en chef dépose la recette journalière à la banque.

e) À l'entrepôt, on reçoit des pièces de rechange pour le camion de livraison, accompagnées d'une facture du fournisseur.

Par ailleurs, voici des exemples de faits qui ne constituent pas des opérations comptables et qui, par conséquent, ne seront pas enregistrés par le système comptable :

i) Le président de la société s'est cassé une jambe en faisant du ski.

ii) Le directeur du service de crédit a conclu que le client Paul Radin ne paierait jamais le compte qu'il doit.

iii) La nuit passée, l'entrepôt principal a été rasé par les flammes.

iv) Un client commande une machine qui doit être livrée le mois prochain.

v) Les rapports immobiliers indiquent que la valeur du terrain de l'entreprise a augmenté de 14 % depuis l'an passé.

Qu'est-ce qui distingue les opérations comptables des faits présentés dans la seconde liste, lesquels peuvent tous avoir une incidence économique importante, mais ne sont pas enregistrés par le système comptable ? Pour être considéré comme une opération comptable, un fait doit normalement présenter les quatre caractéristiques suivantes :

1. Échange : il doit y avoir échange de marchandises, d'argent, d'instruments financiers (comme des chèques ou des obligations) ou d'autres éléments ayant une valeur économique.

2. Extérieur : l'échange doit se faire entre l'entreprise qui comptabilise l'opération et quelqu'un de l'extérieur.

3. Preuve : il doit exister une trace de ce qui s'est produit (sur papier ou sur un support informatisé).

4. Dollars : on doit pouvoir mesurer le fait en dollars ou dans une autre unité monétaire en vigueur dans le pays où l'opération est effectuée.

Ces caractéristiques indiquent l'importance de l'information comptable. Premièrement, elles sont liées à la notion juridique de réalisation d'un contrat par laquelle une contrepartie est reçue ou cédée en échange de biens ou de services. Pour reconnaître un fait comme une opération, la comptabilité générale se base sur la convention juridique fondamentale qui régit le système économique. Ce n'est donc pas par hasard que la comptabilité enregistre à titre d'opérations les faits qui ont une grande importance sur le plan légal et sur celui des affaires. Deuxièmement, ces caractéristiques justifient en grande partie le choix du coût d'origine comme base de la comptabilité générale, lequel repose fortement sur les opérations. Si une opération a eu lieu (notez le verbe au passé), on doit la retrouver dans le système comptable et dans les états financiers. C'est de l'histoire. Si l'opération ne s'est pas encore produite, elle ne constitue pas encore ce type de fait juridique et ne doit pas alors figurer dans le système comptable au coût d'origine. Troisièmement, les caractéristiques de l'opération fournissent la base à partir de laquelle les enregistrements peuvent être vérifiés par la suite, procédé visant à assurer la crédibilité de l'information comptable. Les faits qui ne présentent pas ces caractéristiques seraient difficiles à vérifier par la suite et manqueraient inévitablement de crédibilité en tant que mesures du rendement ou de la situation financière.

Considérons les faits de la première liste et vérifions s'ils possèdent les caractéristiques d'une opération :

	Échange ?	Externe ?	Preuve ?	Dollars ?
a)	oui — argent	oui — employé	oui — chèque	oui — chèque
b)	oui — argent	oui — client	oui — reçu	oui — encaisse
c)	oui — marchandises, promesse	oui — client	oui — facture	oui — prix
d)	oui — argent	oui — banque	oui — bordereau de dépôt	oui — encaisse
e)	oui — marchandises, promesse	oui — fournisseur	oui — facture	oui — prix

Les faits de la seconde liste ne possèdent pas certaines de ces caractéristiques, notamment celle qui a trait à l'échange. Le fait *iv*, par exemple, ne constitue pas encore un échange parce que la machine n'a pas été livrée.

Qu'arrive-t-il si un comptable n'est pas satisfait de l'ensemble des données enregistrées par un système et souhaite redresser les données en vue de montrer certaines catégories de faits qu'il estime importantes pour mesurer le rendement ou la situation financière ? Il peut le faire en apportant à la banque de données certaines modifications qu'on appelle *régularisations* ou *écritures de régularisations*, par lesquelles on présente de nouvelles données ou l'on modifie l'inscription de données antérieures. Pour décider s'il faut procéder à de telles modifications et déterminer quel montant en dollars elles nécessiteront, il faut posséder à la fois de solides compétences et un bon jugement puisque ces modifications se rapportent à des faits qui ne constituent pas des échanges, ne sont pas accompagnés des preuves habituelles ou ne peuvent être immédiatement mesurables en dollars. Les éléments *ii* et *iii* de la seconde liste sont des exemples de faits qui font habituellement l'objet de régularisations, alors que l'élément *v* est un fait qui n'est habituellement pas régularisé (encore que plusieurs critiques de la comptabilité estiment qu'il devrait l'être).

Dans cet ouvrage, nous nous intéressons principalement à la partie « comptabilité » (côté droit) de la figure 6.1 : décider des régularisations à effectuer, de la présentation des rapports, des notes complémentaires et d'autres activités du même genre. N'oublions pas que le système d'enregistrement des opérations est à la base de tout ce processus, et que la précédente définition d'une opération donne au système comptable la plus grande partie de sa valeur sur le plan de l'objectivité.

6.4 ENREGISTREMENT DES OPÉRATIONS : COMPTABILITÉ EN PARTIE DOUBLE

À la section 2.5 du chapitre 2, nous avons envisagé les débits et les crédits en relation avec l'équation comptable. Dans cette section, nous verrons comment le système de tenue des livres fonctionne à travers l'utilisation des débits et des crédits, en vue de conserver la validité de l'équation et de fournir au comptable une base de données équilibrée des opérations inscrites qu'il utilisera lors de la préparation des états financiers et des autres rapports.

Lors d'une opération, il y a un échange. Le génie — et le mot n'est pas trop fort — de la comptabilité en partie double est qu'elle permet à l'entreprise qui tient les comptes d'inscrire les deux aspects de l'échange en même temps. Ces deux aspects, présentés sous la forme de questions, se présentent comme suit :

a) Qu'est-il arrivé aux ressources de l'entreprise (considérez cet aspect comme la raison ayant incité l'entreprise à effectuer l'opération, l'aspect réel du fait)?

b) Comment peut-on expliquer ce qui est arrivé aux ressources de l'entreprise (considérez cet aspect comme une explication de la modification survenue dans les ressources)?

Le bilan, comme nous l'avons expliqué dans le chapitre 2, présente les ressources à gauche et les sources à droite. Vous avez maintenant l'habitude de voir le côté gauche du bilan comme celui de l'actif, et le côté droit comme celui du passif et des capitaux propres. Le bilan présente donc la liste des actifs de l'entreprise du côté gauche et les moyens par lesquels ces actifs ont été obtenus (les sources) du côté droit. Citons l'exemple des emprunts, qui sont présentés dans le passif, des apports directs de capital des propriétaires, comme le capital-actions, et des bénéfices non répartis, qui proviennent des profits. L'effet de chaque opération est inscrit dans l'actif et expliqué dans le passif et les capitaux propres (incluant le bénéfice). En inscrivant ces deux aspects en même temps, la comptabilité en partie double nous montre les changements qui se sont produits dans l'actif et indique comment ces changements sont survenus : les biens ont-il été obtenus au moyen d'un emprunt, grâce à des investissements des propriétaires ou en accumulant des bénéfices (les produits moins les charges) qui n'ont pas été versés sous forme de dividendes ? Une opération peut nécessiter un remaniement des éléments d'actif (comme la réception d'argent en paiement d'un compte client) ou des sources (comme une charge qui n'est pas encore payée). Il peut donc arriver que l'effet d'une opération sur les ressources et son explication se trouvent du même côté du bilan mais, là encore, on inscrit les deux aspects de l'opération.

Le système utilisé pour la comptabilisation des opérations emploie les débits et les crédits, notions qui vous sont déjà familières :

$$\text{Actif} = \text{Passif} + \text{Capitaux propres}$$

$$\text{Débits} = \text{Crédits}$$

Les débits sont des augmentations de l'actif.

Les crédits sont des augmentations du passif ou des capitaux propres (les produits et le bénéfice gonflent les capitaux propres et sont par conséquent des crédits).

Les crédits sont des diminutions de l'actif.

Les débits sont des diminutions du passif et des capitaux propres (les charges et les dividendes réduisent les capitaux propres et sont par conséquent des débits).

Voici des exemples de certains échanges qui montrent la façon dont les deux parties ayant conclu l'opération inscriront les deux aspects de cette opération :

Partie A	Partie B
1. Guy emprunte 1 000 $ à la banque.	**La banque prête 1 000 $ à Guy.**
Guy inscrit : 　*Débit* Encaisse　　　　1 000 $ 　　*Crédit* Emprunt à payer　　　1 000 $ Pour inscrire l'emprunt fait à la banque.	La banque inscrit : 　*Débit* Créance à recevoir　1 000 $ 　　*Crédit* Encaisse　　　　　1 000 $ Pour inscrire le prêt consenti à Guy.
2. Luc paie une facture de téléphone de 500 $ qu'il a inscrite auparavant.	**La compagnie de téléphone reçoit les 500 $.**
Luc inscrit : 　*Débit* Comptes fournisseurs　500 $ 　　*Crédit* Encaisse　　　　　500 $ Pour inscrire le paiement de la facture.	La compagnie inscrit : 　*Débit* Encaisse　　　　　500 $ 　　*Crédit* Comptes clients　　　500 $ Pour inscrire la réception du paiement de Luc.
3. Hélène paie 400 $ à Georges pour ses conseils juridiques.	**Georges reçoit les 400 $ d'Hélène pour ses conseils juridiques.**
Hélène inscrit : 　*Débit* Frais juridiques　　400 $ 　　*Crédit* Encaisse　　　　400 $ Pour inscrire le paiement relatif aux conseils juridiques reçus.	Georges inscrit : 　*Débit* Encaisse　　　　400 $ 　　*Crédit* Produits　　　　400 $ Pour inscrire l'argent reçu pour les conseils juridiques.

Voici des exemples simples illustrant plusieurs caractéristiques du système de tenue des livres, dont les suivantes :

a) Les inscriptions en *partie double* dans lesquelles chaque opération est portée au *débit* et au *crédit* sont appelées *écritures*. Une écriture peut comporter autant de comptes qu'il est nécessaire pour inscrire l'opération, mais elle doit être enregistrée de sorte que la somme des débits soit égale à la somme des crédits. Si ce n'est pas le cas, l'égalité de l'équation comptable n'est plus vérifiée (en d'autres termes, les livres ne sont plus équilibrés).

b) Une inscription qui ne tient compte que d'un côté de l'équation comptable est une inscription en *partie simple*. Par exemple, il se peut qu'une société enregistre tous les débits portés au compte

Encaisse dans un livre et tous les crédits portés à ce compte dans un autre livre. Les livres et le bilan ne seront équilibrés que si chacun d'eux présente le même total. Le fait de les tenir séparément peut donc constituer une mesure de contrôle interne utile. Les personnes chargées de la tenue des deux livres doivent être très attentives, sinon les résultats ne seront pas les mêmes.

c) Habituellement, on présente en premier lieu les débits de chaque écriture ; les débits sont inscrits à gauche, et les crédits, à droite. Cette présentation n'est pas nécessaire du point de vue arithmétique, mais le fait de tenir toujours les comptes de la même façon favorise la compréhension.

d) On écrit aussi d'ordinaire une courte explication au-dessous de chaque écriture pour rappeler le motif de l'opération. Encore une fois, cela n'est pas nécessaire, mais cette explication favorise également la compréhension.

e) Chaque écriture devrait aussi comprendre la date et, habituellement, le numéro de l'opération de façon qu'aucun doute ne subsiste quant au moment de l'enregistrement de l'opération. (Cela n'a pas été fait dans les exemples précédents.) La date peut aussi être importante à des fins légales et fiscales et, évidemment, elle est nécessaire au moment de la préparation des états financiers, car elle indique au cours de quel exercice a eu lieu l'opération.

f) Les entreprises qui ont beaucoup d'opérations à inscrire — ce qui est souvent le cas — ne créent pas une écriture distincte pour chaque opération, mais utilisent plutôt des livres spéciaux pour chaque catégorie d'opérations, tels qu'un journal des ventes, un journal des encaissements et un journal des décaissements (nous approfondirons plus loin le sujet des livres spéciaux).

g) De nombreux systèmes comptables sont informatisés. Ces systèmes ne produisent pas forcément des enregistrements semblables à ceux des exemples précédents, mais leur objectif reste le même : faire en sorte que le total des débits soit égal au total des crédits.

h) On dit que « le débit d'une personne correspond au crédit d'une autre personne ». Vous pouvez le constater dans les exemples précédents. Le débit (augmentation) de l'encaisse de Guy correspond à un crédit (diminution) de l'encaisse de la banque. L'argent de la banque est devenu celui de Guy. Le débit d'Hélène relatif aux frais juridiques correspond au crédit de Georges pour des produits. Les produits de Georges correspondent aux charges d'Hélène. Ces exemples mettent en lumière l'une des caractéristiques de la notion comptable d'opération, soit l'échange.

i) Les exemples ci-dessus illustrent différents types d'opérations. Guy se procure un bien — de l'argent — et le financement de cette somme d'argent s'explique par l'emprunt qu'il effectue à la banque (augmentation de l'actif, augmentation du passif). La banque réorganise son actif, avec moins d'argent en caisse mais avec une créance de plus (augmentation de l'actif, diminution de l'actif). Luc a moins d'argent du fait qu'il s'est acquitté d'une dette (diminution de l'actif, diminution du passif). La compagnie de téléphone réorganise son actif, possède plus d'argent en caisse mais perd une créance à recevoir (augmentation de l'actif, diminution de l'actif). Hélène a moins d'argent, étant donné la dépense qu'elle a engagée, ce qui diminue son bénéfice et, par conséquent, ses capitaux propres (diminution de l'actif, diminution des capitaux propres). Georges a augmenté son encaisse du fait qu'il a reçu une somme d'argent, ce qui accroît son bénéfice et par conséquent ses capitaux propres (augmentation de l'actif, augmentation des capitaux propres).

Voici un exemple d'une opération plus complexe. Le 14 décembre 1991, la société Sablon ltée a fait l'acquisition d'une entreprise prospère dont le propriétaire, Ronald Legrand, avait décidé de prendre sa retraite. Le prix a été fixé à 523 000 $ mais, comme Sablon ltée manquait un peu de liquidités, la société a financé son acquisition par un emprunt de 150 000 $ à la banque. Le vendeur a accepté d'attendre quelques années avant de recevoir une partie du prix d'achat, moyennant une hypothèque à long terme de 178 000 $ sur le terrain et sur le bâtiment. Par conséquent, Sablon ltée n'a dû débourser que 195 000 $ puisés à même son encaisse (le versement total s'élève à 345 000 $, y compris l'argent emprunté). Sablon ltée a acquis les biens suivants dont les valeurs ont obtenu l'accord de Ronald Legrand : comptes clients, 57 000 $; stock, 112 000 $; terrain, 105 000 $; bâtiment, 194 000 $; matériel, 87 000 $; comptes fournisseurs que Sablon ltée paiera, 69 000 $. La somme de ces valeurs (lorsqu'on soustrait le montant à payer) est de 486 000 $. Le prix de 523 000 $ est de 37 000 $ plus élevé, de sorte que Sablon ltée inscrira la différence à titre d'écart d'acquisition attribuable à la prospérité de l'entreprise, à son emplacement favorable et à la fidélité de sa clientèle.

Pour journaliser cette opération, la société Sablon ltée inscrira l'écriture suivante :

14 décembre 1991		Débits	Crédits
Dt Comptes clients	(actif à court terme)	57 000	
Dt Stock	(actif à court terme)	112 000	
Dt Terrain	(actif à long terme)	105 000	
Dt Bâtiment	(actif à long terme)	194 000	
Dt Matériel	(actif à long terme)	87 000	
Ct Comptes fournisseurs	(passif à court terme)		69 000
Dt Écart d'acquisition	(actif à long terme)	37 000	
Dt Encaisse	(actif à court terme)	150 000	
Ct Encaisse	(actif à court terme)		345 000
Ct Emprunt bancaire	(passif à court terme)		150 000
Ct Hypothèque à payer	(passif à long terme)		178 000
Pour inscrire l'acquisition de l'entreprise de Ronald Legrand.			

Il s'agit là d'une longue écriture ! Elle satisfait à l'exigence arithmétique selon laquelle la somme des débits doit être égale à la somme des crédits (742 000 $). Pour enregistrer l'opération, on attribue aux comptes des intitulés appropriés (d'autres sociétés ou teneurs de livres pourraient avoir choisi d'autres intitulés). Dans l'écriture ci-dessus, on utilise, comme cela se fait couramment, les abréviations Dt et Ct pour désigner respectivement les débits et les crédits. Il est également fréquent d'omettre le symbole du dollar.

OÙ EN ÊTES-VOUS ? Voici deux questions auxquelles vous devriez pouvoir répondre à partir de ce que vous venez de lire :

1. Comment reconnaissez-vous les types de faits ou d'événements économiques qui sont reflétés dans les livres comptables d'une entreprise ?

2. Inscrivez l'opération suivante dans les comptes de la société Willy ltée. La société a acheté un gros camion, qui a coûté 89 000 $, en versant 20 000 $ comptant et en s'adressant à la société de crédit du concessionnaire pour financer le reste de la somme. (Dt Camion — actif, 89 000 $; Ct Encaisse — actif, 20 000 $; Ct Emprunt pour camion — passif, 69 000 $)

6.5   TOUJOURS À PROPOS DES COMPTES

Les comptes sont les sommaires des opérations inscrites. Par conséquent, le **solde d'un compte** présente l'effet net de toutes les opérations inscrites dans ce compte. Le compte Encaisse d'une société pourrait se présenter comme suit :

			Encaisse		
Date	**Description**	**Numéro**	**Débits**	**Crédits**	**Solde**
1er déc. 1994	1er dépôt	1	10 000		10 000
2 déc.	Dépôt	3	1 146		11 146
2 déc.	Chèque	7		678	10 468
2 déc.	Chèque	8		2 341	8 127

Vous avez maintenant une idée du contenu d'un compte. Chaque compte constitue vraiment un sommaire commode des écritures qui s'y rapportent.

À des fins de démonstration et d'analyse, les comptables et les professeurs de comptabilité utilisent souvent la version simplifiée d'un compte qu'on appelle *compte en T*. On prépare cette version en incluant seulement les colonnes des débits et des crédits du compte, sans calculer chaque fois le solde. Voici comment se présenterait le compte en T de l'exemple ci-dessus :

Encaisse	
10 000	678
1 146	2 341
11 146	3 019
8 127	

6.6   LIVRES ET REGISTRES COMPTABLES

Dans cette section, nous récapitulons brièvement certains des mécanismes du système comptable et nous montrons comment les opérations
peuvent être présentées dans les livres de comptes et dans une balance de
vérification, soit le matériel préliminaire des états financiers.

Nous commencerons par donner quelques définitions, puis nous
utiliserons un exemple pour illustrer comment fonctionne le système. Il
faut toutefois garder en mémoire qu'il s'agit d'une description élémen-
taire ; nous devons laisser plusieurs éléments de côté afin d'améliorer la
clarté de la présentation. Aujourd'hui, pour la plupart des entreprises, les
« livres » dont nous parlons ci-dessous sont remplacés par des registres
informatisés.

Quelques définitions

Les pièces justificatives

Les pièces justificatives sont des écrits originaux ou officiels attestant
qu'une opération a bien eu lieu. En voici quelques exemples :

- *Facture* — document préparé par le vendeur pour l'acheteur et
  décrivant la quantité, le prix et les conditions de vente des marchandises ou des services qui ont été fournis.

- *Connaissement* (bon de livraison) — note rédigée par la société de
  transport, acceptée et habituellement signée par le destinataire à la
  suite de la livraison de marchandises, et qui atteste que l'échange de
  biens a eu lieu.

- *Chèque* — billet de change tiré auprès d'une banque et payable sur
  demande.

- *Bordereau de dépôt* — document certifiant qu'un dépôt a été fait à la
  banque ou dans une autre institution financière.

- *Effet* — billet de change ou autre preuve négociable d'une dette.

- *Bordereau de vente* — relevé utilisé par les magasins de détail pour
  enregistrer un achat ou une vente.

- *Certificat d'action* — document prouvant qu'une personne détient une
  participation aux bénéfices d'une société.

- *Document* — terme général servant à désigner toute pièce utilisée pour
  l'enregistrement d'une opération.

Les journaux

Les journaux sont des registres dans lesquels les opérations comptables
sont inscrites initialement et de façon permanente. Cette inscription est
habituellement faite à partir des pièces justificatives. Normalement, les
opérations de nature similaire sont inscrites dans un journal distinct
mais, dans le cas de petites entreprises, un seul livre peut contenir toutes

les opérations (voir la définition du livre synoptique). Voici quelques exemples de ces journaux :

- *Journaux des ventes, des achats et des encaissements* — exemples de journaux servant couramment à regrouper des opérations. Ainsi, toutes les ventes seront inscrites dans le journal des ventes.

- *Livre des chèques ou journal des décaissements* — journal contenant l'inscription de tous les chèques émis sur un compte bancaire particulier. Les sociétés ont habituellement des livres des chèques (et des comptes bancaires) pour les principales catégories d'opérations, telles que le paiement des fournisseurs, les salaires, les salaires des dirigeants et le versement des dividendes.

- *Journal général* — livre comptable servant principalement à inscrire les écritures portant sur des opérations pour lesquelles un journal distinct n'est pas prévu. Le journal général sert aussi à inscrire les régularisations et autres ajustements (comme nous l'expliquerons dans les chapitres suivants).

Les écritures de journal

Les écritures de journal constituent un moyen par lequel les opérations et les redressements comptables sont inscrits dans un journal. La comptabilité d'usage est la comptabilité en partie double, selon laquelle on inscrit à la fois les effets sur les ressources (actif) et les sources (passif et capitaux propres) de l'opération. Cependant, toutes les écritures ne portent pas sur des opérations parce que certaines ont trait à des corrections ou à des régularisations apportées aux soldes de comptes. (Nous expliquerons cela dans des chapitres ultérieurs.)

Le grand livre

Le grand livre est un livre comptable (ou un rapport informatisé) dans lequel une page ou un numéro de code de compte est attribué à chaque compte particulier se trouvant dans les journaux. Chaque catégorie ou page contient un résumé de toutes les opérations relatives à un compte particulier. Voici quelques exemples se rapportant aux grands livres :

- *Grand livre général* — ensemble de comptes particuliers qui renferme toutes les opérations de l'entreprise. Le grand livre général est la colonne vertébrale de tout le système comptable et constitue la base à partir de laquelle on prépare le bilan et l'état des résultats. Ce grand livre prend soit la forme d'un « livre », soit la forme d'une disquette magnétique sur laquelle l'information est stockée. Actuellement, la plupart des sociétés tiennent leurs comptes sur ordinateur et impriment l'information selon leurs besoins.

- *Balance de vérification* — liste de tous les comptes du grand livre général accompagnés de leur solde. On dresse cette liste périodiquement (à la fin de chaque mois, par exemple) de façon à faire la preuve que le grand livre est équilibré, c'est-à-dire que la somme des soldes débiteurs est égale à la somme des soldes créditeurs. On appelle **plan comptable** la liste des titres de tous les comptes d'une entreprise sans leurs soldes.

• *Grands livres auxiliaires* — les grands livres auxiliaires des comptes clients et des comptes fournisseurs en sont deux exemples. Prenons le cas d'une société qui fait crédit à ses clients. Elle peut décider de tenir un compte de grand livre distinct pour chacun de ses clients. On vérifie l'équilibre de ces grands livres en s'assurant que le total des soldes des comptes équivaut à celui du compte correspondant dans le grand livre général (par exemple, le compte Contrôle des comptes clients doit présenter le même solde que le total des soldes des comptes clients individuels).

Le report

Le report est l'action d'inscrire dans le grand livre les montants qui se trouvent dans les journaux. Si l'on a utilisé un journal spécial, seuls les totaux seront reportés dans le grand livre.

Le livre synoptique

Le livre synoptique contient toutes les opérations de l'entreprise. On inscrit les écritures dans des colonnes, ce qui rend l'inscription des opérations plus rapide et plus facile. On fait le total des colonnes et on le reporte dans le grand livre une fois par mois environ. Le livre synoptique se compose de colonnes correspondant chacune à un compte. Cependant, certains comptes, dont le compte Encaisse, comprennent deux colonnes en raison de la quantité d'opérations qui s'y rapportent. On inscrit chaque opération sur une ligne et, sur cette même ligne, le total des débits doit être égal au total des crédits. Lorsque vous additionnez les éléments de chaque colonne, le total doit être reporté dans le compte correspondant du grand livre. À titre d'exemple, voici un livre synoptique très simple :

Date	Description	Encaisse		Emprunt bancaire	Produits	Charges
		Débit	Crédit	Crédit	Crédit	Débit
1er juin	Emprunt	100,00		100,00		
2 juin	Vente	26,00			26,00	
3 juin	Salaires		20,00			20,00
		126,00	20,00	100,00	26,00	20,00
Solde de l'encaisse		106,00				

Vous pouvez vérifier si le livre synoptique est en équilibre en additionnant les débits (126 $ + 20 $ = 146 $) et les crédits (20 $ + 100 $ + 26 $ = 146 $).

Exemple : les chaussettes de Josiane

Maintenant que vous possédez mieux la terminologie, envisageons une situation particulière et suivons les faits d'une entreprise depuis les opérations effectuées jusqu'à la préparation des états financiers. Nous analyserons cette situation en partie dans le présent chapitre et en partie dans le chapitre suivant (section 7.8). Voici une liste de six opérations :

1. Josiane, une jeune entrepreneure, décide que le premier Festival annuel des neiges constitue une occasion de faire des affaires lucratives en vendant des chaussettes de laine. (On prévoit des records de froid.) Elle s'adresse à la Banque Colossale en vue d'obtenir un prêt de 2 000 $ à très court terme et l'obtient en donnant son auto en garantie.

2. Elle achète 200 paires de chaussettes chez le Roi du bas ltée, à 3 $ la paire.

3. Elle obtient un permis de vendeur de la ville de Rimouski pour 65 $, qu'elle paie d'avance.

4. Elle loue un kiosque pour une période de six jours, à 25 $ par jour, et paie ce loyer d'avance.

5. Pour annoncer son commerce, elle se procure une enseigne, dans une entreprise de graphisme, au coût de 140 $. Elle n'a pas encore payé son enseigne.

6. Elle vend la totalité des 200 paires de chaussettes au prix de 5,40 $ la paire au cours des deux premiers jours du festival (les 15 et 16 février).

Nous allons maintenant voir comment ces quelques opérations sont inscrites et compilées dans un système comptable très simple. Remarquons que, même si ce système est beaucoup plus simple que celui qu'utilisent les grandes entreprises, c'est tout ce dont Josiane a besoin. Il est important que le système comptable soit adapté aux besoins de chacun.

Étape 1 — Pièces justificatives

Au moment où Josiane parcourt la ville pour obtenir le financement nécessaire et pour acheter son stock, il est probable qu'elle ne porte pas beaucoup d'attention aux exigences en matière de comptabilité ! Toutefois, elle aura besoin des documents des opérations qui ont eu lieu (nous utilisons les numéros des opérations mentionnées ci-dessus) :

1. Une copie du contrat d'emprunt plus le bordereau de dépôt si, comme c'est le cas habituellement, l'argent a été versé directement sur son compte par la banque.

2. La facture de vente du Roi du bas ltée (pour Josiane, c'est une facture d'achat).

3. Le reçu du permis délivré par la ville de Rimouski.

4. Le reçu du loyer versé au Festival des neiges.

5. La facture de l'entreprise de graphisme.

6. Pas d'autres pièces justificatives que le bordereau de dépôt de la banque (elle a simplement mis l'argent dans sa poche avant de le déposer à la banque).

Étape 2 — Inscription des opérations dans un journal

L'étape suivante consiste à inscrire les opérations dans un journal. Voici un journal général typique comportant l'inscription des opérations (dans les journaux et les grands livres, on inscrit aussi les cents, mais nous n'en tiendrons pas compte ici) :

N°	Date	Description	Débit	Crédit
1.	15 février	Encaisse	2 000	
		Emprunt bancaire		2 000
		Financement des opérations par la Banque Colossale.		
		Pièce justificative : contrat d'emprunt.		
2.	15 février	Stock de chaussettes	600	
		Encaisse		600
		Achat du stock de chaussettes chez le Roi du bas ltée.		
		Pièce justificative : bordereau de vente.		
3.	15 février	Frais d'exploitation (permis)	65	
		Encaisse		65
		Permis obtenu de la ville.		
		Pièce justificative : reçu du permis.		
4.	15 février	Frais d'exploitation (loyer)	150	
		Encaisse		150
		Paiement du loyer au Festival des neiges.		
		Pièce justificative : reçu de loyer.		
5.	15 février	Frais d'exploitation (enseigne)	140	
		Comptes fournisseurs		140
		Enseigne reçue de Graphisme ltée.		
		Pièce justificative : facture.		
6.	16 février	Encaisse	1 080	
		Ventes		1 080
		Vente des chaussettes !		
		Pièce justificative : bordereau de dépôt.		

Étape 3 — Report (résumé) des écritures dans le grand livre

Voici les six opérations inscrites, reportées dans les comptes du grand livre général.

Encaisse				
Date	Écriture	Débit	Crédit	Solde
15 février	1	2 000		2 000 Dt
15 février	2		600	1 400 Dt
15 février	3		65	1 335 Dt
15 février	4		150	1 185 Dt
16 février	6	1 080		2 265 Dt

Emprunt bancaire				
Date	Écriture	Débit	Crédit	Solde
15 février	1		2 000	2 000 Ct

Étape 3 — (suite)

Stock de chaussettes

Date	Écriture	Débit	Crédit	Solde
15 février	2	600		600 Dt

Frais d'exploitation

Date	Écriture	Débit	Crédit	Solde
15 février	3	65		65 Dt
15 février	4	150		215 Dt
15 février	5	140		355 Dt

Comptes fournisseurs

Date	Écriture	Débit	Crédit	Solde
15 février	5		140	140 Ct

Ventes

Date	Écriture	Débit	Crédit	Solde
16 février	6		1 080	1 080 Ct

Étape 4 — Balance de vérification pour s'assurer que le grand livre est équilibré

Compte	Débit	Crédit
Encaisse	2 265	
Emprunt bancaire		2 000
Stock de chaussettes	600	
Frais d'exploitation	355	
Comptes fournisseurs		140
Ventes		1 080
Totaux	3 220	3 220

Ainsi, le grand livre est équilibré !

C'est suffisant pour le moment. Notre but était de montrer comment sont produits les soldes des comptes qui servent à la préparation des états financiers, et l'étape 4 nous a conduits à ces soldes de comptes. Dans le chapitre 7, nous continuerons notre exemple pour illustrer les régularisations et les « corrections ».

OÙ EN ÊTES-VOUS ?

Voici deux questions auxquelles vous devriez pouvoir répondre à partir de ce que vous venez de lire :

1. Vous êtes propriétaire d'une entreprise. Votre comptable vient de vous présenter la balance de vérification de fin de mois des comptes de

l'entreprise. Selon vous, quels sont les principaux livres qu'a utilisés le comptable pour obtenir cette liste de comptes?

2. Votre comptable fait irruption dans votre bureau pour s'excuser parce qu'il a oublié de reporter le journal des ventes au comptant dans le grand livre général pour le mois. Le journal indiquait que les recettes provenant des ventes au comptant au cours du mois s'élevaient à 6 782 $. Quels sont les comptes du grand livre qui seront erronés en raison de cet oubli, et dans quelle mesure le seront-ils? (Le compte Encaisse doit présenter un déficit de 6 782 $ de même que le compte Produits.)

6.7 LE CONTRÔLE INTERNE

La tenue des livres ne sert pas seulement à rassembler les données en vue de la préparation des états financiers. Les livres aident également la direction à veiller à la gestion efficace de l'entreprise, à la protection des biens et généralement au contrôle des activités de l'entreprise. Le contrôle interne ne relève pas uniquement de la tenue des livres: la protection physique des biens, l'assurance et une supervision adéquate des employés constituent aussi des facteurs importants du système de contrôle interne.

Nous consacrerons donc les sections suivantes de ce chapitre au contrôle interne. En effet, nous voulons vous présenter cet aspect intéressant de la tâche de gestionnaire — aspect que les experts-comptables et les vérificateurs considèrent comme faisant partie de leur champ de compétence —, et vous prouver que les objectifs de la tenue des livres et de la comptabilité en général vont au-delà de la préparation des états financiers.

Un système de tenue des livres approprié peut permettre d'exercer une surveillance sur les ressources d'une entreprise, donc de décourager le détournement des biens de l'entreprise ou l'utilisation inefficace de ses ressources, sans être exagérément fastidieux ou bureaucratique. À la page suivante, vous trouverez un article tiré du magazine *Forbes* dans lequel on décrit ce qui est arrivé à quelques compagnies américaines lorsqu'elles ont utilisé un mauvais système de tenue des livres.

JOUER AVEC LES CHIFFRES

Bien sûr, les comptables peuvent comptabiliser jusqu'au moindre cent de votre entreprise. Mais en avez-vous vraiment les moyens?

Hémorragie interne

PAR RICHARD GREENE

CETTE LETTRE A ÉTÉ ENVOYÉE à près de 60 000 actionnaires de PepsiCo peu de temps avant Noël, en 1982. Elle commençait sur un ton inquiétant: « Votre société a découvert récemment des irrégularités financières importantes dans les opérations étrangères d'embouteillage. » On y expliquait ensuite la nécessité de réévaluer à la baisse les bénéfices de plus de 90 millions de dollars depuis 1978.

PepsiCo, par malheur, n'est pas la seule dans ce cas. Au cours des dernières années, des sociétés comme Heinz, J. Walter Thompson et McCormick & Co ont eu des surprises similaires. La réaction immédiate a été de blâmer les vérificateurs externes. Mais c'était passer à côté du véritable problème: comment les sociétés exercent-elles une surveillance de leurs propres activités ? Il ne suffit pas simplement de contrôler jusqu'au dernier cent qui entre dans l'entreprise ou qui en sort. Les contrôles trop serrés peuvent faire autant de tort qu'une absence de contrôle.

Oublions les vérificateurs externes. Comme tous les membres des grands cabinets d'experts-comptables vous le diront, ils consacrent la plus grande partie de leur temps à vérifier le travail des teneurs de livres d'une société. La détection d'une fraude dans une entreprise relève essentiellement d'une responsabilité interne, même si personne ne veut le reconnaître lorsqu'une catastrophe se produit. À ce moment-là, la plupart des dirigeants de l'entreprise agissent comme s'ils avaient obtenu leur MBA grâce à leur talent à pointer du doigt.

Les contrôles internes portent sur un éventail d'activités qui vont de la simple informatisation des stocks au système de pièces justificatives, qui permet d'éviter que les cadres inférieurs ne fassent des achats importants, en passant par les contre-vérifications qui permettent d'éviter qu'un employé n'expédie les marchandises sans qu'un autre employé s'assure que les factures suivent. Ces systèmes vont au-delà de la seule assurance de l'honnêteté des employés. Une comptabilité serrée est essentielle à une bonne gestion.

Lorsque Osborne Computer a déclaré faillite en vertu du chapitre 11 en septembre, par exemple, il est apparu clairement que les dirigeants de la société n'avaient qu'une vague idée de l'endroit où pouvaient se trouver leurs stocks. On a raconté des histoires semblables à propos de Texas Instruments l'automne dernier, lorsque la société a soudain présenté de fortes pertes relatives à son secteur des ordinateurs personnels. Il s'agit là d'un problème courant : les sociétés qui sont motivées par des considérations techniques et des préoccupations de créativité ont beaucoup de difficulté à confier une responsabilité quelconque à d'ennuyeux comptables.

Charles Berger, le trésorier d'Apple Computer, se vante des contrôles stricts et bien définis de son entreprise. Mais il reconnaît que la mise en place du système a été difficile. « Les gens qui travaillent dans une entreprise qui a commencé dans un garage six ans plus tôt, et qui est maintenant une société ouverte qui fait plus d'un milliard de dollars de ventes, se montrent réticents lorsqu'on tente de structurer leurs activités », explique-t-il. Bien sûr, les sociétés bien gérées ont toujours été très attentives aux contrôles internes. Mais de

nombreuses entreprises ont été forcées de réexaminer leurs systèmes en 1977, lorsque le Congrès a voté la Foreign Corrupt Practices Act. Cette loi avait pour but d'empêcher les sociétés américaines de continuer à verser des paiements injustifiés — des pots-de-vin — aux dirigeants d'outre-mer, et d'exiger la mise en place de mécanismes de contrôle adéquats. « Mais cette loi s'appliquait à toutes les sociétés même si elles ne faisaient pas d'exportations », dit Michael Grobstein, un associé d'Ernst & Whinney.

Cette loi valorisant l'aspect éthique des affaires a obtenu un certain respect de nombreux hommes d'affaires, mais pas vraiment pour les raisons que le Congrès avait en tête. « Si vous donnez à un employé un document sur lequel il est précisé que la falsification des livres des opérations est contraire aux politiques de l'entreprise, il se dit en lui-même : « Je détiens là quelque chose qui me permet à moi, le simple exécutant, de juger la conduite de mes supérieurs », déclare Richard Gnospelius, associé de Coopers & Lybrand. « Cela augmente les risques que les employés subalternes soient en mesure de juger la conduite de leurs supérieurs. »

La plupart des abus que les gestionnaires sont désireux de faire cesser sont provoqués par les pressions qu'ils imposent eux-mêmes. Expliquez à quelqu'un de votre bureau de Phoenix que son poste dépend d'une augmentation des ventes, et vous courez le risque qu'il falsifie les commandes pour éviter d'être congédié. C'est grosso modo ce qui est arrivé à J. Walter Thompson, lorsque l'agence de publicité a annoncé en 1982 qu'elle devait radier 30,4 millions de dollars de ses bénéfices. Le consortium de la société avait gonflé régulièrement ses bénéfices et ses produits pour répondre à des objectifs toujours à la hausse. On n'avait rien volé, mais au moment où les écritures informatiques falsifiées ont été découvertes et rapportées, les actions de l'entreprise ont chuté de 20 %.

En conséquence, JWT a restructuré son système de contrôle. « La différence fondamentale, c'est que maintenant nous avons un seul système de grand livre général et un seul plan comptable », déclare Herbert Eames fils, vice-président exécutif des finances. « Nous n'avons plus une multitude de plans comptables, de comptes et de systèmes. Il est donc plus facile pour les vérificateurs d'examiner un seul processus comptable et de vérifier un seul ensemble de comptes. »

À ceux qui s'étonnaient qu'une des plus grandes agences de publicité du monde ait décentralisé sa comptabilité de la sorte, Herbert Eames répondait : « Eh bien ! c'est ainsi qu'évoluent les grands conglomérats. Je ne pense pas que le cas de J. Walter Thompson soit inhabituel. Les gens ont saisi les occasions offertes par ce genre de système pour agir de façon inadmissible. »

Il peut être très coûteux, par contre, de diminuer ce risque. Cela ne vaut pas la peine de verser 1 million de dollars en salaires à des experts-comptables pour découvrir simplement que 500 000 $ de stock ont été mal classés. « Vous faites alors face au problème de la relation entre les coûts et les avantages », explique John Collins, un associé de Peat Marwick. « Pour une entreprise spécialisée dans la restauration rapide, quel coût faudrait-il engager pour avoir l'assurance que tous les hamburgers seront comptabilisés, par rapport au coût qui permettrait d'obtenir l'assurance que 98 % des hamburgers le seront ! »

Dans le monde réel, aucun contrôle n'est complètement efficace. Une grande entreprise, par exemple, a été récemment victime d'un détournement de fonds de 2 millions de dollars par un employé de longue date qui s'arrangeait pour se faire verser des chèques sur un compte qui lui appartenait. Il empruntait pour cela un nom semblable à celui d'un fournisseur bien connu. La fraude, découverte lors d'une vérification interne, avait débuté il y a sept ans.

De plus, il arrive souvent qu'on ne puisse mesurer uniquement en dollars le coût des contrôles internes. Fréquemment, le problème porte davantage sur la perte de productivité et de créativité. « Une personne commence par avoir une bonne idée pour un produit, et cela finit par coûter 10 000 $ pour mettre le projet en route », comme l'explique Bob Kavner, associé de Coopers & Lybrand. « Dans un environnement fortement contrôlé, on a besoin de l'approbation d'un vice-président exécutif. Il faut ensuite soumettre le projet à plusieurs autres comités. Presque aussi vite, le jeune champion qui avait eu l'idée est épuisé. Après avoir fait toutes ces démarches une fois, il ne voudra pas se donner autant de mal une seconde fois. »

Chez General Electric, la direction évite d'exercer une surveillance trop pesante sur ses cadres, de peur qu'ils n'en arrivent à ne plus rien produire. « Nous avons abaissé l'échelon hiérarchique habilité à accorder l'autorisation d'effectuer certaines activités, ce qui nous permet de fonctionner comme une plus petite entreprise », explique James Costello, le contrôleur de la compagnie. « Certains directeurs de l'exploitation peuvent autoriser des dépenses de plus de 10 millions de dollars, soit environ deux fois plus qu'il y a trois ou quatre ans. »

Ce qui est regrettable dans tout ça, c'est que, chaque fois qu'une entreprise connaît un problème financier majeur, elle a tendance à réagir exagérément. Les contrôles doivent être assez serrés pour tenir les escrocs à distance, mais assez souples pour encourager la créativité. Il est difficile de maintenir cet équilibre, et cette question est bien trop importante pour être laissée uniquement entre les mains des experts-comptables.

Richard Greene, « Hémorragie interne », *Forbes*, 27 février 1984, p. 121 et 122. Traduction et reproduction autorisées par le magazine *Forbes*, 27 février 1984. © Forbes Inc., 1984.

6.8   LE CONTRÔLE INTERNE ET LES OBJECTIFS DE LA DIRECTION

Voici des extraits tirés des chapitres du *Manuel de l'ICCA* portant sur la vérification, chapitres qui vous permettront de connaître certaines normes (NVGR, pour normes de vérification généralement reconnues) que suivent les vérificateurs et le point de vue de l'ICCA au sujet des normes de contrôle interne destinées aux gestionnaires.

Chapitre 5200

Le contrôle interne dans le cadre de la vérification

OBJET ET INTRODUCTION

OBJET

.01 Les chapitres 5200 à 5220 traitent de l'étude que le vérificateur fait du contrôle interne dans le cadre d'une mission de vérification des états financiers. Comme il est expliqué au paragraphe .01 du chapitre 5000, VÉRIFICATION DES ÉTATS FINANCIERS - INTRODUCTION, le but de la vérification des états financiers est de permettre au vérificateur d'exprimer une opinion sur la fidélité avec laquelle ces états financiers présentent, à tous égards importants, la situation financière, les résultats d'exploitation et l'évolution de la situation financière de l'entité selon les principes comptables généralement reconnus, ou, dans des situations particulières, selon d'autres règles comptables appropriées communiquées au lecteur. Cette opinion ne constitue ni une garantie quant à la viabilité future de l'entité, ni un témoignage quant à l'efficience ou à l'efficacité ayant caractérisé la conduite de ses activités, et notamment l'exercice du contrôle interne.

.02 Les chapitres 5200 à 5220 ne traitent pas :

   a) du rapport sur les mécanismes de contrôle dans les organismes de services (voir le chapitre 5900, OPINIONS SUR LES PROCÉDÉS DE CONTRÔLE D'UN ORGANISME DE SERVICES);

   b) des autres missions appelant une appréciation du contrôle interne et la publication d'un rapport à cet égard.

CONTRÔLE INTERNE

.03 Le contrôle interne s'entend de l'ensemble des lignes directrices et mécanismes de contrôle établis et maintenus par la direction en vue de faciliter la réalisation de son objectif d'assurer, dans la mesure du possible, la conduite ordonnée et efficace des affaires de l'entité. La responsabilité de l'exercice d'un contrôle interne adéquat fait partie de la responsabilité générale que la direction assume relativement aux activités quotidiennes de l'entité.

.04 Les lignes directrices et mécanismes de contrôle sont des directives visant la prise de décisions, ainsi que des marches à suivre, que la direction établit et maintient pour atteindre les objectifs du contrôle interne.

.05 Les objectifs de la direction à l'égard du contrôle interne vont au-delà des objectifs visés par les états financiers. Par conséquent, certains aspects du contrôle interne ne concernent pas le travail de vérification, et le vérificateur n'a pas à les prendre en considération. Par exemple, les aspects du contrôle interne qui concernent l'efficacité, l'économie et l'efficience liées à certains processus décisionnels — comme la détermination des prix des produits ou la décision d'engager des dépenses pour certaines activités de recherche et de développement ou de publicité, bien qu'ils soient importants pour l'entité, n'ont habituellement pas d'intérêt pour la vérification des états financiers.

.06 La direction s'acquitte de ses responsabilités à l'égard du contrôle interne en prenant des mesures comme celles axées sur l'utilisation optimale des ressources, la prévention et la détection des erreurs et des fraudes, la préservation du patrimoine et le maintien de systèmes de contrôle fiables (voir l'Annexe C, « Objectifs du contrôle interne établis par la direction »).

CONTRÔLES INTERNES QUI INTÉRESSENT LE TRAVAIL DE VÉRIFICATION

.07 Les contrôles internes qui intéressent le travail de vérification sont les lignes directrices et mécanismes de contrôle établis et maintenus par la direction, qui ont une incidence sur le risque de non-contrôle lié à des assertions spécifiques contenues dans les états financiers au niveau des soldes de comptes ou des catégories d'opérations.

.08 Ces lignes directrices et mécanismes de contrôle se rattachent à la capacité de l'entité d'atteindre l'objectif de préparer une information financière qui concorde avec les assertions contenues dans les états financiers, ou se rattachent à d'autres données que le vérificateur utilise dans l'application de ses PROCÉDÉS de vérification aux assertions contenues dans les états financiers. Comme exemple de ces autres données, on peut mentionner les renseignements sur la production, que le vérificateur utilise dans le cadre de sa vérification de l'évaluation des stocks, et les données générées par le système de sécurité sur le profil des personnes qui ont accès aux biens de l'entité, renseignements que le vérificateur utilise dans son examen des contrôles internes exercés sur l'accès aux données et aux actifs.

.09 Comme la conception et l'efficacité des lignes directrices et mécanismes de contrôle peuvent différer selon les assertions auxquelles il convient de s'arrêter pour chaque solde ou catégorie, le risque de non-contrôle doit être apprécié à ce niveau de détail.

.10 Pour faciliter l'étude du contrôle interne dans le contexte de la vérification, on considère le contrôle interne sous l'aspect de l'environnement de contrôle et celui des systèmes de contrôle.

Environnement de contrôle

.11 L'environnement de contrôle représente l'effet collectif de divers facteurs sur l'adoption de lignes directrices et mécanismes de contrôle particuliers, et sur le renforcement ou la réduction de leur efficacité. Ces facteurs comprennent notamment :

a) la philosophie et le style de gestion ;

b) le rôle du conseil d'administration et de ses comités, en particulier le comité de vérification ;

c) la structure organisationnelle ;

d) les méthodes d'attribution des pouvoirs et des responsabilités ;

e) les méthodes de contrôle de gestion ;

f) la démarche suivie pour l'élaboration des systèmes ;

g) les principes et pratiques de gestion du personnel ;

h) la réaction des dirigeants aux influences extérieures ;

i) la vérification interne.

L'environnement de contrôle reflète l'attitude générale de la direction, sa prise de conscience, son engagement et son action à l'égard de l'importance du contrôle interne et de la place à lui accorder dans l'entité. Les facteurs de l'environnement de contrôle sont étudiés plus en profondeur à l'Annexe B. L'intérêt du vérificateur pour ces facteurs et l'importance relative accordée à chacun d'eux varient en fonction de la taille de l'entité, des caractéristiques de son organisation et du mode de participation de ses propriétaires.

.12 Les points forts et les faiblesses de l'environnement de contrôle sont susceptibles d'avoir un effet généralisé sur les états financiers. Un environnement de contrôle efficace se conjugue aux systèmes de contrôle pour la réalisation des objectifs particuliers que vise le contrôle interne. Il peut réduire l'effet que pourrait avoir l'absence de certains systèmes de contrôle sur le risque que les états financiers comportent une inexactitude importante. Par ailleurs, l'efficacité des systèmes de contrôle pourrait être compromise par un environnement de contrôle inefficace.

Systèmes de contrôle

.13 Les systèmes de contrôle sont les lignes directrices et mécanismes de contrôle établis et maintenus par la direction pour :

a) recueillir, enregistrer et traiter les données, et présenter l'information ainsi produite ;

b) augmenter la fiabilité de ces données et de cette information.

Dans maintes situations, les lignes directrices et mécanismes de contrôle mis en place peuvent servir ces deux fins.

.14 Les systèmes de contrôle mis en place pour recueillir, enregistrer et traiter les données, et pour présenter l'information ainsi produite, sont le plus souvent de nature financière et incluent les systèmes comptables. Cependant, d'autres systèmes d'information touchant à des secteurs comme la production, le marketing, le personnel ainsi que la recherche et le développement peuvent également avoir de l'intérêt pour le travail de vérification, s'ils traitent de données que le vérificateur utilisera dans l'application de ses PROCÉDÉS de vérification aux assertions contenues dans les états financiers.

.15 Les systèmes de contrôle qui ont pour objet d'augmenter la fiabilité des données et de l'information comportent notamment l'autorisation adéquate des opérations et des activités, la séparation des tâches, la conception et l'utilisation de documents et de registres appropriés, la surveillance de l'accès aux actifs et aux registres et la surveillance de leur utilisation, la vérification informatisée ou manuelle de l'exercice des contrôles, et la vérification de l'exactitude des montants comptabilisés.

[...]

ANNEXE B

FACTEURS DE L'ENVIRONNEMENT DE CONTRÔLE

La présente annexe est une analyse des facteurs de l'environnement de contrôle qui ont été énumérés au paragraphe 5200.11.

Philosophie et style de gestion

La philosophie et le style de gestion appliqués par la direction englobent un large éventail d'éléments dont :

a) l'intégrité et l'éthique ;

b) la façon d'assumer les risques commerciaux et d'en contrôler les effets ;

c) l'attitude et les décisions qui se reflètent dans les rapports financiers ;

d) l'importance accordée au respect de objectifs définis au chapitre des budgets, des bénéfices et des autres objectifs financiers et opérationnels.

Quelle que soit l'importance des autres facteurs de l'environnement de contrôle, ces éléments ont une influence significative, en particulier lorsque la direction est dominée par une ou plusieurs personnes.

Rôle du conseil d'administration et de ses comités, en particulier le comité de vérification.

Un conseil d'administration et, le cas échéant, un comité de vérification (ou un groupe équivalent) dynamiques font partie intégrante de l'environnement de contrôle. Leur rôle concernant la planification et la surveillance des activités de l'entité ainsi que la publication des rapports financiers permet souvent de réduire les préoccupations concernant le risque d'inexactitudes importantes qui peut être lié à la présence d'une direction dominatrice. Un comité de vérification efficace joue un rôle actif dans la surveillance de l'application des principes et méthodes de comptabilité et de présentation de l'information financière.

Structure organisationnelle

La structure organisationnelle s'entend de la façon dont s'articulent les fonctions de planification, de direction et de contrôle des activités. Elle dépend de la forme et de la nature des unités organisationnelles de l'entité, notamment de l'organisation du traitement des données et des fonctions connexes de gestion et de production de l'information financière. La structure organisationnelle doit refléter de façon appropriée la répartition des pouvoirs et des responsabilités au sein de l'entité.

Méthodes d'attribution des pouvoirs et des responsabilités

Les méthodes appliquées pour l'attribution des pouvoirs et des responsabilités influent sur le sens donné aux liens et aux responsabilités découlant de l'obligation de rendre compte au sein de l'entité; elles englobent:

a) la politique de l'entité concernant, notamment, les pratiques commerciales acceptables, les conflits d'intérêts et le code d'éthique;

b) l'affectation des responsabilités et la délégation des pouvoirs en vue de la réalisation des objectifs de l'organisation, de l'exercice des fonctions d'exploitation et du respect des exigences réglementaires;

c) les descriptions de tâches, dans lesquelles sont précisés les fonctions, les liens découlant de l'obligation de rendre compte et les contraintes;

d) la documentation des systèmes informatiques où sont consignés les procédés d'autorisation des opérations et d'approbation des modifications à apporter aux systèmes.

Méthodes de contrôle de gestion

Les méthodes que l'entité adopte en matière de contrôle de gestion influent sur le contrôle direct que la direction exerce à l'égard des pouvoirs qu'elle délègue et sur sa capacité de surveiller efficacement les activités de l'entité. Ces méthodes englobent:

a) l'établissement de systèmes de planification et de présentation de l'information qui rendent compte des plans de la direction et des résultats réellement atteints;

b) l'établissement de méthodes de compilation de l'information sur les performances réelles et les écarts par rapport aux performances prévues, et la communication de cette information aux cadres hiérarchiques concernés;

c) l'application de ces méthodes par les cadres hiérarchiques concernés en vue de l'analyse des écarts par rapport aux prévisions, et de la mise en œuvre en temps opportun de mesures correctives appropriées.

Méthode suivie pour l'élaboration des systèmes

La méthode suivie pour l'élaboration des systèmes comporte l'établissement et le maintien de règles sur la mise au point et la modification des systèmes et mécanismes, notamment la mise au point et la modification des programmes informatiques et des fichiers de données.

Principes et pratiques de gestion du personnel

Les principes et pratiques de gestion du personnel influent sur la capacité de l'entité de disposer de personnes suffisamment compétentes pour atteindre les objectifs visés. Ils englobent plus précisément les principes et pratiques d'embauchage, de formation, d'évaluation, de promotion et de rémunération des membres du personnel, et l'affectation des ressources nécessaires à l'exécution des fonctions qui leur sont confiées.

Réaction des dirigeants aux influences extérieures

Les influences extérieures sont des influences exercées par des forces externes qui agissent sur les activités et les pratiques de l'entité. À titre d'exemples, on peut mentionner les exigences en matière de surveillance et de conformité imposées à l'entité par le législateur et les organismes de réglementation, notamment l'assujettissement aux examens effectués par les organismes de réglementation bancaire. Ces influences s'exercent habituellement en dehors du champ d'action de l'entité. Elles peuvent cependant renforcer la prise de conscience et le comportement de la direction à l'égard de la conduite des activités et de la présentation d'une information pertinente. Elles peuvent également inciter les dirigeants à définir des lignes directrices et mécanismes de contrôle particuliers.

Vérification interne

La vérification interne est une fonction exercée à titre de service au sein de l'entité, qui s'inscrit dans l'environnement de contrôle et qui a pour objet la mesure et l'évaluation de l'efficacité des autres fonctions et activités faisant l'objet de la vérification. Les vérificateurs internes ont la responsabilité de fournir des analyses, des évaluations, des recommandations et d'autres informations à la direction et au conseil d'administration de l'entité, ou à d'autres personnes qui ont une autorité ou des responsabilités équivalentes. Du fait de l'exercice de ces fonctions, les vérificateurs internes font partie intégrante du contrôle interne.

ANNEXE C

OBJECTIFS DU CONTRÔLE INTERNE ÉTABLIS PAR LA DIRECTION

La présente annexe traite des objectifs du contrôle interne établis par la direction, en ce qui concerne notamment la préparation des états financiers. L'étude qui en est faite se limite à ce qui est nécessaire pour comprendre l'importance que le vérificateur accorde au contrôle interne dans le cadre d'une mission de vérification des états financiers, comme il est expliqué aux chapitres 5200 à 5220.

Optimisation des ressources

Le contrôle interne aide les dirigeants à faire une utilisation optimale des ressources de l'entité, car il leur permet :

a) de s'assurer qu'ils disposent dans toute la mesure du possible de l'information fiable dont ils ont besoin pour définir les politiques commerciales de l'entreprise ;

b) de surveiller la mise en œuvre de ces politiques et la mesure dans laquelle elles sont respectées.

Prévention et détection des erreurs et des fraudes

Le contrôle interne joue un rôle important dans la prévention et la détection des erreurs et des fraudes. L'établissement et le maintien d'un contrôle interne permettant la réalisation de cet objectif font toutefois l'objet d'une contrainte : la direction exige habituellement que les contrôles interne soient efficients. La direction compare le coût de la mise en place des contrôles internes à la probabilité relative que surviennent des erreurs et des fraudes, et à l'incidence de celles-ci sur les états financiers.

Préservation du patrimoine

Le contrôle interne protège l'entité contre des risques auxquels elle pourrait se trouver exposée fortuitement dans le cours du traitement des opérations ou de la manipulation des biens. Par exemple, le contrôle interne limite l'accès aux biens ou prévoit des comparaisons indépendantes effectuées périodiquement entre les biens comptabilisés et les biens réellement en main. La sévérité des restrictions concernant l'accès à des biens et la fréquence des comparaisons périodiques dépendent de la nature des biens et du risque de détournement qui s'y rattache.

Maintien de systèmes de contrôle fiables

La direction a besoin de systèmes de contrôle fiables pour réunir les informations nécessaires au fonctionnement de l'entité et tenir les registres comptables et autres qui lui permettent d'assurer la préparation des états financiers. La collecte, l'enregistrement et le traitement des données peuvent être faits au moyen de méthodes simples ou complexes, au sein de l'entité ou par un organisme de services. Les circonstances particulières dans lesquelles les données sont recueillies, enregistrées et traitées n'ont toutefois pas pour effet de modifier les objectifs que la direction cherche à atteindre au moyen du contrôle interne. La fiabilité de l'information est plus grande lorsque les contrôles internes sont appliqués au moment opportun. Pour que l'information soit utile à la prise de décisions et au contrôle de gestion, elle doit être disponible au moment voulu.

Chapitre 5205

Le contrôle interne dans le cadre de la vérification
Compréhension du contrôle interne aux fins de la planification de la vérification

INTRODUCTION

.01 La deuxième norme concernant le travail de vérification énonce ce qui suit :

> «*Le vérificateur doit acquérir une compréhension suffisante du contrôle interne pour pouvoir planifier sa mission.*»

Le présent chapitre porte sur la compréhension du contrôle interne que le vérificateur doit acquérir pour satisfaire cette exigence.

.02 Lorsque le vérificateur élabore sa stratégie de vérification des assertions spécifiques contenues dans les états financiers, il peut opter pour une stratégie mixte ou une stratégie corroborative. On désigne par « stratégie mixte » une stratégie établissant le risque de non-contrôle à un niveau inférieur au maximum, selon laquelle le vérificateur obtient les éléments probants dont il a besoin au moyen de tests des contrôles et de procédés de corroboration. On désigne par « stratégie corroborative » une stratégie établissant le risque de non-contrôle à un niveau maximum, selon laquelle le vérificateur obtient les éléments probants dont il a besoin au moyen seulement de procédés de corroboration.

.03 Dans nombre de cas, quelle que soit la taille de l'entité, la stratégie mixte peut s'avérer la seule façon de procéder à une vérification efficace d'une assertion spécifique contenue dans les états financiers. Ainsi, lorsqu'il vérifie l'assertion relative à l'intégralité des produits, ou les opérations traitées par des systèmes complexes ou intégrés, le vérificateur peut conclure qu'il est impossible ou peu pratique d'élaborer des procédés de vérification efficaces en s'appuyant sur une stratégie corroborative.

.04 La stratégie mixte peut également s'avérer la stratégie la plus efficiente. Ce serait le cas lorsque les avantages résultant de la réduction de l'étendue des procédés de corroboration, ou de la modification de leur nature ou de leur calendrier d'application, excèdent les coûts relatifs à l'acquisition d'une compréhension plus grande du contrôle interne, à la compilation de la documentation appuyant cette compréhension, ainsi qu'à la mise en œuvre des tests des contrôles que nécessite cette stratégie.

.05 Le vérificateur doit acquérir une compréhension suffisante du contrôle interne pour pouvoir planifier sa mission, quelle que soit la stratégie appliquée à la vérification des assertions spécifiques contenues dans les états financiers. Cette compréhension aidera le vérificateur à repérer les divers types d'inexactitudes possibles, à examiner les facteurs qui influent sur le risque que des inexactitudes importantes existent, et à déterminer la nature, l'étendue et le calendrier d'application des procédés de vérification. Sans cette compréhension, et même s'il utilise une stratégie corroborative, il est peu probable que le vérificateur soit en mesure de procéder à la planification de la vérification.

.06 Le vérificateur a besoin d'acquérir une compréhension suffisante de l'environnement de contrôle pour connaître l'attitude de la direction, sa prise de conscience, son engagement et son action à l'égard du contrôle interne, et l'importance que le contrôle a pour l'entité. Les facteurs qui ont normalement un effet important sur l'environnement de contrôle sont décrits au paragraphe .11 du chapitre 5200, LE CONTRÔLE INTERNE DANS LE CADRE DE LA VÉRIFICATION.

.07 La compréhension des systèmes de contrôle de l'entité est nécessaire parce que ceux-ci peuvent avoir une grande influence sur la possibilité qu'une inexactitude importante existe. La mise en place de systèmes de contrôle bien conçus peut permettre à l'entité de prévenir ou de détecter d'éventuelles inexactitudes. Des systèmes de contrôle mal conçus, ou l'absence de systèmes de contrôle, peuvent accroître considérablement le risque d'inexactitudes importantes.

.08 La compréhension des systèmes de contrôle de l'entité permet au vérificateur d'acquérir des connaissances au sujet des opérations (par exemple, existence et nature des registres et documents à l'appui des opérations), connaissances qui sont nécessaires à la conception des procédés de vérification.

.09 Alors que l'environnement de contrôle exerce habituellement un effet généralisé sur l'entité considérée globalement, les systèmes de contrôle visent normalement des soldes de comptes ou des catégories d'opérations particuliers. Par conséquent, lorsque le vérificateur travaille à comprendre les systèmes de contrôle de l'entité, il se penche sur des soldes de comptes ou des catégories d'opérations particuliers.

.10 Le vérificateur n'a besoin de comprendre le contrôle interne que dans la mesure où celui-ci influe sur les états financiers considérés globalement, ainsi que sur les assertions auxquelles il convient de s'arrêter et qui ont trait aux soldes de comptes ou aux catégories d'opérations importants. Un solde de compte ou une catégorie d'opérations est important s'il est susceptible d'avoir un effet important sur les états financiers. Pour chaque solde ou catégorie important, une assertion contenue dans les états financiers est une assertion à laquelle il convient de s'arrêter, à moins que le risque inhérent qui s'y rattache ne soit négligeable.

.11 *Le vérificateur doit acquérir une compréhension suffisante du contrôle interne pour pouvoir procéder à la planification de sa mission. Cette compréhension l'aidera à :*

   a) repérer les divers types d'inexactitudes possibles;
   b) déterminer les facteurs qui influent sur le risque que des inexactitudes importantes existent;

c) *déterminer la nature, l'étendue et le calendrier d'application des procédés de vérification.*

.12 Lorsque le vérificateur travaille à acquérir la compréhension nécessaire du contrôle interne, il obtient des renseignements sur la conception des lignes directrices et mécanismes de contrôle et sur leur mise en application. Toutefois, il n'assume pas la responsabilité d'évaluer l'efficacité de l'application de ces lignes directrices et mécanismes de contrôle.

.13 *La compréhension que le vérificateur acquiert du contrôle interne dans le but de planifier sa mission doit comporter une connaissance de la conception des lignes directrices et mécanismes de contrôle, ainsi que la constatation de leur mise en application.*

.14 La compréhension que le vérificateur acquiert du contrôle interne n'est qu'un aspect du processus de planification de la mission. L'annexe du chapitre 5150, PLANIFICATION ET SUPERVISION, illustre le lien entre cette compréhension et les autres aspects de la planification de la mission. Pour juger de la nature et de l'étendue de la compréhension qu'il doit avoir du contrôle interne pour pouvoir procéder à la planification de sa mission, le vérificateur tient compte de diverses questions telles que l'appréciation du risque inhérent ou les décisions concernant l'importance relative et la complexité des activités de l'entité, notamment en informatique. Par exemple, dans le cas de systèmes informatiques complexes, le vérificateur peut devoir consacrer une plus grande attention au contrôle interne s'il veut élaborer des procédés de vérification efficaces.

.15 Lorsque le vérificateur travaille à acquérir la compréhension nécessaire du contrôle interne, il peut découvrir des éléments susceptibles de compromettre la vérifiabilité des états financiers de l'entité. Par exemple, si le vérificateur a des doutes sérieux concernant la qualité de l'environnement de contrôle, il peut conclure que le risque que des inexactitudes importantes se soient glissées dans les états financiers est si élevé qu'il lui est impossible de procéder à une vérification. De même, si le vérificateur a des doutes concernant les systèmes de contrôle de l'entité, il peut être amené à conclure qu'il lui sera probablement impossible de réunir des éléments probants suffisants et adéquats pour étayer son opinion sur les états financiers.

PROCÉDURES VISANT L'ACQUISITION DE LA COMPRÉHENSION NÉCESSAIRE

.16 Le vérificateur doit faire appel à son jugement professionnel pour déterminer les procédés de vérification qui conviennent à chaque situation particulière, mais il a normalement besoin de prendre des renseignements et de corroborer les données obtenues, d'examiner la documentation pertinente ou d'observer les activités pertinentes de l'entité. Par exemple, lorsque le contrôle interne met en cause des lignes directrices et mécanismes de contrôle importants touchant les systèmes informatiques, le vérificateur peut en acquérir la compréhension nécessaire en appliquant des procédés de vérification tels que la prise de renseignements auprès du personnel informatique ou des vérificateurs internes, l'examen de la documentation pertinente relative aux systèmes, la mise à l'essai des systèmes à partir d'un terminal, ou l'étude des rapports d'exception.

.17 Le vérificateur acquiert la compréhension nécessaire du contrôle interne en misant à la fois sur l'expérience qu'il a acquise antérieurement à l'égard de l'entité et sur les procédés de vérification qu'il met en œuvre à l'égard de l'exercice considéré. La nécessité d'acquérir une compréhension suffisante du contrôle interne pour la planification de la vérification s'applique dans toutes les missions. Il va de soi que cette démarche demande moins d'efforts dans le cas de la deuxième mission et des missions ultérieures, parce que le vérificateur possède déjà un bagage de connaissances et qu'il peut mettre l'accent sur les changements survenus dans le contrôle interne depuis la vérification précédente.

COMPRÉHENSION SUFFISANTE POUR L'ADOPTION D'UNE STRATÉGIE CORROBORATIVE

.18 Lorsque le vérificateur envisage de recourir à une stratégie corroborative relativement à des assertions spécifiques contenues dans les états financiers, il a besoin de comprendre l'environnement de contrôle. La taille de l'entité, les caractéristiques de son organisation et le mode de participation des propriétaires ont une incidence sur la pertinence et l'importance relative des facteurs de l'environnement de contrôle, tels ceux énoncés au paragraphe .11 du chapitre 5200, LE CONTRÔLE INTERNE DANS LE CADRE DE LA VÉRIFICATION — OBJET ET INTRODUCTION. Ainsi, dans le cas d'une petite entité dirigée par son propriétaire, la surveillance directe exercée par le propriétaire peut susciter une attitude générale positive et une conscience du contrôle interne et de son importance, même en l'absence d'autres facteurs de l'environnement de contrôle.

.19 Lorsque le vérificateur étudie chacun des facteurs pertinents de l'environnement de contrôle, il s'attache à la substance plutôt qu'à la forme des lignes directrices et mécanismes de contrôle mis en place par la direction, parce que celle-ci peut établir de tels mécanismes et lignes directrices mais ne pas les mettre en application.

.20 Le vérificateur a également besoin de comprendre les systèmes de contrôle que l'entité utilise pour recueillir, enregistrer et traiter les données, et pour présenter l'information ainsi produite. Cette compréhension couvre des éléments tels que :

   a) la nature et la complexité des opérations ;

   b) le déclenchement des opérations ;

   c) les registres comptables, les documents à l'appui, les informations lisibles par machine et les postes particuliers des états financiers mis en cause dans le traitement et la présentation des opérations ;

   d) le traitement comptable accordé aux opérations depuis leur déclenchement jusqu'à leur inclusion dans les états financiers et, notamment, la façon dont les ordinateurs sont utilisés pour le traitement des données ;

   e) le processus de présentation de l'information financière mis en œuvre pour la préparation des états financiers de l'entité, notamment les estimations comptables importantes et les informations à fournir.

.21 Dans le cadre de sa démarche visant à acquérir la connaissance requise du contrôle interne, le vérificateur peut également avoir connaissance de l'existence (ou de l'absence) de lignes directrices et de mécanismes de contrôle qui accroissent la fiabilité des données et des informations. Le vérificateur tient compte des éléments de connaissance ainsi obtenus pour déterminer s'il a acquis une compréhension suffisante du contrôle interne pour procéder à la planification de la mission.

.22 *Si le vérificateur veut recourir à une stratégie corroborative relativement à des assertions spécifiques contenues dans les états financiers, il doit comprendre :*

   a) *l'environnement de contrôle ;*

   b) *les systèmes de contrôle utilisés pour recueillir, enregistrer et traiter les données, et pour présenter l'information ainsi produite.*

COMPRÉHENSION SUFFISANTE POUR L'ADOPTION D'UNE STRATÉGIE MIXTE

.23 Lorsque le vérificateur envisage de recourir à une stratégie mixte relativement à des assertions spécifiques contenues dans les états financiers, il doit d'abord acquérir à l'égard de l'environnement de contrôle et des systèmes de contrôle la compréhension qui serait nécessaire à la planification d'une stratégie corroborative. En outre, étant donné qu'il prévoit d'établir le risque de non-contrôle à un niveau inférieur au maximum, le vérificateur a besoin d'acquérir une compréhension suffisante de l'environnement de contrôle et des systèmes de contrôle pour concevoir les tests des contrôles. Il lui sera donc nécessaire de comprendre les systèmes de contrôle destinés à augmenter la fiabilité des données et de l'information produite. Il peut arriver également que le vérificateur ait besoin d'acquérir une compréhension plus approfondie de certains facteurs de l'environnement de contrôle (tels que les méthodes de contrôle budgétaire ou la nature des activités de vérification interne) et de certains aspects des systèmes de contrôle utilisés pour recueillir, enregistrer et traiter les données et pour présenter l'information ainsi produite (tels que la fréquence du traitement et la distribution de l'information).

.24 *Si le vérificateur veut recourir à une stratégie mixte relativement à des assertions spécifiques contenues dans les états financiers, il doit, dans la mesure nécessaire à la conception des tests des contrôles, comprendre :*

   a) *l'environnement de contrôle ;*

   b) *les systèmes de contrôle utilisés pour recueillir, enregistrer et traiter les données, et pour présenter l'information ainsi produite ;*

   c) *les systèmes de contrôle mis en place pour augmenter la fiabilité de ces données et de cette information.*

DOCUMENTATION À L'APPUI DE LA COMPRÉHENSION ACQUISE

.25 Pour que la documentation à l'appui de la compréhension que le vérificateur a acquise du contrôle interne réponde aux exigences du chapitre 5145, DOCUMENTATION, elle doit comprendre les éléments suivants :

a) les résultats de l'étude des facteurs de l'environnement de contrôle tels que ceux décrits au paragraphe .11 du chapitre 5200, LE CONTRÔLE INTERNE DANS LE CADRE DE LA VÉRIFICATION — OBJET ET INTRODUCTION, dans la mesure où ces facteurs s'appliquent à l'entité ;

b) la description des systèmes de contrôle utilisés pour recueillir, enregistrer et traiter les données, et pour présenter l'information ainsi produite ;

c) dans le cas d'une stratégie mixte, la description des systèmes de contrôle mis en place pour augmenter la fiabilité de ces données et de cette information.

.26 La nature et l'étendue de la documentation requise dépendent de la complexité et de la taille de l'entité, et aussi de la stratégie de vérification retenue. La documentation peut varier, allant d'une brève note descriptive à une documentation beaucoup plus étoffée sous la forme, par exemple, de descriptions narratives, de graphiques d'acheminement, d'organigrammes ou de questionnaires.

.27 Le vérificateur peut simultanément acquérir la compréhension voulue du contrôle interne et consigner en dossier les éléments de la compréhension acquise. Ainsi, lorsque le vérificateur acquiert une compréhension de l'environnement de contrôle en remplissant un questionnaire, le questionnaire lui-même peut constituer une documentation suffisante. De la même manière, un graphique d'acheminement peut constituer une documentation suffisante des systèmes de contrôle.

.28 Au moment de planifier la vérification de l'exercice considérée, le vérificateur peut utiliser la documentation qu'il a préparé ou obtenue pour un exercice antérieur. Ainsi, il peut se contenter, pour un exercice donné, de mettre à jour la documentation préalablement compilée, de façon à rendre compte des changements survenus dans le contrôle interne.

OÙ EN ÊTES-VOUS ? Voici deux questions auxquelles vous devriez pouvoir répondre à partir de ce que vous venez de lire :

1. Quels sont les objectifs de la direction que peut atteindre un bon système de contrôle interne et quels autres avantages peut-il procurer ?

> 2. Comme toute chose, les contrôles internes ont leurs limites et leurs coûts. Donnez quelques exemples.

6.9 LE CONTRÔLE INTERNE DE L'ENCAISSE

L'encaisse est habituellement le bien le plus susceptible de vol en raison de sa liquidité et par sa nature généralement impersonnelle. Par conséquent, des contrôles doivent être prévus pour la protéger. Le principe de contrôle relatif à l'encaisse est de tenir de bons livres et d'assurer la « division des tâches » : qu'aucune personne ne puisse manipuler l'encaisse et tenir en même temps le compte Encaisse, ou ne puisse en faire le rapprochement avec les liquidités réellement détenues sans faire l'objet d'une supervision attentive.

Pour les ventes au comptant, un des contrôles les plus courants consiste à utiliser des caisses enregistreuses fermées à clé ou d'autres enregistrements soigneusement vérifiés[3]. Les caisses enregistreuses (comme on peut en voir dans tous les supermarchés) impriment habituellement sur un ruban fermé à clé un numéro séquentiel pour chaque opération. Une seule personne détient la clé, tel un superviseur qui compare l'argent en caisse et les ventes enregistrées. Le produit reçu doit être inscrit sur le ruban. La personne qui a la clé doit faire le compte de l'argent avec le caissier, comparer le montant avec le produit des ventes et, lors du changement de caissier, vérifier que les numéros sur le ruban se suivent bien.

L'utilisation des factures de ventes prénumérotées à copies multiples constitue une autre mesure de contrôle de l'argent provenant des ventes. Les copies des factures sont ramassées par une personne qui effectue la comparaison avec l'encaisse comme ci-dessus, en s'assurant de la continuité de la suite numérique. Pour que ce contrôle fonctionne, les superviseurs doivent s'assurer qu'une facture est bien émise pour chaque opération de vente. Une autre mesure de contrôle consiste à vérifier régulièrement le stock et à le comparer avec les ventes enregistrées. Cette mesure permet généralement d'éviter, ou au moins de détecter, les cas où les employés vendraient des marchandises de l'entreprise dans le but de mettre l'argent dans leurs poches. Prenons l'exemple d'un magasin qui a vendu des marchandises pour un total de 10 000 $ à la fin du mois, selon les factures de ventes se trouvant dans le coffre fermé. Si le stock représentait une valeur de 25 000 $ au début du mois et de 14 000 $ à la fin du mois (en fonction du prix de détail des marchandises), le magasin aurait dû vendre pour 11 000 $ de marchandises. La différence de 1 000 $ peut être expliquée par une des situations suivantes :

1. Quelqu'un peut avoir pris 1 000 $ provenant de la vente de marchandises pour lesquelles il n'a pas dressé de facture.
2. Quelqu'un peut avoir volé pour 1 000 $ de marchandises à l'étalage.
3. Il se peut que le dénombrement du stock ne soit pas exact ou que d'autres erreurs aient été commises.

Il y a donc d'autres raisons que le vol commis par des employés pour expliquer l'écart. Toutefois, le contrôle du stock constitue une méthode qui permet de mettre en lumière les diverses possibilités et de les étudier.

Ces exemples de mesures de contrôle de l'encaisse visent à illustrer les diverses utilisations des documents comptables, outre leur utilisation lors de la préparation des états financiers. Ils n'ont pas pour but de présenter les employés ou les clients comme des escrocs, mais de montrer que la direction doit agir avec prudence en tant que gestionnaire qui veille sur les biens de l'entreprise.

6.10   CONTRÔLE DU STOCK

Les dernières sections portaient sur la nécessité de tenir des registres exacts en vue de fournir de l'information aux utilisateurs internes et externes. Une grande partie des documents et des livres sont reliés au contrôle du stock. Le contrôle du stock constitue un problème important pour la direction parce qu'un pourcentage élevé du fonds de roulement peut être lié au stock. Le stock peut devenir périssable ou désuet s'il est conservé trop longtemps. De plus, en raison des caractéristiques physiques de certains articles en stock, les risques de vol sont élevés.

Selon la nature du stock et les objectifs de la direction, on peut utiliser diverses méthodes de contrôle interne. Nous vous présentons ci-dessous les trois méthodes les plus couramment utilisées dans les entreprises. Chacune fournit une quantité d'information différente à un coût différent. Il est important de remarquer que le choix du système de contrôle du stock est un choix qui relève de la tenue des livres plutôt que de la présentation de l'information : la direction décide simplement de quelle façon le stock sera comptabilisé. Nous examinerons dans un autre chapitre la façon dont le stock sera présenté dans les états financiers.

La méthode de l'inventaire permanent

Selon cette méthode, toute commande de marchandises reçue est ajoutée à la quantité inscrite de marchandises déjà en main. Lorsque des articles sont vendus, on les déduit de la quantité inscrite. Par conséquent, la méthode de l'inventaire permanent présente le nombre d'articles qui devraient être en stock à tout moment. Si l'inventaire physique ne révèle pas la même quantité, la société sait qu'il y a eu perte, vol ou erreur dans les registres. Si, pour chaque article, on associe le coût aux quantités, on peut évaluer le coût total du stock à n'importe quel moment, sans avoir à faire le décompte des articles et à leur attribuer un prix.

Stock d'ouverture (vérifié par dénombrement si on le souhaite)

+ Achats de marchandises (registres)

– Articles vendus (registres)

= Stock de clôture (vérifié par dénombrement si on le souhaite)

La méthode de l'inventaire au prix de détail

Selon cette méthode, on attribue à un service ou à une succursale le montant total des ventes (prix de vente multiplié par la quantité) de tous les articles reçus et destinés à la vente. On déduit ensuite le produit des ventes du montant total au fur et à mesure que les articles sont vendus. Cela permet de lier le contrôle du stock au contrôle de l'encaisse, comme dans l'exemple du magasin présenté à la section 6.9. Si un inventaire fait au prix de détail ne donne pas comme résultat le montant total au prix de détail prévu, la société sait que certains articles ont été perdus ou volés, ou qu'une erreur s'est glissée dans les registres. On peut estimer le coût du stock à tout moment en déduisant la moyenne des majorations de la valeur de l'inventaire établie au prix de détail. Toutefois, la méthode de l'inventaire au prix de détail se révèle un peu compliquée en pratique, parce qu'il faut tenir compte des démarques et des autres ajustements de prix si l'on veut que la méthode fonctionne.

La méthode de l'inventaire périodique

Selon cette méthode, on ne tient pas de registre des quantités ni des montants des stocks. Lorsqu'on a besoin du montant des stocks (pour dresser les états financiers annuels ou pour l'assurance), on doit procéder à l'inventaire des articles en stock et relier les coûts aux quantités dénombrées d'après les factures d'achat. Puisque la méthode ne permet pas de prévoir les quantités de stock à une date donnée, elle ne peut non plus indiquer quels articles ont été perdus ou volés, ou quelles erreurs ont été faites dans les registres d'achat. Cette méthode n'assure pas vraiment de contrôle, mais elle est économique et simple puisqu'on ne doit pas mettre à jour continuellement les registres. La comptabilisation coûte cher !

    Stock d'ouverture (dénombrement)

    + Achats (registres)

    – Stock de clôture (dénombrement)

    = Marchandises vendues (par déduction)

Le contrôle du stock et de l'encaisse : concessionnaires d'automobiles et comptoirs de café

Parmi les trois méthodes que nous avons décrites, la méthode de l'inventaire permanent est la plus coûteuse sur le plan de la tenue des livres. La direction doit payer quelqu'un pour inscrire, trier et compiler l'information. Quelles sont les entreprises qui utilisent la méthode de l'inventaire permanent ? Le concessionnaire d'automobiles de votre région constitue un bon exemple. Les voitures coûtent cher et, par conséquent, s'il veut offrir un choix intéressant d'automobiles aux clients, il lui faut investir une somme très importante. Les automobiles présentent un fort taux de désuétude du fait que les préférences des clients changent, et le coût d'un vol est toujours élevé même pour une seule auto. En raison du nombre relativement peu élevé de ventes, les coûts de la tenue des livres sont bas.

    Un comptoir de café local, que nous appellerons ici Cafbec, est une entreprise qui utilise la méthode de l'inventaire permanent en tant que système de contrôle du stock. Grâce à ce système, Cafbec sait toujours de combien de café elle dispose.

    1. Lorsqu'on reçoit les grains de café de l'entrepôt, on inscrit à la fois le prix et la quantité de chaque catégorie de grains.

2. On sort les grains de café des casiers et l'on en moud des quantités standard. On inscrit ces prélèvements sur les « feuilles d'utilisation journalière ».

3. Le café moulu est réparti au poids dans les filtres, et préparé au besoin.

4. Au moment de la vente, le montant de chaque tasse de café vendue, dans un gobelet à usage unique, est inscrit dans la caisse enregistreuse informatisée, qui fournit un enregistrement du nombre de tasses vendues. En outre, du fait que les superviseurs connaissent le nombre de tasses que produit chaque cafetière ainsi que le nombre de grammes de café nécessaire par cafetière, la quantité exacte de café utilisée est en fait calculée et inscrite à la fin de chaque journée. On inscrit également les ventes à ce moment.

Un autre aspect intéressant du contrôle du stock de Cafbec est le lien qui existe entre ce contrôle et le contrôle de l'encaisse. On assure le contrôle de l'encaisse au moyen de la caisse enregistreuse et des tasses de café. La caisse enregistreuse est informatisée et contient un code distinct pour chaque article vendu au comptoir. Donc, la caisse enregistreuse procure aussi un contrôle du stock chaque fois qu'on y inscrit une vente. Une vente implique le retrait de cet élément du stock. Pour s'assurer que toutes les ventes sont inscrites dans la caisse, Cafbec compare les ventes de café au nombre de tasses vendues. Pour ce faire, on calcule chaque jour la quantité de tasses que l'on a en main. Chaque matin ou chaque soir, on fait le dénombrement des tasses. Toutes les tasses perdues (habituellement celles qui sont percées) sont mises à part et dénombrées à la fin de la journée pour permettre un meilleur rapprochement du montant inscrit dans la caisse. Le rapprochement ressemble à ceci :

Tasses : Nombre de tasses au début de la journée

Moins le nombre de tasses restantes à la fin de la journée

Plus le nombre de tasses perdues

Égale le nombre de tasses vendues

Ventes : Nombre de tasses vendues

Multiplié par le prix de vente de la tasse de café

Égale le produit des ventes de café de la journée

Le montant des ventes établi à partir du nombre de tasses de café vendues est ensuite comparé à l'enregistrement de la caisse et à l'inventaire de café restant. La quantité de café utilisée à la fin de la journée peut alors être calculée et enregistrée, de sorte que l'on puisse déterminer toute quantité manquante de café ou tout déficit de caisse.

Mais divers problèmes peuvent survenir. En voici un exemple : le système de contrôle bien ordonné de Cafbec s'est compliqué en raison de l'habitude croissante des clients d'apporter leur propre tasse ! La tenue des livres, comme les autres aspects de la comptabilité, doit s'adapter aux changements.

Écritures de journal relatives au stock : exemple de la société Baudry ltée

Cet exemple nous montre comment les écritures reflètent les différences entre les méthodes de l'inventaire périodique et celles de l'inventaire permanent. Voici les données de la société Baudry ltée pour le dernier exercice :

Comptes clients au début	40 000 $	Stock d'ouverture	23 000 $
Achats de l'exercice		Ventes	
(tous au comptant)	114 000	(toutes à crédit)	150 000
Encaissements de l'exercice	115 000	Stock de clôture	
		(dénombrement)	28 000

La société apporte une majoration de 50 % du coût (c'est-à-dire que le prix de vente est égal à 150 % du coût). Uniquement dans le but de faciliter les choses, nous supposons que la totalité des ventes, des achats et des recouvrements ont été faits en une seule opération. Toutes les écritures relatives à (1) la méthode de l'inventaire permanent et à (2) la méthode de l'inventaire périodique se trouvent ci-après.

(1) *Méthode de l'inventaire permanent*

a) Achats   Dt Stock « Actif »   114 000
                  Ct Encaisse   114 000
                  Achats de l'exercice

b) Ventes   Dt Comptes clients   150 000
                  Ct Ventes   150 000
                  Ventes à crédit de l'exercice

c) Coût des marchandises vendues
                  Dt Coût des marchandises
                      vendues (CMV)   100 000
                  Ct Stock « Actif »   100 000
                  CMV : 150 000 $ de produits moins
                  50 % de majoration du coût

d) Redressement à la suite du dénombrement
                  Dt Écart d'inventaire négatif   9 000
                  Ct Stock « Actif »   9 000
                  L'écart indique que le stock aurait dû
                  être de 23 000 $ + 114 000 $ − 100 000 $
                  = 37 000 $, mais le dénombrement
                  indique seulement 28 000 $.

e) Recouvrements
                  Dt Encaisse   115 000
                    Ct Comptes clients   115 000
                  Recouvrement de comptes clients
                  pendant l'exercice.

(2) *Méthode de l'inventaire périodique*

a) Achats   Dt Achats « Charge »   114 000
                  Ct Encaisse   114 000
                  Achats de l'exercice

(2) Méthode de l'inventaire périodique (suite)

b) Ventes   Dt Comptes clients   150 000
                   Ct Ventes   150 000
                   Ventes à crédit de l'exercice
                   (Même écriture que selon la
                   méthode de l'inventaire permanent.)

c) Coût des marchandises vendues
                   Pas d'écriture selon la méthode
                   de l'inventaire périodique parce
                   qu'on ne comptabilise pas les
                   changements dans le compte « Stock ».

d) Redressement à la suite du dénombrement
                   Dt Stock d'ouverture « Charge »   23 000
                   Ct Stock « Actif »   23 000
                   Dt Stock « Actif »   28 000
                   Ct Stock de clôture « Charge »   28 000
                   Transfert du stock d'ouverture
                   dans les charges, dans l'hypothèse
                   où il est vendu, et inscription du
                   montant du dénombrement du
                   stock de clôture (voir la section
                   ci-dessous intitulée *Notes : comparaison
                   entre les deux méthodes*).

e) Recouvrements
                   Dt Encaisse   115 000
                   Ct Comptes clients   115 000
                   Recouvrement de comptes clients
                   au cours de l'exercice. (Même
                   écriture que selon la méthode
                   de l'inventaire permanent.)

Notes : comparaison entre les deux méthodes

Les deux méthodes présentent les mêmes comptes concernant les ventes, les comptes clients et l'encaisse. Elles ne diffèrent que dans la façon de comptabiliser le stock « Actif » et la charge relative à l'utilisation du stock. Selon la méthode de l'inventaire permanent, on calcule directement le coût des marchandises vendues au fur et à mesure qu'elles sont écoulées. On calcule aussi la charge relative à l'écart d'inventaire négatif en comparant celui-ci avec les résultats du dénombrement.

Dans cet exemple, la méthode de l'inventaire permanent produit deux charges : le coût des marchandises vendues de 100 000 $ et une charge de 9 000 $ relative à l'écart d'inventaire, ce qui porte la charge totale à 109 000 $. La méthode de l'inventaire périodique ne permet pas de calculer ces deux charges. Elle permet uniquement de calculer le résultat combiné du coût des marchandises vendues et de l'écart d'inventaire négatif en utilisant les trois comptes de charges provenant des écritures ci-dessus : achats plus stock d'ouverture moins stock de clôture. On obtient globalement ce qui a été vendu, volé, perdu, ou qui n'est plus là pour une raison quelconque. Dans cet exemple, ce coût combiné s'élève à 109 000 $ (114 000 $ + 23 000 $ – 28 000 $). La charge totale est donc la même qu'avec la méthode de l'inventaire permanent, mais cette méthode amoindrit la qualité de l'information présentée à des fins de contrôle parce que le total ne peut pas être réparti pour montrer à combien s'élève l'écart d'inventaire.

Le calcul du bénéfice net est le même selon les deux méthodes. L'état des résultats peut ne pas présenter les détails concernant la charge de l'écart d'inventaire (selon la méthode de l'inventaire permanent) ou les différents comptes composant le coût des marchandises vendues (selon la méthode de l'inventaire périodique), mais ces données sont néanmoins à la base des montants présentés dans l'état des résultats.

Comparaison des calculs du bénéfice

Calcul basé sur la méthode de l'inventaire permanent		Calcul basé sur la méthode de l'inventaire périodique		
Chiffres de vente	150 000 $	Chiffres de vente		150 000 $
Coût des marchandises vendues (déterminé directement lorsque les marchandises sont vendues)	100 000	Coût des marchandises vendues (par déduction) :		
		Stock d'ouverture	23 000 $	
		Achats	114 000	
		Coût des marchandises destinées à la vente	137 000 $	
Marge bénéficiaire brute	50 000 $	Moins stock de clôture	28 000	
Frais d'exploitation :		Coût des marchandises vendues		109 000
Écart d'inventaire négatif	9 000 $	Marge bénéficiaire brute		41 000 $
Autres frais	X XXX	Frais d'exploitation :		
		Frais divers	X XXX $	

OÙ EN ÊTES-VOUS ?

Voici deux questions auxquelles vous devriez pouvoir répondre à partir de ce que vous venez de lire :

1. Quel est le rôle de la tenue des livres dans le contrôle interne ?
2. La société Grosbois ltée applique la méthode de l'inventaire permanent. Au début du mois, l'entreprise disposait d'un stock de 145 890 $. Les achats du mois s'élèvent à 267 540 $ et le coût des marchandises vendues atteint 258 310 $. À la fin du mois, le dénombrement révèle un stock de 152 730 $. À combien s'élève, le cas échéant, l'écart d'inventaire négatif du mois ? (2 390 $)

6.11 GESTIONNAIRES, TENUE DES LIVRES ET CONTRÔLE

Peu nombreux sont les gestionnaires qui estiment que la tenue des livres est un sujet passionnant. Ce chapitre a démontré qu'elle est toutefois importante pour les gestionnaires, et ce, principalement pour deux raisons :

1. La tenue des comptes et des registres correspondants fournit les données fondamentales à partir desquelles on prépare l'information

comptable. Par conséquent, dans la mesure où les décisions des gestionnaires et l'évaluation de leur rendement dépendent de l'information comptable (et d'autres chapitres confirmeront ce lien), elles sont marquées par la nature même de ces données. Par exemple, si certains faits ne sont pas reconnus comme des opérations dans le système de tenue des livres, ils ne pourront pas non plus apparaître dans les états financiers. La frustration qu'entraînent ces limites conduit souvent les gestionnaires à vouloir passer outre aux règles du système comptable en effectuant des redressements et des régularisations (nous abordons le sujet dans les chapitres 7 et 10). Toutefois, du fait que cette intervention comporte un aspect de « manipulation », elle est souvent inefficace pour convaincre les utilisateurs et la frustration des gestionnaires demeure.

2. La tenue des comptes et des registres correspondants fournit les données et les systèmes pour que les gestionnaires assument leur importante responsabilité de gérance des biens et gardent le contrôle de l'entreprise. Les responsabilités des gestionnaires relatives au contrôle interne deviennent de plus en plus importantes et, dans la plupart des rapports annuels, on trouve une remarque à cet égard.

6.12   RECHERCHE COMPTABLE : PRÉDICTION OU CONTRÔLE ?

Jusqu'à présent, nous avons indiqué plusieurs utilisations possibles de l'information comptable, dont les suivantes :

a) Elle permet d'évaluer la performance de la direction dans le but de décider des récompenses ou des sanctions à donner aux gestionnaires.

b) Elle permet de prédire la rentabilité future d'une entreprise, dans le but d'investir dans cette dernière ou de lui consentir un prêt (nous étudierons ces points dans les chapitres 8 et 9).

c) Elle permet de répartir les bénéfices de la société de plusieurs façons : primes à la direction, impôts sur les bénéfices, dividendes aux propriétaires, et ainsi de suite.

d) Elle permet de maintenir un contrôle interne sur les biens et les activités journalières telles que les ventes, les encaissements et les dépenses engagées.

Cette section souligne les lacunes sur le plan de la recherche plutôt que les résultats. Alors qu'on s'est trop intéressé au « contrôle de gestion » dans la recherche en comptabilité de gestion, il n'existe pratiquement aucune étude sur les aspects et les fonctions de contrôle de la comptabilité générale (tenue des livres ou états financiers). La plus grande partie de la recherche comptable s'est attachée aux prédictions relatives au rendement futur d'une entreprise et à l'évaluation de ce rendement, et nous avons appris beaucoup de choses dans ces domaines (nous le verrons dans les chapitres 8 et 9). Mais on a publié très peu de documents sur l'aspect « contrôle » : l'efficacité de la comptabilité dans ce domaine, les coûts de l'information relative au contrôle, les relations entre cette information et les autres renseignements destinés aux gestionnaires ou d'autres sujets du même genre. Peut-être qu'un des lecteurs de cet ouvrage s'intéressera à ce sujet de recherche afin de combler ce vide !

◆   **6.13   CAS À SUIVRE...**   ◆

Sixième partie

Données de la sixième partie
◆ ◆ ◆ ◆ ◆ ◆ ◆ ◆ ◆ ◆ ◆ ◆ ◆ ◆ ◆ ◆

Dans la troisième partie de ce cas (chapitre 3), nous avons présenté la balance de vérification suivante, qui provenait du grand livre général de Mado inc. au 31 août 1994 :

Comptes dont le solde est débiteur		Comptes dont le solde est créditeur	
Encaisse	4 507 $	Emprunt bancaire	75 000 $
Clients	18 723	Fournisseurs	45 616
Stock	73 614	Emprunt à payer	15 000
Automobile	10 000	Capital-actions	125 000
Améliorations locatives	63 964	Produits	42 674
Matériel et mobilier	29 740	Amortissement cumulé —	
Ordinateur	14 900	Automobile	1 000
Logiciels	4 800	Amortissement cumulé —	
Frais de constitution	1 100	Améliorations locatives	6 396
Coût des marchandises vendues	28 202	Amortissement cumulé —	
Salaire — Mado	15 000	Matériel	744
Salaire — Thomas	9 280	Amortissement cumulé —	
Salaires — Autres	1 200	Ordinateur	1 490
Frais de déplacement	8 726	Amortissement cumulé —	
Téléphone	2 461	Logiciels	480
Loyer	12 000		313 400 $
Services publics	1 629		
Frais généraux d'administration	3 444		
Amortissement —			
Automobile	1 000		
Amortissement —			
Améliorations locatives	6 396		
Amortissement —			
Matériel	744		
Amortissement — Ordinateur	1 490		
Amortissement — Logiciels	480		
	313 400 $		

Alarmés par la perte qu'a subie l'entreprise au cours des six premiers mois (perte de 49 378 $, calculée dans la troisième partie) et la tendance à la baisse de l'encaisse (diminution de l'encaisse de 200 493 $, dans la quatrième partie), Mado et Thomas ont adopté des mesures draconiennes au cours des six mois suivants. Ils ont concentré leurs efforts sur les ventes, pressant autant que possible les boutiques de payer leurs comptes, sans compromettre leurs relations avec ces clients. Ils ont réduit le niveau de leur stock et, de manière générale, ils ont tenté d'alléger les frais de leur entreprise, comme Thomas le proposait.

◆ ◆ ◆

Voici les événements qui se sont produits au cours des six mois se terminant le 28 février 1995, groupés et numérotés afin de pouvoir y faire référence par la suite.

a) Les produits de la période s'élèvent à 184 982 $. Il s'agit essentiellement de ventes à crédit.

b) Les recouvrements des clients au cours de la période atteignent 189 996 $.

c) Les achats, tous à crédit, de la période s'élèvent à 71 004 $. Avec son système d'inventaire informatisé, l'entreprise applique la méthode de l'inventaire permanent pour le contrôle du stock.

d) Les paiements aux fournisseurs au cours de la période atteignent 81 276 $. Pour conserver son encaisse, la société continue de compter sur la patience de ses fournisseurs, plus que ne le voudrait Thomas. Mais, de cette façon, l'entreprise évite de payer des intérêts créditeurs, car les fournisseurs n'en réclament pas alors que la banque le fait.

e) Le coût des marchandises vendues s'élève à 110 565 $ pour la période.

f) Le dénombrement du stock au 28 février révèle que le coût du stock est de 33 612 $.

g) Thomas décide de combiner les trois comptes de salaires en un seul à partir du 1er septembre 1994.

h) Pour la période, les salaires s'élèvent à 42 000 $. L'entreprise les a payés au complet, sauf la partie qu'elle doit au gouvernement, soit 2 284 $ en impôt sur le revenu et autres retenues, et 2 358 $ en salaires nets à payer aux employés à la fin du mois de février.

i) Voici les divers frais d'exploitation de la période : déplacements, 1 376 $; téléphone, 1 553 $; loyer, 12 000 $; services publics, 1 956 $; frais généraux de bureau, 2 489 $. Au 29 février, toutes ces dépenses sont payées, sauf 1 312 $.

j) La société a acheté du matériel additionnel au coût de 2 650 $ le 3 novembre 1994.

k) L'emprunt bancaire a augmenté et diminué au cours de la période. L'entreprise a contracté un emprunt additionnel de 32 000 $ et remboursé 59 500 $.

l) Des intérêts bancaires de 4 814 $ ont été payés au cours de la période dont une partie couvre la période précédant le 31 août 1994, laquelle n'avait pas été incluse dans les comptes à cette date.

m) Malheureusement, du point de vue personnel comme sur le plan financier, la santé du père de Thomas s'est détériorée au cours de l'automne, et celui-ci a donc demandé que son prêt lui soit remboursé. L'entreprise l'a fait le 15 décembre 1994, en y ajoutant des intérêts s'élevant à 1 425 $.

L'employé, dont on a fait mention dans une partie précédente, a été embauché en août et a examiné la comptabilité de la société. Les faits ci-dessus sont le résultat de centaines d'opérations individuelles inscrites par cet employé, mais ils sont résumés dans les écritures qui suivent. Avant de consulter les résultats, tentez de journaliser les écritures !

◆ ◆ ◆

Résultats de la sixième partie

❖ ❖ ❖ ❖ ❖ ❖ ❖ ❖ ❖ ❖ ❖ ❖ ❖ ❖ ❖ ❖ ❖

Voici les écritures de la période qui va du 1ᵉʳ septembre 1994 au 28 février 1995, correspondant aux faits énumérés ci-dessus. Pour plus de clarté, nous n'y ajoutons pas les explications ni les mentions Dt et Ct qui sont indiquées, implicitement, par la place qu'occupent les chiffres (les débits sont à gauche). Comme il s'agit d'écritures récapitulatives, on omet les dates.

a)	Comptes clients	184 982	
	Produits		184 982
b)	Encaisse	189 996	
	Comptes clients		189 996
c)	Stock	71 004	
	Comptes fournisseurs		71 004
d)	Comptes fournisseurs	81 276	
	Encaisse		81 276
e)	Coût des marchandises vendues	110 565	
	Stock		110 565
f)	Écart d'inventaire négatif	441	
	Stock		441
	(73 614 $ + 71 004 $ – 110 565 $ – 33 612 $)		
g)	Salaires	25 480	
	Salaire de Mado		15 000
	Salaire de Thomas		9 280
	Autres salaires		1 200
h)	Salaires	42 000	
	Retenues à la source à payer		2 284
	Salaires à payer		2 358
	Encaisse (par déduction)		37 358
i)	Frais de déplacement	1 376	
	Téléphone	1 553	
	Loyer	12 000	
	Services publics	1 956	
	Frais généraux de bureau	2 489	
	Comptes fournisseurs		1 312
	Encaisse (par déduction)		18 062
j)	Matériel et mobilier	2 650	
	Encaisse		2 650
k)	Encaisse	32 000	
	Emprunt bancaire		32 000
	Emprunt bancaire	59 500	
	Encaisse		59 500
l)	Intérêts débiteurs	4 814	
	Encaisse		4 814
m)	Emprunt à payer	15 000	
	Intérêts débiteurs	1 425	
	Encaisse		16 425

Le report de ces écritures donne les soldes suivants pour les comptes du grand livre général au 28 février 1995, classés par ordre de présentation dans le bilan, comme on le fait couramment mais certes pas toujours. Les crédits sont indiqués entre parenthèses.

❖ ❖ ❖

Compte	Solde au 31-08-94	Opérations jusqu'au 28-02-95	Solde au 28-02-95
Encaisse	4 507	189 996 (81 276) (37 358) (18 062) (2 650) 32 000 (59 500) (4 814) (16 425)	6 418
Comptes clients	18 723	184 982 (189 996)	13 709
Stock	73 614	71 004 (110 565) (441)	33 612
Automobile	10 000	0	10 000
Amortissement cumulé	(1 000)	0	(1 000)
Améliorations locatives	63 964	0	63 964
Amortissement cumulé	(6 396)	0	(6 396)
Matériel et mobilier	29 740	2 650	32 390
Amortissement cumulé	(744)	0	(744)
Ordinateur	14 900	0	14 900
Amortissement cumulé	(1 490)	0	(1 490)
Logiciels	4 800	0	4 800
Amortissement cumulé	(480)	0	(480)
Frais de constitution	1 100	0	1 100
Emprunt bancaire	(75 000)	(32 000) 59 500	(47 500)
Comptes fournisseurs	(45 616)	(71 004) 81 276 (1 312)	(36 656)
Retenues à payer	0	(2 284)	(2 284)
Salaires à payer	0	(2 358)	(2 358)
Emprunt à payer	(15 000)	15 000	0
Capital-actions	(125 000)	0	(125 000)
Produits	(42 674)	(184 982)	(227 656)
Coût des marchandises vendues	28 202	110 565	138 767
Salaire de Mado	15 000	(15 000)	0
Salaire de Thomas	9 280	(9 280)	0
Autre salaire	1200	(1 200)	0
Salaires	0	25 480 42 000	67 480
Frais de déplacement	8 726	1 376	10 102
Téléphone	2 461	1 553	4 014
Loyer	12 000	12 000	24 000
Services publics	1 629	1 956	3 585
Frais généraux de bureau	3 444	2 489	5 933
Intérêts débiteurs	0	4 814 1 425	6 239
Écart d'inventaire négatif	0	441	441
Amortissement — Automobile	1 000	0	1 000
Amortissement — Améliorations locatives	6 396	0	6 396
Amortissement — Matériel	744	0	744
Amortissement — Ordinateur	1 490	0	1 490
Amortissement — Logiciel	480	0	480
Totaux nets	0	0	0

6.14 RÉFLEXIONS ET TRAVAUX PROPOSÉS POUR AMÉLIORER LA COMPRÉHENSION

Problème 6.1 Les faits suivants se sont produits dans la brasserie Milson ltée. Pour chacun des faits, indiquez s'il s'agit, selon vous, d'une opération comptable pour Milson ltée, et expliquez en quelques mots pourquoi.

a) Une grand réservoir contenant du moût de bière s'est brisé et tout le moût a été perdu.

b) Un actionnaire important a vendu 50 000 actions en Bourse.

c) La société a acheté une brasserie mexicaine au coût de 60 000 000 $.

d) On a reçu une facture concernant la publicité télévisée de la semaine prochaine.

e) Un bar a pris livraison de sa commande hebdomadaire de bière Milson.

Problème 6.2 Dites si vous êtes d'accord avec les énoncés ci-dessous ou si vous ne l'êtes pas, et expliquez pourquoi en quelques mots.

a) Le terrain est classé dans l'actif à long terme du bilan.

b) Les principes comptables généralement reconnus (PCGR) sont précisés dans des lois promulguées par les gouvernements.

c) Si un fait répond aux quatre critères qui permettent de le considérer comme une opération, il sera immanquablement inscrit dans le système comptable d'une entreprise.

d) Les achats et les ventes entre investisseurs d'actions émises par une société cotée à la Bourse de Montréal ne sont pas des opérations qui doivent être comptabilisées dans les livres de la société.

e) La méthode de l'inventaire permanent pour la comptabilisation du stock fournit un meilleur contrôle interne que la méthode de l'inventaire périodique.

f) Un système bien conçu de contrôle interne de l'encaisse doit prévenir les vols d'argent par les employés.

Problème 6.3 Les faits suivants se sont produits aujourd'hui à la société Ballons gonflables ltée, une société de publicité et de tourisme qui utilise des montgolfières. Pour chacun des faits mentionnés ci-dessous, déterminez s'il s'agit ou non d'une opération comptable pour Ballons gonflables ltée et dites pourquoi. S'il s'agit d'une opération comptable, journalisez l'écriture nécessaire.

a) Le président, découragé des piètres résultats des ventes, a sauté d'un ballon à environ 300 mètres d'altitude. Le salaire du président est de 75 000 $ par année.

b) La veuve du président a immédiatement intenté une poursuite de 500 000 $ contre la société, arguant que c'est le stress causé par son travail qui a poussé le président au suicide.

c) La société s'est entendue avec le propriétaire du bâtiment pour lui verser 10 000 $ afin de réparer le toit qui a été endommagé par la chute du président.

d) Lorsque le suicide du président a été rendu public, l'actionnaire Jules Dussault a vendu ses actions à Henry Lheureux pour une somme de 18 000 $, alors qu'elles lui avaient coûté 20 000 $.

e) Ayant appris le geste du président et préoccupé de son incidence possible sur le cours des actions, le conseil d'administration a déclaré un dividende de 25 000 $ qui doit être versé deux semaines plus tard; le conseil espère soutenir ainsi le moral des actionnaires.

Problème 6.4   Josée, l'une de vos amies, a accepté la présidence d'une société locale. Au cours d'une réunion à laquelle vous participiez, un expert-comptable a déclaré à Josée qu'elle était responsable du contrôle interne de la société. Lorsque l'expert-comptable a quitté la salle, Josée s'est tournée vers vous et vous a demandé : « Qu'est-ce que le contrôle interne et pourquoi devrais-je m'en soucier ? » Répondez-lui en utilisant un langage clair, c'est-à-dire en évitant l'utilisation de termes trop techniques.

Problème 6.5   Dans une envolée qui témoigne de sa passion pour la comptabilité, le professeur Lechiffre a déclaré : « Le système de comptabilisation des opérations en partie double constitue la plus grande force et la plus grande faiblesse de la comptabilité générale. » Le professeur Lechiffre a ensuite commenté cette affirmation. Comment l'expliqueriez-vous, si vous étiez à sa place ?

Problème 6.6   1. Dressez une liste des pièces justificatives qui seraient nécessaires pour inscrire les opérations dans un système comptable et décrivez en quelques mots l'utilité de chaque document.
2. Pourquoi les teneurs de livres (ou le système informatique) produisent-ils régulièrement une balance de vérification des comptes du grand livre général ?

Problème 6.7   Lors d'une dégustation de vins et fromages organisée par le Club des étudiants en comptabilité, les gens d'affaires de la région se sont joints aux étudiants. Le propriétaire d'une petite entreprise a déclaré : « Toute cette information comptable dont on vous parle à vous, les étudiants, ne me concerne pas. Je viens juste de mettre en route mon entreprise. Je n'ai que cinq employés : quatre personnes à l'atelier pour la production et une autre pour les livraisons et la réception. Je me déplace sur demande pour promouvoir mon entreprise, de sorte que je mets le doigt sur le vrai moteur de l'entreprise, les ventes. Un contractuel règle les factures et s'occupe des salaires toutes les deux semaines. À l'occasion, je fais quelques chèques moi-même. Tout est simple et se passe bien; pourquoi donc ajouter à tout cela une tenue des livres coûteuse et laborieuse ? Ces livres et ces états financiers, c'est bien pour les grandes sociétés ouvertes. Personnellement, je peux me passer de toutes ces complications. »
Que répondriez-vous à cet homme d'affaires ?

Problème 6.8   Expliquez certaines des différences que vous pensez trouver entre les filtres qui permettent de sélectionner les opérations comptabilisées dans les livres et les documents comptables d'une grande entreprise et ceux du petit magasin du coin tenu par une seule personne.

Problème 6.9*   Les états financiers sont des documents de synthèse, représentant des milliers d'opérations. Les journaux financiers et les analystes fournissent des informations encore plus condensées au sujet des entreprises. Pourquoi les utilisateurs acceptent-ils ou même préfèrent-ils une information condensée à des données détaillées ? Dans quelle mesure est-il important pour l'utilisateur de comprendre les procédés employés et les hypothèses posées qui sont à la base de ces résumés ?

Problème 6.10 La plupart des sociétés font beaucoup d'efforts pour contrôler leur encaisse, tant en ce qui concerne l'argent liquide qu'en ce qui concerne leurs comptes bancaires ; souvent, l'effort fourni est plus grand quand il s'agit de l'encaisse que quand il s'agit des autres biens.

1. Selon vous, pourquoi l'effort fourni est-il plus grand pour le contrôle de l'encaisse ?
2. Énumérez les problèmes de contrôle que vous prévoyez dans chacun des cas suivants. En répondant, essayez de visualiser comment l'argent sort et entre dans l'entreprise, ainsi que dans le compte bancaire.
    a) Argent encaissé au comptoir des ventes d'un restaurant local spécialisé dans la restauration rapide.
    b) Salaires payés aux employés de la construction qui travaillent sur un grand chantier d'autoroute.
    c) Dons à la Fondation du cœur recueillis par des bénévoles qui ont fait du porte-à-porte.
    d) Argent déposé dans les parcomètres de la municipalité.
    e) Argent confié à la réceptionniste d'une grande société et destiné à payer les livreurs, les achats urgents de fournitures et d'autres choses mineures du même genre.

Problème 6.11 Vous avez sans doute déjà fréquenté des établissements, comme le comptoir à café Cafbec (section 6.10), qui font partie d'une chaîne. Pensez à un autre établissement du même type et à ses exigences de tenue des livres et de contrôle, puis répondez aux questions suivantes :

1. Quels sont les facteurs environnementaux que la société devrait maîtriser pour planifier et contrôler ses opérations ?
2. Du point de vue du propriétaire de l'entreprise, quels sont les problèmes de contrôle que l'information comptable peut aider à résoudre ? Quel sera l'effet de la croissance de l'entreprise sur ces problèmes de contrôle ?
3. En quoi l'usage croissant de la technologie informatique a-t-il une incidence sur le choix de la méthode de contrôle du stock que devrait adopter une petite entreprise telle que Cafbec ?
4. De quel secours peuvent être les livres comptables de l'entreprise dans des domaines tels que les assurances de l'entreprise, le respect des lois relatives aux salaires des employés et le paiement des impôts sur les bénéfices ?

Problème 6.12 Électronique Dubois est un nouveau magasin de détail qui vend surtout des petites pièces telles que des interrupteurs, des plaques de circuits imprimés et du fil électrique. Nous présentons à la page suivante les comptes du grand livre de l'entreprise sous la forme de comptes en T (voir la section 6.5), dans lesquels ont été inscrites les écritures du premier mois d'exploitation de l'entreprise.

	Encaisse		
a)	30 000	c)	1 200
f)	1 300	h)	1 000
g)	650	j)	560

	Comptes clients		
e)	900	g)	650
f)	1 400		

	Fournitures payées d'avance	
i)	300	

	Matériel		
c)	3 600		

	Stock		
b)	5 000	e)	540
		f)	1 620

	Comptes fournisseurs		
h)	1 000	b)	5 000
		d)	700

	Effets à payer		
j)	500	c)	2 400

	Actions ordinaires	
	a)	30 000

	Ventes		
		e)	900
		f)	2 700

	Fournitures		
d)	700	i)	300

	Intérêts débiteurs	
j)	60	

	Coût des marchandises vendues	
e)	540	
f)	1 620	

Pour chacune des opérations de *a* à *j*, journalisez l'écriture qui a servi à inscrire les montants dans les comptes du grand livre, en spécifiant l'explication de l'écriture.

Problème 6.13*   Les faits énumérés ci-dessous ont tous eu lieu le 15 décembre 1994. Présentez l'écriture nécessaire pour inscrire chaque fait dans les états financiers de la société A pour l'exercice se terminant le 31 décembre 1994. S'il n'y a pas d'écriture à journaliser, mentionnez-le et expliquez pourquoi. Dans la plupart des cas, il n'est pas nécessaire de poser d'hypothèses mais, au besoin, vous pouvez le faire.

a) On embauche un nouveau directeur général dont le salaire annuel sera de 60 000 $.

b) La société A reçoit une facture de 200 $ d'un journal qui publiera une annonce publicitaire de l'entreprise le 31 décembre 1994. La société dispose de 60 jours pour payer la facture.

c) La société A achète une obligation moyennant 2 000 $ comptant. L'obligation arrivera à échéance dans trois ans et vaudra alors 2 500 $.

d) Un paysagiste accepte d'apporter des améliorations au terrain que possède la société A. Le prix convenu pour le travail est de 700 $.

e) On reçoit d'un client une commande de marchandises de 900 $ pour lesquelles le client fait un dépôt de 300 $.

f) On paie 600 $ de primes d'assurance pour la période allant du 1er décembre 1994 au 30 novembre 1995.

Problème 6.14   Les faits suivants se sont produits le 1er février 1994. Pour chaque fait, présentez, s'il y a lieu, l'écriture qui permettrait d'inscrire l'opération dans les comptes de la société Sigouin ltée, *en incluant* le symbole approprié (voir le chapitre 4, section 4.4). Précisez toutes les hypothèses qui vous semblent nécessaires.

a) La société a acheté des fournitures qu'elle pense utiliser immédiatement. Le prix d'achat de ces fournitures se monte à 5 000 $. On a payé seulement 2 000 $ comptant à la livraison. Le solde doit être payé dans 30 jours.

b) La société a décidé de louer un véhicule de service au coût de 4 800 $ par an. Le 1er février 1994, elle signe un contrat de location qui prendra effet le 1er mars. Sigouin ltée a versé 400 $ comptant à la société de location le 1er février, montant qui correspond au loyer de mars 1994.

c) Certains des réparateurs de Sigouin ltée n'étaient pas occupés le 1er février. Le directeur leur a fait repeindre l'intérieur de l'entrepôt. Posez l'hypothèse que le salaire des réparateurs (300 $) a été payé comptant à la fin de la journée.

d) Un actionnaire a vendu son automobile à la société. Le véhicule lui a coûté 15 000 $ deux ans auparavant. En tenant compte de l'usure, un tel véhicule vaudrait environ 8 000 $ le 1er février 1994. L'actionnaire n'a pas reçu d'argent en contrepartie mais il s'attend à être payé.

e) On a reçu une facture de 5 000 $ pour des travaux de réparation et d'entretien effectués en décembre 1993. L'exercice financier de la société se termine le 31 décembre. Cette charge n'a pas été inscrite dans les états financiers de 1993.

Problème 6.15 La société Dubuisson ltée exploite un grand magasin qui se trouve en banlieue. Au cours d'un mois, les faits suivants se sont produits. Pour chaque fait, dites s'il s'agit d'une opération comptable. Si c'est le cas, expliquez brièvement pourquoi et journalisez l'écriture nécessaire pour inscrire cette opération. Pour chaque compte que vous utilisez, indiquez le symbole approprié (voir le chapitre 4, section 4.4) de façon à montrer où vous voulez que le compte apparaisse dans les états financiers. S'il ne s'agit pas d'une opération comptable, expliquez brièvement pourquoi.

a) Dubuisson ltée a emprunté 500 000 $ à la Banque générale du Québec. Elle doit rembourser la somme dans trois ans, mais le remboursement de l'emprunt peut être exigé avec trois jours d'avis si Dubuisson ltée n'effectue pas l'un des versements mensuels d'intérêt qui commencent le mois prochain.

b) Le détaillant a commandé pour 300 000 $ de marchandises destinées à la vente ; ces marchandises doivent être livrées dans quarante jours et le détaillant a envoyé un dépôt de 10 000 $ avec sa commande.

c) La société a renouvelé son bail pour la location du magasin et signé une entente selon laquelle le loyer mensuel passera de 21 000 $ à 23 000 $ dans trois mois.

d) Le société Dubuisson ltée a été accusée de réclamer des prix exorbitants pour sa principale gamme de marchandises. La nouvelle a fait chuter le cours des actions de la société (cotées en Bourse) de 10 $ à 8,50 $ l'action. La société possède 1 000 000 d'actions en circulation sur le marché boursier.

e) La société a déclaré un dividende de 50¢ par action à payer dans une semaine sur le million d'actions en circulation. La nouvelle a fait monter le cours des actions de la société de 40¢.

Problème 6.16* La société Ambitions ltée a acheté une partie de l'entreprise d'un concurrent qui a décidé de réduire sa production. Pour un prix de 4 200 000 $ (1 000 000 $ comptant et le reste payable en quatre versements annuels plus des intérêts de 12 % par année), Ambitions ltée a acquis le stock qu'elle a évalué à 280 000 $, un terrain d'une valeur de 1 500 000 $, un magasin de détail évalué à 1 800 000 $, du mobilier et du matériel qu'elle a évalués à 470 000 $, ainsi que certains droits de concession qu'elle évalue à 40 000 $. Ambitions ltée a accepté également de rembourser un emprunt bancaire de 130 000 $ garanti par le stock.

Journalisez l'écriture nécessaire pour inscrire l'acquisition de la société Ambitions ltée.

Problème 6.17* Vous êtes le chef comptable d'un grossiste en chaussures qui applique la méthode de l'inventaire périodique pour comptabiliser son stock. À partir des livres de la société — que vous supposez exacts —, vous obtenez l'information suivante :

a) Au début de l'année, le stock s'élevait à 246 720 $.

b) Les achats de l'exercice se montent à 1 690 000 $. Sur ces achats, 1 412 000 $ ont été faits à crédit, c'est-à-dire que, au moment de l'achat, on a porté un crédit de ce montant aux comptes fournisseurs.

c) Le solde de clôture des comptes fournisseurs dépasse de 47 500 $ le solde d'ouverture.

d) Selon le dénombrement de fin d'exercice, le stock s'élève à 324 800 $.

1. Journalisez les écritures nécessaires pour inscrire les changements dans le stock et dans les comptes fournisseurs qui sont mentionnés ci-dessus, et calculez le coût des marchandises vendues à partir de ces écritures.

2. Posez maintenant l'hypothèse que la société applique la méthode de l'inventaire permanent pour le contrôle de son stock et que vos registres indiquent qu'on a vendu pour 1 548 325 $ de marchandises en stock (au coût) au cours de l'exercice. Journalisez l'écriture nécessaire pour rétablir le stock à sa valeur exacte à la fin de l'exercice. Que nous indique le fait que la société doit procéder à ce redressement ? Si la méthode de l'inventaire permanent peut procurer à la direction un meilleur contrôle du stock, pourquoi toutes les sociétés n'utilisent-elles pas cette méthode ?

Problème 6.18 La société Colibri ltée applique la méthode de l'inventaire permanent pour le contrôle de son stock. On dispose de l'information suivante :

Stock d'ouverture (100 000 unités coûtant 5 $ pièce)	500 000 $
Achats de l'exercice (850 000 unités coûtant 5 $ pièce)	4 250 000 $
Ventes de l'exercice (865 000 unités vendues au prix de 11 $ pièce)	9 515 000 $
Stock de fermeture (70 000 unités coûtant 5 $ pièce)	350 000 $

1. Calculez le coût des marchandises vendues pendant l'exercice, sachant que l'entreprise applique la méthode de l'inventaire permanent.

2. Si la société avait appliqué la méthode de l'inventaire périodique pour son stock, quel aurait été le coût des marchandises vendues pendant l'exercice ?

3. L'application de la méthode de l'inventaire permanent est coûteuse. Le choix de cette méthode est-il justifié dans le cas de Colibri ltée ?

Problème 6.19   Afin de diversifier ses activités, le joueur de hockey Marius Meilleur a ouvert une boutique de vêtements de sports pour enfants. Il a constitué sa société sous le nom de Merveilles de Marius ltée, et la boutique a ouvert ses portes le 1er septembre 1993.

Nous présentons ci-dessous les soldes des comptes et d'autres renseignements relatifs à la société Merveilles de Marius ltée pour l'exercice se terminant le 31 août 1994. À partir de cette information, préparez un état des résultats pour cet exercice.

Encaisse	2 600
Comptes clients	3 500
Stock de vêtements (après l'incendie)	30 000
Chiffre d'affaires	240 000
Salaires et charges sociales	27 500
Loyer payé d'avance	2 000
Mobilier et agencements	15 500
Amortissement cumulé	3 000
Impôts fonciers	7 000
Emprunt à payer	8 000
Comptes fournisseurs	23 000
Placement dans Numéro Un ltée	10 000
Stock vendu (coût des marchandises vendues)	100 000
Achat de fournitures	14 500
Loyer	24 000
Capital de l'actionnaire	15 000
Amortissement	3 000
Frais de constitution	1 900
Intérêts sur l'emprunt	500
Frais généraux d'exploitation	5 000
Dividendes à payer	2 000
Dividendes déclarés	4 000
Perte attribuable à l'incendie de l'entrepôt	40 000

Voici quelques explications concernant les éléments ci-dessus :
a) Le 20 août 1994, quelqu'un a mis le feu à l'entrepôt et 40 000 $ de marchandises ont brûlé. Cette perte n'aura pas d'incidence fiscale et on n'a rien réclamé à l'assurance.
b) L'emprunt doit être remboursé moyennant des paiements annuels de 2 000 $ plus les intérêts. Les remboursements doivent avoir lieu le 31 août de chacune des quatre prochaines années. Les soldes précédents tiennent compte du paiement en capital et en intérêt au 31 août 1994.
c) Le placement se compose d'actions de Numéro Un ltée, une société fermée, et Marius n'a pas l'intention de vendre les actions dans un proche avenir.
d) Le 30 août 1994, le conseil d'administration a déclaré des dividendes de 4 000 $ dont 2 000 $ ont été versés le 31 août 1994 et les 2 000 $ restants seront payés le 12 septembre 1994.
e) Le stock de vêtements est comptabilisé selon la méthode de l'inventaire permanent, tandis que les fournitures sont incluses dans les charges au moment où elles sont achetées. Le 31 août 1994, on a dénombré un stock de fournitures restantes de 9 000 $. Cette valeur *n'est pas* représentée dans les soldes des comptes ci-dessus.

Problème 6.20   En septembre 1994, Marius Meilleur (du problème 6.19) s'est envolé vers Québec en vue d'assister à la réunion générale annuelle de sa société, Merveilles de Marius ltée, spécialisée dans les vêtements pour enfants. Après avoir attendu en vain qu'un ami vienne le chercher à l'aéroport, Marius a décidé que ses fréquents déplacements d'affaires vers Québec justifiaient l'achat d'un véhicule qui lui permettrait de se déplacer sans attendre. Il s'est rendu immédiatement chez Sainte-Foy Ford pour rencontrer Guy Charron et a fixé son choix sur une décapotable rouge. Le prix officiel était de 25 000 $, mais le vendeur a dit à Marius qu'elle lui coûterait 23 000 $ s'il la prenait tout de suite. (Ce prix était encore supérieur au coût de l'automobile pour Sainte-Foy Ford, soit 18 000 $.)

Marius savait, par la publicité faite par Sainte-Foy Ford, que s'il versait un acompte de 1 000 $ au maximum le concessionnaire réduirait le prix de la voiture du même montant. Il a donc rappelé cette offre à Guy Charron et a ainsi obtenu une autre réduction de 1 000 $. En outre, Marius a négocié des conditions lui permettant de payer uniquement la moitié du prix de l'automobile (1 000 $ comptant plus 10 000 $ plus tard) et de faire, pour Sainte-Foy Ford, cinq annonces publicitaires à la télévision au cours de l'année suivante au lieu de payer le solde de 11 000 $ du prix d'achat. À ce moment, l'entente étant conclue, Marius a téléphoné à la Banque du Nord pour obtenir un prêt remboursable sur demande en vue de couvrir le solde de 10 000 $. Après s'être assuré que les fonds seraient versés immédiatement dans son compte, il a fait un chèque pour payer l'automobile et il est sorti au volant de celle-ci, sans toutefois la décapoter parce qu'il faisait -35 °C.

1. Journalisez une écriture pour inscrire la vente de l'automobile faite par Sainte-Foy Ford, en appliquant la méthode de l'inventaire permanent. Utilisez les symboles appropriés (voir le chapitre 4, section 4.4), ou indiquez clairement d'une autre façon à quel endroit chaque compte est placé dans les états financiers. (Ne vous préoccupez pas des impôts sur les bénéfices et d'une éventuelle commission du vendeur.)
2. Du point de vue de Marius Meilleur, l'achat de cette automobile devrait-il être inscrit dans les comptes de Merveilles de Marius ltée ou être considéré comme un achat personnel ? Justifiez votre réponse.
3. Journalisez une écriture pour inscrire l'achat de l'automobile dans les comptes de Marius ou de Merveilles de Marius ltée, selon la réponse que vous avez donnée au point 2. Suivez les mêmes consignes et posez les mêmes hypothèses qu'au point 1.

Problème 6.21   Vous avez décidé d'accepter un travail de comptable à temps partiel chez un de vos amis, Paul Lecompte, qui exploite un commerce de voitures d'occasion, Autobaines. Les livres de Paul se limitent essentiellement à un carnet de chèques et à un livre des dépôts bancaires. Il paye tous ses achats par chèques et fait toujours une description de l'achat sur le talon du chèque qui demeure dans le carnet de chèques. Il décrit aussi chaque dépôt sur le double du bordereau de dépôt qu'il conserve.

Paul aime que les choses soient simples. Il loue un petit terrain avec un bureau de vente meublé pour 1 000 $ par mois (y compris les installations). Il ne vend pas de pièces de rechange et ne fait pas l'entretien des automobiles. Mis à part les bénéfices non répartis, Paul n'a fait aucun investissement de capital. Il n'a pas d'employés et se verse à lui-même un salaire de 3 000 $ par mois. Au 31 janvier 1994, il doit à la banque une somme de 20 000 $, dont le taux d'intérêt est de 12 % (1 % par mois) et qui est remboursable sur demande. Au 31 janvier 1994, tous les intérêts ont été payés. Son stock d'automobiles non vendues (que Paul a toutes payées comptant) au 31 janvier se présente comme suit :

Stock d'automobiles non vendues au 31 janvier 1994	Prix d'achat
Ford Tempo 1988	4 500 $
VW Golf 1989	4 000
Olds 98 1984	5 000
Camaro Z-28 1987	7 500
Mazda 323 1989	4 800
Toyota Supra 1985	6 200
	32 000 $

Paul vous a garanti que tout l'argent et tous les chèques reçus en février 1994 avaient été déposés à la banque. Ses encaissements et ses décaissements de ce mois paraissent à la page suivante.

Paul vous dit également qu'aucune autre automobile n'a été achetée ni vendue en février, qu'il n'avait pas de dettes et que personne ne lui devait rien aux 31 janvier et 28 février 1994. Vous apprenez aussi que le solde du compte bancaire d'Autobaines s'élevait à 6 800 $ au 31 janvier 1994.

1. Dressez le bilan d'Autobaines au 31 janvier 1994 (déduisez les bénéfices non répartis des autres soldes de comptes).

2. Inscrivez les opérations de février 1994 sous forme d'écritures.

3. Reportez ces opérations dans le grand livre général d'Autobaines.

4. Dressez un bilan au 28 février 1994, ainsi que les états des résultats et des bénéfices non répartis pour la période de un mois se terminant le 28 février 1994.

5. Dressez une liste des automobiles non vendues au 28 février 1994 avec leur prix d'achat. Le total de ces montants devrait correspondre au solde du compte Stock du grand livre général et du bilan au 28 février 1994.

6. Comparez le bénéfice net de Paul pour le mois de février avec le changement dans son compte bancaire entre le 31 janvier et le 28 février 1994. Pourquoi ces montants diffèrent-ils ?

7. Quels sont les avantages, pour Paul, de dresser des états financiers mensuels ? (Dans le passé, Paul ne préparait des états financiers à des fins fiscales qu'une fois par année.)

8. Seriez-vous prêt à formuler une opinion sur les états financiers ci-dessus ? En d'autres mots, seriez-vous prêt à déclarer par écrit que les états financiers présentent fidèlement les résultats de l'exploitation pour le mois de février ? Justifiez votre réponse.

Chèques émis au cours du mois de février 1994
(à partir des talons des chèques)

Chèque	Date	Description (payé à, etc.)	Montant
51	1er	Gestion immobilière XL — loyers de février et de mars 1994	2 000 $
52	4	Gestion immobilière XL — aménagement du bureau de vente	4 000
53	10	J. Durand — achat Chrysler 1988 payée comptant	6 500
54	15	Paul Lecompte — salaire de février 1994	3 000
55	22	Enchères d'Autos Suprêmes — achat de 3 automobiles (Lincoln 1986, 8 500 $; Mazda RX7 1985, 6 000 $; Honda Civic 1987, 4 500 $)	19 000
56	28	Banque Royale — paiement complet des intérêts de février	200
		Total des décaissements	34 700 $

Argent et chèques reçus en février 1994
(à partir des doubles des bordereaux de dépôt)

	Date	Description (reçu de, etc.)	Montant
	6	H. Bigras — vente Camaro Z-28 payée au complet	10 000 $
	12	B. Caron — vente Olds 98 payée au complet	7 400
	19	Autos d'occasion centre-ville — vente Mazda 323 et Ford Tempo, payées au complet	10 300
	28	Emprunt bancaire additionnel	5 000
		Total des encaissements	32 700 $

Problème 6.22* Gérard Labrèche, étudiant de deuxième année à l'université, en a assez du travail d'été sous-payé et temporaire. Il décide donc avec enthousiasme de mettre sur pied une entreprise de vente de hot-dogs dans les parcs de la ville pendant l'été.

Sa société, Labrèche ltée, commence ses opérations le 1er janvier 1994 et termine sa première année d'exploitation le 31 décembre 1994. Voici les faits qui sont survenus au cours de l'année:

a) Le 1er janvier 1994, la société a émis 100 actions à 1 $ chacune. De plus, le père de Gérard a prêté 5 000 $ à la société. Aucune condition de remboursement et aucuns frais d'intérêt ne sont rattachés à ce prêt.

b) Le 1er janvier 1994, Labrèche ltée a négocié un contrat avec un boucher local afin de pouvoir déposer ses fournitures dans son réfrigérateur. En pensant à l'avenir, la société a signé une entente de deux ans qui devrait expirer le 31 décembre 1995. Selon cette entente, des paiements de 120 $ le 1er janvier 1994 et de 130 $ le 1er janvier 1995 doivent être effectués.

c) Le 1er juin 1994, Labrèche ltée a acheté comptant la nourriture nécessaire pour l'été, qui se compose de 500 douzaines de pains à hot-dogs à 1 $ la douzaine et de 500 douzaines de saucisses viennoises à 3 $ la douzaine.

d) Le 1er juin 1994, Labrèche ltée a acheté deux comptoirs à hot-dogs portatifs au coût de 300 $ chacun à un vendeur qui se retirait des affaires. La société a accepté de payer 100 $ à l'achat au vendeur, et le solde, plus un intérêt annuel de 10 %, le 31 décembre 1994. La société a également dépensé 60 $ pour l'installation des comptoirs à hot-dogs. La valeur économique des comptoirs sera « amortie » à la fin de la première saison et, par conséquent, les coûts correspondants sont imputés aux charges de 1994.

e) Au cours de cet exercice, les ventes de Labrèche ltée se sont élevées à 7 000 $.

f) La société a embauché une étudiante pour exploiter un des deux comptoirs ; l'étudiante a reçu 800 $ par mois pendant les trois mois au cours desquels elle a travaillé pour la société (de juin à août).

Voici d'autres renseignements qui ne sont pas encore inscrits dans les comptes :

g) Le stock au 31 décembre 1994 se compose de :

Pains à hot-dogs	10 douzaines
Saucisses viennoises	10 douzaines

h) Le taux d'imposition de la société est de 20 %. Les impôts dus ont été payés le 31 décembre 1994.

i) Tous les engagements contractuels de la société ont été respectés au 31 décembre 1994.

j) Le 31 décembre 1994, la société a déclaré et versé un dividende de 5 $ par action.

1. Journalisez les écritures nécessaires pour inscrire les faits ci-dessus dans les livres de Labrèche ltée pour l'exercice se terminant le 31 décembre 1994.

2. Dressez un bilan au 31 décembre 1994 et les états des résultats et des bénéfices non répartis pour l'exercice se terminant à cette date.

3. L'entreprise Labrèche ltée est-elle une réussite ? Lui conseilleriez-vous de recommencer l'expérience l'été prochain ? Tenez compte à la fois des aspects qualitatifs et des états financiers que vous avez dressés.

Problème 6.23 La société X envisage d'adopter un nouveau système de contrôle du stock dont l'exploitation annuelle lui reviendra à 480 000 $. Le coût moyen de financement des actifs de l'entreprise est de 8 %. Le système de contrôle devrait permettre de réduire en moyenne le stock de 25 % par rapport à son niveau actuel de 2 000 000 $, sans avoir d'incidence sur les revenus (10 000 000 $ par année) mais en ayant des répercussions sur d'autres éléments :

Diverses pertes relatives au stock	Actuellement	Avec le nouveau système
Vol ou perte de marchandises	1 % des produits	Négligeable
Articles devenus invendables en raison des changements de style	8 % des produits	3 % des produits
Articles devenus invendables en raison de la détérioration	5 % des produits	Inchangé

Le nouveau système vaut-il ce qu'il coûte ?

RÉFÉRENCES 1. Banque Royale du Canada, « Starting out Right », série *Your Business Matters*, 1990, p. 37. Traduction et reproduction autorisées par la Banque Royale du Canada.
2. Pour une description plus élaborée d'un système comptable tenant compte de la prise de décisions des utilisateurs, voir Robert H. Crandall, « Information Economics and Accounting Theory », *The Accounting Review*, juillet 1969, p. 457 à 466.
3. Rodney J. Anderson, *The External Audit 2*, Toronto, Copp Clark Pitman, 1977, p. 172 et 173.

7

LA CONSTATATION DES PRODUITS ET DES CHARGES EN COMPTABILITÉ D'EXERCICE

APERÇU DU CHAPITRE

Les registres fournissent les éléments essentiels à la comptabilité générale, mais, pour la plupart des utilisateurs, leur valeur réside dans les rapports qui seront produits à partir de ces registres. Dans ce chapitre, nous traitons de la demande d'information publiée en temps opportun, ainsi que des problèmes rencontrés lorsque l'on tente de découper les opérations courantes d'une entreprise pour les inscrire dans des rapports périodiques. La méthode de la comptabilité d'exercice permet de préciser davantage le processus économique de génération du bénéfice à partir de l'information sur les opérations enregistrée dans les livres comptables. Ce chapitre porte essentiellement sur les techniques générales de constatation des produits et des charges. Nous comparerons plusieurs fois les mesures faites en comptabilité d'exercice avec celles de la comptabilité de caisse.

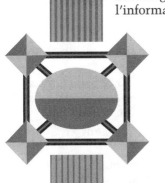

Voici les concepts que vous étudierez dans ce chapitre :

Concepts d'utilisation : La demande des utilisateurs externes souhaitant qu'une information relative à l'entreprise soit publiée en temps opportun. Les utilisateurs s'attendent à ce que cette information aille au-delà du système de tenue des livres à usage interne de l'entreprise et qu'elle soit mise en relation avec les procédés économiques et les procédés d'exploitation permettant d'expliquer le succès ou l'échec de l'entreprise.

Concepts de préparation : La façon dont la comptabilité d'exercice permet de produire les rapports comptables est le reflet d'une information économique plus complexe que celle qui est utilisée lors de l'inscription des opérations. Elle regroupe d'importantes catégories de faits (réalisation des produits, engagement des charges et variations de l'actif) en faisant appel aux concepts de « constatation » et de « rapprochement », deux des plus importants concepts de la comptabilité générale actuelle.

Techniques de préparation : Des techniques qui permettent d'appliquer les concepts de constatation et de rapprochement selon lesquels on inscrit des comptes « produits à recevoir », des « charges à payer » et des « reports », pour « démarquer » le flux des faits au début et à la fin de la période couverte par le rapport, de façon à produire des mesures significatives du bénéfice et de la situation financière.

Techniques d'utilisation : Des techniques qui permettent de comprendre comment la comptabilité d'exercice produit les données destinées aux utilisateurs, lesquelles servent de fondement à l'analyse des états financiers et aux autres techniques d'utilisation que nous verrons dans les chapitres 8, 9 et 10.

7.2   QU'EST-CE QUE LA COMPTABILITÉ D'EXERCICE ?

La comptabilité d'exercice est la principale forme de comptabilité générale actuellement utilisée dans le monde. Ce chapitre a été structuré à partir des éléments essentiels des chapitres antérieurs et de l'introduction de la section 1.4. On y expose la raison d'être de la comptabilité d'exercice et on explique ce qui la distingue de la comptabilité de caisse.

La comptabilité d'exercice existe tout simplement parce que l'information sur les flux de trésorerie n'est pas assez complète pour permettre d'évaluer le rendement financier ou la situation financière d'une entreprise. Il est essentiel pour la réussite d'une entreprise de suivre l'évolution de ses flux de trésorerie, mais ce n'est pas suffisant. Nous devons aller au-delà des flux de trésorerie pour évaluer de façon plus générale le rendement économique de même que les ressources et obligations que nous possédons et qui n'ont pas d'incidence sur les liquidités. Ainsi, nous donnons du sens à nos finances, même si cela nous force à faire des estimations, à faire appel à notre jugement et à faire des choix comptables qui, à leur tour, rendent les résultats beaucoup moins précis que nous le voudrions et encore moins précis que les flux de trésorerie.

Imaginons le scénario suivant :

Parent :   Eh bien ! Tu as travaillé tout l'été à la boutique Deluxe. Ça s'est bien passé ?

Adolescent :   Formidable ! J'ai rencontré des gens vraiment intéressants, j'ai appris beaucoup sur la vente au détail et j'ai décidé de poursuivre mes études en marketing.

Parent :   Non, je te demandais combien d'argent tu avais gagné !

Adolescent :   Attends. Au total, pour les quatre mois, j'ai gagné 3 960 $. Il me reste 2 030 $ en banque ; je crois donc avoir dépensé 1 930 $. Évidemment, 2 030 $ pour un été de travail, cela ne paraît pas beaucoup ! Toutefois, la boutique me doit encore ma dernière semaine de travail.

Parent :   (Long discours sur les responsabilités financières et la nécessité de ne pas gaspiller son argent.)

Adolescent :   Je reconnais que j'ai dépensé une partie de cet argent au casse-croûte du coin et pour cette excursion au lac, mais j'ai acheté aussi de bons vêtements pour la rentrée scolaire, ce téléphone sans fil et cette belle calculatrice qui me servira pour mon cours de comptabilité.

Parent :   N'oublie pas qu'en mai tu dois rembourser l'argent que ton oncle Paul t'a prêté. Ce montant fait aussi

> partie de ton compte bancaire. Tu as également promis de lui rembourser les intérêts à la fin de l'été. Il y a aussi tes frais de scolarité pour le semestre prochain. Et, est-ce que tu ne dois pas de l'argent à ton ami pour l'essence, pour votre excursion au lac ?

Adolescent : Je ne pense pas qu'il faille compter les frais de scolarité parce que je n'aurai à les payer que lorsque je serai inscrit. Même si... c'est pour cette raison que j'ai travaillé cet été. À vrai dire, je ne sais plus si mon été a vraiment été une réussite !

Cet exemple illustre plusieurs des problèmes auxquels la comptabilité d'exercice tente de faire face, notamment :

1. Plus vous y pensez, plus la mesure du rendement financier ou de la situation financière semble complexe, et moins l'encaisse semble constituer une mesure satisfaisante en elle-même.

2. Une partie de ce que vous avez gagné n'est peut-être pas encore encaissée (le paiement de la dernière semaine de travail).

3. De même, il se peut que certains coûts engagés ne soient pas encore payés (l'essence pour l'excursion au lac).

4. Certains décaissements concernent des ressources qui ont encore une valeur économique à la fin de la période (le téléphone, la calculatrice et peut-être les vêtements).

5. À la fin de la période, des obligations rattachées à certains encaissements (le prêt de l'oncle Paul) peuvent exister.

6. Les ressources à plus long terme ont pu se détériorer au cours de la période (tous les vêtements achetés pendant l'été n'auront pas conservé leur valeur, en raison des nouvelles tendances de la mode, et puis le téléphone ainsi que la calculatrice sont maintenant des biens usagés).

7. Il se peut que des obligations aient été créées au cours de la période (les intérêts sur l'emprunt à l'oncle Paul).

8. On se demande parfois si certains éléments doivent être inclus dans la mesure du rendement financier d'une période ou dans la mesure de la situation financière à un moment donné (les frais de cours à l'université).

9. Généralement, comment faisons-nous pour mettre en relation le *calendrier* des flux de trésorerie et la période en cause ? La plupart des éléments ci-dessus entraînent tôt ou tard des flux de trésorerie. Les cas difficiles surviennent lorsque la période des variations de l'encaisse et la période de mesure des résultats ne coïncident pas.

Vous devez considérer la comptabilité d'exercice comme une tentative visant à mesurer le rendement économique et la situation financière d'une façon plus approfondie que par la simple évaluation de l'encaisse. Ce ne sont que des compromis : évidemment, plus on se rapproche de l'encaisse, plus la mesure est précise ; toutefois, elle est aussi plus limitée et moins informative. Plus les experts-comptables tentent de rendre les états financiers pertinents sur le plan économique, plus ils doivent y inclure des estimations et des éléments qui sont des sources d'imprécision ou d'erreur.

7.3   FONDEMENT THÉORIQUE DE LA COMPTABILITÉ D'EXERCICE

La base de la comptabilité d'exercice consiste à « constater » dans les états financiers les faits, les estimations et les jugements importants relatifs à la mesure du rendement financier, *qu'ils aient ou non* été « matérialisés » par un encaissement ou qu'ils aient ou non fait l'objet d'un décaissement. Pour simplifier, nous pourrions dire que la comptabilité d'exercice a pour objectif de constater les flux économiques et les flux de trésorerie.

Skinner, un expert-comptable canadien de grande expérience, a déclaré que la comptabilité d'exercice n'a pas de définition opérationnelle précise, mais qu'elle dépend plutôt des procédés élaborés pour chaque entité économique qui fait l'objet d'un rapport. Dans la mesure où les concepts ne sont pas assez détaillés pour déterminer les procédés, ce sont les procédés qui déterminent le concept[1]. Dans cet ouvrage, nous tentons de faire ressortir la structure théorique qui sert de base à la comptabilité d'exercice, mais cela ne signifie pas que c'est la théorie qui détermine le travail des experts-comptables : en comptabilité générale, les sociétés et leurs comptables doivent résoudre les problèmes au fur et à mesure qu'ils se présentent et, parfois, il leur est plus facile de reconnaître les aspects théoriques après l'arrivée des faits qu'avant.

Voici trois catégories de flux économiques dont on doit tenir compte :

Acquisition de biens (ressources)

Les biens ne sont pas acquis pour leur valeur intrinsèque, mais plutôt parce qu'ils permettent de réaliser des produits (par exemple, tenir un magasin dans le but de vendre des marchandises) et de constater ce qui entoure ces produits (par exemple, les comptes clients qui sont des promesses faites par les clients de payer plus tard leurs achats).

Réalisation de produits

C'est l'objectif de toute entreprise : créer de la richesse en offrant des biens ou des services dont les gens ont besoin et qu'ils sont disposés à payer ou qu'ils promettent de payer.

Engagement des charges

Pour engendrer des produits, il faut consommer des ressources économiques ou les utiliser : on utilise des biens (le coût des marchandises vendues ou l'usure des bâtiments et du matériel) et on engage des dépenses (les salaires, la publicité, les taxes, les intérêts sur les emprunts servant à financer les biens). Lorsque nous faisons référence à l'utilisation ou à la consommation de biens, nous voulons dire que leur valeur économique est consommée, sans tenir compte de leurs changements physiques. Par exemple, un ordinateur peut devenir désuet et perdre sa valeur économique même s'il est encore en parfaite condition. Pour obtenir une mesure valable du bénéfice, il faut rapprocher la mesure des charges de celle des produits parce que la réalisation des produits exige un engagement des charges. Rappelez-vous que le bénéfice est égal aux produits moins les charges.

Ces flux économiques se poursuivent continuellement. En même temps, on produit des flux de trésorerie : recouvrement des comptes clients, paiement des dettes, achat des biens, etc. La figure 7.1 illustre les deux catégories de flux.

Dans les catégories A, B et C, le fait économique se produit *avant* le flux monétaire ; dans les catégories D, E et F, il se produit *en même temps* que le flux monétaire ; dans les catégories G, H et I, il se produit *après* le flux monétaire. Voici des exemples des neuf catégories mentionnées dans la figure 7.1. Cette figure illustre différentes combinaisons de faits économiques et de flux de trésorerie en fonction du moment où ils se produisent.

Faits économiques antérieurs aux flux de trésorerie

A   Actif à long terme acquis sans diminution de l'encaisse (financement à 100 %) ;
B   Ventes à crédit (création de comptes clients) ;
C   Salaires et autres charges engagées avant d'être payées.

Faits économiques coïncidant avec les flux de trésorerie

D   Biens acquis comptant ;
E   Ventes au comptant ;
F   Charges payées au comptant (comme les dons).

Faits économiques postérieurs aux flux de trésorerie

G   Activités d'entretien qui, par la suite, ont créé de nouveaux biens ;
H   Dépôts reçus des clients avant que la vente ne soit conclue ;
I   Utilisation de la valeur économique de biens (comme c'est le cas pour l'amortissement).

Figure 7.1

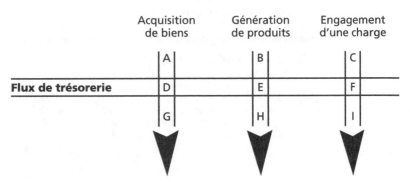

FLUX ÉCONOMIQUES

	Acquisition de biens	Génération de produits	Engagement d'une charge
	A	B	C
Flux de trésorerie	D	E	F
	G	H	I

En comptabilité d'exercice, les catégories B, C, H et I sont très importantes. C'est à ces catégories que la comptabilité d'exercice s'intéresse vraiment. Elle distingue le bénéfice établi selon la comptabilité d'exercice du bénéfice établi selon la comptabilité de caisse, en « constatant » :

> des produits avant que l'argent ne soit reçu (catégorie B);
> des charges avant qu'elles ne soient payées (catégorie C);
> des produits après avoir reçu l'encaissement correspondant (catégorie H);
> des charges après les avoir payées (catégorie I).

Les catégories A et G sont aussi des éléments importants de la comptabilité d'exercice parce qu'elles prévoient la « constatation » de biens avant ou après le flux monétaire, et complètent donc le procédé utilisé pour calculer le bénéfice. En plus de fournir au bilan les montants de l'actif *et* les montants relatifs à leur financement, ces catégories permettent d'établir dans la catégorie I la valeur des biens consommés pour réaliser les produits.

Selon le concept de **rapprochement**, les méthodes utilisées pour constater les produits et les charges doivent être cohérentes : il faut mesurer la catégorie B de la même façon que la catégorie C, et la catégorie H de la même façon que la catégorie I. Le bénéfice est égal aux produits moins les charges, de sorte que l'objectif du rapprochement est de garantir une mesure cohérente et raisonnable du bénéfice. Bien que le bilan et l'état des résultats fassent partie d'un ensemble équilibré, le critère de rapprochement a aussi une incidence sur la manière de mesurer les éléments d'actif, les éléments de passif et les capitaux propres.

7.4   COMPARAISON DE MONTANTS ÉTABLIS SELON LA COMPTABILITÉ DE CAISSE ET SELON LA COMPTABILITÉ D'EXERCICE

Pour vous aider à comprendre comment la comptabilité d'exercice fonctionne en améliorant les inscriptions des encaissements et des décaissements, voici un exemple basé sur la mesure du bénéfice et sur le contenu des flux de trésorerie, que nous avons expliqué dans les chapitres précédents (sans tenir compte pour le moment des impôts sur les bénéfices). L'information ci-dessous porte sur le dernier exercice financier de la société Services de consultation Gaboury ltée :

Fonds en banque, à la fin de l'exercice précédent		2 800 $
Encaissements :		
Recouvrement de produits de l'exercice précédent	1 600 $	
Recouvrement de produits de l'exercice	75 200	
Émission de la dette à long terme	6 000	
Cession de vieux matériel (« produit »)	500	83 300
		86 100 $

Décaissements:
Paiement de charges de l'exercice précédent   900 $
Paiement de charges de l'exercice   61 300
Remboursement de la dette à long terme   3 000
Achat de nouveau matériel   14 000   79 200
Fonds en banque à la fin de l'exercice   6 900 $

Autres renseignements:
Amortissement du matériel de l'exercice   3 100 $
Produits non recouvrés à la fin de l'exercice   2 500
Charges impayées à la fin de l'exercice   1 700
Valeur comptable du vieux matériel à la
date de la cession   300
Gain sur cession de matériel
(produit moins valeur comptable = 500 $ – 300 $)   200

Si nous calculons le bénéfice de cet exercice selon la comptabilité de caisse, nous obtenons:

Encaissements d'exploitation (1 600 $ + 75 200 $)   76 800 $
Décaissements d'exploitation (900 $ + 61 300 $)   62 200
Bénéfice de l'exercice établi selon la
comptabilité de caisse   14 600 $

Il y a aussi 6 500 $ (6 000 $ + 500 $) d'encaissements et 17 000 $ (3 000 $ + 14 000 $) de décaissements qui ne proviennent pas de l'exploitation. Si nous additionnons le premier montant et que nous soustrayons le deuxième du bénéfice de 14 600 $, nous obtenons 4 100 $, soit l'augmentation totale de l'encaisse au cours de l'exercice.

Par contre, l'état des résultats établi selon la comptabilité d'exercice, qui constate les produits gagnés et les charges engagées au cours de l'exercice, se présenterait comme suit:

Produits (75 200 $ + 2 500 $)   77 700 $
Charges:
Générales (61 300 $ + 1 700 $)   63 000 $
Amortissement (mentionné ci-dessus)   3 100   66 100
Bénéfice d'exploitation   11 600 $
Gain sur cession de matériel (calculé ci-dessus)   200
Bénéfice de l'exercice   11 800 $

Du fait que, selon la comptabilité d'exercice, les flux de trésorerie sont aussi importants que les montants établis, l'état de l'évolution de la situation financière (EESF) permet de comprendre en quoi ils sont liés les uns aux autres et en quoi ils diffèrent. Voici comment se présenterait l'EESF de la société pour cet exercice financier:

Activités d'exploitation :		
Bénéfice de l'exercice (comptabilité d'exercice)		11 800 $
Plus : Charges sans incidence sur les liquidités		
(amortissement)		3 100
Moins : Produits sans incidence sur les liquidités		
(gain sur cession)		(200)
		14 700 $
Variations des comptes du fonds de roulement		
qui ne font pas partie des liquidités :		
Comptes clients		
(augmentation de 2 500 $ – 1 600 $)	(900)$	
Comptes fournisseurs		
(augmentation de 1 700 $ – 900 $)	800	(100)
Rentrées nettes provenant des		
activités d'exploitation		14 600 $
Activités d'investissement :		
Achat de nouveau matériel	(14 000)$	
Produit de la cession de matériel	500	(13 500)$
Activités de financement :		
Émission de la dette à long terme	6 000 $	
Remboursement de la dette à long terme	(3 000)	3 000
Augmentation des liquidités au cours de l'exercice		4 100 $
Liquidités au début de l'exercice		2 800
Liquidités à la fin de l'exercice		6 900 $

Vous pouvez observer que les 14 600 $ inscrits comme des rentrées nettes provenant des activités d'exploitation dans l'EESF (calculés à partir du bénéfice de 11 800 $, lequel est établi selon la comptabilité d'exercice) correspondent au chiffre de bénéfice que l'on obtient en établissant l'état des résultats selon la comptabilité de caisse. Ainsi, l'EESF « réconcilie » les deux manières de calculer le bénéfice. Il regroupe également d'autres renseignements afin de vous permettre de constater l'effet de l'ensemble des activités de l'entité sur ses liquidités.

Par conséquent, si vous avez accès à la fois à un état des résultats dressé selon la comptabilité d'exercice et à un EESF, vous disposez d'une mesure économique plus complète que celle qui est fournie uniquement par la comptabilité d'exercice ou par l'information sur les flux de trésorerie. Ainsi, les états financiers fournissent un ensemble d'informations intégré dont les éléments se renforcent mutuellement.

OÙ EN ÊTES-VOUS ?

Voici deux questions auxquelles vous devriez pouvoir répondre à partir de ce que vous venez de lire :

1. En examinant l'état des résultats de la société, le propriétaire de Productions Fallon ltée a déclaré : « Je me rends compte que cet état a

été dressé selon la comptabilité d'exercice. Qu'est-ce que cette comptabilité d'exercice propose et pourquoi n'est-il pas suffisant de présenter les encaissements et les décaissements de mon entreprise ? » Répondez brièvement à cette question.

2. En 1994, la société a recouvré 53 430 $ de ses clients pour des ventes effectuées en 1993, et 421 780 $ pour des ventes réalisées en 1994. En 1993, elle a reçu 46 710 $ de ses clients pour des ventes conclues en 1994. À ce moment, le produit de toutes les ventes de 1993 et de 1994 a été encaissé. Quels sont les encaissements provenant de l'exploitation en 1994 et quels sont les produits de 1994 établis selon la comptabilité d'exercice ? (475 210 $; 468 490 $)

7.5   AJUSTEMENTS EN COMPTABILITÉ D'EXERCICE

Nous avons vu que les registres des opérations constituent l'essentiel du système de comptabilité générale. Cependant, l'information relative à certaines opérations doit être redressée, et ce, pour cinq raisons :

1. Certains faits s'étendent sur une période tellement longue que nous ne souhaitons pas nécessairement attendre qu'ils se terminent et que les « opérations » aient vraiment eu lieu avant de les constater dans nos rapports comptables. Les contrats de construction à long terme et les contrats de vente à tempérament de longue durée constituent de bons exemples.

2. Certains faits ont une importante signification économique avant même d'être constatés par le système comptable. Mentionnons, par exemple, les intérêts qui s'accumulent sur un emprunt en cours et les primes allouées aux dirigeants pour récompenser leur bon rendement.

3. Il arrive que les registres des opérations contiennent des erreurs tellement importantes qu'elles doivent être corrigées. C'est le cas, par exemple, de l'omission d'enregistrement d'une vente ou de la comptabilisation dans les charges de l'achat d'une immobilisation.

4. Certains faits continuent de se produire, du point de vue économique, *après* que l'on a inscrit les opérations dans les comptes et, par conséquent, il faut modifier les inscriptions initiales. Citons, entre autres faits, l'usure des immobilisations après leur utilisation et la mauvaise gestion d'une filiale après son acquisition.

5. Certains systèmes comptables, particulièrement ceux des petites entreprises, mettent l'accent uniquement sur les opérations d'encaisse (encaissements et décaissements). Ainsi, ils ne tiennent compte ni des ventes à crédit tant qu'elles ne sont pas encaissées, ni des achats à crédit tant qu'ils ne sont pas remboursés, ni des salaires gagnés avant qu'ils ne soient versés, et ainsi de suite. La comptabilité d'exercice peut tenir compte de ces faits économiques et fournir ainsi des rapports plus complets.

La dernière raison mentionnée ci-dessus est d'une importance cruciale et englobe, théoriquement, toutes les autres, sauf peut-être la troisième. Nous en avons déjà expliqué les raisons.

Dans tout système comptable, les ajustements à apporter dépendent du degré de perfectionnement du système; certains systèmes comptables très perfectionnés vont même au-delà de l'inscription des opérations et effectue régulièrement des ajustements, alors que des systèmes plus simples exigent, en fin d'exercice financier, un ensemble d'écritures d'ajustement spéciales. De nombreuses entreprises de grande taille inscrivent chaque mois leurs intérêts débiteurs et les autres charges qui s'accumulent. Elles prévoient mensuellement les provisions pour l'amortissement et les autres dépenses relatives aux biens utilisés. De nombreuses petites entreprises ne le font qu'au moment de produire leurs états financiers annuels.

Les ajustements en comptabilité d'exercice sont inscrits en partie double, comme on le fait lors de l'inscription des opérations :

Il faut inscrire un débit à un ou plusieurs comptes.
Il faut inscrire un crédit à un ou plusieurs comptes.
Et il faut que la somme des débits soit égale à la somme des crédits.

C'est ce que les experts-comptables appellent *écritures de régularisation*. Elles s'apparentent aux autres écritures, mais elles ne touchent pas l'encaisse sauf lors de redressements et de corrections d'erreurs.

À l'intérieur de cette structure, on peut faire à peu près n'importe quoi, pourvu que l'expert-comptable, la direction et le vérificateur soient d'accord. Puisqu'on peut utiliser de nombreuses méthodes comptables différentes, la comptabilité d'exercice se prête à la manipulation des résultats et à la production de rapports trompeurs. Par conséquent, les vérificateurs prêtent une attention particulière au genre de régularisations apportées par les entreprises. La plupart des critiques formulées à l'égard des rapports financiers portent sur les régularisations subjectives de la comptabilité d'exercice, qui s'appuient sur le jugement personnel plutôt que sur les registres des opérations qui sont plus objectifs et vérifiables. La plupart des experts-comptables estiment que, malgré son caractère subjectif et les critiques dont elle fait l'objet, la comptabilité d'exercice est supérieure à la comptabilité de caisse, parce qu'elle permet un enregistrement plus complet et plus représentatif du rendement économique. Tout le monde n'est pas d'accord sur ce point. Ainsi, la théorie financière moderne met davantage l'accent sur les flux de trésorerie que sur la mesure du bénéfice établi selon la comptabilité d'exercice. Nous examinerons ce point au chapitre 8.

Avant de décrire plus en détail les techniques utilisées en comptabilité d'exercice, jetons un coup d'œil sur l'article d'un magazine qui ouvre certaines perspectives sur le sujet en reprenant les principales critiques émises sur la comptabilité d'exercice. On y trouve aussi des commentaires sur la façon dont la comptabilité d'exercice vient obscurcir l'information fournie par les flux de trésorerie.

Pourquoi les bénéfices présentés ne vous révèlent-ils pas ce que vous voulez savoir, et pourquoi doit-on blâmer la Compagnie des Indes orientales?

Les mensonges de la dernière ligne

PAR DANA WECHSLER LINDEN

Pendant des décennies, nous avons pris les décisions économiques les plus importantes à partir d'un montant que l'on considérait comme magique, celui qui se trouve sur la dernière ligne de l'état des résultats.

En tant qu'investisseurs, nous achetons et nous vendons des actions selon que les bénéfices de l'entreprise augmentent ou diminuent. En tant que gestionnaires, nous décidons des investissements à faire surtout en fonction des bénéfices que devrait procurer un projet.

Toute notre économie, comme dans tout marché libre, répartit la richesse collective nationale selon une série de décisions rationnelles portant sur les meilleures possibilités d'investissement pour créer plus de richesse. Nous basons ces décisions avant tout sur ce que nous présente le montant figurant sur la dernière ligne.

Nous commettons là une grave erreur. Les bénéfices présentés sont devenus virtuellement sans valeur en ce qui concerne leur capacité de nous informer sur ce qui se passe réellement dans l'entreprise. Cette situation ne résulte pas uniquement du milieu des affaires où les gestionnaires, obsédés par la réaction qu'auront les investisseurs à l'égard des résultats trimestriels, sont tentés de manipuler le chiffre du bénéfice. Il faut aussi jeter le blâme sur les experts-comptables qui, dans leur volonté bien intentionnée de remédier aux abus, ont, dans bien des cas, permis aux entreprises de cacher plus facilement la réalité.

L'an dernier, Warren Buffett, président de Berkshire Hathaway, écrivait à ses actionnaires : « Tant et aussi longtemps que les investisseurs — y compris les institutions dites perfectionnées — feront des évaluations fantaisistes à partir des " bénéfices " en hausse constante, vous pouvez être assurés que certains gestionnaires et promoteurs exploiteront les PCGR (principes comptables généralement reconnus) en vue de produire de tels chiffres, quelle que soit la vérité. »

David Hawkins, professeur de comptabilité à la Harvard Business School, pense que nous vivons une époque de déclin de la qualité des bénéfices présentés — un déclin, dit-il, « perceptible ou non de l'extérieur ».

Prenons le cas de Prime Motor Inns qui était, il y a encore quelques mois, le deuxième exploitant d'hôtels au monde. L'an dernier, Prime Motor Inns annonçait un important bénéfice net de 77 millions de dollars — 18 % des produits — en augmentation de plus de 15 % par rapport à l'exercice précédent.

En septembre, Prime Motor Inns s'enregistrait sous le chapitre 11 (américain) des faillites.

Que s'est-il passé ? Aurait-on pu prévoir la faillite ? Le problème de la société était de ne pas disposer de suffisamment de rentrées de fonds. La plus grande partie du montant présenté à la dernière ligne de son état des résultats de 1989 était composée de ventes d'hôtels. Toutefois, le financement externe de ces ventes s'était épuisé et Prime Motor Inns devait financer elle-même ces acheteurs, ce qui la laissait avec trop peu de liquidités pour assurer le remboursement de sa dette courante, y compris les emprunts sur les propriétés maintenant « vendues ». Selon les analystes bancaires de la Financial Proformas Inc., les activités d'exploitation de la société avaient exigé des sorties de fonds de 15 millions de dollars en 1989 — l'année où elle annonçait un bénéfice de 77 millions de dollars — comparées à des rentrées de fonds d'exploitation de 58 millions de dollars de l'exercice précédent.

Prime Motor Inns avait acquis de nombreuses sociétés au cours des années : W. T. Grant, Penn Central, Crazy Eddie, Miniscribe et bien d'autres sociétés d'épargne et de crédit qui ont toutes présenté des bénéfices impressionnants et qui ont quand même fait faillite.

Comme les coupes de cheveux ou la longueur des jupes, il existe aussi des modes ou des marottes comptables qui vont et qui viennent. Dans les années 20, lorsque les actions se négociaient principalement à partir de la valeur de l'actif (ombres des années 80 !), les experts-comptables se sont occupés à gonfler la valeur de l'actif. Dans les années 60, on a mis l'accent sur les produits. De nombreux franchiseurs voulaient, par exemple, inscrire des « ventes » immédiatement après avoir signé un contrat de franchisage, même si de nombreux franchisés ne versaient jamais un sou. Dans les années 80, le principal problème concernait les banques et les sociétés d'épargne et de crédit qui surévaluaient leurs actifs. (La Securities and Exchange Commission [SEC] a maintenant décidé d'effectuer un changement comptable majeur : inscrire aux livres ces actifs à la valeur marchande plutôt qu'au coût d'origine.)

Aujourd'hui, le bénéfice net — la ligne du bas — reprend la vedette. Réapparaissent alors ce que Warren Buffett aimait appeler des « mensonges blancs », conçus pour enjoliver les bénéfices.

La méthode du nettoyage du bilan est un mensonge blanc populaire. Cette méthode consiste à purifier soudainement le bilan de ses péchés passés, après avoir soutenu pendant des années que tout allait bien. Par exemple, le nettoyage du bilan met souvent une société en position de croissance accélérée (et les dirigeants en position de recevoir de fortes primes résultant de l'accroissement des bénéfices ou du rendement des capitaux propres), puisque la société repart sur une base de bénéfices moins élevée au cours de l'exercice où l'on effectue le grand nettoyage. Ironiquement, une grande radiation a tendance à gonfler immédiatement le cours des actions de la société, probablement parce que les investisseurs sont sensibles à une « sincérité » de ce genre. Selon Kidder, Peabody & Co., au cours des premier et deuxième trimestres de cette année, on a enregistré 3,4 milliards de dollars de radiations, soit près de deux fois le niveau record de l'année dernière.

Marriott Corp. a fait un nettoyage de son bilan l'an dernier en imputant 256 millions de dollars, y compris les radiations d'avances aux acheteurs de ses hôtels au cours des années, de même que les dépréciations de la valeur des hôtels qui lui appartiennent.

Pourquoi la direction a-t-elle mis aussi longtemps à reconnaître les problèmes ? Les règles comptables sont vagues. On y précise seulement que les sociétés doivent réduire la valeur de leur actif lorsqu'elles constatent que les biens connaissent une « diminution permanente » de valeur. Cette situation laisse beaucoup de place à l'interprétation.

« Les problèmes étaient perceptibles depuis des années, parce que les sociétés associées ne procuraient que des flux de trésorerie négatifs », déclare Robert Renck fils, de la société de recherche R. L. Renck & Co., de New York.

Dans les années 70, les experts-comptables ont tenté de mettre un terme à l'utilisation que faisait la direction des réserves du bilan en vue de niveler les bénéfices. Néanmoins, les sociétés ont trouvé d'autres moyens d'amasser des fonds pour compenser les variations imprévues des bénéfices. Par exemple, elles augmentent souvent les charges d'amortissement dans les trimestres rentables et amassent de l'argent pour les mauvais jours dans des réserves comptables cachées.

« Si une société a besoin d'un coup de pouce et que le président veut 5 ¢ de plus par action, un bon contrôleur sait où aller le chercher », explique Lee Seidler, un expert en comptabilité.

Les sociétés pétrolières sont des expertes en nivellement des bénéfices. Une de leurs méthodes favorites consiste simplement à augmenter les réserves (ou à retarder l'augmentation) destinées à une remise en état de l'environnement.

Remarquez bien comment cela se passe. En juillet, Amoco Corp. a annoncé qu'elle avait fait un gain extraordinaire de 471 millions de dollars dans le deuxième trimestre à la suite du règlement des poursuites datant de la saisie des biens de la société par l'Iran à la fin des années 70. La société a ajouté en même temps 477 millions de dollars à ses réserves pour les dommages causés à l'environnement.

L'an passé, Texaco a enregistré un gain de 362 millions de dollars provenant de la vente d'une participation dans une filiale. Dans le même trimestre, elle a inscrit 355 millions de dollars de charges ayant trait à des programmes futurs relatifs à l'environnement.

« Au cours des deux dernières années, chaque fois qu'une grande société pétrolière a constaté un gain ne provenant pas de l'exploitation, elle s'est efforcée de trouver des charges correspondantes non susceptibles de se répéter pour cacher ces profits », déclare Bernard Picchi, analyste du secteur pétrolier pour

Salomon Brothers. « Au moment où les résultats des troisième et quatrième trimestres seront annoncés (1990), vous en verrez une série d'autres », ajoute-t-il.

Les règles comptables autorisent les sociétés à attendre pour comptabiliser des charges futures relatives à l'environnement, jusqu'à ce qu'elles soient certaines d'engager ces dépenses et qu'elles sachent approximativement ce qu'il leur en coûtera. Mais cela donne à la direction une grande marge de manœuvre. Sous le couvert de l'anonymat, un important dirigeant d'une société pétrolière le reconnaît : « Si nous prévoyons que le quatrième trimestre sera très mauvais, nous pouvons présenter un raisonnement qui les (les experts-comptables) fera taire. Lorsque notre trimestre est rentable, c'est le bon moment pour faire le nettoyage du bilan. »

Quand a-t-on commencé à émettre des réserves au sujet de la qualité du chiffre de la dernière ligne ? Nul besoin de remonter plus loin que les sociétés commerciales du XVIIe siècle, telles que la Compagnie des Indes orientales, constituée par la reine Élisabeth I en 1600 et qui est l'une des premières « sociétés par actions à responsabilité illimitée ». Au début, la compagnie distribuait tous les bénéfices (s'il y en avait) à la fin de chaque voyage commercial au pays des épices. Mais, en 1661, le gouverneur de la compagnie annonça que les distributions futures prendraient la forme de dividendes périodiques versés à partir des bénéfices non répartis.

Soudainement, la mesure des bénéfices était confiée aux experts-comptables qui devaient commencer à poser des jugements. Il fallait répartir les biens et les profits entre plusieurs voyages à différents stades d'achèvement. Il fallait émettre de nombreux jugements subjectifs avant de pouvoir calculer le bénéfice de la période : la durée de vie utile des navires, combien il fallait conserver de capital pour maintenir les navires en excellente condition, quand radier les créances irrécouvrables, etc.

En bref, les sociétés commerciales, comme la Compagnie des Indes orientales, ont introduit la comptabilité d'exercice, le bénéfice de la dernière ligne et la plupart des problèmes de tenue des livres que nous connaissons aujourd'hui. Avec un système qui se base fondamentalement sur des jugements arbitraires portant sur des questions comme le moment (et la probabilité) du retour d'un navire, il devient impossible d'éviter les abus.

L'élément suivant constitue une partie du problème : récemment, plus

les experts-comptables ont tenté de préciser les choses en révisant les règles, plus les états financiers sont devenus compliqués et moins utiles.

Il y a cinq ans, par exemple, le Financial Accounting Standards Board (FASB), l'organisme normalisateur de la profession, a décidé de modifier la façon dont les sociétés devaient traiter leurs régimes de retraite. Cela a pris 11 ans et 132 pages pour établir des règles précisant que les sociétés devaient présenter la totalité de leurs obligations découlant des régimes de retraite dans le passif du bilan.

Les principales sociétés du secteur de l'aérospatiale ont toutes appliqué les règles différemment, ce qui a entraîné de fortes variations de leurs bénéfices et rendu toute comparaison quasiment impossible.

Une analyse récente faite par Patricia McConnell, éditrice pour les *Accounting Issues* de Bear, Sterns & Co. et conseillère auprès du FASB, a démontré que les nouvelles règles ont eu pour effet de gonfler le bénéfice net de Grumman de 84 % l'an dernier, celui de Lockheed de 112 %, celui de Boeing de 1 % et celui de Northrop de 26 %. À combien s'élèvent réellement les bénéfices de ces sociétés ? Bonne chance si vous tentez de les calculer !

Le FASB a recommandé également aux sociétés qui construisaient de nouvelles usines ou d'autres immobilisations de capitaliser leurs intérêts débiteurs plutôt que de les déduire du bénéfice. Le fondement théorique de cette recommandation consiste à s'assurer que le coût complet de l'usine est présenté dans le bilan de la société. En réalité, cela éloigne encore le bénéfice net d'une mesure objective du décaissement réel.

Quelle est donc la solution ? Même les professeurs les plus en vue sont pressés de trouver une nouvelle façon de mesurer la richesse d'une société. Et personne n'est prêt à proposer une approche théorique complètement nouvelle de la comptabilité.

Peut-être la meilleure approche consisterait-elle à se servir des flux de trésorerie pour vérifier la fiabilité des bénéfices. L'une des choses les plus utiles qu'ait faite le FASB au cours des dernières années a été de recommander aux sociétés de présenter un état de l'évolution de la situation financière en même temps que leur état des résultats et leur bilan. On ne peut blâmer le FASB si de nombreux investisseurs ne tiennent pas compte des flux de trésorerie.

Commençons par la ligne intitulée « rentrées nettes provenant de l'exploitation ». Si le bénéfice net augmente, et que les liquidités provenant de l'exploitation diminuent, il se passe probablement quelque chose d'anormal.

Toutefois, si vous désirez connaître l'évolution de la société à long terme, ne vous arrêtez pas à cette rubrique. Les liquidités provenant de l'exploitation ne tiennent pas compte d'une partie vitale de l'entreprise, soit les dépenses d'investissement, sans lesquelles aucune entreprise ne peut survivre ni prospérer. Puis, soustrayez les dépenses d'investissement des liquidités provenant de l'exploitation. Vous aurez une bonne idée du montant d'argent qui peut être distribué, à long terme, aux actionnaires.

Les montants du bénéfice net et des liquidités donnent une bonne idée de la situation qui prévalait au cours du dernier exercice et de la situation présente. Toutefois, ils ne révèlent rien sur l'orientation future de la société. « Les experts-comptables ne savent pas comment s'y prendre pour obtenir ce résultat, dit Warren Buffett. Il ajoute : « Ce n'est pas une science mais un art. Et c'est le travail de celui qui dispose de l'argent et non de son comptable. Cela revient à déterminer les flux de trésorerie nets après les dépenses d'investissement requises au cours des cinq ou dix prochaines années. Si vos calculs sont justes et que vous ne payez pas trop cher (pour une entreprise), vous ne pouvez pas être perdant. » Les investisseurs, à l'époque de la reine Élisabeth I, comprenaient probablement mieux cette situation que ceux de notre ère.

Dana Wechsler Linden, « Lies of the Bottom Line », *Forbes*, 12 novembre 1990, p. 106, 108 et 112. Traduction et reproduction autorisées par le magazine *Forbes*, 12 novembre 1990. © Forbes Inc., 1990.

7.6 ÉCRITURES DE « CONSTATATION » EN COMPTABILITÉ D'EXERCICE

La comptabilité d'exercice « constate » les faits économiques qui se produisent à d'autres moments que les flux de trésorerie. (Vous devez remarquer que l'inscription d'un fait en comptabilité de caisse *coïncide* avec un flux monétaire.) Si on utilise la comptabilité d'exercice, un fait peut toucher les comptes *deux fois* : une fois au moment où l'on constate le fait et une autre fois lorsque le flux monétaire se produit. Si nous tenons compte de ce point et si nous divisons les faits en trois grandes catégories (acquisition et capitalisation d'éléments d'actif, constatation et recouvrement des produits, engagement d'une charge et utilisation d'éléments d'actif), nous pouvons définir 15 sortes d'écritures couvrant les 9 catégories de la figure 7.1 (section 7.3) portant sur les flux économiques et les flux de trésorerie. Nous couvrons ainsi pratiquement toute l'étendue de la comptabilité d'exercice. Voyons comment cette situation se présente si l'on utilise les lettres A à I, comme à la figure 7.1 :

Catégorie A (acquisition du bien avant le flux monétaire) :
    Écriture de type 1 :   constatation du fait économique
    Écriture de type 2 :   constatation du flux monétaire subséquent

Catégorie B (constatation du produit avant le flux monétaire) :
    Écriture de type 3 :   constatation du fait économique
    Écriture de type 4 :   constatation du flux monétaire subséquent

Catégorie C (engagement d'une charge avant le flux monétaire) :
    Écriture de type 5 :   constatation du fait économique
    Écriture de type 6 :   constatation du flux monétaire subséquent

Catégorie D (acquisition du bien coïncidant avec le flux monétaire) :
    Écriture de type 7 :   constatation du bien et inscription du flux monétaire

Catégorie E (constatation du produit coïncidant avec le flux monétaire) :
    Écriture de type 8 :   constatation du produit et inscription du flux monétaire

Catégorie F (engagement de la charge coïncidant avec le flux monétaire) :
Écriture de type 9 :   constatation d'une charge et inscription du flux monétaire

Catégorie G (acquisition du bien après le flux monétaire) :
Écriture de type 10 :   toute écriture ayant pour objet d'inscrire une charge
Écriture de type 11 :   constatation du fait économique

Catégorie H (constatation du produit après le flux monétaire) :
Écriture de type 12 :   inscription du flux monétaire
Écriture de type 13 :   constatation du fait économique

Catégorie I (engagement d'une charge après le flux monétaire) :
Écriture de type 14 :   toute écriture ayant pour objet d'inscrire un actif
Écriture de type 15 :   constatation du fait économique

Nous ferons d'autres commentaires sur chaque catégorie et chaque type d'écriture, y compris les écritures de type 10 et 14 dont la formulation est assez vague. Pour vous aider à visualiser l'ensemble, nous résumons dans le tableau suivant la forme usuelle que prennent les 15 types d'écritures énumérées ci-dessus en les mettant en relation avec les 9 catégories de la figure 7.1.

Constatation du flux monétaire	Acquisition et capitalisation d'actifs	Constatation et recouvrement des produits	Engagement d'une charge et utilisation d'actifs
Précède le flux monétaire	A	B	C
Constatation	1) Dt Actif Ct Passif	3) Dt Clients Ct Produits	5) Dt Charges Ct Passif
Flux monétaire postérieur	2) Dt Passif Ct Encaisse	4) Dt Encaisse Ct Clients	6) Dt Passif Ct Encaisse
Coïncide avec le flux monétaire	D	E	F
	7) Dt Actif Ct Encaisse	8) Dt Encaisse Ct Produits	9) Dt Charges Ct Encaisse
Suit le flux monétaire	G	H	I
Flux monétaire antérieur ou inscription antérieure de l'actif ou de la charge	10) Toute écriture antérieure ayant servi à inscrire une charge	12) Dt Encaisse Ct Produits reportés	14) Toute écriture antérieure ayant servi à inscrire un actif
Constatation	11) Dt Actif Ct Charges	13) Dt Produits reportés Ct Produits	15) Dt Charges Ct Actif

Voici d'autres explications concernant les 9 catégories et les 15 types d'écritures :

a) Pour la mesure du bénéfice, les écritures importantes servent à constater les produits et les charges, et les écritures 3, 5, 8, 9, 13 et 15 servent à calculer le bénéfice. Parmi celles-ci, « Clients » désigne le compte d'actif qui sert le plus souvent à inscrire un produit non recouvré. « Produits reportés » ou dépôts des clients désigne le compte de passif servant habituellement à constater des sommes encaissées, mais pas encore gagnées. Notons que tous ces comptes ont *aussi* une incidence sur le bilan. Il s'agit d'un point *crucial* de la comptabilité d'exercice ; il ne peut y avoir d'effet sur l'état des résultats sans qu'il y ait un effet identique sur le bilan. La comptabilité en partie double et l'équation comptable rendent cette correspondance nécessaire, mais vous pouvez également vous servir de cette règle pour déterminer quand une écriture touche directement le bénéfice ou l'ajuste : dans les deux cas, les comptes de l'état des résultats et les comptes du bilan sont touchés.

b) Parmi ces six importants types d'écritures, ceux qui sont propres à la comptabilité d'exercice portent sur la constatation d'opérations qui n'a pas d'effet sur les liquidités : 3, 5, 13 et 15. Les deux autres, 8 et 9, portent sur des opérations ayant une incidence sur les liquidités.

c) Les autres types d'écritures dans les colonnes des produits et des charges : 4, 6 et 12 (nous ne tenons pas compte de l'écriture 14 pour le moment) sont destinées seulement à inscrire l'incidence de l'opération sur l'encaisse. Elles influent sur le bilan, mais n'ont pas d'incidence sur les résultats. Cela illustre un autre point crucial de la méthode de la comptabilité d'exercice, qui est à la fois à la base de la figure 7.1 (section 7.3) et du tableau ci-dessus : l'effet de la comptabilité d'exercice se fait sentir au moment de la constatation des produits et des charges par opposition au moment de leur encaissement ou de leur décaissement. Tôt ou tard, presque toutes les transactions exigent un règlement en argent qui confirme l'échange économique ; la comptabilité d'exercice traite des flux de trésorerie par anticipation ou en différé à l'état des résultats et au bilan. Combinons les écritures de type 3 et 4 : lorsqu'elles sont inscrites toutes les deux, le débit et le crédit portés aux comptes clients s'annulent, ce qui produit exactement le même effet qu'une écriture de type 8 touchant l'encaisse, par exemple, en même temps qu'on constate le produit sans en attendre l'encaissement. De même, combinons les écritures de type 12 et 13 : lorsqu'on les inscrit toutes les deux, le crédit et le débit portés aux comptes de passif Produits reportés s'annulent, ce qui a encore exactement le même effet qu'une écriture de type 8 touchant l'encaisse, par exemple, en même temps qu'on constate les produits une fois l'argent encaissé.

d) Pour ce qui est du bilan, les écritures de type 1 et 7 (et 11, que nous expliquerons plus loin) servent à constater l'existence de biens. Conséquemment, les débits sont portés aux stocks, aux immobilisations et aux autres éléments d'actif. Les crédits sont portés à la source qui a permis l'acquisition de ces mêmes biens. Avec le temps, les écritures de type 1 et 2 composent une écriture de type 7. Nous voyons que la comptabilité d'exercice permet à l'actif et au passif du bilan de refléter des faits économiques avant que les flux de trésorerie ne se produisent. Cette façon de faire a été mise en œuvre tout au long de cet ouvrage, mais vous devriez maintenant pouvoir remarquer qu'un choix s'impose : la constatation de l'actif pourrait être reportée jusqu'à ce que le bien ait été complètement payé en argent, mais cela ne semble pas nécessaire et tend à sous-évaluer les obligations que l'entreprise a contractées pour acquérir ces biens. On retrouve la même logique de présentation intégrale dans la façon dont la comptabilité d'exercice mesure les produits, les charges et, par conséquent, le bénéfice.

e) Les catégories G et I, et en particulier les écritures de type 10 et 14, sont un peu plus complexes. Ici, la constatation est reportée plus loin dans le processus pour les actifs (écriture de type 11) et les charges (écriture de type 15). Le but est le même qu'avec les autres catégories : permettre un écart temporaire. Cependant, du fait que ces écritures portent sur des comptes qui reflètent déjà des périodes antérieures, elles doivent tenir compte non seulement des flux de trésorerie antérieurs, mais aussi d'autres écritures antérieures. (En théorie, cette situation est également vraie pour la catégorie H, mais, en pratique, ces opérations sont presque toujours inscrites dans le compte Produits reportés et ne font donc pas partie de notre analyse.) Une écriture de type 11 sert à constater un actif : elle diminue un compte de charges (on « capitalise » la dépense, comme on dit en langage comptable) en transférant le montant dans un compte d'actif. Par conséquent, cela suppose qu'un compte de charges existe déjà, ce qui pourrait être le cas en raison d'une écriture antérieure de type 5, 9 ou 15, contenant un débit porté au compte de charges. Donc, en pratique, l'écriture de type 10 ne constitue pas un type distinct : elle représente un amalgame des trois autres. L'écriture de type 15 sert à constater une charge en diminuant un compte d'actif (par une provision pour dépréciation, un amortissement, ou en diminuant la valeur d'une autre façon) et en transférant le montant dans un compte de charges. Par conséquent, elle nécessite qu'un compte d'actif existe. Ce compte pourrait provenir de l'inscription antérieure d'une écriture contenant un débit porté à un compte d'actif : l'écriture pourrait être de type 1, 3, 7 ou 11. Par conséquent, l'écriture de type 14 n'est pas plus distincte que l'écriture de type 10 : elle est une combinaison des quatre autres. Il existerait donc seulement 13 types d'écritures identifiables différents : pensez-vous que c'est un bien ou un mal pour la comptabilité ?

f) Les écritures de type 3, 8 et 13 servent à constater un produit gagné. Elles sont donc destinées à augmenter les produits et à augmenter l'actif ou à diminuer le passif, contribuant ainsi à enjoliver la situation. Les écritures de type 5, 9 et 15 servent à constater qu'une charge a été engagée en augmentant le passif ou en diminuant l'actif (utilisation de biens), faisant ainsi moins bien paraître les choses. L'écriture de type 11 est l'inverse des type 5, 9 et 15 : elle diminue les charges et augmente l'actif, ce qui contribue à mieux faire paraître les choses. Les écritures 3, 5, 13 et 15 sont celles auxquelles les gens font référence lorsqu'ils déplorent que le bénéfice a été « manipulé ».

Voici des extraits du chapitre 1000 du *Manuel de l'ICCA* au sujet des critères de constatation des produits et des charges en comptabilité d'exercice.

COMPTABILITÉ GÉNÉRALE — CHAPITRE 1000

Fondements conceptuels des états financiers

CRITÈRES DE CONSTATATION

.41 La constatation est le fait d'inclure un élément dans les états financiers d'une entité. La constatation d'un élément consiste à inclure le montant en cause dans les totaux de l'un ou l'autre des états financiers et à décrire l'élément au moyen d'un libellé (par exemple, « stocks », « ventes » ou « dons »). Les éléments semblables peuvent être regroupés sous un même poste aux fins de leur présentation dans les états financiers.

.42 La constatation s'entend de l'inclusion d'un élément dans un ou plusieurs états financiers particuliers et non de sa présentation dans les notes complémentaires. Ces notes ont pour objet soit de fournir des précisions sur des éléments constatés dans les états financiers, soit de fournir des informations au sujet d'éléments qui ne satisfont pas aux critères de constatation et qui, de ce fait, ne sont pas constatés dans les états financiers.

.43 Les critères de constatation présentés ci-après donnent des indications générales relativement au moment où il convient de constater un élément dans les états financiers. La constatation ou la non-constatation d'un élément donné est une question qui requiert l'exercice du jugement professionnel aux fins de déterminer si les circonstances propres à la situation en cause satisfont aux critères de constatation.

.44 Les critères de constatation sont les suivants :

   a) Il existe une base de mesure appropriée pour l'élément en cause et il est possible de procéder à une estimation raisonnable du montant.

   b) Dans le cas des éléments qui impliquent l'obtention ou l'abandon d'avantages économiques futurs, il est probable que les dits avantages seront effectivement obtenus ou abandonnés.

.45 Il peut arriver qu'un élément qui correspond à la définition d'une composante ne soit pas pour autant constaté dans les états financiers du fait qu'il est improbable que des avantages économiques futurs soient obtenus ou abandonnés, ou en raison de l'impossibilité de faire une estimation raisonnable du montant en cause. Il peut convenir de fournir, dans les notes complémentaires, des informations au sujet des éléments qui ne satisfont pas aux critères de constatation.

.46 Les éléments constatés dans les états financiers sont comptabilisés suivant la méthode de la comptabilité d'exercice. La comptabilité d'exercice consiste à constater l'effet des opérations et des faits dans l'exercice au cours duquel les opérations ont été réalisées et les faits se sont produits, qu'il y ait eu ou non transfert d'une contrepartie en espèces ou d'une autre contrepartie équivalente. Font partie de la comptabilité d'exercice les reports qui surviennent lorsqu'un encaissement ou un décaissement a lieu avant que les critères régissant la constatation des produits ou des charges soient atteints.

.47 Les produits sont généralement constatés lorsque l'exécution est achevée et que la mesure et le recouvrement de la contrepartie sont raisonnablement sûrs.

.48 Les produits des organismes sans but lucratif qui peuvent être rattachés à des charges engagées dans la prestation de services sont normalement rapprochés de ces charges au cours de l'exercice où ces dernières sont constatées. Normalement, les subventions ou dons non assujettis à des restrictions dont bénéficient les organismes sans but lucratif ne résultent pas de la vente de biens ou de la prestation de services et, par conséquent, la notion d'achèvement n'a, le plus souvent, aucun rapport avec la constatation de ces subventions ou dons; lorsqu'ils ne peuvent être rattachés à des dépenses spécifiques, les produits de ce genre sont généralement constatés au moment de leur encaissement ou lorsqu'ils deviennent l'objet d'une créance exigible.

.49 Les gains sont généralement constatés au moment de leur réalisation.

.50 Les charges et les pertes sont généralement constatées lorsqu'une dépense ou un actif déjà constaté ne présente aucun avantage économique futur. Les charges qui ne peuvent être rattachées à des produits spécifiques sont attribuées à un exercice en fonction des opérations et des faits survenus au cours de cet exercice, ou sont répartis sur plusieurs exercices. Le coût des actifs dont les avantages s'étendent sur plus d'un exercice est normalement réparti sur le nombre d'exercices en cause.

.51 Les charges des entreprises à but lucratif qui sont rattachées à des produits par un lien de cause à effet sont normalement rapprochées des produits au cours de l'exercice où ces derniers sont constatés.

.52 Les charges engagées par les organismes sans but lucratif dans la prestation de services, par opposition à celles qui le sont dans le cadre des activités génératrices de produits, sont normalement constatées lors de la prestation des services.

OÙ EN ÉTES-VOUS ?
Voici deux questions auxquelles vous devriez pouvoir répondre à partir de ce que vous venez de lire :

1. En termes positifs, on peut dire que la comptabilité d'exercice constitue une amélioration par rapport à l'information sur les flux de trésorerie. En termes négatifs, on peut dire qu'elle brouille l'image en introduisant des facteurs n'ayant pas d'incidence sur les flux de trésorerie. Que vous aimiez ou non le résultat obtenu, comment les écritures de la comptabilité d'exercice modifient-elles la présentation des flux de trésorerie ?

2. Pourquoi peut-on dire que la détermination du moment opportun est au cœur de la comptabilité d'exercice ?

7.7 EXEMPLES DES QUINZE TYPES D'ÉCRITURES

Vous avez peut-être trouvé la section précédente difficile à suivre ! Pour illustrer la question, nous présentons des exemples tirés du magasin de ventes au rabais Chez Maurice inc. Cette société exploite depuis cinq ans une entreprise de vente au rabais de meubles, d'appareils ménagers et d'appareils audiovisuels. Elle veut maintenant étendre ses activités à toute la région, alors qu'elle s'était limitée jusqu'à présent au marché local. Les lettres des catégories et les numéros d'écritures utilisés sont les mêmes que dans le tableau précédent.

Acquisition d'éléments d'actif

A Chez Jeanette inc. décide d'ouvrir un second magasin. La société a trouvé un local, mais le prix d'achat dépasse le montant des liquidités dont elle dispose. Elle décide donc de contracter une hypothèque auprès du Groupe Capitale, une société de crédit. Lorsque la société prend possession du bâtiment, elle journalise l'écriture suivante :

1) Dt Bâtiments   500 000
      Ct Hypothèque à payer   500 000

Un mois plus tard, il faut effectuer le premier versement de 2 500 $ sur l'hypothèque. Voici l'écriture que la société journalise :

2) Dt Hypothèque à payer   2 500
      Ct Encaisse   2 500

D Plus tard dans la même année, Chez Maurice inc. trouve une autre bâtisse qui pourrait servir à ouvrir un autre magasin. Le propriétaire a un besoin pressant d'argent et il accepte de vendre le bâtiment, d'une valeur marchande de 800 000 $, au prix de 600 000 $ à condition que Chez Maurice inc. paye comptant avant la fin de la semaine. La société sait qu'elle ne peut obtenir aussi rapidement une hypothèque et décide de payer la bâtisse comptant. Lorsqu'elle prend possession du bâtiment à la fin de la semaine, elle journalise l'écriture suivante :

7) Dt Bâtisse	600 000	
Ct Encaisse		600 000

G   La société s'aperçoit que certaines dépenses qui ont été imputées aux frais d'entretien auraient dû être « capitalisées » dans un compte d'actif, le compte Bâtisses. L'écriture initiale était :

10) Dt Frais d'entretien	200 000	
Ct Encaisse ou Fournisseurs		200 000

Pour corriger cette erreur, la société journalise l'écriture suivante :

11) Dt Bâtisse	200 000	
Ct Frais d'entretien		200 000

Par cette écriture, la société crée un élément d'actif en transférant un montant qui était dans un compte de charges. En général, on utilise une écriture de « capitalisation » pour constater un élément d'actif créé à l'intérieur de l'entreprise au cours des activités régulières, et on l'utilise également souvent lorsque des éléments d'actif ont été inclus par erreur dans un compte de charges.

Constatation des produits

B   Un jeune couple, Diane et Jean, achète à crédit un lit d'eau à 900 $ dans l'un des magasins. Pour constater le produit gagné, Chez Maurice inc. journalise l'écriture suivante :

3) Dt Clients	900	
Ct Produits		900

À la fin du mois, Jean retourne au magasin et règle son compte par chèque. Cette opération donne lieu à l'écriture suivante :

4) Dt Encaisse	900	
Ct Clients		900

E   Jacques et Christine, un autre couple, vont Chez Maurice inc. et décident d'acheter un canapé de 700 $. Puisqu'ils sont tous les deux des étudiants, on refuse de leur faire crédit et ils doivent payer leur achat comptant. Christine est furieuse, mais Jacques la persuade d'acheter quand même le canapé, car il l'aime beaucoup. Le jour suivant, il revient avec l'argent et emporte son canapé. Cette opération donne lieu à l'écriture suivante :

8) Dt Encaisse	700	
Ct Produits		700

H   Roger Boivin se rend au premier magasin pour acheter un magnétoscope sophistiqué au coût de 2 300 $. Il n'en reste qu'un en magasin et il le paie comptant. Cependant, il ne l'emportera chez lui que dans deux semaines. Le paiement du magnétoscope donne lieu à l'écriture suivante :

12) Dt Encaisse   2 300
        Ct Produits reportés   2 300

Deux semaines plus tard, quand Roger revient chercher son magnétoscope, la société journalise l'écriture suivante pour inscrire le produit gagné :

13) Dt Produits reportés   2 300
        Ct Produits   2 300

Selon le principe du « rapprochement des produits et des charges », cette écriture et les autres écritures destinées à inscrire des produits (types 3 et 8) doivent être accompagnées de la constatation du coût des marchandises vendues, soit le coût des articles achetés par les clients et les autres frais nécessaires pour gagner ce produit. On peut constater ces éléments en journalisant une écriture destinée à comptabiliser cette charge, comme nous le verrons plus loin.

Engagement d'une charge et utilisation d'éléments d'actif

C   Chez Maurice inc. paye ses employés une fois par mois, mais attend dix jours après la fin du mois pour émettre les chèques de paye. À la fin d'un mois, la société journalise l'écriture suivante pour inscrire les 7 000 $ de salaires à verser aux employés.

5) Dt Charges salariales   7 000
        Ct Salaires à payer   7 000

Le dix du mois suivant, lors de l'émission des chèques, la société journalise l'écriture suivante :

6) Dt Salaires à payer   7 000
        Ct Encaisse   7 000

F   Les employés n'aiment pas ce système parce que beaucoup d'entre eux ont des factures à payer à la fin du mois et ne peuvent pas se permettre d'attendre dix jours pour être payés. Lola Masson, une employée, proteste auprès de Suzanne Legros, contrôleuse de la société. Celle-ci promet d'étudier la question. Si la société émettait les chèques à la fin du mois, on n'aurait besoin de journaliser qu'une seule écriture qui se présenterait comme suit :

9) Dt Charge de salaires   7 000
        Ct Encaisse   7 000

I   À la fin de l'exercice, la société ferme tous ses magasins pour une journée afin de procéder à l'inventaire. Chez Maurice inc. applique la méthode de l'inventaire permanent. Au cours de l'exercice, on a acheté pour 10 000 000 $ de marchandises. Au début de l'exercice, on disposait de 50 000 $ de marchandises en stock ; à la fin de l'exercice, il en reste pour 150 000 $. Voici l'écriture que la société journalisera en ce qui concerne l'achat de marchandises au cours de l'exercice :

14) Dt Stocks   10 000 000
    Ct Encaisse ou Fournisseurs   10 000 000

L'écriture nécessaire pour inscrire la vente de 9 900 000 $ de marchandises au cours de l'exercice est la suivante :

15) Dt Coût des marchandises vendues   9 900 000
    Ct Stocks (actif)   9 900 000

7.8 ÉCRITURES DE RÉGULARISATION ET DE CORRECTION EN COMPTABILITÉ D'EXERCICE

Dans le but de brosser un portrait plus fidèle de la situation financière de l'entreprise, la comptabilité d'exercice procède à la régularisation et à la correction des comptes créés par le système de tenue des livres basé sur les opérations. Plus le système de tenue des livres est incomplet, plus il faut effectuer de régularisations. Il arrive souvent que les petites entreprises aient seulement un livre de caisse (dépôts et chèques), de sorte que la préparation de leurs états financiers requiert de nombreux ajustements. Les plus grandes entreprises peuvent disposer de systèmes de tenue des livres tellement complets que l'on n'a que quelques ajustements à effectuer en fin d'exercice.

À titre d'exemple de situation exigeant que l'on procède à des régularisations, on peut citer les bâtiments et le matériel nécessaires pour générer des produits que l'on utilise sur une période couvrant plusieurs exercices. Il faut constater une fraction de leur coût d'acquisition à titre de charge d'amortissement pour chacun de ces exercices. On pense, par exemple, aux primes d'assurance payées d'avance qui couvrent plusieurs exercices. Puisque l'élément d'actif, soit les primes d'assurance payées d'avance, est utilisé graduellement, il faut en constater une fraction dans les charges. On pense également aux intérêts qui s'accumulent sur un emprunt. On constate un élément de passif et une charge pour présenter la substance économique de l'opération, même si aucun montant d'intérêt n'est encore réclamé.

Exemple : les chaussettes de Josiane (suite)

Les mécanismes à la base des écritures de régularisation et de correction sont simples. Ils incluent les mêmes comptes d'actif, de passif et de capitaux propres (y compris les produits et les charges) que vous connaissez déjà. Pour illustrer le fonctionnement de ces mécanismes et la présentation des états financiers qui en résulte, reprenons l'exemple de Josiane et de son entreprise de vente de chaussettes que nous avons commencé à examiner à la section 6 du chapitre 6. Nous avons vu comment Josiane tenait ses comptes. Nous procéderons maintenant aux régularisations nécessaires en comptabilité d'exercice.

Nous avons laissé Josiane à la fin de l'« étape 4 » du processus comptable. Nous commencerons en présentant de nouveau cette étape :

Étape 4 — Balance de vérification du grand livre général

Compte	Débit	Crédit
Compte bancaire	2 265	
Emprunt bancaire		2 000
Stock de chaussettes	600	
Frais d'exploitation	355	
Comptes fournisseurs		140
Produits des ventes		1 080
Totaux	3 220	3 220

En dressant la balance de vérification, nous n'avons pas prouvé que le grand livre général était exact, parce que des inscriptions peuvent avoir été oubliées ou faites au mauvais compte. Cependant, nous avons satisfait à l'exigence de base du système de comptabilité en partie double, soit l'égalisation des débits et des crédits.

Étape 5 — Écritures de régularisation et de correction

L'une des dernières ventes du deuxième jour d'exploitation de l'entreprise de Josiane a été faite au directeur du crédit de la banque, qui souhaitait avoir un ensemble d'états financiers rendant compte de ces deux journées. Josiane était plus qu'enthousiasmée des résultats de son premier projet d'entreprise. Elle projetait par ailleurs, si elle pouvait trouver un fournisseur, d'aller acheter ce même soir plusieurs centaines de paires de chaussettes. Elle a donc immédiatement entrepris de dresser des états financiers. Après avoir examiné le grand livre et la balance de vérification, Josiane a constaté qu'elle devait résoudre certains problèmes avant de préparer les états financiers.

Premièrement, elle a inscrit les ventes de chaussettes dans le journal, mais n'a journalisé aucune écriture pour rendre compte de la diminution de son stock. Toutes les chaussettes ont été vendues, mais il reste encore un solde au compte de stock de l'actif. Deuxièmement, elle a constaté que la location payée lui procurait encore des avantages futurs. Rappelez-vous qu'elle a payé pour six jours, de sorte qu'il lui en reste quatre. Troisièmement, elle pense que l'enseigne a été inscrite dans un mauvais compte : elle a encore de la valeur et ne constitue pas seulement une charge, bien qu'elle soit tombée deux fois et ait été endommagée, détérioration que Josiane évalue à 10 %. Quatrièmement, elle sait qu'elle doit encore un certain montant d'intérêt sur son emprunt bancaire. Elle évalue à environ 5 $ l'intérêt pour ces deux jours d'exploitation, sur un emprunt de 2 000 $ dont le taux d'intérêt est de 14 %. (La comptabilité d'exercice peut engendrer des erreurs : 2 000 $ x 14 % x 2/365 est égal à seulement 1,53 $. Toutefois, la différence entre ce chiffre et 5 $ n'est pas *significative*, de sorte que nous conserverons l'estimation de Josiane.)

Voici les écritures de régularisation et de correction qui devraient correspondre aux quatre éléments et aux décisions prises par Josiane. (Au chapitre 6 [section 6.6], nous avons journalisé six écritures ; par conséquent, nous commençons ici avec l'écriture 7.)

N°	Date	Description	Débit	Crédit
7.	16 février	Coût des marchandises vendues	600	
		Stock de chaussettes		600
		Coût des marchandises vendues au cours des deux jours		
8.	16 février	Loyer payé d'avance	100	
		Frais d'exploitation		100
		Loyer payé d'avance : 4 jours à 25 $ par jour		
9.	16 février	Enseigne	140	
		Frais d'exploitation		140
		Constatation de l'enseigne dans l'actif		
10.	16 février	Charge d'amortissement	14	
		Amortissement cumulé — Enseigne		14
		Amortissement de 10 % du coût de l'enseigne		
11.	16 février	Intérêts débiteurs	5	
		Comptes fournisseurs		5
		Intérêts courus : 2 000 $ à 14 % pendant 2 jours		

Notez que la charge d'amortissement et les intérêts des écritures 10 et 11 auraient pu être portés au débit du compte Frais d'exploitation. Cependant, on a l'habitude de les inscrire dans des comptes distincts parce que ces éléments sont présentés sous des postes distincts dans les états financiers.

Étape 6 — Report des écritures de régularisation et de correction

Les cinq écritures ci-dessus doivent être reportées comme on l'a fait pour les six premières. Faites-le et voyez si vous obtenez les mêmes résultats que dans la balance de vérification ci-dessous.

Étape 7 — Une autre balance de vérification

Pour améliorer sa compréhension des états financiers, Josiane a décidé de reclasser les comptes du grand livre en fonction de l'ordre dans lequel ils paraîtront dans les états financiers. Voici donc une autre balance de vérification, dans laquelle on trouve les comptes initiaux de l'étape 4 et les autres comptes nécessaires pour les étapes 5 et 6, tous reclassés selon l'ordre de présentation des états financiers.

Compte	Débit	Crédit
Compte bancaire	2 265	
Stock de chaussettes	0	
Loyer payé d'avance	100	
Enseigne	140	
Amortissement cumulé — Enseigne		14
Emprunt bancaire		2 000
Comptes fournisseurs		145
Produits		1 080
Coût des marchandises vendues	600	
Frais d'exploitation	115	
Amortissement	14	
Intérêts débiteurs	5	
	3 239	3 239

* Frais d'exploitation = obtention du permis, 65 $, plus deux jours de loyer
au coût de 25 $ par jour.

Le grand livre est équilibré! Avez-vous obtenu les mêmes résultats?
Nous pouvons maintenant passer aux états financiers.

Étape 8 — États financiers

En nous servant de la balance de vérification ci-dessus et en prenant des
décisions au sujet des libellés et du classement des montants, nous pouvons produire les états financiers suivants:

Résultats pour la période de deux jours se terminant le 16 février		
Produits		1 080 $
Charges:		
Coût des marchandises vendues	600 $	
Frais d'exploitation	115	
Amortissement	14	
Intérêts	5	734
Bénéfice (note 1)		346 $

Chaussettes Josiane Capital du propriétaire pour la période de deux jours se terminant le 16 février	
Capital au début	0 $
Bénéfice des deux jours	346
	346
Retraits du propriétaire	0
Capital à la fin	346 $

Chaussettes Josiane
Bilan au 16 février

Actif		Passif et capitaux propres	
Actif à court terme :		Passif à court terme :	
Compte bancaire	2 265 $	Emprunt bancaire	
Loyer payé d'avance	100	(note 2)	2 000 $
	2 265 $	Fournisseurs	145
			2 145 $
Actif à long terme :		Capital du propriétaire	346 $
Enseigne (au coût)	140 $		
Amortissement cumulé	14		
	126		
Total	2 491 $	Total	2 491 $

Chaussettes Josiane
Évolution de la situation financière
pour la période de deux jours se terminant le 16 février

Activités d'exploitation :		
Bénéfice des deux jours	346 $	
Plus : Charges sans incidence sur les liquidités (amortissement)	14	360 $
Variations des autres comptes à court terme :		
Loyer payé d'avance	(100)$	
Fournisseurs	145	45
Rentrées nettes provenant de l'exploitation		405 $
Activités d'investissement :		
Achat de l'enseigne		(140)$
Activités de financement :		
Aucune		0
Augmentation des liquidités au cours des deux jours		265 $
Liquidités au début		0
Liquidités à la fin		265 $
Composition du solde des liquidités à la clôture :		
Compte bancaire	2 265 $	
Emprunt bancaire	(2 000)	
	265 $	

Chaussettes Josiane
Notes complémentaires annexées aux états financiers au 16 février

1. L'entreprise de Josiane est une entreprise individuelle ; Josiane est donc l'unique propriétaire. Aucune provision n'a été prévue en ce qui concerne le salaire de la propriétaire et ses dépenses personnelles, comme les impôts.
2. L'emprunt bancaire porte un intérêt de 14 %, et il est remboursable sur demande. Il est garanti par l'automobile personnelle de la propriétaire.

7.9   EXERCICE FINANCIER

Les états financiers ont tous une dimension temporelle. Les bilans sont dressés à des moments déterminés et les trois autres états financiers couvrent des périodes bien précises. Néanmoins, les activités d'exploitation et les autres activités économiques de l'entreprise se déroulent sans interruption. Donc, si les états financiers doivent être dressés à une date précise ou s'ils doivent commencer et se terminer à des dates précises, on doit trouver une quelconque façon de diviser ces activités par périodes. La figure ci-dessous illustre ce problème : les flèches représentent le fonctionnement de l'entreprise ou les opérations, et la longueur des flèches illustre le temps nécessaire pour accomplir chaque opération.

Figure 7.2

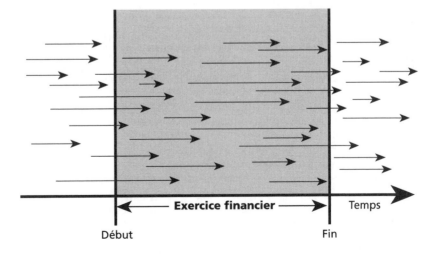

Si l'on applique la comptabilité de caisse, il n'y a aucun problème. Chaque flèche qui se termine dans l'exercice est incluse dans celui-ci, et chaque flux monétaire relatif à des opérations non terminées y est également inclus. Mais l'objectif de la comptabilité d'exercice est de diviser en parties toutes les flèches chevauchant la date limite de l'exercice et d'en répartir les effets sur les deux exercices financiers, ou plus, qu'elles traversent. Selon le principe du rapprochement, la démarcation doit être la même pour les opérations se rapportant aux produits que pour celles qui se rapportent aux charges. Par exemple, le produit d'une vente et la charge du coût des marchandises vendues doivent être constatés dans le même exercice. Le fait d'inscrire le produit d'une vente dans un exercice et le coût des marchandises vendues dans un autre aurait pour effet de fausser le calcul du bénéfice des deux exercices. Par conséquent, la comptabilité d'exercice fait largement appel à des estimations, à des répartitions et à l'exercice du jugement professionnel.

Nous verrons plusieurs façons de procéder à la démarcation des flux des produits et des charges pour les attribuer aux exercices comptables. Pour nous y préparer, voici un article portant sur le choix des exercices. Quand devrait commencer et finir un exercice ? Les sociétés ont un choix initial à faire mais, une fois qu'elles l'ont fait, les règles légales et fiscales, voire même l'habitude, les forcent ordinairement à respecter ce choix.

JEU DE CHIFFRES

La plupart des sociétés terminent leur exercice financier en décembre, mais pas toutes. Pourtant, cela pourrait leur faire économiser de l'argent.

À propos de l'exercice financier

PAR CHRISTOPHER POWER

Les retraités de la société Campbell Soup ltée se souviennent encore du temps où l'entreprise vivait au rythme de la tomate. Au mois d'août, les rues de Camden, au New Jersey, devenaient rouges de la récolte amenée à l'usine ; c'est du moins le souvenir qu'on en a.

Aujourd'hui, la soupe aux tomates ne constitue évidemment plus qu'une infime partie des ventes de la société, qui s'élèvent à 3,3 milliards de dollars. Toutefois, l'exercice financier de la société se termine toujours le 31 juillet, juste avant l'arrivée de la nouvelle récolte, au moment où le stock de tomates est au plus bas.

Un anachronisme isolé ? Pas vraiment. Regardez attentivement et vous constaterez que les cycles naturels d'exploitation des entreprises sont à l'origine de nombreux exercices financiers, qui ne suivent pas l'année civile. Selon l'American Institute of Certified Public Accountants, 37 % des sociétés de fabrication ou de commercialisation ayant participé à son étude ne clôturent pas leurs comptes le 31 décembre. Un fait dont se plaignent les statisticiens et les analystes qui préfèrent une information financière comparable.

Il existe de bonnes raisons pour aller à contre-courant. Pour les nouvelles entreprises, cela peut être le moyen d'économiser quelques dollars. Les cabinets d'experts-comptables sont plus qu'occupés, de janvier à avril, à préparer les rapports annuels et les déclarations d'impôts. Naturellement, ils facturent le plein tarif, sans parler des heures supplémentaires. Mais il existe aussi une saison morte pour les vérificateurs. Faites appel à des experts-comptables en juin ou après, par exemple, et vous pourriez obtenir une réduction pouvant aller jusqu'à 15 %.

Pour les petites entreprises qui débutent, ce pourrait être une occasion de diminuer les frais. Selon James Pitts, contrôleur de la société Data General, c'est l'une des raisons pour lesquelles tant de jeunes entreprises spécialisées dans les techniques de pointe choisissent des exercices différents. « Le choix de leur exercice a été fait en fonction des cabinets d'experts-comptables, explique-t-il. Les experts-comptables ne tiennent pas à ajouter un surplus à leur travail de fin d'année, de sorte qu'ils vous proposeront des honoraires de vérification moins élevés. »

La préparation des rapports annuels durant la saison morte peut aussi se traduire par la prestation de meilleurs services — de la part des experts-comptables, bien sûr, mais aussi des imprimeurs, des avocats et même de la Securities and Exchange Commission (SEC). Les réponses sur les renseignements à fournir arrivent plus rapidement dans les périodes moins occupées. Un exercice qui ne coïncide pas avec l'année civile peut aussi attirer davantage l'attention des investisseurs. Les analystes qui ont de la difficulté à venir à bout des rapports annuels publiés en mars accorderont probablement plus d'attention à ceux qui sont produits en août.

Alors, si une société peut éviter de cette façon des dépenses et des maux de tête, pourquoi les fins d'exercice ne sont-ils pas distribués également de janvier à décembre ? William Chatlos, un consultant du New Jersey qui, dans les années 60, prônait les prétendus « exercices naturels », pense que cela dépend surtout de l'inertie et de l'insécurité des institutions. « Les sociétés ne tiennent pas compte des avantages et craignent de faire l'objet d'analyses inattendues », explique-t-il.

Selon William Chatlos, choisir une date de fin d'exercice autre qu'en décembre présente un avantage évident. Il raconte l'histoire d'une société de New York qui avait changé sa date de fin d'exercice, diminuant ainsi ses frais et évitant l'inconfort de devoir faire l'inventaire par une température glaciale. « Lorsque l'on parle d'exercice naturel, déclare William Chatlos, la communauté des affaires agit de façon ridicule. »

Ironiquement, de nombreuses sociétés ayant choisi un exercice différent de l'année civile l'ont fait, non pour des raisons pratiques ou des raisons de coût, mais pour des raisons historiques. Dans certains cas, les raisons historiques initiales s'appliquent encore mais, dans d'autres cas, elles ont perdu leur raison d'être. Voici quelques-unes des principales catégories d'entreprises dont l'exercice ne correspond pas à l'année civile :

● *Détaillants.* Des sociétés comme Associated Dry Goods, Federated Department Stores et Kmart terminent leur exercice en janvier, soit à la fin de la période de Noël. En fait, la période des achats des fêtes dépasse le début de la nouvelle année, et janvier connaît une grande activité sur le plan des ventes et des retours de marchandises, ce qui permet de faire des retouches finales aux chiffres des produits et des charges.

● *Secteur de l'alimentation.* Les sociétés qui, à leurs débuts, effectuaient surtout des opérations de meunerie terminent souvent leur exercice en mai ou en juin, juste avant ou après la récolte des grains d'hiver. Pillsbury, General Mills et Quaker Oats terminent toutes leur exercice à la fin du printemps ou au début de l'été.

● *Secteur de l'énergie.* Ashland Oil termine encore son exercice en septembre, souvenir de l'ancienne pause saisonnière au cours de laquelle la société, encore minuscule à l'époque, commençait à raffiner moins d'essence et à produire plus de mazout pour le chauffage domestique. Il est probable aussi que les sociétés du secteur du gaz naturel clôturent leurs comptes en septembre puisque la « période du chauffage », au cours de laquelle se fait la plus grande partie des ventes, commence en octobre et finit en avril. L'American Gas Association, en fait, déclare que certains de ses membres changent peu à peu leur date de fin d'exercice pour le mois de septembre.

● *Fournisseurs du secteur de l'automobile.* Au cours de la première moitié du siècle, Armstrong Rubber, Dayco et Firestone terminaient leurs exercices naturels en septembre ou en octobre. Après l'activité fébrile du printemps et de l'été, leurs stocks se trouvaient alors à leur point le plus bas, moment où l'on pouvait le mieux les dénombrer. La même chose s'est produite pour Deere & Co. et International Harvester. Leur matériel agricole se vend très bien jusqu'à la récolte. Ensuite, les ventes baissent jusqu'au printemps suivant.

● *Secteur du tabac.* Dibrell Brothers et Universal Leaf Tobacco, les plus importants fabricants de cigarettes de l'industrie, commencent leur exercice le 1er juillet, juste avant que les fermiers américains apportent leur tabac frais aux enchères annuelles, et après que la récolte de l'année précédente a été finalement séchée et mise en barriques. Il est bien plus facile de dénombrer les barriques que de faire l'inventaire d'un entrepôt rempli de feuilles de tabac en vrac.

Quelles que soient les raisons qui ont incité les entreprises à choisir un exercice financier différent de l'année civile, un fait est certain : pour la plupart des entreprises, l'exercice choisi demeure pour longtemps. Proctor & Gamble, par exemple, clôture ses comptes à la fin du mois de juin. Plus personne ne se rappelle pourquoi. Est-il probable qu'elle puisse en changer ? Jamais de la vie !

Christopher Power, « Let's Get Fiscal », *Forbes*, 30 avril 1984, p. 102-103. Traduction et reproduction autorisées par le magazine *Forbes*, 30 avril 1984, ©Forbes Inc., 1984.

7.10   CONSTATATION DES PRODUITS

On peut dire qu'il est facile de déterminer le bénéfice qu'a fait une société au cours de son existence. Au terme de son exploitation, toutes les charges ont entraîné des décaissements et tous les produits gagnés se sont soldés par des encaissements. Il n'est pas nécessaire de procéder à des estimations, puisqu'on connaît les résultats avec certitude. Pour la durée de vie d'une entreprise, le bénéfice correspond simplement à la différence entre la somme totale des apports de capital des propriétaires et la somme des retraits qu'ils ont effectués, plus l'argent qui reste à la fin. La difficulté relative à la présentation du bénéfice sur une base périodique, laquelle est exigée par les décideurs économiques pour la présentation de l'information concernant l'exploitation de l'entreprise, consiste à trouver un moyen de diviser des opérations essentiellement continues en périodes distinctes.

Si nous avons à décrire les opérations d'une entreprise pendant une période donnée en calculant le bénéfice de cette période, nous devons trouver un moyen nous permettant de mesurer le montant de bénéfice qui peut être attribué à cette période. Nous y parvenons en déterminant combien de produits peuvent être *constatés* au cours de cette période, et en les *rapprochant* ensuite des charges qui ont été engagées pour engendrer ces produits. Le bénéfice correspond alors à la différence entre les produits constatés et les charges engagées.

Des points de vue économique et commercial, le bénéfice est obtenu grâce aux diverses décisions prises par l'entreprise, ce qui veut dire que le bénéfice est réalisé lorsque la valeur est rajoutée par les opérations de l'entreprise. Toute une séquence de faits peuvent contribuer à engendrer et à recouvrer des produits, y compris la construction de l'usine, l'achat ou la production des marchandises, la publicité, la vente, l'expédition, la facturation, les encaissements et les services relatifs aux garanties. Cependant, quoique l'entreprise puisse avoir accru la valeur de ce qu'elle offre au moyen de ses opérations, les experts-comptables préfèrent vérifier de façon objective si cette valeur a bien été ajoutée. Par conséquent, plutôt que de constater le bénéfice de façon continue, les experts-comptables choisissent de ne pas constater de variations de valeur avant qu'un « fait objectif » ne se produise. Au lieu d'inscrire directement un bénéfice, les experts-comptables constatent le produit engendré au moment où survient le fait, et constatent par la suite les charges correspondantes en appliquant le principe du rapprochement des produits et des charges. La constatation des produits devient alors la première étape dans la détermination du bénéfice de l'exercice. On a formulé les critères de constatation des produits que nous analysons ci-dessous dans le but de s'assurer qu'un produit ne sera constaté qu'au moment où l'on disposera d'une preuve objective établissant qu'il a effectivement été réalisé.

Critères de constatation des produits

Normalement, pour qu'on puisse constater un produit, il faut que les quatre critères ci-dessous aient *tous* été respectés. La plupart des entreprises choisissent un fait parmi la séquence d'événements qui donnent lieu à un produit et décident qu'il s'agit là du « fait objectif » permettant de constater un produit. Il est plus facile de constater un produit en une seule fois qu'en plusieurs étapes. Cependant, comme nous le verrons, il y a des exceptions à cette règle (comme toujours !).

1. Tous ou pratiquement tous les biens et services qui devaient être fournis au client l'ont été.

2. La majeure partie des coûts nécessaires pour engendrer ces produits ont été engagés et ceux qu'il reste encore à engager peuvent être évalués avec suffisamment de précision.

3. On peut mesurer avec suffisamment de précision la valeur du produit en dollars.

4. L'entreprise a obtenu une somme d'argent, une promesse concernant le versement d'une somme d'argent (un compte client) ou un autre bien qui peut être mesuré avec suffisamment de précision.

Quoique les critères ci-dessus semblent assez clairs, on doit encore exercer son jugement pour décider s'ils ont été respectés. Par exemple, comment définir le moment où « pratiquement tous les services ont été rendus » ? Est-ce quand 100 % des services ont été rendus ? Ou bien seulement quand 90 % ou 80 % l'ont été ? Pour résoudre ces problèmes, il existe plusieurs moments dans le processus de réalisation des produits auxquels on se réfère couramment pour la constatation des produits. Le moment le plus fréquemment utilisé est la « date de la vente », mais on fait également référence à d'autres moments dans des circonstances spéciales. Nous les examinerons un peu plus loin.

Pour inscrire le produit gagné lorsque le « fait objectif » s'est produit, nous journalisons l'écriture suivante :

Dt Encaisse ou Comptes clients
       ou Produits reportés   X XXX
Ct Produits   X XXX

Regardons plus en détail les quatre méthodes utilisées le plus couramment pour constater les produits. Nous examinerons également une cinquième méthode, très traditionnelle.

1. À la date de la vente ou à la livraison

Pour la plupart des entreprises de fabrication ou de commerce de détail, on constate le produit lorsque la marchandise est vendue. On définit habituellement la « vente » comme étant le moment où les marchandises ou les services ont été fournis à l'acheteur, ou lorsque le titre de propriété a été transféré à l'acheteur. À ce moment, presque tous les services ont été rendus, les conditions et le prix ont été fixés, et l'argent a été reçu en contrepartie ou, du moins, on est presque certain qu'on le recevra. S'il subsiste un certain risque relatif au crédit, on peut habituellement en faire une estimation suffisamment précise et déduire cet élément du produit brut au moyen du compte Provision pour créances douteuses (voir la section 7.12). La constatation du produit à la date de la vente peut aussi poser un autre problème : la possibilité du retour des marchandises et l'obligation d'assurer les services prévus aux termes des garanties annexées aux marchandises vendues. Dans ce cas aussi, on peut généralement estimer avec suffisamment de précision et constater des frais dans les charges de l'entreprise de façon à les rapprocher des produits de l'exercice.

2. Au cours de la production

Il arrive parfois que le processus de production s'étende sur plus d'un exercice, comme dans le cas de la construction d'un bâtiment, de routes, de navires et d'autres travaux de longue durée. Dans ces cas, si une entreprise attendait jusqu'à la livraison pour constater le produit, il se pourrait que, dans un ou plusieurs exercices, elle n'ait pas de produits à constater et, lorsque le travail serait achevé, elle présenterait des produits démesurément élevés. Cela aurait pour effet de fausser la présentation du rendement de l'entreprise au cours du travail. Dans le but de fournir aux utilisateurs une information utile et de faire en sorte que les faits économiques en cours soient reflétés dans les livres, on constate les produits durant la production. Par exemple, la société Versatile constate certains de ses produits de la façon suivante[2].

Les produits tirés de la construction navale sont constatés selon la méthode de l'avancement des travaux. Selon cette méthode, on estime le produit final de chaque contrat au fur et à mesure que les travaux sont effectués, et on l'inclut dans le bénéfice en fonction du degré d'avancement des travaux.

La méthode de l'avancement des travaux est la méthode la plus courante de constatation des produits au cours de la production. Cette méthode suppose que l'on détermine la partie du travail qui a été achevée au cours de l'exercice et que l'on constate le produit relatif à la portion réalisée et les charges afférentes et, par conséquent, le bénéfice. On effectue souvent ces calculs en évaluant la partie des coûts totaux engagés au cours de l'exercice. La société Versatile se sert de la quantité de main-d'œuvre utilisée jusqu'à présent, calculée en pourcentage du total de la main-d'œuvre que l'on prévoit engager dans ce projet, et cette donnée sert à estimer le pourcentage des produits totaux réalisés ainsi que le pourcentage des charges totales engagées. Pour constater les produits de cette façon, il faut que le total des coûts puisse être estimé avec suffisamment de précision, que le prix total du contrat (les produits totaux) soit connu avec suffisamment de certitude et qu'on ait suffisamment d'assurance en ce qui concerne le recouvrement du paiement. L'utilisation répétée de l'adverbe « suffisamment » indique bien ici que la méthode de l'avancement des travaux fait fortement appel à l'exercice du jugement professionnel !

3. À la fin de la production

On peut aussi constater les produits à un autre moment : soit à l'achèvement du processus de production, avant qu'un échange réel ait lieu. Cette méthode ne convient que dans des circonstances très précises : par exemple, dans le cas où il existe des marchés garantis pour le produit, des prix stables et des frais minimes de mise en marché. Si la production d'une entreprise se fait selon un contrat à long terme, comme c'est le cas pour certaines exploitations minières, on peut constater le produit à la fin de la production. Historiquement, c'est le moment choisi pour constater les produits des mines d'or : les producteurs pouvaient espérer vendre toute leur production puisqu'il existait un cours mondial de l'or et que les gouvernements occidentaux offraient des débouchés pour ce produit. Ce n'est plus le cas maintenant ; aujourd'hui, seul le secteur des producteurs agricoles, soumis à des quotas gouvernementaux, constate ses produits à la fin de la production.

Voici un extrait des notes complémentaires annexées aux états financiers de Falconbridge Nickel Mines Limited d'il y a quelques années. On peut y observer que les critères ci-dessus ont été respectés[3].

Les produits estimatifs sont constatés dans les comptes au cours du mois de la production des lingots, avec la concentration de métaux qu'ils contiennent. Les ventes se font par contrat. Les produits estimatifs peuvent être modifiés [...] en vue de refléter les variations des prix du métal sur le marché, du poids et des évaluations concernant la teneur du lingot.

Falconbridge constatait ses produits à la fin de la production parce qu'elle possédait un contrat de vente et que les prix étaient relativement stables. Même si les prix étaient stables à court terme, la société prévoyait une provision pour les fluctuations qui auraient pu survenir au cours de la période séparant la fin de la production et la date de l'échange. Étant donné la nature de ces contrats de vente, il est peu probable qu'il y ait eu des frais substantiels à engager après la fin de la production.

4. À l'encaissement

S'il existe un doute sérieux quant à la possibilité de recouvrement d'un montant découlant d'une transaction productrice de revenus, la constatation du produit est reportée au moment de l'encaissement. Cela ne signifie pas que, chaque fois qu'une entreprise fait crédit à un client, elle reporte la constatation du produit; l'entreprise ne le fera que lorsque le risque est grand et qu'elle ne peut évaluer avec suffisamment de précision le montant recouvrable, ou qu'elle ne peut prévoir avec suffisamment de précision la possibilité du recouvrement.

Par exemple, certaines opérations immobilières de nature spéculative, pour lesquelles le recouvrement de l'argent dépend de certaines conditions futures (par exemple, le fait que les acheteurs d'un centre commercial parviennent à louer une certaine quantité d'espaces commerciaux), ne seront constatées comme produits que lorsque l'argent aura été reçu.

La méthode « des ventes à tempérament » constitue un autre exemple. Lorsque la plus grande partie des produits ont été recouvrés au moyen d'une longue série de versements échelonnés et qu'il existe une incertitude importante quant au fait qu'un client particulier effectuera réellement tous ses paiements, on constate le produit par étapes, au fur et à mesure que les paiements sont effectués.

5. À un moment donné après l'encaissement

Les trois premières méthodes de constatation des produits appliquent les principes de la comptabilité d'exercice, tandis que la quatrième méthode applique ceux de la comptabilité de caisse. Il est également possible de *reporter* la constatation pendant un certain temps après l'encaissement. Même si on a reçu la contrepartie monétaire, il se peut que l'on ne constate pas tous les produits immédiatement en raison d'une politique de remboursement garanti ou d'une politique de « satisfaction garantie ou argent remis », par exemple. Lors de l'encaissement, on porte un crédit à un compte de passif à court terme (Produits reportés). On constatera le produit ultérieurement, normalement après la période de possibilité de remboursement ou lorsque les services après-vente prévus auront été fournis.

7.11   CONSTATATION DES CHARGES ET RAPPROCHEMENT DES PRODUITS ET DES CHARGES

En vertu du principe du rapprochement des produits et des charges, il faut faire coïncider la constatation des charges avec celle des produits. Les écritures nécessaires pour effectuer ce rapprochement ont déjà été décrites dans les sections précédentes. Nous examinerons plus loin, en particulier au chapitre 10, diverses méthodes recommandées pour la constatation des charges.

Pour l'instant, étudions l'exemple du restaurant Les gourmandises de Charlie ltée. Il s'agit d'une société de franchisage, c'est-à-dire d'une société qui vend le droit de commercialiser ses produits dans certains secteurs géographiques particuliers. Par exemple, un franchisé peut payer 25 000 $ pour avoir le droit d'ouvrir un restaurant Les gourmandises de Charlie ltée dans la ville de Trois-Rivières, et personne d'autre n'aura le droit d'ouvrir un restaurant à la même enseigne dans la même ville. Imaginons que la direction de la société estime qu'il faut trois ans pour qu'un établissement de ce genre devienne viable et qu'elle sait que, durant cette période, elle devra lui apporter un soutien considérable. Supposons que le calendrier des flux de trésorerie et l'activité qu'un restaurant de ce type connaît habituellement se rapprochent des données qui figurent dans le tableau présenté ci-dessous. Le «pourcentage des redevances gagnées» peut être déterminé selon le montant des produits recouvrés ou selon les frais engagés pour le soutien du nouvel établissement. Toutefois, la direction pense qu'il faudrait déterminer ce pourcentage indépendamment des flux de trésorerie. Les montants présentés ci-dessous correspondent aux estimations qu'elle a faites de cette façon.

Exercice	Sommes payées par le franchisé	Frais engagés pour aider le franchisé	Pourcentage des redevances gagnées
1	15 000 $	4 000 $	40 %
2	5 000	3 000	30 %
3	5 000	1 000	30 %
	25 000 $	8 000 $	100 %

Si nous nous servons des estimations de la direction concernant le pourcentage de redevances gagnées, qui doivent servir de base à la constatation des produits, le produit constaté pour cette vente se répartira comme suit : 10 000 $ (40 %) pour l'exercice 1 et 7 500 $ (30 %) pour chacun des exercices 2 et 3. Selon le principe du rapprochement des produits et des charges, les frais engagés pour aider le franchisé doivent être constatés dans les mêmes proportions, de sorte que les charges seront constatées comme suit : 3 200 $ (40 %) pour l'exercice 1 et 2 400 $ (30 %) pour chacun des exercices 2 et 3. Le principe du rapprochement suppose aussi que le bénéfice que procure le contrat soit réparti de la même façon. Le bénéfice total prévu est de 17 000 $ (25 000 $ moins 8 000 $) et sa répartition est la suivante : 6 800 $ (40 % de 17 000 $, ou 10 000 $ de produits moins 3 200 $ de charges constatées) pour l'exercice 1 et 5 100 $ (30 % de 17 000 $ ou 7 500 $ de produits moins 2 400 $ de charges constatées) pour chacun des exercices 2 et 3. Vous trouverez ci-dessous des tableaux montrant le bénéfice réalisé et les différences entre le bénéfice établi selon la comptabilité d'exercice et le bénéfice établi selon la comptabilité de caisse.

	Bénéfice établi selon la comptabilité d'exercice			Bénéfice établi selon la comptabilité de caisse		
Exercice	(a) Produits	(b) Charges	(c) Bénéfice	(d) Encaissements	(e) Décaissements	(f) Bénéfice
1	10 000 $	3 200 $	6 800 $	15 000 $	4 000 $	11 000 $
2	7 500	2 400	5 100	5 000	3 000	2 000
3	7 500	2 400	5 100	5 000	1 000	4 000
	25 000 $	8 000 $	17 000 $	25 000 $	8 000 $	17 000 $

	Différence		
Exercice	(a) – (d)	(b) – (e)	(c) – (f)
1	(5 000) $	(800) $	(4 200) $
2	2 500	(600)	3 100
3	2 500	1 400	1 100
	0 $	0 $	0 $

Remarquez le découpage temporel qu'effectue la comptabilité d'exercice. Au terme des trois exercices, la comptabilité d'exercice et la comptabilité de caisse produisent le même montant de bénéfices, soit 17 000 $, mais les deux méthodes suivent des cheminements différents pour y arriver ! Dans l'exercice 1, le bénéfice établi selon la comptabilité d'exercice est inférieur de 4 200 $ au flux monétaire net de 11 000 $ mais, dans les exercices 2 et 3, le bénéfice établi selon la comptabilité d'exercice est plus élevé que les flux de trésorerie nets. L'état de l'évolution de la situation financière sert de lien entre les deux méthodes.

Toutes les méthodes de gestion des comptes qui permettent de comptabiliser un bénéfice de l'exercice différent du flux monétaire supposent la création de comptes du bilan qui « retiennent » les différences jusqu'à ce qu'elles disparaissent. Ces comptes sont appelés, par exemple, Comptes clients, Stock, Contrat de construction en cours, Coûts des contrats non facturés, Produits reportés et Comptes fournisseurs. Nous nous pencherons brièvement sur certains d'entre eux dans le présent ouvrage d'introduction, sans trop donner de détails, car leur fonctionnement est souvent complexe. De plus, chaque société utilise une méthode différente. Pour le moment, tournons-nous vers les comptes de contrepartie qui représentent une méthode de gestion très courante des comptes.

7.12   COMPTES DE CONTREPARTIE

Les **comptes de contrepartie** constituent une méthode courante de gestion des comptes pour la comptabilité d'exercice. En comptabilité générale, les comptes de contrepartie servent à accumuler des montants qui seront déduits des comptes de l'actif, des comptes du passif ou même de ceux des capitaux propres. Pourquoi devons-nous tenir des comptes distincts pour ces montants ? C'est la raison suivante qui est donnée le plus souvent : l'information est meilleure et plus utile si l'on évite d'inclure ces déductions dans les montants dont elles doivent être défalquées. Les comptes de contrepartie servent principalement à constater des charges, mais ils peuvent avoir d'autres fonctions que nous n'aborderons pas ici. Nous nous attacherons seulement aux principales utilisations des comptes de contrepartie : l'accumulation de l'amortissement et la provision pour créances douteuses. Pourquoi a-t-on besoin de ces deux types de comptes ? Comment les utilise-t-on ? Nous répondrons à ces deux questions dans la présente section.

Amortissement cumulé

Dans le cas de l'amortissement, on crée un compte de contrepartie au moment où l'on constate la charge périodique correspondant à l'utilisation du bien. Par exemple, la charge annuelle de 100 000 $ prévue pour l'amortissement d'un bâtiment sera constatée de cette façon :

Dt Amortissement	100 000	
Ct Amortissement cumulé		100 000

Le débit est porté à un compte de charges dans l'état des résultats. Le crédit est porté au compte de contrepartie de l'actif. Le crédit aurait pu être porté au compte « Bâtiments » de l'actif. Toutefois, en utilisant plutôt un compte de contrepartie et en laissant tel quel le compte où le coût du bien est enregistré, on peut présenter dans le bilan à la fois le coût d'acquisition du bien et le montant cumulatif de l'amortissement constaté antérieurement. La présentation de ces deux éléments permet aux utilisateurs de savoir, en faisant une évaluation approximative, depuis combien de temps ce bien est en exploitation. Rappelons-nous que le montant d'*amortissement cumulé* présenté dans le bilan correspond au montant d'amortissement qui a été *accumulé au cours de la durée d'utilisation du bien* jusqu'à maintenant, tandis que le montant d'amortissement imputé dans les charges de *cet exercice* (pour « rapprocher » cette charge des produits que l'utilisation de ce bien devrait avoir engendré) peut être déterminé à partir du compte *Amortissement* de l'état des résultats.

Prenons le cas d'une fourrière qui décide d'acheter un nouveau camion en vue de recueillir les animaux errants. Si le camion coûte 50 000 $ et que la charge d'amortissement annuel est fixée à 8 000 $, l'écriture qui devra être journalisée chaque année est la suivante :

Dt Amortissement	8 000	
Ct Amortissement cumulé		8 000

Dans le bilan, le compte de l'actif relatif au camion continuera à présenter un solde de 50 000 $ mais, chaque année, le compte de contrepartie Amortissement cumulé augmentera de 8 000 $. En déduisant l'amortissement cumulé du compte Actif à long terme, nous obtenons un montant qui correspond à la **valeur comptable nette**. Donc, nous aurions :

	Coût	Amortissement cumulé	Valeur comptable nette
Date de l'achat	50 000 $	0 $	50 000 $
Fin du 1er exercice	50 000	8 000	42 000
Fin du 2e exercice	50 000	16 000	34 000

Provision pour créances douteuses

Jetons maintenant un coup d'œil à l'autre compte de contrepartie le plus courant, le compte **Provision pour créances douteuses**. Lorsqu'une société vend des marchandises à crédit à un client, il existe toujours un risque que le client ne paie pas. Par conséquent, le recouvrement d'une partie des ventes à crédit reste incertain. Si l'on veut « rapprocher » la charge (qui résultera du non-recouvrement probable de certaines sommes du produit constaté dans l'exercice), il faut déduire ce montant des produits dans l'état des résultats de l'exercice au cours duquel la vente a eu lieu. Supposons que, soit à partir de son expérience antérieure ou grâce à une boule de cristal, la société sait qu'environ 500 $ de ventes resteront impayés. Voici l'écriture nécessaire pour constater cette charge :

Dt Créances douteuses	500	
Ct Provision pour créances douteuses		500

Le crédit de cette écriture est porté à un compte de contrepartie. On ne déduit pas ce montant directement du compte clients parce que, même après le temps normal de recouvrement, la société tentera encore d'encaisser l'argent et ne désire pas, par conséquent, modifier le montant de ses comptes clients. À une fin de contrôle, le total des soldes des comptes individuels doit être le même que celui du compte clients. C'est d'ailleurs pour cette raison qu'il ne faut pas changer le montant d'un compte simplement parce que son recouvrement est incertain. La principale différence entre ce cas et celui de l'amortissement est la suivante : on ne présente dans le bilan que le montant net de la différence entre les comptes clients et la provision pour créances douteuses. On considère que ce compte de contrepartie est moins utile pour les lecteurs du bilan que le compte de contrepartie de l'amortissement cumulé ; c'est aussi une information qui, si elle est divulguée, peut faire l'objet d'interprétations. De plus, on présente toujours la charge d'amortissement dans l'état des résultats, mais il est rare qu'on y présente une charge de créances douteuses, laquelle est simplement incluse quelque part dans les autres charges.

Au bout du compte, après avoir vainement tenté pendant des mois de recouvrer les sommes dues par un client, une société peut décider de radier ce compte. Il est alors nécessaire de journaliser une autre écriture. Supposons que le compte en question était de 100 $ (il faisait partie des comptes dont le recouvrement était incertain lors de la création de la provision pour créances douteuses ci-dessus) :

Dt Provision pour créances douteuses	100	
Ct Comptes Clients		100

L'écriture élimine complètement le compte des registres de la société, mais vous remarquerez qu'elle n'a pas d'incidence sur les charges (ni, par conséquent, sur le bénéfice). Cette incidence a été constatée au préalable au moment où la provision et la charge correspondante ont été comptabilisées. La radiation d'un compte fait habituellement l'objet d'un contrôle assez strict, et on prend bien soin de vérifier tous les paiements reçus. La raison en est assez évidente : si vous radiez un compte, il disparaît des livres et, ensuite, si le client harcelé finit par payer, la personne qui reçoit le paiement pourrait tout simplement le garder sans en informer l'entreprise, et sans que personne s'en aperçoive.

Voici un autre exemple de l'utilisation et de l'effet d'un compte de provision pour créances douteuses. La société Bonbons ltée vend ses produits à des détaillants. À la fin de l'année 1993, ses comptes clients s'élevaient à 53 000 $ et sa provision pour créances douteuses à 3 100 $. Par conséquent, le montant recouvrable estimatif des comptes clients se chiffrait à 49 900 $ à la fin de 1993. En 1994, la société a réalisé des ventes à crédit pour un total de 432 800 $ et a recouvré 417 400 $ que lui devaient ses clients. Par conséquent, à la fin de 1994, les comptes clients se chiffraient à 68 400 $ (53 000 $ + 432 800 $ – 417 400 $). Après avoir examiné la liste des comptes clients, le directeur des ventes a établi qu'un total de 1 200 $ des comptes clients était pratiquement impossible à recouvrer et devait donc être radié. En plus, le recouvrement de 4 200 $ de comptes est incertain. Voici les écritures qui doivent être journalisées pour inscrire ces faits :

Radiation des créances irrécouvrables :

Dt Provision pour créances douteuses	1 200	
Ct Comptes clients		1 200

Provision relative aux comptes dont le recouvrement est incertain :

Dt Créances douteuses	2 300	
Ct Provision pour créances douteuses		2 300
(Solde de la provision = 3 100 $ – 1 200 $ = 1 900 $		
Provision requise = 4 200 $		
Provision additionnelle = 4 200 $ – 1 900 $ = 2 300 $)		

Le solde des comptes clients s'élève maintenant à 67 200 $ (68 400 $ – 1 200 $) et le compte de contrepartie à 4 200 $. Par conséquent, la valeur estimative du recouvrement des comptes clients (la valeur nette présentée dans le bilan) est de 63 000 $. La charge de créances douteuses de 1994 se chiffre à 2 300 $. La radiation des créances irrécouvrables les a fait disparaître de la liste des comptes clients mais n'a pas eu d'incidence sur le bénéfice ni sur la valeur nette des comptes clients présentée dans le bilan. Vous pouvez constater ce fait en étudiant séparément la seconde écriture présentée ci-dessus. Si aucun compte n'avait été radié, la provision serait encore de 3 100 $, comme l'année précédente. Mais la provision pour créances douteuses se chiffrerait à 4 200 $, plus les 1 200 $ de comptes irrécouvrables, soit 5 400 $. Si l'on soustrait 3 100 $ de ce total, il reste 2 300 $. De cette façon, la seconde écriture et, par conséquent, la charge de créances douteuses seront égales ! Les comptes clients se chiffreraient alors à 68 400 $ et la provision à 5 400 $. Ainsi, la valeur estimative du recouvrement des comptes clients (la valeur nette présentée dans le bilan) sera toujours de 63 000 $.

Les comptes de contrepartie ont pour but, comme beaucoup d'autres éléments en comptabilité, de fournir une information utile aux lecteurs des états financiers. Ils peuvent également être utiles en tant que mesures de contrôle interne.

OÙ EN ÊTES-VOUS ? Voici deux questions auxquelles vous devriez pouvoir répondre à partir de ce que vous venez de lire :

1. En 1994, la société Construction Dufort ltée a constaté 38 % du total des produits prévus provenant du contrat de construction d'un garage au domicile du professeur Tournesol. La valeur totale de ce contrat est de 43 000 $ et la société prévoit que ses coûts se chiffreront à 29 500 $. Jusqu'à présent, les coûts engagés ont été conformes aux prévisions. Quel montant des charges relatives à ce contrat la société devrait-elle constater en 1994, et quel sera le bénéfice réalisé grâce à ce contrat en 1994 ? (11 210 $; 5 130 $)

2. À la fin de 1994, les comptes clients de la société Construction Dufort ltée s'élevaient à 78 490 $. La provision pour créances douteuses était de 2 310 $, mais la société a décidé de l'augmenter de 1 560 $ et de radier pour 1 100 $ de comptes irrécouvrables. Quelle est la valeur nette du recouvrement des comptes clients qui sera présentée dans le bilan à la fin de l'année 1994, et quelle sera la charge de créances douteuses inscrite en 1994 ? (74 620 $; 1 560 $)

7.13 GESTIONNAIRES ET HYPOTHÈSES ÉCONOMIQUES EN COMPTABILITÉ D'EXERCICE

La comptabilité d'exercice a pour but d'aller au-delà des flux de trésorerie et de présenter une conception élargie des bénéfices et de la situation financière. Mais, comme le soulignent les auteurs cités ci-dessous, cela ne fonctionne pas toujours :

> Les rapports comptables se basent sur des systèmes au coût d'origine. On inscrit les immobilisations à leur coût d'origine moins leur amortissement cumulé. On ne réévalue un élément d'actif que s'il est acheté ou vendu. Par conséquent, ces rapports financiers laissent systématiquement de côté les variations de la valeur de la société.
>
> Les bénéfices présentés dans les rapports comptables diffèrent des bénéfices économiques, qu'on définit en fonction des variations de valeur. Les bénéfices comptables s'appuient plutôt sur les principes de constatation et de rapprochement. On considère qu'il y a constatation d'un produit lorsque la marchandise est vendue ou que le service est rendu, quel que soit le moment où l'argent est encaissé. On rapproche les charges des produits si l'on considère que ces charges ont contribué à engendrer ces produits. Autrement, les coûts sont traités comme des éléments d'actif qui seront radiés dans le futur. Ce principe de rapprochement débouche sur l'utilisation de méthodes arbitraires servant à

répartir les frais généraux de production sur les stocks et entre différents exercices. La différence entre les produits et les coûts répartis (les charges) représente le bénéfice comptable et peut différer considérablement du bénéfice économique[4].

Les hypothèses émises et la nature de la comptabilité d'exercice peuvent engendrer des frustrations chez les gestionnaires qui sont évalués en fonction de cette méthode ou chez ceux qui tentent de s'en servir pour évaluer la valeur de leur société ou celle des autres. Voici une courte liste des lacunes possibles de la comptabilité d'exercice du point de vue d'un gestionnaire d'entreprise :

1. La comptabilité d'exercice se base sur le système de mesure au coût d'origine. Par exemple, même les obligations qui doivent être remboursées dans le futur ne sont constatées dans les comptes que si elles découlent d'une entente, d'une opération ou d'un fait passés. La comptabilité d'exercice est conçue pour mesurer le rendement passé et n'est pas tournée vers l'avenir, alors que les gestionnaires sont plutôt portés à regarder vers le futur.

2. Pour la plupart d'entre nous, les « rendements » que nous obtenons de nos placements comprennent les profits (comme les dividendes) engendrés par ces placements ainsi que les variations de la valeur des placements (augmentation de valeur, gains en capital). La comptabilité d'exercice ne tient généralement pas compte de ces variations de valeur (à l'exception de certaines variations à la baisse) et ainsi, selon certaines personnes, elle ne présente pas toute la situation.

3. Comme pour le point précédent, la théorie économique — qui est souvent à la base d'autres théories de gestion, de finance ou de prise de décisions — s'appuie sur des variations de la richesse, ce qui inclut les variations de valeur. Donc, du point de vue économique, la comptabilité d'exercice est incomplète.

4. La comptabilité d'exercice fait preuve d'un parti pris conservateur en faveur des pertes en présentant les pertes possibles, mais pas les gains potentiels. Les états financiers reflètent cette prudence dans la mesure des résultats, faussant par le fait même leur présentation.

5. Les critères relatifs au moment où il faut constater les produits et les charges et à la façon de le faire relèvent sans aucun doute de l'exercice du jugement professionnel. Par conséquent, selon de nombreux gestionnaires, ils sont à la fois arbitraires et subjectifs.

6. La théorie financière moderne, qui influence les évaluations faites par les marchés financiers, les banques et les spécialistes des « prises de contrôle », s'intéresse davantage aux flux de trésorerie — spécialement aux flux de trésorerie espérés actualisés — mais, comme nous l'avons vu, les flux de trésorerie ne correspondent pas nécessairement aux montants de bénéfice établis selon la comptabilité d'exercice. Plus la période est courte, plus le rapprochement est difficile (par exemple, les flux de trésorerie et le bénéfice de l'exercice seront probablement similaires sur une période de dix ans, mais il est improbable qu'ils le soient sur une période d'un mois).

Par ailleurs, les gestionnaires doivent prendre la comptabilité générale au sérieux pour une autre raison : elle leur permet de déterminer quand les mesures comptables semblent appropriées et quand elles ne le sont pas. La comptabilité d'exercice présente de nombreux avantages et son utilisation est largement répandue, mais il ne faut pas que les gestionnaires l'acceptent sans exercer leur esprit critique.

7.14   RECHERCHE : LA COMPTABILITÉ D'EXERCICE EST-ELLE IMPORTANTE ?

À la section 11 du chapitre 4, nous nous sommes demandé si l'information relative aux flux de trésorerie (EESF) influait sur la présentation de l'information comptable, et nous avons conclu que oui, d'une certaine façon. Nous nous demandons maintenant si la comptabilité d'exercice est vraiment importante, et cela nous amène à envisager le « revers de la médaille ». Nous devrons également nous référer implicitement à la solution de rechange de la mesure économique des variations de valeur. Les méthodes actuelles utilisées en finance permettent de mesurer de nombreuses valeurs actuelles en actualisant les flux de trésorerie prévus, de sorte que la mesure économique peut être mise en relation avec les flux de trésorerie. La comptabilité d'exercice est-elle importante ? Voici, présentés brièvement, quelques résultats de recherches menées sur le sujet :

On peut considérer que la comptabilité d'exercice est un compromis qui peut être rentable entre la présentation pure et simple des flux de trésorerie et un système plus poussé de présentation intégrale de l'information[5].

Il existe une corrélation positive et significative entre les variations des cours des actions et les variations des bénéfices [...] Ce n'est pas une simple relation biunivoque [...] Les cours se comportent comme si les bénéfices contenaient une information [temporaire, aléatoire][6].

Les variations des cours semblent être plus en relation avec les variations des bénéfices qu'avec les variations des « flux de trésorerie »[7].

La comptabilité est seulement un élément du système d'information global. Elle n'a pas le monopole de la communication de l'information sur le marché[8].

La recherche apporte la preuve indiscutable que les investisseurs et les créanciers peuvent utiliser l'information comptable pour prédire de nombreux phénomènes intéressants. Les modèles statistiques ont efficacement utilisé les données comptables et les ratios pour faire des prédictions dans les domaines suivants : a) faillite d'entreprise et désastre financier, b) jugements émis par des organismes d'attribution des cotes de crédit, c) crédit commercial et décisions de crédit, d) regroupement d'entreprises (surtout les fusions et les acquisitions), et e) réserves apparaissant dans le rapport de vérification (restrictions apportées par les vérificateurs). L'analyse empirique du lien entre les bénéfices comptables et les flux de trésorerie futurs reste limitée. Cependant, des preuves récentes indiquent que les bénéfices présentés en comptabilité d'exercice sont positivement corrélés avec les distributions *futures* de dividendes en espèces, dont la valeur actualisée explique partiellement la valeur marchande des capitaux propres de la société[9].

En conclusion, malgré toutes ces difficultés, la comptabilité d'exercice est un système de mesure financière valable et important. On ne peut toutefois établir à quoi tient sa valeur ni déterminer son rapport coût/efficacité. L'étude de la valeur de l'information produite par la comptabilité d'exercice est l'un des domaines les plus vastes et les plus étudiés de la recherche en comptabilité. Restons donc attentifs aux résultats des prochaines recherches.

◆   **7.15   CAS À SUIVRE...**   ◆

Septième partie

Données de la septième partie
◆ ◆ ◆ ◆ ◆ ◆ ◆ ◆ ◆ ◆ ◆ ◆ ◆ ◆ ◆ ◆ ◆ ◆

Après qu'ont été inscrites, dans la sixième partie, les opérations au 29 février 1995, la balance de vérification du grand livre général de la société Mado inc. se présentait comme suit (les crédits sont entre parenthèses) :

Encaisse	6 418	Capital-actions	(125 000)
Clients	13 709	Produits	(227 656)
Stock	33 612	Coût des marchandises vendues	138 767
Automobile	10 000	Salaire — Mado	0
Amortissement cumulé		Salaire — Thomas	0
— Automobile	(1 000)	Salaires — Autres	0
Améliorations locatives	63 964	Salaires (charges)	67 480
Amortissement cumulé		Frais de déplacement	10 102
— Améliorations locatives	(6 396)	Téléphone	4 014
Matériel et mobilier	32 390	Loyer	24 000
Amortissement cumulé		Services publics	3 585
— Matériel et mobilier	(744)	Frais généraux de bureau	5 933
Ordinateur	14 900	Intérêts débiteurs	6 239
Amortissement cumulé		Écart d'inventaire négatif (charge)	441
— Ordinateur	(1 490)	Amortissement — Automobile	1 000
Logiciels	4 800	Amortissement —	
Amortissement cumulé		Améliorations locatives	6 396
— Logiciels	(480)	Amortissement —	
Frais de constitution	1 100	Matériel et mobilier	744
Emprunt bancaire	(47 500)	Amortissement — Ordinateur	1 490
Fournisseurs	(36 656)	Amortissement — Logiciels	480
Retenues à la source à payer	(2 284)		
Salaires à payer	(2 358)		
Emprunt à payer	0		

Il est temps de dresser les états financiers pour l'exercice se terminant le 29 février 1995. Avant de pouvoir le faire, il faut procéder aux redressements suivants :

a) À partir des calculs d'amortissement effectués durant les six premiers mois, les montants pour le deuxième semestre devraient être les suivants : automobile, améliorations locatives, ordinateur et logiciels : 1/2 année x 20 % du coût; matériel et mobilier : 1/2 année x 10 % du coût. Les charges qui devraient être inscrites pour le deuxième semestre seront donc : automobile, 1 000 $;

◆ ◆ ◆

améliorations locatives, 6 396 $; ordinateur, 1 490 $; logiciels, 480 $; matériel et mobilier, 1 620 $.

b) L'intérêt estimatif sur l'emprunt bancaire au 29 février est de 230 $.

c) Malheureusement, certaines boutiques ont connu des difficultés financières. Un client qui devait 894 $ a fait faillite, et le recouvrement de certains comptes s'élevant à 1 542 $ est incertain.

d) Thomas a fait appel à un expert-comptable local à quelques occasions. Il n'a pas encore reçu de facture pour les services fournis, mais il estime que la société doit environ 280 $ au comptable à la fin du mois de février.

e) On a établi que le chiffre des produits comprenait un dépôt de 500 $ fait par un client pour une commande spéciale d'articles africains qui ne sont pas encore arrivés.

f) Les frais généraux de bureau incluent le coût d'une police d'assurance qui s'élève à 1 050 $. La police est en vigueur pour deux ans à partir du 1er mars 1994.

g) Mado et Thomas décident qu'ils devraient rembourser à la société les frais d'utilisation du véhicule de fonction pour leur usage personnel: Mado devrait rembourser 200 $ et Thomas 425 $. Ces frais ont été inclus dans le compte Frais de déplacement.

h) Mado estime que la liste des comptes clients qu'elle a établie semble inexacte. Après avoir effectué une vérification, elle a découvert que 2 231 $ d'expéditions faites à la fin janvier et au début février avaient été inclus dans les produits, mais n'avaient pas encore été facturés. Le coût des marchandises expédiées a bien été retiré du compte Stock et imputé au Coût des marchandises vendues.

Résultats de la septième partie
◆ ◆ ◆ ◆ ◆ ◆ ◆ ◆ ◆ ◆ ◆ ◆ ◆ ◆ ◆ ◆ ◆ ◆

Voici les écritures de redressement nécessaires au 29 février 1995, compte tenu des renseignements fournis ci-dessus:

a) Amortissement — Automobile	1 000	
Amortissement cumulé — Automobile		1 000
Amortissement — Améliorations locatives	6 396	
Amortissement cumulé — Améliorations locatives		6 396
Amortissement — Ordinateur	1 490	
Amortissement cumulé — Ordinateur		1 490
Amortissement — Logiciels	480	
Amortissement cumulé — Logiciels		480
Amortissement — Matériel et mobilier	1 620	
Amortissement cumulé — Matériel et mobilier		1 620
b) Intérêts débiteurs	230	
Fournisseurs		230

◆ ◆ ◆

c)	Créances douteuses	2 436	
	Provision pour créances douteuses		2 436
	(894 $ + 1 542 $ = 2 436 $)		
	Provision pour créances douteuses	894	
	Clients		894
d)	Frais généraux de bureau	280	
	Fournisseurs		280
e)	Produits	500	
	Produits reportés (passif)		500
f)	Assurance payée d'avance	525	
	Frais généraux de bureau		525
	(1 050 $ pour deux ans = 525 $ par année)		
g)	Clients	625	
	Frais de déplacement		625
	(200 $ + 425 $ = 625 $)		
h)	Clients	2 231	
	Produits		2 231

Après avoir effectué le report des écritures de redressement dans la balance de vérification présentée auparavant, on obtient finalement les soldes des comptes suivants (les crédits sont mentionnés entre parenthèses) :

Encaisse	6 418	Produits reportés (passif)	(500)
Clients	15 671	Capital-actions	(125 000)
Provision pour créances		Produits	(229 387)
douteuses	(1 542)	Coût des marchandises vendues	138 767
Stock	33 612	Créances douteuses	2 436
Assurance payée d'avance	525	Salaire — Mado	0
Automobile	10 000	Salaire — Thomas	0
Amortissement cumulé		Salaires — Autres	0
— Automobile	(2 000)	Salaires (charge)	67 480
Améliorations locatives	63 964	Frais de déplacement	9 477
Amortissement cumulé		Téléphone	4 014
— Améliorations locatives	(12 792)	Loyer	24 000
Matériel et mobilier	32 390	Services publics	3 585
Amortissement cumulé		Frais généraux de bureau	5 688
— Matériel et mobilier	(2 364)	Intérêts débiteurs	6 469
Ordinateur	14 900	Écart d'inventaire négatif (charge)	441
Amortissement cumulé		Amortissement — Automobile	2 000
— Ordinateur	(2 980)	Amortissement	
Logiciels	4 800	— Améliorations locatives	12 792
Amortissement cumulé		Amortissement	
— Logiciels	(960)	— Matériel et équipement	2 364
Frais de constitution	1 100	Amortissement — Ordinateur	2 980
Emprunt bancaire	(47 500)	Amortissement — Logiciels	960
Fournisseurs	(37 166)		
Retenues à la source à payer	(2 284)		
Salaires à payer	(2 358)		
Emprunt à payer	0		
	71 434		(71 434)

Cela suffit pour le moment ! Les états financiers préparés à partir de cette balance de vérification apparaissent dans la huitième partie.

7.16 RÉFLEXIONS ET TRAVAUX PROPOSÉS POUR AMÉLIORER LA COMPRÉHENSION

Problème 7.1* 1. Expliquez la différence entre un produit et un encaissement.
2. Donnez des exemples d'éléments qui sont des produits d'un exercice, mais ne constituent pas des encaissements de cet exercice, d'éléments qui constituent des encaissements mais qui ne sont pas des produits, et d'éléments qui constituent à la fois des produits et des encaissements.
3. Expliquez la différence entre une charge et un décaissement.
4. Donnez des exemples d'éléments qui constituent des charges d'un exercice mais qui ne sont pas des décaissements de cet exercice, d'éléments qui constituent des décaissements mais qui ne sont pas des charges, et d'éléments qui constituent à la fois des charges et des décaissements.

Problème 7.2 Avant son ouverture, la Boutique Nouveautés a fait appel aux services d'une compagnie de téléphone. Un préposé a alors expliqué au propriétaire de la boutique que la compagnie facturait à la fin de chaque mois le service offert et qu'elle n'exigeait ni dépôt ni frais d'installation.
1. L'installation du téléphone a-t-elle augmenté l'actif de la Boutique Nouveautés ? En résulte-t-il une charge au moment de l'installation ?
2. Si les frais mensuels de service sont de 21 $, comment ces frais influeront-ils sur le calcul du bénéfice des deux premières semaines ?
3. Si les frais du service téléphonique étaient payés d'avance au début du mois, en quoi cela toucherait-il l'actif et le bénéfice ?
4. Si la société imposait des frais d'installation de 10 $ au début du mois, en quoi cela modifierait-il l'actif et le bénéfice ?

Problème 7.3 Répondez à la plainte suivante formulée par un homme d'affaires et argumentez votre réponse :
Je trouve que la comptabilité générale actuelle est dérangeante. Ce qui fait la force financière, c'est la disponibilité et l'utilisation de ressources réelles, telles que l'encaisse et l'équipement, tandis que la comptabilité d'exercice produit délibérément une mesure du bénéfice qui est différente des rentrées de fonds de l'entreprise. Pourquoi en est-il ainsi ? Pourquoi la comptabilité d'exercice doit-elle se démarquer de la mesure des flux de trésorerie ?

Problème 7.4 Un professeur déclarait récemment que la comptabilité d'exercice, par opposition à la comptabilité de caisse, permettait aux gestionnaires de manipuler plus facilement les données comptables. La comptabilité d'exercice, poursuivait le professeur, est un outil de gestion qui a fait diverger la comptabilité de son objectif, soit de produire une information représentative des phénomènes réels, vers un autre objectif, lequel consiste à produire de très beaux rapports s'écartant fortement de la signification réelle des choses.
1. Que pensez-vous de l'opinion du professeur ? Existe-t-il de meilleures raisons pour justifier l'emploi de la comptabilité d'exercice ?
2. Le professeur déclare que les enseignants et les praticiens réagissent à ses idées. Quelles pourraient être ces réactions, selon vous ?

3. Si le professeur a raison, que pensez-vous du principe selon lequel la responsabilité de fournir l'information financière concernant une entreprise revient à la direction ?

Problème 7.5*   La société Aide temporaire ltée est une entreprise qui offre des services personnels spécialisés (par exemple, de l'assistance en secrétariat, de la publicité, des services de commissionnaire, d'achat de cadeaux, etc.). Les comptes de la société sont tenus selon la comptabilité de caisse, mais la banque a demandé à la société de changer de méthode et d'appliquer la méthode de la comptabilité d'exercice. Le bénéfice de 1994 établi selon la comptabilité de caisse s'élevait à 147 000 $. En vous servant des chiffres suivants (notez l'ordre des années), calculez le bénéfice de 1994 établi selon la comptabilité d'exercice :

	Actif		Passif	
	1994	**1993**	**1994**	**1993**
Comptabilité de caisse :				
Court terme	98 000 $	56 000 $	35 000 $	35 000 $
Long terme	—	—	—	—
Comptabilité d'exercice :				
Court terme	182 000	112 000	70 000	49 000
Long terme	21 000	28 000	14 000	—

Problème 7.6   Michel Boisjoly est détective privé. Il tient ses comptes selon la comptabilité de caisse et a dressé l'état des résultats suivant, comme il l'appelle.

Michel Boisjoly
Résultats pour l'exercice se terminant le 30 juin 1994

Honoraires encaissés	85 000 $
Moins : Dépenses payées	34 600
Bénéfice net	50 400 $

En examinant les livres de Michel Boisjoly, on trouve les soldes suivants au début et à la fin de l'exercice 1994 :

	1er juillet 1993	**30 juin 1994**
Honoraires à recevoir	10 350 $	3 900 $
Dépôts des clients pour des enquêtes en cours	—	1 200
Charges à payer	3 490	5 250
Charges payées d'avance	1 700	2 500

1. Quel est le montant des honoraires encaissés par Michel Boisjoly en 1994 concernant des enquêtes achevées en 1993 ? Quel montant des honoraires reçus en 1994 sera gagné en 1995 ? Quelle est la part des honoraires gagnés en 1994 qui n'est pas encore encaissée ?

2. Quel montant des charges payées par Michel Boisjoly en 1994 faut-il associer à son travail de 1993 ou à celui de 1995 ? Quel montant de charges, payées au cours des exercices précédents, faut-il associer à des produits qu'il a gagnés en 1994 ?

3. D'après vos réponses aux questions des points 1 et 2, dressez l'état des résultats de Michel Boisjoly pour l'exercice qui se termine le 30 juin 1994, selon la méthode de la comptabilité d'exercice.

4. Faites les redressements nécessaires dans l'état des résultats afin d'associer le « bénéfice » de 50 400 $ de Michel Boisjoly au chiffre que vous avez établi.

5. Comparez les deux états des résultats. Comment se fait-il que Michel Boisjoly (ou d'autres utilisateurs de l'information financière) préfère utiliser la comptabilité de caisse ? Pourquoi pourrait-on préférer la comptabilité d'exercice ?

Problème 7.7

1. Le 31 décembre, à la fin de l'exercice de la société Ultra ltée, l'expert-comptable de la société procède à certains redressements. Donnez des exemples de situations qui exigent que l'on effectue des redressements de ce genre :

   a) On porte un débit à un compte de charge et un crédit au passif.

   b) On porte un débit à un compte de charges et un crédit à un compte de contrepartie.

   c) On porte un débit à un compte de l'actif et un crédit aux produits.

   d) On porte un débit à un compte du passif et un crédit aux produits.

2. Un dirigeant d'entreprise faisait la remarque suivante : « Pour mesurer les actifs, les experts-comptables utilisent deux types de normes. Certains actifs sont inscrits dans le bilan parce qu'ils ont une valeur économique future réelle. D'autres y sont inscrits parce qu'ils constituent des reliquats du processus de mesure du bénéfice... des sortes de charges qui attendent d'être déduites. La même chose se produit pour le passif : certains postes correspondent réellement à des comptes dus, tandis que d'autres constituent uniquement des reliquats du processus de mesure du bénéfice en comptabilité d'exercice. »

   Exprimez votre avis sur cette remarque en donnant des exemples d'éléments d'actif et d'éléments de passif qui pourraient entrer dans les quatre catégories citées par le dirigeant.

Problème 7.8

1. En affaires, certaines personnes continuent de penser qu'un bilan mesure la valeur actuelle de l'entreprise soit par rapport à l'actif, soit par rapport à la valeur nette (capitaux propres). Expliquez pourquoi elles ont tort.

2. Suggérez autant de moyens que vous pouvez en trouver permettant de fournir aux personnes ci-dessus ce qu'elles désirent. Vous pouvez ne pas tenir compte des principes comptables généralement reconnus dans votre réponse.

3. Lorsqu'on a essayé de remplacer les méthodes d'évaluation traditionnelles des actifs par des méthodes d'évaluation à la valeur actuelle, ces dernières ont généralement été rejetées par les personnes (propriétaires, marchés

boursiers et gestionnaires) que l'on avait l'intention d'aider. Pourquoi en a-t-il été ainsi ?

Problème 7.9 Le comptable de Pizzacroûte ltée, une boulangerie qui se spécialise dans la fabrication des croûtes de pizza pour les établissements de restauration rapide, travaille sur la comptabilité de fin d'exercice de la société. Pour chacun des éléments mentionnés ci-dessous, indiquez (s'il y a lieu) ce qu'il faut faire et présentez les écritures correspondantes. Utilisez les intitulés de votre choix pour les comptes, mais indiquez clairement la rubrique où doivent se trouver les comptes dans les états financiers et rédigez les explications s'appliquant aux écritures. Il s'agit du premier exercice de la société.

1. La société a engagé 1 120 $ de frais pour le nettoyage du bureau et pour des fournitures ; le montant a été entièrement payé. Le comptable s'aperçoit que la société doit encore un montant de 114 $ qui n'a pas été inscrit et qu'elle possède encore des fournitures s'élevant à 382 $ qui pourront être utilisées au cours de l'exercice suivant.
2. Les ventes de la société se font toutes à crédit parce que ses clients sont des restaurants, des magasins et des institutions comme les hôpitaux. Tous les encaissements sont inscrits comme des produits de ventes. Le comptable a additionné les factures des clients qui n'ont pas encore été encaissées. Le total est de 11 621 $.
3. Tous les achats de farine et d'autres matières premières ont été passés en charges, et il ne reste pas de stocks importants de produits finis à la fin de l'exercice parce que la production de chaque nuit est expédiée le matin en vue d'assurer le maximum de fraîcheur. Cependant, à la fin de l'exercice, il reste un stock de matières premières d'une valeur de 6 210 $.
4. Les achats de petits outils et de pièces (encore en stock) se montent à 238 $ et ont été imputés aux charges de l'exercice.
5. Le comptable découvre une facture de 900 $ de frais de publicité impayés par la société. La campagne publicitaire a été planifiée et les contrats ont été signés avant la fin de l'exercice, mais la campagne ne doit commencer qu'après la fin de l'exercice.
6. Le président de la société a suggéré de capitaliser 2 316 $ de frais de réparation et d'entretien plus 50 % de « frais généraux », afin de constater la création de la valeur du matériel et des installations.
7. Les employés sont payés à la fin de chaque semaine. À la fin de l'exercice, la société doit 1 802 $ aux employés et elle devra aussi payer des retenues d'impôts à la source et d'autres déductions sur ces salaires non payés pour un montant de 481 $.
8. La société a effectué tous les paiements relatifs à l'hypothèque sur le bâtiment, en temps voulu. Depuis le dernier versement, 187 $ d'intérêts hypothécaires se sont accumulés (selon l'estimation du comptable), mais le prochain versement régulier ne doit être effectué que dans dix jours.
9. Le conseil d'administration de la société a déclaré un dividende de 14 000 $ aux actionnaires. La réunion au cours de laquelle le dividende a été déclaré s'est tenue trois jours avant la fin de l'exercice, mais le dividende ne sera versé que deux mois après la fin de l'exercice.
10. Dans le contrat de travail du directeur général, il est précisé qu'une prime de 8 % du bénéfice de la société avant impôts et primes lui sera versée à la fin du premier trimestre de chaque exercice. Le comptable a calculé que le bénéfice du premier exercice avant impôts se chiffrerait à 38 226 $, après redressements et corrections.

Problème 7.10*   Un hebdomadaire a commencé ses opérations le 1ᵉʳ juillet, et les paiements de 1 000 abonnements d'un an à 5,20 $ chacun ont été encaissés au cours des trois premiers jours du mois. Les premiers numéros ont paru les 7, 14, 21 et 28 juillet. Quel montant de produits cet hebdomadaire devra-t-il constater dans ses comptes en juillet ?

Problème 7.11   Quand une vente est-elle considérée comme une vente ? Quand le système comptable constate-t-il qu'un produit a été gagné ? Indiquez quelle politique de constatation des produits devrait être adoptée dans chacun des cas énumérés ci-dessous. Rappelez-vous les éléments suivants : le respect des critères généraux de constatation des produits ; la notion de « fait objectif » pour tous les produits constatés en une seule fois ; et la constatation proportionnelle qui peut être faite dans le cas de produits gagnés au cours de plusieurs exercices comptables.
a) Le comptoir à café Cafbec (chapitre 6).
b) La division des villes de l'Est de la société Projets domiciliaires ltée.
c) La vente de gaz naturel aux entreprises et aux résidences privées de la société Gazbec ltée.
d) Les ventes d'abonnements du magazine *L'actualité*.
e) La vente de billets pour le Festival des films du monde.
f) Les ventes à tempérament d'appareils électroménagers et de meubles du Père du Meuble.
g) Les produits provenant du forage de puits sur les propriétés d'autres sociétés par la société Explorations minières ltée.
h) Les produits d'Imperial Oil provenant de la production de pétrole sur ses propres terrains.
i) Les produits provenant de la vente de poteries de la société Potiers réunis ltée en consignation dans les boutiques locales d'artisanat.
j) Les produits réalisés grâce à la publicité faite par SRC-TV dans ses émissions de sports.
k) Les produits gagnés par Fiberglas Canada relativement à la vente de ses produits.
l) Les ventes de logiciels pour micro-ordinateurs de Microlab ltée.
m) Les produits provenant de la vente de vêtements de La Baie ltée (certains clients paient comptant, d'autres se servent de leur carte La Baie ; d'autres encore utilisent diverses cartes de crédit, et certains retournent les marchandises parce qu'ils ne les aiment plus).
n) Les produits gagnés par votre université quant aux frais de scolarité.
o) Les produits gagnés par la Croix-Rouge provenant de dons reçus.
p) Les produits gagnés par la société Fleurs et jardins ltée relativement à des contrats d'aménagement paysager pour des propriétaires de maisons.

Problème 7.12*   Lisez les extraits suivants d'anciens rapports annuels et expliquez ce qui s'est produit et pourquoi les sociétés avaient établi les politiques décrites.

Key Anarcon Mines Limited, 1983
Au 31 décembre 1983, la société a reporté des frais de développement et d'administration se chiffrant à 3 417 537 $, dans l'intention de les amortir sur les bénéfices des opérations minières futures. Ces bénéfices dépendent des ressources minières connues et des réserves additionnelles qui peuvent être

développées [...] qui deviendront rentables dans le cadre de la récupération métallurgique, du prix des métaux et des autres frais d'exploitation.

Bow Valley Resource Services Ltd., 1983
Les coûts relatifs à certains projets de développement techniquement faisables et dont le marché futur est clairement défini sont capitalisés et amortis sur des périodes ne dépassant pas le moment prévu où le projet devrait générer des produits. Si l'on détermine par la suite qu'un projet n'est pas faisable ou commercialement viable, les coûts capitalisés sont imputés aux résultats.

Problème 7.13   Les Promotions Champions ltée ont acheté les droits d'utilisation des noms de plusieurs joueurs de hockey pour des poupées grandeur nature que la société a achetées à un fabricant de jouets. Ces poupées sont commercialisées au moyen de coupons de commande insérés dans les horaires de télévision annexés aux grands quotidiens. Lorsque Promotions Champions ltée reçoit une commande (accompagnée d'un mandat, d'un chèque ou d'un numéro de carte VISA), la société contacte le fabricant de jouets. Ce dernier a la responsabilité de produire et d'expédier la poupée à la personne que la société lui désigne au moment de la commande. Le client a la possibilité de retourner la poupée dans les deux semaines suivant sa réception. Promotions Champions ltée paye le fabricant de jouets dans les 30 jours suivant la livraison. Les commandes de poupées ont été extrêmement nombreuses au cours de la période de Noël. En fait, le fabricant de jouets fait beaucoup d'heures supplémentaires pour tenter de répondre à la demande.

1. Précisez trois moments où Promotions Champions ltée pourrait constater les produits réalisés grâce à la vente des poupées. Quel moment lui recommanderiez-vous de choisir ? Pourquoi ?

2. Précisez deux moments où le fabricant de jouets pourrait constater les produits gagnés grâce à ces poupées.

3. Expliquez comment Promotions Champions ltée devrait comptabiliser les versements faits aux joueurs de hockey en contrepartie de l'utilisation de leur nom (supposons que chaque joueur reçoit une somme forfaitaire initiale et une redevance sur chaque poupée vendue portant son nom).

Problème 7.14   Un économiste soutient que les produits sont créés ou gagnés de façon continue au moyen d'une grande variété d'activités de l'entreprise (la production, la vente, la livraison), alors que l'expert-comptable choisit une étape d'un *cas typique* (le « fait objectif ») pour désigner le moment où tous les produits sont constatés.

a) En supposant que le point de vue de l'économiste soit juste, dans quelles circonstances la méthode appliquée par l'expert-comptable produirait-elle une juste mesure du bénéfice périodique ? En d'autres termes, dans quelles situations l'opinion selon laquelle le bénéfice est gagné de façon continue sera-t-elle en accord avec le chiffre du bénéfice déterminé par les experts-comptables ?

b) Quels sont les obstacles s'élevant contre l'implantation d'un système comptable de détermination des profits basé sur la vision de l'économiste ?

Problème 7.15* Pâtés et tartes ltée (PTL) a commencé en 1988 à accorder des franchises qui donnent le droit d'exploiter des établissements de restauration rapide spécialisés uniquement dans la vente de pâtés et de tartes : pâtés à la viande, tartes aux pacanes, au sucre, aux pommes, etc. L'une de ses spécialités est la « Ra-tarte », faite à partir de diverses racines (gingembre, ginseng, etc.) et inventée par Jeanne Bernard, fondatrice et propriétaire de PTL.

Jeanne a divisé chaque grande ville en quartiers d'environ 200 000 personnes et envisage d'installer un établissement franchisé dans chaque quartier. Pour les plus petites villes, les franchises couvriront les secteurs ruraux également. Les franchises dureront dix ans, seront renouvelables au moins pour deux autres périodes de dix ans, et se vendront 20 000 $ chacune. Chaque franchisé doit payer 5 000 $ comptant à PTL, verser le solde en trois versements annuels égaux (sans intérêts) et accepter d'acheter les divers ingrédients de PTL. En échange, PTL lui offrira ses conseils d'expert (Jeanne), ses recettes, une aide pour la location et la construction des établissements de restauration, la formation à la gestion ainsi qu'une partie de la publicité à l'échelle nationale. (Une grande partie des frais de publicité seront réclamés aux franchisés sur une base proportionnelle.)

Voici les données relatives au premier exercice de PTL, se terminant le 31 août 1989 :

Contrats de franchisage signés	28
Paiements comptant reçus	26
Établissements ouverts	18
Frais relatifs aux franchises	230 000 $
Frais généraux divers	55 000 $

Pour financer ses opérations, la société a effectué un emprunt à un taux d'intérêt de 12 %. L'un des franchisés a déjà abandonné ses opérations (après avoir payé uniquement les 5 000 $ initiaux), deux autres de ceux qui avaient ouvert un établissement ne semblent pas pouvoir poursuivre leurs activités, et un de ceux qui n'ont pas encore ouvert leur établissement semble ne jamais pouvoir le faire.

1. Énumérez toutes les méthodes que vous connaissez permettant de constater les produits de la vente de franchises.

2. Classez ces méthodes de la moins prudente à la plus prudente.

3. Énumérez toutes les méthodes que vous connaissez permettant de constater les charges relatives à la vente de franchises.

4. Rapprochez chaque méthode de constatation des charges de la méthode de constatation des produits qui semble la plus appropriée.

5. Comparez le bénéfice avant impôts de 1989 qui serait obtenu par l'application de deux ou trois des méthodes de rapprochement les plus raisonnables de constatation des produits et des charges.

6. Selon vous, quelle méthode de rapprochement conviendrait le mieux à la société PTL ?

7. Rédigez une note complémentaire pour l'annexer aux états financiers du 31 août 1989, portant sur une convention comptable ; dans cette note, vous décrirez la méthode de constatation des produits et des charges que vous avez choisie pour PTL.

Problème 7.16 Un entrepreneur a constitué une société de construction en septembre. Après plusieurs mois de travail, la société a achevé une maison qui lui coûte 70 000 $ au total, et elle fait de la publicité pour la vendre. Au 31 décembre, la société a reçu trois offres : une de 78 000 $ comptant ; une autre de 83 000 $ dont les versements mensuels seront échelonnés sur vingt ans à un taux d'intérêt annuel de 10 %, et une autre de 50 000 $ comptant plus un terrain d'une valeur de 31 000 $. L'entrepreneur a décidé d'attendre une meilleure offre, qu'il semble certain d'obtenir.
1. Quel est le montant des produits de la société pour l'exercice ?
2. À combien s'élèvent ses charges ?
3. Comment se présentait son actif au 31 décembre si elle en avait un ?
4. En examinant chaque offre séparément, imaginez qu'elles ont été acceptées et calculez pour chacune d'elles les charges et les produits relatifs à la période de quatre mois se terminant le 31 décembre. Dans chaque cas, supposez que la vente a été conclue le 26 décembre.

Problème 7.17 La société Marchand ltée fabrique un seul produit au coût de 6 $ et elle paie comptant le coût de chaque unité produite. Les frais de vente s'élèvent à 3 $ l'unité et sont payés au moment de l'expédition. Le prix de vente est de 10 $ l'unité ; toutes les ventes se font à crédit. On ne prévoit aucune créance irrécouvrable et le recouvrement des comptes n'entraîne aucuns frais.

En 1993, la société a fabriqué 100 000 unités, en a expédié 76 000 et a reçu 600 000 $ des clients. En 1994, elle a fabriqué 80 000 unités, en a expédié 90 000 et a reçu 950 000 $ des clients.
1. Déterminez le montant du bénéfice net qui doit être présenté pour chacun des deux exercices,
   a) si la société constate les produits et les charges au moment de la production.
   b) si la société constate les produits et les charges au moment de l'expédition.
   c) si la société constate les produits et les charges au moment de l'encaissement.
2. L'actif total présenté dans le bilan du 31 décembre 1994 sera-t-il modifié par le choix du moment de la constatation (question 1)? À combien se chiffrerait cet effet ?

Problème 7.18* La société Boisjoly ltée existe depuis plusieurs années. Jusqu'à présent, le bénéfice avant impôts de 30 % de l'exercice courant est de 75 000 $. Le propriétaire Georges Boisjoly envisage d'apporter quelques changements et vous demande votre avis. Voici les changements prévus :
- Changer la politique de constatation des produits afin de constater ceux-ci plus tôt dans le processus. Cela aurait pour effet d'augmenter immédiatement les comptes clients de 26 000 $.
- Comptabiliser chaque mois la fraction des primes payées aux employés à la fin de chaque exercice. Cela augmenterait immédiatement les comptes fournisseurs de 11 000 $.
- Reporter à cinq ans le remboursement d'un prêt de 19 000 $ (fait par Jean à l'entreprise) qui a été classé jusqu'à présent dans le passif à court terme.
- Capitaliser dans l'actif à titre de marque de commerce 14 000 $ de fournitures de publicité et de salaires inscrits dans les charges plus tôt cette année.

1. Calculez, pour l'exercice courant, le bénéfice net après impôts qui résulterait de l'adoption de tous ces changements, et donnez les raisons économiques qui font envisager ces changements.
2. Calculez l'effet de ces changements sur les fonds en banque de la société Boisjoly ltée.
3. Expliquez les différences entre les résultats obtenus au point 1 et ceux qui ont été obtenus au point 2.

Problème 7.19   Les entreprises Poulet rôti ltée (PRL) et Coq d'or ltée (COL) vendent toutes deux des franchises de leurs rôtisseries. L'acheteur d'une franchise (le franchisé) obtient le droit d'utiliser les produits de PRL ou de COL et bénéficie pendant dix ans d'une formation et d'une publicité à l'échelle nationale. L'acheteur accepte de payer 50 000 $ pour la franchise. De ce montant, il paie 20 000 $ à la signature du contrat et le solde est payable en cinq versements annuels de 6 000 $ chacun.

PRL constate tous les produits réalisés grâce aux franchises à la signature du contrat. COL constate les produits provenant des franchises à l'encaissement. En 1991, les deux sociétés ont vendu 8 franchises chacune. En 1992, elles en ont vendu 5 chacune. En 1993 et 1994, elles n'en ont vendu aucune.
1. Déterminez le montant des produits gagnés grâce aux franchises et constatés par chaque société en 1991, 1992, 1993 et 1994.
2. Pensez-vous que ces produits devraient être constatés au moment de la signature du contrat, à l'encaissement ou sur la durée du contrat de franchisage ? Justifiez votre réponse.

Problème 7.20   Infotech ltée a éprouvé beaucoup de difficultés à recouvrer ses comptes clients. Pour l'exercice 1994, la société a inscrit une provision pour créances douteuses de 43 000 $, ce qui porte le solde de la provision pour créances douteuses à 71 000 $. À la fin de 1994, les comptes clients se chiffraient à 415 000 $. Lors de la vérification de fin d'exercice, il a été décidé qu'il y avait pour 54 000 $ de plus de créances douteuses et qu'il fallait radier 36 000 $ de comptes clients dont le recouvrement avait été jugé incertain antérieurement.

Calculez les éléments suivants :
a) La charge de créances douteuses de 1994.
b) La provision pour créances douteuses à la fin de 1994.
c) Le recouvrement estimatif des comptes clients à la fin de 1994.

Problème 7.21   Une société arrête d'accumuler les coûts (de capitaliser) dans un compte d'immobilisations (par exemple, le compte Bâtiments), commence à imputer les dépenses dans les charges, et à calculer l'amortissement relatif à ce bien lorsqu'il est mis en service et contribue au processus de gain des produits. Cela est habituellement très simple, mais envisagez le cas suivant :

Une société possède un édifice de bureaux qui devrait être entièrement achevé le 1er septembre 1994. Au 1er juillet 1994, les coûts de construction s'élèvent à 3 000 000 $, y compris les intérêts de 150 000 $ sur le financement de la construction (10 000 $ par mois du 1er avril 1994 au 1er juillet 1994). Le premier locataire a emménagé le 1er avril 1994 et a été suivi de plusieurs autres. Au 1er juillet 1994, environ 40 % de l'espace était loué. Selon les prévisions, il faut que 70 % de l'espace soit loué pour que le bâtiment devienne rentable. Malheureusement, il y a un très fort pourcentage d'espaces non loués dans cette partie de la ville, en raison d'une récente baisse de l'activité économique. Le taux moyen d'occupation des autres bâtiments des environs est de 60 %, et on ne s'attend pas à ce que la situation s'améliore avant au moins trois ans. Pour le moment, les locataires ont payé 50 000 $ de loyer et 10 000 $ de plus relativement à des charges qui doivent être remboursées à l'entreprise pour les services fournis par le concierge, ainsi que d'autres frais, relatifs aux espaces communs du bâtiment, qui s'élèvent actuellement à 25 000 $ pour la période du 1er avril au 1er juillet 1994. Les produits de loyer, les coûts des espaces communs et les remboursements de ces coûts ont été calculés à leur valeur nette, puis capitalisés, ce qui diminue en tout de 35 000 $ les coûts de construction à ce jour (50 000 $ + 10 000 $ − 25 000 $).

Ces coûts de construction incluent le montant de 100 000 $ versé par la société aux locataires pour des améliorations locatives (améliorations que les locataires ont dû apporter à leurs locaux pour leur usage personnel : murs intérieurs, peinture, tapis). Ces paiements versés aux locataires ont contribué à les inciter à quitter leurs anciens locaux situés dans des bâtiments avoisinants, et à signer des baux à long terme (cinq ans) avec la société.

1. La société a-t-elle « raison » de capitaliser une partie ou l'ensemble des éléments mentionnés ci-dessus ? Pourquoi ?

2. A quel montant faudrait-il inscrire les encaissements et les décaissements qui correspondent essentiellement à l'activité de location en tant que composantes des résultats plutôt que dans le bilan ?

Problème 7.22   Ordinatech ltée travaille à l'élaboration d'un système informatisé de répartition, d'expédition, d'entretien et d'exploitation pour l'industrie nord-américaine du camionnage, qui a été touchée récemment par la déréglementation.

La société a consacré les cinq dernières années à élaborer des systèmes et, cette année (exercice qui se termine le 30 novembre 1994), elle a vendu ses premiers systèmes. La mise de fonds initiale de 2 500 000 $ provient du fondateur qui a investi 1 250 000 $ en actions et 1 250 000 $ sous forme de prêt. Dans le passé, la société ne se préoccupait pas vraiment des problèmes comptables et de ses états financiers mais, maintenant, elle cherche des financements externes et doit dresser des états financiers pour les obtenir.

Nous sommes le 19 décembre 1994. Le président s'inquiète énormément de la façon dont réagiront les investisseurs aux résultats de l'exercice se terminant le 30 novembre 1994. Selon les PCGR, différents choix relatifs aux conventions comptables sont possibles, et le président s'intéresse aux choix offerts dans les deux cas suivants :

• La société a engagé 2 500 000 $ de frais dans l'élaboration des systèmes, lesquels frais ont été répartis également sur les cinq dernières années. De ces coûts, 1 000 000 $ ont été affectés à l'élaboration d'un système devenu invendable cette année. Le reste des coûts concerne l'élaboration du système qui est vendu actuellement. La société pense pouvoir vendre le système pendant cinq ans avant qu'il ne devienne techniquement désuet (le système devient de plus en plus désuet chaque année, et s'avère donc plus difficile à vendre). Maintenant, la société prévoit le calendrier de vente suivant pour le système :

Exercice se terminant le 30 novembre 1994	2 systèmes déjà vendus
Exercice se terminant le 30 novembre 1995	4 systèmes devraient être vendus
Exercice se terminant le 30 novembre 1996	3 systèmes devraient être vendus
Exercice se terminant le 30 novembre 1997	2 systèmes devraient être vendus
Exercice se terminant le 30 novembre 1998	1 système devrait être vendu

- Les ventes ont commencé lors du second semestre de l'année 1994. Le prix de chaque contrat de vente est fixé de façon à procurer une marge bénéficiaire de 250 000 $ sur les coûts du contrat. Les ventes se font comme suit : on négocie un contrat couvrant les services qui doivent être fournis ; on exige un dépôt non remboursable de 10 % avant de commencer le travail ; au fur et à mesure que des travaux sont effectués, des factures sont envoyées à différentes étapes de l'établissement du système. Voici les ventes qui ont été réalisées au 30 novembre 1994 :

Vendu à	Prix total du contrat	Dépôt du client	Facturation à ce jour	Encaissement (incluant le dépôt)	Degré d'avan-cement	Décaissement des coûts à ce jour
Société A	2 000 000 $	200 000 $	750 000 $	600 000 $	40 %	500 000 $
Société B	2 250 000	225 000	Néant	225 000	Néant	Néant
	4 250 000 $	425 000 $	750 000 $	825 000 $		500 000 $

Avant que des décisions comptables soient prises au sujet des problèmes ci-dessus, les soldes des comptes de la société au 30 novembre 1994 étaient les suivants :

	Débit	Crédit
Encaisse	325 000 $	
Coûts payés sur les contrats	500 000	
Encaissements provenant des contrats		825 000 $
Frais de développement	2 500 000	
Capital-actions		1 250 000
Emprunt à un actionnaire		1 250 000
	3 325 000 $	3 325 000 $

Voici des renseignements complémentaires :
- Tous les coûts engagés jusqu'à ce jour ont été payés comptant, sauf 200 000 $; les seuls encaissements de cette année proviennent des dépôts et de la facturation relative aux contrats.
- La société est encore en période de développement et n'est donc pas obligée de payer des impôts pour 1994 et les exercices précédents.

- Le prêt de l'actionnaire fondateur est un prêt sans intérêt et est payable sur demande. Cependant, l'actionnaire a signé une lettre dans laquelle il a précisé qu'il ne retirerait pas les fonds au cours de la prochaine année.

À partir de l'information ci-dessus, répondez aux questions suivantes :

1. Suggérez deux méthodes de constatation des produits gagnés grâce à la vente de systèmes (décrivez uniquement les méthodes sans effectuer de calculs).
2. Choisissez une méthode de constatation des produits qui convienne à Ordinatech ltée et expliquez pourquoi vous l'avez choisie.
3. À partir de la méthode que vous avez choisie au point 2, calculez les produits de la société et les charges relatives aux coûts des contrats pour l'exercice se terminant le 30 novembre 1994.
4. Le président veut capitaliser les frais de développement. Quel montant lui recommanderiez-vous de capitaliser et pourquoi ?
5. Expliquez au président pourquoi il est nécessaire d'amortir le montant porté au compte de l'actif intitulé Frais de développement.
6. Choisissez une méthode d'amortissement des frais de développement qui vous semble convenir et calculez la charge d'amortissement de 1994 ainsi que l'amortissement cumulé au 30 novembre 1994.
7. À partir des réponses fournies aux points précédents, dressez un état des résultats et un état des bénéfices non répartis pour 1994 ainsi qu'un bilan au 30 novembre 1994, et rédigez les notes complémentaires qui conviennent.
8. Si la tâche n'est pas trop lourde, dressez également un état de l'évolution de la situation financière pour 1994.

RÉFÉRENCES

1. R. M. Skinner, *Accounting Standards in Evolution*, Toronto, Holt, Rinehart and Winston, 1987, p. 48.
2. Versatile Corporation, « Notes to Financial Statements », dans le rapport annuel de 1981.
3. Falconbridge Nickel Mines Limited, « Notes to Financial Statements », dans le rapport annuel de 1981.
4. Thomas R. Dyckman et Dale Morse, *Efficient Capital Markets and Accounting : A Critical Analysis,* 2e éd., Englewood Cliffs, N.J., Prentice-Hall, 1986, p. 49-50. Traduction et reproduction autorisées par Prentice-Hall Inc.
5. W. H. Beaver, *Financial Reporting : An Accounting Revolution*, 2e éd., Englewood Cliffs, N.J., Prentice-Hall, 1989, p. 8. Traduction et reproduction autorisées par Prentice-Hall Inc.
6. *Ibid.,* p. 105. Traduction et reproduction autorisées par Prentice-Hall Inc.
7. *Loc. cit.* Traduction et reproduction autorisées par Prentice-Hall Inc.
8. Thomas R. Dyckman et Dale Morse, *op. cit.,* p. 86. Traduction et reproduction autorisées par Prentice-Hall Inc.
9. P. A. Griffin, éd., *Usefulness to Investors and Creditors of Information Provided by Financial Reporting,* 2e éd., Stamford, Conn., Financial Accounting Standards Board, 1987, p. 14. Copyright par Financial Accounting Standards Board, 401, Merritt 7, P.O. Box 5116, Norwalk, Connecticut, 06856 — 5116, U.S.A. Traduction et reproduction autorisées. On peut se procurer des copies du document auprès du FASB.

PRÉLUDE À L'ANALYSE DE LA COMPTABILITÉ GÉNÉRALE

8.1 APERÇU DU CHAPITRE

Dans les chapitres précédents, nous avons défini ce que sont les états financiers et nous avons expliqué la façon de les préparer en effectuant l'inscription des opérations selon les principes de la comptabilité d'exercice. Dans les chapitres 9 et 10, nous décrirons les techniques d'analyse des états financiers et l'effet des choix de conventions comptables effectués par la direction lors de la préparation de ces états financiers. Le présent chapitre vous prépare en quelque sorte à ces chapitres analytiques. On y donne une description détaillée des rôles de la comptabilité générale de façon à pouvoir situer l'analyse et les choix de conventions comptables dans leur contexte. Comme nous l'avons déjà souligné, la comptabilité générale ne fonctionne pas dans le vide : des gens l'utilisent dans un but précis. La comptabilité joue plus d'un rôle dans le monde. Pour donner davantage de sens à l'étude de l'analyse comptable et à celle des choix de conventions comptables, nous présentons dans ce chapitre de nouvelles perspectives et nous tentons de comprendre plus profondément les rôles de la comptabilité.

Nous savons déjà que le développement des entreprises et l'évolution de la société ont façonné la comptabilité générale et que celle-ci a plusieurs fonctions à remplir. La comptabilité générale aide les investisseurs des bourses des valeurs mobilières à décider s'ils achètent, vendent ou conservent les actions des sociétés. Elle aide les gestionnaires à diriger les entreprises pour le compte des propriétaires. Elle fournit les documents comptables de base servant au contrôle interne, aux assurances et à la prévention des fraudes. Les gouvernements l'utilisent également pour contrôler les activités des entreprises et évaluer les impôts sur les bénéfices ou les taxes de vente. Nous pourrions encore allonger la liste des fonctions principales ou secondaires de la comptabilité générale. On pourrait écrire des livres — et on l'a d'ailleurs fait — sur chacune de ces fonctions. Nous présentons ici quelques perspectives sur ces sujets afin de vous aider à comprendre pleinement le sens des états financiers et de l'information qui leur est associée.

Ce chapitre comprend un vaste échantillon de concepts utilisés en comptabilité. Si vous devenez expert-comptable, ces concepts vous permettront d'apprécier le contexte dans lequel l'information comptable est utilisée et de comprendre les gens lorsque vous les aiderez à préparer cette information. Si vous devenez gestionnaire d'entreprise ou investisseur, ou encore si vous devez utiliser l'information financière à d'autres fins, ces concepts vous aideront à utiliser judicieusement l'information comptable. Dans tous les cas, ce chapitre est un prélude à une analyse intelligente de l'information.

Dans ce chapitre, vous étudierez des :

Concepts d'utilisation : Une perspective élargie et approfondie concernant la demande et l'utilisation de l'information comptable, de même que des théories élaborées en vue de comprendre cette demande et cette utilisation, telles que les théories portant sur le comportement du marché des capitaux et sur les contrats financiers.

Concepts de préparation : Une perspective fondée sur la préparation d'une information utile, sur les multiples rôles et objectifs de la comptabilité générale, et sur le rôle du vérificateur et de la profession comptable.

Techniques de préparation : Vous apprendrez peu de nouveaux éléments dans ce domaine, ce qui vous donnera l'occasion de souffler un peu. Vous pourrez même en profiter pour approfondir les connaissances en matière de préparation que vous avez acquises dans les chapitres précédents. Le cas à suivre vous fera découvrir une nouvelle façon de dresser les états financiers.

Techniques d'utilisation : Encore une fois, vous n'acquerrez pas beaucoup de nouvelles connaissances, car ce chapitre vous prépare aux éléments techniques que nous verrons dans les derniers chapitres.

8.2   ENVIRONNEMENT DE LA COMPTABILITÉ GÉNÉRALE

La comptabilité générale des entreprises — principal sujet de cet ouvrage — fonctionne dans un environnement complexe. Elle cherche à contrôler et à rapporter les événements économiques vécus par l'entreprise ou qui la concernent. Ces événements, qui proviennent de l'environnement, ont à leur tour une incidence sur celui-ci, de sorte que la comptabilité n'est pas passive : elle nous indique ce qui se passe et, par le fait même, influence nos décisions et nos actions. Elle exerce donc une influence sur les événements.

On peut regrouper en trois catégories les personnes directement touchées par les informations que fournit la comptabilité générale sur une entreprise : premièrement, les propriétaires (actionnaires, membres et autres personnes associées dans une entreprise) ; deuxièmement, les gestionnaires qui dirigent l'entreprise au nom des propriétaires ; et, troisièmement, les vérificateurs qui sont nommés par les propriétaires pour évaluer les rapports comptables approuvés par la direction. Ces groupes ont des relations entre eux et portent tous un intérêt à l'information que produit la comptabilité générale. Par exemple, les gestionnaires peuvent travailler pour une société pendant toute leur carrière professionnelle et avoir un sentiment de propriété au même titre que les actionnaires qui, en achetant ou en vendant des actions, ne détiendront une participation dans l'entreprise que pour quelques mois, avant de passer à d'autres investissements. Dans les petites entreprises, la direction et les propriétaires peuvent être les mêmes personnes. Les vérificateurs sont officiellement nommés par les propriétaires, lors de l'assemblée annuelle des actionnaires. Ils peuvent aussi offrir à la direction des conseils sur les impôts, la comptabilité ou sur d'autres sujets d'intérêt pratique pour les gestionnaires, services qui sont distincts de leur travail de vérification.

En dehors de ces trois principaux groupes — parfois difficiles à distinguer —, on trouve une foule d'autres groupes d'intérêt, de sociétés, d'institutions et de personnes qui s'intéressent à la comptabilité générale de l'entreprise ou qui exercent une influence sur elle. Parmi ceux-ci, on retrouve les bourses des valeurs mobilières où les actionnaires peuvent acheter et vendre leur actions, les autres marchés des capitaux comme les marchés des obligations, des organismes de réglementation des marchés boursiers tels que les commissions des bourses et des valeurs mobilières, les gouvernements, les bailleurs de fonds, les concurrents, les propriétaires, bailleurs de fonds ou concurrents éventuels, les professions comptables et la société en général. Comme nous l'avons déjà vu, ces groupes ne portent pas le même intérêt à la comptabilité de l'entreprise et peuvent même être en concurrence ou en conflit les uns avec les autres. La plupart de ces groupes sont établis dans le même pays que l'entreprise et sa direction, mais, de plus en plus, les sociétés œuvrent à l'échelle internationale. Ainsi, les autres groupes qui s'intéressent à la comptabilité générale des entreprises et qui exercent une influence sur elle peuvent provenir de n'importe où dans le monde. Dans ce chapitre, nous décrivons plusieurs de ces groupes qui s'intéressent directement ou indirectement à la comptabilité générale et l'influencent.

8.3 MARCHÉS DES CAPITAUX

Au fur et à mesure que les sociétés commerciales se sont développées, on a observé une vente accrue de leurs titres de participation. Les propriétaires (les actionnaires) ont commencé à investir dans plusieurs entreprises à la fois, puis à acheter et à vendre des actions entre eux. Pour favoriser le commerce des actions, les marchés des valeurs se sont organisés de façon à pouvoir suivre le développement des échanges d'actions. Actuellement, il existe de nombreuses bourses des valeurs mobilières, dont la grande Bourse internationale de New York, celles de Londres, de Tokyo, de Paris et de Toronto, et des bourses régionales comme la Bourse de Montréal, celle de Vancouver et celle de Calgary. Ces marchés ne s'intéressent pas uniquement aux actions des sociétés. Ils coordonnent aussi les opérations sur les droits (connues sous les expressions « bons de souscription à des actions » ou « options ») pour acheter ou vendre des actions dans le futur, les conversions d'un titre en un autre, la réception de dividendes et une grande variété de transactions futures. À tout moment, on invente de nouveaux droits et de nouveaux « instruments » pour transmettre et négocier ces droits. On a même conçu des marchés pour ce genre de transactions, comme le marché des options de Chicago, mais la plupart des instruments se négocient sur les marchés ordinaires. On y négocie aussi les obligations des sociétés et des gouvernements. D'ailleurs, il existe une telle variété d'instruments financiers qu'il est difficile de faire la distinction entre titre de participation et titre d'emprunt. Par exemple, certaines obligations donnent le droit à leurs détenteurs de les convertir en actions. De nombreuses négociations boursières se font à l'aide de systèmes informatisés, et les bourses sont de plus en plus reliées électroniquement entre elles afin de permettre aux investisseurs d'acheter ou de vendre des « titres » (terme général désignant toutes les actions, les obligations de même que les instruments financiers) dans le monde entier, et ce, presque toute la journée. Ces échanges et ces activités d'achat et de vente d'actions sont désignés par l'expression générale de **marché des capitaux**. Dans ces marchés, on négocie les actions et les autres titres que les sociétés et les gouvernements utilisent pour financer leurs actifs.

Il est important de souligner que ces marchés fonctionnent presque indépendamment des organismes qui ont émis initialement ces titres. Par exemple, lorsqu'une société décide d'émettre des obligations ou des actions, ces titres sont offerts aux marchés, et la société émettrice reçoit le produit de la vente initiale de ces titres moins les commissions des courtiers et des autres négociateurs en cause. Après quoi, la société n'intervient plus directement. Les investisseurs rachètent les titres d'autres investisseurs et vendent ceux qu'ils détiennent sans que la société émettrice intervienne. Ils peuvent le faire même si la société émettrice s'y oppose, comme c'est le cas lorsqu'un investisseur cherche à acheter suffisamment d'actions pour prendre le contrôle de la société. C'est ce qu'on appelle une prise de contrôle. Les sociétés ouvertes courent toujours le risque de voir leurs actions être négociées d'une façon qui ne leur plaît pas. On peut citer d'autres exemples que les prises de contrôle. Notamment, il suffit qu'une société annonce qu'elle change l'équipe de direction dans le but d'améliorer les résultats de l'entreprise pour que le cours de ses actions chute, car les personnes qui achètent et vendent ces titres peuvent ne pas aimer la nouvelle direction. Le marché compte alors plus de vendeurs désirant se débarrasser de leurs actions que d'acheteurs, ce qui entraîne une chute du cours des actions. Les marchés créent souvent de nouveaux titres à partir de ceux que la société a émis initialement, et en assurent la vente. Par exemple, une action peut donner le droit à son détenteur d'acheter ultérieurement une autre action. Ce droit peut être acheté et vendu séparément sur le marché, de sorte qu'il est possible de détenir l'action sans le droit ou le droit sans l'action correspondante. Vous pouvez même acheter une « option » qui consiste à miser sur les fluctuations du cours de l'action durant les mois ou l'année à venir, ou à parier sur le cours global, dans le futur, des actions du marché. Beaucoup de gens surveillent de très près le cours global des actions dans le futur, tel qu'il est fourni par l'indice Dow Jones de la Bourse de New York ou l'indice TSE de la Bourse de Toronto.

Pour vous préparer à l'analyse de la comptabilité générale, vous devez connaître, au sujet des marchés des capitaux, trois aspects qui vous aideront à comprendre le rôle de l'information comptable sur ces marchés. Il s'agit du concept de *rendement et risque*, du fait que les marchés sont *globaux*, et du concept d'*efficience du marché*. Parmi bien d'autres, ces aspects font partie de la **théorie du marché des capitaux**, qui a donné une puissante impulsion à la recherche comptable, économique et financière, et à l'évolution du fonctionnement des marchés des capitaux[1].

Rendement et risque

Le rendement que la détention d'un titre (une action ou une obligation) vous permet d'obtenir correspond à la somme de l'argent que vous recevez (en intérêts ou en dividendes) plus la variation, qu'on espère à la hausse, de la valeur marchande du titre. Ainsi, vous obtenez à la fois un rendement en argent plus un gain de détention ou un « gain en capital » (ou une perte). La théorie du marché des capitaux tire une grande partie de sa force de son analyse de la nature de ces deux types de rendement et, plus particulièrement, du deuxième. Selon cette théorie, si la valeur marchande du titre que vous détenez change, cette variation constitue une mesure du *risque* lié à la détention de ce titre, puisque sa valeur peut augmenter ou baisser. Le risque correspond à la variance ou à l'écart-type, ou, encore, à la tendance du prix moyen de ce titre. Un titre à risque, par conséquent, est un titre dont le prix varie beaucoup. Cependant, le cours d'un titre peut varier parce que l'ensemble du marché des actions ou des obligations est à la hausse ou à la baisse, ou fluctuer simplement parce qu'il suit les fluctuations du marché. C'est pourquoi on distingue le risque *systématique* (la fraction de la variation du titre qui découle directement ou indirectement des fluctuations du marché dans son ensemble) du risque *spécifique* (la variation résiduelle du titre qui n'est pas en relation avec les fluctuations du marché). Le « bêta » est une mesure de la sensibilité du titre aux fluctuations du marché. Les cours des titres à *bêta faible* varient moins que les valeurs de l'ensemble du marché, tandis que les cours des titres à *bêta fort* varient plus que les valeurs de l'ensemble du marché.

À ce point, on pourrait tout naturellement poser la question suivante : l'information comptable, et en particulier le bénéfice ou les flux monétaires, nous aide-t-elle à prédire le cours des titres et, par conséquent, les risques et les rendements ? La recherche indique que les valeurs marchandes suivent largement un processus de « fluctuations aléatoires », c'est-à-dire que ces fluctuations sont vraiment difficiles à prédire. Par conséquent, l'information comptable n'apporte pas une aide importante, et d'ailleurs on ne peut compter sur rien d'autre. Cependant, certains éléments d'information peuvent être utiles, et il semble que, si les faits présentés dans l'information comptable ont une signification économique claire (comme c'est le cas lorsqu'ils ont une incidence sur l'encaisse), ils ont une certaine valeur marginale de prédiction. Par ailleurs, il est évident que l'information comptable, et en particulier les bénéfices, est étroitement corrélée avec les valeurs marchandes. Ainsi, la comptabilité est en relation avec tout ce qui a une incidence sur les marchés, mais il est difficile de prévoir les effets qu'elle exercera.

Comportement global

Les marchés des valeurs présentent un comportement global. Selon la théorie du marché des capitaux, un investisseur averti investira dans un ensemble de titres, un *portefeuille*. En choisissant un groupe de titres présentant divers bêtas, l'investisseur peut composer un portefeuille présentant le niveau de risque global désiré, ce que l'on nomme le bêta du portefeuille. Généralement, le portefeuille représente moins de risques que les titres pris individuellement car le regroupement des titres qui présentent des risques spécifiques différents fait que les fluctuations propres à chaque titre s'annulent partiellement. Ainsi, lorsque le cours d'un titre est à la hausse, il se peut qu'un autre soit à la baisse. Un portefeuille peut donc constituer un moyen de diversifier le risque spécifique. On ne peut rien faire pour contrer le risque systématique du marché dans son ensemble, sauf en investissant en même temps sur un autre marché. Cela peut fonctionner : par exemple, le marché des actions et celui des obligations présentent des risques systématiques différents, et il en est de même des bourses de matières premières. Par conséquent, de nombreux investisseurs disposent de portefeuilles très diversifiés.

Dans le milieu des investisseurs, il est devenu très courant de raisonner en fonction des portefeuilles. La plupart des recherches portant sur l'incidence de l'information comptable partent du principe que les investisseurs possèdent des portefeuilles et, en ce qui concerne leurs *propres* placements (titres négociables et caisse de retraite, par exemple), les sociétés raisonnent de plus en plus souvent de la même manière.

Efficience du marché

Un marché est efficient lorsqu'il réagit rapidement et facilement à toute nouvelle information devenue publique et qu'il reflète immédiatement l'incidence de cette information sur les prix dans la négociation des titres. Les gens qui pensent que l'information dont ils disposent leur indique qu'il est temps d'acheter le font en achetant les titres de ceux qui pensent qu'il est temps de vendre. Lorsqu'un marché est efficient, vous ne pouvez pas vous servir de l'information accessible au public (comme celle que contiennent les états financiers) pour « devancer » le marché. En effet, le temps que vous ayez accès à l'information et que vous soyez en mesure d'agir, le marché a déjà réagi.

Les marchés des capitaux fonctionnent à partir de l'information, mais ils le font à la lumière d'attentes déjà formulées d'après ce qu'ils savent déjà. Par conséquent, les marchés ont tendance à ne réagir à une nouvelle information que si elle est *inattendue*. On peut donc prétendre que, dans un marché des capitaux efficient, seule la partie inattendue des bénéfices, ou de n'importe quel autre élément du même genre, constitue une information pour le marché. Le marché réagira peu si les résultats financiers sont conformes aux prévisions. On note toujours une *certaine* réaction, parce que les différents intervenants sur le marché ont des attentes et des certitudes différentes ; ce sont ces différences qui font fonctionner le marché ! Si tout le monde était toujours d'accord, personne ne voudrait vendre ce qu'un autre voudrait acheter et il n'y aurait pas d'échanges.

Des recherches indiquent que certains marchés (comme la Bourse de New York) sont très efficients en ce qui concerne la divulgation de l'information pour le public, mais beaucoup de gens contestent ces résultats. Par ailleurs, les recherches ne sont pas vraiment concluantes et le comportement de plusieurs marchés reste nébuleux. La Bourse de Montréal, par exemple, a fait l'objet de beaucoup moins d'études que celle de New York.

Les commissions des valeurs mobilières, comme la Securities and Exchange Commission (SEC) aux États-Unis et les commissions des valeurs mobilières du Québec, de l'Ontario et de l'Alberta, doivent assurer que la négociation des titres est aussi équitable que possible (en évitant, par exemple, que les gens qui travaillent à l'intérieur d'une entreprise n'utilisent l'information interne pour prendre l'avantage sur les autres investisseurs). Les commissions exigent que toute information importante soit publiée rapidement et connue de tout le monde en même temps. Par conséquent, il est probable que leurs efforts contribuent à assurer un comportement efficient des marchés.

8.4 PRÉSENTATION DE L'INFORMATION PAR LES SOCIÉTÉS

Les états financiers représentent un moyen pour les sociétés de renseigner les gens de l'extérieur sur leurs activités. Les marchés des valeurs portent évidemment une attention particulière à l'information comptable, mais dans un monde où beaucoup de gens achètent et vendent des obligations, des actions et des options plusieurs fois par jour, la publication d'états financiers annuels ou même trimestriels est souvent insuffisante. Par conséquent, une grande part de l'information incluse dans les états financiers est divulguée au cours de l'exercice dans des articles de presse et des annonces. De plus, on transmet officiellement des renseignements aux commissions des valeurs mobilières ou aux marchés des valeurs. Par exemple, il se peut que la vérification des états financiers d'une société pour l'exercice se terminant le 31 décembre soit achevée en février, et que les états financiers soient imprimés et publiés en mai. Toutefois, au cours de l'exercice précédent, les faits importants auront été publiés, et on aura pris connaissance du bénéfice par action de chaque trimestre. De plus, dès le mois de janvier (avant la fin de la vérification), on connaîtra le bénéfice par action de l'exercice.

Il y a donc un flux constant d'informations sur les états financiers et sur les autres événements importants des sociétés vers les marchés des valeurs. En principe, l'information doit être publiée dès qu'elle est connue, afin que les intervenants sur le marché ne soient pas désavantagés par rapport aux personnes qui travaillent au sein d'une entreprise. L'article qui suit, rédigé par un dirigeant de la Bourse de Toronto, décrit cette situation.

INFORMATION PUBLIÉE PAR LES SOCIÉTÉS

L'accès égal à l'information, la pierre angulaire de la politique du TSE
PAR JOHN W. CARSON

SELON UNE POLITIQUE FONDAMENTALE de la Bourse de Toronto, toute personne qui investit dans des titres cotés sur le marché doit avoir un accès égal à l'information qui peut influencer ses décisions. Pour que le public ne doute pas de l'intégrité de la Bourse en tant que marché des titres, l'information importante touchant les entreprises et les affaires des sociétés doit être disponible en temps opportun, afin que tous les intervenants sur le marché soient sur un pied d'égalité.

La politique de diffusion rapide de l'information pratiquée par la Bourse est à l'origine du règlement voulant que toutes les sociétés dont les actions se négocient à la Bourse fournissent l'intégralité de l'information en temps opportun. La politique nationale n° 40, adoptée par les directeurs des commissions des valeurs mobilières du Canada et intitulée *Timely Disclosure*, s'est inspirée de la politique de présentation de l'information en temps opportun de la Bourse de Toronto, laquelle a été modifiée pour répondre aux besoins de tous les directeurs des commissions des valeurs mobilières du Canada. Ainsi, la politique de la Bourse et la politique nationale n° 40 sont substantiellement les mêmes.

Elle propose de réduire au minimum le nombre d'organismes de réglementation qui doivent être consultés. Dans le cas des titres cotés en Bourse, la Bourse constitue l'organisme de réglementation faisant autorité, même si l'émetteur peut consulter le directeur de la commission des valeurs mobilières de sa province. Dans le cas de titres cotés sur plusieurs marchés, il faut s'entendre avec chaque marché.

Toute information portant sur l'exploitation et les affaires d'une société qui entraînera ou qui devrait entraîner une variation significative du cours ou de la valeur d'un des titres de la société est considérée comme importante.

L'information importante englobe à la fois les faits et les changements majeurs relatifs à une entreprise et aux affaires d'une société dont les titres sont cotés en Bourse.

De plus, le marché des valeurs est parfois aux prises avec des rumeurs ou des spéculations. Lorsque c'est le cas, la Bourse peut obliger la société à faire une déclaration confirmant ou infirmant ces rumeurs ou ces spéculations.

Chaque société inscrite à la Bourse a la responsabilité de déterminer l'information importante, selon la définition ci-dessus et le contexte de ses propres affaires. L'importance relative de l'information varie d'une société à une autre selon le chiffre de ses bénéfices, son actif et la structure de son capital, la nature de son exploitation et bien d'autres facteurs. Un fait « significatif » ou « important » pour une petite entreprise ne l'est souvent pas pour une grande société. C'est la société elle-même qui est la mieux placée pour déterminer si une information est importante, selon sa situation particulière. La Bourse sait que les décisions portant sur le choix de l'information à présenter font appel à l'exercice de jugements subjectifs et, en cas de doute, elle encourage les sociétés inscrites à consulter le comité de surveillance.

La diffusion de l'information doit être immédiate

Une société dont les titres sont cotés en Bourse est obligée de diffuser l'information importante concernant son entreprise dès que la direction en prend connaissance ou, dans le cas

d'une information déjà connue, dès qu'elle devient importante. La diffusion immédiate de l'information est nécessaire pour que tous les investisseurs puissent en prendre connaissance rapidement et pour éviter que des personnes ayant accès à l'information n'agissent avant que l'information soit largement diffusée.

Par ailleurs, une situation inhabituelle peut survenir. Il peut se produire des variations substantielles du cours ou du volume des opérations concernant les titres d'une société avant même l'annonce d'une information importante. Cette situation est embarrassante pour la direction de la société et nuisible à la réputation du marché des valeurs, car les investisseurs sont en droit de supposer que certaines personnes ont bénéficié de l'information importante non encore diffusée.

La section de surveillance du marché met en œuvre un programme de contrôle continu destiné à repérer toute activité inhabituelle du marché, comme des variations peu ordinaires du cours d'une action ou du volume des opérations s'y rapportant, en fonction de l'histoire passée du titre. Lorsqu'une activité inhabituelle entoure un titre coté en Bourse, la section de surveillance de la Bourse s'efforce d'en déterminer immédiatement la cause. Si elle ne peut le faire, elle contacte la direction de la société. Si, à la suite de cette discussion, la section de surveillance juge que cette situation nécessite un communiqué de presse, elle demande à la société de faire immédiatement une déclaration. Si la société n'est pas au courant de faits non diffusés, la section de surveillance continue de suivre l'activité entourant ce titre et, si le problème persiste, elle peut demander à la société de publier une déclaration dans laquelle elle devra préciser qu'elle n'est pas au courant de faits non connus du public qui pourraient expliquer ces opérations inhabituelles.

La section de surveillance du marché est chargée de recevoir tous les bulletins d'information des sociétés inscrites qui contiennent les détails importants concernant leurs activités. La section de surveillance applique alors la règle exigeant la diffusion immédiate des déclarations importantes.

Les activités peuvent être suspendues

Si on doit faire une annonce pendant les heures d'ouverture du marché, on peut cesser toute opération jusqu'à ce que l'annonce soit faite et

l'information, rendue publique. La Bourse détermine le temps de diffusion nécessaire pour chaque cas particulier, selon l'importance et la complexité de la nouvelle. C'est souvent la société en cause qui demande la cessation des activités pour diffuser une information importante.

La section de surveillance de la Bourse n'a ni l'intention ni l'habitude d'interrompre les opérations pour diffuser toutes les nouvelles provenant des sociétés inscrites. Avant de publier une nouvelle, le comité de surveillance et la société en cause se rencontrent et déterminent s'il est justifié d'interrompre l'activité entourant ce titre à cause des conséquences que cette nouvelle pourrait avoir sur le titre. S'il est nécessaire de cesser les opérations, l'activité est habituellement interrompue pendant moins de deux heures.

La Bourse coordonne les périodes d'arrêt avec les autres Bourses où les titres de cette société sont cotés et négociés. Selon une convention entre les Bourses et la NASDAQ (National Association of Securities Dealers Automated Quotation System), la négociation d'un titre doit être arrêtée et reprise en même temps sur chaque parquet boursier. Si une société n'avertit pas à l'avance la Bourse qu'une annonce sera publiée, elle pourrait perturber le système.

Les rumeurs sont souvent la cause d'une activité inhabituelle

Il arrive souvent qu'une activité inhabituelle soit à la source de rumeurs. La Bourse sait que les directions ne peuvent être au courant de toutes les rumeurs qui circulent, et les commenter, mais lorsque le marché subit injustement les contrecoups des rumeurs, la Bourse demande à la société de faire une déclaration. La meilleure façon de rectifier une telle situation consiste à confirmer ou à réfuter rapidement la rumeur en publiant une nouvelle. On peut interrompre les activités en attendant que la société déclare qu'aucun nouveau fait ne s'est produit. Si une rumeur est entièrement ou partiellement fondée, la société doit immédiatement faire une déclaration fournissant l'information importante nécessaire, et on cessera toute activité en attendant la publication et la diffusion de l'information.

Il est essentiel que les dirigeants de la société avertissent la section de surveillance du marché avant de publier toute nouvelle information. La section de surveillance sera alors en mesure de déterminer s'il faut interrompre toute activité concernant les titres de la société. Par ailleurs, si la Bourse n'est pas avertie de la publication de nouveaux faits, toute activité inhabituelle subséquente déclenchera une enquête, et éventuellement un arrêt dans la négociation des titres.

Le contenu des déclarations concernant des renseignements importants doit être basé sur des faits et être équilibré, sans surévaluer une nouvelle favorable ni sous-évaluer une nouvelle défavorable. Les mauvaises nouvelles doivent être présentées tout aussi rapidement et intégralement que les bonnes nouvelles. Un bulletin de nouvelles ne peut certes contenir tous les détails qui seraient inclus dans un prospectus ou un document similaire. Cependant, il devrait comprendre suffisamment de détails pour permettre aux médias et aux investisseurs d'évaluer la substance réelle et l'importance de l'information. Entre autres choses, il permet aux investisseurs de prendre des décisions d'investissement en connaissance de cause.

Dans des circonstances exceptionnelles, la présentation de l'information importante portant sur l'exploitation et les affaires d'une société peut être reportée et gardée temporairement confidentielle, car la publication immédiate de l'information pourrait nuire à la société.

On décourage ce genre de délais

La Bourse a pour politique de ne pas banaliser cette pratique courante consistant à reporter la publication de renseignements importants à cause du tort qu'elle pourrait causer à la société. On peut justifier un délai seulement dans le cas où les dommages potentiels que pourraient subir la société ou les investisseurs à la suite d'une publication immédiate dépasseraient les conséquences indésirables d'un report de la publication de l'information. Toutefois, on doit garder à l'esprit les considérations qui ont donné lieu à l'élaboration de la politique de diffusion immédiate de l'information par la Bourse. Même si elle reconnaît qu'il faut faire un compromis entre les intérêts légitimes d'une société qui peuvent exiger qu'une information soit gardée confidentielle et le droit du public investisseur à disposer de l'information au sujet d'une société, la Bourse décourage le report de l'information pour une période prolongée, car il est improbable que le caractère confidentiel puisse être protégé au-delà du court terme.

Par ailleurs, une société qui désire garder des renseignements confidentiels a le devoir de prendre toutes les précautions nécessaires pour que cette information demeure confidentielle. Cette information ne doit pas être communiquée aux dirigeants ou aux employés de la société, ou encore aux conseillers de la société, sauf pour la conduite des affaires. On doit rappeler régulièrement aux administrateurs, dirigeants et employés d'une société dont les titres sont cotés en Bourse que les renseignements confidentiels qu'ils obtiennent au travail ne doivent être divulgués en aucun cas.

La nécessité d'établir des règlements internes

Toute société dont les titres sont inscrits à la Bourse devrait adopter des règlements interdisant à tous ceux qui ont accès à des renseignements confidentiels d'utiliser cette information en vue de négocier les titres de la société avant que cette information n'ait été divulguée au public et qu'on ait accordé un délai raisonnable pour la diffusion de cette information.

Dans le cas où on garde une information confidentielle parce que sa diffusion pourrait causer un préjudice à la société, la direction a le devoir de prendre toutes les précautions nécessaires pour s'assurer qu'aucune personne qui œuvre au sein de l'entreprise ou qui entretient des « liens particuliers » avec la société — tels les avocats, les ingénieurs et les experts-comptables — n'utilisera cette information avant qu'elle ne soit divulguée. De même, l'information importante non publiée ne peut être communiquée à d'autres personnes qui pourraient en profiter pour négocier l'information.

John W. Carson, « Equal Access to Information Cornerstone of TSE Policy », *Corporate Disclosure : A Special Report*, Toronto, Canada, NEWSWire Ltd., 1989. Traduction et reproduction autorisées.

OÙ EN ÊTES-VOUS ? Voici deux questions auxquelles vous devriez pouvoir répondre à partir de ce que vous venez de lire :

1. Si le marché des capitaux est considéré comme un marché « efficient », que cela implique-t-il du point de vue du rôle et de l'utilité de l'information comptable dans ce marché ?
2. Pourquoi la publication en temps opportun de l'information financière est-elle importante pour les marchés des capitaux ?

8.5   GESTIONNAIRES ET INFORMATION SUR LE RENDEMENT

Nous arrivons maintenant à l'une des principales raisons qui expliquent toute l'attention que porte la haute direction des sociétés ouvertes aux états financiers de leur société, à l'annonce de leurs bénéfices et aux autres renseignements fournis : les bourses des valeurs et autres marchés financiers réagissent rapidement à l'information, et ce, en fonction de la valeur de cette information pour les intervenants sur le marché. Les marchés imposent une « discipline » implacable, qui semble parfois capricieuse, aux sociétés et à leur direction. Quelles que soient les attentes des dirigeants, le marché évalue l'information selon ce qu'il sait et distribue rapidement ses récompenses ou ses sanctions, en faisant monter ou baisser les cours des actions ou des obligations, et ce, peu importe si les dirigeants approuvent ou désapprouvent ces récompenses ou ces sanctions.

Moins une société est le point de mire du public, moins elle est engagée sur les marchés financiers, et moins elle subit les contraintes de ces marchés. Cependant, même les sociétés fermées ne sont pas à l'abri de ces contraintes parce qu'elles sont souvent en concurrence avec des sociétés qui sont directement touchées, ou bien elles coopèrent avec elles, ou, encore, elles sont des fournisseurs ou des clients de ces sociétés. De plus, même si les propriétaires de sociétés fermées désirent parfois vendre leur affaire, emprunter massivement ou prendre d'autres mesures, elles sont soumises à un examen attentif de leurs résultats. Pour calculer la valeur d'une société fermée, on se base généralement sur les états financiers et sur le rendement et les tendances qu'ils révèlent.

Dans les années 60 et 70, plusieurs petites entreprises sont devenues des sociétés ouvertes et ont inscrit leurs actions dans les bourses des valeurs en vue d'obtenir des capitaux et de profiter des évaluations de leurs perspectives d'avenir par le marché. Dans les années 80, on s'est montré plus prudent et un grand nombre de sociétés ouvertes se sont retirées du marché pour devenir des sociétés fermées, en partie parce que les avantages qu'elles en tiraient n'étaient pas assez importants pour compenser les risques que la discipline du marché imposait (comme le risque de prise de contrôle si leur rendement devenait chancelant) et parce que les coûts liés à la demande d'information insatiable des marchés étaient trop élevés.

8.6 RECHERCHE COMPTABLE : GESTION DE LA PRÉSENTATION DE L'INFORMATION COMPTABLE

Dans ce manuel, nous avons vu à plusieurs reprises que les dirigeants avaient de bonnes raisons de s'intéresser à l'information comptable publiée par leurs sociétés. La recherche comptable a clairement démontré que les états financiers et l'information connexe posent des problèmes aux sociétés et à leurs gestionnaires, et que les gestionnaires choisissent des conventions comptables, défendent ou contestent des normes comptables, et ont une influence sur la nature de l'information comptable de diverses manières. Une recherche récente démontre comment les gestionnaires s'y prennent pour y arriver. L'extrait suivant est tiré du compte rendu d'un ensemble de 20 entrevues avec des cadres supérieurs et des observateurs du milieu de l'information financière.

CA MAGAZINE

*L'information financière ne saurait être neutre et sans effet : elle peut aider ou nuire ;
elle peut apporter des éclaircissements ou créer de la confusion.*

Si les chiffres pouvaient parler

PAR M. GIBBINS, A. RICHARDSON ET J. WATERHOUSE

INTERROGÉ À PROPOS des avantages et des inconvénients qui résultent de la présentation d'un plus grand nombre d'informations au public, le contrôleur d'une société de pétrochimie nous a répondu : « Quand le public dispose de plus d'informations il peut mieux vous comprendre ; c'est à la fois un avantage et un inconvénient ».

En raison de l'incidence évidente que peuvent avoir les états comptables et les autres données financières sur les perspectives de l'entreprise, les dirigeants tiennent à garder la haute main sur les informations qui sont publiées, afin de se protéger. Certes, on peut défendre la pratique d'une gestion de l'information dans la mesure où elle permet d'accroître la justesse, la rapidité et la pertinence des renseignements fournis au public ; cependant, la notion de gestion évoque quelque peu l'atmosphère de surveillance et de manipulation décrite dans le célèbre roman de George Orwell : il est préoccupant de penser que l'on se trouve au bout d'une chaîne qui achemine des informations modifiées ou manipulées d'une manière quelconque.

Pour les experts-comptables, la question présente plusieurs faces. L'information comptable est importante dans le monde, et nous nous efforçons de l'améliorer, de la rendre plus fiable, plus essentielle. Toutefois, plus elle acquerra d'importance, plus les dirigeants seront intéressés à gérer ce qui se dit à propos de leur société et d'eux-mêmes ; en même temps ils subiront davantage de pressions en faveur de la neutralité, car l'objectif des rapports comptables est de dire les choses telles qu'elles sont. Pourtant, les dirigeants ont la responsabilité de gérer la production, le marketing, les ressources humaines et les finances de leur société. Pourquoi alors ne géreraient-ils pas aussi la présentation de l'information financière ?

Tel est le sujet de l'enquête que nous avons menée récemment et dont nous rendons compte ici. Nous avons interrogé vingt dirigeants d'entreprise ou professionnels de la comptabilité, au Canada, au sujet du processus de présentation de l'information financière appliqué dans leur entreprise. Les dirigeants interrogés représentaient une variété de secteurs (finances, industrie, ressources naturelles et vente au détail) ; les autres répondants étaient en bonne position pour s'exprimer en tant qu'observateurs (vérificateurs ou conseillers juridiques au service d'entreprises).

Notre analyse des réponses recueillies montre que les gestionnaires ont tendance à se concentrer sur le contrôle des six éléments interreliés concernant la présentation de l'information, allant du plus simple au plus complexe.

Catégories d'information

La question la plus fondamentale consiste à se demander s'il faut publier ou non une information particulière touchant un fait ou un résultat, s'il faut indiquer à quel niveau les totaux ont été calculés et les informations supplémentaires fournies.

Le trésorier d'un grossiste rapporte : « Nous préparions un prospectus et c'était la première fois que notre président devait se pencher sur la publication d'informations aussi importantes et aussi détaillées ; nos conseillers juridiques lui proposaient de présenter les marges brutes par gamme de produits, mais il s'y est opposé catégoriquement ».

Comment obtient-on les informations manquantes ? Voici ce qu'explique un analyste au service d'une maison de courtage : « Dans certaines sociétés, pour des raisons diverses, il arrive que les états financiers trimestriels n'indiquent pas les flux de l'encaisse ; dans ce cas, je téléphone à l'entreprise pour obtenir un peu plus d'explications ».

La valeur des chiffres

Lorsqu'il est clair qu'il faut divulguer une information, on se préoccupe de la valeur chiffrée ou du renseignement particulier à fournir dans une note. Cet aspect de la gestion consiste à considérer le choix des conventions comptables et peut-être les décisions économiques susceptibles d'avoir une incidence sur la valeur des variables clés.

« Nous subissons une très grande pression pour que les projets d'affaires soient menés à terme à la fin du trimestre ; on nous demande de faire en sorte que les opérations soient suffisamment avancées pour que l'on puisse en faire mention ou encore qu'elles soient retardées, et c'est toujours comme ça », explique un avocat au service d'un cabinet spécialisé en droit commercial.

Informations répétitives

Les sociétés publient souvent des informations destinées à divers groupes ou transmises par différents médias. C'est la direction de l'entreprise qui décide de cette diversification, qui concerne davantage les catégories d'informations financières fournies que les chiffres eux-mêmes ; dans la plupart des cas, on publie les mêmes chiffres, quels que soient les groupes visés ; seul le choix des informations présentées diffère.

Le responsable des relations publiques d'une entreprise de service public explique : « Nous préparons une version préliminaire du rapport périodique. Nous enlevons ensuite les paragraphes moins importants, et nous avons alors un communiqué de presse ».

Le contrôleur d'une entreprise de construction affirme : « La section financière de notre rapport 10K est identique à notre rapport annuel. Tout y est repris, mot à mot ».

Délais de publication

Le moment où l'information est publiée peut être important pour l'entreprise. Il y a cependant une nette différence à cet égard entre les bonnes et les mauvaises nouvelles : la diffusion des bonnes nouvelles peut être retardée de plusieurs semaines, tandis que celle des mauvaises nouvelles se fait en général dans les jours qui suivent.

« Nous tenons, dans toute la mesure du possible, à diffuser les bonnes nouvelles en temps opportun, par exemple, à l'assemblée générale annuelle. Cela alimente des conversations. Les représentants des médias sont présents, de même qu'un grand nombre de courtiers et de banquiers — autant en profiter ! »

« Les mauvaises nouvelles, dit le contrôleur d'un conglomérat du secteur énergétique, sont annoncées après la fermeture de la Bourse, le vendredi après-midi ».

Une question d'interprétation

Lorsqu'elles diffusent l'information, les entreprises peuvent simplement transmettre un communiqué laconique par télécopieur, ou choisir de fournir un contexte explicatif. Pour avoir un contrôle sur la façon dont l'information sera interprétée, l'entreprise peut agir avant sa publication ou au moment de celle-ci, par l'inclusion d'une analyse de la direction dans son rapport annuel ou la tenue de conférences de presse ou autres rencontres qui permettent la discussion. Elle peut aussi agir sur la visibilité des renseignements publiés, par exemple, en noyant les renseignements les plus délicats dans les notes ou en faisant ressortir certains éléments des produits ou des charges.

Le contrôleur de l'entreprise de service public s'est dit favorable à l'interaction : « Nos relations avec les analystes et les personnes qui cotent nos obligations sont excellentes. Nous organisons des séances d'information à leur intention. Notre société a reçu la cote AAA et nous voulons la conserver ».

Un avocat déclare : « S'il est un domaine où nous sommes appelés à donner des conseils, c'est bien, la plupart du temps, celui des relations entre personnes apparentées. On nous demande de tout faire pour ne pas ébruiter l'affaire ».

Interprétation après le fait

La publication d'informations financières peut inciter les tiers à faire certaines interprétations. L'entreprise doit alors décider si elle va tenter de faire des rectificatifs, par exemple en appelant les journalistes ou en laissant entendre aux analystes que leurs prévisions financières sont inexactes.

« Dans nos états financiers, une note en particulier attirait l'attention. Elle portait sur une dette éventuelle dont le montant était considérable », rapporte le trésorier d'une entreprise industrielle. « Nous avions préparé d'avance les explications que nos téléphonistes allaient donner aux gens qui poseraient des questions ».

Voici la réponse de la vice-présidente, finances, d'une chaîne de magasins de détail, à qui l'on demandait si elle reprenait le journaliste qui avait mal rapporté ses propos : « Absolument pas. Vous ne faites qu'envenimer les choses et vous vous retrouvez ensuite à la une ».[2]

Extraits de :

M. Gibbins, A. Richardson et J. Waterhouse, « Si les chiffres pouvaient parler », *CA magazine*, octobre 1989, pages 29 à 36. Reproduction autorisée par l'Institut Canadien des Comptables Agréés.

OÙ EN ÊTES-VOUS ?   Voici deux questions auxquelles vous devriez pouvoir répondre à partir de ce que vous venez de lire :

1. Le président de Suffix ltée, une petite entreprise, envisage d'inscrire les actions de sa société à la Bourse de Montréal, parce qu'il pourrait ainsi faciliter l'émission d'un grand bloc de nouvelles actions. Cette mesure procurerait à la société le capital dont elle a besoin. En décrivant les différents facteurs en cause, expliquez au président comment il se complique la vie en faisant de sa société une société ouverte.

2. Donnez quelques exemples de la façon dont la direction d'une société tente de gérer les renseignements qu'elle doit fournir.

8.7   CONTRATS ET INFORMATION COMPTABLE

Les sections précédentes vous ont peut-être donné l'impression que l'information produite par la comptabilité ne servait qu'aux marchés des capitaux ou que c'était la seule préoccupation des gestionnaires. Ce n'est toutefois pas le cas. La comptabilité joue bien d'autres rôles importants pour la direction et les autres parties. L'information comptable aide les gouvernements à prendre des décisions en matière de répartition des ressources, à évaluer les impôts sur les bénéfices, à négocier avec les syndicats et peut-être aussi à renforcer ou à déstabiliser le pouvoir politique de certains groupes (par exemple, le monde des affaires) dans la société. Pour élargir votre perspective de la comptabilité, nous examinons dans cette section un autre de ses rôles, en développant certaines des idées qui sous-tendent la **théorie de la délégation**, un domaine important de la

réflexion comptable et économique qui met l'accent sur les relations contractuelles entre les personnes. Ce sujet porte aussi les noms de *théorie
d'agence ou de théorie mandant-mandataire*[3].

Actuellement, la théorie de la délégation est plus *théorique* que
celle du marché des capitaux. Cette théorie porte sur les relations contractuelles entre des personnes (les *mandataires*, qui peuvent être des
gestionnaires, des vérificateurs ou des avocats) qui agissent pour le
compte d'une ou de plusieurs autres personnes (les *mandants*, qui peuvent être des propriétaires, des créanciers ou des défendeurs). Les contrats
peuvent prendre la forme de contrats officiels écrits (comme les contrats
synallagmatiques qui assurent une protection aux détenteurs d'obligations), de contrats d'emploi moins officiels, d'ententes avec des fournisseurs ou d'ententes non officielles qui se traduisent par une simple
poignée de main. Dans cette théorie, on développe des concepts concernant la façon dont on peut inciter les mandataires à agir dans l'intérêt des
mandants et à ne pas faillir à leurs responsabilités ni à mentir au sujet de
leurs agissements lorsque les mandants ne pouvaient les observer. La
théorie utilise une expression pittoresque pour désigner les risques qu'entraînent ce type de mensonges : les « aléas moraux ».

La théorie de la délégation cherche à mettre l'accent sur la fonction
fiduciaire de l'information comptable, visant à contrôler et à superviser le
travail que fait le mandataire pour le compte du mandant, plutôt que sur
sa fonction prospective pour la prise de décisions, mise en relief par la
théorie du marché des capitaux. On ne nie pas que les deux fonctions
existent. On se contente de mettre l'accent sur la première des deux.
Selon cette théorie, l'information produite par la comptabilité générale, la
comptabilité de gestion ou la vérification est vue comme le résultat d'un
désir commun des partenaires de veiller sur leurs actions respectives au
moyen de mesures incitatives et de contrôles. Ce désir s'explique par le
fait que les mandataires souhaitent agir dans leur propre intérêt et que, en
l'absence d'incitations et de contrôles adéquats, leurs intérêts ne coïn-
cideront pas nécessairement avec ceux des mandants. La théorie a une
portée très pratique car elle suggère que, si les conditions régissant les
rapports entre les parties viennent à changer, la comptabilité et la vérification changeront aussi en vue de s'adapter à la nouvelle situation.
L'information comptable est considérée comme un bien économique qui
s'adapte aux changements de la demande, non comme quelque chose que
l'on doit « enfermer » dans l'une ou l'autre des catégories « vrai » ou
« faux ». Les mandants et les mandataires réclameront toute l'information
dont ils ont besoin pour gérer la relation contractuelle qui les unit et, par
conséquent, l'information ne peut être jugée qu'en fonction de cette relation précise.

L'information est « bonne » dans la mesure où elle contribue à
mettre les parties d'accord sur ce qu'elles doivent faire ou à répartir les
résultats positifs ou négatifs qui sont obtenus. À titre d'exemple, supposons que les actionnaires de la société Larbec ltée désirent que la direction de l'entreprise concentre ses efforts pour maximiser le cours des
actions qui se négocient sur le marché. Plus le cours est élevé, meilleur
est le rendement que peuvent tirer les propriétaires de leur détention
d'actions et plus ils s'enrichissent. Les propriétaires peuvent alors, par
l'entremise de leurs représentants au conseil d'administration, proposer à

la direction de conclure un contrat dans lequel il serait précisé que la haute direction ne recevra pas de salaire, mais plutôt l'équivalent de 20 % des variations du cours des actions au cours de chaque année. Il se pourrait bien que la haute direction trouve ce contrat trop risqué pour elle, parce que toutes sortes de facteurs sont susceptibles d'intervenir dans la détermination du cours des actions, y compris des facteurs sur lesquels les gestionnaires n'ont aucune prise comme les guerres, les récessions et d'autres problèmes imprévus. Le cours des actions peut aussi bien monter que baisser. Les membres de la direction, estimant qu'il revient aux propriétaires d'assumer les risques, peuvent alors proposer qu'on verse à chacun un salaire forfaitaire de 200 000 $, quelles que soient les variations du cours des actions. Comme cette proposition ne correspond pas aux exigences des propriétaires, les deux parties doivent négocier. Finalement, ils s'entendent sur les conditions contractuelles suivantes : si la direction réussit à satisfaire les propriétaires, chaque membre de la direction recevra 150 000 $ plus une prime correspondant à 5 % du bénéfice net annuel et à 3 % de l'augmentation du cours des actions. Il n'y aura pas de pénalité ni de prime dans le cas où la société subirait des pertes au cours de l'exercice, ou s'il y avait une variation négative du cours des actions.

Ainsi, les gestionnaires, en tant que mandataires des propriétaires (les mandants), acceptent de travailler pour les propriétaires. De leur côté, les propriétaires acceptent de confier les tâches de gestion à ces dirigeants. Les deux parties passent un contrat contenant les points sur lesquels ils se sont mis d'accord et ils en sont satisfaits. À présent, l'information comptable peut être utilisée par les propriétaires pour évaluer le rendement des dirigeants et pour calculer les primes basées sur le bénéfice net. En raison des dispositions de ce contrat, les deux parties s'intéressent à l'information comptable. Elles peuvent, pour des raisons de commodité ou parce qu'elles préfèrent qu'il en soit ainsi, préciser dans le contrat que le calcul du bénéfice net doit être fait en fonction des PCGR. Toutefois, elles pourraient tout aussi bien indiquer d'autres façons plus avantageuses de calculer le bénéfice net.

Vous constatez que, même si un grand nombre de sociétés passent ces sortes d'ententes de primes ou d'autres « contrats incitatifs » dans lesquels l'information comptable joue un rôle, il se peut que de fortes pressions s'exercent sur les organismes responsables de l'établissement des PCGR ou même sur les normes comptables officielles élaborées dans le but d'améliorer l'efficacité de ces types de contrats. Ces pressions vont vraisemblablement dans le même sens que celles qui s'exercent sur les marchés des capitaux, parce que les propriétaires négocient leurs actions sur ces marchés. Toutefois, ce ne sont pas les mêmes. Les dirigeants doivent aussi approuver ces contrats et il se pourrait, par exemple, qu'ils ne soient pas prêts à assumer autant de risques que le marché des capitaux le souhaiterait. Vous pouvez aussi envisager la question en fonction du rôle des vérificateurs dont nous avons parlé plus tôt. Si les dirigeants de l'entreprise sont responsables de l'information comptable et sont rémunérés à partir des résultats que procure cette information, il se peut que les propriétaires (qui sont peut-être fort éloignés des bureaux de l'entreprise et ne voudraient en aucun cas attirer l'attention en posant des questions sur la comptabilité) ne soient pas portés à faire confiance aux chiffres fournis par la direction et préfèrent les voir évalués par un vérificateur externe.

Il existe différents types de contrat officiels et non officiels qui utilisent l'information comptable. Les parties qui souscrivent à de tels contrats s'intéressent nécessairement aux états financiers, aux PCGR, à la vérification et aux autres aspects de la comptabilité. Par conséquent, elles agiront comme partie prenante du système de demande d'information et utiliseront l'information que fournit la comptabilité. Pour citer des exemples de contrats qui incitent les parties à s'intéresser à l'information fournie par la comptabilité, mentionnons les contrats de rémunération des dirigeants cités plus haut, les contrats de travail, les contrats avec les fournisseurs et les clients, et les contrats financiers comme ceux qui ont été conclus lors d'une émission d'obligations, pour d'autres titres de dette ou de participation.

La théorie de la délégation a influé considérablement sur la comptabilité générale. En résumé, voici ses principaux effets :

a) Les états financiers jouent un rôle important dans le contrôle des activités, dans la compréhension des activités passées visant à améliorer ce contrôle, ainsi que dans la prévision des résultats futurs.

b) L'ancienne fonction fiduciaire de la comptabilité générale reste d'actualité et occupe une place de choix dans le monde moderne des gestionnaires professionnels et des propriétaires distants qui négocient leurs actions sur les marchés des valeurs.

c) L'information comptable est utile pour évaluer les conséquences probables et les risques résultant d'ententes contractuelles éventuelles, et pour préciser les conditions particulières de chacun des contrats, par exemple l'attribution des primes ou des pénalités.

d) L'utilité des états financiers concernant certains contrats particuliers peut concorder ou ne pas concorder avec les autres utilisations. Par exemple, un contrat dont les clauses ont pour objet d'accroître au maximum la motivation de la direction peut avoir des conséquences fiscales indésirables, faisant ainsi en sorte que les parties acceptent des conditions contractuelles moins motivantes afin de réduire leurs impôts.

e) Les raisons qui incitent la direction à choisir des méthodes comptables sont vraisemblablement complexes car, en plus de s'efforcer de fournir de l'information à l'intention des tiers, la direction doit tenir compte des divers types de contrats officiels ou non officiels dans lesquels elle est engagée.

f) La direction peut s'intéresser, ou ne porter aucun intérêt, à des notions comptables générales, comme les notions de fidélité, de prudence, de conformité avec les PCGR et de vérifiabilité, selon que les résultats ou les coûts d'application de ces notions améliorent les diverses relations contractuelles des dirigeants.

OÙ EN ÊTES-VOUS ?

Voici deux questions auxquelles vous devriez pouvoir répondre à partir de ce que vous venez de lire :

1. D'après la théorie de la délégation, quelle est la valeur de l'information comptable ?

2. La société Gagnon ltée a signé plusieurs contrats relatifs à des primes de gestion avec sa haute direction, précisant que le salaire des principaux dirigeants reposera en partie sur la réussite de l'entreprise. Pour sa part, la société Gauvin ltée paie uniquement un salaire forfaitaire à ses dirigeants. Quelles différences pouvez-vous prévoir dans l'attitude des deux groupes de gestionnaires relativement aux états financiers de leur société ?

8.8   VÉRIFICATEUR EXTERNE

La vérification externe concerne l'évaluation des états financiers d'un organisme par un vérificateur qui est censé ne pas avoir de relations avec la direction de l'organisme (donc être indépendant). Le rôle du vérificateur externe comprend deux principaux volets : exprimer une opinion éclairée sur la fidélité des états financiers, et ce, de façon indépendante, impartiale et professionnelle.

Commençons par l'indépendance. Au Canada, les vérificateurs sont membres de corporations professionnelles, comme l'Institut Canadien des Comptables Agréés et les ordres provinciaux. Aux États-Unis, ils sont membres de l'American Institute of Certified Public Accountants et des instituts correspondants dans chaque État. D'autres associations professionnelles de comptables comportent aussi une section de vérification, comme c'est le cas pour l'Association des comptables généraux licenciés et la Société des comptables en management accrédités du Canada. Ces sociétés ont pour principal objectif de sauvegarder le professionnalisme et l'indépendance des vérificateurs externes qui leur sont affiliés. Dans ce but, il existe des règles de déontologie complexes interdisant aux vérificateurs d'avoir un intérêt financier direct ou indirect dans les sociétés clientes ou dans les autres organismes qu'ils vérifient. Ces règles, comme les règles similaires portant sur d'autres relations entre le vérificateur et son client, sont destinées à s'assurer que le vérificateur n'aura aucun intérêt personnel à présenter un résultat plutôt qu'un autre dans son rapport. En d'autres termes, le vérificateur doit être impartial et faire preuve de scepticisme dans la vérification des états financiers, et il ne doit en aucun cas orienter les résultats d'une façon ou d'une autre.

Il n'est pas facile pour les vérificateurs de protéger leur indépendance parce qu'ils sont en affaires eux-mêmes et que leurs clients les paient pour leur travail de vérification. Théoriquement, l'indépendance du vérificateur est préservée, car il est nommé par les actionnaires et doit rendre compte de son travail de vérification à ces derniers, et non à la direction. Puisque les états financiers sont des rapports faisant état du rendement de la direction quant à sa capacité de gérer les ressources qui lui ont été confiées, on présume que le vérificateur agit dans l'intérêt des actionnaires en vérifiant les dires de la direction. Dans la pratique, cependant, les vérificateurs externes doivent travailler en étroite collaboration avec la direction du client. De plus, si cette relation ne plaît pas à la direction, cette dernière est en position de force pour recommander un changement de vérificateur. Dans ces circonstances, il est difficile de préserver son indépendance, et la situation se complique encore du fait que les cabinets d'experts-comptables offrent d'autres services, qui procurent des revenus parfois plus élevés que ceux provenant de la vérification.

Le second volet du rôle du vérificateur est d'exprimer une opinion éclairée sur les états financiers. Le dernier paragraphe du rapport du vérificateur contient à peu près ceci : « À mon avis, les états financiers présentent fidèlement la situation financière de la société et les résultats d'exploitation de cet exercice. » La fidélité est évaluée par rapport aux principes comptables généralement reconnus. Il s'agit d'une opinion, non d'une garantie, et il n'est pas mentionné si la performance de l'entreprise a été bonne ou mauvaise. Le vérificateur déclare simplement que la situation financière et les résultats ont été mesurés d'une manière qui est généralement acceptée et impartiale. Étant donné la complexité de la comptabilité, de la vérification et des affaires en général, l'opinion du vérificateur est essentiellement l'expression d'un jugement professionnel. Le vérificateur doit être compétent, mais il doit tenir compte de toutes sortes de facteurs pour déterminer si le résultat global est fidèle. Soucieux de la qualité de leur jugement, les cabinets d'experts-comptables nord-américains ont parrainé un grand nombre de recherches portant sur le jugement professionnel des vérificateurs.

La plupart des gens considérant qu'il n'est pas rentable qu'un vérificateur se préoccupe des nombreuses petites erreurs ou irrégularités qui peuvent avoir été commises au cours de l'exercice, celui-ci s'efforce de concentrer son attention sur les problèmes qui pourraient avoir une incidence significative sur les états financiers. C'est ce qu'on appelle le principe de l'« importance relative ». Habituellement, on n'attend pas du vérificateur qu'il consacre des ressources importantes à des problèmes secondaires. Par conséquent, le rapport du vérificateur contient une mention implicite indiquant que les états financiers sont fidèles en ce qui concerne les problèmes majeurs. Les vérificateurs ont demandé d'appliquer ce principe aux cas de fraude et de présentation trompeuse venant de la direction ou des employés, de sorte que seuls les cas de fraude ayant une incidence considérable sur l'information comptable globale soient relevés par les vérificateurs externes. Pour une grande société, dont le bénéfice net se chiffre à 100 millions de dollars ou plus, un cas de fraude suffisamment important pourrait atteindre les millions de dollars. En pratique, cependant, la plupart des sociétés clientes souhaitent que les vérificateurs externes les aident à protéger et à contrôler l'encaisse et les autres éléments d'actif susceptibles de faire l'objet de vol ou de détournement. Ainsi, les vérificateurs passent parfois bien plus de temps qu'ils ne le devraient à vérifier l'encaisse et d'autres éléments d'actif du même genre, compte tenu de la taille de ces éléments d'actif dans les états financiers.

8.9   NORMES DE VÉRIFICATION GÉNÉRALEMENT RECONNUES (NVGR)

En Amérique du Nord, la plupart des normes de vérification sont déterminées par les comités des normes de vérification des deux organismes professionnels les plus en vue : l'Institut Canadien des Comptables Agréés et l'American Institute of Certified Public Accountants. Ces normes constituent des avis professionnels et des lignes directrices pour les vérificateurs. Elles n'ont pas la force légale des normes comptables décrites dans le chapitre 5. Cependant, les vérificateurs ont l'obligation de mentionner dans leurs rapports que la vérification a été effectuée conformément aux NVGR et, par conséquent, la conformité avec ces normes professionnelles est devenue presque tout aussi obligatoire pour les vérificateurs que les PCGR pour les entreprises.

Les normes de vérification couvrent quatre grands secteurs. Premièrement, une grande attention est portée aux « normes relatives au rapport » qui déterminent la façon dont le rapport du vérificateur doit être rédigé, présentent une formulation type et suggèrent différentes manières de formuler des restrictions en fonction des divers types de problèmes que rencontre le vérificateur. À travers ces normes relatives au rapport, l'accent est mis sur le rôle du vérificateur en tant que professionnel exprimant une opinion.

Deuxièmement, certaines normes portent sur la façon dont le vérificateur doit mener sa vérification des livres et des états financiers. On s'attend à ce que le vérificateur s'en remette aux systèmes de tenue des livres et de contrôle de l'entreprise parce qu'il serait trop coûteux de vérifier chaque opération. Cependant, le vérificateur doit tester ces systèmes pour s'assurer qu'ils sont fiables. L'un des procédés permettant d'effectuer ces tests consiste à prélever un échantillon de transactions dans le système et à déterminer si elles ont été traitées d'une façon qui respecte les politiques officielles de l'entreprise. Dans le même ordre d'idées, en examinant les chiffres réels présentés dans les états financiers, le vérificateur est en droit de vérifier les éléments probants plutôt que de vérifier chaque document. Ces tests doivent être conçus de façon à assurer la vérification de la validité des comptes vérifiés. Pour tous ces tests de « conformité » et de « corroboration », on s'attend à ce que le vérificateur applique des principes d'évaluation valables des éléments probants ainsi que des méthodes statistiques appropriées. Les normes de vérification fournissent d'ailleurs des directives détaillées dans ce domaine.

Troisièmement, les normes de vérification fournissent des directives sur la façon dont le vérificateur doit effectuer des mandats spéciaux de vérification ou des mandats dont l'étendue de la vérification est relativement restreinte. Puisque les vérificateurs peuvent être appelés à fournir divers services, et que certains de ces services peuvent être considérés à tort comme de véritables vérifications externes, ils doivent faire preuve d'une grande prudence lorsqu'ils acceptent d'autres missions que les tâches de vérification. Dans ces circonstances, ils doivent au moins respecter les normes minimales de compilation des éléments probants et de test.

Quatrièmement, les normes de vérification offrent, avec l'information publiée par les cabinets d'experts-comptables, des directives détaillées concernant la vérification de comptes ou de systèmes particuliers. Par exemple, dans le cas où le vérificateur est supposé contrôler les comptes relatifs aux comptes clients non recouvrés en communiquant avec les débiteurs en cause, les normes de vérification fournissent des conseils précis sur la façon d'établir la communication avec ces personnes et d'éviter d'être trompé. On pourrait également citer l'exemple d'un vérificateur qui a pour mission d'inspecter les biens physiques d'un client de façon à s'assurer de leur existence sans toutefois se contenter de preuves documentaires pour le faire. Dans ce cas, les vérificateurs peuvent se référer aux directives fournies quant à la manière d'effectuer ce genre d'observation physique.

8.10 RAPPORT DU VÉRIFICATEUR EXTERNE

Voici des commentaires tirés d'une publication de l'Institut Canadien des Comptables Agréés sur le rapport du vérificateur et les notions importantes qu'il contient.

Le rapport du vérificateur

Accroît la crédibilité des états financiers

LE VÉRIFICATEUR A LA RESPONSABILITÉ de donner une opinion sur les états financiers par suite d'une vérification effectuée conformément aux normes de vérification généralement reconnues. Ces normes, qui ont été élaborées au fil du temps, continuent d'évoluer en fonction des changements qui marquent le monde des affaires. Elles doivent être appliquées par tous les vérificateurs dans l'exécution des missions qui leur sont confiées.

Le vérificateur fait appel à son jugement professionnel et met en œuvre toutes ses compétences lors de la vérification des états financiers. Il est indépendant de la direction et du conseil d'administration et, à ce titre, il est en mesure d'évaluer avec objectivité les principes comptables utilisés, ainsi que les estimations et autres décisions de la direction, tels qu'ils sont reflétés dans les états financiers. Au terme de sa mission, il délivre un rapport du vérificateur qui a pour effet d'accroître la crédibilité des assertions de la direction.

Le présent dépliant vous présente le nouveau libellé du rapport que délivre normalement le vérificateur, sauf dans les cas où il ne peut exprimer une opinion sans restriction suivant le libellé type.

Voici quelques exemples de rapports du vérificateur autres que le rapport type :

Opinion avec réserve – le vérificateur exprime une opinion favorable à l'égard des états financiers pris dans leur ensemble, mais nuance son opinion par suite d'une dérogation aux principes comptables généralement reconnus ou d'une limitation de son travail de vérification.

Opinion défavorable – le vérificateur exprime l'avis que les états financiers pris dans leur ensemble ne présentent pas fidèlement la situation selon les principes comptables généralement reconnus.

Récusation – le vérificateur n'est pas en mesure d'exprimer une opinion sur les états financiers par suite d'une limitation de son travail de vérification.

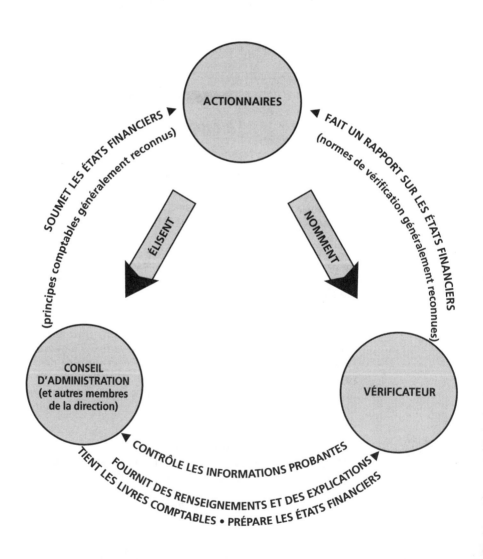

Rapport du vérificateur

Aux actionnaires de ....

J'ai vérifié le bilan de .... au .... 19...... et les états des résultats, des bénéfices non répartis et de l'évolution de la situation financière de l'exercice terminé à cette date. La responsabilité de ces états financiers incombe à la direction de la société. Ma responsabilité consiste à exprimer une opinion sur ces états financiers en me fondant sur ma vérification.

Ma vérification a été effectuée conformément aux normes de vérification généralement reconnues. Ces normes exigent que la vérification soit planifiée et exécutée de manière à fournir un degré raisonnable de certitude quant à l'absence d'inexactitudes importantes dans les états financiers. La vérification comprend le contrôle par sondages des informations probantes à l'appui des montants et des autres éléments d'information fournis dans les états financiers. Elle comprend également l'évaluation des principes comptables suivis et des estimations importantes faites par la direction, ainsi qu'une appréciation de la présentation d'ensemble des états financiers.

À mon avis, ces états financiers présentent fidèlement, à tous égards importants, la situation financière de la société au .... 19......, ainsi que les résultats de son exploitation et l'évolution de sa situation financière pour l'exercice terminé à cette date selon les principes comptables généralement reconnus.

Lieu	(signature)..
Date	COMPTABLE AGRÉÉ

Éléments du rapport du vérificateur

Titre et destinataires
Le titre est « Rapport du vérificateur ». Les destinataires sont généralement les actionnaires.

Paragraphe d'introduction
Le paragraphe d'introduction énumère les états financiers qui ont fait l'objet de la vérification. On y précise que la responsabilité des états financiers incombe à la direction de l'entité et que le vérificateur a la responsabilité d'exprimer une opinion sur les états financiers.

Paragraphe de délimitation
Le paragraphe de délimitation décrit la nature et l'étendue du travail du vérificateur, ainsi que le degré de certitude qui est exprimé. Il renvoie aux normes de vérification généralement reconnues et présente quelques procédés importants mis en œuvre par le vérificateur.

Paragraphe d'énoncé d'opinion

Le paragraphe d'énoncé d'opinion exprime la conclusion à laquelle le vérificateur est parvenu au terme de son travail de vérification effectué conformément aux normes de vérification généralement reconnues.

Signature

Le nom du vérificateur apparaît souvent sous la forme d'une signature. Le vérificateur peut être un praticien exerçant seul ou une société de personnes.

Lieu et date

Le vérificateur indique l'emplacement de son bureau au Canada et déclare ainsi implicitement que les normes de vérification et les principes comptables appliqués renvoient au contexte canadien. La date indiquée est la date jusqu'à laquelle le vérificateur a réuni des informations probantes pour étayer l'opinion qu'il exprime dans son rapport.

Quelques notions importantes

« degré raisonnable de certitude »

Il ne serait pas efficient que le vérificateur examine toutes les informations probantes à l'appui des montants et des autres éléments d'information fournis dans les états financiers. Le vérificateur acquiert par son travail un degré *raisonnable* de certitude, non une certitude absolue. Il détermine, à la lumière de son jugement professionnel et de sa compétence, quelles informations il doit soumettre à des contrôles, et quand et comment il doit le faire, conformément aux normes de vérification généralement reconnues.

« inexactitude importante »

Par *inexactitude importante*, on entend une inexactitude qui aurait comme conséquence d'influencer la décision d'une personne (le lecteur) possédant une connaissance raisonnable du monde des affaires et de l'économie. Les inexactitudes résultent des dérogations aux principes comptables généralement reconnus et englobent toute présentation erronée de faits, toute détermination inadéquate d'une estimation comptable et toute omission d'informations nécessaires.

«[La vérification] comprend également l'évaluation des principes comptables suivis et des estimations importantes faites par la direction, ainsi qu'une appréciation de la présentation d'ensemble des états financiers. »

La vérification appelle l'exercice du jugement professionnel. Le vérificateur a la formation requise pour comprendre les principes comptables, évaluer les estimations qui ont une incidence sur les états financiers et examiner les états financiers dans leur ensemble. Le vérificateur doit connaître les activités de l'entité ainsi que l'environnement dans lequel celle-ci exerce ses activités.

« À mon avis »

Le rapport du vérificateur n'est pas un énoncé factuel. Il exprime l'opinion objective d'un expert.

« présentent fidèlement » et « selon les principes comptables généralement reconnus »

Ces deux membres de phrase sont liés dans le rapport du vérificateur. Ensemble, ils expriment le message essentiel suivant lequel les états financiers présentent fidèlement la situation par rapport à la norme que constituent les principes comptables généralement reconnus.

« à tous égards importants »

Cette expression met l'accent sur la notion d'importance abordée plus haut.

Institut Canadien des Comptables agréés, extraits de « Le nouveau rapport du vérificateur », Toronto, ICCA, 1990.

OÙ EN ÊTES-VOUS ? Voici deux questions auxquelles vous devriez pouvoir répondre à partir de ce que vous venez de lire :

1. Le rapport du vérificateur externe de la société Alcan Aluminium ltée fait référence aux « normes de vérification généralement reconnues ». Qu'entend-on par « NVGR » et pourquoi le vérificateur y fait-il référence ?

2. Le président d'une petite entreprise disait récemment : « Nous avons besoin d'un vérificateur externe pour vérifier nos états financiers afin de pouvoir en garantir l'exactitude à notre banque. » La société obtiendra-t-elle ce résultat si elle fait appel à un vérificateur ?

8.11 NATURE DES PROFESSIONS LIBÉRALES ET DÉONTOLOGIE PROFESSIONNELLE

Aujourd'hui, beaucoup de gens souhaiteraient exercer une profession libérale. Des magazines et des quotidiens connus ont publié des articles sur la façon d'y parvenir. Ils ont suscité des discussions au travail, dans les lieux publics et en famille. Un journal a même publié un article expliquant comment devenir un extra-terrestre professionnel ! Il existe cependant certains groupes dont les activités sont reconnues en tant que « professions libérales ». Aujourd'hui, c'est le cas, notamment, des médecins, des avocats, des ingénieurs, des architectes et des experts-comptables.

Pour faire partie de ces groupes, il faut avoir fait des études postsecondaires, reçu une formation additionnelle donnée par des praticiens et avoir réussi des examens professionnels. Chaque groupe possède un insigne ou, encore, est désigné par une appellation particulière qui sert à qualifier le travail de ses membres qui sont soumis à un code de déontologie professionnelle. Une autre caractéristique qui distingue les professions libérales des autres corps de métier est le monopole que détiennent les membres de chaque groupe dans leur domaine de compétence particulier. Les associations d'architectes, de médecins, d'avocats et les autres membres de professions libérales légalement reconnues ont le droit d'interdire aux autres personnes de se présenter comme membres et d'exercer dans ce domaine.

Les ordres provinciaux de comptables agréés peuvent prendre en charge la formation des étudiants dans leur province et les préparer à l'examen standardisé qui leur permettra de devenir des comptables agréés (CA). Actuellement, il existe deux autres groupes reconnus d'experts-comptables au Canada : ce sont les CGA (comptables généraux licenciés) et les CMA (comptables en management accrédités). Comme les CA, ces deux groupes ont des associations provinciales et nationales et, dans une certaine mesure, sont en concurrence avec les CA pour le recrutement de leur clientèle. Il existe parfois des conflits entre ces trois groupes, particulièrement en ce qui concerne le droit d'agir à titre de vérificateur externe. Les CA détiennent ce droit dans toutes les provinces, mais les droits des CMA et des CGA sont plus restreints. Les lois fédérales influent aussi sur le travail de ces groupes : par exemple, les banques doivent toujours être vérifiées par un CA. En général, plus la société est importante, plus il y a de probabilités que son vérificateur soit un CA.

Les comptables qui ne sont pas membres d'une association professionnelle accréditée ne jouissent pas des mêmes droits et privilèges que les membres de ces professions. Vous pouvez, comme votre ami pourrait également le faire, vous attribuer le titre de comptable. Il n'existe pas de dispositions interdisant à qui que ce soit de faire de la publicité dans les journaux, l'annuaire téléphonique ou dans d'autres publications pour attirer des clients. Cependant, si vous voulez vous présenter comme CA, CGA ou CMA, vous devez satisfaire à certaines exigences, car il s'agit d'appellations professionnelles protégées par des lois provinciales, comme c'est le cas pour les autres appellations professionnelles. Les experts-comptables professionnels disposent de certains droits, mais sont aussi soumis à certaines contraintes. Par exemple, la publicité doit se conformer à un certain nombre de règles.

Les droits accordés à une profession libérale viennent en retour de l'engagement pris par ses membres de respecter des normes de qualité et de déontologie dans leur travail. Tout membre d'une profession libérale est soumis à un code de déontologie qu'il doit respecter, et son appellation doit être apposée à son titre professionnel. Si un expert-comptable professionnel n'a pas respecté les normes de déontologie établies par la profession, il peut être réprimandé, expulsé de la profession ou poursuivi devant les tribunaux. Dans un autre pays, il y a quelques années, un cabinet d'experts-comptables a fait faillite à la suite d'une poursuite de plusieurs millions de dollars intentée en raison d'une erreur commise par un des membres du cabinet. L'importance des primes d'assurance de responsabilité civile est un bon indicateur des coûts élevés reliés au fait d'être membre d'une profession libérale. En somme, être membre d'un corps professionnel présente de nombreux avantages, y compris les services rendus à la société, le monopole dans un champ d'activité donné, le support de ses confrères, le prestige social et de bons revenus. Toutefois, on doit toujours tenir compte de la responsabilité sociale qui consiste à s'acquitter de ses fonctions dans le cadre des règles prescrites par les codes de déontologie. Les codes de déontologie exigent non seulement que le membre adopte un comportement professionnel, c'est-à-dire un comportement intègre et objectif, mais aussi qu'il maintienne ses compétences à un certain degré de façon à effectuer son travail avec habileté. Cela inclut une marche à suivre, souvent établie dans des documents comme le *Manuel de l'ICCA*, qui assure que le travail et le rendement du membre satisfont à des normes exigeantes et que le praticien exercera son jugement de façon avisée.

Il n'est pas surprenant que les utilisateurs de l'information comptable préfèrent une information crédible à une information qui l'est moins. Les professions comptables cherchent à la fois à répondre à cette demande et à améliorer la perception qu'ont les utilisateurs de leurs fonctions, lesquelles contribuent à fournir une information crédible. Entre autres choses, ils doivent :

1. Effectuer des vérifications externes objectives.

2. Mettre leurs compétences au service du public dans des domaines comme la comptabilité, la vérification, la fiscalité, l'informatique et les affaires en général.

3. Se soumettre à des codes rigoureux de déontologie professionnelle destinés à promouvoir des qualités comme la prudence et la diligence, la compétence, l'honnêteté et l'indépendance, et à pénaliser sévèrement ceux qui transgressent ces règles.

4. Agir à titre de conseillers professionnels auprès des organismes, à titre de conseillers externes auprès des personnes et des organismes, et fournir des commentaires d'expert sur des problèmes d'intérêt public (tels que la fiscalité et la finance).

La déontologie professionnelle fait partie de ce que la société attend des experts. On attend aussi d'eux qu'ils respectent la déontologie commerciale — les experts-comptables sont aussi des hommes d'affaires lorsqu'ils agissent à titre d'experts-comptables — et les normes générales de la société en matière de déontologie et de moralité. Les utilisateurs des états financiers devraient pouvoir se fier au professionnalisme et à la compétence de ceux qui publient l'information, et des vérificateurs de cette information.

8.12 IMPÔTS SUR LES BÉNÉFICES

On utilise souvent les états financiers pour évaluer les impôts sur les bénéfices. Dans chaque pays, province ou État qui perçoit des impôts, les lois fiscales spécifient comment on doit calculer les impôts, et les règles qui en découlent diffèrent sensiblement des principes comptables généralement reconnus. Cependant, les états financiers établis selon les PCGR, et particulièrement l'état des résultats, font partie des documents probants utilisés pour calculer les impôts. Ainsi, de nombreuses juridictions fiscales utilisent ces états comme point de départ pour calculer les impôts sur les bénéfices en procédant uniquement à des redressements, lorsque la loi le précise.

Il existe deux types de différences ou d'écarts entre la loi fiscale et les PCGR. Certains écarts sont « permanents » ; il se peut, par exemple, que certains produits inclus dans l'état des résultats ne soient pas imposables ou qu'une charge ne soit pas déductible dans le calcul de l'impôt. Par exemple, les dividendes provenant de filiales inclus dans le calcul du bénéfice net ne sont pas des revenus imposables. Les filiales ont déjà payé leurs impôts. D'autres écarts sont « temporaires » lorsque la loi fiscale et les PCGR permettent tous deux d'inclure un élément dans le bénéfice, mais que le moment de l'inclure diffère de façon provisoire. Par exemple, une société peut faire une estimation plus élevée de sa provision pour créances douteuses que ce qui est prévu par les règles fiscales. Toutefois, si elle doit subir effectivement les pertes prévues, celles-ci seront déduites des produits à ce moment-là. Ainsi, l'état des résultats de l'entreprise peut présenter une charge de créances douteuses dans un exercice, alors que la perte ne pourra être déduite du bénéfice imposable que l'année suivante par exemple, lorsque les comptes irrécouvrables seront radiés.

Les écarts temporaires donnent lieu à des « impôts reportés », qui sont censés refléter les effets des impôts se rapportant à différents exercices dans les états financiers. Il y a des impôts reportés lorsque la charge fiscale et les impôts à payer ne coïncident pas:

a) Selon les PCGR, il est recommandé de lier la *charge* fiscale des produits et des autres charges à l'état des résultats, qu'elle corresponde ou non au montant d'impôt qui devra être payé dans l'exercice, pourvu que cette charge soit payée (ou ait été payée) dans un autre exercice.

b) Les impôts *à payer* (qui devraient paraître dans le passif du bilan ou être déduits de l'encaisse s'ils ont été versés) dépendent du montant d'impôt à verser dans l'exercice établi selon la loi fiscale, même si l'état des résultats inclut le produit ou la charge dans un autre exercice.

Si le montant calculé au point *a* ne correspond pas au montant calculé au point *b*, l'inscription de la charge fiscale pose un problème. Le débit porté en charges se base sur *a*, tandis que le crédit porté au passif se base sur *b*, de sorte que le débit n'est pas égal au crédit. Le compte Impôts reportés permet de prendre l'écart temporaire en considération et de maintenir l'équilibre des comptes.

L'écart temporaire le plus fréquent provient de l'amortissement. La société a le droit de déterminer sa charge d'amortissement en utilisant une méthode adaptée de mesure de son bénéfice, pourvu que la méthode choisie fasse partie des PCGR. Toutefois, lorsqu'elle calcule ses impôts, la société doit suivre les règles fiscales relatives au calcul de l'amortissement. Au Canada, l'amortissement fiscal porte un autre nom: on parle de la **déduction pour amortissement** (DPA). Il se peut que la DPA et l'amortissement comptable permettent tous deux d'amortir le coût d'un bien dans les charges, mais que la charge imputée à titre d'amortissement soit différente. Cette différence est temporaire (elle durera aussi longtemps que le bien sera utilisé); il s'agit donc d'un écart temporaire.

Admettons qu'une société ne possède qu'une seule automobile dont le coût est de 30 000 $, qu'elle amortit, à des fins comptables, sur 10 ans à raison de 3 000 $ par année. La société estime qu'elle n'aura aucune valeur de récupération après dix ans. La DPA, à des fins fiscales, peut être calculée à partir d'une formule prévoyant un taux de 15 % pour le premier exercice et de 30 % du coût non amorti pour chacun des exercices suivants. Au Canada, on utilise habituellement la méthode de l'amortissement dégressif pour calculer la DPA. La DPA serait égale à 15 % de 30 000 $ pour le premier exercice, soit à 4 500 $; à 30 % de (30 000 $ − 4 500 $) pour le deuxième exercice, soit à 7 650 $; à 30 % de (30 000 $ −

4 500 $ – 7 650 $) pour le troisième exercice, soit à 5 355 $, et ainsi de suite. Pour le dixième exercice, la DPA correspondra au coût non amorti restant, en supposant que la société se débarrasse de l'automobile sans obtenir de contrepartie et que cette automobile soit la seule que possède la société. On obtiendra les écarts suivants :

Exercice	Amortissement	DPA	Écart
1	3 000 $	4 500 $	(1 500)$
2	3 000	7 650	(4 650)
3	3 000	5 355	(2 355)
4	3 000	3 749	(749)
5	3 000	2 624	376
6	3 000	1 837	1 163
7	3 000	1 286	1 714
8	3 000	900	2 100
9	3 000	630	2 370
10	3 000	1 469	1 531
	30 000 $	30 000 $	0 $

Vous pouvez constater que les écarts temporaires sont provisoires puisque, sur dix ans, l'amortissement et la DPA sont les mêmes que le coût d'origine de l'automobile. Cet exemple clair se complique toutefois en raison des modifications apportées aux lois fiscales, de l'achat de nouveaux biens, de la vente d'anciens biens qui ne sont pas complètement amortis et d'autres complications, mais la notion d'écart temporaire continue de s'appliquer.

Examinons maintenant un exemple de calcul d'impôts reportés dans lequel on trouve des écarts permanents et des écarts temporaires. Il s'agit du cas de la société Probec ltée, dont le taux d'imposition est de 38 %. Pour l'exercice 1994, elle présentait un bénéfice avant impôts de 120 000 $ dans son état des résultats. Ce montant incluait un produit non imposable de 4 000 $, une charge non déductible de 2 500 $ et une charge d'amortissement de 89 400 $. La déduction pour amortissement des biens amortissables de la société se chiffre à 114 700 $ pour cet exercice.

La charge fiscale de la société, qu'on a calculée afin qu'elle se rapproche des autres éléments de l'état des résultats, devrait correspondre à 38 % du bénéfice avant impôts présenté dans l'état des résultats, après qu'on a soustrait les écarts permanents. Elle devrait donc représenter 38 % de (120 000 $ – 4 000 $ + 2 500 $), soit 38 % de 118 500 $ = 45 030 $.

Les impôts de la société devraient se chiffrer à 38 % du bénéfice imposable, soit à 38 % de 118 500 $, plus la charge d'amortissement de 89 400 $ non autorisée à des fins fiscales, moins 114 700 $ de déduction pour amortissement, soit à 38 % de 93 200 $ ou 35 416 $.

Les impôts reportés de l'exercice devraient correspondre à 38 % de la différence entre le bénéfice présenté dans l'état des résultats, redressé pour tenir compte des écarts permanents, et le bénéfice imposable qui correspond à 38 % de 118 500 $ moins 93 200 $, soit 38 % de 25 300 $ ou 9 614 $. Remarquez que l'écart de 25 300 $ est égal à la différence entre l'amortissement et la DPA, les seuls éléments qui diffèrent de façon temporaire au cours de l'exercice. La société journalise l'écriture suivante pour inscrire la charge fiscale :

Dt Charge fiscale [1]	45 030	
Ct Impôts à payer		35 416
Ct Impôts reportés	9 614	

[1] Charge fiscale de l'exercice = 35 416 $, charge fiscale reportée = 9 614 $

La somme de la charge fiscale de l'exercice et de la charge reportée se monte à 45 030 $, ce qui correspond à la charge fiscale telle qu'elle a été calculée antérieurement pour être rapprochée des autres éléments de l'état des résultats. Les impôts à payer devraient constituer un passif à court terme, car les gouvernements tiennent à être payés rapidement. Les impôts reportés, dans ce cas, sont un passif à long terme, car plusieurs années s'écoulent habituellement avant que les écarts temporaires ne changent de signe. Dans notre exemple, cette situation ne se produit qu'au cinquième exercice. Lorsque l'écart change de signe, la partie de la charge fiscale reportée devient un crédit. On porte alors un débit au passif d'impôts reportés qui commence donc à diminuer.

La comptabilisation des impôts reportés est une question controversée pour plusieurs raisons. En effet, le passif d'impôts reportés ne sera finalement réduit à zéro que si la société n'achète pas de nouveaux biens qui contribueront à augmenter les écarts temporaires (comme cela se produit lorsque les sociétés prennent de l'expansion ou lorsque les prix des nouveaux biens augmentent en raison de l'inflation), et si le taux d'imposition qui a servi à calculer le passif est appliqué lors de sa diminution. On se demande aussi si le passif d'impôts reportés constitue réellement un passif parce qu'en réalité il n'est dû à personne. En effet, on verse aux gouvernements les montants d'impôts à payer, et c'est tout ce qu'ils exigent. Le passif d'impôts reportés est une conséquence de la volonté de la comptabilité d'exercice de rapprocher les produits des charges plutôt que d'estimer une dette. Mais, puisque le passif d'impôts reportés présente généralement un solde créditeur, il finit dans la section du passif du bilan, habituellement juste au-dessus de la section des capitaux propres, parce que ce compte diffère des autres éléments de passif.

OÙ EN ÉTES-VOUS ? Voici deux questions auxquelles vous devriez pouvoir répondre à partir de ce que vous venez de lire :

1. Pourquoi les experts-comptables doivent-ils se soumettre à des codes de déontologie, et que cela change-t-il aux yeux de ceux qui font appel à leurs services ?

2. Pour son dernier exercice, la société Closse ltée devait un montant d'impôts de 32 118 $ mais, si vous appliquez son taux d'imposition au « bénéfice avant impôts » présenté dans l'état des résultats, vous obtenez 43 786 $. Il n'existe pas d'écarts permanents entre le calcul du bénéfice comptable et celui du bénéfice imposable. Quelle a été la charge fiscale de la société pour cet exercice et quelle est, le cas échéant, la fraction de la charge d'impôts qui a été reportée ? (43 786 $; 11 668 $)

Vous avez maintenant une idée des effets du système fiscal sur les états financiers. L'objectif était d'illustrer ces effets de façon à introduire un élément important des états financiers. La charge fiscale constitue souvent une charge importante, et le passif d'impôts reportés représente souvent un montant considérable du passif. Les autres formes d'impôts, comme les taxes de vente et les droits d'accise, peuvent aussi avoir une incidence sur les états financiers, mais les effets les plus visibles et les plus significatifs sont ceux de l'impôt sur les bénéfices.

8.13 NOTE SUR LA COMPTABILITÉ DES ORGANISMES DU SECTEUR PUBLIC ET DES ORGANISMES SANS BUT LUCRATIF

Nous mettons principalement l'accent, dans cet ouvrage, sur les entreprises commerciales parce que nous jugeons que la complexité de ces organismes est suffisante pour une introduction aux états financiers. Toutefois, de nombreux autres types d'organismes produisent des états financiers et, comme leur structure se justifie par des raisons bien précises, leur comptabilité doit s'adapter aux particularités d'ordre juridique, institutionnel ou financier qui leur sont propres. Les organismes du secteur public et les organismes sans but lucratif constituent deux types courants d'organismes non commerciaux. Nous expliquons ci-dessous ce qui les distingue des entreprises commerciales.

Organismes du secteur public (gouvernementaux)

Les organismes du secteur public représentent la population, mais ils n'ont pas de propriétaires. De plus, ils n'ont pas été créés dans le but d'engendrer des bénéfices ou de protéger des bénéfices non répartis. Par conséquent, les états financiers des organismes du secteur public diffèrent de ceux des entreprises commerciales de bien des façons, notamment :

• Ils ne comprennent pas de section Capitaux propres. Habituellement, ils présentent uniquement un « solde des fonds » qui indique la valeur de l'actif moins le passif.
• Ils ne présentent pas d'état des résultats mais plutôt un état des recettes et dépenses dans lequel on trouve certains comptes de la comptabilité d'exercice relatifs aux comptes à payer et aux comptes à recevoir à court terme, et d'autres comptes liés aux budgets autorisés et correspondant à d'autres règlements édictés par les corps législatifs.
• Ils ne tiennent pas compte d'amortissement, ou ils en tiennent très peu compte, parce que la mesure du bénéfice ne constitue pas un de leurs objectifs.
• Ils omettent les provisions relatives à leurs obligations à long terme, telles que les régimes de retraite des fonctionnaires et des contribuables. Il semble que les gouvernements s'attendent à régler leur coût au moyen des recettes fiscales futures.
• Ils n'effectuent pas de consolidation parce que divers fonds spéciaux nécessitent une comptabilisation distincte et le contrôle du législateur.

Organismes sans but lucratif

Parmi les organismes sans but lucratif, on trouve une grande quantité d'organismes comme les clubs privés, les organismes humanitaires tels que la Croix-Rouge, les équipes sportives, les universités, les partis politiques, les centres de recherche, les mouvements de scoutisme, les églises et les syndicats. Les membres de ces organismes n'en sont pas propriétaires au même titre que les propriétaires d'une entreprise, et ils ne détiennent pas de droit de participation à l'actif net (actif moins passif). Ils ne visent pas non plus à réaliser des profits parce que la plupart de ces organismes sont créés dans le but de rendre un service particulier ou à d'autres fins. Certaines des méthodes comptables utilisées par ces organismes s'apparentent à celles qu'utilisent les organismes du secteur public, mais de nombreuses entités de ce genre, spécialement celles qui se rapprochent des entreprises commerciales, appliquent fidèlement la méthode de la comptabilité d'exercice, y compris le calcul de l'amortissement. Les états financiers sont habituellement assez simples parce qu'ils sont dressés par des bénévoles à l'usage des membres dont les connaissances en comptabilité ne sont pas très poussées.

On essaie actuellement de faire en sorte que la comptabilité de ces organismes soit, autant que possible, soumise à la même structure de PCGR que celle qui s'applique aux entreprises commerciales. Dans le *Manuel de l'ICCA*, comme nous l'avons indiqué à la section 5.2 du chapitre 5, il est prévu que les PCGR s'appliquent à ces organismes. Pour donner un exemple de comptabilisation des organismes sans but lucratif, nous reproduisons ici les états financiers de la division québécoise de la Société canadienne du cancer pour l'exercice 1994. Vous constaterez qu'il existe des ressemblances et des différences entre ces états financiers et ceux des entreprises commerciales auxquelles cet ouvrage a fait référence jusqu'ici. Par exemple, les états financiers sont destinés à montrer d'où provient l'argent dont dispose la société au cours de l'exercice et comment il a été utilisé. On peut présumer que le but des membres de cet organisme n'est pas centré sur le bénéfice « de la dernière ligne » ; ces personnes veulent plutôt s'assurer que l'organisme est géré d'une façon financièrement responsable et efficace. Voici quelques-unes des particularités que l'on relève :

Ressemblances avec les états financiers des entreprises commerciales	Différences avec les états financiers des entreprises commerciales
a) Postes semblables pour l'actif et le passif ; b) États financiers comparatifs ; c) Notes complémentaires détaillées, annexées aux états financiers ; d) Rapport du vérificateur.	a) Pas de section des capitaux propres (mais plutôt solde de la valeur nette) ; b) Présentation des revenus, mais pas des produits ; c) Présentation des dépenses, mais pas des charges ; d) Pas de présentation du bénéfice net, mais présentation de « l'excédent des revenus sur les dépenses » ; e) Pas d'état de l'évolution de la situation financière.

Lorsque vous examinerez ces états financiers, demandez-vous si cette forme de présentation est plus informative que celle des états financiers des entreprises auxquels vous êtes habitués. Ces états financiers sont compliqués, n'est-ce pas ?

RAPPORT DE LA DIRECTION*

À tous les membres de la Société canadienne du cancer, division du Québec

Les états financiers ont été dressés conformément aux principes comptables généralement reconnus et sont réputés refléter fidèlement la situation financière de la Société canadienne du cancer, division du Québec.

La direction s'appuie sur un système de contrôle interne propre à la Société canadienne du cancer qui a été établi afin d'assurer un degré raisonnable de certitude que l'actif est bien protégé et que les registres comptables sont tenus avec rigueur.

Le Comité de finances rencontre périodiquement la direction et les experts comptables indépendants afin de s'assurer que chaque partie remplit bien ses fonctions et se conforme aux principes et aux pratiques comptables reconnus.

De plus, il fait régulièrement rapport sur la situation financière au Comité exécutif qui a pris connaissance des états financiers et approuve le contenu de ce rapport annuel.

La directrice générale,

Nicole Magnan

Nicole Magnan, M.A.P.

---

* Les documents présentés aux pages 333 à 338 sont reproduits avec l'autorisation de la Société canadienne du cancer, division du Québec.

**RAPPORT FINANCIER
ÉTAT DES RÉSULTATS ET DE LA VALEUR NETTE
DE L'EXERCICE TERMINÉ LE 30 SEPTEMBRE 1994**

	1994	1993
Revenus		
Campagne	2 792 221 $	2 993 338 $
Jour de la Jonquille	783 950	750 434
Part des dons nationaux	19 244	22 462
Dons « In Memoriam »	1 183 722	1 154 129
Dons « En Honneur »	8 566	—
Fonds de legs spéciaux	2 236 666	962 034
Dons d'assurance-vie	5 137	—
Placements	20 165	1 851
Hébergement — Maison d'hébergement	212 005	109 919
Campagne spéciale de souscription —		
Maison d'hébergement	771 334	463 805
	8 033 010	6 457 972
Dépenses		
Contributions nationales		
L'Institut national du cancer du Canada	2 938 479	2 754 848
Programme national	390 780	344 356
Programme d'éducation — annexe 1	1 025 952	1 019 089
Services aux personnes atteintes de cancer		
et à leur famille — annexe 1	983 271	933 225
Frais généraux — annexe 2	481 973	498 308
Coût des campagnes de souscription		
— annexe 2	593 529	587 782
Amortissement des frais reportés —		
Maison d'hébergement (note 3)	1 461 334	463 805
	7 875 318	6 601 413
Excédent des revenus (dépenses)	157 692	(143 441)
Valeur nette (déficit) au début	(33 428)	110 013
Valeur nette (déficit) à la fin	124 264 $	(33 428) $

BILAN AU 30 SEPTEMBRE 1994

	1994	1993
Actif		
Encaisse	267 348 $	217 821 $
Débiteurs	172 439	179 212
Avances aux sections	88 575	82 340
Frais payés d'avance	15 635	32 609
Frais reportés		
— Maison d'hébergement (note 3)	866 618	2 164 321
	1 410 615 $	2 676 303 $
Passif		
Créditeurs et charges à payer	70 301 $	164 281 $
Somme due au National	716 050	845 450
Dette — Maison d'hébergement (note 4)	500 000	1 700 000
	1 286 351	2 709 731
Valeur nette (déficit)	124 264	(33 428)
	1 410 615 $	2 676 303 $

Au nom du conseil

_____, France Bouchard administrateur

_____, Michel B. Paré administrateur

RAPPORT DES VÉRIFICATEURS

Aux membres du conseil d'administration de la Société canadienne du cancer
Division du Québec

Nous avons vérifié le bilan de la Société canadienne du cancer, Division du
Québec au 30 septembre 1994 et l'état des résultats et de la valeur nette de
l'exercice terminé à cette date. La responsabilité de ces états financiers incombe à
la direction de l'organisme. Notre responsabilité consiste à exprimer une opinion
sur ces états financiers en nous fondant sur notre vérification.

À l'exception de ce qui est mentionné dans le paragraphe ci-dessous, notre vérification a été effectuée conformément aux normes de vérification généralement
reconnues. Ces normes exigent que la vérification soit planifiée et exécutée de
manière à fournir un degré raisonnable de certitude quant à l'absence d'inexactitudes importantes dans les états financiers. La vérification comprend le contrôle
par sondages des éléments probants à l'appui des montants et des autres éléments d'information fournis dans les états financiers. Elle comprend également
l'évaluation des principes comptables suivis et des estimations importantes faites
par la direction, ainsi qu'une appréciation de la présentation d'ensemble des
états financiers.

Comme c'est le cas dans de nombreux organismes de bienfaisance, l'organisme tire des revenus de dons en espèces pour lesquels il n'est pas possible de
vérifier de façon satisfaisante s'ils ont tous été comptabilisés. Par conséquent,
notre vérification de ces revenus s'est limitée aux montants comptabilisés dans les
livres de l'organisme et nous n'avons pu déterminer si certains redressements
auraient dû être apportés aux montants des dons reçus, de l'excédent des
revenus, de l'actif et de la valeur nette.

À notre avis, à l'exception de l'effet des éventuels redressements que nous aurions pu juger nécessaires si nous avions été en mesure de vérifier si les revenus
mentionnés au paragraphe précédent ont tous été comptabilisés, ces états
financiers présentent fidèlement, à tous égards importants, la situation financière de l'organisme au 30 septembre 1994 ainsi que les résultats de ses activités
pour l'exercice terminé à cette date selon les principes comptables généralement
reconnus.

Samson Bélair
Deloitte + Touche

Comptables agréés
Le 8 novembre 1994

NOTES COMPLÉMENTAIRES
DE L'EXERCICE TERMINÉ LE 30 SEPTEMBRE 1994

1. Constitution et nature des activités
L'organisme, constitué en vertu de la deuxième partie de la Loi sur les corporations canadiennes, consacre ses énergies à lutter contre le cancer en diffusant de l'information au grand public, en finançant la recherche et en fournissant une assistance aux personnes atteintes du cancer.

2. Conventions comptables
Les états financiers ont été dressés selon les principes comptables généralement reconnus et tiennent compte des principales conventions comptables suivantes :

Revenus
Les revenus de dons et de legs sont constatés au moment où ils sont reçus.

Dépenses
Les dépenses sont inscrites aux livres selon le secteur d'activité qui en bénéficie. Certaines dépenses couvrent plus d'un secteur d'activité et sont réparties proportionnellement selon le manuel de gestion financière de l'organisme.

Immobilisations
Le coût d'acquisition des immobilisations est imputé à l'état des résultats à l'exception du coût d'acquisition historique et des coûts attribuables à la Maison d'hébergement, dont le financement est effectué à même une campagne spéciale de souscription. Ces coûts sont présentés comme frais reportés et sont imputés aux résultats au fur et à mesure que les fonds tirés de la campagne spéciale de souscription sont encaissés. De plus, la direction peut décider d'imputer aux résultats un montant additionnel.

3. Frais reportés — Maison d'hébergement

	1994	1993
Solde au début	2 164 321 $	2 503 243 $
Coût de la campagne spéciale de souscription et frais financiers de 61 507 $ (102 617 $ en 1993)	163 631	124 883
	2 327 952	2 628 126
Imputation aux résultats — en fonction des revenus de la campagne spéciale de souscription	771 334	463 805
— additionnelle	690 000	—
	1 461 334	463 805
Solde à la fin	866 618 $	2 164 321 $

4. Dette — Maison d'hébergement

Frais reportés — Maison d'hébergement	866 618 $	2 164 321 $
Tranche financée à même		
les liquidités de la société	366 618 $	464 321 $
Dette — Maison d'hébergement	500 000 $	1 700 000 $
Composée de		
Emprunt, taux préférentiel, remboursable		
par versements annuels d'au moins		
200 000 $, échéant en novembre 2002	500 000 $	1 700 000 $

5. Engagements

L'organisme est lié par des contrats de location de locaux administratifs représentant des engagements de 176 330 $ répartis comme suit :

1995	62 537 $
1996	40 308
1997	35 631
1998	28 144
1999	9 710

6. Autre information

L'organisme est propriétaire d'un immeuble sis au 5151, boulevard l'Assomption à Montréal (Québec) dont la valeur municipale est d'environ 3,9 millions de dollars.

◆   **8.14   CAS À SUIVRE...**   ◆

Huitième partie

Données de la huitième partie
◆ ◆ ◆ ◆ ◆ ◆ ◆ ◆ ◆ ◆ ◆ ◆ ◆ ◆ ◆ ◆ ◆ ◆ ◆

Le 28 février 1994, la balance de vérification après redressements de la société Mado inc., dressée à la fin de la septième partie, se présentait comme suit (les crédits sont entre parenthèses) :

Encaisse	6 418	Produits reportés (passif)	(500)
Clients	15 671	Capital-actions	(125 000)
Provision pour créances		Produits	(229 387)
douteuses	(1 542)	Coût des marchandises vendues	138 767
Stock	33 612	Créances douteuses	2 436
Assurance payée d'avance	525	Salaire — Mado	0
Automobile	10 000	Salaire — Thomas	0
Amortissement cumulé		Salaires — Autres	0
— Automobile	(2 000)	Salaires (charge)	67 480
Améliorations locatives	63 964	Frais de déplacement	9 477
Amortissement cumulé		Téléphone	4 014
— Améliorations locatives	(12 792)	Loyer	24 000
Matériel et mobilier	32 390	Services publics	3 585
Amortissement cumulé		Frais généraux de bureau	5 688
— Matériel	(2 364)	Intérêts débiteurs	6 469
Ordinateur	14 900	Écart d'inventaire négatif (charge)	441
Amortissement cumulé		Amortissement — Automobile	2 000
— Ordinateur	(2 980)	Amortissement	
Logiciels	4 800	— Améliorations locatives	12 792
Amortissement cumulé		Amortissement — Matériel	2 364
— Logiciels	(960)	Amortissement — Ordinateur	2 980
Frais de constitution	1 100	Amortissement — Logiciels	960
Emprunt bancaire	(47 500)		
Fournisseurs	(37 166)		
Retenues à la source à payer	(2 284)		
Salaires à payer	(2 358)		
Emprunt à payer	0		
	71 434		(71 434)

Résultats de la huitième partie
◆ ◆ ◆ ◆ ◆ ◆ ◆ ◆ ◆ ◆ ◆ ◆ ◆ ◆ ◆ ◆ ◆ ◆ ◆

Avec l'aide de l'expert-comptable, Thomas a dressé les états financiers suivants pour le premier exercice de l'entreprise.

Les résultats de l'exercice sont encore négatifs : il y a une perte de 54 066 $ et une diminution de l'encaisse de 171 082 $. Cependant, on constate une réelle amélioration par rapport aux résultats des six premiers mois. La perte (dans la troisième partie) était de 49 378 $, de sorte que la perte additionnelle de 4 688 $ pour les six derniers mois est relativement peu élevée. La diminution de l'encaisse pour les six premiers mois (quatrième partie) se montait à 200 493 $. Il y a donc eu un apport d'encaisse

◆ ◆ ◆

de 29 411 $ au cours des six derniers mois. Le fonds de roulement à la fin du mois d'août (troisième partie) était négatif et s'élevait à 38 772 $ (96 844 $ – 135 616 $). Au 28 février 1994, il est toujours négatif (mais un peu moins) et se monte à 35 124 $ (54 084 $ – 89 808 $).

Mado inc.
Résultats pour l'exercice clos le 28 février 1994

Produits		229 387 $
Coût des marchandises vendues		138 767
Marge bénéficiaire brute		90 620 $
Charges d'exploitation :		
Créances douteuses	2 436 $	
Salaires	67 480	
Déplacements	9 477	
Téléphone	4 014	
Loyer	24 000	
Services publics	3 585	
Frais généraux de bureau	5 688	
Écart d'inventaire négatif	441	
Intérêts	6 469	
Amortissement	21 096	144 686
Perte nette de l'exercice (sans impôts)		(54 066) $
Bénéfices non répartis, au 1er mars 1993		0
Perte nette au 28 février 1994		(54 066) $

Mado inc.
Bilan comparatif au 28 février 1994 et au 1er mars 1993

Actif	1994	1993	Passif et capitaux propres	1994	1993
Actif à court terme :			Passif à court terme :		
Encaisse	6 418 $	130 000 $	Emprunt bancaire	47 500 $	0 $
Clients (nets)	14 129	0	Fournisseurs	41 808	1 100
Stock	33 612	0	Emprunt à payer	0	15 000
Charges payées			Produits reportés	500	0
d'avance	525	0		89 808 $	16 100 $
	54 684 $	130 000 $			
Actif à long terme :			Capitaux propres :		
Matériel	57 290 $	10 000 $	Capital-actions	125 000 $	125 000 $
Amortissement			Perte	(54 066)	0
cumulé	(7 344)	0		70 934 $	125 000 $
Améliorations					
locatives (nettes)	51 172	0			
Logiciels (nets)	3 840	0			
Frais de					
constitution	1 100	1 100			
	106 058 $	11 100 $			
Total	160 742 $	141 100 $	**Total**	160 742 $	141 100 $

◆ ◆ ◆

Mado inc.
Évolution de la situation financière
pour l'exercice clos le 28 février 1994

Activités d'exploitation :		
Perte nette de l'exercice		(54 066)$
Plus : Amortissement de l'exercice		21 096
		(32 970)$
Variations des comptes du fonds de roulement		
sans incidence sur les liquidités :		
Augmentation des comptes clients	(14 129)$	
Augmentation du stock	(33 612)	
Augmentation des charges payées d'avance	(525)	
Augmentation des comptes fournisseurs	40 708	
Diminution de l'emprunt à payer	(15 000)	
Augmentation des produits reportés	500	(22 058)
Liquidités utilisées dans les activités d'exploitation		(55 028)$
Activités d'investissement :		
Achat de matériel, de logiciels et améliorations locatives		(116 054)
Diminution des liquidités au cours de l'exercice		(171 082)$
Liquidités au 1er mars 1993		130 000
Liquidités au 28 février 1994		(41 082)$
Encaisse au 28 février 1994		6 418$
Emprunt bancaire remboursable sur demande		(47 500)
Liquidités au 28 février 1994		(41 082)$

Une analyse plus poussée des résultats de la société sera effectuée dans la neuvième partie.

◆

8.15 RÉFLEXIONS ET TRAVAUX PROPOSÉS POUR AMÉLIORER LA COMPRÉHENSION

Problème 8.1* 1. Décrivez brièvement deux importantes conséquences de la théorie du marché des capitaux sur l'utilisation de l'information comptable.

2. Décrivez brièvement deux importantes conséquences de la théorie de la délégation sur l'utilisation de l'information comptable.

Problème 8.2 Choisissez une grande société très connue qui vous intéresse et répondez aux questions suivantes :

1. Quels sont les marchés des capitaux qui risquent d'être importants pour cette société ?

2. Supposons que ces marchés des capitaux soient efficients et qu'une information importante et imprévue concernant la société soit publiée. Que devrait-il se produire ? Serait-ce différent si les marchés avaient prévu cette nouvelle ?
3. Nommez certains liens contractuels explicites, implicites ou même fortuits qui existent entre la société et des parties à l'intérieur de la société ou à l'extérieur de celle-ci et qui ont probablement une incidence importante sur la réussite de l'entreprise.

Problème 8.3   Le président d'une société ouverte a récemment fait la déclaration suivante :

> Notre vérificateur déclare que nos états financiers décrivent fidèlement notre situation financière et les résultats de notre exploitation. Je lui ai demandé de m'expliquer comment il détermine la fidélité. Il m'a répondu que des états financiers fidèles ne contiennent pas d'inexactitudes portant sur des montants importants, c'est-à-dire significatifs.
> Je pense que ce principe de l'importance relative prête à confusion, car les utilisateurs de nos états financiers peuvent avoir des idées divergentes au sujet de ce qui est important. Par exemple, les banquiers, les investisseurs institutionnels, les petits investisseurs et l'administration fiscale ont tous des conceptions différentes de l'importance relative.

> Commentez le problème soulevé par le président.

Problème 8.4   Certains des principes utilisés pour justifier l'utilisation d'une méthode comptable ou les choix de présentation de l'information sont complexes pour bien des gens. En prenant les opinions suivantes comme point de départ, estimez la valeur sur les plans théorique, social et déontologique de chacun des principes commentés ci-dessous.

1. Importance relative
   L'application du principe de l'importance relative suppose que certains experts-comptables ont la prétention de pouvoir juger au nom de diverses catégories de personnes du genre d'information qu'elles doivent recevoir ou pas.

2. Relation coût-avantages
   La fidélité, la confiance et l'intégrité doivent-elles être évaluées à partir d'un tel principe ? Disons-nous la vérité quand « c'est rentable » ? Jugeons-nous qu'une information incorrecte est bonne parce qu'elle n'est qu'un peu inexacte et qu'il serait trop coûteux de la corriger ?

3. Prudence
   Le principe de prudence profite à l'investisseur ou au bailleur de fonds éventuel au détriment des propriétaires et des gestionnaires actuels. Comment les experts-comptables, pour qui la valeur d'une information objective et indépendante est importante, peuvent-ils considérer que la prudence constitue un facteur capable, même accessoirement, de légitimer le choix des chiffres à présenter ?

Problème 8.5

1. L'hypothèse de l'efficience du marché des capitaux est habituellement analysée dans le contexte de grands marchés des valeurs mobilières, comme celui de New York ou celui de Toronto. En quoi ces marchés des valeurs diffèrent-ils du marché des emprunts d'une petite succursale bancaire installée dans un centre commercial ?

2. L'information comptable peut être présentée de façon simple ou complexe. À quelles catégories d'utilisateurs, parmi les suivantes, les méthodes choisies doivent-elles s'adapter afin que ces utilisateurs puissent comprendre l'information ? Pourquoi ?
   a) Les étudiants des écoles de commerce ;
   b) Le directeur de la succursale d'une grande banque nationale installée à Sherbrooke, au Québec ;
   c) Le vice-président du crédit aux sociétés de la même banque pour la province de Québec ;
   d) Un nouvel investisseur privé qui aime « jouer à la bourse » ;
   e) Les analystes financiers d'une grande société de courtage en valeurs mobilières.

3. Mettez-vous à la place du directeur d'une succursale bancaire en Abitibi. Un homme d'affaires de la région vient faire une demande d'emprunt en vue de construire un restaurant adjacent à sa station-service. Il vous a présenté ses états financiers pour l'exercice qui vient de se terminer et vous demande de lui prêter 100 000 $. Allez-vous essayer d'obtenir plus de renseignements avant de prendre votre décision ? En quoi seriez-vous davantage qualifié ou moins qualifié, pour prendre cette décision, que le vice-président du crédit aux sociétés pour l'Est du Canada, dont le bureau est situé dans une grande ville de cette partie du pays ?

Problème 8.6

En quoi l'information contenue dans les états financiers est-elle utile pour la création des entreprises modernes ? Dans votre réponse, vous devez, entre autres choses, tenir compte du développement historique de la pratique comptable et des conséquences des théories du marché des capitaux et de la délégation.

Problème 8.7*

Deux étudiants discutent. L'un déclare que la comptabilité générale sert à fournir de l'information à des tiers (par exemple, les marchés des capitaux) afin de leur permettre d'évaluer les résultats d'une entreprise. L'autre déclare qu'elle existe pour assurer un système de contrôle de la direction qui agit à titre de mandataire pour le compte des propriétaires. Tranchez ce différend.

Problème 8.8

De nombreux utilisateurs de l'extérieur se fient à des états financiers comme le bilan, l'état des résultats et l'état de l'évolution de la situation financière publiés par une société.

Nommez deux grandes catégories d'utilisateurs de l'information financière et expliquez brièvement en quoi chacun des trois états financiers mentionnés leur sera utile. Une question semblable vous a déjà été posée dans des chapitres antérieurs, mais vous devriez maintenant être capables de fournir une réponse plus élaborée.

Problème 8.9* 1. Expliquez pourquoi chacune des notions suivantes est importante lorsque l'information financière est présentée aux marchés et aux autres agents économiques qui se fient à cette information :

   a) Le postulat de la personnalité de l'entreprise ;
   b) Le principe du coût d'origine ;
   c) La fidélité ;
   d) Les principes comptables généralement reconnus ;
   e) Le code de déontologie des experts-comptables et des vérificateurs engagés dans la publication des états financiers.

2. Ces différentes notions ont-elles été intégrées dans les états financiers d'une grande société que vous connaissez ? Donnez des exemples précis, si possible.

3. Appliquez maintenant ces notions à une petite société fermée comme un vendeur de pizza local, une société exploitant un garage ou un magasin de vêtements. Ces notions sont-elles encore adaptées ? Pourquoi ?

Problème 8.10 1. Commentez le rôle des vérificateurs en fonction de la notion de « gérance ».

2. Déterminez trois éléments de la formulation du rapport type du vérificateur, présenté dans la section 8.10, qui pourraient intéresser les actionnaires, et expliquez l'importance de chacun de ces éléments.

3. Le rapport du vérificateur est normalement rédigé selon une formulation type. On estime que, s'il existe des problèmes, les variations par rapport à la formulation type alerteront les utilisateurs des états financiers. Ce point de vue est-il cohérent avec la théorie du marché des capitaux ?

Problème 8.11 Une grande partie des méthodes comptables que nous avons étudiées dans cet ouvrage s'appuient sur des normes faisant autorité (le *Manuel de l'ICCA*, les *Statements* du FASB, etc.) et qui s'efforcent de préciser comment doit s'effectuer la comptabilité des sociétés. Ces normes ne couvrent pas tous les sujets ; les sociétés doivent encore faire des choix lorsqu'elles dressent leurs états financiers.

Pourquoi les sociétés doivent-elles suivre les normes faisant autorité ? Pourquoi ces normes ne couvrent-elles pas tous les sujets ? Devrait-il y en avoir plus ou moins ? Situez votre réponse dans le contexte des théories relatives à l'utilisation de l'information qui ont été étudiées dans ce chapitre.

Problème 8.12 Récemment, il y a eu des pressions pour tenter d'élargir le rôle des vérificateurs, parce que les investisseurs et les autres groupes d'utilisateurs ont demandé une information « plus prospective ». Si l'on répond à ce besoin, les vérificateurs peuvent s'attendre à vérifier les projets et les prévisions que la société présente au public et à déterminer si ces états financiers prospectifs présentent fidèlement la réalité.

Analysez les répercussions de cet ajout sur le rôle des vérificateurs en vous servant notamment des notions de fidélité, d'indépendance, de mesure, de comparabilité, de la théorie de la délégation, de la théorie du marché des capitaux, des concepts de pertinence, de fiabilité, d'objectivité et de toute autre notion que vous estimez importante.

Problème 8.13* 1. Énumérez les principaux éléments de la société actuelle qui ont rendu les vérifications indépendantes plus nécessaires qu'il y a vingt-cinq ans.

2. Donnez des exemples de cas entraînant des conflits d'intérêts entre ceux qui préparent les états financiers et ceux qui les utilisent.

3. Pourquoi « indépendance » et « objectivité » sont-elles des qualités essentielles pour un vérificateur ? Ces qualités sont-elles nécessaires dans toutes les professions ?

Problème 8.14 1. Quel est l'objectif que doit atteindre le vérificateur externe d'une société ?

2. Examinez le rapport du vérificateur annexé aux états financiers d'une société qui vous intéresse. Qu'indique ce rapport ?

3. Pour un investisseur, quelle valeur le rapport du vérificateur ajoute-t-il aux états financiers ? Pourquoi ?

4. Énoncez certaines limites de la valeur du rapport du vérificateur dont les investisseurs devraient être conscients.

Problème 8.15 Les vérificateurs jouent un rôle important dans le système de présentation de l'information financière, et leur indépendance à l'égard de leurs clients constitue une caractéristique essentielle de ce système.

1. Pourquoi considère-t-on que cette indépendance est nécessaire ?

2. Pourquoi est-elle difficile à préserver ?

Problème 8.16 1. Estimez-vous que les organismes du secteur public devraient soumettre leur comptabilité aux mêmes principes comptables généralement reconnus que les entreprises commerciales ? Pourquoi ?

2. Estimez-vous que les organismes sans but lucratif devraient se conformer aux mêmes PCGR que les entreprises commerciales ? Pourquoi ?

Problème 8.17 1. Il semble que certains cadres supérieurs tentent d'organiser la présentation de l'information financière de leur société, y compris celle des états financiers, de façon à modifier l'image qu'ils donnent. Qu'est-ce qui pourrait motiver certains gestionnaires à agir de la sorte ?

2. Pensez-vous qu'il faudrait interdire aux dirigeants d'entreprise d'organiser ainsi l'information financière ?

Problème 8.18 1. Le directeur général des finances d'une société qui est également expert-comptable devrait-il respecter les mêmes règles de déontologie que son confrère vérificateur externe ? Pourquoi ?

2. Les codes de déontologie devraient-ils interdire aux vérificateurs d'offrir à leurs clients d'autres services, comme des conseils en fiscalité ou en gestion ? Pourquoi ?

Problème 8.19 Le président du conseil d'administration d'une grande société ouverte a exprimé sa frustration comme suit : « Les contrats écrits et non écrits qui lient la société à ses actionnaires sont tellement différents de ceux qui la lient à ses cadres supérieurs qu'il est impossible de concevoir des états financiers qui

répondraient à la fois aux besoins des actionnaires et à ceux de la direction. »
Qu'en pensez-vous ?

Problème 8.20   Georges s'est procuré les états financiers d'une société dans laquelle il possède des actions et il a relevé les deux comptes suivants dont il ne comprend
pas la signification :

Fraction reportée de la charge fiscale	19 749 200 $
Impôts reportés créditeurs	86 293 500 $

Expliquez à Georges le but de la comptabilisation des impôts reportés et ce
que signifient les deux chiffres qu'il ne comprend pas.

Problème 8.21   À la fin de l'année 1993, la société Harpin ltée présente des Impôts reportés
créditeurs de 329 612 $ et des bénéfices non répartis de 3 949 286 $. En 1994,
l'état des résultats de la société révèle un bénéfice avant impôts de 648 960 $
et une charge d'amortissement de 1 149 612 $. En examinant les documents
de la société, on constate que 29 650 $ de produits n'étaient pas imposables
en 1994 et que la déduction pour amortissement s'élevait à 1 493 114 $. Le
taux d'imposition de la société était de 32 % en 1994. La société n'a pas versé
de dividendes cette année-là.

Calculez les chiffres suivants :

a) Fraction de la charge fiscale imputable à l'exercice 1994 ;
b) Fraction reportée de la charge fiscale de 1994 ;
c) Bénéfice net de 1994 ;
d) Impôts reportés créditeurs à la fin de 1994 ;
e) Bénéfices non répartis à la fin de 1994.

Problème 8.22   Pour l'exercice 1994, la société Mondiair ltée présente un bénéfice avant
impôts de 23 960 $ (en milliers de dollars). Voici les autres chiffres de 1994
(également en milliers de dollars) : amortissement, 34 211 $; charge non
déductible, 814 $; déduction pour amortissement, 37 578 $. Le taux d'imposition de la société est de 36 % pour 1994.

1. Journalisez l'écriture nécessaire pour inscrire la charge fiscale de la société
   pour 1994. Expliquez vos calculs.
2. À partir de la réponse que vous avez fournie au point 1, déterminez quel
   a été le bénéfice net de la société en 1994.

Problème 8.23   Le comptable de la société Zidore ltée a établi que les impôts à payer par la
société en 1994 s'élevaient à 30 % du bénéfice avant impôts de 142 000 $
présenté dans l'état des résultats. Mais, étant donné que le montant de
la déduction pour amortissement de 1994 était plus élevé que celui de
l'amortissement de 1994, le bénéfice imposable se montait à seulement
116 000 $. Le taux d'imposition ne devrait donc être que de 25 %.

Journalisez l'écriture nécessaire pour corriger le travail du comptable.
Présentez vos calculs.

Problème 8.24   Roy vient d'être nommé trésorier du Cycloclub, un club de randonnées à bicyclette, et il a reçu les livres comptables tenus par l'ancien trésorier. Le club comptabilise ses produits selon la comptabilité d'exercice, mais inscrit ses dépenses en fonction des décaissements et non des charges engagées. Roy a suivi un cours de comptabilité des entreprises commerciales, mais il estime que ses compétences en comptabilité ne sont pas suffisantes et s'inquiète de ses responsabilités de trésorier. Répondez aux questions suivantes que Roy vous a posées :

1. Suis-je tenu de me conformer aux PCGR pour dresser les états financiers du club ?

2. Le club n'a pas dressé d'état des résultats mais plutôt un état des recettes et dépenses qui indique à combien s'élève l'excédent (ou le déficit) des revenus à la fin de chaque année. Pourquoi ne dresse-t-on pas un état des résultats comme pour les entreprises commerciales ?

3. Les membres du club s'inquiètent du nombre de membres, des sources des subventions reçues et du succès des diverses randonnées à bicyclette organisées par le club. Puis-je inclure ces renseignements dans les états financiers ?

4. Sommes-nous tenus de faire vérifier nos états financiers ?

Problème 8.25   Référez-vous aux états financiers de la division québécoise de la Société canadienne du cancer inclus dans la section 8.13 de ce chapitre. Supposons que vous fassiez partie de cet organisme et que vous versiez une contribution mensuelle en vue de supporter la recherche sur les médicaments contre le cancer.

1. Décrivez les aspects des états financiers que vous trouveriez (*a*) utiles pour décider si vous allez continuer à contribuer, et (*b*) inutiles et même défavorables à votre prise de décision.

2. Pourquoi pensez-vous que les éléments que vous avez classés dans la catégorie (*b*) sont inclus dans les états financiers ?

RÉFÉRENCES   1. Pour trouver de bons résumés de la théorie du marché des capitaux ainsi qu'une grande partie des résultats des recherches menées dans ce domaine, voir *Principles of Corporate Finance*, 1ʳᵉ éd. canadienne, de Richard Brealey, Stewart Myers, Gordon Sick et Robert Whaley, Toronto, McGraw-Hill Ryerson, 1986, en particulier les chapitres 7, 8 et 13 ; *Financial Statement Analysis*, 2ᵉ éd., de George Foster, Englewood Cliffs, N.J., Prentice-Hall, 1986, surtout les chapitres 9 et 11 ; *Positive Accounting Theory*, de Ross L. Watts et Jerold L. Zimmerman, Englewood Cliffs, N.J., Prentice-Hall, 1986, spécialement les chapitres 2 et 3 ; *Financial Reporting : An Accounting Revolution*, 2ᵉ éd., de William H. Beaver, Englewood Cliffs, N.J., Prentice-Hall, 1989 ; ou *Efficient Capital Markets and Accounting : A Critical Analysis*, 2ᵉ éd., de Thomas R. Dyckman et Dale Morse, Englewood Cliffs, N.J., Prentice-Hall, 1986.

2. Pour trouver une présentation détaillée et technique des aspects de la recherche dans ce domaine, voir « The Management of Corporate Financial Disclosure : Opportunism, Ritualism, Policies, and Processes », des mêmes auteurs, dans le *Journal of Accounting Research*, printemps 1990, p. 121 à 143.

3. Pour en connaître davantage sur la théorie de la délégation, voir les chapitres 8 et 9 de l'ouvrage de Ross L. Watts et Jerold L. Zimmerman cité dans la note 1. Voir aussi John E. Butterworth, Michael Gibbins et Raymond D. King, « The Structure of Accounting Theory: Some Basic Conceptual and Methodological Issues », dans *Research to Support Standard Setting in Financial Accounting: A Canadian Perspective*, S. J. Basu et A. Milburn, éd., Toronto, The Clarkson Gordon Foundation, 1982, p. 9 à 17. Cet article a été reproduit dans *Modern Accounting Research: History, Survey, and Guide*, par R. Mattessich, Vancouver, Canadian Certified General Accountants' Research Foundation, 1984, p. 209 à 250.

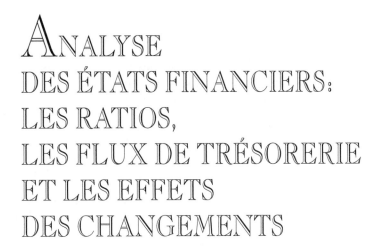

ANALYSE DES ÉTATS FINANCIERS : LES RATIOS, LES FLUX DE TRÉSORERIE ET LES EFFETS DES CHANGEMENTS

9.1 APERÇU DU CHAPITRE

Dans ce chapitre, nous vous fournissons des instruments d'analyse et d'évaluation de la situation financière ainsi que des résultats d'une entreprise. Ces instruments sont tous reliés, mais nous les regroupons en trois catégories générales :

1. L'analyse des états financiers au moyen de ratios met en relation les divers montants présentés dans les états financiers pour permettre de les interpréter ; par exemple, le ratio du fonds de roulement (soit l'actif à court terme divisé par le passif à court terme) que nous avons déjà utilisé précédemment.

2. L'interprétation de l'information relative aux mouvements de trésorerie qu'on trouve dans l'état de l'évolution de la situation financière et l'évaluation des flux de trésorerie futurs au moyen de l'analyse de leur « valeur actualisée ».

3. L'analyse des incidences sur les états financiers des changements passés, présents ou futurs, relatifs à la situation de l'entreprise ou aux décisions de la direction. Nous présentons dans ce chapitre l'analyse des « effets des changements » ou analyse « hypothétique », qui constitue un outil très important de l'utilisation de l'information comptable. Nous l'utiliserons davantage dans le chapitre suivant, qui porte sur les choix des conventions comptables que fait la direction.

Lorsque vous aurez terminé l'étude de ce chapitre, vous serez quasiment en mesure d'examiner les états financiers de n'importe quelle société ainsi que d'évaluer ses résultats et ses perspectives d'avenir. Rappelez-vous toutefois qu'une telle évaluation ne se fait pas uniquement au moyen de calculs ; il s'agit d'un jugement basé sur les calculs qui sont significatifs pour la société et sur une très bonne connaissance du fonctionnement de la société. Plus vous en savez sur une société, ses activités, sa direction et sa comptabilité, plus votre analyse est utile et crédible.

Vous avez peut-être remarqué que nous employons beaucoup le terme « société » dans le paragraphe précédent. Les techniques d'analyse des organismes du secteur public et des organismes à but non lucratif sont plus spécialisées que celles que nous présentons dans cet ouvrage, quoiqu'elles utilisent plusieurs des ratios et des autres instruments d'analyse. Certaines sociétés, comme les banques et les compagnies d'assurances, ont aussi des états financiers et des activités suffisamment spécialisés pour exiger des techniques d'analyse particulières en plus de celles que nous présentons dans ce manuel. Vous pouvez toujours concevoir vos propres méthodes d'analyse, comme le font de nombreux analystes financiers et autres utilisateurs voulant évaluer la situation financière et les résultats de sociétés, et adapter leur analyse aux objectifs décisionnels de l'utilisateur. Par conséquent, ce chapitre n'est pas exhaustif : il existe de nombreuses autres techniques et on en élabore de nouvelles continuellement.

L'information comptable ne doit pas être utilisée seule, sans considération des autres sources d'information, car elle fait partie d'un vaste éventail de renseignements offerts aux investisseurs, aux bailleurs de fonds, aux gestionnaires et aux autres utilisateurs. Son utilisation varie selon la qualité de l'information, comme le soin apporté à la préparation des états financiers ou la possibilité de les comparer avec ceux d'autres sociétés. L'utilisation de l'information peut aussi varier selon la disponibilité d'autres sources d'information qui pourraient contenir, en tout ou en partie, les renseignements inclus dans les états financiers. Rappelez-vous les résultats des recherches sur le marché des capitaux de la section 8.3 du chapitre 8. Selon ces résultats, il est difficile de « prendre en défaut » le marché en utilisant l'information des états financiers, parce que ceux-ci reflètent des faits que les gens connaissent déjà en partie et parce qu'il y a beaucoup d'autres personnes, disposant toutes de leurs propres sources d'information, qui tentent d'analyser ce qui se passe et prennent des décisions à partir de leurs analyses. Vous devez donc considérer l'information comptable comme faisant partie d'un réseau d'information et non comme un tout isolé. Toutefois, pour expliquer et illustrer les diverses techniques d'analyse, nous les traiterons séparément.

Dans ce chapitre, vous verrez des :

Concepts d'utilisation : La demande d'information en vue d'évaluer la situation financière et les résultats d'une société, particulièrement par rapport à ceux d'autres sociétés ou à ses résultats antérieurs, et en vue d'évaluer les risques associés, les flux de trésorerie prévus et les effets des changements réels ou potentiels.

Concepts de préparation : Les différentes façons de mesurer le rendement et la valeur d'états financiers cohérents et comparables, pouvant être utilisés dans une analyse.

Techniques de préparation : Peu de nouveautés dans ce domaine, mais on y montre la valeur des états financiers ordonnés, les mesures du bénéfice par rapport à celles des flux de trésorerie et le soin général apporté à la préparation de cette information. De cette façon, nous préparons le terrain pour la présentation détaillée de la préparation de l'information que nous effectuerons dans le chapitre suivant.

Techniques d'utilisation : Le contenu principal de ce chapitre, qui comprend l'analyse au moyen de ratios, l'analyse des flux de trésorerie, l'analyse des effets des changements, le regroupement des ratios en vue de fournir une analyse plus détaillée et de repérer les tendances pour une période donnée, illustrés à l'aide des états financiers d'une société connue.

9.2   INVESTISSEMENT, RENDEMENT ET IMPÔTS

Une hypothèse fondamentale en économie veut que la richesse, ou le capital, tire sa valeur du fait qu'elle nous permet de consommer. Si nous utilisons toute notre richesse aujourd'hui, nous ne pourrons pas consommer plus tard. C'est pourquoi nous essayons généralement d'éviter de tout dépenser en investissant une partie de notre richesse en vue de pouvoir consommer ultérieurement. Nous espérons même que cet investissement donnera un rendement que nous pourrons également consommer.

Étant donné que l'avenir se compose de nombreux exercices, il serait souhaitable que le rendement soit suffisant pour couvrir les dépenses prévues pour chaque exercice de façon qu'il ne soit pas nécessaire de faire de prélèvements sur le capital investi (ces prélèvements réduiraient les sommes disponibles pour l'investissement et, par conséquent, le rendement escompté au cours des exercices suivants).

Toutes ces considérations ont amené les entreprises à juger qu'un investissement est destiné à produire un rendement. On envisage habituellement ce rendement par comparaison au montant d'investissement nécessaire pour l'obtenir. Par exemple, vous seriez sans doute satisfait d'obtenir un rendement de 1 000 $ sur un investissement de 2 000 $, mais vous ne le seriez certainement pas si ce rendement provenait d'un investissement de 2 000 000 $. Pour mettre les deux composantes en relation, il faut un ratio financier, soit le « rendement du capital investi », dans lequel le rendement est le numérateur, et l'investissement initial, le dénominateur.

$$\text{Rendement relatif (rendement du capital investi)} = \frac{\text{Rendement}}{\text{Investissement}}$$

Un peu plus loin, nous analyserons de façon détaillée les rendements relatifs, comme le rendement du capital investi. Dès maintenant, vous pouvez noter que nous devons disposer de certains moyens pour mesurer le rendement et l'investissement afin de pouvoir calculer (et évaluer) le rendement relatif. Habituellement, le facteur « investissement » se compose uniquement de l'encaisse ou des autres ressources initialement engagées dans le projet (ou au début de l'exercice pour lequel on évalue le rendement), mais le facteur « rendement » est parfois plus complexe. Voici certaines possibilités de mesure du rendement :

1. Le bénéfice de l'exercice, tel qu'il est calculé par les experts-comptables.

2. Les intérêts qu'un tel investissement devrait procurer ou qu'un montant semblable investi dans des projets similaires devrait produire.

3. Les entrées de fonds attribuables au projet au cours de l'exercice.

Ces rendements sont tous valables et sont les mêmes dans bien des cas. Pour certains investissements tels que les obligations ou les prêts, l'intérêt gagné est reçu en espèces, de sorte que les points 2 et 3 sont les mêmes. Il arrive parfois que les rendements 1 et 3 soient les mêmes, particulièrement dans le cas d'affaires simples ou d'investissements entraînant des paiements réguliers en espèces.

Impôts sur les bénéfices

Dans cette introduction à la comptabilité et à l'analyse financière, on ne s'attend pas à ce que vous calculiez les impôts sur les bénéfices. Il faut beaucoup de temps pour maîtriser ce sujet, surtout quand il s'agit des impôts sur les bénéfices des sociétés. Si vous avez lu la section 8.2 du chapitre 8, qui porte sur l'utilisation des états financiers pour évaluer les impôts sur les bénéfices et pour calculer les montants relatifs aux impôts reportés, vous vous êtes sans doute rendu compte que les choses se compliquent rapidement dès qu'il est question des impôts. Dans ce livre, notre objectif n'est pas d'examiner en profondeur le problème des impôts sur les bénéfices, mais plutôt de vous sensibiliser à l'incidence des impôts sur l'interprétation du rendement. Voici donc quelques commentaires qui vous permettront de comprendre l'incidence des impôts sur l'analyse au moyen de ratios et l'analyse des effets des changements.

La plupart des sociétés paient des impôts dont le taux, appliqué à leur bénéfice avant impôts, est élevé. Par conséquent, la première chose dont il faut tenir compte, c'est que le bénéfice net est considérablement moins élevé que le bénéfice d'exploitation en raison du prélèvement d'un tiers ou plus de ce montant effectué à titre de charge fiscale (de l'exercice ou reportée). Lorsque vous effectuez une analyse, ou que vous lisez une analyse des résultats faite par quelqu'un d'autre, assurez-vous immédiatement de déterminer si les montants présentés ont été calculés avant ou après impôts, car cela peut être très significatif.

Deuxièmement, les impôts sur les bénéfices sont suffisamment importants pour justifier la rédaction de commentaires sur le calcul des impôts dans les notes complémentaires annexées aux états financiers. Dans ces notes, on précise souvent le taux d'imposition applicable à la société. Si cette dernière ne l'a pas calculé, vous pouvez l'estimer en prenant le chiffre du « bénéfice avant impôts » de l'état des résultats et en le divisant par la charge fiscale totale (de l'exercice et reportée). Une telle estimation est habituellement suffisante pour la plupart des analyses financières, sauf si un facteur inhabituel intervient (comme un bénéfice non imposable important ou de fortes réductions d'impôts à court terme, ce qui invaliderait le taux estimatif).

Troisièmement, on peut considérer que les produits et les charges ont, chacun de leur côté, une incidence particulière sur l'augmentation ou la diminution des impôts. Par conséquent, les effets des variations (après impôts) des produits et des charges sur le bénéfice net peuvent être estimés directement, une fois que l'on connaît, au moins approximativement, le taux d'imposition. Cela est très important dans la détermination de plusieurs ratios et dans presque toutes les analyses des effets des changements. Voici comment cette méthode fonctionne. Supposons que Clôtures Bordeaux inc. ait un produit, une charge et un taux d'imposition de 35 %. L'état des résultats de la société pourrait se présenter comme suit :

Produit	1 000 $
Charge	700
Bénéfice avant impôts	300
Charge fiscale (35 %)	105
Bénéfice net	195 $

Notons que le bénéfice net correspond à 65 % du bénéfice avant impôts. Nous pouvons le calculer à l'aide de la formule suivante :

Bénéfice net = (1 – Taux d'imposition) x Bénéfice avant impôts

Le bénéfice net est ce qui reste après déduction des impôts. Cela fonctionne de la même manière avec les produits et les charges. Supposons que les produits et les charges de l'état des résultats soient imposés directement, de sorte que ces chiffres soient présentés après impôts. L'incidence fiscale est donc incluse dans ces facteurs au lieu d'être présentée comme une charge distincte :

	Initial	Après impôts
Produit (net = 1 000 $ x [1 – 0,35])	1 000 $	650 $
Charge (nette = 700 $ x [1 – 0,35])	700	455
Bénéfice avant impôts	300 $	
Charge fiscale	105	
Bénéfice net	195 $	195 $

Dans l'optique d'une analyse, il peut être utile d'envisager la situation en utilisant les chiffres après impôts. Supposons que le président de Clôtures Bordeaux inc. prévoit augmenter son produit financier de 200 $ sans augmenter la charge de 700 $. Quelle serait l'incidence de cette augmentation sur le bénéfice net ? Le nouveau bénéfice net serait plus élevé de 200 $ x (1 – 0,35) = 130 $ et se monterait donc à 325 $ (195 $ + 130 $). Il n'est pas nécessaire de recalculer entièrement les chiffres de l'état des résultats. Si vous avez des doutes, vous pouvez toujours refaire le calcul : nouveau produit = 1 200 $; charge = toujours 700 $; nouveau bénéfice avant impôts = 500 $; nouvelle charge fiscale (35 %) = 175 $; nouveau bénéfice net = 325 $.

Les intérêts débiteurs constituent un autre exemple de calcul après impôts, qui sera important pour certaines analyses au moyen de ratios que nous effectuerons plus loin dans ce chapitre. Supposons que Clôtures Bordeaux inc. ait des intérêts débiteurs de 60 $. Nous désirons connaître ici le bénéfice de la société sans tenir compte des intérêts (dans le cas où elle n'aurait pas de dettes). Nous pourrions répondre alors que le bénéfice net serait plus élevé, mais pas de 60 $, parce que le fait de déduire les intérêts débiteurs donne lieu à une économie d'impôts. Le bénéfice net augmenterait de 60 $ x (1 – 0,35) = 39 $. En réalité, les intérêts coûtent seulement 39 $ à la société parce qu'ils permettent une économie d'impôts, comme toute charge déductible du bénéfice imposable. Ici encore, si vous le voulez, vous pouvez calculer en détail l'effet sur le bénéfice net. En reprenant le produit initial : produit = toujours 1 000 $; nouvelle charge = 640 $ (700 $ – 60 $); nouveau bénéfice avant impôts = 360 $; nouvelle charge fiscale (35 %) = 126 $; nouveau bénéfice net = 234 $, soit 39 $ de plus que le bénéfice initial de 195 $.

9.3   INTRODUCTION À L'ANALYSE DES ÉTATS FINANCIERS

L'analyse des états financiers est un sujet important qui n'est malheureusement pas toujours bien compris. Son objectif est d'utiliser les états financiers en vue d'évaluer les résultats et la situation financière d'une entreprise. Par conséquent, la valeur de l'analyse dépend de la valeur des états financiers : si les états financiers ne sont pas fiables ou si vous n'aimez pas la façon dont les experts-comptables les ont préparés, vous ne retirerez pas beaucoup de satisfaction en les analysant. De plus, si vous ne connaissez pas les conventions comptables utilisées, l'analyse ne signifiera pas grand-chose.

Si vous ne savez pas pourquoi vous effectuez l'analyse, c'est-à-dire quelle décision ou évaluation en dépend, elle ne peut pas être très utile. De même, à moins que vous n'ayez une très bonne connaissance des affaires de l'entreprise, vous ne pouvez pas interpréter les données tirées de votre analyse (par exemple, ce qui constitue un bon rendement pour une nouvelle société dans un secteur d'activité en difficulté peut être insatisfaisant pour une société bien établie dans un secteur d'activité prospère).

Une grande partie de l'analyse financière est faite au moyen de **ratios**. Les ratios constituent des rapports condensés des états financiers. Par conséquent, ils ont peu de signification en eux-mêmes : il s'agit simplement d'indicateurs, qu'on ne peut interpréter et utiliser à bon escient que si l'on connaît bien l'entreprise et les conventions comptables utilisées pour dresser les états financiers. La valeur d'un ratio réside dans le fait qu'il permet de comparer les résultats de plusieurs périodes, avec ceux de sociétés de différentes tailles et avec d'autres indicateurs tels que les taux d'intérêt ou le cours des actions. L'analyste doit compiler les résultats de ces comparaisons en allant au-delà des ratios, c'est-à-dire en utilisant ses propres connaissances et l'information dont il dispose. Aussi, pour effectuer une analyse intelligente et utile des états financiers, vous devriez procéder comme suit :

a) Documentez-vous sur l'entreprise, son environnement et ses projets. Cette étape est essentielle pour faire une analyse qui se tient. Ne vous limitez pas à l'information fournie dans cet ouvrage, qui n'est là qu'à titre d'exemple.

b) Assurez-vous de bien comprendre la décision ou l'évaluation à laquelle l'analyse doit contribuer, sachez qui est le décideur et de quelle aide il a besoin.

c) Calculez les ratios, les tendances et les autres éléments qui s'appliquent à votre problème particulier. Ne faites pas de calculs sans raison.

d) Procurez-vous toute l'information comparative possible afin de disposer d'un cadre de référence pour votre analyse : les données propres au secteur d'activité, les rapports d'autres analystes, les résultats de sociétés similaires et les résultats relatifs aux autres exercices de la même société. Les renseignements de ce genre sont souvent abondants.

e) Attachez-vous aux résultats d'analyse qui sont les plus significatifs pour le décideur et organisez l'analyse de la façon la plus utile pour lui.

De nombreuses sources d'information sur les sociétés peuvent vous aider à être bien avisé et à situer votre analyse dans son contexte. Comme vous pouvez vous y attendre, il existe davantage de renseignements sur les grandes entreprises que sur les petites, et davantage sur les sociétés ouvertes (celles dont les actions sont inscrites à la Bourse) que sur les sociétés fermées (celles qui appartiennent à un nombre limité d'actionnaires et qui n'ont pas fait un appel public à l'épargne). Les sociétés seront généralement disposées à vous faire parvenir leurs rapports annuels et d'autres renseignements. De plus, de nombreuses bibliothèques possèdent une grande quantité de documents sur les sociétés, les secteurs d'activité et d'autres facteurs économiques, et une grande partie de cette information est emmagasinée dans des bases de données informatisées. Vous trouverez dans une note à la fin de ce chapitre certaines des sources les plus courantes[1].

Vous verrez ultérieurement que l'auteur des états financiers a le choix entre plusieurs conventions comptables qui peuvent servir de base à l'information financière. Vous pourriez, en tant qu'analyste de ces états financiers, décider de les remanier en fonction d'autres méthodes avant de calculer les ratios. Par exemple, certains analystes déduisent les immobilisations incorporelles, comme le fonds commercial, de l'actif et des capitaux propres avant de calculer les ratios. Ces biens n'étant pas de nature tangible, leur valeur peut être mise en doute. Par conséquent, en les supprimant, on peut améliorer la comparabilité avec d'autres sociétés qui ne possèdent pas d'actifs de ce genre.

La validité de l'analyse financière faite au moyen de ratios comptables a été remise en question. Parmi les critiques formulées, on a soutenu qu'il faudrait utiliser les projets futurs et les résultats espérés plutôt que les résultats passés pour calculer les ratios, particulièrement les ratios de liquidité ; qu'il faudrait utiliser les valeurs marchandes courantes plutôt que les coûts d'origine des actifs, des dettes et des capitaux propres pour calculer les ratios de rendement; et qu'il faudrait utiliser les flux de trésorerie et non le bénéfice comptable pour calculer les ratios de rendement d'une société. Une autre critique porte sur le fait que, du moins en ce qui concerne les sociétés ouvertes, le marché boursier et les autres marchés financiers ajustent les cours des titres des sociétés au moment où paraît l'information. Ainsi, les ratios basés sur l'information offerte au public ne nous apprennent rien que le marché des capitaux n'ait déjà intégré dans les cours des titres. Ces critiques, qui soulèvent des controverses, nous rappellent qu'il faut utiliser les ratios avec prudence et discernement. On peut trouver d'autres points de vue sur les problèmes soulevés dans cette section dans de nombreux ouvrages de comptabilité et de finance. Soyez attentifs lorsque vous lisez ces ouvrages: l'analyse au moyen de ratios peut y apparaître plus rigide qu'elle ne l'est en réalité, et certains auteurs d'ouvrages financiers ne semblent pas connaître grand-chose à la nature de l'information comptable utilisée dans l'analyse[2].

9.4   CANADIEN PACIFIQUE LIMITÉE: UN EXEMPLE DE SOCIÉTÉ

Afin de vous aider à bien comprendre le fonctionnement des analyses de ce chapitre, nous allons utiliser des exemples tirés des états financiers de Canadien Pacifique ltée, une société qui fait partie intégrante du paysage industriel canadien. Elle a fait l'objet de livres et de chansons, et constitue encore une force majeure de l'industrie et de la vie politique du Canada. Canadien Pacifique est une grande société, très complexe. Nous avons choisi d'en parler dans cet ouvrage parce qu'elle se prête à merveille à l'illustration de diverses analyses. De plus, maints renseignements sont disponibles à son sujet. Cependant, nous utilisons cet exemple avant tout pour vous donner un sentiment de *réussite* à mesure que vous avancez dans ce chapitre. Vous découvrirez ainsi que, grâce aux connaissances comptables que vous avez déjà acquises et aux techniques mises en évidence dans ce chapitre, vous pouvez comprendre beaucoup de choses au sujet d'une entreprise aussi importante et complexe que Canadien Pacifique. Vous aurez sûrement l'occasion de vous gratter la tête en étudiant cette société, mais vous serez néanmoins satisfait de constater à quel point vous devenez compétent. Vous ne pourrez plus jamais voir un train passer ou écouter Félix Leclerc chanter « Le petit train du Nord » de la même façon.

Les états financiers du rapport annuel de Canadien Pacifique de 1993 figurent en annexe, à la fin de ce chapitre. Repérez les quatre principaux états financiers dans le rapport annuel de Canadien Pacifique et essayez de vous familiariser avec eux. Repérez le montant de perte nette pour l'exercice de 1993 (190,6 millions de dollars), les bénéfices non répartis au 31 décembre 1993 (3 216,1 millions de dollars), l'augmentation des liquidités pour 1993 (399,7 millions de dollars), le montant total des éléments d'actif au 31 décembre 1993 (17 134,3 millions de dollars), le montant total du passif et de l'avoir des actionnaires (capitaux propres) au 31 décembre 1993 (également 17 134,3 millions de dollars). Il s'agit d'une grande organisation! Nous verrons cependant que nous parviendrons à comprendre sa situation financière et ses résultats comme s'il s'agissait d'une petite société, et peut-être même encore mieux, car ses états financiers comportent des pages et des pages de notes explicatives. Pour éviter la surcharge d'informations, *ne vous attardez pas encore sur ces notes*; nous en parlerons davantage plus loin dans ce chapitre. Vous apprécierez cependant de pouvoir les consulter dès maintenant et de voir quel genre d'informations Canadien Pacifique voulait nous révéler dans ces notes.

Voici quelques éléments que vous devriez garder à l'esprit à mesure que vous vous familiariserez avec le contenu général et la présentation des états financiers ainsi que des notes explicatives :

a) Les états financiers sont consolidés, car Canadien Pacifique est en réalité un groupement important de plusieurs sociétés. Si vous n'avez pas encore étudié la comptabilité des groupements de sociétés, il vous serait probablement utile de lire les paragraphes d'introduction de l'annexe du chapitre 5, et les sections 5.13 et 5.14, pour prendre connaissance des concepts de base.

b) Canadien Pacifique nous fournit toujours les chiffres de l'année précédente et parfois des deux années antérieures (1992 et 1991), afin qu'on puisse les comparer à ceux de 1993. Nous nous servons beaucoup des chiffres des années précédentes pour comprendre ceux de 1993.

c) Le rapport des vérificateurs est présenté dans le format en trois paragraphes que nous décrivons dans le chapitre 8. Les vérificateurs de la maison Price Waterhouse y attestent que les états financiers leur semblent présenter fidèlement la situation financière.

d) Deux directeurs ont apposé leur signature aux états financiers pour indiquer qu'ils ont été approuvés par le conseil d'administration.

OÙ EN ÊTES-VOUS ? Voici deux questions auxquelles vous devriez pouvoir répondre à partir de ce que vous venez de lire :

1. Expliquez à votre ami, qui dormait en classe ces derniers temps, ce qu'il faut faire avant d'analyser les états financiers de la société.
2. Si les revenus de Canadien Pacifique ont augmenté de 2 % en 1993, sans incidence sur les dépenses, quels seront les retombées sur le bénéfice net de 1993 ? (Effet sur le revenu = 2 % de 6 579,4 $ = 131,4 $. Taux d'imposition sur le revenu = 53,1/422,1 $ = 0,13. Effet net = 131,4 $(1 − 0,13) = 114,32 millions de dollars de plus.)

9.5 ANALYSE DES ÉTATS FINANCIERS AU MOYEN DE RATIOS

À présent que vous connaissez les états financiers de Canadien Pacifique suffisamment bien pour avoir une idée de l'endroit où chercher les informations, abordons le premier type d'analyse, soit l'analyse des ratios des états financiers.

Dans les pages suivantes, nous présentons 20 types de ratios qui peuvent servir à analyser les résultats et la situation financière de la société. Il en existe cependant beaucoup d'autres. Vous pouvez également en inventer par vous-même si vous avez en tête des utilisations analytiques particulières. Nous expliquons le calcul de chaque ratio en faisant référence aux états financiers de Canadien Pacifique, qui figurent à la fin du chapitre. Certaines interprétations et certains commentaires comparatifs servent d'illustrations, mais l'objectif principal de cette section reste de vous montrer comment calculer ces ratios. Pour plus de commodité, la plupart des chiffres sont exprimés en millions de dollars, comme dans les états financiers de Canadien Pacifique.

Ratios de performance

1. **Ratio de rentabilité des capitaux propres :** Il correspond au « Bénéfice net/capitaux propres ». Le ratio de rentabilité des capitaux propres indique quels revenus la société tire des investissements des propriétaires accumulés par le passé (capital-actions d'apport, comptes de surplus et bénéfices non répartis). Les capitaux propres peuvent être tirés directement de l'équation du bilan ou calculés comme le « total de l'actif moins total du passif ». En ce qui concerne le dénominateur, on peut prendre les capitaux propres de clôture de l'exercice ou les capitaux propres moyens de l'exercice. Pour une société en pleine expansion, le ratio de rentabilité des capitaux propres est censé être plus élevé si l'on utilise la deuxième méthode.

Pour les deux dernières années, le ratio de rentabilité des capitaux propres de Canadien Pacifique (calculé d'après les capitaux propres de clôture d'exercice) était : – 190,6 $/6 030,7 $ = – 0,032 pour 1993 et – 478,3 $/6 313,4 = – 0,076 pour 1992. La déclaration des revenus relatifs aux capitaux propres est passée de près de – 8 % en 1992 à moins de la moitié en 1993. Si vous vous reportez à la rétrospective des dix derniers exercices, qui apparaît à la fin des états financiers, vous pouvez calculer le ratio de rentabilité des capitaux propres jusqu'en 1984. Il était, par exemple, de – 0,136 en 1991 (– 913,8 $/6 741,0). Dans cette rétrospective, Canadien Pacifique fournit le taux de rendement de l'avoir moyen des actionnaires (ratio de rentabilité des capitaux propres), mais comme il est calculé d'après la moyenne annuelle des capitaux propres et non d'après le montant des capitaux propres à la clôture de l'exercice, il diffère légèrement du montant calculé ci-dessus : – 3,1 % en 1993, – 7,3 % en 1992, – 12,5 % en 1991. De telles différences sont très fréquentes. Par contre, elles sont généralement minimes, et tant que vous utilisez la même méthode pour calculer le ratio de rentabilité des capitaux propres d'année en année, vous devriez être en mesure de repérer les tendances et les changements majeurs.

2. **Ratio de rentabilité de l'actif :** On le calcule généralement suivant la formule « (bénéfice net + intérêts débiteurs après impôts)/total de l'actif ». Comme pour le ratio de rentabilité des capitaux propres, le montant du total de l'actif peut tenir compte des actifs à la fin de l'exercice ou représenter une moyenne des actifs pour l'année. Le ratio de rentabilité de l'actif révèle la capacité de la société à engendrer des produits à partir de ses actifs, avant de prendre en considération le coût du financement des mêmes actifs (intérêts). Il permet de juger s'il est avantageux d'emprunter. Ainsi, si un emprunt en argent coûte X%, la société devrait espérer gagner au moins X% sur les actifs acquis avec ce capital. Nous approfondirons cette relation entre le ratio de rentabilité de l'actif et les coûts d'emprunt dans la section 9.6.

Pour Canadien Pacifique, nous devons d'abord calculer les intérêts débiteurs nets d'impôts. Vous vous souvenez que, dans les exemples de la section 9.2, les coûts nets d'impôts = intérêts débiteurs x (1 – taux d'imposition). Le taux d'imposition de 1993 était d'environ 13 % (53 $ de charges fiscales divisées par 422,1 $ de bénéfice avant impôts). En 1992, l'entreprise était en situation de perte et de recouvrements d'impôts. Par ailleurs, les intérêts débiteurs apparaissent en tant que montants nets dans les états financiers. La note 3 des états financiers indique que, avant de déduire les revenus d'intérêts et les intérêts ajoutés au coût du projet, les charges brutes étaient de 582,3 $ en 1993. Pour calculer le rendement de l'actif, ou pour effectuer d'autres analyses, vous pouvez utiliser le montant des intérêts débiteurs nets, le chiffre brut, ou même le chiffre brut après déduction du montant capitalisé. Nous utiliserons ici le montant brut, car il représente la totalité du coût d'emprunt. Dans cette perspective, le ratio de rentabilité de l'actif à la fin de l'exercice 1993 valait (– 190,6 $ + 582,3 $ x [1 – 0,13]) /17 134,3 $ = 0,018.

On peut comparer ces deux ratios. En 1993, le ratio de rentabilité des capitaux propres se montait à – 0,032 alors que le ratio de rentabilité de l'actif était de 0,018. Ainsi, le rendement généré à l'aide des capitaux des actionnaires est nettement inférieur à celui qui résulte des actifs, lequel demeure cependant faible.

3. **Ratio de la marge bénéficiaire (ou de la marge de profit) :** Il équivaut à la formule « bénéfice net/produits ». Le ratio de la marge bénéficiaire indique le pourcentage des produits des ventes qui se transforme finalement en bénéfice. Il s'agit donc du bénéfice net réalisé sur chaque dollar de vente, en moyenne. Ainsi, un ratio de la marge bénéficiaire égal à 0,10 signifie que 10 cents de bénéfice net sont engendrés en moyenne par dollar de vente, après déduction des impôts sur les bénéfices et de toutes les autres charges. Cette mesure de la performance est très utile et donne des indications sur la stratégie de fixation des prix ou sur l'intensité de la compétition. Ainsi, un magasin d'escompte spécialisé dans un secteur concurrentiel est censé avoir une faible marge bénéficiaire, alors qu'une

joaillerie de luxe réalise généralement une importante marge bénéficiaire. Habituellement, on calcule le ratio de la marge bénéficiaire en utilisant la méthode ci-dessus, mais on se sert aussi parfois d'une méthode analogue à celle du ratio de rentabilité de l'actif : on ajoute les intérêts débiteurs après impôts au bénéfice net, de façon à déterminer les revenus d'exploitation avant le coût de financement de ces revenus. La seconde version sera utilisée dans la section 9.6 mais, pour l'instant, nous allons illustrer la première méthode, qui est plus simple.

Le ratio de la marge bénéficiaire de Canadien Pacifique était de – 0,029 (– 190,6 \$/6 579,4 \$) en 1993 et de – 0,067 (– 478,3 \$/7 176,2 \$) en 1992. Étant donné que nous avons déjà constaté une chute du ratio de rentabilité des capitaux propres et du ratio de rentabilité de l'actif entre 1992 et 1993, nous ne devrions pas être surpris de constater que le ratio de la marge bénéficiaire a chuté lui aussi. Dans la section 9.6, nous verrons que la baisse des marges bénéficiaires explique en partie la baisse du ratio de rentabilité des capitaux propres et du ratio de rentabilité de l'actif.

4. **États financiers dressés en pourcentages :** En calculant tous les chiffres du bilan en pourcentages du total de l'actif et tous les chiffres de l'état des résultats en pourcentages du revenu total, on peut déterminer approximativement la taille de la société. Cette mesure permet de comparer des sociétés de tailles différentes et de repérer les tendances dans le temps pour une même société.

Pour Canadien Pacifique, l'état des résultats dressé en pourcentages (seules les principales catégories étant utilisées) pour 1992 et 1993 serait :

		1993	1992
Revenus :	Produits vendus	25,6	27,4
	Services	74,4	72,6
		100,0	100,0
Coûts et charges :	Coûts des produits vendus	9,7	14,9
	Coûts des services	51,2	49,8
	Autres	25,2	33,0
		86,1	97,7
Bénéfice d'exploitation		13,9	2,3
Intérêts débiteurs nets, autres revenus et part des actionnaires dans le bénéfice de Laidlaw		8,7	8,5
Impôts sur le revenu		0,8	(2,1)
Quote-part des actionnaires minoritaires et activités abandonnées		7,3	2,6
Perte nette		(2,9)	(6,7)

On peut faire de nombreuses observations à partir de l'état des résultats dressé en pourcentages. Ainsi, les revenus provenant des produits vendus ont chuté de 1,8 % de 1992 à 1993, par rapport aux revenus globaux, mais le coût des produits vendus a baissé de 5,2 %. Les revenus provenant des services ont augmenté de 1,8 %, mais le coût des services ne s'est accru que de 1,4 %. Les profits bruts provenant des biens sont ainsi passés de 12,5 % (27,4 – 14,9) à 15,9 % du revenu total (25,6 – 9,7), alors que les profits bruts provenant des services sont passés de 22,8 % (72,6 – 49,8) à 23,2 % (74,4 – 51,2). Les bénéfices d'exploitation sont passés de 2,3 % à 13,9 % des revenus globaux. Les intérêts débiteurs nets et les autres revenus sont passés de 8,5 % à 8,7 % du revenu global. Enfin, comme nous l'avons vu ci-dessus pour le ratio de la marge bénéficiaire, les pertes nettes sont passées de 6,7 % en 1992 à 2,9 % en 1993.

On peut analyser le bilan de la même façon en divisant l'actif, le passif et l'avoir des actionnaires par le total de l'actif. Vous pourriez essayer de le faire comme exercice et voir quels changements sont observables.

5. **Le ratio de la marge brute :** On le calcule en utilisant la formule « revenus moins les coûts des produits vendus/bénéfice ». Ce ratio est encore plus révélateur de l'établissement des prix de l'entreprise et de la combinaison des produits. Par exemple, un ratio de la marge brute se montant à 33 % indique que la majoration moyenne des coûts de l'entreprise est de 50 % (le revenu représente 150 % du coût, le coût équivaut donc à 67 % du revenu et la marge brute est de 33 %). Il s'agit seulement d'un indicateur approximatif, surtout pour les entreprises qui vendent une multitude de produits ou dont les marchés sont instables.

Pour Canadien Pacifique, nous avons déjà vu certaines informations sur le ratio de la marge brute dans la rubrique « États financiers dressés en pourcentages » ci-dessus. En 1993, les biens vendus semblent avoir subi davantage de pression des prix que les services. Le ratio de la marge brute totale pour 1993 correspondait à (6 579,4 $ – [638,3 $ + 3 366,5 $]) / 6 579,4 $ = 0,391, alors qu'il était de 0,352 en 1992 (7 176,2 $ – [1 076,0 $ + 3 571,5 $]) / 7 176,2 $). Canadien Pacifique a été en mesure de maintenir ses prix en dépit de ses pertes entre 1992 et 1993.

6. **Taux d'intérêt moyen :** On le calcule en divisant les intérêts débiteurs par le passif. Il existe différentes versions de ce ratio, selon que l'on calcule les intérêts débiteurs avant ou après impôts et que l'on inclut tous les éléments de passif ou seulement ceux qui portent un intérêt, comme les obligations et les hypothèques. S'il est calculé après impôts et qu'il s'applique à tous les passifs, il sera sans doute très bas : les intérêts sont déductibles d'impôts, donc les économies d'impôts se montent à un tiers ou à la moitié de ces intérêts. De plus, de nombreux passifs, comme les impôts reportés, la quote-part des actionnaires sans contrôle, les dividendes à payer et la plupart des créditeurs ne portent aucun intérêt. Les calculs du taux d'intérêt sont repris dans la section 9.6.

En utilisant les intérêts débiteurs bruts de la note 3, comme dans le calcul du ratio de rentabilité ci-dessus, nous obtenons des intérêts débiteurs de 582,3 $ en 1993 et de 643,8 $ en 1992. Le total du passif s'élevait à 11 103,6 $ en 1993 (2 990,1 $ + 721,9 $ + 4 690,4 $ + 178,1 $ + 1 776,2 $ + 481,3 $ + 265,6 $ ou, plus simplement : 17 134,3 $ du total du passif et de l'avoir des actionnaires moins 6 030,7 $ de l'avoir des actionnaires) et à 13 961,8 $ en 1992. Ainsi, le taux d'intérêt moyen avant impôts sur tous les passifs était de 0,052 en 1993 (582,3 $/11 103,6 $) et de 0,046 en 1992 (643,8 $/13 961,8 $). Le changement n'est donc pas très significatif. Grâce aux informations de la note 3 et à une étude des différentes catégories de passifs du bilan, vous pouvez ventiler le taux d'intérêt total entre le taux de la dette à court terme et celui de la dette à long terme. Le taux d'intérêt après impôts sera calculé dans la section 9.6.

7. **Ratio des flux de trésorerie-total des actifs :** Il équivaut aux « liquidités provenant des activités/total de l'actif ». On retrouve les liquidités provenant des activités dans l'état de l'évolution de l'encaisse (état de l'évolution de la situation financière). Quant au total de l'actif, il peut correspondre soit au chiffre du bilan de fin d'exercice, soit à la moyenne des chiffres de début et de fin d'exercice. Ce ratio exprime la capacité de l'entreprise à produire des ressources financières en fonction de sa taille. Il procure une mesure du bénéfice différente de celle que fournit le ratio de rentabilité de l'actif, mais s'attache plus aux liquidités qu'aux bénéfices.

En utilisant les actifs de fin d'exercice de Canadien Pacifique, on obtient un rapport de 0,062 en 1993 (1 059,9 $/17 134,3 $) et de 0,042 en 1992 (856,4 $/20 275,2 $). Bien que l'année 1993 ait été difficile, comme nous l'avons constaté en calculant les ratios de rentabilité de l'actif et des capitaux propres, l'entreprise a réussi à produire un peu plus de liquidités par rapport à sa taille en 1993 qu'en 1992. Si vous analysez l'EESF et la note 8, vous verrez que cette situation provient principalement du fait que le fonds de roulement net hors caisse a diminué en 1993, mais moins qu'en 1992. Nous approfondirons la question dans la section 9.7.

8. **Ratio du bénéfice par action (BPA) :** Théoriquement, ce rapport est calculé suivant la formule « bénéfice net moins dividendes sur actions privilégiées divisé par le nombre moyen d'actions ordinaires en circulation ». Le ratio du BPA rattache les bénéfices provenant des actions ordinaires au nombre d'actions ordinaires émises, offrant ainsi une mesure « terre à terre » de la performance. Il s'agit aussi d'une autre façon de mettre en facteur la taille de l'entreprise. Si vous possédez 100 actions d'une grande entreprise, vous aurez sûrement du mal à vous représenter ce que des revenus de plusieurs millions de dollars signifient pour vous. Par contre, si l'on vous dit que le BPA est de 2,10 $, vous savez tout de suite que la valeur de vos 100 actions a augmenté de 210 $ pour l'année, et vous pouvez alors comprendre ce que le bénéfice vous rapporte.

Le calcul du ratio du BPA est assez compliqué. C'est pourquoi les PCGR exigent que les grandes entreprises ouvertes l'incluent dans leurs états financiers. Ainsi, les actionnaires peuvent comparer les bénéfices de l'entreprise à leur situation personnelle, ce qui les aide à estimer la valeur de leurs actions et à comparer les bénéfices de différentes entreprises au prix de leurs actions sur le marché boursier. (Voir ratio cours-bénéfice.) Dans le cadre des états financiers, il s'agit pour la plupart des entreprises du seul rapport vérifié. Cependant, il n'est pas aussi significatif pour les entreprises fermées car, habituellement, leurs propriétaires ne peuvent pas échanger leurs parts facilement et ils sont susceptibles de s'intéresser plus à la valeur de l'entreprise en général qu'aux actions individuelles. Par conséquent, les PCGR n'imposent pas le calcul du ratio du BPA aux petites entreprises.

Plusieurs versions du ratio du BPA peuvent figurer dans les mêmes états financiers. Si l'entreprise possède des postes exceptionnels, des secteurs d'activité abandonnés ou d'autres anomalies, on calcule le ratio du BPA avant et après ces anomalies afin que leurs effets soient facilement décelables. De plus, si l'entreprise s'est engagée à émettre d'autres actions (comme les programmes d'option d'achat d'actions pour motiver la haute direction ou des actions privilégiées convertibles en actions ordinaires au choix du détenteur), on calcule l'effet potentiel de la réalisation de tels engagements en démontrant à la fois le BPA ordinaire et le BPA « complètement dilué ». La dilution désigne la diminution potentielle des bénéfices des actionnaires actuels à la suite de l'application, par d'autres personnes, d'engagements pris par l'entreprise.

Pour Canadien Pacifique, l'état des résultats montre que le ratio du BPA est passé de − 1,50 $ en 1992 à − 0,60 $ en 1993. Cependant, une partie des pertes de 1992 était attribuable à l'abandon de certains secteurs d'activité. Par conséquent, le ratio correspondant du BPA des secteurs d'activité maintenus était de − 0,95 $ en 1992. Le bénéfice des actionnaires ordinaires de Canadien Pacifique a chuté de plus de 50 % en regard de l'année précédente. La rétrospective des dix derniers exercices, à la fin des états financiers, présente tous les taux de rendement de l'avoir moyen des actionnaires (BPA) depuis 1984 et révèle ainsi que, même si 1993 n'était pas une très bonne année, ce n'était pas la pire de cette décennie. La rétrospective nous rappelle également que les PCGR diffèrent d'un pays à l'autre : le ratio du BPA, tel qu'il est défini par les PCGR canadiens, s'apparente au ratio du BPA défini pas les PCGR américains, mais il s'avère parfois inférieur ou supérieur.

9. **Valeur comptable d'une action :** Elle correspond aux « (capitaux propres des actionnaires moins actions privilégiées)/nombre d'actions ordinaires en circulation ». Semblable au ratio du BPA, ce ratio met en relation la portion des capitaux propres des actionnaires attribuable aux actions ordinaires résiduelles et le nombre d'actions en circulation. Par conséquent, il ramène le bilan de l'entreprise au niveau de l'actionnaire individuel. Il ne s'agit pas réellement d'un ratio de performance, mais les capitaux propres des actionnaires englobent les bénéfices non répartis et comprennent donc les résultats accumulés. Étant donné que les chiffres du bilan ne reflètent pas la valeur marchande actuelle de la plupart des actifs, ou de l'entreprise

dans son ensemble, beaucoup de gens estiment que la valeur comptable d'une action constitue un rapport très peu significatif. Cependant, vous verrez qu'il est mentionné dans de nombreuses publications financières.

Pour Canadien Pacifique, le bilan indique que 319 358 667 actions ordinaires avaient été émises à la fin de l'année 1993, et 319 053 305 à la fin de l'année 1992. Ainsi, la valeur comptable d'une action équivaut à 18,837 $ à la fin de 1993 ([6 030,7 – 14,9 millions de dollars]/319 358 667 $) et à 19,74 à la fin de 1992 ([6 313,4 – 14,9 millions de dollars]/319 053 305 $).

10. **Ratio cours-bénéfice :** On le calcule d'après la formule « valeur marchande actuelle par action/BPA ». Le ratio cours-bénéfice définit la relation qui unit le bénéfice comptable et la valeur des actions sur le marché. Cependant, comme il n'y a pas de relation directe entre de tels bénéfices et les fluctuations des cours de la Bourse (comme nous l'avons souligné dans le chapitre 8 et précédemment), l'interprétation du ratio cours-bénéfice prête à controverse. Néanmoins, ce ratio est très employé et il apparaît dans de nombreuses publications et analyses des entreprises. On considère que, comme les cours de la Bourse sont censés refléter les attentes du marché en matière de performance future, le ratio cours-bénéfice compare le rendement actuel à ces attentes. Une entreprise dont le ratio cours-bénéfice est élevé devrait sûrement présenter un rendement futur supérieur au rendement actuel, alors qu'une entreprise dont le ratio cours-bénéfice est faible ne devrait pas faire beaucoup mieux à l'avenir. Les entreprises dont le ratio cours-bénéfice est élevé sont populaires et leurs actions se vendent à bon prix. Par contre, les entreprises dont le ratio cours-bénéfice est faible ne sont pas très populaires, et le prix de leurs actions est bas en raison de leurs bénéfices actuels. Le ratio cours-bénéfice étant très sujet aux fluctuations générales des prix du marché, il est donc difficile de l'interpréter dans le temps. Il est plus utile de confronter des entreprises comparables inscrites à la cote du même marché boursier, en même temps.

Pour Canadien Pacifique, les actions ordinaires se vendaient au prix moyen de 20,00 $ en 1993 et de 16,88 $ en 1992 à la Bourse de Toronto. Le ratio cours-bénéfice moyen était donc d'environ – 33,33 en 1993 (20,00 $/– 0,60 $), et de – 11,25 en 1992 [16,88 $/– 1,50 $]. Le prix des actions de l'entreprise a quelque peu diminué en 1993 en regard de 1992, mais pas autant que le BPA. Le marché s'attend sans doute à ce que l'entreprise récupère son pouvoir de bénéfice dans le futur.

Tout comme le ratio cours-bénéfice, la valeur comptable et la valeur marchande des actions peuvent être comparées pour indiquer à quel point les chiffres comptables sont proches de l'évaluation de l'entreprise sur le marché. Ces deux valeurs sont déterminées par différents processus (la valeur comptable est mesurée par les PCGR essentiellement d'après le coût d'origine, alors que la valeur sur le marché est déterminée par les attentes du marché sur la performance future, de même que par la valeur actuelle). Par conséquent, si elles sont identiques, il s'agit d'une coïncidence. Toutefois, la comparaison de ces deux valeurs pour différentes entreprises peut faire ressortir que la Bourse a surévalué ou sous-évalué certaines sociétés, si l'on en croit les mesures comptables de la situation financière. Pour Canadien Pacifique, les deux valeurs sont semblables; le prix du marché était légèrement inférieur à la valeur comptable en 1993 (20,00 $ contre 18,84 $) après qu'ils eurent été presque identiques en 1992 (24,50 $ contre 19,74 $).

11. **Ratio des dividendes au bénéfice :** Ce sont les « dividendes annuels déclarés par action/BPA ». Il s'agit d'une mesure de la part des bénéfices versés aux actionnaires. Par exemple, si le ratio des dividendes au bénéfice est égal à 0,40, cela signifie que 40 % des bénéfices ont été distribués aux actionnaires, et que les 60 % restants ont été conservés dans l'entreprise (bénéfices non répartis) pour financer les actifs ou réduire les dettes. Un ratio stable suggère que la politique de l'entreprise consiste à calculer les dividendes à payer d'après les revenus, et un ratio variable suggère que d'autres facteurs que les revenus entrent en ligne de compte dans les décisions du conseil d'administration concernant la déclaration des dividendes.

Pour Canadien Pacifique, l'état des bénéfices non répartis indique que l'on a déclaré des dividendes de 0,32 $ en 1993 et de 0,32 $ en 1992. Le bénéfice par action était de – 0,60 $ en 1993 et de – 1,50 $ en 1992. Ainsi, les actionnaires ont reçu un dividende malgré les pertes subies. Cette variation est typique de Canadien Pacifique : la rétrospective des dix derniers exercices, à la fin des états financiers, présente les dividendes par action de chaque année et indique que les dividendes n'étaient pas stables durant les dix exercices.

Ratios d'activité (rotation)

12. **Taux de rotation de l'actif :** Il est calculé comme le « revenu/total de l'actif ». Ce taux ainsi que les ratios de rotation comparables établissent un lien entre le volume des ventes en dollars et la taille de l'entreprise et répondent ainsi à la question : quel est le volume associé à un dollar d'actif ? Les ratios de rotation et de marge bénéficiaire sont plus utiles ensemble, car ils tendent à se déplacer dans des directions opposées. Les entreprises qui ont un taux de rotation élevé ont tendance à avoir une faible marge, et celles qui ont un faible taux de rotation tendent à avoir une marge élevée. Ces extrêmes représentent des stratégies de marketing contraires ou des pressions rivales : vendre à bas prix et miser sur le volume ou, au contraire, vendre cher et faire un plus grand bénéfice sur chaque unité vendue. Nous reparlerons de l'utilisation de la marge de profit et de la rotation dans la section 9.6.

Le taux de rotation de l'actif de Canadien Pacifique était de 0,38 en 1993 (6 579,4 $/17 134,3 $) et de 0,35 en 1992 (7 176,2 $/ 20 275,2 $). Le taux de rotation s'est accentué en 1993, même si les actifs et les revenus ont décliné. Le taux de rotation de l'entreprise est faible comparativement à celui de nombreuses entreprises, car d'importants investissements en actifs sont nécessaires pour qu'elle puisse exploiter des secteurs comme les chemins de fer, le camionnage et les hôtels. Par ailleurs, l'entreprise possède toujours d'importants biens immobiliers remontant à sa création au XIXe siècle.

13. **Taux de rotation des stocks :** Il correspond au « coût des produits vendus/stocks moyens ». Si le coût des produits vendus n'est pas indiqué, il est souvent remplacé par le revenu des ventes dans le calcul du ratio, ce qui convient pour comparer une année aux autres exercices d'une entreprise, tant et aussi longtemps que les majorations et les combinaisons de produits ne changent pas de façon significative. Le ratio relie la quantité des stocks au volume d'activité : une entreprise ayant un faible taux de rotation s'expose à l'obsolescence ou à la détérioration de ses stocks. Elle peut par ailleurs se voir dans l'obligation d'engager des frais excessifs d'entreposage et d'assurance. Au cours des dernières années, beaucoup d'entreprises ont tenté de réduire les stocks au minimum, en ne conservant que la quantité suffisante pour répondre à la demande de la clientèle ou, même, en s'approvisionnant au gré de la demande de la clientèle (comme avec les méthodes juste-à-temps qui permettent de réduire au minimum les stocks, sans toutefois irriter la clientèle par un manque de marchandises).

Nous savons qu'un peu plus du quart des revenus de Canadien Pacifique proviennent de la vente de biens, le reste étant tiré des services. Les revenus des services ne requièrent sans doute pas un grand inventaire. C'est pourquoi il serait logique de compiler la rotation des stocks par comparaison aux coûts des biens vendus et d'ignorer le coût des services. Pour 1993, ce ratio se montait à 1,42 (638,3 \$/[286,9 + 611,5 \$]/2). Pour calculer le ratio de 1992, nous avons besoin de connaître les stocks de l'actif de 1991 afin de déterminer les stocks moyens. Ce montant n'apparaît pas dans les états financiers, mais on peut le déduire à partir de la note 7, qui présente les changements dans le fonds de roulement hors caisse. À la fin de l'année 1992, les stocks représentaient 611,5 \$ et la note 7 explique qu'ils ont diminué de 314,4 \$ durant l'année 1992. Ils devaient donc se monter à 925,9 \$ à la fin de 1991. Ainsi, le taux de rotation était de 1,40 (1 076,0 \$/ [611,5 \$ + 925,9 \$]/2) en 1992. Le taux de rotation de l'entreprise a légèrement augmenté en 1993 : l'entreprise détenait en moyenne moins de stocks, par rapport au volume de produits vendus, que l'année précédente.

14. **Ratio de recouvrement (taux de rotation des comptes clients) :** Il est souvent appelé « jours de vente des comptes clients ». On le calcule suivant la formule « comptes clients/(bénéfices/365) ». Ce ratio indique le nombre de jours nécessaire, en moyenne, pour recouvrir les revenus des ventes d'une journée. Il devient significatif lorsque les comptes clients prennent de l'importance par rapport aux ventes. Son interprétation est donc opposée à celle des deux ratios de rotation précédents : un ratio de recouvrement élevé constitue un signal négatif et une remise en question de la politique de l'entreprise quant à l'octroi de crédits et à la vigueur de ses tentatives de recouvrement. Ce ratio est soumis à des variations saisonnières importantes dans

beaucoup d'entreprises. En effet, il augmente généralement durant les grosses périodes de vente, comme le moment de Noël pour les détaillants, et chute durant les périodes plus calmes. Il serait préférable de n'utiliser que les revenus provenant des ventes à crédit dans le dénominateur, puisque les ventes payées comptant sont recouvrées immédiatement. Cependant, peu d'entreprises distinguent les revenus comptants de leur chiffre d'affaires global.

Le ratio de recouvrement de Canadien Pacifique était de 41 jours à la fin de l'année 1993 (735,3 $/[6 579,4 $/365]), et de 55 jours à la fin de 1992 (1 090,7 $/[7 176,2 $/365]). Ce délai de recouvrement n'a rien d'inhabituel pour les entreprises ayant régulièrement comme clients des gouvernements et d'autres entreprises.

Ratios de financement

15. **Ratio d'endettement :** Il s'agit du « passif/capitaux propres », que l'on calcule parfois comme « la somme de la dette extérieure/capitaux propres » pour exclure le produit comptabilisé d'avance, les impôts reportés et d'autres passifs qui, en réalité, sont plus des conséquences du rapprochement des bénéfices et des charges comptables que de véritables dettes. Le ratio mesure la proportion des emprunts par rapport aux investissements des propriétaires (dont les bénéfices non répartis), et il révèle ainsi la politique de l'entreprise en matière de financement des actifs. Un ratio supérieur à 1 indique que les actifs sont principalement financés par la dette, alors qu'un ratio inférieur à 1 indique que les actifs sont financés surtout par les capitaux propres. Un ratio encore plus élevé, largement supérieur à 1, signale que l'entreprise est probablement très endettée par rapport à ses capitaux propres et peut être sensible aux augmentations du taux d'intérêt, au resserrement général du crédit ou à l'impatience des créditeurs. Un ratio élevé indique aussi que l'entreprise subit « l'effet de levier », c'est-à-dire qu'elle a emprunté pour augmenter ses actifs au-delà de ce que pourraient permettre les seuls fonds, et qu'elle espère par conséquent augmenter ses bénéfices et en faire profiter les propriétaires. Reportez-vous aux commentaires sur l'effet de levier à la fin du point 2 de la présente section et à la section 9.6.

Le bilan de Canadien Pacifique présente plusieurs catégories de passifs. Comme nous l'avons fait plus haut pour le « taux d'intérêt moyen », nous pouvons calculer la somme des passifs en additionnant tous les chiffres de ces catégories ou bien en déduisant seulement la somme des capitaux propres du total de la partie droite du bilan. Avec cette dernière méthode, la somme des passifs se montait à 11 103,6 $ en 1993 (17 134,3 $ – 6 030,7 $) et à 13 961,8 $ en 1992 (20 275,2 $ – 6 313,4 $). Le ratio d'endettement de l'entreprise était donc de 1,84 à la fin de l'année 1993 (11 103,6 $/6 030,7 $) et de 2,21 à la fin de l'année 1992 (13 961,8 $/6 313,4 $). Ces ratios démontrent que l'entreprise dépend de la dette plus que des capitaux propres et que sa dépendance relative envers la dette a diminué durant l'année 1993.

16. **Ratio de passif à long terme/endettement :** Il s'agit des « prêts à long terme, hypothèques, obligations et dettes similaires, divisés par la

somme des capitaux propres. » On retrouve plusieurs versions selon les éléments particuliers que l'analyste a décidé d'inscrire dans la dette. On parle souvent de ratio d'endettement, car on semble supposer que la dette à long terme est plus pertinente pour évaluer les risques et financer la stratégie que les dettes à court terme, comme les comptes payables, ou les valeurs comptables résiduelles, comme les impôts reportés et les passifs de participation sans contrôle inclus dans le total des passifs. Par conséquent, ceux-ci sont compris dans la version du ratio d'endettement dont nous avons parlé ci-dessus.

Pour Canadien Pacifique, il est difficile de calculer ce ratio, car l'entreprise possède une grande variété de passifs, dont les débentures perpétuelles remontant à plus de 100 ans et n'ayant aucune date de remboursement (voir la note 15). Pour simplifier le calcul, on peut obtenir le ratio en divisant simplement la « dette à long terme » (citée dans la note 14) par les capitaux propres. Sans compter sa portion à court terme, la dette se montait à 4 690,4 $ à la fin de l'année 1993 et à 7 021,8 $ à la fin de l'année 1992. Le ratio de la dette à long terme serait donc de 0,78 à la fin de 1993 (4 690,4 $/6 030,7 $) et de 1,11 à la fin de 1992 (7 021,8 $/6 313,4 $).

Canadien Pacifique incorpore un « ratio d'endettement » dans sa rétrospective des dix derniers exercices, à la fin des états financiers. Ce ratio a la forme suivante : dette en proportion de la somme de la dette + les capitaux propres, et capitaux propres en proportion de la même somme, pour que les deux côtés du ratio égalent 100. En 1993, le ratio déclaré par l'entreprise était de 50 : 50. En prenant le ratio calculé ci-dessus, on obtiendrait 44 : 56 (4 690,4 $ par rapport à 4 690,4 $ + 6 030,7 $, et 6 030,7 $ par rapport au même total). On a l'impression d'assister à une partie de base-ball ! La rétrospective des dix derniers exercices démontre que, peu importe la façon dont le ratio est calculé, il varie considérablement d'une année à l'autre.

17. **Ratio de l'endettement aux actifs :** Défini comme « le passif/l'actif », ce ratio est le complément du ratio d'endettement dont nous avons parlé plus haut. Il indique la proportion des actifs financés par l'emprunt. On peut aussi le calculer en comparant simplement la dette à long terme ou la dette extérieure avec les actifs.

En utilisant la somme des passifs, on obtient pour Canadien Pacifique un ratio de 0,65 à la fin de l'année 1993 (11 103,6 $/ 17 134,3 $) et de 0,69 à la fin de 1992 (13 961,8 $/20 275,2 $). Comme nous l'avons vu avec le ratio d'endettement, la dépendance relative de l'entreprise par rapport à la dette a chuté en 1993.

Ratios d'avertissement de liquidité et de solvabilité

18. **Ratio de fonds de roulement (à court terme) :** Il est calculé comme les « actifs à court terme/passifs à court terme ». Ce ratio a déjà été utilisé à plusieurs reprises dans le présent manuel. Il indique si l'entreprise possède suffisamment d'actifs à court terme pour couvrir ses dettes à court terme. Un ratio supérieur à 1 signifie que le fonds de

roulement est positif (les actifs à court terme sont supérieurs aux passifs à court terme), et un ratio inférieur à 1 indique que le fonds de roulement est négatif. En général, plus le ratio est élevé, plus la stabilité financière est grande, et moindres sont les risques pour les créanciers et les propriétaires. Cependant, le ratio ne doit pas être trop élevé, car cela pourrait indiquer que l'entreprise ne réinvestit pas dans les actifs à long terme pour maintenir la productivité future.

Le ratio du fonds de roulement est un indicateur couramment utilisé. De nombreux analystes semblent employer une règle estimative selon laquelle le ratio de fonds de roulement devrait se situer autour de 2 (deux fois plus d'actifs à court terme que de passifs à court terme), mais il s'agit d'une règle très simplificatrice. Beaucoup de grandes entreprises fonctionnent régulièrement avec un ratio de fonds de roulement plus proche de 1 que de 2. L'interprétation du ratio dépend de la situation précise de chaque entreprise. L'interprétation est également complexe, car il s'agit d'un ratio statique, qui évalue la situation financière à un moment précis, et qui ne tient pas compte des flux de trésorerie futurs que l'entreprise peut engendrer pour payer ses dettes. Ce ratio est surtout très utile aux entreprises dont les flux de trésorerie sont relativement stables durant l'année. Il est par contre très difficile à interpréter dans le cas des entreprises qui ont des actifs ou des passifs inhabituels ou qui dépendent des flux de trésorerie futurs pour payer leurs dettes à court terme. Prenons l'exemple d'une entreprise qui est propriétaire d'un édifice qu'elle loue. Si elle possède peu d'actifs à court terme et d'importants passifs à court terme pour le paiement de l'hypothèque, mais que l'édifice est presque entièrement loué et que le revenu de location est stable, elle n'est pas en difficulté même si son ratio de fonds de roulement est faible. Toutefois, elle court plus de risques qu'une entreprise du même genre ayant un ratio de fonds de roulement plus élevé, car cette entreprise se remettrait plus facilement d'une perte de locataires causée par la récession ou l'ouverture d'un édifice concurrentiel.

Le ratio de fonds de roulement de Canadien Pacifique était de 0,90 à la fin de l'année 1993 (2 689,9 $/2 990,1 $) et de 1,09 à la fin de 1992 (3 089,5 $/2 823,5 $). Le fonds de roulement de l'entreprise est passé dans le négatif au cours de l'année 1993, probablement à la suite de la baisse de la performance révélée par d'autres ratios expliqués ci-dessus, et le risque s'est accru.

19. **Ratio de liquidité (immédiate) :** On le calcule suivant la formule « (encaisse + investissements temporaires + comptes clients)/passifs à court terme ». Il s'agit d'une version plus exigeante du ratio de fonds de roulement, qui indique si les passifs à court terme pourraient être payés sans que l'on ait à vendre les stocks, en d'autres termes, sans avoir à convaincre davantage de clients d'acheter ce que l'entreprise a à vendre. Il existe une version encore plus sévère de ce ratio, soit « le ratio de liquidité extrême », qui n'utilise que des espèces et des quasi-espèces dans le numérateur. Un ratio complémentaire, « le ratio stock-fonds de roulement », est souvent utilisé pour indiquer quel est le pourcentage du fonds de roulement immobilisé dans les stocks.

Tous ces ratios servent à déterminer le degré de risque avec plus de précision que le ratio de fonds de roulement. Ils tendent ainsi à être utilisés lorsque ce ratio se dégrade ou s'avère inquiétant pour d'autres raisons.

Pour Canadien Pacifique, le numérateur du ratio de liquidité extrême était de 2 403,0 $ à la fin de l'année 1993 (1 667,7 $ + 735,3 $) et de 2 478,0 $ à la fin de 1992 (1 387,3 $ + 1 090,7 $). Le ratio était alors de 0,80 à la fin de 1993 (2 403,0 $/2 990,1 $) et de 0,88 à la fin de 1992 (2 478,0 $/2 823,5 $). L'entreprise n'aurait pas pu payer ces passifs à court terme à l'aide de ces actifs plus liquides à la fin de l'exercice 1992 ni, à plus forte raison, à la fin de l'exercice 1993.

20. **Ratio de couverture des intérêts:** Il correspond à la formule « (revenu avant intérêts débiteurs et avant impôts)/intérêts débiteurs ». Ce ratio de même que les ratios de couverture analogues obtenus à partir des chiffres des flux de trésorerie de l'EESF indiquent à quel point les engagements financiers (dans ce cas, le paiement des intérêts sur les dettes) sont « couverts » par la capacité de l'entreprise à produire des revenus ou des liquidités. Un ratio de couverture faible (surtout au-dessous de 1) indique que l'entreprise ne fonctionne pas à un niveau suffisamment profitable pour couvrir aisément les obligations d'intérêts. Il peut aussi nous alerter au sujet de problèmes de solvabilité (difficulté à s'acquitter des obligations à long terme).

Pour calculer le ratio de couverture de l'intérêt de Canadien Pacifique, nous utiliserons les intérêts débiteurs bruts énumérés dans la note 3, car il s'agit d'une obligation que l'entreprise doit satisfaire, quel que soit son succès dans la réalisation d'intérêts créditeurs en regard des intérêts débiteurs sur l'état financier. Cette charge brute était de 582,3 $ en 1993 et de 643,8 $ en 1992. Selon le bénéfice d'exploitation des états financiers, les revenus avant intérêts débiteurs et avant impôts se montent à 915,1 $ en 1993 et à 163,2 $ en 1992. Le ratio était alors de 1,57 en 1993 (915,1 $/582,3 $) et de 0,25 en 1992 (163,2 $/643,8 $). La couverture des intérêts a augmenté considérablement en 1993 et se situe maintenant près de 1, non loin du point auquel la couverture des intérêts débiteurs occasionnerait une perte nette pour l'entreprise.

Les ratios constituent une méthode rapide qui permet de ventiler l'information des états financiers, sous une forme autorisant une comparaison simple avec des entreprises similaires et avec le rendement financier de l'entreprise au cours de plusieurs exercices. Par ailleurs, les divers ratios présentent l'avantage de s'intéresser à différents aspects des résultats de l'entreprise. Ainsi, si vous voulez seulement vous renseigner sur les liquidités d'une entreprise, il vous suffit de calculer les ratios de liquidités, comme le ratio de liquidité immédiate et le ratio du fonds de roulement.

Les utilisateurs ne se contentent pas de ratios ou d'autres calculs analogues effectués à partir des états financiers pour analyser la performance d'une entreprise. Ils s'appuient également sur la section du rapport annuel qui précède les états financiers, sur le rapport du vérificateur, sur les notes explicatives annexées aux états financiers, sur les rapports effectués par différents analystes, sur leurs connaissances personnelles en gestion, sur les rapports des médias, et ainsi de suite.

Les utilisateurs pourraient trouver dans la première partie du rapport annuel des informations sur l'interprétation faite par la direction de la performance passée et future, les nouveaux projets ou les stratégies de croissance pour l'entreprise, ainsi que des indications sur les secteurs d'exploitation qui subissaient des tensions ou des changements. Ceux qui préparent l'état non financier et les parties non vérifiées du rapport annuel ne sont pas forcément objectifs quant aux résultats présents et à venir, mais les utilisateurs peuvent tout de même obtenir des indications sur les points forts ou les difficultés de l'entreprise à partir de cette section du rapport.

Le rapport du vérificateur indique aux utilisateurs si les états financiers représentent fidèlement la situation de l'entreprise. Il ne s'agit pas d'un examen de santé des opérations de l'entreprise ; le vérificateur se contente d'attester que la situation actuelle de l'entreprise est fidèlement dépeinte dans les états financiers, et ce, qu'elle soit bonne ou mauvaise. Le rapport du vérificateur indique également aux utilisateurs si on a utilisé une méthode de comptabilité inhabituelle (non conforme aux PCGR ou inconséquente) pour déterminer les montants figurant dans les états.

Les notes annexées aux états financiers offrent plus d'explications sur certains éléments clés, comme nous l'avons vu dans le calcul des ratios pour Canadien Pacifique. Ces éléments peuvent inclure des renseignements sur la politique comptable de l'entreprise pour certains comptes, comprendre le calcul détaillé de la façon dont on a déterminé les valeurs des comptes et les avis concernant tous les changements de politique comptable, mentionner les litiges importants et tous les éléments qui pourraient être significatifs. Ces informations, ainsi que les états financiers en soi et les ratios ou autres analyses, aident les utilisateurs à se faire une opinion globale de l'entreprise.

9.6   ANALYSE GLOBALE AU MOYEN DE RATIOS : LA FORMULE DE SCOTT

Comme nous l'avons vu avec l'exemple de Canadien Pacifique, lorsqu'on connaît la société et l'objectif de l'analyse, les nombreux ratios peuvent nous donner une foule de renseignements sur cette entreprise. De plus, on peut combiner divers ratios en vue d'effectuer des analyses plus globales que celles que nous avons mentionnées antérieurement. De telles analyses tirent parti du fait que les ratios sont calculés à partir des mêmes chiffres des états financiers et sont donc reliés.

Dans cette section, vous verrez comment effectuer une analyse globale particulièrement utile, appelée **formule de Scott**, du nom de son initiateur, le professeur William R. Scott de l'université de Waterloo. Cette analyse fait partie des nombreuses méthodes qui sont utilisées, ou qui pourraient l'être. Nous la décrivons ici en détail parce qu'elle donne maintes indications sur la façon dont le rendement global d'une société a été réalisé, et parce qu'elle illustre comment on peut tirer avantage des états financiers préparés selon la comptabilité en partie double pour accroître le pouvoir de l'analyse. La formule de Scott se base sur la notion d'*effet de levier*, qui est un objectif important et une conséquence des emprunts utilisés en vue d'obtenir un rendement. L'effet de levier est illustré dans l'exemple suivant :

a) Le professeur Gougeon veut investir 15 000 $ dans un projet immobilier ;

b) Il dispose de 5 000 $ d'économies personnelles ;

c) Il décide donc d'emprunter 10 000 $ à la banque à un taux d'intérêt de 11 % ;

d) Il investit les 15 000 $ dans le projet et son investissement lui procure un rendement annuel de 2 100 $.

e) Le rendement du projet est de 14 % avant impôts (2 100 $/15 000 $) ;

f) Il paie des intérêts à la banque (11 % de 10 000 $ = 1 100 $) avec le rendement que lui procure son investissement ;

g) Il encaisse le solde (2 100 $ − 1 100 $ = 1 000 $) ;

h) Le rendement de l'investissement avant impôts du professeur Gougeon est de 20 % (1 000 $/5 000 $).

Pas mal, n'est-ce pas ? Le rendement du projet est de 14 %, mais le rendement que le professeur tire du capital qu'il a investi est de 20 %! Cela peut s'expliquer ainsi : le professeur a emprunté à un taux de 11 % et a utilisé les fonds empruntés en vue d'obtenir un rendement de 14 %. La différence, soit 3 %, revient au professeur en compensation du risque qu'il a pris en investissant dans le projet.

• Rendement global = 14 % de 15 000 $ = 2 100 $;

• Intérêts versés à la banque = 11 % de 10 000 $ = 1 100 $;

• Ce qui revient au professeur : 14 % des 5 000 $ puisés dans ses propres économies + 3 % de l'emprunt de 10 000 $;

• Rendement qu'il obtient du capital investi = 14 % (700 $) + 3 % (300 $) = 1 000 $, ce qui correspond à 20 % de l'investissement de 5 000 $ du professeur.

L'effet de levier est un bon moyen d'augmenter votre rendement, dans la mesure où vous avez la certitude que le taux de rendement global du projet est supérieur à ce que vous coûte votre emprunt. Il s'agit toutefois d'une arme à double tranchant parce que l'effet de levier peut se retourner contre vous si les rendements sont faibles ou négatifs. Supposons que le projet immobilier du professeur ne produise qu'un rendement de 7 %. Voici ce qui se passerait dans ce cas :

• Rendement global = 7 % de 15 000 $ = 1 050 $;

• Intérêts versés à la banque = 11 % de 10 000 $ = 1 100 $;

• Ce qui revient au professeur : 7 % des 5 000 $ puisés dans ses propres économies *moins* 4 % de l'emprunt de 10 000 $;

• Rendement qu'il obtient du capital investi = 7 % (350 $) moins 4 % (400 $) = − 50 $, ce qui correspond à − 1 % de son investissement de 5 000 $.

Donc, dans ce cas, le professeur Gougeon perd sur chaque dollar emprunté parce que le projet procure un rendement inférieur au coût de l'emprunt. Ce n'est plus du tout une bonne opération ! Le professeur perd 1 % de son capital investi alors que, s'il avait investi seulement ses propres économies, sans emprunter, il aurait obtenu un taux de rendement de 7 %, soit le rendement que procure le projet. Dans ce cas, l'effet de levier est défavorable au lieu d'être avantageux.

Lorsqu'un emprunt est en cause, le rendement du capital investi correspond toujours à la somme du taux de rendement du projet appliqué au capital investi plus le rendement obtenu grâce à l'effet de levier, lequel représente la différence entre le taux de rendement du projet et le taux d'intérêt de l'emprunt appliqué au montant emprunté. Nous souhaitons que toutes ces composantes soient positives, mais ce n'est pas toujours le cas, comme nous venons de le démontrer. Cette façon de calculer le rendement est utilisée en dernier lieu et sert de base à la formule de Scott. Cette formule découpe aussi le rendement global en deux parties de façon à indiquer comment il a été obtenu, ce qui produit l'analyse suivante :

Rendement des capitaux propres	= Rendement global de l'exploitation avant intérêts + Rendement attribuable à l'effet de levier
	= (Pourcentage de marge nette avant intérêts) x (Coefficient de rotation de l'actif) + (Taux de rendement de l'actif moins le taux d'intérêt) x (Proportion des capitaux empruntés)

$$RCP = RV \times CRA + (RA - IM) \times P/CP$$

RCP = Rendement des capitaux propres, le même ratio dont nous avons fait mention précédemment.

RV = Pourcentage de marge nette dont nous avons fait mention antérieurement et qui utilise le bénéfice net avant intérêts et impôts.

CRA = Coefficient de rotation de l'actif total.

RA = Rendement de l'actif, dont nous avons fait mention antérieurement, calculé avant la déduction des intérêts débiteurs.

IM = Taux d'intérêt moyen, qu'on calcule en divisant les intérêts débiteurs après impôts par le total du passif.

P/CP = Ratio d'endettement.

La formule de Scott combine donc plusieurs ratios afin d'obtenir une analyse intégrée des résultats et de la situation financière. Voyons comment cette formule peut être appliquée à des états financiers et comment on les utilise. Si cela vous intéresse, vous trouverez à la fin de ce chapitre une démonstration arithmétique de la formule[3].

Application de la formule de Scott

On peut appliquer la formule en utilisant des chiffres ou des symboles. Pour vous aider à mieux comprendre, utilisons les deux méthodes :

	Chiffres	Symboles
Total de l'actif	100 000 $	A
Total du passif	70 000	P
Total des capitaux propres	30 000	CP
Total des produits	150 000	Prod
Bénéfice net	6 000	BN
Intérêts débiteurs	7 000	ID
Taux d'imposition	40 %	TI
Intérêts débiteurs après impôts (Intérêts débiteurs x [1 – Taux d'imposition])	4 200	IDAI = ID (1 – TI)
RCP (rendement des capitaux propres)	6 000/30 000 = 0,20	BN/CP
RV (marge nette avant intérêts)	(6 000 + 4 200)/150 000 = 0,068	(BN + IDAI)/Prod
CRA (coefficient de rotation de l'actif)	150 000/100 000 = 1,50	Prod/A
RA (rendement de l'actif)	(6 000 + 4 200)/100 000 = 0,102	(BN + IDAI)/A
IMAI (taux d'intérêt moyen après impôts)	4 200/70 000 = 0,06	IDAI/P
P/CP (ratio d'endettement)	70 000/30 000 = 2,333	P/CP

Résultat

RCP = RV x CRA + (RA – IM) x P/CP

0,20 = 0,068 x 1,50 + (0,102 – 0,06) x 2,333

Pour cette société, que nous appellerons ABC inc., la formule de Scott indique que le rendement de 20 % qu'obtient la société de ses capitaux propres se compose comme suit :

- Une marge nette de 6,8 % ;
- Un coefficient de rotation de l'actif de 1,5 ;
- Un rendement de l'actif de 10,2 % ;
- Un taux d'intérêt moyen de 6 % ;
- Un ratio d'endettement de 2,333.

Ces éléments fournissent des renseignements permettant de comparer les résultats de plusieurs sociétés ou d'une seule société au cours de plusieurs exercices. On aurait pu effectuer des comparaisons en se servant des ratios individuels énumérés précédemment, mais, grâce à la formule de Scott, ces ratios sont mis en relation de sorte qu'il est possible de constater l'incidence de chacun d'eux sur le rendement des capitaux propres.

On peut réunir du côté droit de l'équation les deux composantes de base du rendement des capitaux propres : la première est le rendement de l'actif qui indique la capacité de la société d'obtenir un rendement de son actif avant le paiement des intérêts (6,8 % x 1,5 = 10,2 %, soit le rendement de l'actif), et la seconde est le rendement attribuable à l'effet de levier ([0,102 – 0,06] x 2,333 = 0,042 x 2,333 = 9,8 %). Ainsi, nous obtenons :

Rendement des capitaux propres	=	Rendement de l'actif	+	Rendement attribuable à l'effet de levier
RCP	=	RA	+	Effet de levier
20 %	=	10,2 %	+	9,8 %

Par conséquent, un peu plus de la moitié du rendement des capitaux propres de la société ABC inc. provient de son exploitation, et un peu moins de la moitié provient des fonds empruntés dans le but d'accroître le rendement. *Remarquez que si l'addition des deux termes du membre droit de l'équation ne correspond pas au membre gauche, c'est qu'il y a une erreur* (parfois cette erreur est seulement due au fait que les résultats ont été arrondis, mais cela peut aussi être une erreur grave). La formule de Scott s'appuie sur la comptabilité en partie double (comme l'indique la démonstration arithmétique incluse dans les notes à la fin du chapitre). Par conséquent, si les chiffres ont été calculés correctement, ils doivent être équilibrés.

Application de la formule de Scott à Canadien Pacifique ltée

Pour illustrer la manière d'appliquer la formule de Scott à une entreprise véritable, utilisons les chiffres de Canadien Pacifique et voyons ce que nous indiquent les résultats. La formule peut être appliquée à tout ensemble de chiffres équilibré d'un état financier ; utilisons les chiffres de l'année 1993 et ceux de la fin de 1993, car ils sont tous incorporés dans le bilan de 1993. Pour vérifier vos connaissances des états financiers, placez une feuille de papier sur les chiffres de 1993 ci-dessous et trouvez-les dans l'annexe au chapitre.

	Chiffres de 1993	Symboles
Total de l'actif, fin 1993	17 134,3	A
Total du passif, fin 1993 (plusieurs catégories)	11 103,6	P
Total des capitaux propres, fin 1993	6 030,7	CP
Total des produits pour 1993	6 579,4	Prod
Bénéfice net pour 1993	(190,6)	BN
Intérêts débiteurs pour 1993 (brut, voir Note 3)	582,3	ID
Taux d'imposition pour 1993 (53,1 $/422,1 $)	0,13	TI
Intérêts débiteurs après impôts 1993 (Intérêts débiteurs x [1 – Taux d'imposition])	506,6	IDAI = ID (1 – TI)
RCP (rendement des capitaux propres)	0,032	BN/CP
RV (marge nette avant intérêts)	0,048	(BN + IDAI)/Prod
CRA (coefficient de rotation de l'actif)	0,38	Prod/A
RA (rendement de l'actif)	0,018	(BN + IDAI)/A
IMAI (taux d'intérêt moyen après impôts)	0,046	IDAI/P
P/CP (ratio d'endettement)	1,84	P/CP

Résultats
RCP = RV x CRA + (RA – IM) x P/CP
0,032 = 0,048 x 0,38 + (0,018 – 0,046) x 1,84
0,032 = 0,018 + (– 0,05)

Voici la formule de Scott appliquée à Canadien Pacifique pour 1992. Voyez si vous pouvez produire ces chiffres vous-même à partir des états financiers présentés dans l'annexe à la fin du chapitre. (Si vous ne le pouvez pas, reportez-vous à la démonstration qui apparaît dans les notes de la fin du présent chapitre[4].)

$$0,076 = -0,0057 \text{ x } 0,35 + (-0,002 - 0,031) \text{ x } 2,21$$
$$0,076 = 0,002 - 0,074$$

Interprétation des résultats de la formule de Scott

La formule de Scott est puissante pour une analyse rapide du rendement des capitaux propres de l'entreprise, car elle souligne les composantes individuelles du rendement ainsi que les relations entre les composantes qui constituent le rendement final. Pour en faire la démonstration, jetons un coup d'œil sur ces composantes.

Composante déterminante du rendement des capitaux propres

Nous pouvons voir comment la marge de profit (MP) et la rotation (RA) interagissent pour produire le rendement de l'actif. Dans une entreprise donnée, une marge faible et une rotation élevée peuvent produire le rendement. Dans une autre, une marge élevée et une rotation faible peuvent produire le rendement. Ainsi, la marge de profit et le rendement sont susceptibles de se contrebalancer dans la production du rendement sur les actifs, car les pressions de la concurrence sont susceptibles de forcer les prix de vente et les marges de profit à la baisse si vous souhaitez obtenir un rendement élevé. Inversement, si vous souhaitez que vos prix soient parmi les plus élevés du marché, votre volume des ventes risque d'être faible. Songez aux résultats étonnants que vous obtiendriez si vous pouviez obtenir une marge élevée et un volume élevé (de là provient notre souci des monopoles), ou de la gravité des conséquences pour une entreprise dont la marge et le volume sont faibles.

Nous savons déjà, depuis les analyses de ratio précédentes, que Canadien Pacifique a connu une année difficile en 1993. La formule de Scott démontre que le rendement de l'actif (RA) n'est que de 1,8 % en 1993, constitué d'un rendement sur les ventes de 4,8 % avant impôts et d'une rotation des actifs de 0,38 fois. Les investissements importants de l'entreprise dans des immobilisations (coûtant plus de 18 milliards de dollars à la fin de 1993) font qu'il est difficile d'atteindre un rendement très élevé, et la marge des ventes a été resserrée à cause des conditions économiques défavorables. Les résultats ont été moins favorables en 1992, avec un RA de − 0,2 %, composé d'un retour des ventes de − 0,57 % et d'une rotation des actifs de 0,35 fois.

Composante spéculative du rendement des capitaux propres

La formule de Scott démontre comment (ou si) les entreprises utilisent la spéculation financière, définie comme la différence entre le coût de l'argent emprunté pour fournir des ressources (actifs) et le rendement sur ces actifs. Dans certains cas, il y a une différence positive importante entre le rendement d'exploitation et le coût de l'emprunt, et une entreprise peut tirer profit de cette différence et avoir largement recours à la spéculation pour améliorer son rendement par d'importants emprunts par rapport à la base d'endettement du propriétaire. Une autre entreprise peut avoir un potentiel de spéculation important (différence entre le rendement des actifs et le coût des emprunts) mais ne pas emprunter des sommes aussi importantes et ne pas l'utiliser dans la même mesure. Une entreprise gérée prudemment n'emprunte pas trop par rapport à sa base des passifs. Cela fournit une protection contre les effets *négatifs* de la spéculation (surtout une différence négative entre le rendement sur les actifs et les taux d'intérêt), mais la compensation, c'est que l'entreprise peut aussi ne pas être en train de tirer pleinement profit de l'aspect positif de la spéculation lorsque les choses vont bien. La direction doit toujours à la fois être attentive pour éviter des pertes graves et prendre des risques pour tirer profit des occasions qui se présentent.

Canadien Pacifique a quelques éléments de spéculation en 1993, la composante de spéculation du ROE étant de – 5 %, comparativement à – 7,4 % en 1992. Cela s'est produit en dépit de l'emprunt moins élevé en 1993 (un ratio d'endettement de 1,84 contre 2,21), car le rendement sur les actifs a augmenté; il n'était que légèrement au-dessus du coût après impôts de l'emprunt (1,8 % contre 4,6 %). En 1992, par contraste, plus de 97 % du rendement des capitaux (– 7,4 % de – 7,6 %) était produit par les effets de levier. L'entreprise venait tout juste d'éviter les effets négatifs du levier en 1993 : le rendement des capitaux propres aurait été réduit par l'effet de levier si la différence entre le ROA et les taux d'intérêt après impôts avait été négative, et elle l'était presque.

Rendement global sur les passifs

La formule de Scott montre comment le levier financier et le rendement de l'exploitation se combinent pour produire un rendement global sur les passifs. Elle nous rappelle que le rendement du propriétaire est partiellement fonction des opérations quotidiennes et partiellement fonction de la structure financière de l'entreprise. Le marketing, la production et les finances sont *tous* importants dans la production du rendement du propriétaire.

Les résultats du Canadien Pacifique pour 1993 et 1992 sont résumés comme suit par la formule de Scott :

$$
\begin{aligned}
\text{RCP} \quad &= \text{Rendement d'exploitation} + \text{Rendement sur le levier} \\
1993 : -0{,}032 &= 0{,}018 - 0{,}05 \\
1992 : -0{,}076 &= -0{,}002 - 0{,}074
\end{aligned}
$$

Les résultats d'exploitation plus faibles en 1993 ont réduit le RCP directement et ont presque éliminé l'effet de levier, car les taux d'intérêt n'ont pas chuté avec les résultats d'exploitation. Il s'agit du risque relié à l'emprunt : les taux d'intérêt tendent à être largement fixes à court terme car ils reflètent les engagements à long terme et parce que les taux d'intérêt à court terme peuvent ne pas décliner même si l'entreprise, ou l'économie en général, connaît une période difficile.

Pour aller plus loin dans l'interprétation des résultats de Canadien Pacifique, nous avons besoin de plus d'informations comparatives. Les comparaisons avec d'autres entreprises en 1993 et en 1992 souligneraient le rendement de Canadien Pacifique par rapport à ces entreprises alors que l'économie ralentissait. Alors que des comparaisons avec des entreprises semblables seraient plus significatives, la formule de Scott permet des comparaisons avec toute autre entreprise qui peut constituer une solution de rechange pour les investisseurs se demandant s'ils doivent devenir des actionnaires ou des créditeurs de Canadien Pacifique. Les calculs de la formule de Scott appliqués à Canadien Pacifique pendant de nombreuses années donneraient une indication de la façon dont le rendement de l'entreprise a été géré durant les bonnes et les mauvaises années.

Commentaires de conclusion

La formule de Scott est un outil efficace, mais qui ne permet d'analyser que certaines données financières. Par exemple, même si elle traduit un aspect du risque (emprunt), elle ne tient pas directement compte des nombreuses composantes risquées de l'exploitation d'une entreprise pouvant jouer un rôle primordial en ce qui concerne le niveau de rendement de l'entreprise. Ainsi, le fonds de roulement, les liquidités, la solvabilité et les flux de trésorerie, qui sont autant d'éléments reliés au risque, ne sont pas exprimés dans la formule de Scott. Celle-ci ne tient pas compte non plus du taux de rendement du marché (tel que celui des actions d'une entreprise qui est cotée en Bourse, comme l'est Canadien Pacifique) ni des risques potentiellement significatifs comme les fluctuations des devises internationales, la politique gouvernementale concernant les taux d'intérêt et les mauvaises stratégies de marketing. Bien que la formule de Scott représente les résultats *historiques* de ces types de facteurs et qu'elle puisse nous faire douter des développements futurs, elle ne permet pas de prédire l'avenir directement. Cette formule n'est qu'un exemple des nombreux outils d'analyse financière, et il faut l'utiliser conjointement avec ces autres outils.

OÙ EN ÊTES-VOUS ? Voici deux questions auxquelles vous devriez pouvoir répondre à partir de ce que vous venez de lire :

1. Vous avez réalisé une analyse de la société de fabrication Pilote ltée pour 1994 en utilisant la formule de Scott et vous avez établi que le rendement des capitaux propres était de 12 %, le rendement de l'actif de 7 % et le rendement attribuable à l'effet de levier de 5 %. Expliquez au président ce que signifient ces résultats.
2. Rédigez un court texte résumant les résultats de Canadien Pacifique en 1993 et comparez-les à ceux de 1992.

9.7 INTERPRÉTATION DE L'INFORMATION RELATIVE AUX FLUX DE TRÉSORERIE

Que ce soit en économie, en finance ou dans les relations entre les entreprises et leurs propriétaires et bailleurs de fonds, les flux de trésorerie constituent une mesure privilégiée du revenu. Il est important pour une entreprise de réaliser un bénéfice mais, tôt ou tard, les propriétaires souhaitent en recevoir une partie en dividendes, les bailleurs de fonds exigent des versements en espèces pour couvrir les intérêts et le capital prêté, etc. Le bénéfice est égal aux produits moins les charges, mais les produits peuvent comporter des créances irrécouvrables et il se peut que des charges ne soient pas encore payées ou aient été payées d'avance. Par conséquent, le montant du bénéfice net ne correspond pas à celui des flux de trésorerie. Il est fort possible de réaliser un bénéfice mais de ne pas disposer de liquidités ou, à l'inverse, d'avoir subi une perte nette (les charges étant plus élevées que les produits), mais de disposer quand même de liquidités. L'état de l'évolution de la situation financière (EESF) est conçu spécialement pour fournir l'information relative aux flux de trésorerie et pour rapprocher le chiffre du bénéfice net du montant des liquidités produites au cours de l'exercice.

L'information de base contenue dans l'EESF vous est de nouveau présentée ci-dessous dans un exemple. Le fondement théorique de cet état ainsi que la manière de l'utiliser sont étroitement liés à son mode de présentation. En premier lieu, l'EESF convertit le bénéfice apparaissant dans l'état des résultats et établi selon la comptabilité d'exercice en un montant fondé simplement sur les flux de trésorerie. Notre société fictive a fait un bénéfice net de 200 000 $ après déduction de 120 000 $ de charges n'ayant pas d'incidence sur les liquidités. Le bénéfice établi selon la comptabilité de caisse se rapproche donc davantage de 320 000 $. Toutefois, la société n'a pas réellement cette somme en banque parce que tous les comptes clients n'ont pas été encaissés, parce que les stocks se sont accrus ou parce que d'autres éléments du fonds de roulement ont varié, le tout représentant un montant de 70 000 $. Par conséquent, le montant net des liquidités engendrées au cours de l'exercice s'élève à 250 000 $. Dans cet exemple, il est supérieur au bénéfice net, c'est un cas typique.

Deuxièmement, comment la société a-t-elle utilisé ces liquidités, et comment les a-t-elle augmentées grâce à d'autres sources que ses activités d'exploitation ? Elle a versé des dividendes, a acquis de nouvelles immobilisations et en a vendu d'autres, a effectué des emprunts à long terme et en a remboursés, et elle a émis des actions additionnelles. L'effet net de toutes ces activités correspond à un accroissement net des liquidités de 110 000 $.

L'EESF donne donc un portrait assez complet de la façon dont la société a obtenu des fonds et les a dépensés, et de la situation actuelle de sa trésorerie. (Rappelons que les « liquidités » comprennent les espèces et les « quasi-espèces » : encaisse nette des emprunts à court terme, dépôts bancaires à court terme et placements très liquides.)

Activités d'exploitation	
Bénéfice net tiré de l'état des résultats	200 000 $
Moins : Produits et charges sans incidence sur les liquidités	120 000
Redressements relatifs aux liquidités utilisées ou obtenues d'éléments d'actif ou de passif sans incidence sur les liquidités (par exemple, les clients, les fournisseurs, les stocks, les charges payées d'avance)	(70 000)
Rentrées provenant des activités d'exploitation	250 000 $
Dividendes payés	(80 000) $
Activités d'investissement	
Liquidités utilisées pour l'achat d'immobilisations	(310 000) $
Produit de cession d'immobilisations	20 000
Rentrées nettes liées aux activités d'investissement	(290 000) $

Activités de financement	
Liquidités provenant d'emprunts à long terme	190 000 $
Liquidités utilisées pour le remboursement d'emprunts à long terme	(60 000)
Liquidités provenant de l'émission de nouvelles actions	100 000
Rentrées nettes liées aux activités de financement	230 000 $
Augmentation (diminution) des liquidités	110 000 $
Liquidités au début de l'exercice	40 000
Liquidités à la fin de l'exercice	150 000 $

On peut utiliser l'EESF *de pair avec l'état des résultats et le bilan* pour[5]:

a) évaluer l'importance relative des flux de trésorerie en les mettant en relation avec la taille de l'actif, celle du passif, celle des capitaux propres ou celle du bénéfice de la société;

b) évaluer dans quelle mesure la société dépend des liquidités provenant de ses activités d'exploitation par comparaison aux liquidités provenant des activités de financement externe;

c) évaluer la solvabilité (capacité de payer ses dettes à l'échéance) et les liquidités (fait de disposer de réserves suffisantes en liquidités) de la société;

d) évaluer le montant des acquisitions d'immobilisations par rapport à la taille de l'actif de la société et à la charge d'amortissement, de façon à juger si la société semble renouveler ses biens de production à un rythme normal;

e) évaluer le financement par emprunt de la société par rapport à sa stratégie de financement par les capitaux propres;

f) évaluer la politique de dividende de la société en comparant les dividendes avec le bénéfice et les flux de trésorerie, et examiner la tendance d'un exercice à l'autre;

g) déterminer la relation entre le bénéfice et les flux de trésorerie en vue d'évaluer la « qualité » du bénéfice; le bénéfice devrait présenter un certain degré de correspondance avec les flux de trésorerie, compte tenu des redressements normaux tels que l'amortissement. Il ne devrait donc pas s'éloigner tellement des flux de trésorerie ni mettre leur validité en doute;

h) relever les manipulations possibles des montants des flux de trésorerie, telles que les omissions de remplacement des stocks et le retard dans le paiement de la dette à court ou à long terme, en faisant des comparaisons avec les exercices antérieurs;

i) isoler les conséquences négatives de certaines réussites, telles qu'une baisse des liquidités à la suite de la constitution de stocks ou de l'augmentation des comptes clients lorsque la société accroît son chiffre d'affaires; isoler également les avantages trompeurs d'un ralentissement des affaires tels qu'une augmentation des liquidités résultant d'une diminution de la quantité des stocks ou d'une réduction des comptes clients.

Exemple : analyse de Canadien Pacifique ltée

Étudions les informations relatives aux flux de trésorerie de Canadien Pacifique afin d'appliquer les éléments énoncés ci-dessus du mieux que nous pouvons. Ce faisant, nous commenterons d'une manière générale la performance financière de l'entreprise et sa position par rapport aux ratios explicatifs et aux calculs de la formule de Scott déjà appliqués au Canadien Pacifique.

Pour interpréter l'EESF de Canadien Pacifique, il est nécessaire de faire appel à ce que l'entreprise définit comme la trésorerie (espèces et quasi-espèces). Une note à la fin de l'EESF explique que : « La trésorerie comprend l'encaisse et les placements temporaires, moins les emprunts bancaires et les effets à payer. » Il est inhabituel d'inclure les effets à payer dans la rubrique Trésorerie, ce qui a un effet significatif sur les chiffres. La trésorerie à la fin des exercices 1993 et 1992 s'élevait à :

	1993	1992
Encaisse et placements temporaires	1 667,7 $	1 387,3 $
Emprunts bancaires	(30,3)	(149,6)
Effets à payer	(1 459,8)	1 790,4)
Espèces et quasi-espèces	(177,6) $	(552,7) $

L'encaisse a augmenté de 375,1 millions de dollars, passant de 552,7 $ (négatif) à 177,6 $ (toujours négatif), surtout en raison d'une réduction de 330,6 $ des effets à payer. Puisque les effets à payer sont compris dans l'encaisse, l'EESF les inclut dans le changement des liquidités à expliquer, et non dans les notes explicatives. Si les effets à payer n'avaient pas été inclus dans l'encaisse et qu'on les avait appelés simplement « Autres passifs à court terme » (ce à quoi vous vous attendiez probablement), le montant de l'encaisse aurait été de 1 459,8 $ plus élevé (1 282,2 $ dans le positif plutôt que 177,6 $ dans le négatif) à la fin de 1993, et le montant des liquidités provenant des activités aurait été de 330,6 millions de dollars supérieur au chiffre figurant dans l'EESF. Comme pour les autres états financiers, les décisions que prend l'entreprise quant aux méthodes de présentation ou de calcul des informations peuvent considérablement influer sur le message transmis par l'EESF.

En conséquence, on peut résumer l'EESF de la manière suivante :

	1993	1992	Différence
Liquidités provenant des activités	1 059,4 $	856,4 $	(382,4) $
Dividendes versés aux actionnaires	(116,4)	(123,4)	(7)
Liquidités produites par les activités de financement	270,1	819,5	(549,4)
Liquidités utilisées dans les activités d'investissement	(813,9)	(1 557,5)	(743,6)
Augmentation (diminution) des liquidités pour l'année	399,7 $	(5,0) $	(394,7) $

Même si le bénéfice net était beaucoup plus bas en 1993 qu'en 1992, l'EESF n'a pas vraiment changé. Les liquidités utilisées par les opérations se sont élevées de 382,4 millions de dollars par rapport à 1992; les dividendes se sont maintenus presque au même niveau qu'en 1992; et les liquidités produites par le financement à long terme ont diminué de 549,4 millions de dollars. La principale différence, c'est que, même si l'année a été difficile, l'entreprise a économisé 743,6 millions de dollars de plus, soit presque 1 milliard au total, en investissements à long terme. L'augmentation des investissements, largement financée par l'augmentation de l'emprunt à court terme (les effets à payer inclus dans les liquidités), traduisait assez bien, à elle seule, la diminution des liquidités. En 1993, l'entreprise a principalement compté sur les liquidités produites à l'interne, en n'augmentant que très peu son emprunt à long terme, et sur sa décision de contracter un déficit net dans les espèces et les quasi-espèces (grâce à l'augmentation de l'emprunt à court terme sous la forme d'effets à payer).

Dans la section 9.5, le ratio des flux de trésorerie-total des actifs était de 0,0619 en 1993 et de 0,0423 en 1992. L'entreprise a ainsi maintenu sa capacité de produire des liquidités même si son bénéfice net a diminué. Comme nous l'avons mentionné plus haut, le résultat de 1993 dépend de l'inclusion ou non des effets à payer dans les liquidités. En effet, s'ils avaient été inclus dans d'autres éléments de passif à court terme, les liquidités provenant des activités et le ratio des flux de trésorerie-total des actifs auraient été beaucoup plus bas, et les liquidités auraient semblé beaucoup plus élevées. Une analyse du poste « Activités d'exploitation » de l'EESF montre que le bénéfice ajusté des charges à payer à long terme, telles que l'amortissement et les impôts sur le revenu reportés, est passé de 770,6 $, en 1992, à 1 061,7 $, en 1993. Les liquidités provenant des activités se sont accrues en raison d'une diminution des comptes hors caisse du fonds de roulement, qui avaient augmenté en 1992. La note 8 explique que l'entreprise est parvenue à contrôler ses stocks, ses débiteurs (comptes clients), etc. Ils ont baissé de 28,2 millions de dollars en 1993 en regard d'une augmentation de 203,7 millions de dollars en 1992, ce qui laisse supposer que l'entreprise avait augmenté son contrôle sur les comptes du fonds de roulement au cours de l'année, comme on doit s'y attendre lors d'une année difficile.

Le poste « Activités de financement » de l'EESF montre que, même si le bilan n'indique pas beaucoup de changements dans la dette à long terme, il y a eu en fait beaucoup d'activités. Une nouvelle dette de 0,5915 milliard de dollars a été contractée, et 0,5502 milliard de dollars ont été remboursés, ce qui constitue une rotation d'environ un quart de la dette à long terme (qui s'élevait, selon la note 14, à 6,0633 milliards de dollars à la fin de l'année 1993 et à 7 715,9 milliards de dollars à la fin de l'année 1992, y compris les portions à court terme). Dans la note 14 et dans la section des éléments de passif à court terme du bilan, on explique en partie la raison de cette rotation: 694,1 millions de dollars de la dette étaient dus à court terme à la fin de 1992, c'est-à-dire que cette somme devait être remboursée en 1993.

Les quelques commentaires récapitulatifs suivants peuvent vous être utiles:

1. L'entreprise semble avoir institué un contrôle plus strict sur le fonds de roulement en 1993.

2. Les liquidités provenant des activités quotidiennes se sont raisonnablement bien maintenues malgré les difficultés éprouvées durant l'année.

3. Une réorganisation considérable de la dette à long terme a été effectuée.

4. En 1993, l'entreprise a compté davantage sur les liquidités produites à l'interne que sur l'augmentation des emprunts à long terme.

5. Les dépenses de l'entreprise pour les nouvelles immobilisations (1,1362 milliard de dollars) représentent 1,5 fois le montant de l'amortissement (738,8 millions de dollars), ce qui prouve que l'usine et l'équipement sont modernisés.

6. La stratégie de financement de l'entreprise dépend presque entièrement de la dette, et non des capitaux propres : le capital réalisé grâce aux nouvelles émissions d'actions a été négligeable en 1992 et 1993, et l'EESF indique que la dernière émission importante a eu lieu en 1988.

7. Les flux de trésorerie de l'entreprise s'avérant très différents du bénéfice net durant les trois années couvertes par l'EESF, la comptabilité d'exercice produit donc une mesure du rendement qui diffère des flux de trésorerie. Toutefois, une part importante de cet écart est attribuable aux régularisations habituelles l'amortissement, des impôts reportés et des profits sur les ventes. Donc, rien ne laisse à penser que le bénéfice net de Canadien Pacifique est contestable.

8. Le classement des effets à payer dans les liquidités nous rappelle que l'EESF, tout comme les autres états financiers, peut être modifié par les choix de conventions comptables effectués par la direction.

Vous avez sans doute tiré d'autres conclusions personnelles. L'utilisation circonspecte de l'EESF, jumelée aux autres données financières, peut accroître la compréhension et soulever d'intéressantes questions en vue d'une analyse approfondie.

OÙ EN ÊTES-VOUS ? Voici deux questions auxquelles vous devriez pouvoir répondre à partir de ce que vous venez de lire :
1. Quelles sont les principales composantes des flux de trésorerie de Canadien Pacifique en 1993 ?
2. De quelle façon l'information sur les flux de trésorerie peut-elle aider à analyser les états financiers ?

◆

9.8   FLUX DE TRÉSORERIE FUTURS : ANALYSE BASÉE SUR LA VALEUR ACTUALISÉE

Nous avons indiqué que les flux de trésorerie sont importants pour une société et que leur évaluation constitue une part significative de l'analyse des résultats et de la situation financière de l'entreprise. Nous avons mentionné également que les intérêts constituent une charge importante dans l'évaluation de ces résultats et qu'il faut souhaiter que le taux d'intérêt appliqué à des fonds empruntés soit moins élevé que le taux de rendement de l'actif financé au moyen de ces emprunts (ce qui signifie que l'effet de levier est positif). Ces facteurs sont importants lorsque la direction planifie l'avenir et tente de combiner ses acquisitions d'immobilisations, ses emprunts et ses stratégies de rendement de façon à offrir des résultats acceptables aux propriétaires de la société. L'une des raisons qui motive l'analyse des résultats est la prédiction du rendement futur. Toutefois, les flux de trésorerie futurs ne peuvent pas être considérés de la même façon que les flux actuels, car ils ne se sont pas encore matérialisés. Pendant la période d'attente, vous renoncez aux intérêts ou aux autres revenus que vous auriez pu obtenir si vous aviez disposé de l'argent plus tôt.

Certaines méthodes, généralement appelées *méthodes de l'actualisation des flux de trésorerie*, permettent d'analyser les flux de trésorerie futurs et de prendre des décisions quant à l'utilisation et au financement d'immobilisations destinés à engendrer des flux de trésorerie futurs. Dans cette section, nous présenterons sommairement ces méthodes afin de conclure l'étude de l'analyse des flux de trésorerie, et de vous fournir les notions de base nécessaires pour évaluer les méthodes comptables décrites au chapitre 10.

Intérêts et valeur temporelle de l'argent

Dans les sociétés occidentales, le propriétaire d'un capital est autorisé à imposer des frais d'utilisation à une personne qui souhaite se servir de ce capital. Ces frais sont appelés *intérêts*, et on les calcule en appliquant un pourcentage déterminé au montant prêté, qu'on nomme investissement ou *principal*. Par exemple, un taux d'intérêt de 8 % appliqué à un prêt de 200 $ procurera 16 $ d'intérêts annuellement (200 $ x 0,08). Comme nous allons le voir, en s'accumulant avec le temps, les intérêts donnent à l'argent une valeur temporelle.

Habituellement, dans les contrats financiers modernes, on prévoit des paiements de capital et d'intérêts réunis qui sont destinés à couvrir les intérêts et le remboursement d'une fraction du capital. Les hypothèques sur les maisons et les prêts sur les autos constituent deux exemples courants. Dans ce cas, pour comprendre ce qui se passe, nous devons distinguer le rendement de l'investissement (les intérêts) et le remboursement du capital lui-même. Voici un exemple : un prêt de 7 998 $, consenti à un taux d'intérêt de 10 %, est « amorti » au moyen de versements de 2 110 $ versés à la fin de chaque année. Ces paiements sont destinés à couvrir les intérêts et à rembourser le capital en cinq ans. Les intérêts diminuent chaque année parce que le solde du capital baisse, mais le *taux* de rendement est stabilisé à 10 %.

Date	Versements	Rendement de l'investissement (intérêts)	Balance du paiement appliquée au capital	Solde du capital
Date du prêt				7 998 $
1 an plus tard	2 110 $	800 $*	1 310 $	6 688
2 ans plus tard	2 110	669	1 441	5 247
3 ans plus tard	2 110	525	1 585	3 662
4 ans plus tard	2 110	366	1 744	1 918
5 ans plus tard	2 110	192	1 918	0
	10 550 $	2 552 $	7 998 $	

* 800 $ = 7 998 $ x 0,10 ; 669 $ = 6 688 $ x 0,10 ; etc.

Voici quelques formules simples que vous connaissez probablement déjà (P = capital ou investissement, i = taux d'intérêt) :

Intérêt annuel = P x i
Montant dû à la fin d'une année = P $(1 + i)$
Montant dû après n années si aucun versement n'a été fait = P $(1 + i)^n$

Intérêts et valeur actualisée

On peut envisager la notion d'intérêts en sens inverse, c'est-à-dire en considérant ce que vous *perdez* si vous décidez d'attendre un certain temps avant de récupérer votre argent ou, en d'autres mots, en considérant la valeur actuelle d'un paiement futur, si vous supposez que votre argent devrait produire des intérêts entre le moment où vous le prêtez et le moment où vous le récupérez.

Supposons que quelqu'un promette de vous donner 100 $ dans un an. S'il vous donnait l'argent tout de suite, vous pourriez le placer à un taux d'intérêt de 9 %. Analysons la situation en sens inverse : de quelle somme P devez-vous disposer maintenant pour que, si elle est placée pendant un an à un taux d'intérêt de 9 %, elle vous permette d'être dans la même situation que si vous aviez attendu un an ? Utilisons la deuxième formule ci-dessus : 100 $ = P $(1 + 0,09)$, où P correspond au montant qui vous aurait permis de produire des intérêts. Pour trouver la valeur de P, on transforme l'équation ainsi : P = 100 $ / 1,09 = 91,74 $. Si vous aviez disposé de 91,74 $, vous auriez pu placer ce montant à un taux d'intérêt de 9 % et vous auriez 100 $ en votre possession à la fin de l'année (91,74 $ + [0,09 x 91,74 $] = 100 $).

Nous disons donc que le montant de 91,74 $ est la **valeur actualisée** des 100 $ reçus après avoir attendu un an, à un taux d'actualisation de 9 %. La notion de valeur actualisée constitue un autre moyen d'envisager la valeur temporelle de l'argent. Elle nous indique que, tant que nous attendons l'argent qui aurait pu produire des intérêts, nous perdons ces intérêts. La valeur actualisée fait référence à une autre notion, appelée *coût de renonciation*, que vous avez peut-être abordée dans un cours d'introduction à l'économie. Tant que le taux d'intérêt est supérieur à zéro, la valeur actualisée est inférieure au montant réel d'argent qui sera reçu ultérieurement.

Voici les formules du calcul de la valeur actualisée (où F = flux de trésorerie futur et i = taux d'intérêt), qui sont analogues à celles du calcul des intérêts :

Valeur actualisée pour une attente d'un an $= \dfrac{F}{1 + i}$

Valeur actualisée pour une attente de n années $= \dfrac{F}{(1 + i)^n}$

La combinaison de ces deux formules donne la valeur actualisée de versements constants pendant n années $= \dfrac{F}{i} \left(1 - \dfrac{1}{(1 + i)^n} \right)$

Vous pouvez trouver une explication de cette formule à la fin de ce chapitre[6].

Par conséquent, la valeur des 1 000 $ touchés en trois ans, actualisée à un taux d'intérêt de 12 %, serait de 711,78 $ (soit 1 000 $ divisé par $[1,12]^3$).

Dans l'exemple précédent concernant le prêt, la valeur actualisée des 2 110 $ versés chaque année pendant cinq ans, à un taux de 10 %, s'élève à 7 998 $ (soit $[2\ 110\ \$/0,10] \times [1 - 1/(1,10)^5]$) ; vérifiez le calcul. Le capital initial du prêt, en supposant qu'il est remboursé, correspond par conséquent à la valeur actualisée de tous les paiements futurs.

La notion de valeur actualisée est très utile pour évaluer des possibilités de placements futurs. Par exemple, supposons qu'on vous offre la possibilité d'investir 2 000 $ dans un projet qui devrait vous rapporter 4 500 $ dans six ans. Est-ce une bonne affaire ? Supposons que vous puissiez investir vos 2 000 $ à un taux d'intérêt de 11 %. Dans ce cas, la valeur actualisée de 4 500 $ s'élève à 4 500 $/$(1 + 0,11)^6$, soit à 2 406 $. Par conséquent, la valeur actualisée de ce que vous recevrez (2 406 $) est supérieure à votre montant d'investissement (2 000 $). Cet investissement semble donc être une bonne affaire.

Prenons un autre exemple. La société Grimaux ltée émet des obligations d'une valeur nominale de 100 000 $, portant un intérêt de 7 % versé annuellement, et dont le capital sera remboursé dans 10 ans. Que seriez-vous prêt à payer pour obtenir ces obligations, si vous pouviez faire fructifier votre argent ailleurs à un taux de 9 % ?

a) Valeur actualisée des intérêts annuels $= \dfrac{7\ 000\ \$}{0,09} \left(1 - \dfrac{1}{[1 + 0,09]^{10}} \right) = 44\ 924\ \$$

b) Valeur actualisée du remboursement du principal $= \dfrac{100\ 000\ \$}{(1 + 0,09)^{10}} = 42\ 241\ \$$

Valeur actualisée totale $= 87\ 165\ \$$

(Notez que le taux d'intérêt utilisé dans cette formule est votre taux de substitution, soit 9 %. Le taux de 7 % des titres de la société représente son obligation financière envers les bailleurs de fond et ne correspond pas à vos attentes en matière de placement.)

En tant qu'investisseur rationnel, vous seriez disposé à payer 87 165 $ pour acheter les obligations. Les financiers disent que, si les obligations se vendent 87 165 $, elles sont cotées pour procurer un taux de rendement de 9 %. Elles se vendent à escompte, au-dessous de 100 000 $, de façon à attirer les investisseurs désirant un meilleur rendement que le taux nominal de 7 %. En payant 87 165 $, vous obtenez le rendement réel de 9 % que vous vouliez. Reportez-vous au tableau d'amortissement suivant, semblable à celui que nous avons préparé auparavant pour le prêt de 7 998 $.

Date	Montant annuel versé	Rendement de l'investissement demandé (9 %)	Valeur non amortie (croissance de la dette)	Solde réel du capital
Date de l'achat				87 165 $
1 an plus tard	7 000 $	7 845*$	(845)$	88 010
2 ans plus tard	7 000	7 921	(921)	88 931
3 ans plus tard	7 000	8 004	(1 004)	89 935
4 ans plus tard	7 000	8 094	(1 094)	91 029
5 ans plus tard	7 000	8 193	(1 193)	92 222
6 ans plus tard	7 000	8 299	(1 299)	93 521
7 ans plus tard	7 000	8 417	(1 417)	94 938
8 ans plus tard	7 000	8 544	(1 544)	96 482
9 ans plus tard	7 000	8 683	(1 683)	98 165
10 ans plus tard	107 000	8 835	98 165	0
	170 000 $	32 835 $	87 165 $	

* 7 845 $ = 87 165 $ x 0,09 ; 7 921 $ = 88 010 $ x 0,09 ; etc.

OÙ EN ÊTES-VOUS ?

Voici deux questions auxquelles vous devriez pouvoir répondre à partir de ce que vous venez de lire :

1. Quelle est la valeur actualisée des 300 $ que vous toucherez dans deux ans si votre taux de substitution est de 11 %? (243,49 $, soit 300 $ / $[1 + 0,11]^2$)

2. La société Vallon ltée a émis des obligations d'une valeur nominale de 1 000 $, portant un intérêt de 10 % et remboursables dans 8 ans. Les obligations ont été cotées pour procurer un taux de rendement de 12 %, ce qui correspond à ce que le marché des capitaux demande pour des obligations de même degré de risque et de même durée. Les obligations se vendront-elles plus ou moins de 1 000 $ chacune ? (Moins)

9.9   ANALYSE DES EFFETS DES CHANGEMENTS

Pour utiliser l'information comptable, il faut être capable d'analyser un fait, une décision d'affaires, la modification de méthode comptable, ou une proposition qui touche ces différents domaines, et d'en expliquer les effets sur les chiffres comptables. Cette analyse « hypothétique » constitue un précieux instrument d'analyse pour l'expert-comptable. C'est aussi l'une des principales raisons pour lesquelles on exige des étudiants en administration des affaires qu'ils suivent un cours d'introduction à la comptabilité.

Imaginez que le directeur d'une entreprise consulte son comptable — ou vous — en lui demandant : « Si nous prenons cette décision, qu'est-ce que cela va changer ? Quelle incidence cette décision aura-t-elle sur le bénéfice net et sur notre capacité d'emprunt ? » Pour utiliser ce que nous appelons l'**analyse des effets**, nous devons connaître les notions dont parle le directeur et pouvoir répondre à ses questions. Cette habileté croît avec l'apprentissage de la comptabilité. Dans cette section et dans les problèmes se trouvant à la fin du chapitre, nous vous rappelons avec insistance que les gens veulent être en mesure d'analyser l'information comptable et que des questions comme « Que cela change-t-il ? » ou « Que se passerait-il si nous prenions cette décision plutôt qu'une autre ? » sont très courantes. Vous étudiez la comptabilité en partie, ou principalement, pour pouvoir être un utilisateur averti de l'information et pour acquérir les habiletés d'un utilisateur. (Les futurs experts-comptables doivent posséder également ces habiletés pour pouvoir être des conseillers professionnels.)

Les investisseurs et les bailleurs de fonds (tant actuels que potentiels), les percepteurs d'impôts, les concurrents et bien d'autres groupes intéressés utilisent les états financiers pour évaluer une société. La plupart des sociétés s'efforcent de répondre à la demande d'information des divers investisseurs et bailleurs de fonds, mais sans trop en révéler afin de ne pas avantager leurs concurrents. Parfois, une société a le choix entre diverses méthodes comptables (que nous examinerons dans le chapitre 10). Le directeur ou le propriétaire avisé doit évaluer ces méthodes et leur incidence sur les états financiers non seulement selon son propre point de vue mais aussi du point de vue des investisseurs, des bailleurs de fonds ou des autres groupes intéressés. En examinant les exemples d'analyse des effets de ce chapitre et ceux du chapitre 10, demandez-vous quels renseignements ces différents groupes désirent obtenir dans les états financiers.

Aucune décision financière n'est sans effet, parce que les utilisateurs sont nombreux et variés, et qu'ils ont souvent des objectifs opposés. En vous apprenant à maîtriser l'analyse des effets, nous avons pour but de vous permettre, en tant qu'expert-comptable, gestionnaire ou utilisateur de l'information financière, de mieux comprendre la façon d'évaluer les différentes décisions d'affaires et les méthodes comptables.

Voici cinq exemples de problèmes qui peuvent se poser et certaines questions s'y rattachant :

1. Une société décide de modifier sa convention comptable de constatation des produits de façon à augmenter les produits et les

comptes clients dans chaque exercice. Cette décision aura-t-elle comme incidence d'augmenter ou de diminuer le bénéfice du présent exercice? Augmentera-t-elle ou diminuera-t-elle les bénéfices non répartis? Qu'en sera-t-il de l'encaisse?

2. Une société emprunte 1 000 000 $ à court terme à la banque. Quelle sera l'incidence de cet emprunt sur le fonds de roulement? Quelle sera-t-elle sur le ratio du fonds de roulement?

3. Une société décide de diminuer de 25 000 000 $ la valeur d'une mine improductive. Quelle sera l'incidence de cette décision sur le fonds de roulement? Quelle sera-t-elle sur les capitaux propres et sur le bénéfice net?

4. Une société conclut une entente avec son syndicat selon laquelle elle consent à augmenter immédiatement de 2 000 000 $ la cotisation de la société au régime de retraite: de cette somme, 480 000 $ seront attribués à l'exercice, et le solde, aux exercices antérieurs. Quelle sera l'incidence de cette entente sur le fonds de roulement? Quelle sera-t-elle sur les capitaux propres et sur le bénéfice net?

5. À la fin d'un exercice, on a oublié un compte à payer relatif à la charge de loyer et on l'a inscrit dans l'exercice suivant. Quelle sera l'incidence de cet oubli sur le bénéfice des deux exercices? Quelle sera-t-elle sur le fonds de roulement et les bénéfices non répartis à la fin de chacun des deux exercices?

Points de repère pour l'analyse des effets et pour les questions « Qu'arriverait-il si... »

Il n'existe pas de réponses générales au genre de questions présentées ci-dessus, parce que chacune se rapporte à des circonstances particulières. Vous devez donc faire appel aux connaissances et au jugement acquis au cours de vos études et à votre expérience! Cependant, il existe certains points de repère utiles:

a) Tirez avantage du fait que la comptabilité est un système en partie double. Si vous ne pouvez imaginer ce que le « débit » peut être, essayez de commencer avec le « crédit », ou vice versa. Peu importe, débutez avec la partie du problème qui vous semble la plus évidente. Dans l'exemple de l'emprunt bancaire ci-dessus, il se peut que vous trouviez plus facile de commencer par le million de dollars (l'encaisse) dont la société dispose maintenant. Ou, encore, vous pouvez préférer prendre la nouvelle dette comme point de départ.

b) Nous avons utilisé des écritures de journal dans cet ouvrage afin de vous permettre de concevoir les effets équilibrés des transactions, des modifications comptables ou des décisions d'affaires. Essayez différents types d'écritures qui pourraient servir à inscrire la transaction ou la modification, jusqu'à ce que vous trouviez une écriture satisfaisante. Peut-être ne serez-vous pas en mesure de choisir entre les différentes écritures possibles, mais votre recherche vous fera prendre conscience de la nécessité d'exercer votre jugement et d'appliquer le critère de « présentation fidèle » de l'information financière.

c) Rappelez-vous que les effets *annuels* sont inclus dans l'état des résultats, l'état des bénéfices non répartis ou l'état de l'évolution de la situation financière, tandis que les effets *cumulatifs* apparaissent dans le bilan. Les effets sur le bilan (fonds de roulement, bénéfices non répartis, etc.) correspondent donc simplement à la somme de tous les effets annuels jusqu'à la date du bilan. Cela peut vous aider à déterminer ce qui se produit : si vous pouvez déterminer les effets annuels, vous pouvez souvent en déduire les effets sur le bilan ; inversement, si vous pouvez déterminer les effets sur le bilan, vous pouvez souvent en déduire les effets annuels.

d) Fondamentalement, il existe deux types d'effets annuels : ceux dont l'effet sur le bilan est *permanent* et ceux dont l'effet sur le bilan est *temporaire*. Le type permanent inclut les effets qui ne sont pas corrigés par une action ou une écriture subséquente, tels que les erreurs de calcul, non encore découvertes, dans l'amortissement, les intérêts ou la provision pour l'impôt sur les bénéfices. Le second type, temporaire, inclut les effets qui *se* corrigent d'eux-mêmes par la suite, tels qu'un achat inscrit dans le mauvais exercice ou un dénombrement inexact des quantités en stock lors de l'utilisation de la méthode de l'inventaire périodique. Ces erreurs se corrigent d'elles-mêmes au cours de l'exercice financier suivant. Par conséquent, lorsque vous tentez de déterminer les effets sur le bilan, demandez-vous s'ils sont permanents ou temporaires.

Renseignements additionnels sur les effets fiscaux

Comme nous l'avons expliqué dans la section 9.2, il faut tenir compte des conséquences de chaque modification ou décision sur l'impôt sur les bénéfices, car elles risquent fort d'être significatives. (Il faut également tenir compte des effets entraînés sur les autres impôts, mais nous limiterons nos commentaires aux impôts sur les bénéfices parce que ce sont habituellement les plus importants.) Pour analyser de manière appropriée les effets fiscaux, il faut très bien connaître les lois fiscales et leur application ; les caractéristiques que nous énumérons ci-dessous vous aideront à ne pas oublier ces effets (les trois premières ont été énoncées dans la section 9.2 ; vous pouvez revoir cette section si vous avez besoin de plus d'explications).

1. Si le changement du montant de la charge ou du produit est imposable ou déductible, ce changement sera réduit de l'augmentation ou de l'économie d'impôts applicables.

2. Si le bénéfice diminue de X\$ et que le taux d'imposition est de t, l'économie approximative d'impôts est de tX et la diminution approximative du bénéfice après impôts est de $(1 - t)X$. Donc, l'impôt sur les bénéfices réduit l'importance d'une diminution du bénéfice.

3. Si le bénéfice *augmente* de X\$, les résultats seront les mêmes qu'au point 2 mais de signe contraire. La charge fiscale s'accroît et l'augmentation du bénéfice après impôts est réduite de ce montant. Ainsi, l'impôt sur les bénéfices réduit l'importance d'une augmentation du bénéfice, dans la même proportion qu'au point 2.

4. Les impôts ont également une incidence sur les modifications touchant des exercices *antérieurs* (soit les redressements des

bénéfices non répartis) analogue à celle qui a été mentionnée aux points 2 et 3, pourvu que les bénéfices passés soient redressés à des fins fiscales et que les impôts payés soient remboursés.

5. Sans connaître les lois fiscales, il est difficile de savoir si tel montant d'impôt à payer ou à recevoir est un montant à court terme ou un montant à long terme, mais il est probable que cela n'est pas d'une importance capitale dans l'analyse des effets.

Pour illustrer les effets de l'impôt sur les bénéfices, prenons le cas du changement de méthode de constatation des produits de l'exemple 1 (p. 388-389). Supposons que la société P change sa méthode de constatation des produits de façon à augmenter ses produits de 10 000 $ dans l'exercice en cours et de 8 000 $ au total dans les exercices antérieurs (les comptes clients augmentent dans les mêmes proportions). Les charges correspondantes augmentent de 4 000 $ dans l'exercice et de 3 000 $ dans les exercices antérieurs (de sorte que les comptes fournisseurs augmentent également). Étant donné que le taux d'imposition de la société est de 35 %, voici quels seront les effets de cette modification pour la société :

a) Les comptes clients augmenteront de 18 000 $.

b) Les comptes fournisseurs augmenteront de 7 000 $.

c) Le bénéfice de l'exercice augmentera de 3 900 $ après impôts : (10 000 $ – 4 000 $) x (1 – 0,35) ou 6 000 $ – 2 100 $ d'impôts.

d) Les bénéfices des exercices antérieurs (dans les bénéfices non répartis) augmenteront de 3 250 $ après impôts : (8 000 $ – 3 000 $) x (1 – 0,35) ou 5 000 $ – 1 750 $ d'impôts.

e) Les impôts à payer augmenteront de 3 850 $: (18000 $ – 7 000 $) x 0,35, soit 2 100 $ pour l'exercice et 1 750 $ pour les exercices antérieurs.

f) L'effet total sur les bénéfices non répartis se traduit par une augmentation de 7 150 $ (3 900 $ pour cet exercice et 3 250 $ pour les exercices antérieurs).

g) On n'observe aucun effet sur l'encaisse tant que les comptes clients ne sont pas recouvrés et que les comptes fournisseurs ne sont pas payés.

Voici les écritures de journal destinées à mettre en application la modification de convention comptable :

Ct Produits (exercice en cours)		10 000
Dt Charges (exercice en cours)	4 000	
Dt Charge fiscale (exercice en cours)	2 100	
Ct Bénéfices non répartis (exercices antérieurs)		3 250
Dt Comptes clients	18 000	
Ct Comptes fournisseurs		7 000
Ct Impôts à payer		3 850

Notes relatives à la résolution des quatre autres exemples

Dans l'exemple 2, le fait signalé a pour incidence d'augmenter l'encaisse, donc l'actif à court terme et le passif à court terme relatif à l'emprunt bancaire. Par conséquent, l'emprunt n'a pas d'incidence sur le fonds de roulement (actif à court terme moins passif à court terme). Qu'advient-il du ratio du fonds de roulement ? Envisagez les situations suivantes :

Actif à court terme		Passif à court terme		Ratio du fonds de roulement	
Avant	Après	Avant	Après	Avant	Après
a) 6 000 000	7 000 000	3 000 000	4 000 000	2,00	1,75
b) 6 000 000	7 000 000	5 000 000	6 000 000	1,20	1,17
c) 6 000 000	7 000 000	7 000 000	8 000 000	0,86	0,88
d) 6 000 000	7 000 000	9 000 000	10 000 000	0,67	0,70

À partir de ces situations, vous pouvez constater que cette transaction provoque une modification du ratio du fonds de roulement en le rapprochant de 1. Lorsque le ratio est supérieur à 1, la transaction a pour effet de le réduire. Au contraire, lorsque le ratio est inférieur à 1, la transaction l'accroît. Ainsi, l'emprunt n'a pas d'incidence sur le fonds de roulement parce que ce dernier constitue la *différence* entre l'actif à court terme et le passif à court terme, et que les effets sur l'actif et le passif s'annulent. Il a toutefois une incidence sur le ratio du fonds de roulement parce que celui-ci correspond à l'actif à court terme *divisé* par le passif à court terme, et que l'effet relatif de la modification sur le numérateur et le dénominateur n'est pas le même.

La clé de l'exemple 3 est l'écriture destinée à diminuer la valeur de la mine. On portera un crédit au poste Mine dans l'actif et on portera un débit du même montant dans un compte de charges ou de perte. Par conséquent, cette décision n'aura pas d'incidence sur le fonds de roulement parce que ni le débit ni le crédit ne sont portés à un compte du fonds de roulement. Le bénéfice de l'exercice va diminuer et, par conséquent, les bénéfices non répartis et les capitaux propres aussi.

Il est improbable qu'une telle diminution de valeur ait une incidence à la baisse sur les impôts sur les bénéfices (jusqu'à ce que la mine soit vendue, si elle l'est un jour). Cependant, s'il y *avait* une diminution des impôts de l'exercice, cette décision aurait pour effet d'améliorer le fonds de roulement en raison de la diminution du compte Impôts à payer ou de la création d'un compte d'impôts à recevoir. La réduction du bénéfice, des bénéfices non répartis et des capitaux propres serait donc moins importante à cause des économies d'impôts.

Passons maintenant à l'exemple 4. Comment les faits seraient-ils comptabilisés ? Il s'agit d'une modification permanente du régime de retraite, avec effet rétroactif sur les exercices antérieurs. Par conséquent, l'écriture pourrait être la suivante :

```
Ct Encaisse ou Comptes fournisseurs                        2 000 000
Dt Charge de retraite (exercice en cours)          480 000
Dt Bénéfices non répartis (exercices antérieurs)  1 520 000
```

Un tel traitement comptable aurait pour effet de diminuer le fonds de roulement de 2 000 000 $, le bénéfice net de l'exercice de 480 000 $ et les bénéfices non répartis (ainsi que les capitaux propres) de 2 000 000 $ (480 000 $ du bénéfice de l'exercice et 1 520 000 $ des exercices antérieurs). Tous ces effets seraient atténués si des incidences fiscales s'appliquaient.

Si, comme c'est probable, la modification a été faite dans le but de satisfaire des employés au cours des exercices suivants, dans le cadre de la convention globale conclue avec le syndicat, il serait raisonnable que la société inscrive ce fait de la façon suivante :

Ct Encaisse ou Comptes fournisseurs		2 000 000
Dt Charge de retraite reportée	2 000 000	

Si la société journalise cette écriture, le compte Charge reportée devra être amorti au cours d'une période future, qui sera probablement de courte durée. Dans ce cas, il y aura une diminution immédiate du fonds de roulement de 2 000 000 $, mais aucune diminution du bénéfice ni des bénéfices non répartis, jusqu'au début de la période d'amortissement.

Dans un cas de ce genre, l'incidence fiscale est complexe, et c'est pour cette raison que nous nous contenterons de rappeler qu'elle devrait diminuer les effets de l'amortissement sur le bénéfice.

Dans l'exemple 5, à la fin du premier exercice (l'exercice au cours duquel un élément a été oublié), les comptes fournisseurs et la charge de loyer sont trop faibles. Donc, à ce moment, le fonds de roulement est plus élevé qu'il ne devrait l'être, et il en est de même du bénéfice (étant donné qu'une charge n'a pas été inscrite).

Dans l'exercice financier suivant, la société inscrit une charge supplémentaire de loyer, ce qui diminue le bénéfice de cet exercice d'un montant égal à celui de l'augmentation du bénéfice du premier exercice. En fait, l'erreur que constitue l'oubli de l'inscription d'une charge est temporaire parce que les bénéfices des deux exercices sont modifiés du même montant, mais en sens opposé. Par conséquent, les deux erreurs (sur les deux exercices) s'annulent à la fin du deuxième exercice. Il n'y aura donc pas d'effet permanent sur le bénéfice, ni sur les bénéfices non répartis ou sur les capitaux propres.

À la fin du premier exercice, le fonds de roulement est plus élevé qu'il ne devrait l'être en raison de l'absence d'un compte à payer relatif à la charge de loyer. Mais, une fois que l'élément oublié a été inscrit, on ne constate plus d'incidence sur le fonds de roulement.

Dans cet exemple, la seule erreur porte sur le moment où l'élément a été inscrit. Ses effets ne se font sentir que durant la période qui s'étend du moment où l'on aurait dû inscrire l'élément jusqu'au moment où il a été *réellement* inscrit. Toute incidence fiscale est également temporaire.

Autre exemple d'analyse des effets des changements

La société Joujoubec ltée produit une gamme de jouets éducatifs, tels que des jeux de construction et d'association et d'autres jeux du même genre. La société vend tous ses articles à crédit et constate ses produits au moment de l'achèvement de la production. En effet, les jouets se vendent tellement bien que leur fabrication semble constituer le « fait critique ». Cependant, cette façon de procéder a pris fin au moment où Roger Bontemps, vérificateur depuis très longtemps, a pris sa retraite et que Jean Brillant, le nouveau vérificateur, a repris le dossier de la société. Ce dernier a alors suggéré de changer la méthode de constatation des produits en vue de constater ceux-ci au moment de l'expédition des jouets. C'est d'ailleurs la méthode la plus courante dans le secteur des jouets éducatifs. Le changement de la méthode de constatation des produits ne devrait pas avoir d'incidence sur les charges, mais s'il devait influer sur le bénéfice, il toucherait aussi la charge fiscale (taux d'imposition de la société : 40 %).

Pour chaque jouet, il faut reporter la constatation du produit de l'achèvement de la production à la date d'expédition, mais l'effet sur chaque exercice dépend des caractéristiques de la production et des ventes de cet exercice. Nous avons pu obtenir l'information suivante :

	Estimation pour l'exercice suivant	Exercice en cours	Exercice précédent	Tous les exercices antérieurs
Produits selon la méthode actuelle	1 400 000 $	1 280 000 $	1 040 000 $	8 680 000 $
Produits selon la méthode proposée	1 420 000	1 190 000	1 120 000	8 550 000
Différence	20 000 $	(90 000)$	80 000 $	(130 000)$

Quel serait l'effet du changement de méthode de constatation des produits sur le bénéfice de l'exercice précédent ? Quel serait-il sur le bénéfice de l'exercice en cours, sur les bénéfices non répartis à la fin de l'exercice courant et sur les comptes clients à la fin de l'exercice courant ? Pour répondre à ces questions, il faut tenir compte de ce qui se passe dans chaque exercice, en se rappelant que le bilan à une date donnée n'est rien d'autre que l'accumulation de tout ce qui s'est produit jusqu'à cette date. On peut donc dresser le tableau suivant des effets de ce changement (les montants entre parenthèses indiquent des effets négatifs) :

	Effets sur l'état des résultats			Effets sur le bilan		
	produits	charge fiscale	revenu net	comptes clients	dette fiscale	bénéfices non répartis
Tous les exercices antérieurs	(130 000)	(52 000)	(78 000)			
Jusqu'au début de l'exercice précédent				(130 000)	(52 000)	(78 000)
Exercice précédent	80 000	32 000	48 000			
Jusqu'à la fin de l'exercice précédent				(50 000)	(20 000)	(30 000)
Exercice en cours	(90 000)	(36 000)	(54 000)			
Jusqu'à la fin de l'exercice en cours				(140 000)	(56 000)	(84 000)
Exercice suivant	20 000	8 000	12 000			
Jusqu'à la fin de l'exercice suivant				(120 000)	(48 000)	(72 000)

Si vous trouvez que l'analyse des effets des changements est difficile, ne désespérez pas. D'autres exemples vous seront présentés dans le chapitre 10 concernant les choix de conventions comptables, ce qui vous permettra de vous familiariser davantage avec ces notions.

OÙ EN ÊTES-VOUS ?

Voici deux questions auxquelles vous devriez pouvoir répondre à partir de ce que vous venez de lire :

1. La société Prudent ltée, dont l'actif à court terme s'élève à 190 000 $ et le passif à court terme à 170 000 $, emprunte 40 000 $ à la banque, montant qu'elle devra rembourser dans quatre ans. Quel est l'effet de cet emprunt sur le fonds de roulement ? Sur le ratio du fonds de roulement ? Sur le bénéfice net de l'exercice ? (Augmente de 40 000 $; passe de 1,12 à 1,35 ; aucun dans l'immédiat, mais il devrait augmenter après l'investissement de ces fonds et subir une diminution lorsque les intérêts seront payés.)

2. La société Chip ltée s'est rendu compte que les frais des garanties n'étaient pas assez élevés en raison des retours de marchandises à réparer plus fréquents que prévu. La société décide de constater 130 000 $ de plus au titre de provision pour garantie et, par conséquent, dans les charges correspondantes : 90 000 $ pour les ventes constatées dans l'exercice courant et 40 000 $ pour les ventes constatées dans les exercices antérieurs. Le taux d'imposition de la société est de 35 %. Quelle sera l'incidence de cette décision sur le bénéfice net de l'exercice ? Sur les bénéfices non répartis ? (Diminution de 90 000 $ x [1 – 0,35], soit de 58 500 $; diminution de 130 000 $ x [1 – 0,35], soit de 84 500 $. Les derniers sont de 58 500 $ pour l'exercice courant plus 40 000 $ x [1 – 0,35] pour les exercices antérieurs.)

9.10 LES ÉTATS FINANCIERS MESURENT-ILS ADÉQUATEMENT LE RENDEMENT DE LA DIRECTION ?

Sans une interprétation délicate et éclairée, et même alors, les états financiers ne donnent que rarement satisfaction dans ce domaine ! Par exemple, si une société suit les méthodes comptables habituelles sans les remettre en question, si elle ne cherche pas à les adapter aux circonstances particulières, les états financiers présenteront des mesures claires mais très arbitraires du rendement de la direction de la société. Par ailleurs, si la société ne tient pas du tout compte des méthodes comptables habituelles et élabore ses propres méthodes pour chaque élément, les états financiers fourniront une mesure valable du rendement de la direction mais cette mesure sera difficile à comparer. La plupart des sociétés se situent quelque part entre ces deux extrêmes, ce qui signifie que leurs états financiers sont en partie arbitraires et en partie difficiles à comparer ! Cette situation n'est pas facile pour les gestionnaires ni pour ceux qui tentent de les évaluer[7].

Il est difficile de déterminer dans quelle mesure les résultats d'une société sont réellement liés au rendement de ses dirigeants, et dans quelle mesure ils dépendent d'autres facteurs tels que les tendances de l'économie, les variations des prix des produits, les pressions exercées par les syndicats, ou même la chance. De plus, dans la plupart des sociétés, la direction est formée d'un groupe de personnes, et il est difficile de distinguer le rendement d'un dirigeant de celui du groupe. Il en résulte que l'évaluation du rendement de la direction (même de celui du président) à partir des états financiers doit se faire avec beaucoup de prudence, et suppose une connaissance de la société et de son secteur d'activité. Malgré tout, l'évaluation demeure essentiellement arbitraire.

Les ratios et les autres calculs utilisés en analyse financière peuvent facilement compliquer le problème. Prenons l'exemple du rendement de l'actif que l'on obtient en divisant le bénéfice net augmenté des intérêts après impôts par le total de l'actif. Il donne la mesure du rendement obtenu à partir des actifs utilisés dans l'exploitation. Envisageons le cas de deux sociétés A et B. L'actif de la société A ltée se monte à 100 000 $ et son bénéfice net, augmenté des intérêts après impôts, s'élève à 20 000 $, ce qui correspond à un taux de rendement de 20 %. La situation de la société semble favorable, mais la direction ne se préoccupe pas de l'avenir et ne veille pas à protéger la valeur de ses immobilisations en les renouvelant ou en assurant leur entretien en temps voulu.

La situation de la société B ltée est la même, sauf que la direction est vraiment consciente de la nécessité de rester compétitive et se préoccupe de ses immobilisations. Par conséquent, elle a engagé 10 000 $ dans de nouvelles acquisitions et 2 000 $ (après impôts) dans un programme d'entretien amélioré. L'actif de la société B se monte à 110 000 $ et son bénéfice net augmenté des intérêts après impôts s'élève à 18 000 $, ce qui correspond à un taux de rendement de 16 %. Par conséquent, la société A semble bien plus prospère que la société B : le rendement de l'actif de la société B est inférieur car le numérateur est plus petit, et le dénominateur, plus grand.

Vous pouvez constater que, à moins que la personne qui effectue l'analyse financière ne soit vraiment au courant de la situation, le gestionnaire avisé et responsable de la société B semblera moins compétent que le gestionnaire négligent de la société A.

9.11 RECHERCHE COMPTABLE : RÔLE DE L'ANALYSE DES ÉTATS FINANCIERS

Dans le chapitre 8, nous avons noté que les marchés réagissent rapidement à l'information et que les grandes sociétés (ouvertes) sont tenues de publier immédiatement toute information importante. Dans ce cas, quelle est la valeur de l'analyse des états financiers qui sont produits habituellement quelques mois après la fin de l'exercice d'une société ? Il s'agit d'un problème fascinant pour les chercheurs, qui s'étonnent qu'on accorde une telle valeur aux états financiers. Deux de ces chercheurs font remarquer que :

> Même un regard superficiel sur les statistiques concernant le nombre de copies des rapports annuels distribués par les diverses sociétés et les

heures consacrées [...] à préparer et à analyser ces rapports pourrait nous amener à conclure que les états financiers publiés jouent un rôle important dans la diffusion de l'information relative aux sociétés[8].

Voici certains résultats issus des recherches sur l'analyse des états financiers[9]:

1. Si les états financiers contiennent de nouveaux éléments d'information ou des renseignements imprévus (comme c'est généralement le cas pour la plupart des sociétés fermées ou des petites entreprises), l'analyse de ces états financiers est valable pour interpréter les résultats.

2. Les ratios calculés à partir des chiffres des états financiers présentent un certain intérêt dans la prédiction des faillites ou d'autres problèmes financiers. Les explications à ce sujet ne sont pas unanimes (en raison de sérieux problèmes statistiques), mais les recherches indiquent que, pour certaines sociétés, on peut prédire les problèmes financiers plusieurs années à l'avance en utilisant les ratios comptables.

3. L'analyse financière constitue une activité importante dans le contrôle des contrats d'emprunt, des programmes de prime à la direction et d'autres ententes contractuelles. De nombreux contrats de ce genre nécessitent une analyse financière, parce qu'on y précise que la détérioration de certains ratios (comme le ratio d'endettement) entraînera des pénalités et même une rupture de contrat, ou parce que les ratios servent au calcul des primes ou d'autres paiements.

4. Même si les rapports annuels sont publiés longtemps après la fin de l'exercice, les marchés des valeurs réagissent suffisamment à leur parution pour indiquer que leur analyse renseigne les intervenants sur ces marchés.

5. Les gens ne peuvent utiliser une grande quantité de données non classées : leur compilation demande trop de temps et nécessite des compétences particulières. Les techniques de compilation telles que l'analyse financière jouent donc un rôle important dans la prise de décisions des utilisateurs.

◆ **9.12 CAS À SUIVRE...** ◆

Neuvième partie

Données de la neuvième partie
◆ ◆ ◆ ◆ ◆ ◆ ◆ ◆ ◆ ◆ ◆ ◆ ◆ ◆ ◆ ◆ ◆ ◆ ◆ ◆

Dans la huitième partie, nous avons dressé trois états financiers de la société Mado inc.: un état des résultats pour l'exercice se terminant le 28 février 1994 (qu'on aurait pu intituler état des pertes, car la société subissait alors une perte de 54 066 $); les bilans au 28 février 1994 et au 1er mars 1993; et l'état de l'évolution de la situation financière pour l'exercice se terminant le 28 février 1994. Ces états financiers constituent les données de la présente partie, dans laquelle nous illustrerons les calculs des divers ratios financiers et de la formule de Scott. Ces calculs ne

◆ ◆ ◆

seront pas toujours simples, parce que la société subit des pertes et que sa situation financière n'est pas solide. Malheureusement, vous aurez peut-être l'occasion de rencontrer des sociétés qui se trouveront dans une fâcheuse position. Par conséquent, en voyant ici comment appliquer ces méthodes d'analyse à leur situation, vous acquerrez une meilleure compréhension.

Résultats de la neuvième partie

Pour commencer, voici les ratios définis dans la section 9.5, dans l'ordre où ils ont été présentés. Reportez-vous aux états financiers de la huitième partie (section 8.14), et assurez-vous de savoir d'où proviennent les chiffres utilisés pour calculer ces ratios. Remarquez que la société n'a pas prévu de provision pour remboursement d'impôts sur la perte du premier exercice. Un tel remboursement dépend des bénéfices imposables à venir, desquels on pourra déduire cette perte. Cependant, dans les circonstances actuelles, ces bénéfices à venir sont encore trop incertains pour permettre de créer un actif relatif au futur remboursement d'impôts. D'autres versions de certains des ratios que nous calculons ci-dessous sont aussi possibles. Nous avons omis le signe du dollar et la plupart des ratios sont arrondis à trois décimales.

Ratios de rentabilité

1. Rendement des capitaux propres à la fin de l'exercice :
   (54 066)/70 934 = (0,762), négatif.
   Rendement des capitaux propres au début de l'exercice :
   (54 066)/125 000 = (0,433), négatif.
2. Rendement de l'actif à la fin de l'exercice :
   ((54 066) + 6 469)/160 742 = (0,296), négatif.
3. Rendement des ventes avant intérêts :
   ((54 066) + 6 469)/229 387 = (0,207), négatif.
   Rendement des ventes après intérêts :
   (54 066)/229 387 = (0,236), négatif.
4. États dressés en pourcentages : non illustrés ici.
5. Pourcentage de marge bénéficiaire brute :
   90 620/229 387 = 0,395. Le pourcentage du coût des marchandises vendues est de 0,605 du produit des ventes, de sorte que la majoration moyenne est de 0,395/0,605 = 65 % du coût.
6. Taux d'intérêt moyen : 6 469/89 808 = 0,072.
7. Pourcentage des flux de trésorerie sur l'actif total à la fin de l'exercice : (55 028)/160 742 = (0,342), négatif.
8. Bénéfice par action (BPA) : on ne connaît pas le nombre d'actions et le BPA n'est pas aussi significatif pour les sociétés privées que pour les sociétés ouvertes.
9. Valeur comptable d'une action : on ne connaît pas le nombre d'actions. Cependant, les capitaux propres, qui s'élevaient à 125 000 $ au départ, ont maintenant diminué, passant à 70 934 $. Donc, la valeur comptable de l'ensemble des actions est seulement de 56,7 % du montant de l'apport des propriétaires.

◆ ◆ ◆

10. Ratio cours-bénéfice : on ne peut le déterminer parce que les actions d'une société fermée comme Mado inc. ne se négocient pas et que, par conséquent, on ne connaît pas leur cours.

11. Ratio des dividendes au bénéfice : il n'y a pas de déclaration de dividendes puisque la société subit une perte.

Ratios d'activité

12. Coefficient de rotation de l'actif total : 229 387/160 742 = 1,427.
13. Coefficient de rotation des stocks : 138 767/33 612 = 4,128.
14. Ratio de recouvrement : 14 129/(229 387/365) = 22,5 jours.

Ratios de financement

15. Ratio d'emprunts/capitaux propres : 89 808/70 934 = 1,266.
    Le ratio d'emprunts/capitaux propres au début était de :
    16 100/125 000 = 0,129.
16. Ratio d'emprunts à long terme/capitaux propres :
    zéro (pas de dette à long terme).
17. Ratio d'endettement : 89 808/160 742 = 0,559.

Ratios de liquidité et de solvabilité

18. Ratio du fonds de roulement : 54 684/89 808 = 0,609.
    Le ratio du fonds de roulement au début était de :
    130 000/16 100 = 8,075.
19. Ratio de liquidité relative : (6 418 + 14 129)/89 808 = 0,229.
20. Ratio de couverture des intérêts : non calculé puisqu'il n'y a pas de couverture à cause de la perte.

Ces ratios racontent une triste histoire : la société a perdu 43,3 % de ses capitaux propres initiaux ; le ratio du fonds de roulement est nettement inférieur à 1 (son fonds de roulement est négatif) ; son ratio de liquidité n'atteint pas 25 % ; l'encaisse et les comptes clients ne peuvent assurer l'exploitation de l'entreprise que pendant moins d'un mois. Certains signes sont néanmoins positifs : le ratio de recouvrement est faible (seulement 22,5 jours) ; le ratio d'emprunts/capitaux propres n'est pas élevé même si les capitaux propres ont été réduits par les pertes ; et, avec un ratio très faible d'endettement et aucune dette à long terme, il pourrait y avoir une certaine marge d'emprunt à long terme si cela s'avérait nécessaire pour améliorer la situation actuelle.

Que nous indique la formule de Scott ? En nous servant des chiffres de fin d'exercice des ratios précédents, nous obtenons :

```
RCP  = RV      x CRA  + (RA      – IM)    x P/CP
(0,762)= (0,207) x  1,427 + ((0,296) – 0,072) x 1,266
(0,762)=      (0,295)   +      (0,368)    x 1,266
(0,762)=      (0,295)   +      (0,466)
```

La marge d'erreur dans ce cas est de 0,001 (en raison de l'arrondissement). La formule de Scott indique que le faible rendement des capitaux

◆ ◆ ◆

propres de la société est attribuable à l'effet de levier négatif conjugué à de pauvres résultats d'exploitation. Ainsi, la société perdait déjà de l'argent et a aggravé sa situation en empruntant. Normalement, un coefficient de rotation élevé de l'actif est l'indice d'un bon rendement. Mais, dans ce cas, puisque la société perd de l'argent sur chaque vente qu'elle fait, plus elle vend, plus la situation empire. Mado et Thomas ont peut-être voulu trop en faire au cours de leur premier exercice.

À partir de cet exemple, on se rend compte que la plupart des ratios et leur combinaison, comme dans la formule de Scott, peuvent être calculés dans le cas de sociétés enregistrant des pertes. L'analyse des états financiers ne se limite donc pas aux sociétés rentables et financièrement solides. Cependant, l'interprétation des états financiers doit se faire avec prudence, parce qu'il peut y avoir des relations négatives alors qu'on ne s'y attend pas, comme nous l'avons vu ci-dessus avec les effets du coefficient de rotation de l'actif.

Il faut souhaiter que Mado et Thomas réussiront mieux au cours de leur deuxième exercice, sinon, il n'y aura pas de troisième exercice !

9.13 RÉFLEXIONS ET TRAVAUX PROPOSÉS POUR AMÉLIORER LA COMPRÉHENSION

Problème 9.1
1. Plusieurs mesures du rendement financier font appel à des ratios que l'on obtient en calculant le rapport entre un certain rendement et une base d'investissement donnée. Pourquoi cette notion de rendement est-elle importante dans les affaires ?
2. À partir de la réponse que vous avez fournie au point 1, comment pourriez-vous mesurer le rendement de chacun des placements suivants du professeur Labrosse ?
   a) Un montant de 1 200 $ dans un compte d'épargne à la Banque Route.
   b) Un placement de 15 000 $ dans une entreprise de consultation qu'il exploite à l'extérieur du campus.
   c) Une voiture sport Corvair 600.

Problème 9.2
Dans ce chapitre, nous avons vu différents ratios utilisés dans l'analyse des états financiers et de l'information financière.
1. Choisissez deux types de ratios et précisez quelles informations ils fournissent.
2. Calculez les ratios choisis en utilisant les chiffres d'une société qui vous intéresse.

Problème 9.3
1. Calculez la formule de Scott en utilisant les chiffres de deux exercices récents d'une société qui vous intéresse.
2. Interprétez les résultats obtenus à partir de la formule de Scott. Qu'est-ce que ces résultats indiquent au sujet du rendement de la société ?
3. Énumérez certaines des données supplémentaires dont vous auriez besoin pour faire une évaluation intelligente du rendement de la société.

Problème 9.4   Préparez l'ébauche du discours que l'on vous a demandé de présenter dans un club d'investissement local. Les membres du club sont tous des investisseurs d'expérience sur les marchés des valeurs et souhaitent mieux comprendre l'information comptable des sociétés. Le sujet de votre discours est le suivant: « Analyse et utilisation de l'information comptable ».

Problème 9.5   Répondez aux questions suivantes dans un langage simple:
1. Qu'entend-on par « effet de levier » ?
2. Pourquoi l'effet de levier comporte-t-il des risques ?
3. Comment la formule de Scott intègre-t-elle l'effet de levier ?
4. Quelle société présente le plus de risques: une société dont la composante « effet de levier » de la formule de Scott est la suivante: (0,10 − 0,08) x 2, ou une société dont la même composante est: (0,09 − 0,08) x 1 ? Justifiez votre réponse.

Problème 9.6   Un membre de la haute direction d'une grande société ouverte exprime son mécontentement en ces termes: « Les analyses financières faites par les experts-comptables ne me semblent pas très utiles. Elles ne mettent pas en lumière les facteurs de gestion qui sont déterminants pour le succès de mon entreprise. Elles sont orientées vers le passé plutôt que vers l'avenir. Et, de toute façon, le marché boursier devance les experts-comptables pour ce qui est d'évaluer les résultats de la société. »
Commentez les propos de ce gestionnaire.

Problème 9.7*   La société A est détenue à 100 % par M. Edgar Breton. Voici un résumé des états financiers de la société.

Bilan au 30 septembre 1994:		
Total de l'actif		80 000 $
Total du passif		35 000
Total des capitaux propres		45 000
Total du passif et des capitaux propres		80 000 $
Résultats pour l'exercice clos le 30 septembre 1994:		
Produits		30 000 $
Charges		
Intérêts	2 000 $	
Autres	22 000	24 000
Bénéfice net de l'exercice		6 000 $
Bénéfices non répartis pour l'exercice clos le 30 septembre 1994:		
Solde d'ouverture		17 000 $
Bénéfice net de l'exercice		6 000
Solde de clôture		23 000 $

Note: Ne tenez pas compte des impôts pour répondre aux questions suivantes:

1. Calculez le rendement des capitaux propres de la société A pour 1994.
2. Qu'est-ce qui contribue le plus à augmenter le rendement des capitaux propres: le rendement de la direction (rendement de l'exploitation) ou l'effet de levier? Détaillez vos calculs.
3. La société A envisage d'emprunter 50 000 $ pour acquérir de nouveaux actifs qui lui assureraient le même taux de rendement de l'actif que celui qu'elle a obtenu jusqu'ici, selon l'information contenue dans les états financiers qui précèdent. Le coût de cet emprunt s'élèverait à 8 %. La société devrait-elle effectuer cet emprunt? (Supposez qu'elle ne dispose pas d'autres sources de financement.) Détaillez vos calculs.
4. Vous êtes le directeur de la banque locale. M. Breton s'adresse à vous pour emprunter les 50 000 $ dont il est question plus haut. Vous disposez déjà de l'information financière détaillée que la société vous a fournie, mais:
   a) De quelles informations additionnelles auriez-vous éventuellement besoin?
   b) Outre les ratios déjà calculés dans les autres parties de ce problème, auriez-vous besoin de disposer d'autres ratios pour prendre votre décision? Ne les calculez pas; contentez-vous de les mentionner ou de les décrire.

Problème 9.8   L'une de vos voisines apprend que vous suivez des cours en administration des affaires et engage la conversation avec vous dans le but d'obtenir des conseils de placement à bon compte. Vous apprenez qu'elle a grandi à l'époque de la Crise et qu'elle a horreur de l'endettement. Elle estime que les sociétés solides ne devraient pas avoir de dettes et qu'elles devraient obtenir tous leurs capitaux grâce à l'émission d'actions ou grâce aux bénéfices non répartis. Vous avez entre les mains les états financiers d'une société qu'elle connaît et qui vous serviront à lui expliquer le problème.

Utilisez ces informations extraites des états financiers pour calculer le rendement des capitaux propres de la société. Expliquez à votre voisine l'effet de l'endettement sur le rendement des capitaux propres de la société en lui précisant si ce rendement est amélioré ou diminué par la situation d'endettement.

Total de l'actif	251 600 $
Total du passif	98 980
Dette à long terme portant intérêt	42 580
Capital-actions	87 150
Taux d'imposition	43 %
Bénéfices non répartis	65 470
Total des produits	313 450
Intérêts débiteurs	5 070
Bénéfice avant impôts et élément inhabituel	36 100
Bénéfice net	28 060

Problème 9.9   Vous êtes le chef comptable de la société Biscuits Belage ltée et vous venez d'effectuer le calcul suivant en utilisant la formule de Scott:

$$RCP = RV \ \times CRA + \ (RA - IM) \ \times P/CP$$
$$0,095 = 0,04 \times 2,00 + (0,08 - 0,07) \times 1,5$$

Le président n'est pas satisfait du taux de rendement des capitaux propres de 9,5 %. Il vous demande d'évaluer séparément les effets de chacun des changements ou faits suivants :

1. Augmentation des prix de vente en vue d'accroître de moitié le rendement des ventes après impôts et d'obtenir un coefficient de rotation de l'actif de 5 %.

2. Refinancement de la dette de la société en vue de réduire les frais d'emprunt après impôts jusqu'à 6 %.

3. Réduction des frais d'exploitation en vue d'augmenter le rendement des ventes après impôts jusqu'à 5 %.

4. Augmentation de l'emprunt à long terme et diminution des capitaux propres de façon à faire passer le ratio d'endettement à 1,8.

Problème 9.10 Le président de Provibec ltée se demande pourquoi, en dépit d'une augmentation des produits, de l'actif et du bénéfice net par rapport à l'exercice précédent, le rendement des capitaux propres de la société a diminué. Au cours du dernier exercice, le RCP était de 9,4 %, alors que celui de l'exercice en cours est de 9 %.

Les états financiers de l'exercice contiennent les informations suivantes :

• Au 30 septembre 1994 : total de l'actif, 5 000 000 $; total du passif, 2 000 000 $; total des capitaux propres, 3 000 000 $.

• Pour l'exercice se terminant le 30 septembre 1994 : produits, 1 800 000 $; intérêts débiteurs, 200 000 $; autres charges sauf les impôts, 1 150 000 $; charge fiscale (40 %), 180 000 $; bénéfice net, 270 000 $; dividendes déclarés, 50 000 $.

1. Préparez une analyse à partir de la formule de Scott pour l'exercice se terminant le 30 septembre 1994.

2. Dites au président ce que les résultats obtenus au point 1 révèlent sur les résultats de la société en 1994.

3. Le président désire connaître les limites de la formule de Scott en ce qui concerne l'évaluation du rendement de la direction. En lui répondant, n'oubliez pas de rappeler que cette formule s'appuie sur les chiffres comptables.

4. La formule de Scott appliquée aux chiffres de l'exercice précédent de la société donne ce qui suit : 0,094 = (0,164)(0,486) + (0,080 – 0,025)(0,240). Utilisez ces chiffres ainsi que la réponse fournie au point 1 pour expliquer au président pourquoi le rendement des capitaux propres a changé depuis l'exercice précédent.

Problème 9.11* Supposons que, le 1er mai 1994, une grande société décide d'acquérir de nouveaux camions de livraison pour un coût total de 58 000 000 $. Les camions seront payés comptant avec les fonds dont la société dispose : encaisse, 22 000 000 $; émission d'actions, 20 000 000 $; et emprunt bancaire, 16 000 000 $ sur 20 ans.

Grande société
Bilan au 1er mai 1994

Actif liquide	_____ $	Passif liquide	_____ $
Autres actifs à court terme	_____	Autres passifs à court terme	_____
Actif à long terme	_____	Passif à long terme	_____
		Capital-actions	_____
		Bénéfices non répartis	_____
Total de l'actif	_____ $	Total du passif et des capitaux propres	_____ $

1. En utilisant l'information qui précède, complétez le bilan en indiquant l'importance et le sens des variations de chaque section après l'acquisition des camions.
2. Quelle sera l'incidence éventuelle de ce fait sur la section Activités de financement de l'état de l'évolution de la situation financière de l'exercice ?
3. Quelle sera l'incidence éventuelle de ce fait sur l'état des résultats de l'exercice ?
4. Journalisez une écriture relative à ce fait.

Problème 9.12   Le président d'une société de fabrication de taille moyenne veut renouveler l'emprunt qui sera affecté à l'exploitation de la société. En discutant avec le directeur du crédit de la banque, le président déclare : « Comme l'indiquent les états financiers annexés, la situation de notre fonds de roulement s'est améliorée au cours de l'exercice précédent et nous avons veillé à réduire de façon significative nos frais d'exploitation. »
Voici l'information contenue dans les états financiers partiels :

Fabrications Titan ltée
Bilan partiel
aux 31 décembre 1994 et 1993

	1994	1993
Actif à court terme		
Encaisse	50 000 $	200 000 $
Comptes clients	250 000	100 000
Stocks	500 000	400 000
Total de l'actif à court terme	800 000 $	700 000 $
Passif à court terme		
Comptes fournisseurs	250 000 $	200 000 $
Emprunt affecté à l'exploitation	100 000	100 000
Total du passif à court terme	350 000 $	300 000 $

Fabrications Titan ltée
État des résultats
pour les exercices clos les 31 décembre 1994 et 1993

	1994	1993
Ventes	1 200 000 $	1 500 000 $
Moins : Coût des marchandises vendues	780 000	900 000
Marge bénéficiaire brute	420 000 $	600 000 $
Frais d'exploitation	350 000	400 000
Bénéfice avant impôts	70 000 $	200 000 $
Impôts sur les bénéfices	14 000	40 000
Bénéfice net	56 000 $	160 000 $

1. Que pensez-vous des propos du président ? Présentez une analyse appropriée au moyen de ratios.
2. Quels renseignements additionnels demanderiez-vous au président, le cas échéant ? Pourquoi ?

Problème 9.13 Un ami vous a demandé d'évaluer les informations relatives à deux sociétés qui œuvrent dans le même secteur d'activité. Il veut investir uniquement dans l'une des deux sociétés. Ce sont toutes deux des sociétés ouvertes qui ont démarré avec un solde d'encaisse de 10 000 $, sont en exploitation depuis un an, ont payé les intérêts dus à ce jour sur leur dette à long terme et ont déclaré un dividende de 1 $ par action.

Voici comment se présentaient les bilans des deux sociétés au 1er janvier 1994 ainsi que leurs bénéfices pour l'exercice 1994 :

Société Alpha		**Société Oméga**	
Total de l'actif	10 000 $	Total de l'actif	10 000 $
Dette à long terme	1 000	Dette à long terme	9 000
Capitaux propres (900 actions ordinaires émises)	9 000	Capitaux propres (100 actions ordinaires émises)	1 000
Total	10 000 $	Total	10 000 $
Bénéfice net de 1994	2 400 $	Bénéfice net de 1994	1 600 $

Votre ami vous dit : « La société Alpha semble être le meilleur investissement. Le rendement des capitaux propres de cette société est de 24 %, tandis que celui d'Oméga est seulement de 16 %. »

Commentez les observations de votre ami ainsi que le rendement relatif de chaque société, et donnez-lui un conseil en matière de placement.

Problème 9.14 Vous trouverez à la fin de ce problème le bilan, l'état des résultats et l'état des bénéfices non répartis de la société Laplanche ltée. Ils ont été dressés par

Jean Bosse, le comptable de la société. Même si la présentation de l'information n'est pas la plus judicieuse, les chiffres sont tous exacts (y compris l'absence de charge fiscale).

1. Laplanche ltée dispose de certains emprunts portant intérêt, ce qui lui permet de bénéficier de l'effet de levier. Calculez le rendement des capitaux propres de la société, et calculez ensuite dans quelle mesure ce rendement est favorisé ou altéré par l'effet de levier.
2. En comparaison des autres activités de la société, le placement à long terme constitue-t-il une bonne ressource économique ? Pourquoi ?
3. Supposons que la société doive tout de même payer des impôts sur les bénéfices pour l'exercice clos le 29 février 1992. Sans effectuer de calculs, indiquez ci-dessous quelles répercussions cela entraînerait sur les ratios suivants :

	Augmenterait	Diminuerait	Ne changerait pas
a) Rendement des capitaux propres	_____	_____	_____
b) Rendement de l'actif	_____	_____	_____
c) Taux d'intérêt effectif	_____	_____	_____
d) Coefficient de rotation de l'actif	_____	_____	_____

4. Calculez le ratio du fonds de roulement de la société au 29 février 1992, et expliquez ce qu'il indique au sujet de la situation financière de la société à cette date. Faites toutes les suppositions qui vous semblent nécessaires.

Laplanche ltée
Bilan au 29 février 1992

Actif		Passif et capitaux propres	
Comptes clients	25 100 $	Comptes fournisseurs	21 400 $
Amortissement cumulé	(61 600)	Emprunt bancaire*	50 500
Bâtiment et matériel	187 000	Hypothèque à payer**	118 900
Encaisse	1 200	Bénéfices non répartis	114 300
Stock	62 400	Capital-actions	30 000
Terrain	71 000		
Placement à long terme	50 000		
	335 100 $		335 100 $

* L'emprunt bancaire est garanti par les comptes clients, le stock et le placement à long terme, et il est remboursable sur demande.

** L'hypothèque est garantie par le terrain et le bâtiment, et arrivera à échéance dans dix ans.

Laplanche ltée
État des résultats
pour l'exercice clos le 29 février 1992

Chiffre d'affaires		323 800 $
Coût des marchandises vendues	214 100 $	
Frais d'exploitation	65 200	
Amortissement	13 400	
Intérêts débiteurs	22 900	315 600
Bénéfice d'exploitation		8 200 $
Produits découlant du placement à long terme		4 000
Bénéfice avant impôts		12 200
Charge fiscale*		0
Bénéfice net de l'exercice		12 200 $

* La société a droit à des crédits d'impôt et, par conséquent, elle ne doit aucun impôt sur les bénéfices pour cet exercice.

Laplanche ltée
État des bénéfices non répartis
pour l'exercice clos le 29 février 1992

Bénéfices non répartis au 28 février 1991	102 100 $
Bénéfice net de l'exercice clos le 29 février 1992	12 200
Bénéfices non répartis au 29 février 1992	114 300 $

Problème 9.15 Depuis qu'elle a commencé son exploitation, il y a quelques années, la Société internationale d'informatique ltée (SII) a obtenu un certain succès sur le marché des ordinateurs personnels. Elle a lancé récemment une nouvelle gamme d'ordinateurs qui a reçu un accueil favorable de la part du public. Cependant, le président, qui est bien plus compétent en électronique qu'en comptabilité, s'inquiète de l'avenir de la société.

L'emprunt obtenu par la société pour son exploitation a atteint sa limite, et la société a besoin de plus d'argent pour poursuivre ses opérations. La banque veut en savoir davantage avant d'augmenter la limite de crédit.

Vous êtes vice-président aux finances, et le président vous demande de faire une évaluation préliminaire des résultats de la société à partir d'une analyse des états financiers et de formuler des recommandations quant aux différentes décisions que la société pourrait prendre.

Le président souhaite, en particulier, savoir comment la société pourrait se procurer des fonds additionnels.

Société internationale d'informatique
Bilans
au 31 décembre
(en milliers de dollars)

	1994	1993	1992
Actif à court terme			
Encaisse	19 $	24 $	50 $
Titres négociables	37	37	37
Comptes clients	544	420	257
Stock	833	503	361
Total de l'actif à court terme	1 433 $	984 $	705 $
Immobilisations			
Terrain	200 $	200 $	100 $
Bâtiments	350	350	200
Matériel	950	950	700
	1 500	1 500	1 000
Moins : Amortissement cumulé — Bâtiments et matériel	(447)	(372)	(288)
Immobilisations nettes	1 053 $	1 128 $	712 $
Total de l'actif	2 486 $	2 112 $	1 417 $
Passif à court terme			
Emprunt bancaire	825 $	570 $	—
Comptes fournisseurs	300	215	144 $
Autres passifs	82	80	75
Impôts à payer	48	52	50
Total du passif à court terme	1 255 $	917 $	269 $
Capitaux propres			
Actions ordinaires	1 000 $	1 000 $	1 000 $
Bénéfices non répartis	231	195	148
Total des capitaux propres	1 231 $	1 195 $	1 148 $
Total du passif et des capitaux propres	2 486 $	2 112 $	1 417 $

Société internationale d'informatique
États combinés des résultats et des bénéfices non répartis
pour les exercices clos le 31 décembre

	1994	1993	1992
Chiffre d'affaires	3 200 $	2 800 $	2 340 $
Coût des marchandises vendues	2 500	2 150	1800
Marge bénéficiaire brute	700 $	650 $	540 $
Charges	584	533	428
Bénéfice net	116 $	117 $	112 $
Bénéfices non répartis d'ouverture	195	148	96
	311 $	265 $	208 $
Moins : Dividendes	80	70	60
Bénéfices non répartis de clôture	231 $	195 $	148 $

Autres renseignements relatifs au total des charges :			
Intérêts débiteurs	89 $	61 $	—
Charge fiscale	95 $	102 $	97 $

Utilisez toutes les informations financières qui précèdent pour effectuer votre évaluation et formuler vos recommandations.

Problème 9.16* La société Dagenais ltée émet des obligations de première hypothèque à un taux de 9 %, dont la valeur nominale est de 100 000 $ et dont les intérêts sont payables à la fin de chaque année pendant quatre ans. Le directeur doit être remboursé à la fin de la quatrième année.
1. Si le taux d'intérêt sur le marché est de 9 % pour des obligations de ce genre, quels produits la société enregistrera-t-elle grâce à cette émission d'obligations ? Pourquoi ?
2. Si le taux en vigueur sur le marché est supérieur à 9 %, la société recevra-t-elle plus ou moins que la valeur nominale ? Pourquoi ? Qu'en serait-il si le taux était inférieur à 9 % ?

Problème 9.17 Charles Grosbras, un joueur de hockey redoutable, est venu vous demander des conseils financiers. Dans une stratégie visant à gagner la coupe Stanley, les Nordiques de Québec lui ont proposé un contrat qui lui assure une prime de 90 000 $ à la signature et un salaire de 85 000 $ pour chacune des trois prochaines années. Charles Grosbras envisage de refuser cette offre, pensant qu'il pourrait gagner 120 000 $ par année comme lutteur professionnel pendant les trois prochaines années.
1. Si Charles Grosbras pouvait investir ses gains (y compris la prime à la signature) à un taux de 11 %, devrait-il opter pour la lutte ou le hockey ?
2. Si Charles Grosbras ne pouvait placer ses gains qu'à un taux de 7 %, que devrait-il choisir ?
3. À quel taux Charles Grosbras pourrait-il indifféremment décider d'être lutteur ou joueur de hockey ?

Problème 9.18 1. Qu'entend-on par « valeur temporelle de l'argent » ou « valeur actualisée » ? Pourquoi les gens d'affaires doivent-ils en tenir compte ?

2. Calculez la valeur actualisée de chacune des opérations suivantes:
   a) 1 000 $ à recevoir dans un an. Si on en disposait tout de suite, on pourrait les placer à un taux de 10 %.
   b) 1 000 $ à recevoir à la fin de chacune des trois prochaines années. Le coût d'opportunité de l'intérêt ou le «coût du capital» dans ce cas est de 12 %.
   c) Reprenez la question b mais en supposant cette fois que le taux est de 10 %. Pourquoi la valeur actualisée est-elle *plus élevée* alors que le taux est *plus faible*?

Problème 9.19*   Vous avez l'occasion d'investir 200 000 $. Cet investissement devrait vous procurer 100 000 $ d'intérêts versés en un seul versement dans cinq ans (votre capital vous sera remboursé en même temps).

1. Si vous désirez obtenir un taux de rendement de 8 %, devriez-vous investir? Détaillez vos calculs.

2. Citez un autre facteur que vous devriez prendre en considération avant de placer votre argent.

Problème 9.20   La société de fabrication de vêtements de nuit Surprise ltée envisage d'investir en achetant des actions d'une société qui fabrique des sous-vêtements en fibres de verre. L'investissement lui coûtera 110 000 $ et lui procurera un rendement de 8 000 $ en espèces pendant quatre ans. À la fin des quatre ans, Surprise ltée devrait être en mesure de revendre ses actions à 125 000 $. Elle peut obtenir le financement nécessaire pour cet investissement à un taux de 11 %. D'après ces données, Surprise ltée devrait-elle acheter les actions?

Problème 9.21   Vous êtes un investisseur éclairé et vous avez le choix, au 31 décembre 1994, entre deux investissements. Le taux de rendement que vous désirez obtenir est de 9 %, soit le taux de rendement courant du marché.

Le premier placement a trait à des obligations émises par la société Géant ltée (une société établie depuis longtemps), qui portent un intérêt annuel de 8 % payable le 31 décembre des quatre prochaines années et qui ont une valeur nominale de 100 $. Le remboursement du capital est prévu pour le 31 décembre de la quatrième année.

1. Quelle est pour vous la valeur de l'obligation de la société Géant ltée?

Le second choix porte sur un placement en actions dans une petite société d'extraction d'or que votre oncle vient de constituer. Il semble que la société sera en mesure de payer des dividendes en espèces selon le calendrier suivant:

31 décembre 1995	31 décembre 1996	31 décembre 1997	31 décembre 1998
32 $ l'action	32 $ l'action	32 $ l'action	32 $ l'action

2. D'après ces données, quel devrait être le montant par action pour que vous optiez indifféremment pour un placement en obligations dans la société Géant ltée ou un placement en actions dans la société minière de votre oncle?

3. Quels autres facteurs devriez-vous considérer avant de prendre votre décision?

Problème 9.22   La clinique médicale Maranatha ltée a terminé sa première année d'exploitation le 30 avril 1993. L'état de l'évolution de la situation financière de l'exercice se trouve ci-dessous. Maranatha ltée n'a aucun autre compte de fonds de roulement que l'encaisse parce que tous les honoraires sont payés comptant par les clients, que toutes les dépenses sont payées immédiatement et que la clinique ne conserve pas de stock. Les propriétaires de Maranatha ltée, les docteurs A et B, détiennent chacun 50 % des parts de la clinique. Ils vous ont contacté aujourd'hui, le 1er mai 1993, pour que vous fassiez une estimation de la valeur qu'auront leurs actions dans cinq ans (30 avril 1998), car ils projettent de fermer leur clinique à ce moment et de changer d'activité. Ils vous indiquent que le bénéfice net et les flux de trésorerie provenant de l'exploitation devraient rester au même niveau qu'en 1993 pendant les cinq prochaines années, qu'ils ne verseront pas de dividendes et qu'ils ne feront aucun autre investissement en immobilisations. Les immobilisations n'auront aucune valeur de récupération au 30 avril 1998.

Maranatha ltée
État de l'évolution de la situation financière
pour l'exercice clos le 30 avril 1993

Activités d'exploitation		
Bénéfice net de l'exercice	100 000 $	
Plus : Amortissement, sans effet sur les liquidités	25 000	
Entrées provenant des activités d'exploitation		125 000 $
Activités d'investissement		
Ajouts aux immobilisations		(150 000)
Activités de financement		
Émission d'actions ordinaires (3 000 à 10 $)		30 000
Augmentation des liquidités au cours de l'exercice et liquidités à la fin de l'exercice		5 000 $
Les liquidités se composent des éléments suivants :		
Placements à court terme	2 000 $	
Fonds en banque (Encaisse)	3 000	
	5 000 $	

Considérez que le taux d'actualisation est de 10 % pour résoudre chacune des parties du problème ci-dessous :

1. Calculez la valeur estimative des actions de Maranatha ltée au 1er mai 1993 (sans tenir compte des impôts) en évaluant la valeur actualisée des flux de trésorerie prévus. Faites toutes les suppositions qui vous semblent nécessaires.

2. Supposons que les immobilisations puissent être vendues 10 000 $ le 30 avril 1998. Reprenez ensuite la partie 1.

3. Admettons maintenant que des dividendes de 50 000 $ chacun seront versés le 30 avril des quatre prochaines années. Reprenez ensuite la partie 1.

4. Quelle est la valeur actualisée des flux de trésorerie à venir jusqu'au 30 avril 1998 pour le Dr A, en admettant qu'il reçoive les dividendes ci-dessus et qu'il vende ses actions à cette date ?

Problème 9.23* Supposons que le 31 décembre, dernier jour de l'exercice financier, une grande société emprunte 150 000 000 $ remboursables dans six ans. De cet argent, 50 000 000 $ sont alloués le même jour à la diminution des comptes fournisseurs de la société et 100 000 000 $ à l'achat de matériel additionnel.

Calculez les *variations* des comptes suivants à la suite de cette opération :

a) Total de l'actif à court terme ;
b) Total de l'actif ;
c) Total du passif à court terme ;
d) Total des capitaux propres ;
e) Bénéfice net de l'exercice se terminant le jour de l'emprunt ;
f) Liquidités ;
g) Liquidités consacrées aux activités d'investissement ;
h) Liquidités provenant des activités de financement.

Problème 9.24* La société Modes Nouvelles ltée commence l'exercice avec un stock d'une valeur de 30 000 $. Au cours de l'exercice, elle achète encore pour 125 000 $ de marchandises. À la fin de l'exercice, l'inventaire des articles en stock indique qu'il reste 38 000 $ de marchandises. Le système d'inventaire permanent de la société révèle qu'elle aurait en tout vendu pour 114 000 $ de marchandises au cours de l'exercice.

Le président déclare : « Il est fastidieux de comptabiliser toutes nos marchandises comme nous le faisons. Avec le système d'inventaire permanent, il faut être continuellement attentif au coût des marchandises en stock. Qu'adviendrait-il si nous appliquions plutôt la méthode de l'inventaire périodique ? Quelle différence cela ferait-il ? »

Problème 9.25 Le 20 décembre 1993, la société Primes ltée a reçu des marchandises d'une valeur de 1 000 $, dont la moitié a été dénombrée dans l'inventaire du 31 décembre. La société n'a reçu la facture que le 4 janvier 1994 et n'a donc inscrit l'achat qu'à cette date. L'achat aurait dû être inscrit en 1993. Supposez que la société applique la méthode de l'inventaire périodique et que le taux d'imposition de la société est de 40 %. Indiquez, s'il y a lieu, l'effet de cette erreur (surévaluation, sous-évaluation, aucun) et le montant en cause pour chacun des comptes suivants :

a) Stock au 31 décembre 1993 ;
b) Stock au 31 décembre 1994 ;
c) Coût des marchandises vendues en 1993 ;
d) Coût des marchandises vendues en 1994 ;
e) Bénéfice net en 1993 ;
f) Bénéfice net en 1994 ;
g) Comptes fournisseurs au 31 décembre 1993 ;
h) Comptes fournisseurs au 31 décembre 1994 ;
i) Bénéfices non répartis au 31 décembre 1993 ;
j) Bénéfices non répartis au 31 décembre 1994.

Problème 9.26 La société Mannequins ltée recrute la plupart des séduisants jeunes hommes et jeunes femmes que vous voyez dans les publicités pour les maillots de bain, la bière ou les savons désodorisants. Au cours des derniers exercices, ses produits ont été relativement stables, tournant autour de 3 000 000 $ par année, et ses charges (qui se composent essentiellement des salaires versés aux mannequins et des autres frais directement liés au produit) se sont montées à environ 2 400 000 $ par an. Après les impôts sur les bénéfices qui s'élèvent à près de 40 %, le bénéfice net de la société a été d'environ 360 000 $ par année, ce qui correspond à un taux de rendement des ventes de 12 %.

La société prévoit élargir son champ d'activité en recrutant des animaux domestiques destinés à apparaître dans les publicités de nourriture pour chiens et chats, et autres publicités mettant en vedette ces « mignonnes petites créatures ». Contrairement aux modèles humains, à qui l'on demande uniquement de bien paraître, les animaux devront aboyer, ronronner, sauter, et ce, au bon moment. Par conséquent, ces charmantes créatures auront d'abord besoin d'entraînement. La direction de la société estime qu'il faudra engager 100 000 $ au départ dans l'entraînement des animaux, après quoi ils devraient procurer un revenu additionnel de 200 000 $ par année et exiger des dépenses d'environ 140 000 $. Après une période de deux à cinq ans, l'animal cesse alors d'être attrayant ou ne supporte plus du tout cette vie. Par conséquent, à la fin des deux premières années, la société pense qu'elle devra tous les ans remplacer et dresser de nouveau près de 25 % de ses animaux. (Supposez que tous les faits ci-dessus commencent le 1er janvier de l'année 1.)

Quelle sera l'incidence de cette nouvelle activité sur le bénéfice net annuel ? Sur les capitaux propres de l'exercice en cours ? Dans deux ans ? Dans cinq ans ? Sur le fonds de roulement de l'exercice en cours ? Sur celui de l'an prochain ? Sur le fonds de roulement dans deux ans ?

Problème 9.27   Les données récapitulatives suivantes, qui reprennent les symboles des catégories utilisés dans la section 4.4 du chapitre 4, sont tirées des états financiers de la société Grammont ltée.

	Actif			Passif et capitaux propres			Bénéfice
	1991	**1993**		**1994**	**1993**		**1994**
AT	2 000 $	1 000 $	PT	2 000 $	3 000 $	PE	125 000 $
AACT	9 000	8 000	APCT	4 000	2 000	CE	(84 000) *amort. = 5 000*
ALT	37 000	32 000	PLT	17 000	18 000	ID	(2 000)
			CI	12 000	10 000	APC	4 000**
			BNR*	13 000	8 000	IB	(19 000) *reportés = 3 000*
						EEI	(13 000)***
	48 000 $	41 000 $		48 000 $	41 000 $	BN	11 000 $

 * Dividende de 6 000 $ déclaré en 1994.
 ** Bénéfices de 4 000 $ ne provenant pas de l'exploitation, mais d'un gain sur une cession d'ALT : produits de 7 000 $ moins valeur comptable de 3 000 $.
 *** Élément extraordinaire de (13 000)$ = radiation de 21 000 $ moins économies d'impôts reportés de 8 000 $.

1. Prouvez que les chiffres suivants de l'état de l'évolution de la situation financière sont exacts pour 1994:
   a) Rentrées de fonds provenant des activités d'exploitation   29 000 $
   b) Dividendes   (6 000)
   c) Rentrées de fonds provenant des activités de financement   6 000
   d) Rentrées de fonds nettes consacrées
       aux activités d'investissement   (27 000)
   e) Augmentation des liquidités   2 000 $

2. La société envisage de modifier sa méthode comptable, ce qui aurait pour effet d'augmenter le stock de clôture en 1993 de 2 000 $ et de 1 000 $ à la fin de 1994 (taux d'imposition de 44 %). Si cette modification est appliquée rétroactivement, quel en sera l'effet sur:
   a) Les bénéfices non répartis à la fin de 1993?
   b) Le bénéfice net de 1994?
   c) Les bénéfices non répartis à la fin de 1994?
   d) Les rentrées de fonds provenant des activités d'exploitation de 1994?

3. La société envisage de modifier sa politique de constatation des produits en vue d'adopter une politique plus libérale. Les comptes clients devraient augmenter de 11 000 $ à la fin de 1993 et de 18 000 $ à la fin de 1994. Reprenez ensuite la partie 2.

Problème 9.28   Voici les derniers bilan et état des résultats de la société Simon ltée.

Simon ltée
Bilan au 31 août 1991

Actif		Passif et capitaux propres	
Actif à court terme	20 000 $	Passif à court terme	11 000 $
Immobilisations			
corporelles	120 000	Effet à payer, 11 %, 1994	30 000
Amortissement cumulé	(40 000)	Actions ordinaires*	40 000
		Bénéfices non répartis	19 000
		Total du passif	
Total de l'actif	100 000 $	et des capitaux propres	100 000 $

* 4 000 actions émises et en circulation.

Simon ltée
État des résultats
pour l'exercice clos le 31 août 1991

Chiffre d'affaires		120 000 $
Frais de vente et d'administration	91 200 $	
Amortissement	5 500	
Intérêts débiteurs	3 300	
Impôts sur les bénéfices	8 000	
Total des charges		108 000
Bénéfice net		12 000 $

Un important concurrent ayant récemment fait faillite, la direction de Simon ltée envisage de prendre une forte expansion. Ce développement devrait, selon les prévisions, faire augmenter les ventes de 35 % de même que les frais de vente et d'administration de 30 % par rapport à l'exercice courant. Le passif à court terme devrait également augmenter de 22 000 $ au 31 août 1992.

Pour se développer, la société a besoin d'un apport de capital de 50 000 $. Elle envisage deux possibilités pour se procurer les fonds : soit émettre 5 000 actions additionnelles, soit émettre des obligations portant un intérêt de 12 % (échéant en 2007). L'argent servirait à acheter du nouveau matériel et à augmenter le fonds de roulement. La société ne verse pas de dividendes, et elle est soumise à un taux d'imposition de 40 %. Les actions ou les obligations devraient être émises au début de septembre 1991. Voici les états des résultats et les bilans pro forma qui ont été dressés pour présenter les résultats anticipés de 1992 selon les deux possibilités, émission d'actions ou émission d'obligations.

1. Calculez les ratios utilisés dans la formule de Scott relativement aux états financiers datés du 31 août 1991 de la société Simon ltée et les chiffres pro forma de 1992 dans les deux cas. Si vous pensez que d'autres ratios sont importants, effectuez les calculs nécessaires.

2. Analysez les ratios de la formule de Scott et les autres ratios que vous avez calculés. Quelle est l'incidence de chacune des deux possibilités sur la rentabilité, le rendement, l'effet de levier et les liquidités ?

3. À partir des informations dont vous disposez, quelle décision suggéreriez-vous à la société Simon ltée de prendre ?

Simon ltée États des résultats pro forma pour l'exercice clos le 31 août 1992		
	Émission d'actions	**Émission d'obligations**
Chiffre d'affaires	162 000 $	162 000 $
Frais de vente et d'administration	118 560	118 560
Amortissement	9 250	9 250
Intérêts débiteurs	3 300	9 300
Impôts sur les bénéfices	12 356	9 956
Total des charges	143 466 $	147 066 $
Bénéfice net	18 534 $	14 934 $

	Simon ltée Bilans pro forma au 31 août 1992	
	Émission d'actions	**Émission d'obligations**
Actif à court terme	84 784 $	81 184 $
Immobilisations corporelles	145 000	145 000
Amortissement cumulé	(39 250)	(39 250)
Total de l'actif	190 534 $	186 934 $
Passif à court terme	33 000 $	33 000 $
Effet à payer, 11 %, 1994	30 000	30 000
Obligations à payer, 12 %, 2007	—	50 000
Actions ordinaires	90 000	40 000
Bénéfices non répartis	37 534	33 934
Total du passif et des capitaux propres	190 534 $	186 934 $

RÉFÉRENCES

1. Parmi les sources d'information les plus courantes sur les sociétés, mentionnons :

   a) Les sociétés elles-mêmes.

   b) Les analyses préparées par les courtiers en valeurs mobilières et en placements.

   c) Les classements annuels des sociétés selon leur taille et leur rentabilité, tels ceux qui sont fournis par *The Financial Post, Top 500 Companies* et *The Globe and Mail Report on Business Magazine, Top 1000 Companies*.

   d) Les descriptions détaillées des principales sociétés et les relevés de leur rendement au cours de plusieurs années qu'on peut trouver dans des sources comme le *Financial Post Card Service* (Toronto, The Financial Post Publications), *Blue Book Canadian Business* (Toronto, Canadian Newspaper Services International), *Blue Book of CBS Stock Reports* (Toronto, Canadian Business Service) et *Value Line Investment Survey* (New York, A. Bernhard).

   e) Les bases de données informatiques, telles que *Compact Disclosure Canada* (Bethesda, MD, Disclosure Incorporated), *Compact Disclosure USA* (Bethesda, MD, Disclosure Incorporated) et un nombre sans cesse croissant de diverses bases de données générales ou spécialisées.

   f) Les sommaires écrits ou informatisés d'articles, comme *Infoglobe* (Toronto, The Globe and Mail), *Canadian Business Index* (Toronto, Micromedia), *Canadian Business and Current Affairs* (Toronto, Micromedia), *Business Periodicals Index* (New York, H. W. Wilson) et *ABI Inform* (Louisville, KY, Data Courier).

2. De nombreux ouvrages contiennent de bons chapitres sur l'analyse des états financiers. En voici trois : Robert H. Crandall, *Intermediate Accounting: An Analytical Approach*, 2ᵉ éd., Scarborough, Prentice-Hall, 1990, voir le chapitre 21 ; George Foster, *Financial Statements Analysis*, 2ᵉ éd., Englewood Cliffs, N.J., Prentice-Hall, 1986, voir les chapitres 3 et 4 ;

et Richard Brealey, Stewart Myers, Gordon Sick et Robert Whaley, *Principles of Corporate Finance*, édition canadienne, Toronto, McGraw-Hill Ryerson, 1986, voir le chapitre 25.

3. Preuve arithmétique de la formule de Scott (A = Actif, P = Passif et CP = Capitaux propres):

   a) Définition de RCP = Bénéfice net/CP

   b) Définition de RA = (Bénéfice net + Intérêts débiteurs)/A

   c) Définition de IM = Intérêts débiteurs/P

   d) Selon la comptabilité en partie double, A = P + CP

   e) Bénéfice net = RCP x CP (en raison de *a*)

   f) Bénéfice net = (RA x A) – Intérêts débiteurs (en raison de *b*)

   g) Mettons sous forme d'équation les deux membres droits de *e* et de *f*:
   RCP x CP = (RA x A) – Intérêts débiteurs

   h) RCP x CP = (RA x [P + CP]) – (IM – P)
   RCP x CP = RA x P + RA x CP – IM x P
   RCP x CP = RA x CP + (RA – IM) x P
   (en raison de *d* et de *c*)

   i) Divisons la dernière équation par CP pour obtenir:
   RCP = RA + (RA – IM) x P/CP

   j) Décomposons le premier terme du membre droit de l'équation en deux facteurs en le multipliant par Prod/Prod
   RA = (Bénéfice net + Intérêts débiteurs)/A
   RA = (Bénéfice net + Intérêts débiteurs)/Prod x Prod/A

   k) Définissons le nouveau premier terme comme le rendement des ventes (RV) et le second comme le coefficient de rotation de l'actif (CRA).

   l) Nous obtenons ainsi la version finale de la formule, soit: RCP = RV x CRA + (RA – IM) x P/CP.

4. Démonstration de la formule de Scott pour les états financiers de Canadien Pacifique de 1992.

	Chiffres de 1992	Symboles
Total de l'actif, fin 1992	20 275,2	A
Total du passif, fin 1992	13 961,8	P
Total des capitaux propres, fin 1992	6 313,4	CP
Total des produits pour 1992	7 761,1	Prod
Bénéfice net pour 1992	(478,3)	BN
Intérêts débiteurs pour 1992	643,8	ID
Taux d'imposition pour 1992 (53,1 $/422,1 $)	0,321	TI
Intérêts débiteurs après impôts 1992 (Intérêts débiteurs x [1 – Taux d'imposition])	437,1	IDAI = ID (1 – TI)
RCP (rendement des capitaux propres)	–0,076	BN/CP
RV (marge nette avant intérêts)	–0,005	(BN + IDAI)/Prod
CRA (coefficient de rotation de l'actif)	0,35	Prod/A
RA (rendement de l'actif)	–0,002	(BN + IDAI)/A
IMAI (taux d'intérêt moyen après impôts)	0,031	IDAI/P
P/CP (ratio d'endettement)	2,21	P/CP

Résultats
RCP = RV x CRA + (RA – TI) x P/CP
–0,076 = 0,0057 x 0,35 + (–0,002 – 0,031) x 2,21
–0,076 = 0,002 – 0,074

5. La brochure intitulée *Reporting Cash Flows : A Guide to the Revised Statement of Changes in Financial Position*, Toronto, Deloitte, Haskins & Sells (maintenant Deloitte & Touche), 1986, nous aide à comprendre comment interpréter les informations relatives aux flux de trésorerie.

6. La formule de la valeur actualisée de versements constants résulte de la somme de la série géométrique suivante :

$$\frac{F}{(1 + i)^1} \quad + \quad \frac{F}{(1 + i)^2} \quad + \quad \frac{F}{(1 + i)^3} \quad + [...] + \quad \frac{F}{(1 + i)^n}$$

Consultez un ouvrage d'algèbre pour comprendre comment cette série donne lieu à la formule de la valeur actualisée.

7. Voir D. J. Thornton et M. Bryant, *GAAP vs. TAP in Leading Agreements : Canadian Evidence*, Toronto, Association canadienne des professeurs de comptabilité, 1986. Les auteurs de cette étude ont examiné certains aspects de l'utilisation faite par des sociétés de « principes comptables sur mesure » en vue d'évaluer le rendement, selon les conditions de contrats conclus avec les dirigeants.

8. T. R. Dyckman et D. Morse, *Efficient Capital Markets and Accounting : A Critical Analysis*, 2ᵉ éd., Englewood Cliffs, N.J., Prentice-Hall, 1986, p. 8. Traduction et reproduction autorisées par Prentice-Hall Inc.

9. Vous trouverez davantage de renseignements sur ces questions dans plusieurs parties de l'ouvrage de P. A. Griffin éd., *Usefulness to Investors and Creditors of Information Provided by Financial Reporting*, 2ᵉ éd., Stamford, Conn., Financial Accounting Standards Board, 1987, en particulier les pages 78 à 82, 120 à 128 et 201 à 208 ; voir aussi T. R. Dyckman et D. Morse, *Efficient Capital Markets*, p. 58-59 ; D. J. Thornton et M. Bryant, *GAAP vs. TAP* ; ainsi que W. H. Beaver, *Financial Reporting : An Accounting Revolution*, 2ᵉ éd., Englewood Cliffs, N.J., Prentice-Hall, 1989, p. 165-166.

Annexe
◆◆◆◆◆◆◆

Les états financiers
de
Canadien Pacifique Limitée

État consolidé des résultats
Exercice terminé le 31 décembre

(en millions, sauf les montants par action)		1993		1992		1991
Revenus						
Produits vendus	$	1 686,9	$	1 965,2	$	2 820,1
Services		4 892,5		5 211,0		5 217,6
		6 579,4		7 176,2		8 037,7
Coûts et charges						
Coût des produits vendus		638,3		1 076,0		1 787,2
Coût des services		3 366,5		3 571,5		3 597,9
Frais généraux, de vente et d'administration		920,7		1 603,7		1 508,5
Amortissement et épuisement		738,8		761,8		804,2
		5 664,3		7 013,0		7 697,8
Bénéfice d'exploitation (note 2)		915,1		163,2		339,9
Intérêts débiteurs nets (note 3)		485,0		487,4		457,5
Autres charges (revenus) (note 4)		8,0		145,0		(39,6)
Bénéfice (perte) avant impôts sur le revenu, part des actionnaires minoritaires et quote-part du bénéfice de sociétés liées		422,1		(469,2)		(78,0)
Impôts sur le revenu (recouvrement) (note 5)		53,1		(150,6)		(19,2)
Quote-part des actionnaires minoritaires dans le bénéfice de filiales		33,3		14,1		9,9
Bénéfice (perte) avant quote-part du bénéfice de sociétés liées		335,7		(332,7)		(68,7)
Quote-part du bénéfice (de la perte) de :						
– Laidlaw Inc.		(79,9)		22,4		(98,9)
– Unitel Communications Holdings Inc.		(283,4)		—		—
– United Dominion Industries Limited		—		9,1		—
Moins-value de la participation dans Laidlaw Inc. (note 11)		—		—		(290,8)
Bénéfice (perte) des activités maintenues		(27,6)		(301,2)		(458,4)
Activités abandonnées (note 6)		(163,0)		(177,1)		(455,4)
Bénéfice net (perte)	$	(190,6)	$	(478,3)	$	(913,8)
Bénéfice (perte) par action ordinaire						
Bénéfice (perte) des activités maintenues	$	(0,09)	$	(0,95)	$	(1,44)
Bénéfice net (perte)	$	(0,60)	$	(1,50)	$	(2,87)

État consolidé des bénéfices non répartis
Exercice terminé le 31 décembre

(en millions, sauf les montants par action)		1993		1992		1991
Solde au 1er janvier						
Solde déjà établi	$	3 482,3	$	4 063,1	$	5 178,0
Redressement affecté aux exercices antérieurs (note 7)		27,1		27,1		27,1
Solde redressé		3 509,4		4 090,2		5 205,1
Bénéfice net (perte)		(190,6)		(478,3)		(913,8)
		3 318,8		3 611,9		4 291,3
Dividendes						
Actions prioritaires à 4 %		0,5		0,5		0,5
Actions ordinaires (par action : 1993 – $0,32; 1992 – $0,32; 1991 – $0,63)		102,2		102,0		200,6
Total des dividendes		102,7		102,5		201,1
Solde au 31 décembre	$	3 216,1	$	3 509,4	$	4 090,2

Voir les notes afférentes aux états financiers consolidés.

État consolidé de l'évolution de la situation financière
Exercice terminé le 31 décembre

(en millions)	1993	1992	1991
Activités d'exploitation			
Bénéfice (perte) des activités maintenues	$ (27,6)	$ (301,2)	$ (458,4)
Amortissement et épuisement *charge*	738,8	761,8	704,2
Impôts sur le revenu reportés (recouvrement)	58,8	(229,2)	(58,2)
Quote-part des actionnaires minoritaires dans le bénéfice de filiales	33,3	14,1	9,9
Quote-part de la perte (du bénéfice) de sociétés liées	363,3	(31,5)	98,9
Moins-value d'éléments d'actif et frais de restructuration	37,3	615,0	741,7
Réduction des charges à payer au titre de la restructuration – montant net	(83,0)	(76,0)	—
Amortissement de gains de change	(13,2)	(5,7)	(53,5)
Gains sur la vente d'entreprises, de participations et d'immobilisations	(25,5)	(7,2)	(72,5)
Autres éléments d'exploitation – montant net	(20,5)	30,5	(23,3)
Liquidités provenant des activités maintenues, avant variation du fonds de roulement	1 061,7	770,6	888,8
Diminution des soldes hors caisse du fonds de roulement relatifs aux activités maintenues (note 8)	28,2	203,7	12,6
Liquidités provenant des activités maintenues	1 089,9	974,3	901,4
Liquidités absorbées par les activités abandonnées	(30,0)	(117,9)	(133,7)
Total des liquidités provenant des activités d'exploitation	1 059,9	856,4	767,7
Dividendes			
Versés aux actionnaires de la Société	(102,2)	(102,1)	(249,1)
Versés aux actionnaires minoritaires de filiales	(14,2)	(21,3)	(26,0)
	(116,4)	(123,4)	(275,1)
Activités de financement			
Émission de titres d'emprunt à long terme	591,5	1 415,8	3 025,6
Remboursement de la dette à long terme	(550,2)	(1 012,5)	(918,7)
Émission d'actions par des filiales	7,0	105,3	6,8
Rachat d'actions privilégiées par des filiales	—	(1,1)	(21,1)
Émission d'actions ordinaires par la Société	5,9	6,2	8,9
Autres activités de financement	(29,4)	23,7	5,0
Activités abandonnées (note 6)	245,3	282,1	544,6
	270,1	819,5	2 651,1
Activités d'investissement			
Acquisition d'entreprises et de participations (note 9)	(248,8)	(301,3)	(39,8)
Nouvelles immobilisations (note 2) ALT	(1 136,2)	(1 156,7)	(1 341,0)
Vente d'entreprises, de participations et d'immobilisations	893,4	261,7	270,3
Autres activités d'investissement	(179,7)	(111,6)	(23,6)
Activités abandonnées (note 6)	(142,6)	(249,6)	(256,4)
	(813,9)	(1 557,5)	(1 390,5)
Trésorerie*			
Augmentation (diminution) des liquidités	399,7	(5,0)	1 753,2
Liquidités (déficit) à l'ouverture de l'exercice	1 237,7	1 242,7	(510,5)
Liquidités à la clôture de l'exercice	$ 1 637,4	$ 1 237,7	$ 1 242,7

*Comprend l'encaisse et les placements temporaires, moins les emprunts bancaires.

Voir les notes afférentes aux états financiers consolidés.

Bilan consolidé
Au 31 décembre

Actif

(en millions)	1993	1992
Actif à court terme		
Encaisse et placements temporaires	$ 1 667,7	$ 1 387,3
Débiteurs	735,3	1 090,7
Stocks (note 10)	286,9	611,5
	2 689,9	3 089,5
Participations et placements (note 11)	1 325,7	1 189,6
Immobilisations, au prix coûtant (note 12)		
Transports	8 140,0	7 970,1
Énergie	6 176,6	5 601,1
Biens immobiliers et hôtels	4 112,7	4 088,4
Télécommunications	—	1 357,4
Autres	59,0	57,9
Activités abandonnées	—	4 188,3
	18 488,3	23 263,2
Moins : amortissement et épuisement cumulés	6 232,6	8 169,7
	12 255,7	15 093,5
Autres éléments d'actif et frais reportés (note 13)	863,0	902,6
	$ 17 134,3	$ 20 275,2

Rapport des vérificateurs

Aux actionnaires de Canadien Pacifique Limitée
Nous avons vérifié les bilans consolidés de Canadien Pacifique Limitée aux 31 décembre 1993 et 1992 ainsi que les états consolidés des résultats, des bénéfices non répartis et de l'évolution de la situation financière des trois exercices compris dans la période de trois ans terminée le 31 décembre 1993. La responsabilité de ces états financiers consolidés incombe à la direction de la Société. Notre responsabilité consiste à exprimer une opinion sur ces états financiers en nous fondant sur nos vérifications.

Nos vérifications ont été effectuées conformément aux normes de vérification généralement reconnues. Ces normes exigent que la vérification soit planifiée et exécutée de manière à fournir un degré raisonnable de certitude quant à l'absence d'inexactitudes importantes dans les états financiers. La vérification comprend le contrôle par sondages des éléments probants à l'appui des montants et des autres éléments d'information fournis dans les états financiers. Elle comprend également l'évaluation des principes comptables suivis et des estimations importantes faites par la direction, ainsi qu'une appréciation de la présentation d'ensemble des états financiers.

À notre avis, ces états financiers consolidés présentent fidèlement, à tous égards importants, la situation financière de Canadien Pacifique Limitée aux 31 décembre 1993 et 1992 ainsi que les résultats de son exploitation et l'évolution de sa situation financière pour les trois exercices compris dans la période de trois ans terminée le 31 décembre 1993 selon les principes comptables généralement reconnus au Canada.

Price Waterhouse

Comptables agréés
Montréal (Québec)
Le 11 mars 1994

Passif et avoir des actionnaires

(en millions)		**1993**		1992
Passif à court terme				
Emprunts bancaires	**$**	**30,3**	$	149,6
Créditeurs et charges à payer		**1 459,8**		1 790,4
Impôts sur le revenu, autres impôts et taxes à payer		**97,5**		159,7
Dividendes à verser		**29,6**		29,7
Tranche à moins d'un an de la dette à long terme (note 14)		**1 372,9**		694,1
		2 990,1		2 823,5
Passif reporté (note 15)		**721,9**		753,2
Dette à long terme (note 14)		**4 690,4**		7 021,8
Débentures consolidées perpétuelles à 4 % (note 16)		**178,1**		172,4
Impôts sur le revenu reportés		**1 776,2**		1 954,9
Crédits reportés (note 17)		**481,3**		420,8
Part des actionnaires minoritaires dans les filiales (note 18)		**265,6**		815,2
Avoir des actionnaires (note 19)				
Actions prioritaires		**14,9**		14,9
Actions ordinaires				
Émises – 319 358 667 actions (1992 – 319 053 305)		**1 247,0**		1 241,1
Prime d'émission de titres		**1 173,9**		1 174,5
Autre surplus d'apport		**154,1**		154,1
Redressements relatifs à la conversion des monnaies étrangères		**224,7**		219,4
Bénéfices non répartis		**3 216,1**		3 509,4
		6 030,7		6 313,4

Engagements (note 23)

	$	**17 134,3**	$	20 275,2

Voir les notes afférentes aux états financiers consolidés.

Approuvé au nom du conseil d'administration

J.F. Hankinson, administrateur

W.W. Stinson, administrateur

Notes afférentes aux états financiers consolidés

1. Principales conventions comptables

Périmètre de consolidation

Les états financiers consolidés ont été préparés conformément aux principes comptables généralement reconnus au Canada (PCGR) et comprennent les comptes de Canadien Pacifique Limitée (la Société) et de toutes ses filiales (CP Limitée).

Les opérations intersociétés et les soldes réciproques importants ont tous été éliminés.

Voici les principales sociétés et divisions comprises dans chaque secteur d'activité :

Au 31 décembre	**1993**	1992	1991
Transports		Participation	
Réseau CP Rail			
CP Rail, division de la Société			
Soo Line Corporation	**100,0 %**	100,0 %	100,0 %
Delaware and Hudson Railway Company, Inc.	**100,0**	100,0	100,0
CP Navigation			
Canada Maritime Limited	**100,0**[1]	57,0	57,0
Terminus Racine (Montréal) Limitée	**100,0**	100,0	100,0
CP Camionnage			
Canadien Pacifique Express & Transport Ltée	**100,0**	100,0	100,0
Énergie			
PanCanadian Petroleum Limited	**86,9**	87,1	87,1
Fording Coal			
Fording Coal Holdings Inc.	**100,0**	100,0	100,0
NYCO Minerals, Inc.	**100,0**	100,0	100,0
Biens immobiliers et hôtels			
Gestion Immobilière Marathon Inc.	**100,0**	100,0	100,0
Réseau CP Rail (voir ci-dessus)			
Hôtels et Villégiatures Canadien Pacifique Inc.	**100,0**	100,0	100,0
Télécommunications et produits manufacturés			
Unitel Communications Holdings Inc.	**48,0**[2]	60,0	60,0
United Dominion Industries Limited	**45,3**	45,4[3]	55,4

[1] En date du 1er janvier 1993, la Société a porté à 100 % sa participation en acquérant les 43 % d'actions restantes.

[2] En janvier 1993, Unitel Communications Holdings Inc. (Unitel) a émis des actions ordinaires à AT&T Canada Inc., ramenant ainsi à 48 % la participation de la Société. En date du 1er janvier 1993, CP Limitée a commencé à comptabiliser sa participation dans cette société à la valeur de consolidation.

[3] En mai 1992, United Dominion Industries Limited (United Dominion) a émis 6,5 millions d'actions ordinaires. La Société

n'a acheté aucune de ces actions, faisant ainsi passer sa participation de 55,4 % à 45,4 %. En date du 1er juin 1992, CP Limitée a commencé à comptabiliser sa participation dans cette société à la valeur de consolidation.

En date du 10 décembre 1992, CP Limitée a commencé à comptabiliser sa participation dans United Dominion à la valeur d'acquisition et ramené sa valeur comptable à la valeur de réalisation nette, déterminée en fonction du prix d'échange établi dans les débentures échangeables contre des actions émises en décembre 1992 (notes 4, 11 et 14).

CP Limitée comptabilise sa participation dans Laidlaw Inc., société liée, à valeur de consolidation. CP Limitée exerce une grande partie de ses activités d'exploration, de mise en valeur et de production de pétrole et de gaz naturel ainsi que de ses activités d'investissement dans des biens immobiliers par l'intermédiaire de sociétés en participation et de sociétés de personnes. Ces investissements sont présentés selon la méthode de la consolidation proportionnelle.

Les principales différences entre les PCGR canadiens et les PCGR américains, dans la mesure où ces derniers s'appliquent à CP Limitée, sont énoncées à la rubrique Données supplémentaires, à la page 68.

Sauf indications contraires, tous les montants en dollars sont exprimés en dollars canadiens.

Comptabilisation des revenus

Transports : Les revenus tirés du transport ferroviaire de marchandises sont comptabilisés à la fin des mouvements.

Les revenus tirés du transport maritime, les coûts directement imputables aux déplacements en charge et les coûts des navires sont comptabilisés en fonction du nombre de voyages effectués au cours d'une période.

Les revenus tirés du camionnage sont comptabilisés et les coûts connexes font l'objet d'une provision au moment du ramassage des marchandises à livrer.

Énergie : Les revenus provenant du pétrole et du gaz naturel sont comptabilisés au moment de la vente, pour le pétrole, ou de la livraison, dans le cas du gaz naturel.

Le produit des ventes de charbon est comptabilisé une fois que le charbon est chargé et en route vers sa destination.

Biens immobiliers et hôtels : Les revenus provenant des biens productifs de revenus sont généralement comptabilisés lorsque le taux d'occupation atteint 80 % ou qu'un an s'est écoulé depuis que les travaux sont quasi achevés, selon la première éventualité. Avant cela, les revenus locatifs et les charges d'exploitation sont capitalisés et font partie du coût du projet. Le revenu tiré de la vente de biens immobiliers est comptabilisé entièrement au moment de la vente, à condition que les rentrées de fonds futures estimatives provenant de ces biens suffisent à assurer le service du financement fait par le vendeur.

Les revenus d'exploitation hôtelière sont comptabilisés après la prestation des services, pourvu que le recouvrement final soit raisonnablement sûr.

Télécommunications et produits manufacturés : Les revenus des activités de télécommunications sont comptabilisés après la prestation des services.

Le profit tiré des contrats de construction est comptabilisé selon la méthode de l'avancement des travaux.

Bénéfice par action ordinaire

Le bénéfice par action ordinaire, déduction faite des dividendes sur les actions prioritaires de la Société, est calculé selon la moyenne pondérée du nombre d'actions ordinaires en circulation pendant l'exercice.

Conversion des monnaies étrangères

Dans le cas des établissements de CP Limitée, les éléments d'actif et de passif libellés en monnaies étrangères, autres que ceux des filiales étrangères autonomes, sont convertis en dollars canadiens au cours du change en vigueur à la clôture de l'exercice dans le cas des éléments monétaires et au cours du change historique dans le cas des éléments non monétaires. Les revenus et les charges libellés en monnaies étrangères sont convertis au cours du change en vigueur à la date des opérations correspondantes, sauf les provisions pour amortissement et épuisement, qui le sont de la même manière que les éléments d'actif correspondants. À l'exception des gains et des pertes non matérialisés se rapportant à des éléments monétaires à long terme de l'actif et du passif, qui sont amortis sur la durée de vie restante des éléments monétaires correspondants, les gains et les pertes de change sont immédiatement passés dans les résultats.

Les comptes des filiales étrangères autonomes de CP Limitée sont convertis en dollars canadiens au cours du change en vigueur à la clôture de l'exercice pour ce qui est des éléments d'actif et de passif, et aux cours moyens de l'exercice pour ce qui est des revenus et des charges. Les gains ou pertes de change résultant de la conversion sont reportés et présentés dans l'avoir des actionnaires au poste Redressements relatifs à la conversion des monnaies étrangères. Le crédit de change résultant de la conversion des débentures consolidées perpétuelles à 4 % de la Société est également présenté au poste Redressements relatifs à la conversion des monnaies étrangères.

Prestations de retraite

Les charges de retraite découlant de régimes à prestations déterminées sont établies en fonction des hypothèses les plus probables posées par la direction selon la méthode actuarielle de répartition des prestations au prorata des années de service du groupe de salariés. Les charges de retraite comprennent le coût des services courants et l'amortissement des redressements résultant de la modification des régimes de retraite, des gains et pertes actuariels et de la modification des hypothèses. La période d'amortissement correspond à la durée moyenne estimative du reste de la carrière active du groupe de salariés couvert par les différents régimes. La différence entre la valeur axée sur la valeur marchande de l'actif de la caisse de retraite et la valeur actuelle des prestations constituées, à la date d'adoption de la présente convention comptable, est aussi amortie sur la durée moyenne estimative du reste de la carrière active du groupe de salariés couvert par les régimes.

Les charges de retraite découlant de régimes à cotisations déterminées équivalent généralement aux cotisations versées durant l'exercice.

Le coût des avantages complémentaires de retraite, soit les soins de santé et l'assurance-vie, correspond aux primes d'assurance annuelles versées.

Stocks

Les matières premières, le matériel ferroviaire et les fournitures sont évalués au coût moyen ou au coût de remplacement, selon le moins élevé des deux.

Les produits finis sont évalués au coût moyen ou à la valeur de réalisation nette, selon le moins élevé des deux.

Propriétés

Transports : Les propriétés ferroviaires sont comptabilisées conformément à la *Classification uniforme des comptes* publiée par l'Office national des transports du Canada (ONT) et aux règlements de l'Interstate Commerce Commission des États-Unis. Les additions aux immobilisations et les rénovations importantes sont comptabilisées au coût. Les frais d'entretien et de réparation sont passés en charges au fur et à mesure qu'ils sont engagés, à l'exception du coût matériel des remplacements planifiés des éléments de la voie au Canada, qui est capitalisé. Lorsqu'un bien amortissable est mis hors service ou autrement aliéné dans le cours normal des affaires, la valeur comptable, moins la valeur de récupération, est portée à l'amortissement cumulé.

L'amortissement est calculé selon la méthode linéaire à des taux établis en fonction de la durée estimative de vie utile des biens amortissables, à l'exception des rails et autre matériel de voie aux États-Unis pour lesquels il est calculé en fonction de l'utilisation. En ce qui concerne le matériel ferroviaire, les taux utilisés au Réseau CP Rail sont ceux qu'a autorisés l'ONT dans le cas de CP Rail, et ceux de l'Interstate Commerce Commission dans le cas de Soo Line Railroad Company (filiale en propriété exclusive de Soo Line Corporation) et de Delaware and Hudson Railway Company, Inc. À la suite d'études sur l'amortissement menées par l'ONT, la durée estimative de vie utile de certains éléments d'actif a été prolongée.

Notes afférentes aux états financiers consolidés

1. Principales conventions comptables (suite)

Les durées estimatives de vie utile des principales catégories de biens sont les suivantes :

	Nombre d'années
Matériel ferroviaire	
Locomotives diesel	de 27 à 40
Wagons	de 17 à 51
Traverses	de 28 à 60
Rails – de première pose	de 21 à 62
– de réemploi	de 45 à 62
Navires	20
Camions et semi-remorques	de 7 à 12

Énergie : CP Limitée applique, pour les propriétés pétrolières et gazières, la méthode de la capitalisation du coût entier selon laquelle tous les frais d'exploration et de mise en valeur de réserves de pétrole brut naturel et de gaz naturel sont capitalisés en fonction de centres de coûts établis par pays. L'amortissement pour épuisement ou dépréciation des coûts capitalisés dans un centre de coûts doit être fait selon la méthode de l'amortissement proportionnel au rendement, en fonction des réserves prouvées et estimatives, la production et les réserves nettes de gaz naturel étant converties en unités équivalentes de pétrole brut fondées sur leur contenu énergétique relatif. Le produit de la cession de propriétés est habituellement porté en diminution de la valeur de l'ensemble des biens comptabilisés selon la méthode de capitalisation du coût entier sans constatation d'un gain ou d'une perte.

Les frais d'acquisition et d'exploration dans de nouveaux centres de coûts sont exclus des coûts sujets à l'amortissement pour épuisement, jusqu'à ce que l'on détermine si des réserves prouvées sont attribuables aux propriétés ou s'il y a eu perte de valeur.

Dans l'établissement des provisions pour épuisement et dépréciation des éléments d'actif reliés au pétrole brut naturel et au gaz naturel, CP Limitée tient compte de tout excédent de la valeur comptable nette de ces éléments d'actif sur les revenus d'exploitation futurs nets non indexés et non actualisés, tirés de ses réserves prouvées de pétrole et de gaz naturel pour chaque centre de coûts (limite maximale). Pour le calcul de la limite maximale de l'entreprise (deuxième niveau), les provisions pour épuisement et dépréciation tiennent compte de tout excédent de la valeur comptable nette des éléments d'actif reliés au pétrole brut naturel et au gaz naturel, pour tous les centres de coûts, sur le total des revenus d'exploitation futurs nets non indexés et non actualisés, tirés des réserves prouvées de pétrole et de gaz naturel, moins les frais généraux, les frais d'administration, les frais de financement et les impôts sur le revenu futurs. Le calcul de la limite maximale s'effectue en fonction de la moyenne pondérée des prix des produits de CP Limitée en vigueur à la fin de l'exercice.

L'amortissement des installations reliées au pétrole brut naturel et au gaz naturel ainsi que du matériel de production et autres est calculé selon la méthode de l'amortissement proportionnel au rendement. Les installations d'extraction des produits liquides du gaz naturel et d'exploitation des sables bitumineux de Syncrude sont amorties selon la méthode linéaire en fonction de leur durée estimative de vie utile.

Les frais estimatifs futurs d'enlèvement des éléments d'actifs reliés au pétrole brut naturel, au gaz naturel et aux sables bitumineux de Syncrude, et de restauration des lieux font l'objet d'une provision constituée selon la méthode de l'amortissement proportionnel au rendement. Pour les installations d'extraction des produits liquides du gaz naturel, ces frais font l'objet d'une provision constituée en fonction de la durée estimative de vie utile des installations. Les dépenses d'enlèvement d'installations et de restauration de chantiers de forage sont imputées au passif correspondant.

Les dépenses engagées par CP Limitée pour l'acquisition, l'exploration et la mise en valeur de propriétés minières connues sont capitalisées, moins les coûts de production pendant la phase de mise en valeur, jusqu'à ce que l'évaluation et·la mise en valeur aient été menées à terme. Les dépenses d'exploration générale de propriétés productrices et les dépenses relatives aux propriétés abandonnées sont imputées aux résultats.

L'épuisement des propriétés en exploitation est fondé sur la méthode de l'amortissement proportionnel au rendement en fonction de la situation des réserves minières prouvées.

CP Limitée calcule les frais éventuels de revalorisation des terrains miniers en fonction de la production actuelle.

Les intérêts sur les fonds empruntés pour le financement des principaux projets énergétiques sont capitalisés pendant les périodes de mise en valeur et de construction.

Biens immobiliers et hôtels : Les biens immobiliers détenus aux fins de placement sont inscrits au moindre du coût, déduction faite de l'amortissement cumulé, et du montant recouvrable net. Ce dernier représente les flux monétaires futurs estimatifs, non actualisés, découlant de l'utilisation continue du bien et de sa valeur résiduelle. Les biens immobiliers destinés à la vente sont inscrits au coût ou à la valeur de réalisation nette estimative, selon le moins élevé des deux. Le coût comprend les frais financiers, notamment les impôts fonciers, les intérêts, la valeur théorique des loyers gratuits ainsi que la portion directement imputable des charges salariales et des frais du personnel affecté à la mise en valeur. Pour les biens productifs de revenus, les frais de première location sont inclus dans le coût.

Les hôtels sont inscrits au coût, qui comprend les intérêts capitalisés pendant les importantes rénovations.

La méthode de l'amortissement à intérêts composés est utilisée pour l'amortissement du coût des bâtiments sur une période maximale de 40 ans par des annuités croissant au taux composé de 5 %.

Télécommunications et produits manufacturés : Les terrains, les constructions et le matériel sont comptabilisés au coût, qui comprend, dans le cas des nouvelles installations de fabrication, les intérêts courus pendant la période de construction. Les frais d'entretien et de réparation sont passés en charges au fur et à mesure qu'ils sont engagés.

L'amortissement des installations de production est calculé principalement selon la méthode linéaire à des taux destinés à amortir le coût de ces biens sur leur durée économique. Dans le cas des installations de télécommunications, les taux sont approuvés par le Conseil de la radiodiffusion et des télécommunications canadiennes.

2. Information sectorielle

Secteurs d'activité

CP Limitée exerce ses activités d'exploitation par l'intermédiaire des secteurs suivants : Transports, Énergie, Biens immobiliers et hôtels et, enfin, Télécommunications et produits manufacturés (jusqu'à la fin de 1992 dans ce dernier cas). Ces secteurs sont déterminés en fonction des principales activités des filiales et des divisions importantes de CP Limitée.

Les résultats du Réseau CP Rail comprennent les frais généraux du siège social répartis par la Société. Ceux de toutes les autres unités sont établis en fonction de leurs résultats déclarés, rajustés, s'il y a lieu, pour tenir compte des frais liés aux acquisitions. Les frais généraux du siège social imputés au Réseau CP Rail sont établis en fonction principalement des charges d'exploitation.

Les imputations entre des unités œuvrant dans le même secteur d'activité, faites au tarif normal ou à un tarif non privilégié, sont éliminées des revenus et des charges déclarés par secteur d'activité. Les services fournis par des unités du secteur Transports à d'autres unités de ce secteur ont généré des revenus de $59,6 millions en 1993 (1992 – $61,5 millions; 1991 – $65,1 millions).

Les imputations entre des unités œuvrant dans des secteurs d'activité différents, faites au tarif normal ou à un tarif non privilégié, n'ont pas été éliminées des revenus et des charges déclarés par secteur d'activité, mais l'ont été du total des charges et revenus consolidés. Cette pratique n'a pas d'incidence sur le bénéfice d'exploitation consolidé. Les services fournis par le secteur Transports de la Société aux autres secteurs d'activité ont généré des revenus de $148,0 millions en 1993 (1992 – $55,1 millions; 1991 – $130,1 millions). Les autres imputations intersectorielles se sont chiffrées globalement à $22,3 millions en 1993 (1992 – $44,7 millions; 1991 – $48,1 millions).

(en millions)		Revenus	Coût des produits vendus et des services	Frais généraux, de vente et d'administration	Amortissement et épuisement	Bénéfice (perte) d'exploitation
Transports						
Réseau CP Rail	**1993**	**$ 3 409,7**	**$ 2 296,0**	**$ 676,0**	**$ 192,9**	**$ 244,8**
	1992	3 181,3	2 219,7	1 104,8	200,1	(343,3)
	1991	3 339,8	2 227,4	894,7	193,2	24,5
CP Navigation	**1993**	**440,7**	**305,8**	**66,3**	**13,7**	**54,9**
	1992	359,0	268,3	61,5	10,9	18,3
	1991	319,8	248,5	68,1	10,1	(6,9)
CP Camionnage	**1993**	**263,6**	**249,6**	**22,6**	**7,9**	**(16,5)**
	1992	419,5	436,1	65,9	17,4	(99,9)
	1991	480,4	440,6	52,6	19,6	(32,4)
Total (après élimination des imputations intrasectorielles)	**1993**	**$ 4 054,4**	**$ 2 791,8**	**$ 764,9**	**$ 214,5**	**$ 283,2**
	1992	3 898,3	2 862,6	1 232,2	228,4	(424,9)
	1991	4 074,9	2 851,4	1 015,4	222,9	(14,8)
Énergie						
PanCanadian Petroleum Limited	**1993**	**$ 1 120,4**	**$ 366,2**	**$ 62,6**	**$ 383,7**	**$ 307,9**
	1992	953,0	311,6	51,2	310,3	279,9
	1991	846,4	292,6	75,9	363,0	114,9
Fording Coal	**1993**	**566,5**	**429,0**	**10,1**	**37,4**	**90,0**
	1992	262,5	191,6	10,0	19,1	41,8
	1991	434,3	332,6	7,5	24,6	69,6
Total	**1993**	**$ 1 686,9**	**$ 795,2**	**$ 72,7**	**$ 421,1**	**$ 397,9**
	1992	1 215,5	503,2	61,2	329,4	321,7
	1991	1 280,7	625,2	83,4	387,6	184,5

Notes afférentes aux états financiers consolidés

2. Information sectorielle (suite)

(en millions)			Revenus		Coût des produits vendus et des services		Frais généraux, de vente et d'administration		Amortissement et épuisement		Bénéfice (perte) d'exploitation
Biens immobiliers et hôtels											
Gestion Immobilière Marathon Inc.	**1993**	$	**502,8**	$	**282,3**	$	**14,0**	$	**58,1**	$	**148,4**
	1992		492,6		243,8		13,7		53,1		182,0
	1991		414,4		259,1		16,4		50,1		88,8
Réseau CP Rail	**1993**		**28,5**		**—**		**—**		**—**		**28,5**
	1992		21,2		—		—		—		21,2
	1991		21,1		—		—		—		21,1
Hôtels et Villégiatures Canadien Pacifique Inc.	**1993**		**477,1**		**305,8**		**69,1**		**45,1**		**57,1**
	1992		455,2		293,8		73,7		37,7		50,0
	1991		443,2		292,3		89,4		37,0		24,5
Total	**1993**	$	**1 008,4**	$	**588,1**	$	**83,1**	$	**103,2**	$	**234,0**
	1992		969,0		537,6		87,4		90,8		253,2
	1991		878,7		551,4		105,8		87,1		134,4
Télécommunications et produits manufacturés											
Unitel Communications Holdings Inc.	**1993**	$	**—**	$	**—**	$	**—**	$	**—**	$	**—**
	1992		440,5		209,5		129,4		99,1		2,5
	1991		435,2		236,5		103,8		81,7		13,2
United Dominion Industries Limited	**1993**		**—**		**—**		**—**		**—**		**—**
	1992		752,7		634,4		93,5		14,1		10,7
	1991		1 546,4		1 298,8		200,1		24,9		22,6
Total	**1993**	$	**—**	$	**—**	$	**—**	$	**—**	$	**—**
	1992		1 193,2		843,9		222,9		113,2		13,2
	1991		1 981,6		1 535,3		303,9		106,6		35,8
Total consolidé (après élimination des imputations intersectorielles)	**1993**	$	**6 579,4**	$	**4 004,8**	$	**920,7**	$	**738,8**	$	**915,1**
	1992		7 176,2		4 647,5		1 603,7		761,8		163,2
	1991		8 037,7		5 385,1		1 508,5		804,2		339,9

Notes :

Transports : Ont été imputées aux frais généraux, de vente et d'administration du Réseau CP Rail une provision de $453,6 millions constituée en 1992 pour la réduction des équipes de train, la rationalisation prévue des lignes de chemin de fer dans l'est du Canada et d'autres mesures de réduction des coûts, et une provision de $250,9 millions constituée en 1991 pour la fermeture des ateliers Angus et d'autres charges de restructuration.
• Entrent dans le coût des produits vendus et des services une provision de $36,2 millions, et dans les frais généraux, de vente et d'administration, une provision de $24,7 millions pour la vente d'éléments d'actif et d'autres charges de restructuration de CP Camionnage en 1992.
Énergie : Est comprise dans la dotation pour amortissement et épuisement de PanCanadian Petroleum Limited en 1991 une moins-value de $100,0 millions de ses éléments d'actif aux États-Unis et de sa participation dans le projet OSLO.

• A été imputée aux frais généraux, de vente et d'administration de PanCanadian Petroleum Limited en 1991 une provision de $22,0 millions constituée au titre d'un programme de rationalisation de l'organisation.
Biens immobiliers et hôtels : Entrent dans le coût des produits vendus et des services de Gestion Immobilière Marathon Inc. des provisions de $37,3 millions en 1993, $28,3 millions en 1992 et $58,5 millions en 1991 pour la dévaluation de biens productifs de revenus, d'emplacements et de terrains.
Télécommunications et produits manufacturés : Les résultats de United Dominion Industries Limited pour 1992 visent la période du 1er janvier au 31 mai. Depuis le 1er juin 1992, la participation dans cette entreprise est comptabilisée à la valeur de consolidation (note 1).

2. Information sectorielle (suite)

(en millions)		1993		1992		1991
Actif sectoriel						
Transports						
Réseau CP Rail	$	**5 808,6**	$	5 593,7	$	5 853,6
CP Navigation		**211,8**		136,2		128,3
CP Camionnage		**120,2**		150,9		181,5
		6 140,6		5 880,8		6 163,4
Énergie						
PanCanadian Petroleum Limited		**3 342,9**		3 250,3		3 099,2
Fording Coal		**632,1**		524,6		450,0
		3 975,0		3 774,9		3 549,2
Biens immobiliers et hôtels						
Gestion Immobilière Marathon Inc.		**2 850,4**		3 016,0		2 901,5
Hôtels et Villégiatures Canadien Pacifique Inc.		**940,9**		1 013,9		1 010,6
		3 791,3		4 029,9		3 912,1
Télécommunications et produits manufacturés						
Unitel Communications Holdings Inc.		**173,9**		1 120,0		974,3
United Dominion Industries Limited		**170,7**		170,7		941,7
		344,6		1 290,7		1 916,0
Gestion de déchets						
Laidlaw Inc.		**656,7**		739,8		643,4
Activités abandonnées						
Produits Forestiers Canadien Pacifique Limitée		**—**		3 110,4		3 089,9
Autres		**5 282,5**		4 256,7		3 733,9
Écritures d'élimination		**(3 056,4)**		(2 808,0)		(2 369,4)
	$	**17 134,3**	$	20 275,2	$	20 638,5

(en millions)		1993		1992		1991
Nouvelles immobilisations						
Transports						
Réseau CP Rail	$	**217,8**	$	209,5	$	252,6
CP Navigation		**60,4**		6,0		21,8
CP Camionnage		**1,8**		8,0		4,9
		280,0		223,5		279,3
Énergie						
PanCanadian Petroleum Limited		**579,4**		344,3		390,0
Fording Coal		**117,0**		91,4		67,3
		696,4		435,7		457,3
Biens immobiliers et hôtels						
Gestion Immobilière Marathon Inc.		**129,2**		243,8		318,7
Hôtels et Villégiatures Canadien Pacifique Inc.		**30,4**		35,8		108,1
		159,6		279,6		426,8
Télécommunications et produits manufacturés						
Unitel Communications Holdings Inc.		**—**		207,2		150,8
United Dominion Industries Limited		**—**		6,5		17,9
		—		213,7		168,7
Autres		**0,2**		4,2		8,9
	$	**1 136,2**	$	1 156,7	$	1 341,0

Notes afférentes aux états financiers consolidés

2. Information sectorielle (suite)

(en millions)		1993		1992		1991
Secteurs géographiques						
Canada						
Revenus						
Trafic intérieur	$	**4 241,1**	$	4 407,3	$	4 748,9
Trafic d'exportation		**1 019,6**		813,5		924,1
Revenus intersociétés		**(229,9)**		(161,3)		(243,3)
	$	**5 030,8**	$	5 059,5	$	5 429,7
Bénéfice d'exploitation	$	**778,9**	$	165,2	$	412,7
Actif sectoriel	$	**14 816,3**	$	18 032,5	$	17 756,0
États-Unis						
Revenus	$	**1 128,6**	$	1 640,4	$	1 980,5
Bénéfice (perte) d'exploitation	$	**90,4**	$	(24,4)	$	(76,6)
Actif sectoriel	$	**4 020,8**	$	3 647,1	$	3 679,6
Autres pays						
Revenus	$	**420,0**	$	476,3	$	627,5
Bénéfice d'exploitation	$	**45,8**	$	22,4	$	3,8
Actif sectoriel	$	**352,3**	$	493,1	$	928,9
Récapitulatif						
Revenus	$	**6 579,4**	$	7 176,2	$	8 037,7
Bénéfice d'exploitation	$	**915,1**	$	163,2	$	339,9
Actif sectoriel	$	**19 189,4**	$	22 172,7	$	22 364,5
Participation dans Laidlaw Inc.		**656,7**		739,8		643,4
Participation dans Unitel Communications Holdings Inc.		**173,9**		—		—
Participation dans United Dominion Industries Limited		**170,7**		170,7		—
Écritures d'élimination		**(3 056,4)**		(2 808,0)		(2 369,4)
	$	**17 134,3**	$	20 275,2	$	20 638,5

3. Intérêts débiteurs nets

(en millions)		1993		1992		1991
Dette à long terme et débentures	$	**575,9**	$	625,4	$	569,1
Dette à court terme		**6,4**		18,4		79,4
		582,3		643,8		648,5
Moins : intérêts créditeurs		**76,8**		99,7		127,6
intérêts capitalisés		**20,5**		56,7		63,4
	$	**485,0**	$	487,4	$	457,5

4. Autres charges (revenus)

(en millions)		1993		1992		1991
Gain sur la vente de droits à la plus-value des actions de United Dominion Industries Limited	$	**(28,5)**	$	—	$	—
Amortissement de gains de change		**(13,2)**		(5,7)		(53,5)
Autres pertes (gains) de change		**(19,8)**		(15,6)		5,1
Perte (gain) sur dilution de participations dans des filiales		**(1,3)**		12,5		—
Amortissement de la valeur actualisée de charges à payer au titre de la restructuration		**40,9**		15,7		—
Moins-value de la participation dans United Dominion Industries Limited		**—**		72,2		—
Gain sur la vente, par United Dominion Industries Limited, de sa division de l'équipement d'emballage		**—**		—		(40,5)
Charges du siège social		**24,2**		61,2		48,6
Autres		**5,7**		4,7		0,7
	$	**8,0**	$	145,0	$	(39,6)

5. Impôts sur le revenu (recouvrement)

(en millions)		**1993**		1992		1991
Canadiens						
Exigibles	$	**(6,3)**	$	70,4	$	27,1
Reportés		**49,1**		(228,9)		(45,2)
	$	**42,8**	$	(158,5)	$	(18,1)
Étrangers						
Exigibles	$	**0,6**	$	8,2	$	11,9
Reportés		**9,7**		(0,3)		(13,0)
	$	**10,3**	$	7,9	$	(1,1)
Totaux						
Exigibles	$	**(5,7)**	$	78,6	$	39,0
Reportés		**58,8**		(229,2)		(58,2)
	$	**53,1**	$	(150,6)	$	(19,2)

Les impôts sur le revenu reportés (recouvrement) ont été établis comme suit :

		1993		1992		1991
Excédent de l'amortissement fiscal sur l'amortissement comptable	$	**36,4**	$	50,0	$	(14,2)
Déductions pour exploration et mise en valeur		**20,2**		6,8		26,0
Pertes constatées fiscalement		**(86,4)**		(138,9)		(28,3)
Pertes fiscales utilisées		**59,1**		24,7		27,2
Moins-values d'éléments d'actif et frais de restructuration		**(16,0)**		(210,8)		(96,2)
Réduction des charges à payer au titre de la restructuration		**32,3**		30,3		—
Autres		**13,2**		8,7		27,3
	$	**58,8**	$	(229,2)	$	(58,2)

La différence entre les impôts sur le revenu (recouvrement)
et la provision qui résulte de l'application du taux d'imposition
réglementaire est attribuable aux éléments suivants :

		1993		1992		1991
Provision au taux réglementaire	$	**129,9**	$	(229,9)	$	(44,4)
Déductions pour épuisement et ressources		**(70,5)**		(53,7)		(39,4)
Redevances et droits sur les mines		**30,6**		25,7		22,1
Reports prospectifs de perte comptabilisés		**(30,8)**		(1,5)		(16,3)
Pertes (gains) non constatées fiscalement		**(14,9)**		94,3		10,7
Écart des taux sur les gains en capital		**(6,9)**		(21,5)		(7,5)
Impôt des grandes sociétés		**17,8**		20,6		19,0
Effet de la tranche non déductible des moins-values d'éléments d'actif et des frais de restructuration		**—**		—		32,3
Autres		**(2,1)**		15,4		4,3
Impôts sur le revenu (recouvrement)	$	**53,1**	$	(150,6)	$	(19,2)

Notes afférentes aux états financiers consolidés

6. Activités abandonnées

Le 1er septembre 1993, la Société a vendu sa participation dans Produits Forestiers Canadien Pacifique Limitée (Produits Forestiers CP) pour un produit total de $697,8 millions qui lui sera remis sous forme de versements échelonnés. Le prix de vente des actions était de $19,00, dont $6,00 payables à la clôture, $6,50, le 30 septembre 1994 et $6,50, le 29 septembre 1995. En septembre 1993, la Société a vendu le versement du 30 septembre 1994 et en a tiré $224,5 millions.

Les résultats de Produits Forestiers CP sont résumés dans le tableau qui suit :

(en millions)		1993*		1992		1991
Revenus	$	**1 223,6**	$	1 825,5	$	2 083,3
Perte d'exploitation	$	**(123,7)**	$	(269,5)	$	(845,4)
Revenus (charges) hors exploitation		**(28,7)**		(107,1)		0,7
Bénéfice (perte) avant impôts sur le revenu et part des actionnaires minoritaires		**(152,4)**		(376,6)		(844,7)
Impôts sur le revenu (recouvrement)		**(60,7)**		(128,1)		(244,3)
Part des actionnaires minoritaires		**(28,3)**		(71,4)		(145,0)
Bénéfice net (perte)		**(63,4)**		(177,1)		(455,4)
Perte sur l'aliénation		**(111,3)**		—		—
Impôts sur le revenu (recouvrement)		**(11,7)**		—		—
		(99,6)		—		—
Perte des activités abandonnées	$	**(163,0)**	$	(177,1)	$	(455,4)

Sont retranchés des résultats des activités abandonnées la dotation à l'amortissement, qui s'est chiffrée à $105,5 millions en 1993, à $153,3 millions en 1992 et à $631,6 millions en 1991, ainsi que les intérêts débiteurs, qui ont été de $86,4 millions en 1993, de $111,1 millions en 1992 et de $86,8 millions en 1991.

Activités de financement des activités abandonnées :

(en millions)		1993*		1992		1991
Émission de titres d'emprunt à long terme	$	**96,2**	$	272,2	$	693,1
Remboursement de la dette à long terme		**(126,0)**		(170,3)		(145,9)
Émission d'actions		**275,1**		180,2		—
Rachat d'actions privilégiées		**—**		—		(2,6)
	$	**245,3**	$	282,1	$	544,6

Activités d'investissement des activités abandonnées :

(en millions)		1993*		1992		1991
Acquisition d'entreprises et de participations	$	**(36,9)**	$	(75,6)	$	(100,1)
Nouvelles immobilisations		**(110,9)**		(240,5)		(349,8)
Vente d'entreprises, de participations et d'immobilisations		**5,2**		66,5		193,5
	$	**(142,6)**	$	(249,6)	$	(256,4)

*Pour la période terminée le 31 août

7. Redressement affecté aux exercices antérieurs

À la demande de l'Office national des transports, le Réseau CP Rail a procédé, en 1993, à une étude portant sur la durée estimative de vie utile des biens amortissables existants. Cette étude a révélé un excédent dans les comptes d'amortissement cumulé.

Le Réseau CP Rail a donc réduit l'amortissement cumulé de la tranche de l'excédent qui résulte d'un changement dans la méthode d'amortissement de certains biens ferroviaires. Ce changement, qui a fait augmenter les bénéfices non répartis de $27,1 millions, après impôts reportés de $24,3 millions, n'a eu aucun effet sur le bénéfice net des exercices 1991, 1992 et 1993.

Le reste de l'excédent, soit $79,7 millions, a été affecté aux crédits reportés et est amorti prospectivement en fonction de la durée moyenne de vie restante des biens visés (voir la note 17).

8. Variation des soldes hors caisse du fonds de roulement

(en millions)	1993		1992		1991
Diminution de l'actif à court terme					
Débiteurs	$ 355,4	$	468,5	$	27,5
Stocks	324,6		314,4		120,3
Augmentation (diminution) du passif à court terme					
Créditeurs et charges à payer	(330,6)		(219,4)		153,0
Impôts sur le revenu, autres impôts et taxes à payer	(62,2)		90,6		(46,9)
Diminution des soldes hors caisse du fonds de roulement pour l'exercice	287,2		654,1		253,9
Diminution des soldes hors caisse du fonds de roulement relatifs aux activités abandonnées	(300,6)		(83,8)		(105,8)
Augmentation (diminution) des soldes hors caisse du fonds de roulement attribuable au changement de méthode de comptabilisation de la participation de la Société dans :					
Unitel Communications Holdings Inc. (note 1)	46,4		—		—
United Dominion Industries Limited (note 1)	—		(270,9)		—
Diminution des soldes hors caisse du fonds de roulement relatifs aux moins-values d'éléments d'actif et aux frais de restructuration	—		(191,4)		(92,6)
Augmentation des soldes hors caisse du fonds de roulement relatifs à la réduction des charges à payer au titre de la restructuration	86,4		76,0		—
Soldes hors caisse du fonds de roulement des entreprises aliénées	1,7		—		(40,6)
Autres variations des soldes hors caisse du fonds de roulement non relatifs aux activités maintenues (surtout mouvements entre les éléments à court terme et les éléments à long terme de l'actif et du passif)	(92,9)		19,7		(2,3)
Diminution des soldes hors caisse du fonds de roulement relatifs aux activités maintenues	$ 28,2	$	203,7	$	12,6

9. Acquisition d'entreprises et de participations

(en millions)	1993		1992		1991
Les acquisitions d'entreprises et de participations comprennent ce qui suit :					
Acquisition de la participation minoritaire dans Canada Maritime Limited	$ 20,4	$	—	$	—
Participation de la Société dans :					
– PacFor Holdings Inc.	86,6		—		—
– Unitel Communications Holdings Inc.	81,6		—		—
– Laidlaw Inc.	—		50,1		—
Prêt consenti à Produits Forestiers Canadien Pacifique Limitée	39,0		—		—
Acquisitions par United Dominion Industries Limited	—		180,7		—
Autres acquisitions d'entreprises et de participations	21,2		70,5		39,8
	$ 248,8	$	301,3	$	39,8

Le 1er septembre 1993, au moment de la vente de Produits Forestiers CP (note 6), la Société a souscrit pour $86,6 millions d'actions privilégiées sans droit de vote d'une filiale de cette société (PacFor Holdings Inc.). Ces actions sont rachetables au gré de la Société à partir du 1er septembre 1995.

En date du 1er janvier 1993, la Société a porté sa participation dans Canada Maritime Limited de 57 % à 100 % en achetant la participation minoritaire détenue par Compagnie Maritime Belge. L'excédent du coût sur la valeur comptable, soit environ $6 millions, a été réparti entre les éléments d'actif amortissables.

En janvier 1992, United Dominion Industries Limited (United Dominion) a acquis l'actif net des entreprises de fabrication de portes ainsi que d'éléments muraux et de planchers architecturaux et industriels de Robertson-CECO Corporation, et les actions de Bredel Exploitatie B.V. Ces acquisitions ont été comptabilisées selon la méthode de l'achat pur et simple et sont incluses dans les résultats de United Dominion à partir des dates d'acquisition.

Le 20 février 1992, la Société a acheté 4 550 000 actions de catégorie B sans droit de vote de Laidlaw Inc. pour une contrepartie en espèces de $50,1 millions, ou $11,00 l'action.

Notes afférentes aux états financiers consolidés

10. Stocks

(en millions)		1993		1992
Matériel et fournitures ferroviaires	$	**167,3**	$	183,9
Matières premières		**0,9**		159,9
Produits finis		**80,4**		131,2
Matières, fournitures et pièces de rechange		**38,3**		136,5
	$	**286,9**	$	611,5

11. Participations et placements

(en millions)		1993		1992
Participations comptabilisées à la valeur de consolidation				
Laidlaw Inc.*	$	**656,7**	$	739,8
Unitel Communications Holdings Inc. (note 1)		**173,9**		—
Doubletree Hotels**		**30,5**		—
Autres		**106,3**		66,0
Activités abandonnées		**—**		(73,5)
Participations comptabilisées à la valeur d'acquisition				
United Dominion Industries Limited (note 1)		**170,7**		170,7
PacFor Holdings Inc. (note 9)		**86,6**		—
Prêt consenti à Produits Forestiers Canadien Pacifique Limitée		**39,0**		—
Autres		**62,0**		71,9
Activités abandonnées		**—**		214,7
	$	**1 325,7**	$	1 189,6

*La Société détient 22 500 000 actions de catégorie A comportant droit de vote de Laidlaw, soit 47,2 % de ces actions en circulation, ainsi que 29 711 034 actions de catégorie B sans droit de vote représentant 12,9 % de ces actions en circulation. La participation de la Société dans Laidlaw, établie selon le nombre total d'actions de catégorie A et d'actions de catégorie B en circulation, s'établissait à 18,8 % aux 31 décembre 1993, 1992 et 1991.

Voici un résumé des résultats et de la situation financière déclarés de Laidlaw :

La différence, au 31 décembre 1993, entre la valeur comptable de la participation de la Société dans Laidlaw et sa quotepart des éléments d'actif net de cette société, soit environ $283 millions, a été attribuée à l'écart d'acquisition et est amortie sur une période de 40 ans.

Le cours du marché, au 31 décembre 1993, de la participation de la Société dans Laidlaw était de $476,4 millions.

Exercice terminé le 31 août

(en millions de dollars US)		1993		1992		1991
Revenus	$	**1 993,3**	$	1 925,6	$	1 882,4
Bénéfice (perte) d'exploitation		**(21,8)**		237,7		246,8
Bénéfice net (perte)		**(291,6)**		132,4		(344,4)
Bénéfice net (perte) attribuable aux actions de catégorie A et de catégorie B		**(292,1)**		131,8		(348,9)

Au 31 août

(en millions de dollars US)		1993		1992
Total de l'actif	$	**3 575,1**	$	3 731,4
Total du passif		**2 021,8**		1 771,5
Avoir des actionnaires		**1 553,3**		1 959,9

La Société a reçu de Laidlaw des dividendes de $8,4 millions en 1993, de $8,2 millions en 1992 et de $13,3 millions en 1991.

En 1991, la Société a réduit la valeur comptable de sa participation dans Laidlaw en conséquence d'une baisse que la direction ne considère pas comme temporaire.

**Le 16 décembre 1993, Doubletree Hotels Corporation, filiale à 80 % des Hôtels et Villégiatures Canadien Pacifique Inc. (Hôtels et Villégiatures CP), a fusionné avec Guest Quarters Hotels Partnership pour former Doubletree Hotels. Hôtels et Villégiatures CP comptabilise sa participation à 32 % dans Doubletree Hotels à la valeur de consolidation.

12. Immobilisations, amortissement et épuisement cumulés

(en millions)		1993			1992
	Coût	Amortissement et épuisement cumulés	Montant net		Montant net
Transports					
Réseau CP Rail	$ 7 743,5	$ 2 758,8	$ 4 984,7	$	4 867,6
CP Navigation	233,3	124,1	109,2		57,4
CP Camionnage	163,2	100,0	63,2		88,9
	8 140,0	2 982,9	5 157,1		5 013,9
Énergie					
PanCanadian Petroleum Limited	5 386,7	2 380,5	3 006,2		2 883,8
Fording Coal	789,9	283,1	506,8		428,3
	6 176,6	2 663,6	3 513,0		3 312,1
Biens immobiliers et hôtels					
Gestion Immobilière Marathon Inc.	3 063,0	328,8	2 734,2		2 766,3
Hôtels et Villégiatures Canadien Pacifique Inc.	1 049,7	230,7	819,0		826,1
	4 112,7	559,5	3 553,2		3 592,4
Télécommunications					
Unitel Communications Holdings Inc.	—	—	—		912,2
Activités abandonnées					
Produits Forestiers Canadien Pacifique Limitée	—	—	—		2 228,0
Autres	59,0	26,6	32,4		34,9
	$ 18 488,3	$ 6 232,6	$ 12 255,7	$	15 093,5

13. Autres éléments d'actif et frais reportés

(en millions)	1993		1992
Dernier versement relatif à la vente de			
Produits Forestiers Canadien Pacifique Limitée	$ 216,5	$	—
Perte de change non amortie	183,9		100,4
Gains de change non matérialisés	164,9		184,3
Charge de retraite payée d'avance	113,2		145,4
Débiteurs à long terme	50,4		58,3
Écart d'acquisition	11,8		31,7
Contrats de gérance	5,2		54,4
Autres	117,1		188,2
Activités abandonnées	—		139,9
	$ 863,0	$	902,6

Notes afférentes aux états financiers consolidés

14. Dette à long terme

(en millions)	1993	1992
Canadien Pacifique Limitée		
Débentures de 6⅞ % à 10½ %, échéant entre 1994 et 2022	$ **1 818,9**	$ 1 426,3
Titres garantis par nantissement du matériel de 9,45 %, échéant en 1998	**133,0**	127,5
Débentures de 8,5 %, échéant en 1995	**105,0**	105,0
Engagements en vertu de contrats de location-acquisition, échéant entre 1994 et 1999	**28,6**	39,1
Soo Line Corporation		
Billets de 13 %, échéant entre 1994 et 2005	**36,1**	35,5
Titres garantis par nantissement du matériel de 9½ % à 13⅝ %, échéant entre 1994 et 1996	**9,1**	14,2
Engagements en vertu de contrats de location-acquisition, échéant entre 1994 et 1999	**17,6**	15,8
PanCanadian Petroleum Limited		
Débentures de 10,55 %, échéant en 2000	**150,0**	150,0
Billets à moyen terme de 7,9 % à 8,1 %, échéant en 2002	**133,0**	127,0
Acceptations bancaires et billets à ordre	**—**	75,8
Gestion Immobilière Marathon Inc.		
Emprunts hypothécaires de 7⅝ % à 13⅜ %, échéant entre 1996 et 2018	**548,4**	547,9
Emprunts bancaires à terme échéant entre 1994 et 1999	**370,1**	390,8
Obligations et débentures garanties de 9,85 % à 11¼ %, échéant entre 1995 et 2006	**360,4**	362,0
Obligations hypothécaires de premier rang de 9 % à 10½ %, échéant entre 1997 et 2007	**173,1**	218,6
Entreprises Canadien Pacifique Limitée		
Billets échéant en 1996	**1 321,4**	1 270,0
Débentures à 8,67 %, échéant en 1998	**117,4**	—
Billets échéant en 1993	**—**	220,1
Les Valeurs Mobilières Canadien Pacifique Limitée		
Débentures garanties de 9,85 % à 11,6 %, échéant entre 1994 et 2026	**731,4**	765,4
Unitel Communications Holdings Inc.		
Emprunts bancaires échéant en 1993	**—**	353,0
Engagements en vertu de contrats de location-acquisition, échéant entre 1993 et 2007	**—**	24,0
Autres	**9,8**	30,6
Activités abandonnées		1 417,3
	6 063,3	7 715,9
Moins : tranche à moins d'un an de la dette à long terme	**1 372,9**	694,1
	$ **4 690,4**	$ 7 021,8

Les débentures de la Société ne sont pas garanties, mais elles comportent une clause de nantissement négative.

Les titres garantis par nantissement du matériel font l'objet d'une sûreté grevant des unités particulières du matériel roulant.

Le 10 décembre 1992, la Société a émis pour $105 millions de débentures non garanties à 8,5 % échangeables contre des actions, échéant le 15 décembre 1995. Les débentures sont échangeables à l'échéance contre un maximum de 10 millions d'actions ordinaires de United Dominion Industries Limited (United Dominion) (soit environ 28 % des actions ordinaires en circulation à ce moment-là). Si toutes les débentures étaient échangées contre des actions de United Dominion, la participation de la Société dans cette entreprise passerait à environ 17,4 %.

La presque totalité de la dette à long terme de Gestion Immobilière Marathon Inc. (Marathon) est garantie par des biens productifs de revenus en exploitation ou en construction.

Au 31 décembre 1993, la dette à long terme en monnaies étrangères, principalement en dollars US, totalisait $3 608,8 millions (1992 – $4 509,6 millions).

Les billets de $1 321,4 millions d'Entreprises Canadien Pacifique Limitée venant à échéance en 1996 portent intérêt à des taux qui suivent les fluctuations des taux du marché monétaire, sauf une tranche de $266 millions qui, en vertu de swaps de taux d'intérêt, porte maintenant intérêt à des taux fixes de 8,6 % en moyenne au lieu de taux variables.

Les emprunts bancaires de $370,1 millions contractés par Marathon portent intérêt à des taux qui suivent les fluctuations des taux préférentiels ou des taux du marché monétaire, sauf une tranche de $195 millions qui porte intérêt à un taux fixe dont la moyenne pondérée s'établit à environ 10,2 % en vertu de swaps de taux d'intérêt dont la durée est de deux ou trois ans.

Les échéances et annuités du fonds d'amortissement pour les cinq exercices postérieurs à 1993 sont les suivantes : 1994 – $1 372,9 millions; 1995 – $399,6 millions; 1996 – $1 308,5 millions; 1997 – $175,1 millions; 1998 – $308,9 millions.

14. Dette à long terme (suite)

La Société et certaines de ses filiales ont conclu avec de grandes institutions financières des instruments financiers comportant un risque hors bilan. Ces instruments comprennent des contrats de change à terme, des options sur swaps de taux d'intérêt ainsi que des swaps de devises et de taux d'intérêt essentiellement liés à certains titres d'emprunt à long terme et revenus marchandises futurs de CP Limitée et dont le principal se chiffrait au 31 décembre 1993 à environ $2 800 millions, en plus des swaps de taux d'intérêt sur les billets à payer et les emprunts bancaires mentionnés ci-dessus. Ces instruments viennent à échéance entre 1994 et 2002 et présentent des degrés divers de risque de crédit ou de marché en plus du montant porté au bilan consolidé. Si les contreparties n'exécutaient pas leurs obligations, CP Limitée pourrait subir une perte sur créance. Toutefois, elle ne prévoit pas qu'une telle situation se produise. Les fluctuations du cours des devises et des taux d'intérêt exposent aussi CP Limitée à un risque de marché.

15. Passif reporté

(en millions)		1993		1992
Provision pour frais de restructuration	$	403,5	$	451,6
Indemnités pour accidents du travail reportées		61,2		61,0
Frais futurs d'enlèvement d'une immobilisation et de restauration des lieux		64,8		52,0
Gain de change reporté		50,6		44,5
Charge de retraite à payer		36,9		37,7
Autres		104,9		95,6
Activités abandonnées		—		10,8
	$	721,9	$	753,2

16. Débentures consolidées perpétuelles à 4 %

(en millions)		1993						1992			
Devise d'émission		Livre sterling		Dollar US		Total		Livre sterling		Dollar US	Total
Valeur des titres émis	£	46,8	$	65,0	$	178,1	£	46,8	$	65,0 $	172,4

Les débentures consolidées, créées par une loi du Parlement en 1889, constituent une charge de premier rang grevant la totalité de l'entreprise, des chemins de fer, des ouvrages, du matériel roulant, des installations et des biens de la Société, à quelques exceptions près.

17. Crédits reportés

Le poste Crédits reportés comprend un montant de $175,8 millions (1992 – $181,1 millions) reçu du gouvernement fédéral principalement pour la remise en état de certaines lignes secondaires dans l'Ouest, un montant de $93,5 millions (1992 – $94,7 millions) reçu d'autres organismes, principalement pour le déplacement de voies ferrées, un montant de $70,3 millions (1992 – $72,5 millions) en crédits d'impôt à l'investissement et un montant de $74,0 millions (1992 – néant) représentant l'excédent d'amortissement cumulé. Ces montants sont virés aux résultats au fur et à mesure que les immobilisations en cause sont amorties.

18. Part des actionnaires minoritaires dans les filiales

(en millions)		1993		1992
Canada Maritime Limited	$	0,3	$	14,8
PanCanadian Petroleum Limited		238,5		216,5
Gestion Immobilière Marathon Inc.				
Actions privilégiées, rachetables, à dividende cumulatif de 7,5 %		25,0		25,0
Hôtels et Villégiatures Canadien Pacifique Inc.		—		4,2
Unitel Communications Holdings Inc.				
Actions privilégiées		—		30,0
Actions ordinaires		—		211,8
Autres		1,8		—
Activités abandonnées		—		312,9
	$	265,6	$	815,2

Notes afférentes aux états financiers consolidés

19. Avoir des actionnaires

Actions privilégiées : Au 31 décembre 1993, la Société était autorisée à émettre 20 381 788 actions rachetables, à dividende cumulatif, sans valeur nominale. Aucune action de cette catégorie n'est en circulation.

Actions prioritaires à dividende non cumulatif de 4 %. Autorisées : nombre n'excédant pas la moitié du total des actions ordinaires en circulation.

(en millions)	1993		1992		1991
Émises :					
2 561 769 actions prioritaires en livres sterling	$ 4,2	$	4,2	$	4,2
10 696 941 actions prioritaires en dollars canadiens	10,7		10,7		10,7
	$ 14,9	$	14,9	$	14,9

Les actions prioritaires en livres sterling et en dollars canadiens confèrent les mêmes droits de vote que les actions ordinaires.

Au 31 décembre 1993, une filiale indirectement en propriété exclusive de la Société détenait 33 000 actions prioritaires en livres sterling et 842 250 actions prioritaires en dollars canadiens de la Société, d'un coût total de $1,1 million.

Actions ordinaires : Au 31 décembre 1993, la Société était autorisée à émettre un nombre illimité d'actions sans valeur nominale.

Voici un tableau montrant l'évolution du nombre des actions ordinaires :

(en millions)	1993		1992		1991	
	Nombre	Montant	Nombre	Montant	Nombre	Montant
Solde au 1er janvier	319,1	$ 1 241,1	318,7	$ 1 234,9	318,2	$ 1 226,0
Émises en vertu des régimes de réinvestissement de dividendes et d'achat d'actions, et d'options d'achat d'actions*	0,3	5,9	0,4	6,2	0,5	8,9
Solde au 31 décembre	319,4	$ 1 247,0	319,1	$ 1 241,1	318,7	$ 1 234,9

*La Société a modifié, en date du 1er juillet 1992, son régime de réinvestissement de dividendes et d'achat d'actions de façon à rétablir les dispositions qui permettaient aux participants d'acquérir de nouvelles actions ordinaires de la Société en investissant des versements en espèces facultatifs, jusqu'à concurrence de $30 000 par année civile.

Redressements relatifs à la conversion des monnaies étrangères : Voici un tableau analytique des redressements relatifs à la conversion des monnaies étrangères :

(en millions)	1993		1992		1991
Solde au 1er janvier	$ 219,4	$	72,4	$	79,9
Effet des variations du cours du change	5,3		171,0		(7,5)
Autres	—		(24,0)		—
Solde au 31 décembre	$ 224,7	$	219,4	$	72,4

20. Régime d'options d'achat d'actions

Des options d'achat d'actions ordinaires de la Société, à un prix qui ne doit pas être inférieur au cours du marché des actions à la date de l'octroi, peuvent être accordées à certains membres du personnel clé en vertu du régime d'options d'achat d'actions. Chaque option peut être levée après deux ans à l'égard de la moitié des actions visées, et après trois ans, relativement au reste des actions. L'option prend fin dix ans après la date de l'octroi.

Un octroi comporte aussi un nombre de droits à la plus-value des actions (DPA) égal à la moitié du nombre d'actions visées par l'option. Un DPA permet au bénéficiaire de recevoir la différence entre le cours du marché d'une action ordinaire au moment de l'exercice et le prix de souscription des actions prévu à l'option. Les DPA peuvent être exercés entre les troisième et dixième années suivant la date de l'octroi.

Quand une option a été levée à l'égard de la moitié des actions qu'elle vise, toute autre levée entraîne l'annulation des DPA octroyés en même temps, dans une proportion de un pour un. L'exercice d'un DPA entraîne toujours une réduction du nombre d'actions visées par une option octroyée au même moment, dans une proportion de un pour un.

S'il y a prise de contrôle de la Société, toutes les options non levées et tous les DPA non exercés peuvent l'être immédiatement.

En vertu d'un régime d'intéressement à long terme à l'intention des cadres supérieurs, certains cadres de la Société avaient le droit d'acheter des actions ordinaires sous réserve de certaines conditions et de recevoir à cette fin un prêt de la Société. Ces trois dernières années, aucune action ordinaire n'a été achetée aux termes de ce régime. En 1993, la Société a supprimé du régime les dispositions qui prévoyaient l'octroi de prêts pour l'achat d'actions ordinaires.

Le nombre d'actions ordinaires dont on a autorisé l'émission en vertu des régimes d'options d'achat d'actions et d'intéressement à long terme des cadres supérieurs était, au 31 décembre 1993, de 7 000 000 (1992 – 5 000 000), dont 1 342 849 (1992 – 1 046 400) pouvaient être visées par de futurs octrois d'options en vertu du régime d'options d'achat d'actions.

Au 31 décembre 1993, des options visant 5 070 944 actions ordinaires (1992 – 3 369 307) étaient en circulation. Ces options expirent entre 1996 et 2003 et peuvent être levées à des prix variant de $16,125 à $27,875 l'action.

Au 31 décembre 1993, des options visant 1 927 041 actions ordinaires pouvaient être levées de la façon suivante : 194 666 actions à $16,813 l'action; 2 120 actions à $17,813; 14 386 actions à $18,563; 412 903 actions à $19,00; 4 818 actions à $19,25; 1 796 actions à $19,50; 3 214 actions à $19,563; 203 788 actions à $19,875; 508 860 actions à $20,375; 28 944 actions à $20,563; 1 692 actions à $22,063; 212 622 actions à $23,188; 292 936 actions à $24,188; 1 472 actions à $25,688; 12 196 actions à $27,25; et 30 628 actions à $27,875.

Voici un résumé des opérations dont les options ont été l'objet en 1993 :

	Nombre d'actions visées par des options
En circulation à l'ouverture de l'exercice	3 369 307
Octroyées	1 812 984
Levées	(12 058)
Annulées	(99 289)
En circulation à la clôture de l'exercice	5 070 944

21. Régime de droits de souscription pour la protection des actionnaires

Le 2 mai 1990, les actionnaires de la Société ont approuvé un régime de droits de souscription pour la protection des actionnaires (le régime). Aux termes du régime, un droit a été émis pour chaque action ordinaire; les détenteurs des actions prioritaires ont reçu des droits convertibles qui sont automatiquement convertis en droits de souscription d'actions ordinaires en fonction de la valeur d'une action prioritaire par rapport à une action ordinaire.

Le détenteur des droits émis en vertu du régime peut, s'il se produit certains événements déclencheurs, acquérir des actions de la Société à 50 % du cours du marché. Un événement déclencheur serait l'acquisition de 15 % ou plus des actions ordinaires de la Société, ou de ses actions ordinaires et prioritaires collectivement, dans le cadre d'une opération non approuvée par le conseil d'administration de la Société. Toutefois, certaines offres autorisées présentées à tous les actionnaires ordinaires et qui doivent être approuvées par la majorité des actionnaires indépendants ne constituent pas des événements déclencheurs.

Alexander Centre Industries Limited a demandé à la Cour suprême de l'Ontario de rendre certaines ordonnances, dont une déclarant que le régime est abusif et ne tient pas compte des intérêts des détenteurs d'actions prioritaires, une empêchant la Société de prendre toute mesure relativement au régime et une autre modifiant le régime de façon que les détenteurs d'actions prioritaires reçoivent le même traitement que les actionnaires ordinaires.

Notes afférentes aux états financiers consolidés

22. Charges de retraite

La Société et la majorité de ses filiales offrent des régimes à prestations déterminées, lesquelles sont surtout fonction des années de service et de la rémunération en fin de carrière. Les cotisations annuelles au titre de ces régimes se fondent sur diverses méthodes actuarielles d'attribution des coûts, et ne sont pas inférieures aux montants minimaux requis par les autorités fédérales ou provinciales de surveillance des pensions.

La charge de retraite nette des activités maintenues pour l'exercice à l'égard de ces régimes à prestations déterminées comprend les éléments suivants :

(en millions)		1993		1992		1991
Coûts des services courants	$	21,2	$	22,6	$	32,0
Intérêts débiteurs sur l'obligation au titre des prestations prévues		356,9		383,8		417,0
Rendement réel de l'actif de la caisse		(448,7)		(324,9)		(500,2)
Amortissement et reports nets		134,7		(29,2)		94,8
Charge de retraite nette	$	64,1	$	52,3	$	43,6

Le tableau ci-après montre la capitalisation des régimes et les montants constatés dans le bilan consolidé de CP Limitée au 31 décembre :

(en millions)		1993			1992	
		Régimes dont l'actif est supérieur aux prestations constituées	Régimes dont les prestations constituées sont supérieures à l'actif		Régimes dont l'actif est supérieur aux prestations constituées	Régimes dont les prestations constituées sont supérieures à l'actif
Valeur actuarielle de l'obligation au titre des prestations :						
Acquises	$	3 811,6	$ 94,9	$	4 398,4	$ 361,0
Non acquises		8,4	0,7		23,2	1,7
Obligation au titre des prestations constituées		3 820,0	95,6		4 421,6	362,7
Incidence des augmentations de salaire prévues		563,4	9,0		626,8	14,1
Obligation au titre des prestations prévues (basée sur un taux d'actualisation moyen pondéré d'environ 9 % et sur des augmentations de salaire se situant entre 5 % et 6 %)		4 383,4	104,6		5 048,4	376,8
Actif de la caisse de retraite en fonction d'une valeur axée sur la valeur marchande		4 242,3	58,7		4 976,8	286,7
Actif de la caisse de retraite inférieur à l'obligation au titre des prestations prévues		(141,1)	(45,9)		(71,6)	(90,1)
Fraction non amortie de l'obligation (de l'actif) nette au 1er janvier 1987*		199,2	6,5		162,2	(17,2)
Coût non amorti des services passés*		207,5	0,6		244,7	18,8
Perte (gain net) non amortie*		(152,4)	1,9		(189,9)	50,8
Charge de retraite payée d'avance (à payer) au bilan consolidé	$	113,2	$ (36,9)	$	145,4	$ (37,7)

*Amortissement sur la durée moyenne estimative du reste de la carrière active du groupe de salariés, généralement 15 ans.

L'actif de la caisse de retraite comprend essentiellement des actions cotées en Bourse et des obligations. La moyenne pondérée du taux de rendement à long terme présumé de l'actif de la caisse est d'environ 9 %.

CP Limitée a aussi des régimes à cotisations déterminées entièrement payés par les filiales. La charge de retraite des activités maintenues pour ces régimes, qui équivaut en général à la cotisation que l'employeur doit verser, a été de $6,2 millions en 1993, de $6,7 millions en 1992 et de $3,1 millions en 1991.

En plus des prestations de retraite, la Société et plusieurs de ses filiales offrent des régimes d'assurance-maladie et d'assurance-vie à certains de leurs retraités. Le coût de ces régimes est comptabilisé par la passation en charges des primes d'assurance annuelles qui ont été d'environ $10 millions en 1993 et en 1992 et de $6 millions en 1991.

23. Engagements

Au 31 décembre 1993, les engagements au titre des dépenses en immobilisations s'élevaient à $95,2 millions et les paiements minimaux en vertu de contrats de location-exploitation étaient évalués globalement à $504,7 millions, selon les annuités suivantes pour chacun des cinq exercices postérieurs à 1993 : 1994 – $93,4 millions; 1995 – $78,7 millions; 1996 – $68,0 millions; 1997 – $56,8 millions; 1998 – $49,3 millions.

Au 31 décembre 1993, les crédits inutilisés pour le financement à long terme s'élevaient à $762,9 millions. Les intérêts varient selon les taux préférentiels ou les taux du marché monétaire, les frais d'engagement sur $71,9 millions variant de 0,1875 % à 0,50 %.

Les marges de crédit inutilisées pour le financement à court terme, sous réserve de révisions périodiques, s'élevaient à $563,3 millions. Les emprunts éventuels portent intérêt à des taux variant selon les taux préférentiels ou les taux du marché monétaire et sont remboursables sur demande et à diverses échéances jusqu'à concurrence de 365 jours.

24. Événement postérieur à la clôture

Le 14 février 1994, la Société a signé une entente portant sur l'émission et la vente de 22 millions d'actions ordinaires, au prix de $22,75 l'action. Le produit total de la vente sera de $500,5 millions. L'opération a été conclue le 10 mars 1994.

25. Reclassifications

Certains chiffres d'exercices précédents ont été reclassés selon la présentation de 1993.

26. Données supplémentaires

La section traitant des principes comptables en vigueur au Canada et aux États-Unis ainsi que le rapprochement du bénéfice net selon les principes comptables généralement reconnus dans ces deux pays, compris dans les Données supplémentaires, font partie intégrante des présents états financiers.

Données supplémentaires

Les données qui suivent visent à satisfaire à certaines obligations d'information de la Securities and Exchange Commission (SEC) des États-Unis.

Principes comptables en vigueur au Canada et aux États-Unis

Les états financiers consolidés de CP Limitée ont été préparés conformément aux principes comptables généralement reconnus (PCGR) au Canada et recommandés par l'Institut Canadien des Comptables Agréés. Au cours des années, ces principes comptables en sont venus à différer quelque peu de ceux qui sont reconnus aux États-Unis. À l'intention des actionnaires de la Société aux États-Unis, les principales différences sont expliquées ci-dessous et leur incidence sur le bénéfice d'exploitation et le bénéfice net de CP Limitée est résumée. Leur effet sur la situation financière consolidée et sur le bilan consolidé n'est pas significatif; toutefois, les PCGR américains prévoient que le versement des dividendes doit figurer dans les activités de financement dans l'état consolidé de l'évolution de la situation financière.

La principale différence entre les méthodes de la capitalisation du coût entier prescrites par les PCGR américains et canadiens pour le pétrole brut naturel et le gaz naturel est la suivante : lorsqu'on calcule la limite maximale en comparant la valeur comptable nette des éléments d'actif reliés au pétrole brut naturel et au gaz naturel avec les revenus nets futurs devant être tirés des réserves prouvées mises en valeur, ces revenus sont actualisés au taux de 10 % en vertu des PCGR américains et ne sont pas actualisés conformément aux PCGR canadiens. Tout excédent de la valeur comptable nette sur les revenus futurs nets s'ajoute à la provision pour épuisement dans les deux espaces juridiques.

La méthode de l'amortissement à intérêts composés, utilisée dans le secteur Biens immobiliers et hôtels selon les PCGR canadiens, n'est pas conforme aux PCGR américains, qui prévoient que la méthode de l'amortissement linéaire doit être utilisée.

CP Limitée suit la méthode canadienne de comptabilisation des impôts sur le revenu, dite méthode du report fixe, qui porte sur les différences entre le revenu figurant dans les états financiers et le revenu imposable. La méthode de comptabilisation suivie aux États-Unis est désignée sous le nom de méthode de la dette fiscale et porte sur les différences entre la valeur comptable et la valeur fiscale des éléments de l'actif et du passif. Au Canada, les impôts sur le revenu sont calculés selon les taux et

les règlements en vigueur durant l'exercice sans redressement ultérieur pour tenir compte des changements des taux d'impôt ou des règlements. Aux États-Unis, on calcule la dette fiscale en fonction des futurs taux et règlements déjà adoptés, et on la redresse dans les exercices futurs si les taux et les règlements en question sont modifiés. L'effet cumulatif des écarts des exercices antérieurs est imputé aux résultats de 1993, année d'adoption de la nouvelle norme américaine.

CP Limitée suit la pratique canadienne qui est de reporter et d'amortir les gains et les pertes de change non matérialisés relatifs à des éléments à long terme d'actif et de passif libellés en monnaies étrangères, tandis que selon les PCGR américains, ces gains ou pertes sont immédiatement passés dans les résultats.

La principale différence entre les méthodes de comptabilisation des coûts découlant des régimes de retraite en vertu des PCGR canadiens et américains réside dans le choix du taux d'actualisation utilisé pour calculer l'obligation au titre des prestations ainsi que le coût des services et les intérêts débiteurs qui sont compris dans la charge de retraite nette établie périodiquement. En vertu des PCGR canadiens, le taux d'actualisation employé représente l'hypothèse la plus probable posée par la direction quant au taux de rendement à long terme de l'actif de la caisse de retraite, tandis qu'en vertu des PCGR américains, ce taux correspond à celui auquel les prestations de retraite peuvent être réglées à la date des états financiers. L'effet de cette différence sur la charge de retraite de CP Limitée est montré dans le tableau qui suit. Son effet sur la capitalisation des régimes de CP Limitée est négligeable.

CP Limitée suit la pratique canadienne qui est de passer en charges les coûts liés aux avantages postérieurs à l'emploi (régimes d'assurance-maladie et d'assurance-vie par exemple) au moment où ils sont payés, tandis qu'en vertu de la nouvelle norme comptable américaine, ces coûts sont, compte tenu des dispositions du régime, inscrits comme charges à payer durant les années où les participants au régime rendent les services. L'effet cumulatif des écarts des exercices antérieurs a été imputé aux résultats de 1992, année d'adoption de la nouvelle norme américaine.

Principes comptables en vigueur au Canada et aux États-Unis (suite)

Exercice terminé le 31 décembre (en millions, sauf les montants par action)		1993		1992		1991
Bénéfice d'exploitation						
Selon les PCGR canadiens	$	**915,1**	$	163,2	$	339,9
Selon les PCGR américains		**856,0**		47,4		128,1
Bénéfice (perte) des activités maintenues						
Selon les PCGR canadiens		**(27,6)**		(301,2)		(458,4)
Selon les PCGR américains		**(18,8)**		(454,8)		(584,2)
Bénéfice net (perte)						
Selon les PCGR canadiens		**(190,6)**		(478,3)		(913,8)
Selon les PCGR américains		**(117,8)**		(693,9)		(1 037,4)
Bénéfice (perte) par action ordinaire						
Bénéfice (perte) des activités maintenues						
Selon les PCGR canadiens		**(0,09)**		(0,95)		(1,44)
Selon les PCGR américains		**(0,06)**		(1,43)		(1,84)
Bénéfice net (perte)						
Selon les PCGR canadiens		**(0,60)**		(1,50)		(2,87)
Selon les PCGR américains		**(0,37)**		(2,18)		(3,26)
Rapprochement du bénéfice net (de la perte) selon les PCGR canadiens et américains :						
Bénéfice net (perte) – Selon les PCGR canadiens	$	**(190,6)**	$	(478,3)	$	(913,8)
Ajouter (déduire) :						
Pétrole et gaz naturel		**10,7**		10,2		(63,6)
Biens immobiliers et hôtels		**(22,8)**		(16,3)		(24,6)
Impôts sur le revenu reportés		**65,5**		—		—
Change		**(22,8)**		(81,8)		(8,9)
Charges de retraite		**(22,8)**		(21,3)		(28,6)
Avantages postérieurs à l'emploi		**(4,8)**		(45,6)		—
Autres		**5,8**		1,2		(0,1)
Activités abandonnées		**64,0**		(62,0)		2,2
Bénéfice net (perte) – Selon les PCGR américains	$	**(117,8)**	$	(693,9)	$	(1 037,4)

Une nouvelle norme américaine portant sur la comptabilisation, par les employeurs, des avantages postérieurs à l'emploi (SFAS 112) a été publiée en novembre 1992 et s'applique aux exercices commençant après le 15 décembre 1993. Après une étude préliminaire, CP Limitée ne prévoit pas que l'adoption de cette norme en 1994 aura une incidence marquée sur son bénéfice consolidé et sa situation financière, tels qu'on les détermine en suivant les PCGR américains.

Données supplémentaires

Information financière trimestrielle (non vérifié)
État consolidé des résultats

(en millions, sauf les montants par action)	1993			
Trimestre terminé le	31 mars	30 juin	30 septembre	31 décembre
Revenus				
Produits vendus	$ 384,6	$ 430,5	$ 404,4	$ 467,4
Services	1 093,7	1 225,1	1 254,9	1 318,8
	1 478,3	1 655,6	1 659,3	1 786,2
Coûts et charges				
Coût des produits vendus	127,0	154,9	166,3	190,1
Coût des services	789,0	852,7	844,8	880,0
Frais généraux, de vente et d'administration	232,6	239,0	222,4	226,7
Amortissement et épuisement	176,5	185,8	184,6	191,9
	1 325,1	1 432,4	1 418,1	1 488,7
Bénéfice d'exploitation	153,2	223,2	241,2	297,5
Intérêts débiteurs nets	113,0	127,0	130,0	115,0
Autres charges (revenus)	(14,8)	8,0	(14,4)	29,2
Bénéfice (perte) avant impôts sur le revenu, part des actionnaires minoritaires et quote-part du bénéfice de sociétés liées	55,0	88,2	125,6	153,3
Impôts sur le revenu (recouvrement)	(24,7)	8,3	29,8	39,7
Quote-part des actionnaires minoritaires dans le bénéfice de filiales	9,1	8,3	7,7	8,2
Bénéfice avant quote-part du bénéfice de sociétés liées	70,6	71,6	88,1	105,4
Quote-part du bénéfice (de la perte) de :				
– Laidlaw Inc.	4,4	(10,2)	(81,3)	7,2
– Unitel Communications Holdings Inc.	(7,9)	(20,3)	(25,1)	(230,1)
Bénéfice (perte) des activités maintenues	67,1	41,1	(18,3)	(117,5)
Activités abandonnées	(45,4)	(29,1)	(88,5)	—
Bénéfice net (perte)	$ 21,7	$ 12,0	$ (106,8)	$ (117,5)
Bénéfice (perte) par action ordinaire				
Bénéfice (perte) des activités maintenues	$ 0,21	$ 0,13	$ (0,06)	$ (0,37)
Bénéfice net (perte)	$ 0,07	$ 0,03	$ (0,33)	$ (0,37)

Le bénéfice d'exploitation pour le trimestre terminé le 31 décembre 1993 comprend des moins-values de $37,3 millions décrites à la note 2.

Les autres revenus pour le trimestre terminé le 31 mars 1993 comprennent un gain de $28,5 millions sur la vente de droits à la plus-value des actions de United Dominion Industries Limited.

La quote-part de la perte d'Unitel Communications Holdings Inc. pour le trimestre terminé le 31 décembre 1993 comprend des moins-values et des charges de restructuration totalisant $203,3 millions.

Information financière trimestrielle (non vérifié)
État consolidé des résultats

(en millions, sauf les montants par action)	1992			
Trimestre terminé le	31 mars	30 juin	30 septembre	31 décembre
Revenus				
Produits vendus	$ 734,6	$ 651,1	$ 264,1	$ 315,4
Services	1 262,7	1 367,4	1 301,5	1 279,4
	1 997,3	2 018,5	1 565,6	1 594,8
Coûts et charges				
Coût des produits vendus	478,1	405,7	90,5	101,7
Coût des services	857,2	895,6	883,2	935,5
Frais généraux, de vente et d'administration	322,5	309,2	523,4	448,6
Amortissement et épuisement	194,5	187,3	182,0	198,0
	1 852,3	1 797,8	1 679,1	1 683,8
Bénéfice (perte) d'exploitation	145,0	220,7	(113,5)	(89,0)
Intérêts débiteurs nets	117,8	120,5	120,6	128,5
Autres charges – montant net	4,7	11,7	22,2	106,4
Bénéfice (perte) avant impôts sur le revenu, part des actionnaires minoritaires et quote-part du bénéfice de sociétés liées	22,5	88,5	(256,3)	(323,9)
Impôts sur le revenu (recouvrement)	16,7	28,8	(90,1)	(106,0)
Quote-part des actionnaires minoritaires dans le bénéfice (la perte) de filiales	(4,0)	5,8	5,4	6,9
Bénéfice (perte) avant quote-part du bénéfice de sociétés liées	9,8	53,9	(171,6)	(224,8)
Quote-part du bénéfice de :				
– Laidlaw Inc.	3,8	6,3	3,3	9,0
– United Dominion Industries Limited	—	2,4	3,2	3,5
Bénéfice (perte) des activités maintenues	13,6	62,6	(165,1)	(212,3)
Activités abandonnées	(53,3)	(41,6)	(40,5)	(41,7)
Bénéfice net (perte)	$ (39,7)	$ 21,0	$ (205,6)	$ (254,0)
Bénéfice (perte) par action ordinaire				
Bénéfice (perte) des activités maintenues	$ 0,04	$ 0,20	$ (0,52)	$ (0,67)
Bénéfice net (perte)	$ (0,12)	$ 0,06	$ (0,64)	$ (0,80)

Le bénéfice d'exploitation comprend des moins-values et frais de restructuration de $270,2 millions pour le trimestre terminé le 30 septembre 1992 et de $272,6 millions pour le trimestre qui a pris fin le 31 décembre 1992. Ces postes sont décrits à la note 2.

Les autres charges pour le trimestre terminé le 31 décembre 1992 comprennent une moins-value de $72,2 millions de la participation dans United Dominion Industries Limited.

Rétrospective des dix derniers exercices

(en millions de dollars, sauf les montants par action)	1993	1992	1991	1990
Revenus				
Activités maintenues	$ **6 579,4**	$ 7 176,2	$ 8 037,7	$ 8 238,9
Bénéfice (perte) d'exploitation des secteurs d'activité				
Transports	$ **283,2**	$ (424,9)	$ (14,8)	$ 294,3
Énergie	**397,9**	321,7	184,5	424,0
Biens immobiliers et hôtels	**234,0**	253,2	134,4	264,4
Télécommunications et				
produits manufacturés	**—**	13,2	35,8	37,3
	$ **915,1**	$ 163,2	$ 339,9	$ 1 020,0
Bénéfice (perte) des				
activités maintenues	$ **(27,6)**	$ (301,2)	$ (458,4)	$ 362,8
Bénéfice net (perte)	$ **(190,6)**	$ (478,3)	$ (913,8)	$ 355,3
PCGR américains				
Bénéfice (perte) des				
activités maintenues	$ **(18,8)**	$ (454,8)	$ (584,2)	$ 323,4
Bénéfice net (perte)	$ **(117,8)**	$ (693,9)	$ (1 037,4)	$ 320,3
Total de l'actif	$ **17 134,3**	$ 20 275,2	$ 20 638,5	$ 20 274,9
Structure globale du capital				
Total de la dette à long terme	$ **6 063,3**	$ 7 715,9	$ 7 215,3	$ 4 564,4
Débentures consolidées				
perpétuelles à 4 %	**178,1**	172,4	176,4	180,1
Part des actionnaires				
minoritaires dans les filiales	**265,6**	815,2	867,0	1 043,3
Avoir des actionnaires	**6 030,7**	6 313,4	6 741,0	7 854,5
	$ **12 537,7**	$ 15 016,9	$ 14 999,7	$ 13 642,3
Par action ordinaire				
Bénéfice (perte) des				
activités maintenues				
PCGR canadiens	$ **(0,09)**	$ (0,95)	$ (1,44)	$ 1,14
PCGR américains	$ **(0,06)**	$ (1,43)	$ (1,84)	$ 1,01
Bénéfice net (perte)				
PCGR canadiens	$ **(0,60)**	$ (1,50)	$ (2,87)	$ 1,11
PCGR américains	$ **(0,37)**	$ (2,18)	$ (3,26)	$ 1,00
Dividendes	$ **0,32**	$ 0,32	$ 0,63	$ 0,92
Nombre d'actions ordinaires (en millions)				
À la clôture de l'exercice	**319,4**	319,1	318,7	318,2
Moyen	**319,2**	318,8	318,5	318,5
Taux de rendement de				
l'avoir moyen des actionnaires	**(3,1) %**	(7,3) %	(12,5) %	4,5 %
Ratio d'endettement	**50:50**	53:47	49:51	35:65

	1989		1988		1987		1986		1985		1984
$	8 067,0	$	7 851,0	$	7 460,7	$	8 256,0	$	8 191,9	$	7 507,6
$	263,4	$	488,4	$	602,9	$	466,4	$	420,0	$	469,0
	297,6		234,4		323,5		310,1		626,8		586,5
	354,6		298,5		205,2		199,2		179,9		158,9
	84,2		78,8		53,3		70,5		91,2		56,7
$	999,8	$	1 100,1	$	1 184,9	$	1 046,2	$	1 317,9	$	1 271,1
$	489,2	$	424,3	$	271,7	$	157,2	$	374,1	$	387,9
$	745,2	$	820,1	$	826,3	$	(80,3)	$	252,7	$	366,2
$	506,7	$	479,5	$	331,8	$	194,3	$	337,7	$	382,7
$	768,3	$	887,6	$	923,5	$	(5,5)	$	230,9	$	340,4
$	19 099,7	$	17 702,2	$	18 052,1	$	17 750,1	$	21 382,9	$	18 722,1
$	4 256,4	$	3 836,0	$	4 469,8	$	5 114,7	$	6 683,5	$	5 609,0
	162,9		178,1		197,7		184,6		185,0		157,8
	1 238,8		1 073,4		1 139,0		1 344,7		2 031,7		2 981,3
	7 823,6		7 330,2		6 460,1		5 780,5		6 059,6		4 414,9
$	13 481,7	$	12 417,7	$	12 266,6	$	12 424,5	$	14 959,8	$	13 163,0
$	1,54	$	1,37	$	0,90	$	0,53	$	1,69	$	1,80
$	1,60	$	1,55	$	1,10	$	0,65	$	1,53	$	1,77
$	2,35	$	2,65	$	2,75	$	(0,27)	$	1,14	$	1,70
$	2,42	$	2,87	$	3,07	$	(0,02)	$	1,04	$	1,58
$	0,84	$	0,68	$	0,54	$	0,48	$	0,48	$	0,47
	318,2		316,9		302,8		299,5		297,7		215,0
	317,3		309,1		300,5		298,3		220,8		215,0
	9,8 %		11,9 %		13,5 %		(1,4) %		4,8 %		8,8 %
	33:67		32:68		38:62		43:57		46:54		44:56

Répartition géographique des investissements nets en immobilisations

Au 31 décembre 1993	Immobilisations, au prix coûtant moins amortissement (en millions)	Pourcentage
Canada		
Provinces de l'Atlantique	$ 71,2	1
Québec	766,9	6
Ontario	1 898,6	15
Manitoba	253,1	2
Saskatchewan	626,4	5
Alberta	3 565,2	29
Colombie-Britannique	1 803,6	15
T.N.-O., Yukon et en mer	40,2	—
Matériel de transport	849,6	7
	9 874,8	80
Étranger		
États-Unis	2 227,8	18
Autres pays	61,6	1
Océaniques	91,5	1
	2 380,9	20
Total	$ 12 255,7	100

10

CLÉ DE VOÛTE : LE CHOIX DES CONVENTIONS COMPTABLES

10.1 APERÇU DU CHAPITRE

Le présent chapitre rassemble les sujets portant sur la préparation et l'analyse des états financiers que nous avons étudiés dans les chapitres précédents. La comptabilité d'exercice accroît les données sur les opérations de caisse en vue de produire des rapports concernant les résultats et la situation financière des entreprises qui devraient être informatifs et fidèles. Les entreprises disposent de plusieurs options quant à la manière de préparer ces rapports, pour les adapter à leur situation. Ces options sont toutefois limitées par les normes comptables et les autres principes comptables généralement reconnus. L'analyse des résultats et de la situation financière d'une entreprise de même que la compréhension de l'incidence des « choix de conventions comptables » supposent la connaissance des méthodes comptables, des principes de la comptabilité d'exercice et des PCGR, ainsi que des méthodes d'analyse. Ces connaissances, vous les avez acquises. Vous êtes maintenant prêts à envisager divers choix de conventions comptables et de PCGR, et à analyser leurs effets sur les états financiers. Nous aurons ainsi réuni tous les éléments indispensables à la *compréhension* des états financiers, illustrée dans le schéma ci-contre, et qui constitue l'objectif de ce manuel.

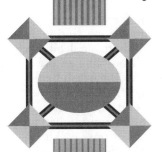

Dans ce chapitre, vous verrez des :

Concepts d'utilisation : Les nombreuses différences qui existent entre les entreprises, la complexité des demandes d'information des utilisateurs et la complexité de l'environnement, de même que le refus des organismes de normalisation de fournir une solution unique aux situations diverses et complexes. Ces éléments donnent lieu à une variété de méthodes comptables qui peuvent toutes se réclamer des PCGR.

Concepts de préparation : L'objectif difficile de produire des états financiers fidèles et comparables, alors que les entreprises peuvent faire des choix différents de méthodes comptables. Ces choix imposent des contraintes à la comptabilité d'exercice, ce qui nous oblige à mettre l'accent sur le rapprochement, la fidélité, la substance économique, la présentation de l'information et d'autres notions à la base des conventions comptables, de leur publication et de leur évaluation.

Techniques de préparation : Nous présenterons un grand nombre d'exemples, dont divers choix de conventions comptables relatifs aux comptes clients, aux stocks, à l'amortissement et aux comptes du passif, en montrant à la fois comment les appliquer aux états financiers et quelle est leur incidence sur la mesure des résultats de l'entreprise et de la situation financière (il y a rarement une incidence sur la mesure des flux de trésorerie).

Techniques d'utilisation : La comptabilité d'exercice permet aux sociétés de faire de nombreux choix de conventions comptables, et l'utilisation intelligente des états financiers exige que l'on évalue ces choix et que l'on comprenne leur fonctionnement au préalable. Les techniques et les analyses de ratios, l'analyse des flux de trésorerie, et en particulier l'analyse des effets des changements, peuvent alors servir à évaluer l'incidence des choix de conventions comptables et à comprendre le sens que l'on doit donner aux états financiers qui reflètent ces choix.

10.2   NOTIONS DE BASE RELATIVES AUX CHOIX DE CONVENTIONS COMPTABLES

Dans cette section, nous expliquerons en quoi consiste ces *choix de conventions comptables* et nous mettrons l'accent sur certains aspects que vous devrez retenir tout au long du chapitre.

Qu'est-ce qu'une convention comptable ?

Imaginez le scénario suivant : le teneur de livres de la société Parfums exotiques ltée doit décider s'il faut, ou non, inscrire chaque facture de vente dans les produits (porter un crédit au compte Produits, un débit aux comptes Fournisseurs). Pour ce faire, il téléphone chaque fois au président pour lui demander s'il faut inscrire telle facture. Un peu ridicule, n'est-ce pas ? L'entreprise devrait décider *à l'avance et en général* des opérations qui constituent des ventes et de ce qui doit être constaté à titre de produits. Ensuite, cette décision devrait être communiquée au teneur de livres afin qu'il applique à chaque facture les critères établis et qu'il puisse ainsi décider de ce qui doit être inscrit, sans avoir à téléphoner au président. Ce dernier pourra alors se consacrer entièrement à la gestion de son entreprise plutôt que d'avoir à répondre au teneur de livres.

Une **convention comptable** est une décision qui a été prise d'avance par une société à propos de la méthode, du moment et des conditions qui régissent l'inscription ou la constatation d'un élément. Habituellement, les entreprises choisissent des conventions comptables dans des domaines tels que :

• Le moment de la constatation des produits ;

• La façon de calculer l'amortissement ;

• L'attribution d'une valeur aux stocks ;

• La façon de calculer la valeur des créances (y compris la façon d'évaluer la provision pour créances douteuses) ;

- Les dépenses relatives aux immobilisations qui doivent être capitalisées (ajoutées au compte de l'actif correspondant) et celles qui doivent être imputées aux résultats, dans le compte Frais d'entretien et de réparation, par exemple) ;

- Les frais de développement des produits qui doivent être imputés aux résultats et, s'il y a lieu, ceux qui doivent être capitalisés ;

- La méthode de calcul de l'amortissement des immobilisations incorporelles ;

- Les éléments de l'actif et du passif qui seront inclus dans les liquidités lors de la préparation de l'état de l'évolution de la situation financière ;

- La façon dont les comptes des filiales en propriété exclusive ou non doivent être reflétés dans les états financiers de la société mère, sujet qui a été étudié dans le chapitre 5.

Lorsque vous déterminez l'endroit où un compte doit paraître dans les états financiers (par exemple, dans le passif à court terme plutôt que dans le passif à long terme), vous faites un choix de convention comptable.

Les choix de conventions comptables sont décisifs dans l'interprétation et l'analyse des états financiers. Si l'on ignore comment les états financiers ont été préparés, on peut difficilement s'en servir intelligemment. C'est pour cette raison que la première note complémentaire annexée aux états financiers contient habituellement un résumé des principales conventions comptables de l'entreprise. Les autres notes donnent plus de détails sur ces conventions importantes de la société.

Pourquoi doit-on faire des choix ?

Bien qu'ayant pour base des données numériques, la comptabilité n'est pas une science pure. Qu'ils le veuillent ou non, ceux qui préparent les états financiers sont obligés de faire des choix, principalement pour les raisons suivantes :

1. La place d'un compte dans les états financiers a une valeur informative. Par exemple, le fait de présenter un compte dans le court ou le long terme, ou encore un produit dans l'exploitation ou dans les autres produits, peut avoir des conséquences importantes. Le classement des comptes est donc une étape importante du processus comptable.

2. Même l'inscription ordinaire des opérations dans les livres comptables, la tenue des livres, demande de décider ce qui constitue une opération, quel plan comptable suivre, comment constater les opérations et à quel moment le faire.

3. Comme nous l'avons déjà précisé, l'objectif de base de la comptabilité d'exercice est d'accroître les données sur les opérations de façon à fournir une image plus complète des résultats et de la situation financière de l'entreprise du point de vue économique. Pour atteindre cet objectif, il faut recourir au jugement et à des critères tels que le rapprochement, la fidélité et la substance économique. La

comptabilité d'exercice oblige par conséquent les sociétés à faire des choix quant aux chiffres comptables, aux notes et aux méthodes.

4. Au Canada, aux États-Unis, au Royaume-Uni, en Nouvelle-Zélande et dans bien d'autres pays, les gouvernements et les organismes professionnels de normalisation de la comptabilité, comme l'ICCA et le FASB, ont refusé de définir des solutions précises et d'exiger que les entreprises s'y conforment en tout temps. Il semble que les autorités responsables ont préféré laisser des choix comptables aux entreprises, leur permettant ainsi d'adapter leur comptabilité à leur situation propre. Cela était sans doute inévitable dans notre système économique de « libre entreprise ». On s'attend à ce que les intervenants dans les bourses des valeurs, les analystes financiers et les autres utilisateurs qui s'appuient sur les états financiers possèdent une connaissance suffisante de la comptabilité et de l'entreprise pour prendre des décisions éclairées, comme ils le feraient pour acheter les produits de l'entreprise ou pour effectuer d'autres opérations avec elle. Il faut noter que les autorités de nombreux pays, certains dont les économies sont planifiées (la Chine, par exemple, et auparavant l'Union soviétique) de même que certains autres dont les systèmes économiques sont solides et prospères (comme la France, l'Allemagne et le Japon), imposent des méthodes comptables beaucoup plus strictes qu'au Canada. Le présent chapitre serait conçu différemment si l'on étudiait ces pays ; on se concentrerait alors davantage sur la façon de mettre en œuvre les méthodes comptables approuvées et moins sur la façon de choisir entre diverses méthodes comptables acceptables.

5. Comme les états financiers comprennent à la fois des chiffres, des notes complémentaires et d'autres renseignements qualitatifs, on doit fréquemment choisir entre diverses possibilités comme redresser des montants relatifs à un fait, le mentionner dans une note explicative, ou encore faire les deux. Par exemple, si la société a été poursuivie en justice par un client mécontent, faut-il présenter ce fait dans les comptes du passif ? Ne faudrait-il pas plutôt le mentionner uniquement dans les notes complémentaires, ou encore le présenter dans le passif et l'accompagner d'une note explicative ? Ou peut-être faut-il traiter ce fait d'une autre façon ?

Critères généraux concernant les choix de conventions comptables

Lorsqu'elles doivent décider de la méthode de comptabilisation des produits, du stock, de l'amortissement ou d'autres éléments (*y compris* les renseignements à présenter par voie de note), les sociétés doivent tenir compte des critères suivants et de la manière dont ils s'appliquent à la situation particulière qui appelle un choix de convention comptable :

1. Fidélité (description adéquate, loyale, claire, précise et complète des opérations, événements et situations) ;

2. Rapprochement des produits et des charges (principe comptable en vertu duquel on détermine le moment où les coûts doivent être passés en charge, dans la mesure où les coûts peuvent être liés à des produits par un rapport de cause à effet) ;

3. Continuité dans le temps ;

4. Comparabilité des états financiers d'entités distinctes (particulièrement au sein d'un même secteur d'activité) ;

5. Respect des normes comptables et des aspects moins officiels des principes comptables généralement reconnus ;

6. Importance relative de l'information pour les utilisateurs actuels et potentiels (en ce qui concerne leur prise de décisions) ;

7. Coût de mise en application de la convention comptable ;

8. Prudence (critère courant : la convention choisie est-elle incompatible avec la notion de fidélité ou reflète-t-elle simplement une prudence « raisonnable » ?).

De plus, il faut tenir compte des divers critères propres à chaque choix comptable particulier. Nous y reviendrons dans une autre section de ce chapitre.

Dans quelle mesure dispose-t-on de la liberté de choix ?

D'après l'historique de la comptabilité que nous avons dressé dans les premiers chapitres, les sociétés disposaient autrefois d'une plus grande liberté qu'aujourd'hui pour décider de ce qu'elles allaient présenter ou non. De nos jours, certaines lois spécifient l'utilisation de méthodes de présentation particulières, notamment dans le cas de l'information sur les opérations entre la société et ses actionnaires. Mais, plus important encore, il existe une grande variété de normes comptables qui sont destinées à orienter les choix comptables des entreprises. Certaines de ces normes sont précisées dans des sources officielles telles que le *Manuel de l'ICCA*, par exemple, les normes définissant quelles filiales doivent être consolidées en propriété non exclusive. D'autres normes, comme celles qui établissent que les entreprises commerciales doivent déduire leur amortissement dans le calcul du bénéfice, font partie d'un ensemble moins officiel de procédés traditionnels généralement reconnus. L'ensemble des normes officielles et l'héritage du passé constituent les principes comptables généralement reconnus (PCGR).

Dans certains domaines, les choix ont déjà été faits soit par un organisme de normalisation, soit par les législateurs, ou encore ils constituent une pratique reconnue. Dans d'autres secteurs, il n'existe pas de directives de ce genre et l'entreprise est libre de prendre ses propres décisions. Dans les domaines où des choix ont déjà été faits, on peut mentionner la consolidation, la comptabilisation des impôts sur les bénéfices, la comptabilisation des régimes de retraite et la comptabilisation des contrats de location. Pour les secteurs où les sociétés sont libres de choisir entre plusieurs méthodes, on peut penser à l'amortissement, à l'évaluation des stocks et au calcul de la provision pour créances douteuses.

Jugement professionnel et normes professionnelles

Même lorsqu'il existe une norme officielle ou une tradition clairement établie, la nécessité d'adapter la convention comptable aux conditions particulières d'une entreprise oblige ceux qui préparent et vérifient l'information à exercer leur jugement professionnel. Comme il est précisé dans la « Préface des recommandations concernant la comptabilité » du *Manuel de l'ICCA*:

> [Le conseil des normes comptables est conscient de] l'impossibilité d'énoncer des règles si générales qu'elles puissent convenir à tous les cas [...] aucune règle ne saurait se substituer au jugement du praticien pour décider de la bonne présentation d'une situation donnée dans les états financiers ou de la bonne pratique à suivre dans un cas donné.

Une étude récente portant sur la place qu'occupe le jugement professionnel dans la présentation de l'information financière énumère plusieurs raisons pouvant expliquer l'existence de normes professionnelles et commente leur relation avec le jugement professionnel[1]. Nous résumons ci-dessous les points importants, que nous classons en deux catégories:

1. Raisons de l'existence des normes professionnelles
   - Parce que la profession a la responsabilité sociale de réduire le risque d'erreur ou d'inexactitude.
   - Pour constituer une expertise permettant de résoudre des problèmes difficiles ou complexes.
   - Pour contrer l'inefficacité qui découlerait de leur absence si chacun devait à nouveau résoudre à sa façon tous les problèmes de présentation.
   - Pour établir une politique officielle gouvernant la profession et assurer ainsi une certaine protection aux experts-comptables et aux vérificateurs.
   - Pour en arriver à des consensus sur des problèmes auxquels il pourrait être difficile de trouver objectivement des « bonnes réponses » et communiquer ces résultats.

2. Relation entre le jugement professionnel et les normes professionnelles
   - Les normes diminuent la nécessité (et le risque relatif) de faire appel à un jugement individuel impartial.
   - Les normes procurent un cadre à l'intérieur duquel on peut exercer son jugement pour trouver des solutions aux problèmes irrésolus.
   - Le jugement est nécessaire pour déterminer si une norme donnée s'applique à une situation particulière.
   - Il faut exercer son jugement pour appliquer les normes, en particulier lorsqu'elles nécessitent des estimations et des répartitions, ou que l'importance en est toute relative.
   - Il est nécessaire d'exercer son jugement pour déterminer si la substance de l'opération concorde avec l'esprit de la norme, même si la forme s'en éloigne (« substance économique et forme juridique »).
   - Il faut exercer son jugement pour rapprocher des normes relativement statiques des situations changeantes.

Manipulation

Le choix des conventions comptables donne-t-il l'occasion aux gestionnaires de fausser l'image que présentent les états financiers, de façon à montrer les choses telles qu'ils le veulent plutôt que sous leur « vrai » jour ? D'une manière générale, on peut répondre par l'affirmative. En fait, toute la comptabilité d'exercice repose sur l'idée qu'une société peut choisir la façon de présenter ses résultats et sa situation financière. La ligne de démarcation est mince entre le choix de conventions comptables qui s'appliquent aux situations propres à la société et en présentent ainsi une image fidèle, et le choix de conventions comptables qui permettront de présenter les faits de la façon désirée, même si elles sont moins fidèles. Malheureusement, nous apprenons régulièrement que des sociétés ont franchi la ligne de démarcation en « triturant » leurs comptes de façon à les enjoliver et à camoufler des résultats embarrassants.

Ainsi, une société peut choisir des méthodes comptables relativement aux comptes clients, aux stocks, à l'amortissement et à bien d'autres comptes, et ce, dans le but d'obtenir un bénéfice plus élevé qu'avec d'autres méthodes. Elle pourrait produire des estimations optimistes des produits gagnés, de la durée d'utilisation des immobilisations et de la valeur des brevets ou des frais de recherche. Une autre société, préoccupée par sa charge fiscale, peut faire des choix qui auront pour effet de réduire son bénéfice et, par conséquent, les impôts à payer. Après avoir promis à la banque que le fonds de roulement serait maintenu à un niveau donné, une société peut choisir des méthodes comptables qui contribueront à faire paraître le fonds de roulement aussi élevé que possible. Ainsi, elle peut classer des créances à long terme dans l'actif à court terme ou des obligations dont l'échéance sera probablement à court terme dans le passif à long terme. On peut avoir bien des raisons de manipuler les chiffres de l'état des résultats ou du bilan dans un sens ou dans l'autre, mais une bonne connaissance de l'entreprise est nécessaire pour prédire quel en sera le sens.

Le « grand nettoyage » est un exemple éloquent de manipulation du bénéfice qui peut être très courant (nous en avons d'ailleurs fait mention dans un chapitre précédent). Voici comment cela fonctionne : la direction d'une société qui a connu une mauvaise année peut inclure des charges supplémentaires (par exemple, en diminuant le montant des stocks, des comptes clients ou des immobilisations incorporelles) en invoquant que la société fait de toute façon l'objet de critiques, et que ces critiques ne seront pas beaucoup plus mauvaises si les résultats paraissent encore pires. En imputant ces frais supplémentaires aux charges tout de suite plutôt que plus tard, la société diminue les charges futures, de sorte que les bénéfices futurs sembleront meilleurs. La société aura l'air d'avoir « repris le dessus » rapidement. La direction espère, par suite de cette manipulation, que le mérite de cette reprise lui reviendra, même si la réalité est en fait faussée.

Il ne faudrait pas exagérer les dangers de la manipulation. Peu de gestionnaires s'adonnent à l'escroquerie en comptabilité : la plupart d'entre eux sont honnêtes et se préoccupent vraiment de la fidélité et de la fiabilité de leur comptabilité. Cependant, le danger de la manipulation est toujours présent, de sorte que les experts-comptables, les vérificateurs et les utilisateurs qui s'appuient sur le bénéfice et sur les autres mesures pour prendre leurs décisions doivent rester vigilants. Il faut tout particulièrement se méfier des états financiers qui n'ont pas été vérifiés ou au moins examinés par des vérificateurs indépendants.

10.3   LE CHOIX DE CONVENTIONS COMPTABLES A-T-IL UNE INCIDENCE SUR LES FLUX DE TRÉSORERIE ?

Habituellement, le choix de conventions comptables n'a pas d'incidence sur les flux de trésorerie. En raison de la nature de la comptabilité d'exercice, ces choix sont traduits au moyen des écritures comptables qui touchent d'autres comptes du bilan que celui de l'encaisse.

Reprenons l'exemple de la société Parfums exotiques ltée, qui envisage de changer sa politique de comptabilisation des créances douteuses. Selon la méthode actuelle, la provision pour créances douteuses se montait à 15 000 $ à la fin de l'exercice précédent et à 26 000 $ à la fin de l'exercice courant. Selon la méthode proposée, la provision s'élèverait à 23 000 $ à la fin de l'exercice précédent et à 38 000 $ à la fin de l'exercice courant. Si la société adopte la nouvelle méthode, elle paiera (ou économisera) 40 % d'impôts sur toute variation du bénéfice. Les états financiers de l'exercice n'ont pas encore été préparés et les comptes ne sont pas encore fermés.

Cet exemple fait appel à la méthode d'analyse des effets des redressements étudiée dans le chapitre 9. La provision est passée de 15 000 $ à 26 000 $, ce qui représente donc une augmentation de 11 000 $, après qu'on l'eut redressée pour prende en considération tous les comptes irrécouvrables radiés au cours de l'exercice. Maintenant, elle devrait passer de 23 000 $ à 38 000 $, soit une augmentation de 15 000 $. Apparemment, il n'y a pas de changement apporté à la politique de radiation des comptes irrécouvrables, de sorte que la charge de créances douteuses devrait augmenter de 4 000 $, c'est-à-dire l'augmentation de 15 000 $ attribuable au changement de méthode moins l'augmentation de 11 000 $ selon l'ancienne méthode. Parce que la charge de créances douteuses augmente, le bénéfice net après impôts de l'exercice diminuera donc de 2 400 $, soit 4 000 $ x (1 – 0,40).

Les bénéfices des exercices antérieurs devraient aussi être touchés parce que, selon la nouvelle méthode, il y aura une modification du solde de la provision au début de l'exercice. Cette provision, qui est la même que celle de la fin de l'exercice précédent, devrait passer de 15 000 $ à 23 000 $, soit une augmentation de 8 000 $. Parce que la provision sera plus élevée en raison des charges de créances irrécouvrables plus élevées dans le passé, l'effet à la baisse sur le bénéfice net des exercices antérieurs après impôts se montera à 4 800 $, soit 8 000 $ x (1 – 0,40).

Ce changement aurait pour effet, premièrement, de diminuer les bénéfices non répartis de 4 800 $ puisque les résultats de l'exercice précédent et des exercices antérieurs y ont déjà été inclus et, deuxièmement, de les diminuer de 2 400 $ dans l'exercice courant (qui n'a pas encore été fermé dans les bénéfices non répartis). Les impôts à payer diminueront de

3 200 $ (40 % de 8 000 $) pour les exercices antérieurs et de 1 600 $ (40 % de 4 000 $) pour l'exercice courant, soit une diminution totale de 4 800 $. Ce changement aura pour effet d'augmenter la provision pour créances douteuses de 12 000 $, c'est-à-dire le solde actuel révisé de 38 000 $ moins le solde selon l'ancienne méthode, soit 26 000 $.

L'écriture destinée à noter la modification de convention comptable est la suivante :

Dt Bénéfices non répartis (bénéfices passés)		
(23 000 – 15 000) x (1 – 0,40)	4 800	
Dt Créances irrécouvrables (bénéfice courant)		
(38 000 – 23 000) – (26 000 – 15 000)	4 000	
Ct Charge d'impôts (bénéfice courant)		
(4 000 x 0,40)		1 600
Ct Provision pour créances douteuses		
(38 000 – 26 000)		12 000
Dt Impôts à payer		
(12 000 x 0,40)	4 800	

Que vous ayez rédigé cette écriture correctement ou non, vous pouvez vous rendre compte qu'elle ne touche pas l'encaisse. Il n'y a donc pas d'incidence monétaire immédiate. Vous pouvez également constater cela en songeant aux modifications apportées à l'EESF.

	Effet apparent sur les flux de trésorerie
Éléments de l'EESF provenant des variations survenues dans les bénéfices non répartis :	
Diminution du bénéfice courant (4 000 – 1 600)	– 2 400
Redressement des bénéfices antérieurs (il se peut que vous n'ayez pas envisagé cet élément de l'EESF, car il est habituellement inclus dans les autres éléments ou présenté séparément près du montant des dividendes)	– 4 800
Éléments de l'EESF provenant des variations survenues dans les éléments non monétaires du fonds de roulement :	
Diminution des comptes clients nets (augmentation de la provision)	+ 12 000
Diminution des comptes fournisseurs (diminution des impôts à payer)	– 4 800
Effet net sur les liquidités	0

Une telle modification de convention comptable peut *finalement* avoir une incidence sur les liquidités, même si elle n'est pas immédiate. Dans l'exemple ci-dessus, il y a une réduction des impôts à payer de 4 800 $, de sorte que l'entreprise fera des économies lorsque la facture fiscale sera payée. Généralement, les effets fiscaux des modifications comptables sont *les seuls* à pouvoir influer sur les liquidités, même les liquidités à venir, à moins qu'une modification de convention comptable ne nécessite des changements dans l'exploitation, comme des changements de prix ou des modifications dans le recouvrement des comptes clients.

La recherche en comptabilité a prouvé que les cours des actions ont tendance à refléter l'analyse ci-dessus. S'il n'y a pas d'incidence sur les liquidités, maintenant ou plus tard, il est probable que les bourses de valeurs mobilières ne tiendront pas compte du changement. S'il y a une incidence, il se peut que les bourses des valeurs mobilières réagissent à ce changement en raison de ses effets sur les liquidités. Dans l'exemple ci-dessus, le bénéfice diminue mais il y a une économie potentielle d'impôts. Donc, si la société Parfums exotiques ltée était une société ouverte, il se pourrait que le cours de ses actions *augmente* un peu de manière à constater cette économie.

OÙ EN ÊTES-VOUS ?

Voici deux questions auxquelles vous devriez pouvoir répondre à partir de ce que vous venez de lire :

1. Li Thang, un investisseur avisé, est mécontent car il éprouve des difficultés à comparer les états financiers de deux sociétés dans lesquelles il pensait investir. Il déclare : « On laisse trop de place à l'exercice du jugement en comptabilité ! Pourquoi permet-on aux sociétés de choisir leurs conventions comptables ? Pourquoi ne leur dit-on pas tout simplement quoi faire ? » Quels sont les avantages et les inconvénients liés à la liberté de choix des entreprises en ce qui concerne les conventions comptables ?

2. Techbec ltée, une entreprise en exploitation depuis seulement un an, a capitalisé 67 000 $ de frais de développement. Le contrôleur de la société soutient que ces frais devraient plutôt être imputés dans les charges. Supposez que cette convention comptable a une incidence sur les impôts à payer et que le taux d'imposition de la société est de 30 %. Quelle serait l'incidence de la proposition du contrôleur sur le bénéfice net de l'exercice ? Sur les flux de trésorerie de l'exercice ? (Diminution de 46 900 $; aucun effet immédiat sur les liquidités, mais finalement des économies en raison d'une diminution de la charge fiscale.)

10.4   COMPTABILITÉ EN PARTIE DOUBLE ET ORGANISATION DU CHAPITRE

Les sujets énumérés ci-dessous sont présentés dans les sections suivantes de ce chapitre, principalement dans l'ordre où les comptes en question apparaissent dans le bilan. Toutefois, les explications fournies dans ces sections portent dans l'ensemble sur la mesure du bénéfice. Rappelez-vous que, en comptabilité d'exercice, toute constatation de produits ou de charges doit avoir une incidence à la fois sur l'état des résultats et sur le bilan. Ce principe de *constatation* est au cœur de la plupart des choix de conventions comptables abordés dans ce chapitre, de sorte que les comptes auraient pu être présentés aussi bien selon leur ordre de classement dans l'état des résultats.

Voici la liste des sujets accompagnés de commentaires sur les comptes qui sont touchés (autres que la charge fiscale et les impôts à payer, lesquels sont presque toujours modifiés) :

Section	Comptes du bilan	Principaux comptes de l'état des résultats
10.5	Placements temporaires	Produits ou charges ne provenant pas de l'exploitation
10.6	Comptes clients	Produits, créances irrécouvrables
10.7	Stocks	Coût des marchandises vendues
10.8	Charges à payer ou payées d'avance	Divers comptes de charges
10.9, 10.10	Biens amortissables	Amortissement
10.11	Biens incorporels ou loués	Amortissement
10.12	Éléments du passif	Divers comptes de charges
10.13	Éléments des capitaux propres	Aucun

La section 10.13 sur les éléments des capitaux propres est une illustration de choix de conventions comptables dans deux domaines qui n'ont pas d'incidence sur le bénéfice. Les conventions relatives au *classement des comptes*, c'est-à-dire les décisions portant sur l'endroit où les comptes doivent apparaître dans le bilan ou l'état des résultats, n'influent pas sur le bénéfice parce qu'elles ne concernent pas *à la fois* le bilan et l'état des résultats, contrairement aux conventions relatives à la constatation. Elles ont plutôt une incidence sur l'un ou l'autre état. Les conventions comptables portant sur les informations à fournir donnent des explications sur les montants figurant dans les commentaires annexés aux états financiers et dans les notes complémentaires. Le classement des comptes et les décisions sur les informations à fournir seront abordés dans chacun des sujets mentionnés ci-dessus mais, pour bien comprendre les états financiers, il faut garder en mémoire qu'ils ont une portée différente de celle de la constatation.

Procédés utilisés

On comprend beaucoup mieux les choix de conventions comptables lorsqu'on sait comment le système comptable produit l'information contenue dans les états financiers. Avant d'aborder les divers sujets, rappelons certaines notions concernant la façon dont s'articulent les états financiers établis selon la comptabilité en partie double et quelles sont les étapes suivies pendant leur préparation :

• Le bilan est l'état financier qui assure la continuité. Il contient tous les comptes « permanents » (présentant toujours un solde et qui ne sont jamais « fermés »), tandis que les états des résultats et des bénéfices non répartis contiennent les comptes « temporaires » dont les soldes sont fermés ou transférés annuellement dans le compte Bénéfices non répartis du bilan.

- L'état des résultats et l'état des bénéfices non répartis servent tous deux à expliquer les *variations* survenues depuis l'exercice précédent, ou encore depuis le moment où les comptes temporaires ont été clôturés pour la dernière fois, dans le compte Bénéfices non répartis du bilan.

- L'EESF permet d'expliquer les variations survenues dans les liquidités (Liquidités = Liquidités dans l'actif – Liquidités dans le passif), en tenant compte des variations qui se sont produites dans *tous* les autres comptes du bilan, y compris les bénéfices non répartis. L'EESF repose sur la comptabilité en partie double : les variations survenues dans les liquidités doivent être égales à la somme des variations qui se sont produites dans tous les autres comptes du bilan.

Pour obtenir des états financiers, il faut suivre les étapes suivantes :

1. Inscrire les opérations dans les journaux.

2. Résumer les opérations en les reportant dans le grand livre général.

3. Dresser périodiquement une balance de vérification en vue de s'assurer que le grand livre général est équilibré.

4. Choisir les conventions comptables qui devront être appliquées de façon cohérente pour présenter les résultats et la situation financière de l'entreprise.

5. En fonction des conventions adoptées, effectuer les redressements de fin d'exercice, les corrections et les ajustements nécessités par la constatation.

6. Préparer une balance de vérification finale en vue de s'assurer que le grand livre général est toujours équilibré.

7. À partir des comptes du grand livre général, dresser le bilan, l'état des résultats et l'état des bénéfices non répartis.

8. Préparer l'état de l'évolution de la situation financière à partir des trois autres états financiers et des informations additionnelles portant sur les variations survenues dans l'actif à long terme et le passif à long terme, et les capitaux propres.

9. Préparer les notes relatives aux conventions comptables et aux autres renseignements, et ajouter les chiffres de l'exercice précédent à titre de comparaison.

10. Faire vérifier les états financiers et les notes annexées. Habituellement, le processus de vérification débute plus tôt, soit avant la fin de l'exercice et avant que les états financiers ne soient dressés.

11. Annexer le rapport du vérificateur aux états financiers et aux notes complémentaires, puis faire signer et approuver le bilan par le conseil d'administration.

12. Publier les états financiers, les notes et le rapport du vérificateur.

13. Après la sixième étape, fermer les comptes Résultats, Dividendes et Redressements des bénéfices non répartis dans le compte Bénéfices non répartis, afin que les soldes de tous ces comptes soient nuls et prêts pour la première étape de l'exercice suivant.

Maintenant, vous devriez garder constamment à l'esprit les règles de base de la comptabilité en partie double, à savoir que, lorsqu'un compte est modifié, un autre doit l'être également. Examinez les exemples suivants :

a) **Cycle des produits**

Constatation :	Dt Comptes clients
	Ct Produits
Recouvrement :	Dt Encaisse
	Ct Comptes clients

b) **Cycle des créances douteuses**

Provision :	Dt Créances douteuses
	Ct Provision pour créances douteuses
Radiation :	Dt Provision pour créances douteuses
	Ct Comptes clients

c) **Cycle des achats (méthode de l'inventaire permanent)**

Achat :	Dt Stock
	Ct Comptes fournisseurs
Paiement :	Dt Comptes fournisseurs
	Ct Encaisse
Constatation :	Dt Coût des marchandises vendues
	Ct Stock

d) **Cycle de capitalisation, d'amortissement et de cession**

Capitalisation :	Dt Actif à long terme
	Ct Encaisse ou compte du passif
ou Dépenses capitalisées :	Dt Actif à long terme
	Ct Charges
Amortissement :	Dt Amortissement
	Ct Amortissement cumulé
Cession* :	Dt Encaisse (produit de cession)
	Ct Actif à long terme (au coût)
	Dt Amortissement cumulé
	Ct ou Dt Gain ou perte sur cession*

* Voir la section 10.10 pour en savoir plus sur les cessions et les gains ou pertes sur cessions.

10.5 PLACEMENTS TEMPORAIRES

Les **placements temporaires** se rapprochent de l'encaisse et procurent habituellement un certain rendement. On les acquiert au moyen d'un excédent temporaire de liquidités par rapport aux besoins de l'exploitation. Par conséquent, ces placements sont présentés dans l'actif à court terme du bilan, après le poste Encaisse, et parfois même combinés avec l'encaisse (notamment quand il s'agit de dépôts à terme). Comme les autres éléments de l'actif à court terme, on les estime à leur valeur minimale, soit à leur coût d'achat ou à leur valeur marchande, selon le moins élevé des deux. Toute perte attribuable à une diminution de la valeur marchande est déduite du bénéfice et habituellement imputée aux charges autres que les frais d'exploitation. Les dividendes ou les intérêts obtenus grâce à ces placements sont généralement inclus dans les autres produits ne provenant pas de l'exploitation. Si les placements sont des « titres négociables » dont la valeur est cotée sur le marché des capitaux, on indique habituellement cette valeur lorsqu'elle diffère du montant présenté dans le bilan.

Tout placement détenu pour une plus longue période ou faisant l'objet d'une relation d'affaires importante avec la société émettrice ne doit pas être présenté dans l'actif à court terme, mais plutôt dans l'actif à long terme, et doit être comptabilisé à la valeur d'acquisition ou à la valeur de consolidation, méthodes qui ont été décrites dans la section 5.13 du chapitre 5.

Choix des conventions comptables

Les entreprises ne semblent pas disposer d'un grand choix de conventions comptables relativement à la comptabilisation des placements temporaires. Néanmoins, on peut noter des différences dans leur présentation. Selon le *Financial Reporting in Canada: 1993*, une enquête menée par l'ICCA auprès des sociétés canadiennes en 1992 montre que 213 des 300 sociétés échantillonnées ont présenté un poste Encaisse dans l'actif. Parmi ces sociétés, 83 l'ont présenté séparément, 45 l'ont combiné avec les dépôts à court terme et 76 l'ont combiné avec les placements temporaires. En 1992, 103 sociétés ont présenté des placements temporaires, séparément ou combinés avec le poste Encaisse, et un bon nombre d'entre elles, soit 69, n'ont pas indiqué précisément la base d'évaluation utilisée[2]. Elles ont vraisemblablement appliqué la méthode de la valeur minimale. En outre, cette absence d'information peut nous laisser supposer que le lecteur des états financiers en sait suffisamment sur la comptabilité générale pour déterminer quelle méthode d'évaluation est utilisée lorsque ce n'est pas précisé. C'est un des principaux objectifs de ce chapitre que d'accroître vos connaissances de base sur les PCGR.

Analyse des effets

Utilisons un exemple : la société Larose ltée détient des placements temporaires s'élevant à 520 000 $ et son taux d'imposition est de 35 %. Supposons que la valeur marchande des placements soit réduite à 484 000 $ à la date du bilan. Quelle sera l'incidence de cet événement sur les résultats si la société applique la méthode de la valeur minimale ? Supposez maintenant que la valeur marchande aient augmenté pour atteindre 585 000 $ à la date du bilan. La situation de la société serait-elle plus reluisante si elle pouvait passer outre au principe de prudence et présenter ses placements à leur valeur marchande plutôt qu'à la valeur minimale ?

Dans le premier cas, la société devrait réduire la valeur de ses placements à 484 000 $. La différence de 36 000 $ devrait être incluse dans les charges (probablement dans les charges autres que les frais d'exploitation), et cette diminution aurait pour effet de réduire de 12 600 $ la charge fiscale. Si cette réduction de valeur constitue une charge admissible, les impôts à payer de l'exercice s'en trouveront diminués; si cette diminution ne peut être incluse dans le bénéfice imposable avant que les placements n'aient été réellement vendus, les impôts reportés créditeurs s'en trouveront réduits. Les impôts reportés créditeurs sont habituellement présentés dans le passif à long terme, mais ils peuvent être classés dans le passif à court terme si l'on prévoit les payer au cours de l'exercice suivant, même s'ils ne sont pas encore exigibles. Il en résulterait une diminution du bénéfice net de 23 400 $ (36 000 $ x [1 – 0,35]). Les liquidités seraient également réduites de 23 400 $ si l'économie d'impôts était incluse dans le passif à court terme (réduction de 36 000 $ de l'actif à court terme moins diminution de 12 600 $ du passif à court terme).

Dans le second cas, si les valeurs marchandes des placements passent à 585 000 $, l'actif à court terme de la société augmentera de 65 000 $, de même que le bénéfice net dans une proportion de 65 % de ce montant, soit 42 250 $. Le fonds de roulement augmentera de 42 250 $ en raison d'un accroissement de la charge fiscale (et des impôts à payer ou des impôts reportés à court terme) découlant de la constatation du gain provenant de l'augmentation des valeurs marchandes. S'il n'est pas permis de présenter les placements à leur valeur marchande, la société peut tout de même communiquer cette information, comme c'est recommandé dans le *Manuel de l'ICCA*. Cela ne devrait pas poser de problème dans la mesure où les lecteurs des états financiers sont aussi avertis que vous l'êtes maintenant et comprennent quels en seront les effets sur les états financiers.

10.6   COMPTES CLIENTS ET PRODUITS

Comptes clients

Comme nous l'avons indiqué dans les sections précédentes et dans les exemples, la plupart des comptes clients constituent des *produits constatés mais non encaissés* créés au moyen d'une écriture comptable fondée sur la comptabilité d'exercice qui se présente comme suit : Dt Comptes clients et Ct Produits. Ces créances, appelées *comptes clients*, proviennent des activités quotidiennes de l'entreprise. On les inclut dans l'actif à court terme parce qu'on prévoit habituellement les recouvrer en moins de un an. Tous les intérêts réclamés aux personnes qui tardent à payer s'ajoutent au solde au moyen d'une écriture de ce type : Dt Comptes clients, Ct Intérêts créditeurs. Ces derniers représentent des produits autres que des produits d'exploitation.

Évaluation des comptes clients

Comme les autres comptes de l'actif à court terme, les comptes clients sont présentés dans le bilan à leur valeur minimale (soit à leur coût ou à leur valeur marchande, selon le moins élevé des deux). Le *coût* correspond à la valeur initiale de l'opération qui a donné lieu à la créance plus les frais d'intérêt ultérieurs. La *valeur marchande* correspond au montant que l'entreprise s'attend à recouvrer (la valeur monétaire de la créance, si vous préférez). Une incertitude entoure souvent le recouvrement des créances. Il n'est pas rare que des sociétés éprouvent des difficultés à recouvrer leurs créances, en particulier lorsque la période après la vente s'allonge de plus en plus. Donc, si une société prévoit maintenant que le montant du recouvrement sera moins élevé que celui qui était initialement prévu, elle doit réduire le montant de la créance en fonction du montant qu'elle pense pouvoir recouvrer.

Comme nous l'avons expliqué à la section 7.12 du chapitre 7, on prend cette diminution en considération en créant un compte de contrepartie, Provision pour créances douteuses, au moyen d'une écriture du type : « Dt Créances douteuses, Ct Provision pour créances douteuses », destinée à constater la fraction que la société ne pense pas pouvoir recouvrer. Le montant recouvrable estimatif correspond aux comptes Clients moins la Provision pour créances douteuses, de sorte que le compte Provision pour créances douteuses a pour fonction d'ajuster le montant au coût (valeur initiale) ou à la valeur marchande (montant recouvrable estimatif actuellement), selon le moins élevé des deux. Dans le bilan, les comptes clients sont évalués à ce montant net. La plupart des sociétés n'indiquent ni la valeur initiale ni la provision, mais présentent uniquement la valeur nette. Elles ne veulent probablement pas que les concurrents connaissent la proportion des comptes clients qui est difficile à recouvrer. D'après le *Financial Reporting in Canada*, seulement 26 sociétés (sur les 300 ayant fait l'objet de l'enquête en 1992) indiquent le montant de la provision[3].

Autres créances

Outre les comptes clients, il existe deux autres grandes catégories de créances. Si leurs montants sont importants, on les présente dans un poste distinct de celui des comptes Clients. Si ce n'est pas le cas, on les inclut dans les comptes Clients. Selon le *Financial Reporting in Canada*, seulement 81 sociétés sur les 295 présentant des créances les ont réparties de manière à présenter plus d'un montant[4].

La première catégorie regroupe les *effets à recevoir*. Ceux-ci font l'objet d'un contrat signé entre l'acheteur et le vendeur, spécifiant les modalités de remboursement, le taux d'intérêt et souvent d'autres détails juridiques. Ils sont fréquemment utilisés dans le cas de créances importantes à long terme, comme celles qui proviennent de la vente d'automobiles, de maisons ou d'appareils ménagers, et dans le cas d'un financement par les banques ou les sociétés de crédit. On présente les effets à leur valeur actuelle (on n'inclut dans l'actif que les intérêts déjà accumulés et non les intérêts futurs). Au besoin, on utilise un compte « Provision pour effets douteux ».

La seconde catégorie englobe les prêts consentis aux employés, aux dirigeants et aux actionnaires, les avances versées à des filiales, les remboursements d'impôts que la société doit recevoir, ainsi que les autres créances *ne provenant pas* de l'exploitation. Ces créances sont comptabilisées et évaluées comme les comptes clients et les effets à recevoir mais, du fait que certaines d'entre elles peuvent provenir de situations particulières, les sociétés mentionnent souvent la raison de leur existence et donnent d'autres renseignements les concernant.

Choix de conventions comptables

Dans le chapitre 7, nous avons examiné diverses méthodes de constatation des produits qui peuvent être appliquées conformément aux PCGR. En théorie, plusieurs méthodes de constatation sont envisageables mais, dans la pratique, la plupart des sociétés utilisent la méthode de constatation « au moment de la vente ou de la livraison » et ne prennent pas la peine de le préciser. Selon le *Financial Reporting in Canada*, seulement 92 sociétés, sur les 300 ayant fait l'objet de l'enquête en 1992, ont indiqué quelle convention comptable elles ont adoptée en matière de constatation des produits. En outre, nombre de ces sociétés étaient des franchiseurs ou des entrepreneurs qui n'utilisaient pas la méthode de constatation des produits au moment de la vente ou de la livraison[5]. Ici encore, il semble que vous devriez savoir comment chaque société doit normalement constater ses produits et les conséquences de ce choix dans l'interprétation des états financiers.

Analyse des effets

Dans les chapitres 7 et 9, et plus haut dans ce chapitre, nous avons donné plusieurs exemples d'analyse de la constatation des produits ainsi que des comptes Clients et des créances irrécouvrables correspondantes. Dans le but de vous familiariser davantage avec ces notions, nous vous présentons ici un autre exemple.

La société Décoration intérieure ltée vend des fournitures de décoration et des contrats de décoration intérieure de maisons ou de bureaux. La société constate ses produits au moment de la livraison dans le cas des ventes de fournitures de décoration et à l'achèvement des travaux dans le cas des contrats de décoration. Voici les montants qui ont été portés aux comptes suivants pour les exercices 1993 et 1994 :

	1994	1993
Produits de 1994	1 234 530 $	
Comptes clients à la fin de l'exercice	114 593	93 438 $
Créances douteuses de 1994	11 240	
Provision pour créances douteuses à la fin de l'exercice	13 925	6 560

M. Roy, le président, envisage de changer la méthode de constatation des produits provenant des contrats pour adopter la méthode de l'avancement des travaux. Si la société adopte cette méthode, les comptes clients atteindront 190 540 $ à la fin de l'année 1993, et à 132 768 $, à la fin de 1994. Le contrôleur indique que, selon le principe du rapprochement des produits et des charges, la provision pour créances douteuses devra être portée à 14 260 $ à la fin de 1993 et à 16 450 $ à la fin de 1994 par suite de ce changement. On ne prévoit pas d'autres changements dans la constatation des charges. Le taux d'imposition de la société est de 32 %.

Voici quels seraient les effets de cette modification de convention comptable :

a) À la fin de 1993, les bénéfices non répartis augmenteront d'un montant égal à l'augmentation des créances nettes réduites de l'augmentation de la charge fiscale : ([190 540 $ – 93 438 $] – [14 260 $ – 6 560 $]) x (1 – 0,32) = 89 402 $ x (1 – 0,32) = augmentation de 60 793 $.

b) À la fin de 1993, les impôts à payer augmenteront de 28 609 $ (89 402 $ x 0,32).

c) Les produits de 1994 *diminueront* parce qu'il y a plus de produits inscrits en 1994 qui seront reportés sur l'exercice 1993 que de produits inscrits en 1993 qui seront reportés sur l'exercice 1994. L'augmentation des comptes clients de 1993 (190 540 $ – 93 438 $ = 97 102 $) devra être déduite des produits de 1994 et inscrite dans les produits de 1993, et l'augmentation des comptes clients de 1994 (132 768 $ – 114 593 $ = 18 175 $) devra être transférée dans les produits de 1994, ce qui constitue une diminution nette des produits en 1994 de 78 927 $ (97 102 $ – 18 175 $).

d) La charge de créances douteuses de 1994 diminuera aussi par suite de la révision du moment de la constatation de la charge. L'augmentation de la provision de 1993 (14260 $ – 6 560 $ = 7 700 $) devrait provenir de la charge de 1994, et l'augmentation de la provision de 1994 (16 450 $ – 13 925 $ = 2 525 $) devrait être incluse dans la charge de 1994, ce qui correspond à une diminution nette de la charge de 5 175 $ en 1994.

e) Le bénéfice net de 1994 diminuera en raison de l'effet combiné de la diminution des produits et de celle de la charge de créances douteuses, moins l'incidence fiscale : (78 927 $ – 5 175 $) x (1 – 0,32) = 73 752 $ x (1 – 0,32) = diminution de 50 151 $.

f) La charge fiscale de 1994 et les impôts à payer diminueront de 23 601 $ (73 752 $ – 0,32).

g) À la fin de 1994, les impôts à payer augmenteront de 5 008 $ (augmentation de 28 609 $ de 1993 moins diminution de 23 601 $ de 1994).

h) En 1994, il n'y aura pas d'effet immédiat sur l'encaisse ni sur les flux de trésorerie, mais il faudra finalement payer une augmentation des impôts de 5 008 $.

Pour vous aider à comprendre le déroulement des événements, voici les écritures destinées à inscrire la modification de convention comptable :

Dt Comptes clients	18 175	
Ct Provision pour créances douteuses		2 525
Ct Impôts (à payer ou reportés)		5 008
Ct Bénéfices non répartis (redressements affectés aux exercices antérieurs)		60 793
Dt Produits de 1994	78 927	
Ct Créances irrécouvrables de 1994		5 175
Ct Charge fiscale de 1994		23 601

OÙ EN ÊTES-VOUS ?

Voici deux questions auxquelles vous devriez pouvoir répondre à partir de ce que vous venez de lire :

1. Quelle est la règle générale d'évaluation des éléments de l'actif à court terme, et comment faut-il l'interpréter dans le cas des placements temporaires et des comptes clients ?

2. Si une société décide d'avancer d'un exercice le moment de la constatation de ses produits, ses comptes clients augmenteront pour cet exercice. Cela signifie-t-il que les produits et le bénéfice augmenteront pour chaque exercice touché par cette modification de convention comptable ? (Non. Si, dans chaque exercice, l'augmentation des comptes clients nets au début de l'exercice est supérieure à l'augmentation à la fin de l'exercice, les produits [moins la charge de créances douteuses] et le bénéfice diminueront dans cet exercice.)

10.7 ÉVALUATION DES STOCKS ET COÛT DES MARCHANDISES VENDUES

On utilise pour la comptabilisation des stocks, comme pour la comptabilisation des autres éléments de l'actif à court terme, une version modifiée de la méthode d'évaluation au coût d'origine : la méthode de la valeur minimale (évaluation au coût ou à la valeur marchande, selon le moins élevé des deux). Étant donné qu'une entreprise prévoit convertir son stock en espèces (marchandises vendues) au cours de l'exercice suivant, le stock constitue un élément de l'actif à court terme. C'est pour cette raison que, selon les PCGR, toute diminution de sa valeur doit être constatée dans l'exercice où elle survient, et non au moment où le bien est vendu. On n'utilise la valeur marchande que si elle est inférieure au coût, de sorte qu'on ne déroge au principe du coût d'origine que dans un seul cas : celui d'une diminution, si cela s'avère nécessaire. Cette règle découle de l'application du principe de **prudence** en comptabilité : « ne s'attendre à aucun gain mais prévoir toutes les pertes ».

Dans cette section, nous rappellerons brièvement comment établir le « coût » et la « valeur marchande » et comment déterminer le « moins élevé » des deux. La comptabilisation des stocks a une incidence à la fois sur le bilan (évaluation des stocks) et sur la charge constatée à titre de marchandise ou de produits vendus.

Hypothèses relatives au flux du coût des stocks

Le coût total des stocks correspond à la somme des quantités multipliées par le coût unitaire de chaque article en stock. Nous pouvons déterminer la quantité en dénombrant les articles stockés, en effectuant une estimation ou en nous servant des registres. Rappelez-vous les méthodes de contrôle des stocks étudiées dans le chapitre 6. Nous savons que le coût unitaire comprend le coût porté sur la facture plus les frais d'expédition, les frais de préparation et les autres frais, étudiés à la section 5.8 du chapitre 5.

Par conséquent, trouver le coût total peut paraître facile : il suffit de dénombrer les articles en stock, de retrouver chaque article dans les registres des achats, de déterminer son coût et d'additionner tous les coûts. Mais est-ce vraiment si simple ? Imaginez les difficultés que vous rencontreriez si vous deviez retrouver les coûts portés sur toutes les factures, les frais d'expédition et les autres frais rattachés à chaque article dans le cas du stock d'un quincaillier, ou l'impossibilité de retrouver le coût de chaque baril de pétrole d'une raffinerie.

En pratique, on ne retrouve le *coût réel* des articles en stock que lorsqu'il s'agit d'articles de grande valeur qu'on peut identifier grâce à des numéros de série ou à d'autres méthodes. C'est le cas, par exemple, des maisons, des automobiles, des avions et des bijoux de valeur. L'informatisation des systèmes d'inventaire permet de retrouver le coût réel de plus d'articles. Toutefois, il faut encore disposer du numéro de série. Selon le *Financial Reporting in Canada*, trois sociétés ayant participé à l'enquête de 1992 ont mentionné qu'elles utilisaient le coût réel pour certains de leurs articles en stock[6].

Comme il n'est pas rentable de retrouver le coût de chaque article en stock, et que c'est parfois franchement impossible, la plupart des sociétés établissent le coût de leur stock qui sera présenté dans le bilan et le coût des marchandises vendues en *faisant des suppositions* au sujet du flux des coûts. Nous ne voulons pas savoir exactement quels sont les articles qui restent en stock ni ceux qui ont été vendus, de sorte que nous faisons des estimations.

Pour illustrer les effets des différentes hypothèses, nous présenterons tout d'abord un exemple simple basé sur la méthode de l'inventaire périodique, selon laquelle aucun registre n'est tenu relativement aux changements qui se sont produits dans la quantité de stock au cours de l'exercice. Comme nous le verrons plus loin, si l'on utilisait la méthode de l'inventaire permanent, les calculs seraient plus compliqués. L'exemple porte sur un stock acquis par un détaillant dans le but de le revendre. Le principe est le même pour un stock fabriqué par une société. Dans ce cas, toutefois, le coût des marchandises achetées est remplacé par le coût des produits fabriqués. Le graphique qui suit indique que, au cours de l'exercice, il y avait 330 unités destinées à la vente (120 + 210) et que, après avoir vendu 180 unités, il en restait 150 en stock à la fin de l'exercice.

Figure 10.1

- Stock au début de l'exercice : 120 unités coûtant 2 $ chacune
- Achats durant l'exercice (dans l'ordre où ils ont été faits) :
  1. 100 unités coûtant 3 $ chacune
  2. 110 unités coûtant 4 $ chacune
- Ventes au cours de l'exercice : 180 unités (ventes établies à partir du stock de clôture de 150 unités)

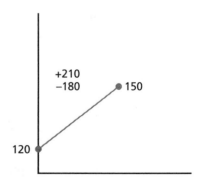

Le coût des marchandises destinées à la vente est égal au coût du stock d'ouverture plus le coût des articles achetés (ou fabriqués). Nous avons donc 120 x 2 $ = 240 $, plus 100 x 3 $ = 300 $, plus 110 x 4 $ = 440 $, ce qui nous donne un coût total de 980 $ de marchandises destinées à la vente. Le problème consiste à déterminer de quelle façon répartir ces 980 $ entre l'état des résultats de l'exercice (coût des marchandises vendues) et le bilan à la fin de l'exercice (stock de clôture).

Voici trois hypothèses relatives à la manière d'effectuer cette répartition. Vous pouvez constater que, dans chacun des cas, la somme de la valeur du stock présentée dans le bilan et du coût des marchandises vendues se monte à 980 $. Seuls diffèrent les montants attribués à la valeur du stock et la charge.

	Stock de clôture — Actif —	Coût des marchandises vendues — Charges —
1. Hypothèse du premier entré, premier sorti (PEPS)		
Selon la méthode PEPS, les premiers articles achetés seraient les premiers vendus et, par conséquent, tous les articles en stock à la fin de l'exercice sont ceux qui ont été achetés le plus récemment. Les coûts les plus récents se trouvent dans le bilan et les plus anciens dans le coût des marchandises vendues (CMV).	110 x 4 $ + 40 x 3 $ = **560 $**	980 $ – 560 $ = **420 $** (120 x 2 $ + 60 x 3 $ = 420 $)
2. Hypothèse du coût moyen pondéré (CMP)	**Coût unitaire moyen = 980 $ / 330 = 2,97 $**	
Selon la méthode du CMP, le stock de clôture et le CMV constituent la même combinaison d'anciens et de nouveaux coûts.	150 x 2,97 $ = **445 $**	980 $ – 445 $ = **535 $** (180 x 2,97 $ = 535 $)
3. Hypothèse du dernier entré, premier sorti (DEPS)		
Selon la méthode DEPS, dont l'hypothèse est l'inverse de celle de la méthode PEPS, le coût des achats les plus anciens est celui qu'il faut attribuer aux articles encore en stock. Les coûts les plus anciens se trouvent dans le bilan et les plus récents dans le CMV.	120 x 2 $ + 30 – 3 $ = **330 $**	980 $ – 330 $ = **650 $** (110 x 4 $ + 70 x 3 $ = 650 $)

Autres éléments sur les hypothèses relatives au flux des coûts des stocks

Dans l'exemple ci-dessus, nous avons présenté trois hypothèses relatives au flux des coûts : la méthode PEPS, la méthode du coût moyen pondéré (CMP) et la méthode DEPS. Nous avons appris, dans le chapitre 6, que le contrôle interne des stocks pouvait conduire à l'utilisation de la méthode de l'inventaire périodique ou à celle de l'inventaire permanent. Examinons maintenant de plus près ces hypothèses et leur lien avec les méthodes de contrôle interne. Rappelons que, puisque la répartition des coûts est différente selon chaque hypothèse, le choix de l'hypothèse porte à conséquence, et entraîne même parfois des répercussions importantes sur le bilan et sur l'état des résultats.

Selon la **méthode PEPS**, les coûts les plus récents sont attribués au compte d'actif Stock et, par conséquent, les coûts les plus anciens sont attribués au compte de charges Coût des marchandises vendues. Cette méthode est utilisée car elle est facile à appliquer. De plus elle ne change pas en fonction de la méthode de contrôle interne choisie et donne une valeur au stock qui se rapproche des coûts réels. Pour beaucoup de gens, la méthode PEPS semble appropriée pour un élément de l'actif à court terme. Son application est facile : tout ce que vous avez à faire, c'est de conserver vos factures d'achats puis, lorsque vous connaissez le nombre d'articles en stock, il vous suffit de prendre les factures les plus récentes pour trouver les coûts. Par exemple, supposons que le stock de clôture au 31 décembre se compose de 620 boîtes de boulons et que les factures d'achats récentes indiquent les coûts suivants : le 29 décembre, 260 boîtes à 3,20 $ l'unité ; le 14 décembre, 310 boîtes à 3,35 $ l'unité ; le 1er décembre, 210 boîtes à 3 $ l'unité, et ainsi de suite. Selon la méthode PEPS, on attribue le coût en partant de l'achat le plus récent et en remontant dans le temps jusqu'à ce qu'on dispose de tous les coûts nécessaires pour comptabiliser les articles en stock. Nous nous basons sur l'hypothèse choisie, parce que nous ne savons pas réellement à quel moment les articles encore en stock ont été achetés. Dans ce cas, le coût attribué selon la méthode PEPS serait de (260 x 3,20 $) + (310 x 3,35 $) + (620 – 260 – 310 = 50) x 3 $, soit de 2 020,50 $. Vous n'avez pas besoin de tenir des registres compliqués ; vous devez uniquement conserver vos factures. De plus, peu importe la méthode de contrôle interne adoptée, puisque tout ce que vous devez connaître, c'est le nombre d'articles en stock — qu'il ait été déterminé par dénombrement ou d'après les registres tenus selon la méthode de l'inventaire permanent.

D'après le *Financial Reporting in Canada* de 1992, 209 des 300 sociétés ont indiqué l'hypothèse qu'elles ont émise au sujet du flux des coûts de leurs stocks ; 125 d'entre elles ont utilisé la méthode PEPS[7]. Beaucoup de gens considèrent que la méthode PEPS est appropriée pour un élément de l'actif à court terme, car elle constitue la méthode la plus raisonnable concernant le roulement du stock, particulièrement dans le cas de denrées périssables ou d'articles faisant fréquemment l'objet de changements de style ou de caractéristiques, comme les articles d'épicerie, les vêtements et les autres marchandises de vente au détail. Imaginez l'étalage d'un magasin d'alimentation. Selon la méthode PEPS, la nouvelle marchandise est placée derrière la plus ancienne, afin que le stock se vende à partir de l'avant de l'étalage. De cette manière, les articles les plus anciens sont écoulés en premier lieu, ne s'empoussièrent pas et, par conséquent, ne moisissent pas dans le fond des tablettes.

Selon la **méthode du coût moyen**, le même coût unitaire est attribué au stock et au coût des marchandises vendues. Dans l'exemple ci-dessus, le même coût moyen unitaire de 2,97 $ sera attribué aux articles en stock et au coût des marchandises vendues. On applique fréquemment cette méthode dans le cas où le stock constitue une combinaison d'achats anciens et récents, et d'articles non périssables, comme le bois, le métal, le pétrole, le gaz naturel, les autres produits en vrac et les matières premières. Toujours d'après le *Financial Reporting in Canada*, la méthode du coût moyen constituait la deuxième méthode la plus courante en 1992 ; 92 sociétés ont indiqué l'avoir utilisée[8]. Il existe deux versions de la méthode du coût moyen : la *méthode du coût moyen pondéré annuel*, utilisée avec un contrôle périodique du stock dans l'exemple ci-dessus, et la *méthode de la moyenne pondérée mobile*, qui peut être utilisée lorsque la méthode de l'inventaire permanent procure l'information nécessaire.

À première vue, la méthode d'évaluation DEPS peut paraître étrange. En effet, elle suppose que les articles les plus récents sont les premiers vendus et que, par conséquent, ce sont les plus anciens qui restent en stock. À l'extrême, cela pourrait vouloir dire que les premières miches de pain de l'épicerie se trouveraient encore à l'arrière de l'étalage un an plus tard. On applique la méthode DEPS pour une raison très pratique : aux États-Unis, cette méthode est reconnue à des fins fiscales. Pendant une période où les coûts des achats augmentent (inflation) — ce qui est presque toujours le cas —, cette méthode permet d'attribuer un coût plus élevé aux marchandises vendues et un coût moindre au stock que ne le font la méthode PEPS et la méthode du coût moyen pondéré. Par conséquent, la méthode DEPS produit un bénéfice plus faible et des impôts moins élevés, lorsqu'il est permis de l'appliquer à des fins fiscales, ce qui n'est pas le cas au Canada. Aussi, une société canadienne qui l'utiliserait pour ses états financiers devrait recalculer la valeur de son stock en employant une des autres méthodes admises lorsqu'elle prépare sa déclaration d'impôts. Peut-être que les autorités fiscales canadiennes sont moins disposées que les autorités américaines à perdre des rentrées de fonds. Dans le *Financial Reporting in Canada*, on indique qu'en 1992 seulement 10 sociétés appliquaient la méthode DEPS. Parmi ces sociétés, une seule l'appliquait à tous ses articles en stock, alors que plusieurs l'appliquaient uniquement aux stocks de leurs filiales américaines[9].

On peut aussi soutenir que la méthode DEPS rapproche mieux les produits des charges que les deux autres méthodes. Par exemple, si une société ajuste ses prix de vente lorsque les coûts de ses achats changent, ses produits reflètent les changements de prix récents, et il semble alors approprié de déduire les coûts les plus récents du coût des marchandises vendues pour les rapprocher des produits. La difficulté réside dans le fait que, selon la méthode DEPS, on attribue au stock des valeurs qui se basent sur les coûts des achats les plus anciens. Cette méthode devient embarrassante quand il s'agit d'évaluer un élément de l'actif à court terme. Il serait préférable d'utiliser les prix actuels des achats *à la fois* pour le coût des marchandises vendues *et* pour le stock. Cependant, nous n'avons pas le droit de le faire si nous appliquons la comptabilité au coût d'origine : les registres ne seraient plus équilibrés parce que certains articles qui auraient été achetés à des coûts anciens se trouveraient encore dans les comptes, notamment dans le compte Stock et dans les comptes de charges. On a fait des propositions visant à utiliser les coûts actuels, comme les coûts de remplacement, pour déterminer les chiffres du bilan et de l'état des résultats, mais cela n'a pas encore été mis en pratique. Les montants obtenus par la méthode DEPS varient selon que l'on applique la méthode de l'inventaire périodique ou la méthode de l'inventaire permanent, comme le montre l'exemple suivant.

Exemple : la société Matrix inc.

« Gloup » est le nom de l'un des produits que la société Matrix inc. achète et vend. Elle a commencé à vendre ce produit l'année dernière, avec un stock de 1 000 unités de Gloup achetées au prix de 4 $ chacune. Les achats et les ventes de l'exercice se répartissent comme suit :

Date	Unités achetées	Unités vendues	Unités en stock	Prix d'achat
1er janvier			1 000	4 $
15 février		350	650	
20 mars	600		1 250	5 $
30 avril		750	500	
12 septembre	800		1 300	6 $
11 décembre		200	1 100	
	1 400	1 300		

Quelle que soit la méthode adoptée, parmi celles qui sont fondées sur le flux des coûts, nous savons que le coût du stock d'ouverture s'élève à 4 000 $ et que l'entreprise a fait des achats qui lui ont coûté 7 800 $ (600 x 5 $ + 800 x 6 $). Par conséquent, le « coût des marchandises destinées à la vente » correspond à la somme du stock d'ouverture et des achats, soit à 11 800 $. Donc, tant que l'on applique la comptabilité au coût d'origine, la méthode de répartition du coût du stock doit produire un montant de 11 800 $, résultat de la somme du stock de clôture et du coût des marchandises vendues. Vous pouvez vous représenter cette addition comme suit :

Marchandises destinées à la vente	=	Articles retirés du stock	+	Articles encore en stock
Stock d'ouverture + Achats	=	Coût des marchandises vendues	+	Stock de clôture

La somme du membre gauche de l'équation est égale à 11 800 $, de sorte que la somme du membre droit doit donner le même résultat. On peut ainsi vérifier les calculs. Si nous calculons séparément le coût des marchandises vendues et le stock de clôture, il faut que l'addition des deux donne 11 800 $. Pour prendre un raccourci, il est possible de calculer la valeur de la charge ou celle de l'actif et d'obtenir le chiffre de l'autre élément en soustrayant 11 800 $ de l'élément calculé. Il est plus facile de procéder de cette façon que de faire les deux calculs, mais nous vous présentons à la fois les calculs de l'actif et de la charge ci-dessous afin que vous puissiez bien les comprendre.

a) Méthode PEPS

Coût du stock de clôture : (800 x 6 $) + (300 x 5 $)	6 300 $
Coût des marchandises vendues : (1 000 x 4 $) + (300 x 5 $)	5 500
	11 800 $

b) Méthode du coût moyen

Méthode du coût moyen pondéré annuel

Coût moyen : 11 800 $/(1 000 + 600 + 800) = 4,917 $	
Coût du stock de clôture : 1 100 x 4,917 $	5 408 $
Coût des marchandises vendues : 1 300 x 4,917 $	6 392
	11 800 $

Méthode de la moyenne pondérée mobile

On calcule une nouvelle moyenne après chaque achat, et elle est pondérée en fonction des articles en stock à ce moment-là.

Moyenne pondérée après le premier achat : (650 x 4 $ + 600 x 5 $)/(650 + 600) = 4,48 $	
Moyenne pondérée après le deuxième achat : (500 x 4,48 $ + 800 x 6 $)/(500 + 800) = 5,415 $	
Coût du stock de clôture (en utilisant la moyenne à ce moment-là) : 1 100 x 5,415 $	5 957 $
Coût des marchandises vendues : (350 x 4 $) + (750 x 4,48 $) + (200 x 5,415 $)	5 843
	11 800 $

c) Méthode DEPS

Méthode de l'inventaire périodique

Coût du stock de clôture : (1 000 x 4 $) + (100 x 5 $)	4 500 $
Coût des marchandises vendues : (800 x 6 $) + (500 x 5 $)	7 300
	11 800 $

Méthode de l'inventaire permanent

Les registres tenus selon la méthode de l'inventaire permanent permettent de déterminer s'il est raisonnable de supposer que les 1 000 unités initiales sont toujours en stock. Dans notre exemple, ce n'est pas le cas parce que, à un moment donné, le stock est tombé à 500 unités, de sorte que cette «tranche» de stock a été partiellement utilisée. Le calcul ci-dessous reflète l'information relative à ces «tranches de stock» contenue dans les registres.

Coût du stock de clôture:
(500 x 4 $) + (reste de 600 acheté depuis x 6 $)   5 600 $

Coût des marchandises vendues: (350 x 4 $) + (600 x 5 $)
(tranche entièrement vendue)
+ (150 de plus de la tranche initiale x 4 $) +
(200 de la tranche la plus récente x 6 $)   6 200
                                                                                 11 800 $

Analyse des effets

Voici un résumé des résultats obtenus en ce qui concerne l'exemple de la société Matrix inc. Que vous soyez capable ou non de suivre tous les calculs, vous devriez être en mesure de comprendre les effets du choix d'une méthode d'évaluation du stock sur les états financiers, en *supposant* que, dans tous les cas, le coût du stock de clôture est inférieur à sa valeur marchande (puisqu'il est présenté dans le bilan au coût ou à la valeur marchande, selon le moins élevé des deux).

Méthode d'évaluation des stocks	Stock de clôture	Coût des marchandises vendues	Coût total des marchandises destinées à la vente
PEPS	reste de 6 300 $	5 500 $	11 800 $
Coût moyen			
— Coût moyen pondéré annuel	5 408	6 392	11 800
— Moyenne pondérée mobile	5 957	5 843	11 800
DEPS			
— Inventaire périodique	4 500	7 300	11 800
— Inventaire permanent	5 600	6 200	11 800

Cet exemple illustre un phénomène courant lorsque ces méthodes sont utilisées. Pendant une période où les prix des achats augmentent, comme c'est le cas ici, la méthode PEPS tend à attribuer la valeur la plus élevée au stock et la valeur la plus faible au coût des marchandises vendues. Par conséquent, le bénéfice net résultant de cette méthode est le plus élevé. La méthode DEPS tend à attribuer la valeur la moins élevée au stock et la valeur la plus élevée au coût des marchandises vendues. Par conséquent, le bénéfice net résultant de cette méthode est le moins élevé.

Si les prix des achats sont à la baisse, c'est l'inverse qui se produit : la méthode PEPS a tendance à procurer le bénéfice net le plus faible, alors que la méthode DEPS donne le bénéfice net le plus élevé. La méthode du coût moyen tend à se situer entre les deux.

Les différences entre les méthodes s'atténuent lorsque le taux de rotation du stock est élevé, parce que les variations de prix qui se produisent pendant que les articles sont en stock sont moins fortes et que l'importance du stock est moindre que le coût des marchandises vendues. Si l'on utilise la méthode DEPS combinée à un système d'inventaire permanent ou la méthode de la moyenne mobile, les différences peuvent prendre des directions imprévues si les augmentations ou les diminutions du niveau des stocks coïncident. Le stock de clôture de Matrix inc., selon la méthode de l'inventaire permanent, est plus élevé que le stock de clôture établi selon la méthode du coût moyen, parce que l'entreprise a vendu une grande partie de son stock d'ouverture. La méthode de l'inventaire permanent a tenu compte de cette information, alors que la méthode du coût moyen ne l'a pas fait. Les liens entre les méthodes peuvent aussi s'écarter du modèle habituel si les prix des achats varient et si les quantités en stock varient en sens opposé, par exemple, si les quantités de stocks baissent alors que les prix augmentent, ou vice versa.

Supposons que Matrix inc. applique la méthode PEPS pour évaluer son stock de produits Gloup. Quelle serait l'incidence d'un changement de méthode d'évaluation du stock sur les états financiers de la société, si Matrix inc. décidait d'adopter l'une des quatre autres méthodes ? Le taux d'imposition de la société est de 30 %.

Si l'entreprise adopte la *méthode de la moyenne mobile*, le coût des marchandises vendues augmentera de 343 $ (5 843 $ – 5 500 $), de sorte que le bénéfice net diminuera dans une proportion de 70 % de ce montant, soit 240 $. La charge fiscale et le passif absorberont les 30 % restants, soit 103 $. D'autre part, le fonds de roulement diminuera d'un côté de 343 $ (diminution du stock présenté dans l'actif) et augmentera de l'autre de 103 $ (diminution du passif d'impôts), soit une diminution nette de 240 $, égale à la diminution du bénéfice net. On n'observe pas d'incidence immédiate sur les liquidités.

Si l'entreprise adopte la *méthode DEPS combinée à un système d'inventaire permanent*, le coût des marchandises vendues augmentera de 700 $ (6 200 $ – 5 500 $), de sorte que le bénéfice net diminuera dans une proportion de 70 % de ce montant, soit 490 $. Les impôts sur les bénéfices absorberont les 30 % restants, soit 210 $. La situation se complique si l'on veut connaître précisément à quel point ce changement influerait sur les impôts, car la méthode DEPS n'est pas autorisée à des fins fiscales au Canada. Nous n'entrerons pas dans les détails, nous nous contenterons de signaler que l'incidence fiscale serait probablement présentée dans le passif ou l'actif à court terme, parce qu'elle provient d'un écart temporaire dans le calcul de l'impôt attribuable à un élément de l'actif à court terme, le stock. Le fonds de roulement diminuerait donc de 700 $ par suite de la diminution du stock, et augmenterait de 210 $ par suite de la diminution d'impôts, portant ainsi la diminution nette du fonds de roulement à 490 $. Ce montant correspond encore à la diminution du bénéfice net. Il n'y a toujours pas d'incidence immédiate sur les liquidités ou flux de trésorerie.

Tentez de calculer les effets de l'adoption de la méthode du coût moyen annuel ou de la méthode DEPS combinée à un système d'inventaire périodique. Les réponses sont fournies dans les références à la fin de ce chapitre[10].

Valeur marchande du stock selon la méthode de la valeur minimale

Deux aspects doivent être considérés relativement à la valeur marchande du stock. Pour les articles en stock qui ne sont pas destinés à la revente, mais qui doivent servir à l'exploitation (par exemple, les stocks de matières premières des entreprises de fabrication, les fournitures d'usine et les fournitures de bureau), le *coût de remplacement* semble être la valeur marchande la plus appropriée. On détermine le coût de remplacement à partir des prix des fournisseurs et en procédant à d'autres estimations du montant qu'il faudrait débourser pour remplacer les articles en stock. L'accent est mis sur les articles dont les coûts baissent parce que, rappelons-le, seuls les articles dont la valeur marchande (le coût de remplacement) est *inférieure* au coût initial ou au prix qu'on pense avoir payé pour obtenir ces articles nous préoccupent.

Pour les articles en stock destinés à la revente, la *valeur de réalisation nette* semble être la valeur qui convient le mieux. On détermine la valeur de réalisation nette à partir du prix de vente dont on déduit tous les coûts nécessaires à l'achèvement (comme la mise en boîte) ou à la vente de l'article. Ici encore, l'accent est mis sur les articles dont la valeur de réalisation nette est *inférieure* au coût, soit les articles dont les prix de vente baissent ou qui ont été endommagés, sont devenus désuets ou ne sont plus à la mode, de sorte qu'il est impossible de les vendre au prix prévu au départ.

Valeur minimale

À la base, pour calculer la valeur minimale, il suffit de prendre les coûts des articles, de les comparer à leur valeur marchande et de choisir le moins élevé des deux pour attribuer la valeur qui convient aux articles composant le stock de clôture. En pratique, les entreprises se concentrent habituellement sur les articles dont la valeur a probablement diminué (qui peuvent avoir été relevés au cours du dénombrement) plutôt que de calculer la valeur marchande de chaque article.

Habituellement, le type de stock indique à la fois quelle hypothèse relative au flux des coûts il vaut mieux retenir et quelle méthode de détermination de la valeur marchande il vaut mieux adopter. Par exemple, on présente souvent les matières premières « à leur coût moyen ou à leur coût de remplacement », selon le moins élevé des deux, tandis que les articles destinés à la revente sont souvent présentés « à leur coût selon la méthode PEPS ou à leur valeur de réalisation nette », selon le moins élevé des deux. Les méthodes d'attribution du coût et de la valeur marchande semblent donc aller de pair, quoiqu'il existe de nombreuses exceptions. La *méthode de l'inventaire au prix de détail* (que nous expliquerons plus loin), utilisée pour estimer le coût des stocks, est composée d'un amalgame de coûts et de prix de vente. Elle constitue donc aussi un exemple de coûts et de valeurs marchandes qui vont de pair.

À présent, comment calculerons-nous la valeur minimale : (a) en comparant le coût à la valeur marchande pour chaque article en stock, en choisissant le moins élevé des deux et en additionnant toutes ces valeurs minimales ; ou (b) en faisant la somme des coûts de tous les articles, la somme des valeurs marchandes de tous les articles et en choisissant le total le moins élevé ? La méthode b est la méthode la moins prudente car les articles dont le coût est supérieur à la valeur marchande sont contrebalancés par ceux dont la valeur marchande est supérieure au coût. Cela ne se produit pas avec la méthode a, qui donne la valeur la moins élevée possible. On utilise toutefois les deux méthodes.

Jusqu'à maintenant, les notions relatives à la valeur minimale ne sont pas trop compliquées. Nous évaluons le stock au coût, à moins que la valeur marchande ne soit inférieure au coût, auquel cas nous choisissons la valeur marchande. Mais qu'arrive-t-il lorsque la valeur marchande devient supérieure au coût d'origine ? Ce cas nécessite quelques explications.

On pourrait répondre brièvement que la méthode de la valeur minimale repose sur la prudence, et que la décision la plus prudente est de ne pas rétablir la valeur initiale de l'article une fois qu'il a perdu de sa valeur. Habituellement, il n'est pas permis, en comptabilité, de constater des gains de détention non matérialisés, et le fait de rétablir les articles à leur coût d'origine représente une constatation de ce genre.

Les normes comptables canadiennes ne sont pas explicites en ce qui concerne les problèmes liés à la valeur minimale. Elles laissent aux professionnels de la comptabilité et de la vérification le soin d'exercer leur jugement. Aux États-Unis, il existe un ensemble de normes, dont la norme des « valeurs plancher et plafond » selon laquelle la valeur marchande est égale au coût de remplacement aussi longtemps que celui-ci se situe entre les valeurs plancher et plafond calculées à partir du prix de vente. Ces normes constituent des directives beaucoup plus précises. Nous laisserons toutefois à d'autres le soin de traiter de la complexité de ces normes et pratiques. Cependant, vous devez savoir, pour l'instant, que la détermination de la valeur minimale exige que la direction prenne des décisions en matière de conventions comptables concernant le coût, la valeur marchande et la combinaison des deux.

Méthodes de l'inventaire au prix de détail et du coût de revient standard

Dans le *Financial Reporting in Canada*, on lit que 15 sociétés utilisaient, en 1992, la méthode de l'inventaire au prix de détail, que nous avons présentée dans le chapitre 6 (section 6.10) comme une méthode de contrôle du stock et de l'encaisse[11]. Ces 15 sociétés font partie d'un échantillon de grandes entreprises. Toutefois, la méthode de l'inventaire au prix de détail est probablement bien plus utilisée par les petites entreprises. Il est donc utile ici de faire quelques commentaires.

Comme vous pouvez vous y attendre, la méthode de l'inventaire au prix de détail s'applique surtout aux stocks des détaillants. Elle combine les coûts d'acquisition avec les prix de vente dans un seul calcul ou une seule estimation. Il faut d'abord attribuer le prix de vente aux articles en stock, opération qui est souvent facile puisque le prix de vente est indiqué sur l'article ou figure dans les registres informatisés reliés aux caisses enregistreuses. Il faut ensuite déduire la majoration de chaque article apportée par l'entreprise. Il est habituellement plus facile de le faire par groupes d'articles semblables ou même pour tous les articles en même temps s'il est possible de disposer d'un pourcentage moyen de majoration assez exact. Puis, on estime le coût. Le coût est égal au prix de vente moins la majoration. Cette méthode permet au personnel du service des ventes de trouver les montants de stock et d'encaisse à partir des prix de vente sans avoir à connaître les coûts. Toutefois, pour que cette méthode demeure exacte, il faut tenir compte de toutes les majorations inhabituelles (notamment pour les ventes spéciales ou les articles en promotion), des démarques effectuées en raison d'un ralentissement des ventes ou parce que des articles sont endommagés, ou d'autres problèmes.

En terminant cette section, citons une dernière méthode d'évaluation des stocks parfois utilisée : la **méthode du coût de revient standard**. Toujours selon le *Financial Reporting in Canada*, trois entreprises auraient utilisé cette méthode en 1992[12]. Si vous suivez un cours de comptabilité de gestion ou de comptabilité de prix de revient, vous apprendrez que la méthode du coût de revient standard s'applique aux stocks des entreprises de fabrication. Selon cette méthode, le coût d'origine n'est pas directement utilisé. On calcule plutôt ce que devrait être le coût normal ou standard des articles à partir des niveaux de production établis d'avance et des coûts standard des matières premières, de la main-d'œuvre et des frais généraux engagés dans la fabrication de ces articles. On ajoute les écarts entre les coûts standard et les coûts d'origine réels au coût des marchandises vendues, ou on les en soustrait, ou on les traite séparément dans un compte Écarts sur coûts de l'état des résultats — un peu comme le compte Écart d'inventaire négatif dont on a fait mention dans le chapitre 6 à propos de la méthode de l'inventaire permanent.

OÙ EN ÊTES-VOUS ? Voici deux questions auxquelles vous devriez pouvoir répondre à partir de ce que vous venez de lire :

1. À part les critères généraux relatifs aux choix de conventions comptables, tels que la fidélité, comment une société décide-t-elle quelle méthode elle va appliquer pour évaluer son stock ?
2. La société Matrix inc. possède également un stock de nourriture pour chiens appelée « Chien Gourmet », qu'elle comptabilise au moyen de la méthode de l'inventaire périodique. Au cours du dernier exercice, son stock d'ouverture se composait de 200 caisses de nourriture pour chiens. La société a acheté 1 500 caisses et en a vendu 1 450 au cours de l'exercice. Les caisses composant son stock d'ouverture lui ont coûté 400 $ chacune. Elle en a acheté trois fois : au début de l'exercice, 500 caisses à 404 $ l'unité ; par la suite, 600 caisses à 390 $ l'unité ; et

vers la fin de l'exercice, 400 caisses à 384,50 $ l'unité. Quels seront les coûts du stock de clôture et des marchandises vendues si la société applique (a) la méthode PEPS, (b) la méthode du coût moyen et (c) la méthode DEPS ? ((a) 96 125 $, 573 675 $; (b) 98 500 $, 571 300 $; (c) 100 200 $, 569 600 $)

10.8   CHARGES PAYÉES D'AVANCE ET CHARGES À PAYER

Les **charges payées d'avance** constituent des éléments d'actif établissant qu'une dépense a été effectuée pour des services qui seront reçus ultérieurement. On les classe habituellement dans l'actif à court terme, car l'avantage futur qu'elles doivent procurer ne s'étend généralement pas au-delà de l'exercice suivant. Mais cela arrive parfois, et l'entreprise peut alors, à juste titre, présenter une charge payée d'avance à long terme (c'est-à-dire dans le cas où le montant est suffisamment important pour justifier un tel classement). On comptabilise des charges payées d'avance chaque fois que le calendrier de paiement d'une dépense ne correspond pas à l'exercice de la société, comme c'est le cas pour les primes d'assurance lorsque la période couverte par la police ne coïncide pas avec la date de fin d'exercice ou celui pour les impôts fonciers basés sur le calendrier d'évaluation de la municipalité plutôt que sur l'exercice de la société.

Les charges payées d'avance ne constituent pas des éléments d'actif du même type que les créances (qui sont recouvrées en espèces) ou les stocks (qui sont convertis en espèces). Elles résultent de la comptabilité d'exercice, lorsque la constatation des charges survient après les flux de trésorerie. Comme nous l'avons expliqué dans le chapitre 7, les charges payées d'avance sont présentées dans le bilan pour la même raison que les stocks et les immobilisations : un élément de valeur existe, et par conséquent son coût ne doit pas encore être déduit à titre de charge. Dans le cas présent, la valeur réside dans le fait que, puisque l'entreprise a déjà déboursé l'argent, elle n'aura pas à le débourser dans l'exercice suivant. Les charges payées d'avance n'ont donc pas nécessairement de valeur marchande, mais elles ont une valeur économique étant donné qu'elles représentent des ressources futures.

Les **charges à payer** sont des éléments de passif, habituellement à court terme, qui sont comptabilisées en raison des mêmes problèmes de « calendrier » que ceux qui sont relatifs aux charges payées d'avance. Dans ce cas-ci, toutefois, le flux monétaire se produit *après* que la valeur économique a été obtenue. Les impôts fonciers deviennent payés d'avance si l'année d'imposition municipale va de juin à juin et qu'ils sont payés en juin, soit six mois *avant* la fin de l'exercice de décembre. Les impôts fonciers deviennent des charges à payer si l'année d'imposition municipale va de juin à juin et qu'ils seront payés à la fin de cette période, soit six mois *après* la fin de l'exercice. Par conséquent, les charges payées d'avance et les charges à payer constituent les deux faces d'une médaille et illustrent le décalage qui existe entre le décaissement et l'utilisation de la valeur économique. Elles résultent du fait que la comptabilité d'exercice tente d'organiser les charges de sorte qu'elles reflètent l'utilisation économique plutôt que les flux de trésorerie. Les comptes Charges payées d'avance et Charges à payer sont présentés dans l'actif ou le passif, selon le moment où arrive le flux monétaire et le moment où la charge est constatée. Ainsi, vous retrouverez souvent un même type d'éléments, présentés à titre de charges payées d'avance dans l'actif ou à titre de charges à payer dans le passif, ou même dans l'actif durant un exercice et dans le passif au cours de l'exercice suivant. À titre d'exemple, mentionnons les assurances, les impôts fonciers, les commissions des vendeurs, les intérêts, les permis et les impôts sur les bénéfices de l'exercice (impôts à payer s'ils sont dus ou impôts remboursables s'ils ont été payés en trop). De même, il arrive parfois que des éléments de passif soient comptabilisés en raison de paiements effectués en trop par des clients pour rembourser leurs comptes et que des éléments d'actif soient comptabilisés en raison de sommes trop élevées versées par une société à ses fournisseurs.

En voici un exemple. Dépanneur 24 heures ltée possède dix petits magasins qui font partie d'une chaîne nationale. Chaque année, la société paie à cette dernière des redevances qui lui donnent le droit d'utiliser son logo et paie aussi d'autres droits. Son exercice se termine le 30 septembre. La société paie les redevances le 1er janvier et les impute à ses charges. L'expert-comptable de la société suggère plutôt de présenter une charge payée d'avance. Voici quelle incidence aurait cette modification sur les états financiers de l'entreprise : au 30 septembre, l'actif à court terme augmenterait dans une proportion d'un quart des redevances payées pour l'année et, dans chaque exercice, les charges comprendraient un quart des redevances déboursées pendant l'exercice précédent et les trois quarts des redevances de l'exercice courant. Actuellement, l'entreprise présente uniquement les redevances de l'exercice en cours.

D'autre part, la chaîne nationale annonce que les franchisés ont maintenant le droit de payer les redevances en novembre. Si la société maintient sa méthode de comptabilisation, elle ne présentera pas de redevances au cours de l'exercice où l'on remettra la date du paiement au 30 novembre. Voilà une bonne raison d'utiliser la méthode de la comptabilité d'exercice, le changement imprévisible de la date du paiement ne devant pas avoir d'incidence sur les états financiers. Si la société applique cette méthode, les charges présenteront toujours la même combinaison un quart/trois quarts, comme c'était le cas ci-dessus, mais, au 30 septembre, le montant de charge à payer sera équivalent aux trois quarts des redevances prévues pour l'exercice. En comptabilité d'exercice, le changement de la date de paiement entraîne une modification dans la constatation de la charge : on constate non plus une charge payée d'avance dans l'actif mais plutôt une charge à payer dans le passif. On ne constate aucun changement dans les charges. Les comptes d'actif ou de passif découlent du fait que la comptabilité d'exercice s'efforce de mesurer adéquatement les charges (et par conséquent le bénéfice).

10.9   AMORTISSEMENT DES IMMOBILISATIONS ET CHARGE CORRESPONDANTE

Dans le chapitre 9, nous avons présenté la notion de « valeur actualisée » en relation avec l'évaluation d'une séquence des flux de trésorerie. Les immobilisations ont une valeur parce que la société a l'intention de tirer des avantages futurs de leur utilisation. Cependant, à l'exception du terrain, toutes les immobilisations devront un jour ou l'autre être mises au rancart. Donc, un acheteur avisé qui désire acquérir une immobilisation comme un bâtiment ou du matériel se fera une idée, au moins approximative, des avantages qu'il pourra tirer de cette immobilisation. Par exemple, lorsqu'un boulanger achète une machine à couper le pain, il doit avoir une idée assez précise du nombre de pains qu'elle pourra trancher avant d'être mise hors service. S'il est possible d'évaluer le nombre de pains que la machine pourra trancher, il est également possible de répartir le coût de la machine en le déduisant des produits lors du calcul du bénéfice des exercices au cours desquels ces pains seront produits. Ce procédé de répartition du coût est appelé *amortissement*, et sa déduction annuelle du coût des produits est appelée *charge d'amortissement*. Si une entreprise respecte les PCGR, elle amortit toutes ses immobilisations, à l'exception des terrains.

Avant de présenter des exemples de méthodes d'amortissement, nous répondrons à plusieurs questions.

Pourquoi doit-on répartir le coût des immobilisations ?

La réponse à cette question est à la fois simple et très controversée. Elle est simple parce que la déduction du coût des immobilisations des produits sur la durée d'utilisation de ces immobilisations permet d'inclure dans le calcul du bénéfice un montant qui représente la valeur économique de l'immobilisation utilisée au cours de l'exercice. La machine à couper le pain coûte 5 000 $ et sera sans valeur dans 8 ans, de sorte que l'amortissement de sa valeur de 5 000 $ sur 8 ans (par exemple, une charge d'amortissement de 625 $ par exercice) montre que l'utilisation de la machine au cours de cette période coûte quelque chose à l'entreprise. Cette dernière dispose actuellement d'un bien d'une valeur de 5 000 $; dans 8 ans, il n'en restera rien. La question est controversée parce qu'il se peut que ce système de répartition du coût ne représente pas réellement bien les changements de valeur économique dans le temps, particulièrement si le coût et la valeur de revente de la machine changent en raison de l'inflation, des conditions du marché ou des changements techniques. Un an plus tard, l'entreprise peut ne pas être en mesure de revendre sa machine à couper le pain plus de 3 000 $, de sorte que la perte de valeur économique après un an serait de 2 000 $ plutôt que de 625 $. Ou, encore, qu'arrivera-t-il si le coût des nouvelles machines à couper le pain passe à 6 500 $ au cours de l'année ? L'entreprise dispose maintenant d'une machine dont la valeur est plus élevée que prévu. Par conséquent, n'a-t-elle pas gagné 1 500 $ en l'achetant au moment où elle l'a fait ?

Il est *essentiel* de comprendre que la notion comptable d'amortissement concerne la *répartition du coût* aux fins de la mesure du *bénéfice*.

L'amortissement n'est pas un système destiné à tenir compte des variations de valeur des biens ni à mesurer la valeur actuelle de ces éléments dans le bilan. L'amortissement d'un bien sert à constater une charge, basée sur le coût d'origine, qui devrait probablement correspondre au produit engendré par l'utilisation de la valeur économique de ce bien. Le bilan présente le montant net du coût d'origine diminué de l'amortissement cumulé : cela ne signifie pas que la valeur actuelle du bien coïncide avec ce montant net. À la fin du premier exercice, la machine à couper le pain de l'exemple ci-dessus est présentée dans le bilan à 4 375 $ (son prix de 5 000 $ moins la charge d'amortissement de 625 $), et non à 3 000 $, à 6 500 $, ou à une autre mesure de sa valeur actuelle. Si vous trouvez que cela prête à confusion, vous n'êtes pas les seuls. Si vous pensez que cela va à l'encontre de votre intuition au sujet de la signification de l'amortissement, là encore bien d'autres personnes partagent votre point de vue. Comme d'autres disciplines, la comptabilité utilise certains termes qui ont une signification très précise et inhabituelle, mais couramment comprise. La signification du terme *amortissement* en comptabilité est très précise : il s'agit de la répartition du coût d'origine d'un bien dans le but de le déduire du bénéfice pendant sa durée d'utilisation.

Les éléments d'actif constituent les ressources de l'entreprise. Ils servent à procurer des revenus à ses propriétaires et, finalement, un rendement de leur investissement. Un grand nombre d'éléments d'actif ne procurent des avantages à l'entreprise que pendant une courte période : par exemple, le stock est habituellement un élément de l'actif à court terme qui sera entièrement utilisé au cours de l'exercice suivant. Cependant, certains éléments d'actif procurent des avantages pendant plus d'un exercice. Le camion de livraison d'occasion que Josiane, la vendeuse de chaussettes dont nous avons fait la connaissance dans les chapitres 6 et 7, vient d'acheter pour 5 000 $ lui procurera des avantages bien au-delà de la durée du Festival des Neiges. Après le festival, elle pourra l'utiliser pour livrer d'autres produits, si elle décide de gérer d'autres entreprises. Josiane est toujours à la recherche de bonnes occasions, et elle projette de poursuivre son entreprise à l'occasion de la Fête du printemps, du Festival d'été et du Festival des couleurs à l'automne, en vendant des articles qui rendront la vie plus agréable à ceux qui participent à ces événements. Il est probable que le camion de livraison servira à Josiane pendant au moins cinq ans. Devrait-elle imputer le coût du camion aux charges de l'exercice courant ? Si Josiane a acheté le camion le deuxième jour du Festival des Neiges, son état des résultats des deux premiers jours du festival devrait-il se présenter comme suit ? (Les autres chiffres sont tirés de la section 7.8 du chapitre 7.)

Produits		1 080 $
Coût des marchandises vendues	600 $	
Frais d'exploitation*	134	
Coût du camion	5 000	5 734
Perte nette		(4 654) $

* Frais d'administration, amortissement de l'enseigne et intérêts.

Le fait d'inscrire le coût du camion immédiatement dans les charges a-t-il contribué à présenter plus clairement la situation économique actuelle de Josiane ? L'un des objectifs de la comptabilité d'exercice est de tenter de rapprocher les charges des produits gagnés. Dans le cas des éléments de l'actif à long terme, le coût procurera des avantages pendant plusieurs exercices au cours desquels des produits seront gagnés. Par conséquent, il est nécessaire d'appliquer une méthode de répartition du coût des éléments de l'actif à long terme sur la durée de leur utilisation.

Pourquoi n'amortit-on pas les terrains ?

Il n'est pas nécessaire d'amortir le coût d'un terrain parce qu'on ne considère pas que sa valeur économique est amoindrie par suite de son utilisation. Normalement, un terrain n'est pas détérioré par l'usage qu'on en fait. Par conséquent, sa valeur économique n'est pas diminuée. Lorsqu'on utilise une machine dans la production, elle s'use, comme la semelle de vos souliers quand vous marchez. D'autres facteurs naturels tels que le vent, la pluie, la rouille, la fatigue et la corrosion empêchent les biens de procurer indéfiniment des avantages. Il existe aussi des causes non physiques d'amoindrissement de la valeur économique d'un bien. Une machine peut tomber en désuétude par suite de l'apparition de nouvelles machines plus rapides. De même, la situation économique d'un certain secteur peut entraîner la fermeture d'une usine qui a été productive pendant un grand nombre d'années mais qui n'est plus être rentable. Par ailleurs, les aléas de la mode obligent les marchands à changer leurs présentoirs tous les deux ans alors que les installations pourraient durer dix ans. On considère qu'un terrain est à l'abri de tout cela, et c'est pourquoi on ne l'amortit pas. Si on a la preuve qu'un terrain a perdu de sa valeur, on peut en diminuer le coût et présenter une valeur révisée. Il s'agit alors d'un cas spécial : on ne parle plus d'amortissement mais de perte.

Quand commence-t-on à répartir le coût (l'amortissement) ?

L'amortissement est destiné à rapprocher une charge d'un avantage économique tiré de l'utilisation d'un bien. Par conséquent, lorsqu'on commence à utiliser le bien et à en tirer des avantages, il faut commencer à l'amortir. Dans le chapitre 5, nous avons énuméré les composantes du coût d'un bien, et dans le chapitre 7 nous avons présenté les écritures nécessaires pour inscrire le bien dans l'actif et l'amortir par la suite selon la comptabilité d'exercice. Le modèle général à suivre dans les deux cas consiste à capitaliser les coûts, à préparer les biens pour l'usage auquel ils sont destinés, puis à amortir les coûts. Avant que le bien ne puisse servir à l'exploitation, il faut capitaliser tous les coûts, c'est-à-dire les ajouter au coût du bien. Ces coûts comprennent le coût d'acquisition, le transport du bien à l'endroit prévu, la préparation de l'emplacement, l'adaptation du matériel à son emplacement, les essais, l'application de la peinture aux couleurs de la société (dans le cas des camions de livraison, par exemple) et les autres coûts engagés avant que le bien puisse contribuer à engendrer un produit.

À ce moment, le bien peut être utilisé. On cesse de capitaliser les coûts et on commence à amortir le coût du bien. L'utilisation économique du bien a commencé. Les frais ultérieurs de peinture, de réparation et les autres frais seront maintenant considérés comme des charges qui devront être engagées pour maintenir le bien en état au cours de sa durée d'utilisation. Si un coût engagé après la mise en service du bien change de façon significative sa valeur économique en matière de rendement ou de durée d'utilisation, on capitalise une telle « amélioration » comme faisant partie du coût du bien, et elle sera ensuite amortie avec le reste du coût du bien.

Autres questions

L'amortissement a-t-il une incidence sur les liquidités? Le calcul de l'amortissement est-il exact? Quelle est son incidence en matière d'impôts sur les bénéfices? Quelle est la différence entre l'*amortissement* et l'*épuisement*? Voilà d'autres questions que l'on est en droit de se poser.

On constate l'amortissement en journalisant l'écriture suivante : « Dt Amortissement, Ct Amortissement cumulé » (compte de contrepartie). L'écriture ne comporte pas de composante Encaisse car l'amortissement n'a pas d'incidence sur l'encaisse. Le fait que l'amortissement soit présenté dans l'état de l'évolution de la situation financière induit souvent les gens en erreur : comme il est ajouté au bénéfice, on dirait une source de liquidités. Mais, d'une façon ou d'une autre, il n'a aucune incidence sur l'encaisse. On l'ajoute au bénéfice au début de l'état de l'évolution de la situation financière pour *effacer* l'incidence qu'il a en comptabilité d'exercice et convertir ainsi le bénéfice en bénéfice de caisse.

En dépit du soin apporté à son calcul, l'amortissement n'est jamais exact. En effet, il nécessite une prédiction sur l'utilisation économique et sur la durée d'utilisation d'un bien, et une telle prédiction peut facilement se révéler fausse. Si les immobilisations sont regroupées en vue du calcul de l'amortissement, les erreurs peuvent être réduites parce que les prédictions qui ont tendance à surévaluer l'utilisation économique et la durée d'utilisation de certains biens peuvent être compensées par celles qui ont tendance à sous-évaluer ces éléments concernant d'autres biens. Tout montant d'amortissement est fondamentalement arbitraire. C'est d'ailleurs pourquoi la plupart des sociétés préfèrent les calculs assez simples aux supputations plus poussées.

Comme nous l'avons indiqué à la section 8.12 du chapitre 8, l'amortissement comptable n'est pas pertinent à des fins fiscales, car l'administration fiscale exige que les sociétés et les particuliers suivent ses règles à elle, et non les PCGR, pour le calcul du bénéfice imposable. Dans ce calcul, on ajoute la charge d'amortissement figurant dans l'état des résultats au bénéfice avant impôts. Ensuite, on déduit l'amortissement fiscal correspondant, appelé *déduction pour amortissement* et calculé selon les règles fiscales. Une société peut utiliser n'importe quelle méthode d'amortissement conforme aux PCGR dans ses états financiers. Quelle que soit la méthode choisie, elle ne convient pas au calcul de l'impôt sur les bénéfices.

Jusqu'à maintenant, vous êtes-vous forgé une opinion favorable de l'amortissement? L'amortissement ne tient pas compte des réelles variations de la valeur marchande des biens. De plus, il n'influe pas sur les liquidités, il est arbitraire et n'a pas d'incidence fiscale! Alors, à quoi sert-il ? C'est une question qui revient souvent, et la réponse nous ramène au principe du rapprochement des produits et des charges, et au fondement de la comptabilité d'exercice au coût d'origine. Nous savons qu'une certaine partie de la valeur économique d'un bien est utilisée lorsque ce dernier sert à engendrer un produit. Puisque nous sommes forcés d'utiliser le coût pour mesurer cette valeur, nous en venons à répartir ce coût sur la durée d'utilisation prévue du bien pour rapprocher l'utilisation présumée de ce coût des avantages ou produits tirés de l'utilisation du bien. Si nous n'étions pas liés par le principe du coût d'origine ou par le principe du rapprochement des produits et des charges, il est probable que nous n'aurions pas besoin de l'amortissement, tel qu'on le calcule traditionnellement. Mais, puisque ces principes sont là, nous devons en tenir compte.

On utilise couramment trois termes pour parler d'amortissement : l'**amortissement** proprement dit fait référence à la constatation d'une charge relative aux immobilisations corporelles telles que les bâtiments et le matériel, de même qu'aux immobilisations incorporelles telles que les brevets, les marques de commerce et l'achalandage. L'**épuisement** et la **déplétion** font référence à la consommation de ressources non renouvelables comme le bois, le pétrole et les réserves minières.

Méthodes d'amortissement

Actuellement, on utilise couramment plusieurs méthodes d'amortissement. Les différentes méthodes cherchent à se rapprocher des multiples rythmes d'utilisation économique des biens au cours de leur durée de vie. Dans chaque cas, on cherche à *rapprocher* l'amortissement de chaque exercice de l'avantage qu'on suppose avoir obtenu durant cet exercice. Cela se fait souvent de façon très simple, étant donné que l'amortissement est une mesure arbitraire. Voyons comment s'appliquent les différentes méthodes de calcul de l'amortissement.

1. Amortissement linéaire

Parmi toutes les méthodes d'amortissement, l'amortissement linéaire est la méthode la plus simple et la plus fréquemment utilisée. D'après le *Financial Reporting in Canada*, 297 sociétés, sur les 300 ayant fait l'objet de l'enquête en 1992, ont précisé quelle était leur méthode d'amortissement ou de calcul de la provision pour épuisement ou pour déplétion. Parmi celles-ci, 154 sociétés appliquaient la méthode de l'amortissement linéaire exclusivement, et 97 autres l'appliquaient à certaines catégories d'immobilisations[13]. Cette méthode est presque toujours utilisée dans le cas d'immobilisations incorporelles (voir la section 10.11). Elle prend comme hypothèse que la consommation économique d'un bien particulier se fait uniformément pendant sa durée d'utilisation. En d'autres termes, on attribue une fraction égale du coût du bien à chaque exercice au cours duquel le bien est utilisé dans l'exploitation. Pour calculer l'amortissement selon la méthode de l'amortissement linéaire, il est nécessaire de disposer de trois éléments d'information.

a) Le coût du bien — le coût total qui doit être amorti (soit le montant capitalisé au moment où le bien est mis en service).

b) La durée d'utilisation estimative du bien — soit le nombre d'exercices au cours desquels le bien est censé procurer des avantages à l'entreprise.

c) La valeur de récupération estimative — soit le montant qu'on s'attend à récupérer en vendant le bien à la fin de sa durée d'utilisation. Il est probable que ce montant soit seulement une estimation éclairée. En vue de calculer l'amortissement sur de longues périodes, on suppose souvent que la valeur de récupération est nulle.

Voici la formule de l'amortissement linéaire :

$$\text{Amortissement d'un exercice} = \frac{\text{Coût} - \text{Valeur de récupération estimative}}{\substack{\text{Durée d'utilisation prévue} \\ \text{(en nombre de périodes)}}}$$

En utilisant cette formule, l'amortissement annuel du camion de livraison de Josiane se calcule comme suit :

• Coût du camion : 5 000 $.

• Durée d'utilisation estimative : 5 ans.

• Valeur de récupération estimative dans 5 ans : disons 1 000 $.

$$\text{Amortissement pour un an} = \frac{5\ 000\ \$ - 1\ 000\ \$}{5}$$
$$= 800\ \$$$

À la fin de la première année, la *valeur comptable nette* du camion de Josiane correspondra au coût moins l'amortissement cumulé à cette date = 5 000 $ – 800 $ = 4 200 $. Pour chacun des cinq exercices, l'amortissement sera de 800 $, montant qui viendra réduire la valeur comptable chaque année.

Tous les ans, l'écriture suivante sera journalisée pour inscrire l'amortissement et la diminution correspondante de la valeur comptable du camion :

Dt Amortissement	800 $	
Ct Amortissement cumulé		800 $

Comme nous l'avons indiqué à la section 7.12 du chapitre 7 au sujet des comptes de contrepartie, le compte Amortissement cumulé est un compte de contrepartie du bilan dont les sommes seront déduites du compte Camion. Le compte Amortissement cumulé accumule les charges d'amortissement inscrites au fil des ans. Le graphique suivant montre l'évolution de l'amortissement et de la valeur comptable au cours de la durée d'utilisation estimative du camion (cinq ans). Notez que la charge d'amortissement est constante et que la diminution de la valeur comptable est linéaire.

Figure 10.2

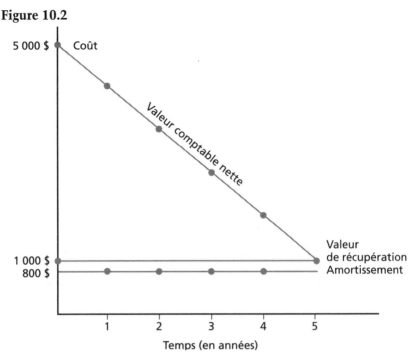

En pratique, de nombreuses entreprises supposent que la valeur de récupération du bien est nulle, ce qui permet d'exprimer l'amortissement en pourcentage plutôt qu'en nombre d'années. Par exemple, à partir de la méthode de l'amortissement linéaire, une entreprise peut indiquer que l'amortissement représente 20 % du coût d'origine plutôt que d'exprimer l'amortissement en nombre d'années, soit pour une durée de cinq ans.

2. Amortissement accéléré

Certains biens procurent plus d'avantages à l'entreprise au début de leur utilisation. Par exemple, un nouvel ordinateur peut procurer plus d'avantages à l'entreprise au moment de son acquisition. Après quelques années seulement, en raison des changements techniques rapides et des nouveaux besoins de l'entreprise en croissance, il se peut que celle-ci ne traite qu'un volume relativement peu élevé de données avec l'ordinateur. Par conséquent, même si l'ordinateur sert toujours à l'entreprise, celle-ci a profité de ses avantages économiques surtout au début de son utilisation. Pour refléter ce type d'utilisation, on se sert couramment de deux méthodes d'amortissement accéléré.

2a) La méthode de l'amortissement dégressif

Selon le *Financial Reporting in Canada* de 1992, 81 sociétés utilisaient uniquement la méthode de l'amortissement dégressif ou l'utilisaient conjointement avec d'autres méthodes[14]. De même, l'allocation du coût en capital utilisée aux fins du calcul de l'impôt sur les bénéfices est habituellement mesurée selon un procédé dégressif. Pour appliquer cette méthode, on doit disposer de l'information suivante :

a) Le coût du bien — soit le coût total du bien qui doit être amorti.

b) Le total de l'amortissement à cette date — soit la somme de toutes les charges d'amortissement inscrites depuis l'acquisition du bien (amortissement cumulé).

c) Le taux d'amortissement — soit le pourcentage de la valeur comptable (coût moins amortissement cumulé) du bien qui doit être amorti dans cet exercice.

Voici la formule de l'amortissement dégressif :

Amortissement d'un exercice = (Coût – Amortissement cumulé) x Taux
                            = Valeur comptable nette du bien x Taux

Utilisons la méthode de l'amortissement dégressif pour calculer l'amortissement du camion de Josiane sur cinq ans. Le *taux* d'amortissement est calculé de sorte que le coût soit totalement amorti pendant la durée d'utilisation du bien. Pour ce faire, il faut recourir à des notions algébriques complexes. C'est pourquoi on utilise habituellement un taux approximatif. Par exemple, selon la méthode de l'amortissement décroissant à taux double (une forme particulière d'amortissement dégressif), on utilise un taux égal au double de celui de l'amortissement linéaire. L'amortissement décroissant à taux double s'applique assez bien aux éléments d'actif dont la durée d'utilisation est d'environ dix ans, mais pas à ceux dont la durée est plus courte. Les taux canadiens de déduction pour amortissement ont été initialement calculés à partir d'estimations basées sur l'amortissement décroissant à taux double. Puisque la durée d'utilisation estimative du camion de Josiane est inférieure à 10 ans, l'amortissement décroissant à taux double ne lui convient pas vraiment (le taux devrait être d'environ 40 % : 2 fois 1/5). Nous utiliserons donc plutôt un taux de 25 % pour nous rapprocher du type d'utilisation économique.

• Coût : 5 000 $.

• Amortissement à ce jour : 0 $ (au début).

• Taux d'amortissement : 25 %.

1er exercice

Amortissement de l'exercice	=	(5 000 $ – 0 $) x 25 %
	=	1 250 $
Amortissement total à ce jour	=	1 250 $
Valeur comptable nette	=	3 750 $

L'écriture à journaliser sera la suivante :

Dt Amortissement	1 250 $	
Ct Amortissement cumulé		1 250 $

2e exercice

Amortissement de l'exercice	=	(5 000 $ – 1 250 $) x 25 %
	=	937,50 $
Amortissement total à ce jour	=	2 187,50 $
Valeur comptable nette	=	2 812,50 $

3ᵉ exercice

Amortissement de l'exercice	=	(5 000 $ – 2 187,50 $) x 25 %
	=	703,13 $
Amortissement total à ce jour	=	2 890,63 $
Valeur comptable nette	=	2 109,37 $

4ᵉ exercice

Amortissement de l'exercice	=	(5 000 $ – 2 890,63 $) x 25 %
	=	527,34 $
Amortissement total à ce jour	=	3 417,97 $
Valeur comptable nette	=	1 582,03 $

5ᵉ exercice

Amortissement de l'exercice	=	(5 000 $ – 3 417,97 $) x 25 %
	=	395,50 $
Amortissement total à ce jour	=	3 813,47 $
Valeur comptable nette	=	1 186,53 $

Le même type d'écriture sert à inscrire la charge d'amortissement au cours de chaque exercice, mais le montant diminue chaque année. Quel est le solde du compte Amortissement cumulé à la fin de chacun des quatre exercices ?

Quoique dans cet exemple la valeur comptable nette du camion à la fin des cinq années soit assez proche de la valeur de récupération prévue, l'amortissement dégressif ne tient habituellement pas compte de la valeur de récupération. Par conséquent, la valeur comptable à la fin des cinq années sera la même, que Josiane s'attende ou non à récupérer une partie du coût du camion.

Maintenant, vous pouvez tracer un graphique analogue à celui que nous avons présenté dans la figure 10.2, pour montrer cette fois l'évolution de l'amortissement et de la valeur comptable selon la méthode de l'amortissement dégressif. Vous pouvez constater que la charge d'amortissement et la valeur comptable nette, qui étaient représentées par des droites selon l'amortissement linéaire, sont devenues des courbes selon l'amortissement dégressif. Notera-t-on des différences dans le bénéfice net si l'entreprise applique une méthode plutôt que l'autre ? Oui. Observera-t-on des différences dans les liquidités de l'entreprise si elle applique la méthode de l'amortissement dégressif plutôt que celle de l'amortissement linéaire ? Non. Nous y reviendrons plus loin.

2b) Méthode de l'amortissement proportionnel à l'ordre numérique inversé des années

La méthode de l'amortissement proportionnel à l'ordre numérique inversé des années est une méthode approximative qui permet de calculer l'amortissement accéléré avec plus de précision que la méthode de l'amortissement dégressif. Elle était appliquée couramment avant l'arrivée des calculatrices et des ordinateurs sur le marché. Maintenant que les calculatrices font partie des fournitures de bureau au même titre que les crayons, et que les ordinateurs sont devenus monnaie courante, l'utilisation de cette méthode est plus rare. (Elle est assez répandue aux États-Unis, mais très rare au Canada.) Nous la mentionnons uniquement pour que vous sachiez en quoi elle consiste.

Voici les variables dont nous avons besoin pour calculer l'amortissement selon cette méthode :

a) Le coût (C) — tel qu'il a été établi précédemment.

b) La valeur de récupération estimative (VR) — telle qu'elle a été établie précédemment.

c) La durée d'utilisation estimative du bien — en nombre d'années.

d) La somme des nombres représentant les années d'utilisation prévues (SNA) — par exemple pour une durée d'utilisation de 3 ans : $1 + 2 + 3 = 6$.

e) Le nombre d'années d'utilisation non écoulées (N).

Voici la formule du calcul de l'amortissement proportionnel à l'ordre numérique inversé des années :

Amortissement de l'exercice = (C – VR)(N /SNA)

Reprenons l'exemple du camion de Josiane et calculons l'amortissement annuel selon cette méthode :

- Coût : 5 000 $.
- Valeur de récupération : 1 000 $.
- Durée d'utilisation : 5 ans.
- Somme des nombres représentant les années d'utilisation prévues : $5 + 4 + 3 + 2 + 1 = 15$.
- Amortissement :

Exercice 1 : (5 000 – 1 000) x (5/15) =   1 333,33 $
Exercice 2 : (5 000 – 1 000) x (4/15) =   1 066,67
Exercice 3 : (5 000 – 1 000) x (3/15) =   800,00
Exercice 4 : (5 000 – 1 000) x (2/15) =   533,33
Exercice 5 : (5 000 – 1 000) x (1/15) =   266,67
                                         4 000,00 $

À partir des calculs ci-dessus, il est possible de tracer un graphique montrant l'évolution de l'amortissement annuel et de la valeur comptable sur cinq ans. Dans quelle mesure les résultats obtenus avec la méthode de l'amortissement proportionnel à l'ordre numérique inversé des années se rapprochent-ils de ceux qu'on obtient avec la méthode de l'amortissement dégressif utilisée ci-dessus ?

3. Amortissement proportionnel à l'utilisation et épuisement

L'utilisation de la valeur économique de nombreux biens n'est pas nécessairement exprimée en fonction du temps, mais en fonction de l'utilisation. Par exemple, il vaudrait peut-être mieux calculer le nombre de kilomètres que le camion de Josiane pourra parcourir que le nombre d'années pendant lesquelles elle pourra utiliser son camion. Souvent, la consommation des ressources naturelles (les *biens sujets à épuisement*) est calculée en fonction des unités de production utilisées, parce que la valeur d'un espace forestier ou d'un puits de pétrole est liée au nombre d'arbres qu'il reste à couper ou aux barils de pétrole qu'il reste à extraire. Par conséquent, la méthode de l'amortissement proportionnel à l'utilisation sert aussi à calculer l'épuisement des ressources naturelles.

3a) Amortissement proportionnel à l'utilisation

Pour calculer l'amortissement ou la provision pour épuisement en fonction des unités d'œuvre, l'information suivante est nécessaire :

- *a)* Le coût du bien — tel qu'il a été établi précédemment.
- *b)* La valeur de récupération estimative — telle qu'elle a été établie précédemment.
- *c)* Le nombre estimatif d'unités qui seront produites au cours de la durée d'utilisation du bien — soit le nombre estimatif de mètres de planches qui seront produits à partir du bois sur pied, ou le nombre estimatif de kilomètres que parcourra le camion de livraison, ou d'autres mesures de la production.

Voici la formule du calcul de l'amortissement proportionnel à l'utilisation :

$$\text{Amortissement ou épuisement par unité utilisée ou produite (p. ex., par kilomètre)} = \frac{\text{Coût – Valeur de récupération estimative}}{\text{Nombre estimatif d'unités utilisées ou produites au cours de la durée d'utilisation}}$$

Pour déterminer l'amortissement de l'exercice, on multiplie la charge d'amortissement par unité par le nombre réel d'unités produites ou utilisées. Dans l'exemple de Josiane et de son camion de livraison, l'amortissement du coût du camion pendant sa durée d'utilisation prévue serait de :

- Coût : 5 000 $.
- Valeur de récupération estimative = 1 000 $.
- Nombre estimatif de kilomètres à parcourir = 200 000 km.

$$\text{Amortissement par kilomètre} = \frac{5\ 000\ \$ - 1\ 000\ \$}{200\ 000}$$
$$= 0,02\ \$$$

1er exercice

Si Josiane parcourt 20 000 km au cours de l'exercice, l'amortissement sera de :

0,02 $ x 20 000 = 400 $

Voici l'écriture nécessaire pour inscrire l'amortissement dans ce cas :

Dt Amortissement	400 $	
Ct Amortissement cumulé		400 $

2e exercice

Si Josiane parcourt 80 000 km au cours de l'exercice, l'amortissement sera de :

0,02 $ x 80 000 = 1 600 $

3e exercice

Si Josiane parcourt 65 000 km au cours de l'exercice, l'amortissement sera de :

0,02 $ x 65 000 = 1 300 $

4e exercice

Supposons que Josiane ait parcouru 50 000 km au cours de l'exercice. Cependant, après 35 000 km, le camion est totalement amorti (elle a parcouru les 200 000 km prévus). Par conséquent, l'amortissement de l'exercice sera seulement de 700 $ (montant qui reste à amortir), ce qui est inférieur à 0,02 $ x 50 000 km.

Observez le graphique de la figure 10.2 et les graphiques que vous avez tracés pour les autres méthodes d'amortissement. Quel est l'amortissement du cinquième exercice selon la méthode de l'amortissement proportionnel à l'utilisation ? Parmi les différentes méthodes présentées, laquelle reflète le mieux l'utilisation de la valeur économique du camion de Josiane ? Laquelle serait la plus compréhensible pour les utilisateurs ? Si vous répondez que toutes les méthodes présentent des avantages et que les utilisateurs peuvent préférer telle méthode à telle autre selon les circonstances, vous avez compris !

3b) *Épuisement*

Même si l'amortissement proportionnel à l'utilisation d'une immobilisation et l'épuisement des ressources non renouvelables se calculent de la même façon, il existe quelques différences importantes. L'épuisement fait référence à la consommation *réelle* d'un bien, et non simplement à la consommation de sa valeur économique. La valeur de récupération peut correspondre à la valeur du terrain après que tous les arbres ont été coupés. Au lieu de constituer une provision pour épuisement dans un compte de contrepartie, on peut diminuer le bien lui-même du montant de l'épuisement de l'exercice. L'écriture à journaliser serait alors semblable à celle-ci :

Dt Dotation à la provision pour épuisement	X XXX	
Ct Bois sur pied		X XXX
(Plutôt que Amortissement cumulé)		

Dans un cas de ce genre, le compte d'actif présente la valeur comptable qui reste à ce moment-là, et non le coût d'origine. On procède de la même façon pour l'amortissement des immobilisations incorporelles (voir la section 10.11).

4. Amortissement progressif

Si l'on prévoit que la valeur économique d'un bien diminuera plus lentement au cours des premières années et plus rapidement par la suite, on peut appliquer la méthode de l'amortissement progressif, c'est-à-dire le contraire de l'amortissement accéléré. Selon cette méthode, l'amortissement augmente au cours de la durée d'utilisation du bien. On l'utilise rarement parce qu'elle ne semble pas s'appliquer au type d'utilisation de la valeur économique de la plupart des biens. Certaines sociétés immobilières ont recours à une forme d'amortissement progressif, mais les calculs sont compliqués. Nous ne les illustrerons pas ici.

Vous vous demandez peut-être pourquoi l'amortissement progressif produit des charges d'amortissement plus élevées au fil des années, tandis que l'amortissement accéléré a pour effet de produire des charges d'amortissement moins élevées au cours des années. Ces méthodes ont été désignées ainsi en raison de leur lien avec l'amortissement linéaire. Même si l'amortissement accéléré « ralentit » avec les années, il est accéléré si on le compare avec l'amortissement linéaire dans *les premières années* de la durée d'utilisation du bien. La même idée s'applique à l'inverse dans le cas de l'amortissement progressif. Même si l'amortissement augmente avec les années, les charges sont, au départ, moins élevées que l'amortissement linéaire dans les premières années de la durée d'utilisation du bien. Voilà qui vient renforcer un point intéressant relativement à la comptabilité et à ses hypothèses : si vous comprenez et que vous acceptez les hypothèses formulées en comptabilité, cette dernière prendra alors tout son sens ; sinon, la comptabilité peut prêter à confusion.

Analyse des effets de l'amortissement

L'analyse des effets de l'amortissement est un peu facilitée parce que (a) l'amortissement n'a pas d'incidence sur les liquidités ; (b) il n'a pas d'incidence sur les impôts à payer de l'exercice (comme nous l'avons expliqué à la section 8.12 du chapitre 8) ; et (c) il n'influe pas non plus sur les autres comptes du fonds de roulement[15]. Par conséquent, l'amortissement a uniquement une incidence sur (i) la valeur comptable des immobilisations, (ii) le bénéfice net (en fonction de la charge d'amortissement et de la fraction reportée de la charge fiscale) et (iii) les impôts reportés. Dans l'état de l'évolution de la situation financière, l'amortissement est présenté comme un élément devant être ajouté au bénéfice net (comme la fraction reportée de la charge fiscale), mais le montant ajouté est le même que celui qui est déduit de l'état des résultats. De cette façon, si l'amortissement augmente, le bénéfice et la charge fiscale reportée diminuent. Mais, puisque les montants ajoutés d'amortissement et d'impôts reportés augmentent, il n'y a pas de différence dans les liquidités provenant de l'exploitation.

Voici un exemple. La société Grisé inc. a acheté une usine de 23 000 000 $ (sans compter le terrain). La société ne possédait pas d'usine de ce genre auparavant. Le président aimerait connaître l'incidence de cette acquisition sur les résultats, selon que l'entreprise utilise la méthode de l'amortissement linéaire, la méthode de l'amortissement dégressif ou la méthode de l'amortissement proportionnel à l'utilisation. La durée d'utilisation estimative de l'usine est de 20 ans, et la production de l'entreprise durant cette période devrait être, selon les prévisions, d'environ 100 millions de boîtes du produit de base. La valeur de récupération prévue à la fin de la durée d'utilisation de l'usine est de 5 000 000 $. Si l'entreprise utilisait la méthode de l'amortissement dégressif, le taux annuel probable serait de 10 % du solde décroissant. Pour les six prochains exercices, la production devrait être respectivement de 4, 9, 9, 8, 9 et 5 millions de boîtes, et elle devrait se maintenir à 4 millions de boîtes pour le reste de la durée d'utilisation du bien, soit 14 années. Voici le calcul de l'amortissement selon chaque méthode :

Amortissement linéaire : 23 000 000 $ – 5 000 000 $ sur 20 ans (soit 55 % par exercice)
Amortissement dégressif : (23 000 000 $ – Amortissement cumulé) x 10 % par exercice
Amortissement proportionnel à l'utilisation : 18 000 000 $ ÷ 100 000 000 de boîtes = 0,18 $ par boîte produite

Si tout se passe comme prévu, l'amortissement annuel pour les 20 prochains exercices sera présenté comme suit :

Exercice	Amortissement linéaire	Amortissement dégressif		Amortissement proportionnel à l'utilisation
		Valeur comptable au début	Charge d'amortissement	
1	900 000 $	23 000 000 $	2 300 000 $	720 000 $
2	900 000	20 700 000	2 070 000	1 620 000
3	900 000	18 630 000	1 863 000	1 620 000
4	900 000	16 767 000	1 676 700	1 440 000
5	900 000	15 090 300	1 509 030	1 620 000
6	900 000	13 581 270	1 358 127	900 000
7	900 000	12 223 143	1 222 314	720 000
8	900 000	11 000 829	1 100 083	720 000
9	900 000	9 900 746	990 075	720 000
10	900 000	8 910 671	891 067	720 000
11	900 000	8 019 604	801 960	720 000
12	900 000	7 217 644	721 764	720 000
13	900 000	6 495 880	649 588	720 000
14	900 000	5 846 292	584 629	720 000
15	900 000	5 261 663	526 166	720 000
16	900 000	4 735 497	473 550	720 000
17	900 000	4 261 947	426 195	720 000
18	900 000	3 835 752	383 575	720 000
19	900 000	3 452 177	345 218	720 000
20	900 000	3 106 959	310 696	720 000
Total	18 000 000 $		20 203 737 $	18 000 000 $

À la fin de la durée d'utilisation de l'usine (20 ans), si les prévisions se révèlent justes, la valeur comptable de l'usine sera de :

Amortissement linéaire :	23 000 000 $ – 18 000 000 $ = 5 000 000 $
Amortissement dégressif :	23 000 000 $ – 20 203 737 $ = 2 796 263 $
Amortissement proportionnel à l'utilisation :	23 000 000 $ – 18 000 000 $ = 5 000 000 $

Si l'entreprise vend l'usine à la fin de sa durée d'utilisation, on enregistrera un « gain » ou une « perte » sur cession correspondant au produit de la vente moins la valeur comptable. Il se peut que le produit tiré de la vente n'atteigne pas les 5 000 000 $ prévus. Si c'est le cas, on observera une perte en utilisant la méthode la plus simple, c'est-à-dire la méthode de l'amortissement linéaire.

Avec la méthode de l'amortissement dégressif, la valeur comptable de l'usine à la fin de sa durée d'utilisation sera de moins de 3 000 000 $, valeur inférieure aux prévisions. En fait, la valeur comptable de l'usine atteindra 5 000 000 $ dans la 15e année. Si, à la fin de la 20e année, la valeur de récupération atteint les 5 000 000 $, alors la méthode de l'amortissement dégressif aura, à la date de la vente de l'usine, procuré un « gain sur cession » égal à 2 203 737 $ (un produit de 5 000 000 $ moins la valeur comptable de 2 796 263 $), lequel représente en réalité une correction du surplus d'amortissement engendré par la méthode de l'amortissement dégressif. Le montant de 2 203 737 $ indique de combien la méthode s'est écartée de sa cible.

Il est presque certain que la méthode de l'amortissement proportionnel à l'utilisation donnera une valeur comptable légèrement inférieure à 5 000 000 $, en dépit des prévisions correspondant à ce montant. Cela peut s'expliquer par le fait qu'il est vraiment peu probable que la production réelle atteigne exactement les 100 000 000 de boîtes prévues sur 20 ans.

Quelle que soit la méthode adoptée, la société peut toujours redresser ses calculs par la suite si les prévisions concernant la durée d'utilisation ou la valeur de récupération se révèlent indéniablement inexactes. Les méthodes relatives à ces redressements sont étudiées dans les cours de comptabilité plus avancés. Notez que, comme c'est le cas pour le choix initial concernant la méthode à utiliser, la décision de redresser les chiffres n'a pas d'incidence sur les liquidités ni sur le fonds de roulement.

Le président de la société Grisé inc. désire s'informer sur l'incidence des choix de méthodes d'amortissement. Voici quelques aspects dont vous pourriez vous entretenir avec lui :

a) Avec la méthode de l'amortissement linéaire, la même charge d'amortissement est présentée chaque année. Par contre, avec la méthode de l'amortissement dégressif, la charge d'amortissement présentée au début est beaucoup plus élevée que celle de l'amortissement linéaire, et elle est beaucoup plus faible à la fin. Avec la méthode de l'amortissement proportionnel à l'utilisation, la charge d'amortissement est peu élevée au début, augmente par la suite, puis diminue, selon les prévisions de production.

b) Par conséquent, la méthode de l'amortissement dégressif présentera un bénéfice net moins élevé que la méthode de l'amortissement linéaire dans les premières années et un bénéfice net plus élevé dans les dernières années. La méthode de l'amortissement proportionnel à l'utilisation présente un bénéfice net qui diffère sensiblement de celui que l'on obtient avec la méthode de l'amortissement linéaire de la 2e à la 5e année mais, pour les autres années, les résultats ne diffèrent pas beaucoup. Une fois soustraite l'incidence des impôts reportés (40 %) sur le bénéfice, l'effet différentiel sur le bénéfice net pour un échantillon d'exercices devrait se présenter comme dans le tableau suivant, si tout est conforme aux prévisions.

| Exercice | Amortissement dégressif comparé à l'amortissement linéaire | | Amortissement proportionnel à l'utilisation comparé à l'amortissement linéaire | |
	Effet sur la charge d'amortissement	Effet sur le bénéfice net (60 %)	Effet sur la charge d'amortissement	Effet sur le bénéfice net (60 %)
1	1 400 000 $	(840 000)$	(180 000)$	108 000 $
5	609 030	(365 418)	720 000	(432 000)
10	(8 933)	5 360	(180 000)	108 000
15	(373 834)	224 300	(180 000)	108 000
20	(589 304)	353 582	(180 000)	108 000
20 (gain)	(2 203 737)	1 322 242	0	0

c) La société semblera moins rentable au cours des premières années si elle choisit la méthode de l'amortissement dégressif ou la méthode de l'amortissement proportionnel à l'utilisation, et plus rentable au cours des dernières années.

d) Le choix de la méthode n'aura pas d'incidence sur les impôts à payer dans chaque exercice ni sur les flux de trésorerie, le solde de l'encaisse et le fonds de roulement. Les effets se feront sentir dans le bilan à travers la valeur comptable de l'usine et, par conséquent, à travers la valeur comptable de l'actif total de l'entreprise, qui diminuera moins rapidement avec la méthode de l'amortissement linéaire; les effets se feront également sentir dans les impôts reportés et les bénéfices non répartis. Le passif inclura 40 % de la différence dans la valeur comptable, et les bénéfices non répartis incluront le reste, soit 60 %.

e) Les effets sur le rendement des capitaux propres et le rendement de l'actif sont quelque peu atténués par le fait que les numérateurs et les dénominateurs de ces ratios sont touchés par le choix de la méthode d'amortissement. Par exemple, la méthode de l'amortissement dégressif présente un bénéfice net moins élevé sur cinq ans que la méthode de l'amortissement linéaire, entraînant du même coup une valeur comptable et des bénéfices non répartis moins élevés. Par conséquent, le rendement des capitaux propres et le rendement de l'actif se rapprochent un peu plus des valeurs qui seraient présentées avec la méthode de l'amortissement linéaire.

f) La société Grisé devrait choisir la méthode d'amortissement qui rapprochera le mieux sa charge d'amortissement de la valeur économique apparente que procure l'exploitation de l'usine. Mais, comme l'amortissement est une valeur arbitraire qui n'a pas d'incidence sur les flux de trésorerie ni sur l'actif à court terme, et parce que, dans ce cas, la méthode de l'amortissement linéaire présente un bénéfice net plus élevé au cours des premières années, il se pourrait que le président veuille adopter cette méthode. Le président se préoccupera vraisemblablement des réactions que suscitera le rendement de la société au cours des prochaines années, et il faudrait lui fournir beaucoup d'explications pour démontrer que les méthodes d'amortissement non linéaires sont plus adéquates dans la détermination du bénéfice et des chiffres présentés dans le bilan. Comme nous l'avons indiqué précédemment, la plupart des grandes sociétés canadiennes utilisent la méthode de l'amortissement linéaire, de sorte que cette méthode favorise la comparabilité de la société Grisé avec les autres sociétés du même secteur d'activité.

OÙ EN ÊTES-VOUS ? Voici deux questions auxquelles vous devriez pouvoir répondre à partir de ce que vous venez de lire :

1. Expliquez au président de la société de fabrication Larbec ltée, qui a commencé son exploitation au début de l'année, quelle est la fonction de la charge d'amortissement et les critères sur lesquels la société devrait se baser pour choisir la méthode la plus appropriée.

2. La direction de la société Larbec hésite entre la méthode de l'amortissement linéaire et celle de l'amortissement dégressif pour ses immobilisations. Si elle applique la méthode de l'amortissement linéaire, la charge d'amortissement de l'exercice sera de 1 120 000 $; si elle opte pour la méthode de l'amortissement dégressif au taux que la direction juge approprié, la charge sera de 1 860 000 $. Le taux d'imposition de la société est de 35 %. Calculez l'augmentation qui toucherait les éléments suivants si la société utilisait la méthode de l'amortissement dégressif plutôt que la méthode de l'amortissement linéaire : l'amortissement, la tranche de la charge fiscale exigible à court terme, la tranche reportée de la charge fiscale, le bénéfice net, les rentrées provenant de l'exploitation, la valeur comptable nette de l'actif, les impôts reportés, les bénéfices non répartis, le ratio du fonds de roulement. (Plus élevé de 740 000 $, sans effet, moins élevé de 259 000 $, moins élevé de 481 000 $, sans effet, moins élevé de 740 000 $, moins élevé de 259 000 $, moins élevé de 481 000 $, sans effet.)

◆

10.10 GAINS ET PERTES SUR CESSIONS ET MISES HORS SERVICE D'ÉLÉMENTS DE L'ACTIF À LONG TERME

Dans l'exemple de la société Grisé présenté ci-dessus, il existait une possibilité de **gain** ou de **perte sur cession** de l'usine dans la vingtième année. Lorsqu'on vend une immobilisation, cette vente peut être traitée de la même façon que les produits ordinaires : on peut ajouter le montant tiré de la vente aux produits et ajouter la valeur comptable du bien au coût des marchandises vendues. Mais cela aurait pour effet de mêler les produits provenant de l'exploitation quotidienne aux produits occasionnels (et probablement moins importants du point de vue économique) provenant de la disposition des immobilisations ou d'autres placements. Par conséquent, ces faits sont comptabilisés séparément des produits d'exploitation au moyen d'une écriture de ce type :

Dt Encaisse ou créances à recevoir (produit)	XXX	
Ct Coût de l'immobilisation		XXX
Dt Amortissement cumulé de ce bien	XXX	
Ct ou Dt Perte ou gain sur cession	XXX	ou XXX

Le gain ou la perte correspond uniquement à la différence entre le produit de la vente et la valeur comptable (coût moins amortissement cumulé, s'il y a lieu). Voici un exemple :

La société Z possède un camion qui lui a coûté 84 000 $. À la date de la vente, l'amortissement cumulé s'élève à 46 000 $. Par conséquent, la valeur comptable est de 38 000 $ à la date de la vente. Si la société :

a) vend le camion au prix de 52 000 $, cette opération lui procure un gain sur cession de 14 000 $ (52 000 $ – 38 000 $) ;

b) vend le camion au prix de 30 000 $, elle subit une perte sur cession de 8 000 $ (38 000 $ – 30 000 $).

Il est important de mettre l'accent sur trois autres points concernant les gains et les pertes sur cession :

1. Dans l'EESF, le produit de la cession est présenté (habituellement) en déduction des décaissements provenant des activités d'investissement. Il constitue, par lui-même, l'unique flux monétaire, comme nous avons pu le constater dans l'exemple précédent. Puisque le produit de la cession est l'unique flux monétaire, la perte ou le gain doivent être défalqués du bénéfice au début de l'EESF ; ce sont des éléments qui n'ont pas d'incidence sur les liquidités. On déduit donc un gain du bénéfice et on ajoute une perte au bénéfice.

   Considérez les gains et les pertes comme des corrections apportées à l'amortissement. Si la société connaissait à l'avance le produit de la revente et le moment de la vente, elle pourrait amortir exactement le coût du bien pour que sa valeur comptable soit égale au produit de la revente. Donc, si le produit est égal à la valeur comptable, il n'y a ni gain ni perte. Si le produit est *inférieur* à la valeur comptable, on observe une perte. En effet, les charges d'amortissement auraient dû être plus élevées, et c'est ce que la

« perte » représente réellement. Si le produit est *supérieur* à la valeur comptable, on enregistre un gain : en effet, les charges d'amortissement ont été trop élevées, et le « gain » représente le surplus d'amortissement constaté (qui a entraîné une valeur comptable plus faible). Par conséquent, on *déduit* le gain du bénéfice dans l'EESF car il s'agit essentiellement d'un amortissement négatif.

2. De nombreuses immobilisations sont amorties par groupes. Dans ce cas, on ne constate habituellement ni gain ni perte sur cession lors de la vente d'un élément du groupe, parce qu'on ne connaît pas sa valeur comptable individuelle. La perte ou le gain est, en fait, enfoui dans l'amortissement cumulé au moyen de l'écriture suivante (qui est la même que la précédente, mais sans gain ni perte).

Dt Encaisse ou créance à recevoir (produit)	XXX	
Ct Coût de l'immobilisation		XXX
Dt Amortissement cumulé (coût moins produit)	XXX	

Cette écriture ne conviendrait pas si le produit était *supérieur* au coût, mais nous n'étudierons pas cette situation plus complexe ici. Le fait d'enfouir les gains ou les pertes dans l'amortissement cumulé ne donne pas de bons résultats si ces gains et ces pertes ne s'annulent pas avec le temps. S'ils ne s'annulent pas, l'amortissement cumulé sera faussé avec le temps. Ce sujet est traité dans des cours de comptabilité plus avancés.

3. Les notions ci-dessus peuvent aussi être appliquées à deux autres situations : la cession d'immobilisations non amortissables (les placements ou les terrains, par exemple) ou la diminution de valeur ou la mise hors service d'éléments de l'actif à long terme, qu'ils soient amortissables ou non. Dans le premier cas, le gain ou la perte sur cession correspond uniquement à la différence entre le coût et le produit de la vente parce qu'il n'y a pas d'amortissement cumulé. Dans le second cas, l'immobilisation est retirée du bilan ou sa valeur est réduite. Le montant de la radiation correspond uniquement au coût du bien ou à la valeur comptable s'il y a un amortissement cumulé. Dans le cas d'une mise hors service, il n'y pas non plus de produit de disposition ou d'argent encaissé. Tous ces gains, pertes, ou diminutions de valeur sont semblables à ceux qui ont été présentés ci-dessus : ils n'ont pas d'incidence sur l'encaisse ni sur le fonds de roulement, pas plus que sur les flux de trésorerie. En réalité, leurs effets sur le bénéfice ont été annulés au moyen de redressements apportés au début de l'EESF.

10.11 CONTRATS DE LOCATION-ACQUISITION ET IMMOBILISATIONS INCORPORELLES

Jusqu'à présent, les explications relatives aux immobilisations ont porté principalement sur les investissements intersociétés et, spécialement, sur les immobilisations *corporelles* telles que les terrains, les bâtiments et le matériel. On trouve cependant d'autres éléments de l'actif à long terme dans le bilan de nombre de sociétés. Premièrement, il arrive que l'entreprise loue des terrains, des bâtiments et du matériel — elle n'en est donc pas la propriétaire —, mais qu'elle les fasse néanmoins figurer dans le bilan. Deuxièmement, il existe des immobilisations *incorporelles* auxquelles est rattachée une valeur économique mais qui n'ont pas la même existence physique « matérielle » que les immobilisations corporelles. Dans le *Manuel de l'ICCA*, on recommande d'inscrire tous ces biens à leur coût et de les amortir pendant leur durée d'utilisation, de la même façon que les immobilisations corporelles, et de les considérer essentiellement comme des immobilisations appartenant à la catégorie globale des *biens immobilisés*.

Contrats de location-acquisition

Certains biens loués sont inclus dans le bilan parce que la société juge qu'elle détient une partie suffisante des droits et obligations découlant de la propriété de ces biens, que ces biens contribuent de façon importante aux résultats de la société et que, s'il n'en était pas fait mention dans le bilan, la situation financière de l'entreprise ne serait pas présentée fidèlement. Voilà un exemple de situation dans laquelle la comptabilité d'exercice va beaucoup plus loin que la simple inscription des opérations. En effet, il n'y a pas de transfert juridique du droit de propriété de ces biens loués, mais on estime qu'il y a tout de même eu transfert de la valeur économique.

Ces biens dont dispose l'entreprise en vertu de contrats de location-acquisition sont inclus dans le bilan (souvent simplement dans les immobilisations détenues par l'entreprise) de la façon suivante. Le « coût » correspond à la valeur actualisée des paiements de location futurs, que l'on calcule au moyen d'un taux d'intérêt approprié généralement défini à partir des conditions du contrat. Par ailleurs, la valeur actualisée de ces paiements est inscrite dans le passif. L'écriture destinée à inscrire ces contrats dans le bilan se lira donc comme suit : Dt Bien loué en vertu d'un contrat de location-acquisition ; Ct Obligation découlant d'un contrat de location-acquisition. Après quoi, il faudra procéder comme suit :

a) On amortira le bien loué de la même façon que les immobilisations de l'entreprise, en suivant une méthode cohérente avec celle qui a été utilisée pour les immobilisations appartenant à l'entreprise, mais en tenant compte également des conditions du contrat.

b) L'obligation présentée dans le passif sera déduite chaque fois que l'on s'acquittera des paiements de location. Chaque paiement comprend deux parties : l'une représentant le capital, et l'autre les intérêts. De cette façon, seule la partie relative au capital est déduite du passif, tandis que les intérêts sont considérés comme des intérêts débiteurs, ce qui permet de présenter le passif à la valeur actualisée des paiements de location restants.

c) Par conséquent, la charge relative à l'utilisation du bien loué se compose de l'amortissement et des intérêts. On combine habituellement ces montants avec les autres charges d'amortissement et les autres intérêts débiteurs parce que l'objectif est de présenter fidèlement la situation financière de l'entreprise.

d) Les diverses particularités des plus importants contrats de location-acquisition sont habituellement présentées par voie de note dans les états financiers, de sorte que les lecteurs des états financiers puissent juger des effets de cette capitalisation. Il est fréquent de présenter séparément les renseignements qui concernent les obligations découlant d'un contrat de location, les conditions du contrat de location, ainsi que l'amortissement et les intérêts débiteurs correspondants.

Il en résulte que le bien loué est traité essentiellement comme s'il était la propriété de l'entreprise. La comptabilité d'exercice permet de constater la valeur économique du bien et ne tient pas compte de l'aspect juridique du droit de propriété.

Si le contrat de location d'un bien ne procure pas les mêmes droits et obligations économiques que la propriété d'un bien (par exemple, s'il s'agit d'une location réelle où le propriétaire continue à payer les impôts fonciers, à effectuer les réparations et l'entretien, et à veiller en général sur le bien), on dit alors qu'il s'agit d'un *contrat de location-exploitation*. Dans ce cas, on ne constate ni actif ni obligation dans le passif et on inscrit les paiements de location dans les charges. Si le contrat de location-exploitation est important pour la société, celle-ci peut exposer certaines de ses particularités par voie de note dans ses états financiers.

Immobilisations incorporelles

Les immobilisations incorporelles sont des biens à long terme qui n'ont pas d'existence physique visible, comme pour les terrains, les bâtiments ou le matériel. Parmi les immobilisations incorporelles, on trouve :

- Les brevets, les droits d'auteur, les marques de commerce et d'autres propriétés légales du même genre.

- Les franchises, les concessions et autres droits de vente des produits de quelqu'un d'autre dans un secteur géographique donné. Par exemple, les restaurants McDonald, les Villas du Poulet, Monsieur Muffler et les magasins Canadian Tire. L'exploitant local paie des redevances pour acquérir le droit d'utiliser une raison sociale et de vendre les produits du franchiseur.

- Les *charges reportées* comme les frais de constitution, les améliorations locatives, les frais de financement et d'autres éléments qui constituent réellement des charges payées longtemps à l'avance.

- Les frais de développement des produits (par exemple, les frais d'essai de produits, les frais de développement de logiciels) qui sont capitalisés de façon à pouvoir être passés en charges au moment où ils contribueront à engendrer des produits, et satisfaire ainsi au principe du rapprochement des produits et des charges.

- L'acquisition du fonds commercial, soit la situation qui se produit lorsque le montant payé est supérieur à la somme des valeurs des éléments d'actif pris individuellement lors de l'acquisition d'un groupe d'éléments d'actif, comme c'est le cas lors de l'acquisition d'une entreprise au complet. Cet élément est semblable à l'écart d'acquisition présenté à la section 5.14 du chapitre 5.

Selon le *Financial Reporting in Canada*, les 300 sociétés ayant fait l'objet de l'enquête en 1992 ont toutes présenté des immobilisations incorporelles : 135 ont présenté un écart d'acquisition, 16 ont présenté des permis, 11 des listes de clients, 10 des marques de commerce, 9 des brevets et 7 des franchises[16].

Quelle est la valeur des immobilisations incorporelles ?

Puisque les immobilisations incorporelles *sont* immatérielles, on peut mettre en doute leur existence et leur valeur. Généralement, plus ces biens sont clairement définis et documentés (particulièrement par des documents probants externes comme les contrats et les documents légaux), moins ils posent de problèmes. Cependant, même lorsqu'il s'agit de biens dont la propriété ne fait pas de doute, notamment les brevets et les franchises, on peut s'interroger sérieusement sur leur valeur économique future. Par exemple, quelle est la valeur d'une franchise de la Villa du Poulet ? Cette valeur dépend des goûts changeants des consommateurs, de l'installation éventuelle d'un concurrent à proximité, ainsi que de nombreux autres facteurs économiques et commerciaux.

En ce qui concerne les biens ne pouvant être étayés par des documents, comme les frais de développement de produits, on peut aussi s'interroger sur la pertinence de leur présentation dans le bilan. Le fait de capitaliser des frais de ce genre peut sembler favoriser un meilleur rapprochement, et les personnes qui les inscrivent estiment qu'il est approprié de le faire. Toutefois, cela ne se justifie que s'ils assurent un rendement réel dans le futur. Ce nouveau produit merveilleux se vendra-t-il ? Assurera-t-il un rendement supérieur aux frais engagés ? Il est difficile de répondre à ces questions, de sorte que beaucoup de gens estiment que ces biens n'ont pas leur place dans le bilan. Ces personnes favorisent plutôt une comptabilité prudente, craignent la manipulation ou estiment simplement que la constatation de ces biens n'est ni fidèle ni appropriée. Les frais engagés dans ces éléments devraient donc être imputés directement aux charges, et non capitalisés. Pour toutes ces raisons, selon les normes comptables, les frais de recherche et de développement, qui sont engagés avant l'étape de l'étude de la faisabilité de la mise en marche des nouveaux produits, doivent être imputés aux charges au moment où ils sont engagés.

Acquisition du fonds commercial

Le fonds commercial est un cas spécial, qui n'est pas moins controversé que le point précédent. Il découle, d'une certaine façon, de la nécessité de garder des comptes équilibrés. Voici un exemple : la société Majeure ltée achète comptant tout l'actif de la société Mineure ltée au coût de 800 000 $. Les estimations des justes valeurs marchandes de ces biens sont les suivantes : comptes clients, 60 000 $; stocks, 110 000 $; terrain, 100 000 $; bâtiments, 260 000 $; matériel, 130 000 $; total, 660 000 $. La société Majeure ltée ne prend en charge aucun élément du passif.

L'acquisition sera inscrite comme suit :

Ct Encaisse		800 000 $
Dt Comptes clients	60 000 $	
Dt Stocks	110 000	
Dt Terrain	100 000	
Dt Bâtiments	260 000	
Dt Matériel	130 000	

On ne dénote aucun problème, sauf que l'écriture n'est pas équilibrée. Par conséquent, on crée un nouveau compte appelé *Fonds commercial* auquel on porte un débit de 140 000 $, correspondant au coût d'acquisition de 800 000 $ moins 660 000 $, la somme des justes valeurs des éléments d'actif. Cela permet de maintenir les registres équilibrés, mais la valeur et la signification de ce nouveau compte ne sont pas claires. Si le fonds commercial représente des biens non inscrits, quels sont-ils ? S'il représente un emplacement favorable, une bonne direction ou l'efficacité avec laquelle la société a coordonné ses diverses opérations, quelle est la valeur réelle de ces éléments ? Quelle est leur valeur future réelle ? Pendant combien de temps cette valeur sera-t-elle effective ? Le fonds commercial indique-t-il, du moins parfois, que l'acheteur a fait une mauvaise affaire et a simplement payé trop cher pour acquérir l'entreprise ? (Si le prix d'acquisition de l'ensemble est *inférieur* à la somme des justes valeurs des éléments d'actif acquis, on n'inscrit pas de fonds commercial négatif. On réduit plutôt les montants attribués à chaque élément d'actif afin que leur somme corresponde au prix d'acquisition de l'ensemble.)

Coût des immobilisations incorporelles

Le fonds commercial est calculé de la façon indiquée dans le point précédent. Le coût des autres immobilisations incorporelles est déterminé de la même manière que pour les autres éléments d'actif. Cependant, une ambiguïté importante peut exister relativement au coût des biens produits à l'intérieur de l'entreprise, comme les frais de développement des produits. Pour cette raison, bien des entreprises refusent de constater (capitaliser) ces biens. On ne capitalise jamais le fonds commercial produit à l'intérieur de l'entreprise. Par exemple, les frais relatifs aux réceptions organisées dans le but d'entretenir de bonnes relations avec les employés sont passés en charges, ils ne sont pas capitalisés.

Amortissement des immobilisations incorporelles

Les immobilisations incorporelles sont amorties pendant leur durée d'utilisation, comme cela se fait pour les immobilisations corporelles. Il peut être très simple de déterminer la durée *légale* des biens incorporels dont l'existence s'appuie sur un contrat ou sur d'autres documents. Par exemple, les contrats de location ont une durée précise comme la plupart des franchises, et les brevets sont valables pour un certain nombre d'années. Mais il est difficile de déterminer si cette durée correspond à la durée d'utilisation *économique*. Pour d'autres biens incorporels comme les frais de constitution ou le fonds commercial, la durée d'utilisation fait l'objet d'estimations. D'après les normes canadiennes, la durée d'utilisation *maximale* est de quarante ans pour le fonds commercial, ce qui constitue assurément une estimation très optimiste.

En raison de l'ambiguïté entourant cette question, les biens incorporels sont amortis selon une méthode simple, la méthode de l'amortissement linéaire, pendant la durée d'utilisation estimative. Les estimations sont assez prudentes. On porte habituellement le crédit directement au compte d'actif au lieu de s'encombrer d'un compte de contrepartie comme le compte Amortissement cumulé.

Analyse des effets

La constatation d'un bien incorporel ou d'un bien détenu en vertu d'un contrat de location-acquisition a pour effet de modifier le bilan et la façon dont sont constatées les charges se rapportant à ces éléments d'actif :

Capitalisé

Bilan :		
Coût du bien à long terme	Valeur actualisée des paiements de location futurs	Coût d'origine habituel
Amortissement cumulé	Habituellement présenté séparément du coût	Déduit du coût
Obligation découlant de contrats de location (passif)	Reste de la valeur actualisée des paiements de location futurs	Ne s'applique pas
État des résultats :		
Frais d'utilisation Déduction des frais d'emprunt	Charge d'amortissement Déduction de la partie des intérêts incluse dans les paiements de location	Charge d'amortissement Ne s'applique pas
Notes afférentes aux états financiers	Mention de certaines caractéristiques	Rien de spécial

Non capitalisé

Bilan	Aucune mention	Aucune mention
État des résultats	Paiements de location inclus dans les charges	Frais passés en charges
Notes afférentes aux états financiers	Peut-être la présentation de certaines caractéristiques	Rien de spécial

Prenons l'exemple de la Clinique de l'auto inc. qui est en exploitation depuis un an. L'entreprise possède une chaîne d'ateliers de réparation loués. Ses frais de publicité sont importants. Le taux d'imposition de la société est de 30 %. Elle capitalise couramment une partie de ses frais de publicité dans le compte Actif reporté, mais ne capitalise pas ses contrats de location. Un expert-comptable a suggéré au vice-président des finances de l'entreprise de changer ces deux conventions comptables. Le vice-président désire connaître l'incidence de ces modifications comptables.

Pour l'année, le montant des frais de publicité capitalisés s'élève à 75 000 $. Ce montant est amorti à raison de 20 % par année. D'après l'expert-comptable, les paiements de location rattachés aux contrats de location-acquisition se chiffrent à 862 000 $ pour l'année. La valeur actualisée de ces paiements s'élève à 4 920 000 $ à la fin de l'année. Si les contrats étaient capitalisés, une partie des paiements de l'année, soit 513 000 $, se rapporterait aux intérêts et le reste au capital. L'entreprise devrait amortir les contrats de location-acquisition sur dix ans en utilisant la méthode de l'amortissement linéaire.

Publicité

Méthode actuelle :	La charge d'amortissement est de 15 000 $ pour l'exercice (20 % de 75 000 $). L'actif du bilan s'élève à 75 000 $ – 15 000 $ = 60 000 $ à la fin de l'exercice.
Méthode proposée :	Les charges de l'exercice s'élèveraient à 75 000 $.
Effets :	Le bénéfice de l'exercice diminuerait de 70 % (75 000 $ – 15 000 $) = 42 000 $, si les frais de publicité n'étaient pas capitalisés. L'incidence fiscale de 30 % serait probablement présentée en déduction de la tranche des impôts reportés, parce qu'il serait impossible de tenir compte de la capitalisation des frais de publicité dans le calcul du bénéfice imposable ; le passif d'impôts reportés serait donc réduit de 18 000 $. Les bénéfices non répartis de l'exercice seront réduits de 42 000 $ s'il n'y a pas de capitalisation. L'actif diminuera de 60 000 $ en raison du retrait de l'actif net capitalisé, s'il n'y a pas de capitalisation. Équilibre apparaissant dans le bilan : (60 000 $) = (18 000 $) + (42 000 $) Ce changement n'a pas d'incidence sur les flux de trésorerie, ni sur le solde des liquidités ou sur le fonds de roulement.

Contrats de location

Méthode actuelle :	Les charges locatives de l'exercice s'élèvent à 862 000 $.
Méthode proposée :	Le montant capitalisé devrait être de 4 920 000 $ + (862 000 $ – 513 000 $), ce qui donne une valeur actualisée de 5 269 000 $. Les charges de l'exercice comprendraient l'amortissement de 526 900 $ + les intérêts de 513 000 $ = 1 039 900 $.

La valeur comptable des biens loués serait de 5 269 000 $ – 526 900 $ = 4 742 100 $ à la fin de l'exercice.

Le passif se monterait à 5 269 000 $ – (862 000 $ – 513 000 $) = 4 920 000 $ à la fin de l'exercice.

Effets :

Le bénéfice de l'exercice diminuerait de 70 % (1 039 900 $ – 862 000 $) = 124 530 $, si les contrats sont capitalisés.

L'incidence fiscale de 30 % serait présentée dans la tranche des impôts reportés parce que l'entreprise doit suivre les règles fiscales et non les règles comptables pour calculer les impôts, de sorte que le passif d'impôts reportés serait réduit de 53 370 $ si les contrats étaient capitalisés.

Les bénéfices non répartis diminueront de 124 530 $, s'il y a capitalisation.

L'actif augmentera de 4 742 100 $, s'il y a capitalisation.

Le passif augmentera de 4 920 000 $ en raison de l'obligation découlant des contrats de location-acquisition – la diminution des impôts reportés de 53 370 $ = 4 866 630 $, s'il y a capitalisation.

Équilibre apparaissant dans le bilan : 4 742 100 $ = 4 866 630 $ – 124 530 $.

Ce changement n'a pas d'incidence sur les flux de trésorerie, ni sur le solde des liquidités, ni sur le fonds de roulement.

OÙ EN ÊTES-VOUS ?

Voici deux questions auxquelles vous devriez pouvoir répondre à partir de ce que vous venez de lire :

1. Expliquez à un autre étudiant pourquoi les gains sur cessions d'éléments de l'actif à long terme sont déduits du bénéfice net lors des redressements effectués au début de l'état de l'évolution de la situation financière.

2. La haute direction de la société Ski Laurentides ltée veut capitaliser 2 350 000 $ des frais d'amélioration des pentes de ski qu'elle a engagés cette année, et les amortir sur dix ans, plutôt que de les imputer entièrement aux charges de l'exercice comme elle le fait actuellement. Le taux d'imposition de la société est de 25 %, et la société veut continuer à déduire le total de ces frais du bénéfice imposable, en supposant que l'administration fiscale l'y autorise. Quel serait l'effet de la capitalisation de ces frais sur le bénéfice net et sur le flux monétaire provenant de l'exploitation ? (augmentation du bénéfice [2 350 000 $ – 235 000 $] x 0,75 = 1 586 250 $; pas d'incidence sur le flux monétaire.)

◆

10.12   AUTRES EXPLICATIONS RELATIVES AUX ÉLÉMENTS DU PASSIF

Dans ce livre, nous avons mis davantage l'accent sur l'état des résultats, l'état de l'évolution de la situation financière et l'actif du bilan que sur le passif et les capitaux propres. Ces derniers éléments sont approfondis dans les cours de finance et les cours de comptabilité plus avancés.

Vous devez cependant connaître quelques aspects des conventions comptables relatives au passif et aux capitaux propres. C'est pourquoi nous consacrons les deux sections suivantes à ce sujet. Seuls quelques éléments seront réellement nouveaux pour vous, mais ce résumé vous sera certainement utile.

Dettes légales

Les dettes légales suivantes sont inscrites au moment où elles ont été contractées et sont présentées au montant dû (moins ce qui a déjà été payé) : les emprunts bancaires, les comptes fournisseurs, les salaires à payer, le régime de retraite du Canada, le régime de retraite du Québec, les impôts et autres retenues à la source sur les salaires des employés à verser aux gouvernements, les taxes de vente perçues et dues aux gouvernements, la dette obligataire, les prêts hypothécaires, les contrats d'achat de biens, etc. Voyons quelques détails.

Ici encore, la comptabilité au coût d'origine s'applique. Les montants présentés correspondent aux montants dus au moment où la dette a été contractée. Il s'agit normalement des montants qui seront réellement remboursés, mais parfois ce n'est pas le cas. Par exemple, si les obligations sont émises à escompte, le montant escompté sera initialement présenté, puis il sera augmenté progressivement jusqu'au montant à rembourser à la date d'échéance. Par exemple, si des obligations d'une valeur nominale de 1 000 $, échéant dans dix ans, sont vendues au coût de 930 $, le montant initialement présenté dans le passif sera de 930 $, puis il augmentera graduellement jusqu'à 1 000 $ au cours de la période. La constatation de cet écart (70 $) représente un surplus d'intérêt à payer pendant ce temps.

On ne constate pas d'interprétations non historiques de la dette, même si la signification économique de cette dette était améliorée par une telle constatation. Voici les trois éléments qui *ne sont pas constatés* :

1. Les intérêts qui devront être payés mais qui ne sont pas encore accumulés. Par exemple, si une dette arrive à échéance dans deux ans, on ne calcule que les intérêts déjà courus et non les intérêts qui seront dus au cours des deux prochaines années.

2. L'inflation, même si une situation d'endettement est plus favorable en période d'inflation parce que les dollars avec lesquels vous remboursez la dette ont une moins grande valeur que ceux que vous avez reçus au moment de l'emprunt.

3. Les variations de la valeur marchande de la dette négociée sur des marchés ouverts. Par exemple, même si les taux d'intérêt augmentent

au point que les obligations de 1 000 $ se vendent aujourd'hui 780 $ sur le marché des obligations, on les présente toujours à une valeur qui se situe entre le prix d'émission de 930 $ et les 1 000 $ qu'il faudra rembourser.

À moins d'indications contraires, on présume que la société continuera son exploitation et, par conséquent, on présente les dettes au montant qui sera normalement remboursé et non la valeur dite de *liquidation* qui pourrait être négociée avec les créanciers si la société connaissait de sérieuses difficultés financières.

Pour les dettes importantes, on doit présenter certaines clauses légales, habituellement par voie de note. Les principaux renseignements fournis portent sur le taux d'intérêt de la dette (spécialement dans le cas d'une dette à long terme), les biens ou autres titres donnés en garantie, les conditions de remboursement ainsi que d'autres conditions spéciales comme la possibilité de convertir la dette en titres de participation.

On classe les dettes en trois catégories : les dettes à très court terme ou les prêts remboursables sur demande, les autres dettes à court terme échéant au cours de l'exercice suivant, et les dettes à long terme. Les dettes à court terme incluent, s'il y a lieu, la tranche de la dette à long terme échéant dans l'année. Ce point est important, car, comme nous l'avons vu précédemment, seule la fraction du principal exigible dans l'exercice suivant doit être classée dans le passif à court terme. Supposons, par exemple, que Jocelyne doive 50 000 $ sur son hypothèque. Elle devra, au cours de l'année suivante, effectuer 12 versements mensuels de 1 000 $, incluant les intérêts. Si les intérêts au cours de l'année s'élèvent à 6 400 $, le passif à court terme sera de 5 600 $ (12 000 $ – 6 400 $), et le passif à long terme sera de 44 400 $ (50 000 $ – 5 600 $). Les intérêts de 6 400 $ ne sont pas pris en considération parce qu'ils ne sont pas encore courus.

Comptes à payer à court terme

Comme nous l'avons indiqué dans la section 10.8, on comptabilise les intérêts à payer, les frais estimatifs de service après vente, les impôts à payer estimatifs et d'autres dettes estimatives à court terme non encore exigibles légalement, en portant un débit à un compte de charges et un crédit à un compte du passif à court terme. Quoique ces éléments ne constituent pas encore des dettes réelles, on les présente de la même façon que les dettes légales.

Comptes à payer à long terme

Théoriquement, les comptes à payer à long terme constituent en quelque sorte la « version à long terme » des comptes à payer à court terme. Comme ces derniers, on les crée en portant un débit à un compte de charges. Étant donné, toutefois, que le paiement ne sera pas effectué avant longtemps, on porte le crédit à un compte du passif à long terme. De nombreux montants figurant dans ces comptes sont des estimations très approximatives : on les inscrit dans le but de tenir compte des conséquences futures d'ententes conclues en vue d'engendrer des bénéfices aujourd'hui. Le principal objectif est donc ici de mesurer le bénéfice plutôt que de préciser la valeur de ces éléments dans le bilan.

Les comptes à payer à long terme ne constituent pas une dette au moment présent. De plus, le moment où ils devront être réglés et les montants exacts qui seront exigibles font l'objet d'estimations. Ces comptes à payer se basent souvent sur la valeur actualisée des flux de trésorerie estimatifs futurs en raison du principe énoncé précédemment, selon lequel on ne constate pas les avantages futurs.

Voici quelques exemples de comptes à payer à long terme :

a) *Passif au titre des garanties*: frais futurs estimatifs relatifs aux services ou aux produits vendus avec une garantie (le produit est déjà constaté).

b) *Passif au titre d'un régime de retraite*: frais futurs estimatifs de prestations de retraite assurées aux employés pour des services qu'ils ont déjà rendus. Par exemple, si un employé a travaillé pendant cinq ans et que ces années de travail lui donneront le droit d'obtenir des prestations de retraite dans trente ans, la valeur actualisée estimative de ce droit sera inscrite dans le passif. Vous pouvez imaginer le problème que pose l'estimation de ce passif en pensant à toutes les choses qui peuvent se produire pendant ces trente années : l'employé peut mourir, être renvoyé ou quitter son emploi. Par ailleurs, les taux d'intérêt (qui ont servi à calculer la valeur actualisée) ont sans doute varié, et le régime de retraite lui-même peut avoir changé, et même avoir des effets rétroactifs. Les lois régissant ces régimes peuvent elles aussi avoir changé, et ainsi de suite.

c) *Autres avantages accordés aux retraités*: de fortes pressions sont exercées actuellement, comme en témoignent les recommandations récentes du Financial Accounting Standards Board des États-Unis, pour que ces éléments soient traités comme des éléments de passif au titre des régimes de retraite. Cependant, bien des entreprises ne présentent pas encore ces éléments de passif, qui sont parfois très importants, et se contentent d'imputer ces frais aux charges des exercices au cours desquels ils ont été engagés.

d) *Impôts reportés*: comme nous l'avons indiqué à la section 8.12 du chapitre 8, ce passif, qui est habituellement présenté dans le passif à long terme, mais peut aussi être présenté dans le passif à court terme, provient des écarts *temporaires* entre le calcul du bénéfice comptable et le calcul du bénéfice imposable. Supposons qu'une société présente un bénéfice de 100 000 $ dans son état des résultats, mais que la loi fiscale l'autorise à déduire 25 000 $ de plus, pour reporter les impôts à payer sur ce montant pendant plusieurs années. On peut mentionner, par exemple, les mesures visant à inciter une entreprise à s'installer dans une région où l'économie est en récession, ou une déduction pour amortissement faite à un rythme plus rapide à des fins fiscales. Supposons que le taux d'imposition de la société soit de 40 %. Nous pourrions nous attendre à ce que le montant d'impôt à débourser soit de 40 000 $ (100 000 $ x 40 %). Mais, en réalité, la société doit seulement payer 30 000 $ d'impôts actuellement ([100 000 $ – 25 000 $] x 40 %). Le reste est reporté. La société a donc une charge fiscale de 40 000 $, des impôts à payer de 30 000 $ et un passif d'impôts reportés de 10 000 $.

Financement sans effet sur le bilan

Les sociétés font parfois en sorte d'obtenir des sources de financement qui ne correspondent pas à la définition comptable du passif ou des capitaux propres et qui, par conséquent, ne sont pas présentées dans la partie droite du bilan. Cette situation peut soulever des inquiétudes chez les utilisateurs des états financiers, car de telles sources de financement peuvent être recherchées par la direction précisément parce qu'elles ne seront pas présentées dans le bilan, et n'auront donc pas d'incidence sur le ratio d'endettement ou sur le ratio du fonds de roulement. Il peut même arriver que ces sources de financement ne soient pas mentionnées du tout, de sorte que l'utilisateur n'aura aucune idée des obligations qu'elles supposent pour l'entreprise. Ces préoccupations ont amené les experts à préciser les normes comptables concernant l'une de ces sources : la location à long terme d'immobilisations importantes. Cette dernière doit être considérée comme un élément du passif et constatée comme nous l'avons indiqué dans la section 10.11. Cette source de financement a, par conséquent, été insérée dans le bilan sous l'intitulé *Obligation au titre des contrats de location-acquisition*.

À tout moment, on prend de nouvelles ententes financières, et leur incidence éventuelle sur le bilan, selon les conventions comptables adoptées par la société, constituera un facteur pouvant contribuer à leur acceptation et à leur utilisation courante. Voici quatre exemples de sources de financement qui peuvent être présentées ou non dans le bilan et dans les notes annexées aux états financiers : les contrats de location-exploitation (étudiés dans la section 10.11); la vente des droits de recouvrement des comptes clients en vue d'accélérer les rentrées de fonds en contrepartie d'obligations potentielles assumées envers l'acheteur de ces droits; les engagements financiers découlant de contrats d'achats à long terme en vue d'obtenir des conditions favorables; et l'utilisation de filiales ne faisant pas partie de la consolidation ou de sociétés effectivement contrôlées pour emprunter de l'argent, de sorte que l'obligation ne sera pas présentée dans le bilan de la société mère.

10.13   CAPITAUX PROPRES

Dans le cas d'une entreprise non constituée en société de capitaux (entreprise individuelle ou société de personnes), l'avoir du ou des propriétaires est habituellement présenté dans un seul compte appelé *Capital*, et il est calculé comme suit : Capital du début + Apport + Bénéfice de l'exercice – Retraits effectués par les propriétaires = Capital de la fin. Les entreprises de ce genre ne paient pas d'impôts sur leur bénéfice; ce sont les propriétaires qui les paient à même leur part du bénéfice. Par conséquent, il n'y a pas de charge ni de passif d'impôts.

Une entreprise constituée en société de capitaux doit se conformer à plusieurs exigences légales qui ont une incidence sur la comptabilité.

Habituellement, les dividendes doivent être payés à même les bénéfices non répartis ; ils ne sont pas prélevés directement sur le capital investi. Par conséquent, les capitaux propres se composent du capital investi (capital-actions) et du bénéfice accumulé (bénéfices non répartis, soit la somme de tous les bénéfices nets depuis la constitution de la société, moins tous les dividendes qui ont été déclarés depuis).

Dans le capital-actions, on présente l'apport des actionnaires représenté par les actions que ces derniers ont achetées directement de la société. On ne tient pas compte des échanges d'actions entre actionnaires ni de la valeur marchande des actions. La société peut avoir émis plusieurs catégories d'actions : son capital-actions peut se composer d'actions ordinaires (avec droit de vote) et d'actions privilégiées (sans droit de vote), ou d'actions de catégorie A et de catégorie B. Si c'est le cas, elle doit présenter séparément le capital-actions relatif à chaque catégorie soit dans le bilan lui-même, soit par voie de notes. Il lui faut également mentionner par voie de notes le nombre d'actions de chaque catégorie émises par la société et préciser si des restrictions ou des droits particuliers sont rattachés à chacune des catégories (tels qu'un dividende annuel minimal, des droits préférentiels en cas de dissolution de la société ou des droits de conversion en une autre catégorie d'actions). Elle doit aussi mentionner tout prix d'émission minimal (valeur nominale) ou les autres restrictions relatives à l'émission d'actions additionnelles.

Dans les bénéfices non répartis, on indique le bénéfice accumulé moins les dividendes déclarés depuis la constitution de la société. Il faut mentionner les restrictions imposées à la déclaration de dividendes. Lorsque le conseil d'administration déclare un dividende, ce dernier constitue pour la société une dette envers les actionnaires : il faut donc porter un débit au compte Bénéfices, et un crédit au compte Dividendes à payer, qui est un compte du passif à court terme.

Il faut également mentionner trois autres points :

1. Les propriétaires peuvent prêter de l'argent à la société, notamment en ne prélevant pas leur salaire, lequel a été constaté dans les charges, dans le cas où la société manquerait de liquidités, par exemple. Un tel prêt doit être présenté dans le passif et non dans les capitaux propres, parce que le propriétaire agit alors à titre de bailleur de fonds plutôt qu'en tant que propriétaire (quoique cette distinction puisse paraître assez subtile).

2. Dans certaines juridictions, la société est autorisée à acheter une partie de ses propres actions. Un tel placement ne constitue pas réellement un élément de l'actif parce que les actions représentent un *intérêt* dans l'actif et n'accordent pas le droit de vote. Par conséquent, ces actions sont appelées **actions autodétenues** ; le montant versé pour ces actions *est déduit* du reste des capitaux propres.

3. Les sociétés dont les activités s'étendent à l'étranger doivent convertir leurs revenus, leur actif et leur passif en monnaie nationale (le dollar canadien au Canada). Le bénéfice est converti au taux moyen de change de l'exercice, tandis que l'actif et le passif sont convertis au cours d'origine ou au taux courant, selon le type d'actif ou de passif. Du fait que tous les éléments ne sont pas convertis de

la même façon, les états financiers ne sont habituellement pas équilibrés. Pour maintenir l'équilibre, on ajoute un **chiffre tampon** aux capitaux propres, désigné par l'intitulé **Redressement cumulé relatif à la conversion en devises étrangères** ou un intitulé semblable. Ce compte ne fait pas réellement partie des capitaux propres, mais personne n'a encore trouvé de meilleur endroit pour le présenter.

10.14   PRÉSENTATION DES CONVENTIONS COMPTABLES

Vous savez qu'une société peut choisir ses diverses conventions comptables en fonction de sa situation. Selon les PCGR, les sociétés sont tenues de présenter leurs conventions comptables importantes ainsi que toutes les modifications survenues depuis l'exercice précédent. Cette directive vise à aider les utilisateurs des états financiers à comprendre et à interpréter les chiffres et les notes annexées aux états financiers, comme nous tentons de vous préparer à le faire dans ce chapitre.

Habituellement, la première note constitue un résumé des principales conventions comptables. Ces dernières peuvent aussi faire l'objet d'une note spéciale précédant les états financiers. À partir de cette note, l'utilisateur devrait être en mesure de connaître les méthodes appliquées par la société en matière d'évaluation du coût du stock, d'amortissement, de comptabilisation des investissements intersociétés ainsi que les autres conventions que la société et ses vérificateurs jugent nécessaire de présenter pour comprendre comment les états financiers ont été préparés. Il arrive fréquemment que des conventions comptables particulières ne soient pas présentées si les méthodes utilisées sont prévisibles, notamment la constatation des produits au moment de la vente ou à la livraison, ou le calcul habituel des charges à payer. Vous trouverez un exemple de présentation détaillée des conventions comptables dans la note 1 des états financiers de Canadien Pacifique figurant dans l'annexe du chapitre 9.

Les modifications apportées aux conventions comptables doivent aussi être signalées et comprendre une description des modifications ainsi que les calculs des effets de ces modifications sur les états financiers. Plusieurs modifications nécessitent la présentation de leur effet rétroactif. Par exemple, si une société change sa méthode de constatation des produits, elle doit recalculer les chiffres des états financiers de l'exercice précédent afin de les présenter conformément à la nouvelle méthode. Par conséquent, si la société a modifié ses conventions comptables dans un secteur donné, les chiffres des exercices précédents présentés dans son rapport annuel peuvent différer de ceux qui figurent dans le rapport de l'exercice précédent.

10.15   CHOIX DES CONVENTIONS COMPTABLES ET CHANGEMENTS DANS L'ENVIRONNEMENT

Le choix des conventions comptables se fait dans un environnement dynamique. Les choses vont tantôt bien, tantôt mal. Vous savez que la comptabilité générale s'adapte au monde qui l'entoure : la dernière récession l'illustre très bien. En 1990, de nombreuses sociétés, ou leurs clients, fournisseurs et gestionnaires, sont devenus instables. Dans ces circonstances, les conventions comptables ne conviennent plus forcément et on doit parfois les réviser afin de s'assurer de leur pertinence. Pour aider les sociétés à effectuer cette révision, le directeur des normes comptables de l'Institut Canadien des Comptables Agréés a écrit des lettres explicatives, en janvier 1991, décembre 1992 et novembre 1993. La plus récente est reproduite ci-dessous.

Cette lettre illustre certaines façons de revoir les choix de conventions comptables afin de tenir compte de circonstances économiques difficiles. Elle comprend aussi une liste intéressante de choix de conventions comptables. Quoique le manuel n'ait pas abordé certains des problèmes mentionnés dans la lettre, nous vous invitons à la lire afin que vous preniez conscience de la difficulté qu'il y a à adopter des conventions comptables adaptées à l'environnement de la société.

Quelques expressions utilisées dans cette lettre vous étonneront peut-être :

a) Le *Comité sur les problèmes nouveaux* est un groupe de travail qui tente de fournir aux sociétés et à leurs vérificateurs des directives temporaires sur les problèmes nouveaux, d'une façon moins officielle et faisant moins autorité que les recommandations du Conseil des normes comptables du *Manuel de l'ICCA*. Le Conseil a besoin de temps pour formuler ses recommandations en raison des discussions et de la procédure que l'établissement de ces normes nécessite.

b) L'*analyse de la direction* fait référence à la partie du rapport annuel dans laquelle la direction explique et interprète les résultats de l'entreprise et sa situation financière, et commente les problèmes qui pourraient se poser à l'avenir.

L'Institut Canadien des Comptables Agréés
277, rue Wellington Ouest
Toronto, Ontario
Canada M5V 3H2
Téléphone : (416) 977-3222   Télécopieur : (416) 977-8585
Ligne directe : (416) 204-3269

Le 1er novembre 1993

La récession se poursuit

L'économie canadienne continue de subir le contrecoup de la récession économique tout comme l'économie d'autres pays dans lesquels les entreprises canadiennes exercent leurs activités. La présente lettre a pour objet d'attirer de nouveau votre attention, par référence aux chapitres pertinents du *Manuel de l'ICCA*, sur un certain nombre de questions qui sont particulièrement importantes pour la communication fidèle de l'information financière dans le contexte économique actuel.

Placements

Lorsque la valeur marchande des placements de nature transitoire ou à court terme, comme les placements de courte durée effectués en vue d'obtenir un rendement sur une base temporaire, est inférieure à leur valeur comptable, il faut les montrer à la valeur marchande. (Chapitre 3010, « Placements temporaires »)

Lorsqu'un placement à long terme subit une moins-value durable, sa valeur comptable doit être réduite pour tenir compte de cette moins-value. (Chapitre 3050, « Placements à long terme »)

Dans certains cas, le caractère durable de la moins-value d'un placement à long terme ne laisse aucun doute, en cas de faillite par exemple, ou lorsqu'on s'engage à vendre à perte un placement. Lorsque la situation n'est pas aussi claire, les facteurs ci-dessous peuvent être indicatifs d'une moins-value durable :

a) le fait que la valeur boursière du titre soit inférieure, depuis longtemps, à la valeur comptable ;

b) le fait que la société émettrice ait subi des pertes importantes au cours du dernier ou des derniers exercices ;

c) le fait que la société émettrice accumule des déficits depuis plusieurs années ;

d) la suspension des transactions portant sur le titre en question ;

e) les difficultés de trésorerie et les problèmes de continuité de l'exploitation de la société émettrice ;

f) le fait que la juste valeur actuelle du placement soit inférieure à sa valeur comptable.

Immobilisations

Lorsque la valeur comptable nette d'une immobilisation, diminuée des provisions pour frais d'enlèvement de l'immobilisation et de restauration des lieux et des impôts reportés, excède la valeur recouvrable nette, l'excédent doit être passé en charges. Une modification du montant estimatif de la valeur de récupération ou de la valeur résiduelle d'une immobilisation peut entraîner une modification du montant d'amortissement qui doit être passé en charges. (Chapitre 3060, « Immobilisations »)

Parmi les conditions qui peuvent indiquer qu'une réduction de la valeur est appropriée, on trouve les suivantes :

a) frais d'acquisition, de construction, de développement ou de mise en valeur excédant les prévisions budgétaires ;

b) incapacité d'achever une immobilisation en cours de construction, de développement ou de mise en valeur ;

c) perte découlant de l'exploitation de l'immobilisation ;

d) flux monétaire négatif afférent à l'immobilisation ;

e) progrès technologiques importants ;

f) dommage matériel ;

g) modification des conditions économiques externes ;

h) affaiblissement important du marché du produit concerné ;

i) modification de la législation ou de l'environnement ayant une incidence sur la mesure dans laquelle la valeur comptable nette pourra être recouvrée ;

j) baisse de la valeur de réalisation nette de l'immobilisation au-dessous de la valeur comptable nette.

Débiteurs

Tout compte ou effet à recevoir doit être radié dès que l'on sait qu'il est irrécouvrable. Il doit être ramené à sa valeur de réalisation estimative dès qu'il est tenu pour partiellement irrécouvrable. La provision pour créances douteuses doit être basée sur l'appréciation des créances constatées et tenir compte de toutes les circonstances connues. (Chapitre 3020, « Comptes et effets à recevoir »)

Devises

On doit se demander si les couvertures à l'égard des risques de change constituées d'éléments d'actif libellés en devises ou de rentrées futures continues de devises demeurent efficaces. Lorsque les actifs d'un établissement étranger intégré sont ramenés à leur valeur marchande, ils doivent être convertis au cours de clôture, et non au cours d'origine normalement utilisé dans les états financiers. (Chapitre 1650, « Conversion des devises étrangères »)

Produits

Les produits ne doivent pas être constatés avant que leur recouvrement final soit raisonnablement sûr. Si une incertitude relative au recouvrement prend naissance après la constatation des produits, on constitue une provision distincte pour en tenir compte. (Chapitre 3400, « Produits »)

Abandon d'activités

Les résultats afférents aux activités abandonnées doivent être pris en compte dans le bénéfice net et être présentés séparément pour l'exercice considéré et les exercices antérieurs. (Chapitre 3475, « Abandons d'activités »)

À noter qu'au cours des douze derniers mois le Comité sur les problèmes nouveaux a publié le CPN-41, *Présentation des actifs et des passifs destinés à être cédés*, le CPN-43, *Cession ou fermeture d'une partie d'une unité d'exploitation*, et le CPN-45, *Abandons d'activités*.

Engagements contractuels, éventualités et événements postérieurs à la date du bilan

Les états financiers doivent faire état de tous les engagements contractuels importants eu égard à la situation financière actuelle ou à l'exploitation future, notamment ceux qui comportent un risque spéculatif considérable, ceux qui entraîneront des dépenses exceptionnellement élevées et ceux qui fixeront le montant d'une certaine catégorie de dépenses pour une longue période. (Chapitre 3280, « Engagements contractuels »)

Il faut comptabiliser une provision pour perte éventuelle lorsqu'il est probable qu'un événement futur confirmera qu'il y avait baisse de valeur d'un actif ou engagement d'un passif à la date du bilan si le montant de la perte peut être déterminé avec suffisamment de précision, et il faut fournir les informations appropriées par voie de note. Les autres éventualités doivent être présentées dans les notes. La possibilité que des amendes soient imposées pour infraction à la législation environnementale et que des frais de restauration des lieux doivent être engagés doit être envisagée dans ce contexte. (Chapitre 3290, « Éventualités »)

En février, le Conseil des normes comptables (CNC) a publié un exposé-sondage, intitulé *Gains et pertes éventuels*, qui propose une mise à jour du chapitre 3290. Les commentaires reçus seront examinés sous peu par le CNC. Entre temps, l'exposé-sondage peut se révéler une source de référence utile.

Les événements postérieurs à la date du bilan qui mettent en lumière des situations qui existaient à cette date peuvent montrer qu'il est nécessaire de redresser certains postes des états financiers. Les événements postérieurs qui n'ont pas trait à la situation qui avait cours à la date du bilan doivent être présentés par voie de note s'ils sont susceptibles d'avoir des répercussions importantes. (Chapitre 3820, « Événements postérieurs à la date du bilan »)

Impôts sur le revenu des compagnies

Si l'on n'a plus la quasi-certitude de pouvoir se prévaloir, en tout ou en partie, d'un avantage fiscal découlant d'un report de perte comptabilisé antérieurement, on doit radier le montant dont on ne pense plus pouvoir se prévaloir. On doit radier les reports débiteurs d'impôts accumulés dans les exercices antérieurs à moins d'être assuré que, vraisemblablement, le sens des écarts temporaires qui ont donné lieu à ces reports débiteurs se renversera à l'avenir. (Chapitre 3470, « Impôts sur le revenu des compagnies »)

Manquements

Tout manquement quant au remboursement du principal, au versement de l'intérêt ou à l'application des clauses relatives au rachat et aux fonds d'amortissement des titres en circulation doit être mentionné en détail. Si l'entreprise a déjà failli à d'autres obligations de même nature, il peut y avoir lieu de le signaler, surtout si elle n'en a pas été exonérée. (Chapitre 3210, « Dette à long terme »)

Dépendances économiques

Quand la poursuite de l'exploitation de l'entreprise dépend d'un volume important d'affaires qu'elle traite avec une autre partie, la dépendance économique de l'entreprise doit être mentionnée et expliquée dans les états financiers. (Chapitre 3840, « Opérations entre apparentés »)

Coûts et passifs environnementaux

Le *Manuel de l'ICCA* fournit un cadre de référence en ce qui a trait à la comptabilisation des coûts et des passifs environnementaux, notamment à l'égard des immobilisations et des éventualités mentionnées ci-dessus. On notera par ailleurs que l'ICCA a publié, en février 1993, un rapport de recherche, *Coûts et passifs environnementaux : comptabilisation et communication de l'information financière*, qui est susceptible de donner lieu à des modifications du *Manuel* afin qu'y soit traitée expressément la question des coûts et passifs environnementaux. D'ici là, cette publication peut se révéler un ouvrage de référence utile.

Continuité de l'exploitation

Les états financiers à vocation générale sont fondés sur l'hypothèse de la continuité de l'exploitation de l'entreprise, c'est-à-dire sur l'hypothèse que cette dernière poursuivra ses activités dans un avenir prévisible et sera en mesure de réaliser ses actifs et de s'acquitter de ses dettes dans le cours normal de ses activités. Voici des exemples de facteurs qui peuvent laisser prévoir un problème ou mettre en jeu la continuité de l'exploitation :

a) exploitation déficitaire chronique ;

b) insuffisance considérable du fonds de roulement ;

c) démarches infructueuses en vue d'obtenir le financement nécessaire à la poursuite des activités ;

d) impossibilité de respecter les conditions d'emprunts contractés antérieurement ;

e) possibilité qu'une ou plusieurs éventualités connaissent un dénouement défavorable ;

f) fonds insuffisants pour honorer les dettes ;

g) existence d'un plan de liquidation ou de réduction considérable des activités ;

h) existence de facteurs externes qui pourraient forcer une entreprise solvable à mettre un terme à ses activités.

Analyse de la direction

Certaines entreprises sont tenues de publier une analyse de la direction, qui doit comporter un exposé des tendances importantes connues, des engagements et des faits ou incertitudes qui peuvent avoir des répercussions importantes sur les affaires de l'entreprise, sa situation financière ou ses résultats d'exploitation. Un exposé des répercussions que le prolongement de la récession pourrait avoir sur l'exploitation de l'entreprise et sur ses perspectives d'avenir devrait normalement être inclus dans ce document.

Veuillez agréer mes salutations distinguées.

Le directeur,
Normes comptables,
John H. Denman, CA

Reproduction autorisée par l'Institut Canadien des Comptables Agréés, Toronto, Canada.

10.16 OBJECTIFS POURSUIVIS PAR LA DIRECTION DANS LE CHOIX DES CONVENTIONS COMPTABLES

Dans chaque chapitre, nous avons décrit sommairement les relations entre la comptabilité et les gestionnaires des entreprises dans le but de relier les sujets traités à la gestion et de nous aider à répondre à la question suivante : « Pourquoi un gestionnaire devrait-il s'intéresser à la comptabilité ? »

Pour ce qui est du choix des conventions comptables, la réponse n'est pas difficile à trouver. La direction a la responsabilité de produire des états financiers et de prendre en charge les autres aspects de l'entreprise. Elle doit aussi choisir les conventions comptables qui lui conviendront le mieux, et ce, pour diverses raisons :

1. Comme nous l'avons déjà indiqué, ces choix découlent inévitablement de la comptabilité d'exercice. Ils font partie de la toile de fond formée de jugements posés qui se trouve au cœur de la comptabilité d'exercice. S'ils sont appropriés, ils augmentent la valeur des états financiers ; s'ils ne le sont pas, ils en réduisent la valeur. Dans tous les cas, ils sont importants !

2. C'est la direction qui est la mieux placée pour choisir les conventions comptables appropriées, car c'est elle qui connaît le mieux l'entreprise. Les conseillers professionnels peuvent être d'un grand secours dans ce cas, mais c'est la direction qui dispose des données qui orienteront rationnellement les choix des conventions comptables.

3. L'évaluation du rendement de la direction pour le compte des actionnaires passe par les états financiers. Si certains gestionnaires se servent des états financiers d'une manière abusive en vue de mieux paraître, d'autres, plus professionnels, s'en servent pour créer des mesures de performance qui présentent le rendement de la société d'une façon claire et fiable. À long terme, une telle présentation devrait être avantageuse pour tout le monde.

4. La théorie de la délégation, selon laquelle chaque personne a un comportement intéressé, fournit un objectif simple relativement aux choix des conventions comptables faits par la direction : augmenter la quote-part des revenus destinée aux gestionnaires et, par conséquent, diminuer celle qui est destinée aux propriétaires, aux bailleurs de fonds et aux employés. Dans cette théorie, on ne porte aucun jugement de valeur négatif sur le gestionnaire ; son comportement est perçu comme un comportement économiquement rationnel. Cependant, bien des gens considèrent ce comportement comme une « manipulation » et sont très critiques envers les gestionnaires qui semblent faire passer leurs intérêts en premier lieu. L'intérêt que portent les gestionnaires à leurs primes de rendement, le fait d'éviter les complications lorsque les investisseurs ou les bailleurs de fonds sont inquiets d'un rendement apparemment faible, ou le fait d'éviter de se présenter comme le gestionnaire d'une société trop rentable sont des exemples de tels comportements[17]. Il est probable que les objectifs des gestionnaires sont complexes et que, dans bien des cas, ils sont motivés par le simple désir de présenter les choses « telles qu'elles sont », de façon fidèle et sans parti pris.

Vous devriez maintenant mieux comprendre la place qu'occupe le gestionnaire dans la comptabilité, et être capable d'interpréter et de préparer des états financiers de façon éclairée. Si vous êtes gestionnaire d'une entreprise, ou que vous vous préparez à le devenir, la plupart des techniques d'utilisation devraient vous être utiles. Par exemple, la capacité d'effectuer, de préparer ou, au moins, d'utiliser l'« analyse des effets » constitue une part importante des instruments d'analyse dont disposent les gestionnaires. Les diplômés en comptabilité et en administration des affaires devraient être tout particulièrement aptes à répondre aux questions hypothétiques que se posent les gens. Les états financiers sont donc plus au cœur d'une gestion efficace que vous n'auriez pu l'imaginer. Cette proximité devrait motiver les gestionnaires à porter une plus grande attention à leurs états financiers et elle devrait motiver les autres intervenants (utilisateurs, experts-comptables et vérificateurs) à comprendre le rôle de la direction dans la préparation des états financiers.

10.17 RECHERCHE COMPTABLE : LE CHOIX DES CONVENTIONS COMPTABLES EST-IL IMPORTANT ?

Comme vous pouvez vous y attendre, on peut répondre par l'affirmative ou par la négative à cette question portant sur l'importance des choix comptables. Les cours des actions sont corrélés avec le bénéfice, tel qu'il est mesuré en comptabilité d'exercice, ce qui inclut les effets des choix comptables qui ont une incidence sur le bénéfice. Comme nous l'avons mentionné antérieurement, en comptabilité d'exercice les bénéfices présentent une corrélation plus grande avec le cours des actions que les flux de trésorerie. Par ailleurs, le choix de conventions comptables qui ont une incidence sur les liquidités (comme l'évaluation future à la hausse et à la baisse des impôts à payer) sont plus susceptibles de faire réagir les marchés boursiers que les choix n'ayant pas une telle incidence. Dans ce domaine, la recherche n'est pas terminée, mais on trouve aux États-Unis un exemple de choix ayant une incidence sur les liquidités : le choix de la méthode PEPS ou DEPS pour l'évaluation du coût du stock. Aux États-Unis, les deux méthodes peuvent être utilisées pour le calcul de l'impôt sur les bénéfices. D'autre part, à titre d'exemple de choix de convention n'ayant pas d'incidence sur les liquidités, citons le choix de l'amortissement linéaire ou de l'amortissement accéléré au Canada, où ce sont les règles gouvernementales qui doivent être appliquées pour le calcul du bénéfice imposable, quelle que soit la convention comptable adoptée par la société.

Plus la perspective relative aux choix comptables est vaste, plus ces choix deviennent importants. Cependant, la recherche en est encore à ses débuts, et toutes les facettes des choix de conventions comptables ou de la comptabilité d'exercice en général qui ont été examinées ensemble n'expliquent qu'un faible pourcentage des variations des cours boursiers.

La section consacrée à la recherche comptable de chacun des chapitres de ce livre a fait ressortir de nombreuses idées et des résultats relatifs à la comptabilité, dans l'espoir de susciter votre intérêt et de vous faire mieux comprendre la place qu'occupe la comptabilité générale dans le monde. La recherche comptable est une discipline encore jeune. Elle comprend bien des sujets qui débordent le cadre de cet ouvrage, comme la vérification, la comptabilité de gestion, la théorie comptable et la fiscalité, les systèmes d'information de gestion et la finance. Toutefois, on ne dispose actuellement que de résultats limités. Plusieurs de ces résultats dépendent d'hypothèses économiques et statistiques, comme l'efficience du marché des capitaux, qui pourraient ne pas être totalement exactes dans bien des cas. Dans ce livre, nous n'avons pas mis l'accent sur les limites et les problèmes de la recherche comptable. Les personnes utilisant les résultats des recherches menées en comptabilité devraient le faire avec discernement.

Beaucoup de travail reste donc à faire en recherche comptable. Il serait appréciable que certains d'entre vous puissent y contribuer en devenant chercheurs, gestionnaires d'entreprise ou experts-comptables.

◆ **10.18   CAS À SUIVRE... (FIN)**   ◆

Dixième partie

Données de la dixième partie
◆ ◆ ◆ ◆ ◆ ◆ ◆ ◆ ◆ ◆ ◆ ◆ ◆ ◆ ◆ ◆ ◆

Les états financiers du premier exercice de la société Mado inc., que nous avons présentés dans la huitième partie, sont incomplets, car ils ne comportent pas les notes complémentaires indissociables de tout jeu d'états financiers. De même, Mado et Thomas se demandent si les états financiers ne contribuent pas à présenter les résultats de la société sous un jour défavorable, et si l'adoption d'autres conventions comptables ne pourraient pas donner une vision plus optimiste de la situation.

Résultats de la dixième partie
◆ ◆ ◆ ◆ ◆ ◆ ◆ ◆ ◆ ◆ ◆ ◆ ◆ ◆ ◆ ◆ ◆

Les notes qui doivent être annexées aux états financiers sont présentées ci-contre. Les trois notes qui suivent *n'ont pas été incluses* :

a) Mado, Thomas et leur expert-comptable estiment que la convention comptable relative à la constatation des produits au moment de la livraison ne nécessite pas de mention par voie de notes, car le lecteur des états financiers devrait avoir prévu son utilisation.

b) En ce qui concerne la constatation générale des charges (créances irrécouvrables, charges payées d'avance, comptes à payer), il n'y a rien d'inhabituel non plus. Donc, ils ont décidé de ne pas encombrer les notes avec ces explications.

c) La situation financière précaire de l'entreprise peut inciter le lecteur à douter de la continuité de l'exploitation. Si la continuité de l'exploitation est en péril et qu'il est difficile de liquider l'actif de l'entreprise, ou même si la liquidation de la société est envisagée, les lecteurs des états financiers doivent en être avertis. Mado et Thomas estiment qu'un tel avertissement n'est pas nécessaire parce qu'ils considèrent que l'entreprise est en mesure de continuer son exploitation, et que les états financiers présentent déjà assez clairement la situation actuelle.

◆ ◆ ◆

Mado inc.
Notes afférentes aux états financiers du 29 février 1994

1. Les principales conventions comptables sont les suivantes :

   a) Le stock est évalué à la valeur minimale, selon la méthode du premier entré, premier sorti, et en fonction de la valeur de réalisation nette.

   b) L'actif à long terme est inscrit au coût. L'amortissement est calculé sur une base linéaire à raison de 20 % du coût par année pour l'automobile, les améliorations locatives, l'ordinateur et les logiciels, et à raison de 10 % du coût par année pour le reste du matériel et le mobilier.

2. L'emprunt bancaire est garanti par les comptes clients, le stock et l'ensemble des éléments de l'actif de la société.

3. Le capital autorisé de la société est de 1 000 000 d'actions sans valeur nominale. Au début de l'exercice, 12 500 actions ont été émises à 10 $ l'action.

4. Aucune provision pour impôts sur les bénéfices n'a été prévue dans les états financiers, car la perte actuelle n'entraînera un remboursement d'impôts que si l'entreprise engendre des bénéfices futurs imposables dont la perte actuelle pourra être déduite.

5. Les salaires des administrateurs et dirigeants de la société se chiffraient à 54 280 $ pour l'exercice.

6. La société s'est engagée à acheter des marchandises pour un coût de 23 430 $ et à payer à la livraison, qui est prévue pour le 30 avril 1994.

Comment faire en sorte que la situation paraisse meilleure ?

On peut comprendre le désir de Mado et de Thomas de modifier leurs conventions comptables en vue d'améliorer la présentation de la situation financière de leur société. Ils ont travaillé fort pour mener à bien leur entreprise, et les résultats du premier exercice ne sont pas positifs. S'ils ne s'étaient pas versé de salaire pendant l'année, la société aurait présenté un léger bénéfice (54 280 $ en salaires selon la note 5, moins la perte de 54 066 $, ce qui donne un bénéfice de 214 $ avant impôts). Mais cela aurait pu s'avérer trompeur car la valeur ajoutée par leur travail n'aurait pas été prise en considération — sans mentionner qu'ils seraient morts de faim !

Serait-il acceptable de chercher des conventions comptables qui amélioreraient l'image de la société ? La réponse est non, pour les raisons suivantes :

1. Sur le plan de l'éthique, une telle manipulation pourrait être douteuse, et il serait même dangereux de camoufler les problèmes réels et de diminuer les pressions subies par Mado et Thomas en vue d'améliorer les résultats de la société. Mado et Thomas sont en droit d'être déçus, mais ils doivent s'efforcer de bien gérer l'entreprise, et non de modifier le « message » transmis par les états financiers.

2. Une telle modification ne favoriserait pas les relations avec les parties qui s'intéressent le plus à l'avenir de la société. La banque

◆ ◆ ◆

détient déjà presque tous les éléments de l'actif de la société en garantie du prêt qu'elle lui a consenti. Elle se préoccupe de la capacité de la société d'engendrer suffisamment de liquidités pour pouvoir rembourser le prêt de même qu'à sa viabilité à long terme. La banque a sans aucun doute l'œil sur la société et veille à ce qu'elle ne commette pas de gestes désespérés de sorte qu'elle a peu de chances de se laisser duper — pas plus, dans ce cas, que les fournisseurs, les autres bailleurs de fonds et l'employé de la société.

3. L'état de l'évolution de la situation financière devrait présenter les mêmes montants de liquidités, quelles que soient les modifications de conventions comptables apportées. Ainsi, les utilisateurs des états financiers qui savent lire l'EESF ne seraient pas dupes de telles modifications et pourraient même se montrer méfiants si le bénéfice s'écartait trop du montant des rentrées provenant de l'exploitation.

4. Même si certaines modifications étaient acceptables sur le plan de l'éthique et qu'elles pouvaient enjoliver la situation, il n'y aurait vraiment pas grand-chose à manipuler dans le cas de cette société. Les comptes clients ne sont pas énormes, et il n'existe aucune raison évidente pour que la société constate les produits par anticipation sans aller à l'encontre des PCGR. Les stocks ne sont pas très élevés non plus ; puisque la société applique déjà la méthode PEPS, il reste peu de place pour une augmentation de la valeur du stock en vue d'accroître le bénéfice. L'amortissement pourrait être progressif, mais cela ne changerait pas grand-chose au bénéfice. Même une réduction de moitié de l'amortissement ne permettrait de réduire la perte de l'exercice que de moins de 20 %.

Le cas se termine ici. Espérons que Mado et Thomas résoudront leurs problèmes et que leur jeune entreprise connaîtra le succès !

10.19   RÉFLEXIONS ET TRAVAUX PROPOSÉS POUR AMÉLIORER LA COMPRÉHENSION

Problème 10.1*   Comme vous le savez, il existe une contradiction générale entre deux objectifs se rapportant à la présentation de l'information comptable. Le premier objectif vise à adapter la comptabilité à la situation particulière de chaque société, de façon que les résultats soient pertinents et permettent de comprendre et d'évaluer cette société. Le second objectif vise la cohérence de la comptabilité d'une société à une autre, en vue de faciliter les comparaisons et de préserver la crédibilité de l'information.

Rédigez un court texte dans lequel vous expliquerez votre point de vue sur l'importance de cette contradiction et proposez des suggestions pour l'aplanir.

Problème 10.2   Devrait-on laisser à la direction la responsabilité du choix des conventions comptables ou faudrait-il confier ce rôle à quelqu'un d'autre (par exemple, le gouvernement, le vérificateur ou un comité indépendant)? Justifiez votre réponse.

Problème 10.3   Un journaliste s'intéressant à la comptabilité faisait remarquer ceci : « La direction fait des choix comptables dans son propre intérêt, alors que le pauvre vérificateur est seul à défendre le principe de fidélité ! Pourtant, vous savez à quel point les critères relatifs au choix des conventions comptables sont vagues et tributaires du jugement. »

Que pensez-vous de ces commentaires ?

Problème 10.4   1. Précisez les renseignements que vous vous attendez à trouver dans les notes annexées aux états financiers en ce qui concerne les principales conventions comptables.
2. Comment la société décide-t-elle quels renseignements seront mentionnés par voie de note ?
3. Un observateur du monde des affaires a suggéré ce qui suit : « Lorsqu'une société adopte une convention comptable inhabituelle, ses notes relatives aux principales conventions comptables devraient inclure un calcul de l'incidence de l'application de cette convention sur le bénéfice par rapport à l'incidence de la convention la plus courante. » Que pensez-vous de cette idée ?

Problème 10.5   Un actionnaire d'une grande société ouverte menace de poursuivre la direction, les vérificateurs et l'ICCA pour avoir approuvé des conventions comptables prudentes ayant conduit à la présentation de résultats apparemment faibles, et donc à une diminution du cours boursier qui a fait perdre de la valeur à son placement. Cette plainte est-elle justifiée ?

Problème 10.6   1. Bien des entreprises présentent des « placements temporaires » dans leur bilan. En quoi ces placements diffèrent-ils :
a) de l'encaisse ?
b) des placements intersociétés comptabilisés à la valeur de consolidation ?
2. Pourquoi, en dépit de la réponse fournie au point 1*a*, inclut-on souvent ces placements dans les liquidités pour calculer des flux de trésorerie dans l'EESF ?
3. Pourquoi ces placements sont-ils estimés à leur valeur minimale ?

Problème 10.7   En raison d'une réduction de ses opérations et de la vente de plusieurs divisions, la société Multiple ltée dispose d'importantes liquidités excédentaires qu'elle a investies temporairement. Voici les renseignements relatifs à l'encaisse et aux placements temporaires de cette société :

	31 déc. 1994	31 déc. 1993
Encaisse	2 134 600 $	1 814 910 $
Placements temporaires (au coût)	16 493 220	8 649 270
Placements temporaires (à la valeur marchande)	15 829 300	10 100 500
Produits de placements de l'exercice	1 492 814	948 653
Taux d'imposition de l'exercice	37 %	36 %

La société a évalué ses placements temporaires à leur coût mais, pour cet exercice, le vérificateur de la société a démissionné et le nouveau vérificateur insiste pour que la société évalue ses placements au coût ou à la valeur marchande, selon le moins élevé des deux (valeur minimale).

1. Quelle sera l'incidence de la nouvelle convention comptable sur le bénéfice net de 1994?

2. Quelle sera l'incidence de la nouvelle convention comptable sur les flux de trésorerie de 1994 si:
   a) les placements temporaires font partie des liquidités?
   b) les placements temporaires *ne font pas partie* des liquidités?

Problème 10.8   «Carl, les comptes clients nous posent un problème. Nous avons prévu une provision pour créances douteuses égale à 2% des comptes clients bruts mais, avec la récession, nous avons davantage de clients en difficulté. Il faudrait faire passer la provision à 5%.»

«Tania, c'est impossible car l'augmentation de la provision minerait notre rentabilité et causerait une perte dommageable de flux de trésorerie.»

À partir de l'information ci-dessous, préparez une analyse pour Carl et Tania.

Données:	Comptes clients bruts à la fin de l'exercice	8 649 000 $
	Bénéfice net actuel de l'exercice	223 650 $
	Taux d'imposition	30 %

Problème 10.9   Lorsque l'on constate les ventes à crédit en portant un débit aux comptes Clients et un crédit au compte Produits, il existe un risque commercial que certains clients ne paient pas pour les biens et services qu'ils ont reçus. Analysez les avantages et les inconvénients de chacune des méthodes de comptabilisation de ce risque énumérées ci-dessous:

1. Attente d'une preuve manifeste que le compte ne sera pas recouvré avant de le passer en charges en portant un crédit aux comptes Clients et un débit au compte de charge Créances irrécouvrables.

2. Création d'un compte de provision en contrepartie de celui qui est présenté dans l'actif (ce qui réduit ce dernier à sa valeur estimative de recouvrement), en portant un crédit au compte Provision pour créances douteuses et un débit au compte de charge Créances irrécouvrables lorsque le recouvrement de comptes paraît incertain, soit en raison de preuves spécifiques, soit parce qu'une analyse statistique indique que plus les clients tardent à payer, plus la probabilité de recouvrement des comptes diminue. Lorsque des comptes spécifiques deviennent indubitablement irrécouvrables, on peut les éliminer des comptes en portant un crédit aux comptes Clients et un débit au compte Provision.

3. Évaluation du risque lié à une vente à crédit (par exemple, au moyen d'une analyse statistique du rythme de recouvrement du compte), et constatation immédiate de ce risque en portant un crédit au compte Provision pour créances douteuses et un débit au compte de charge Créances irrécouvrables. Lorsque certains comptes deviennent indubitablement irrécouvrables, on les élimine des comptes de la même façon qu'au point 2.

Problème 10.10 La société Constructions Lambert ltée a obtenu un contrat du gouvernement québécois pour la construction de 15 km de route au prix contractuel de 100 000 $ le kilomètre. Le paiement de chaque kilomètre se fera selon le calendrier suivant :

- 40 % lorsque le béton sera coulé.
- 50 % lorsque le travail effectué sur ce kilomètre sera achevé.
- 10 % lorsque les 15 km de route seront terminés, inspectés et approuvés.

À la fin du premier exercice du contrat, 5 km de route ont été achevés et approuvés, le béton a été coulé et approuvé pour une deuxième tranche de 5 km, et le nivelage préliminaire de la troisième tranche de 5 km est terminé. Le coût initial du travail a été évalué à 80 000 $ le kilomètre. Actuellement, les coûts engagés concordent avec l'estimation initiale et atteignent les montants suivants : pour la tranche terminée, 80 000 $ le kilomètre ; pour la deuxième tranche, 65 000 $ le kilomètre ; et pour la dernière tranche, 10 000 $ le kilomètre. On prévoit terminer les tranches inachevées au coût prévu initialement.

1. Combien le gouvernement du Québec aura-t-il payé à la fin du premier exercice selon les conditions du contrat ? Présentez vos calculs.
2. Quel devrait être le bénéfice présenté pour l'exercice ? Présentez vos calculs et justifiez la méthode utilisée.

*Problème 10.11** La société Ducharme inc. a obtenu les résultats suivants au cours des trois premiers exercices de son exploitation :

	1993	**1992**	**1991**
Produits :			
Ventes à crédit	900 000 $	600 000 $	500 000 $
Ventes au comptant	80 000	75 000	40 000
Encaisse provenant des clients*	910 000	640 000	420 000
Comptes clients déclarés :			
Comptes douteux de l'exercice	40 000	15 000	10 000
Comptes irrécouvrables de l'exercice	10 000	30 000	5 000
* Incluant les ventes au comptant.			

Le président se demande quelle incidence aurait, sur le fonds de roulement et sur le bénéfice net de l'entreprise, l'application de l'une des méthodes suivantes d'évaluation des comptes clients :

a) Ne comptabiliser ni provision pour créances douteuses ni créances irrécouvrables, mais s'efforcer simplement de recouvrer les comptes.

b) Radier les comptes irrécouvrables, mais ne comptabiliser aucune provision pour créances douteuses.

c) Comptabiliser les comptes douteux et irrécouvrables au moment où la société en est informée.

Préparez une analyse pour le président. En raison des faibles bénéfices et des fortes allocations du coût en capital, la société n'a pas encore eu à payer d'impôts sur les bénéfices. Toutes les charges fiscales ont été reportées.

Problème 10.12 Expliquez chacun des points suivants :

1. En ce qui concerne la comptabilisation des stocks et du coût des marchandises vendues, pourquoi pose-t-on des hypothèses relatives au flux des coûts ? Pourquoi ne se contente-t-on pas d'imputer le coût réel des articles vendus au coût des marchandises vendues et de conserver le coût réel des articles non vendus dans le compte Stock du bilan ?

2. Dans quelles circonstances chacune des méthodes d'évaluation du coût du stock serait-elle appropriée ?

   a) La méthode du coût d'achat réel (le coût réel des articles en stock) ;

   b) La méthode DEPS ;

   c) La méthode du coût moyen ;

   d) La méthode PEPS ;

   e) L'estimation du coût par déduction de la majoration du prix de vente (par exemple, la méthode de l'inventaire au prix de détail).

3. Le stock est-il toujours un élément de l'actif à court terme ?

4. Quel rapport y a-t-il (le cas échéant) entre la méthode de constatation des produits de l'entreprise et sa méthode d'évaluation du coût du stock ?

5. Pouvez-vous donner quelques exemples d'« articles en stock » qui ne sont pas de nature corporelle ?

6. Quelle différence y a-t-il entre un « article en stock » et chacun des éléments suivants ?

   a) Un titre négociable ;

   b) Une charge payée d'avance ;

   c) Une charge reportée ;

   d) Une immobilisation.

Problème 10.13 Aux États-Unis, contrairement au Canada, la méthode DEPS est acceptée à des fins fiscales. Pour cette raison, plus de sociétés appliquent la méthode d'évaluation du coût du stock DEPS aux États-Unis qu'au Canada, particulièrement en période d'inflation.

1. Expliquez l'énoncé ci-dessus.

2. Imaginez la situation suivante : vous possédez des actions d'une société qui a décidé de passer de la méthode PEPS à la méthode DEPS pour déterminer le coût de son stock, ce qui a entraîné une diminution du bénéfice net de 2 millions de dollars. Comment réagissez-vous ? Justifiez votre réponse.

Problème 10.14 La société Achard ltée a effectué les achats de marchandises suivants au cours du mois d'avril :

Date	Nombre d'unités achetées	Coût unitaire	Coût total
2 avril	100	5 $	500 $
15 avril	200	6	1 200
23 avril	50	7	350
	350		

Voici les ventes de marchandises de la société au cours du même mois :

Date	Nombre d'unités vendues
6 avril	70
13 avril	120
18 avril	200
	390

Au 1er avril, le stock de la société se composait de 150 unités valant 4 $ l'unité.

1. Calculez le coût des marchandises vendues en avril, selon la méthode DEPS, la méthode PEPS et la méthode du coût moyen annuel pondéré, et posez l'hypothèse que la société utilise la méthode de l'inventaire périodique pour comptabiliser son stock.

2. Calculez la valeur du stock de clôture au 30 avril selon chacune des trois méthodes ci-dessus.

3. Posez l'hypothèse que la valeur marchande de ces articles était seulement de 5 $ au 20 avril et que la société utilise la méthode de la valeur minimale pour évaluer chaque article individuellement. Répondez de nouveau à la question 2.

4. (Optionnel). Répondez de nouveau aux questions 1, 2 et 3 en posant cette fois l'hypothèse que la société utilise la méthode de l'inventaire permanent pour comptabiliser son stock.

Problème 10.15* La société Béland ltée est en affaires depuis trois ans. Son taux d'imposition est de 30 %. L'entreprise gère si bien son stock que seul le coût d'une petite quantité d'articles est inférieur à leur valeur de réalisation nette. Voici les chiffres relatifs au stock et au coût des marchandises vendues pour les trois exercices en question, calculés selon chacune des trois méthodes ci-dessous :

	1994	1993	1992
a) PEPS :— Stock de clôture	112 000 $	148 000 $	115 000 $
— CMV	636 000	867 000	585 000
b) Coût moyen :— Stock de clôture	108 000	126 000	106 000
— CMV	618 000	880 000	594 000
c) DEPS : — Stock de clôture	104 000	118 000	92 000
— CMV	614 000	874 000	608 000
Achats de chaque exercice	600 000	900 000	700 000

1. Déterminez les méthodes d'évaluation du coût du stock qui permettent de produire le bénéfice le plus élevé et le bénéfice le moins élevé pour chaque exercice, et calculez l'effet du choix de la première méthode plutôt que de la dernière sur le bénéfice net.

2. Étant donné les variations des résultats que vous avez observées au point 1, comment une société devrait-elle choisir sa méthode d'évaluation du coût du stock ?

Problème 10.16 Un détaillant, les Marchés Rétro ltée, a commencé son exploitation le 1er novembre 1993. Voici comment se présentaient ses bilans au 1er novembre 1993 et au 31 octobre 1994 (en milliers de dollars).

	31-10-94	01-11-93		31-10-94	01-11-93
Encaisse	26 $	100 $	Comptes fournisseurs	194 $	180 $
Comptes clients	334	300	Capital-actions	500	500
Provision pour créances douteuses	(30)	(20)	Bénéfices non répartis	76	—
Stock (PEPS)	354	240			
Agencements	40	—			
Amortissement cumulé	(8)	—			
Fonds commercial (net)	54	60			
	770 $	680 $		770 $	680 $

Au départ, la société possédait des comptes clients, des comptes fournisseurs et des stocks, car elle a été constituée en vue d'acquérir une autre société dont le propriétaire avait décidé de se retirer des affaires. Les installations et le matériel de l'entreprise étaient tous loués, de sorte que la société a commencé son exploitation sans immobilisations. Pour cet exercice, la société n'a pas à payer d'impôts sur les bénéfices.

1. À partir de cette information, calculez le prix d'acquisition de l'entreprise le 1er novembre 1993.

2. Le bénéfice net de la société pour le premier exercice s'élevait à 76 000 $. Calculez les rentrées provenant de l'exploitation de cet exercice (en milliers de dollars).

3. Si la société passait de la méthode PEPS à la méthode du coût moyen pour l'évaluation de son stock, le stock se monterait à 316 000 $ au 31 octobre 1994. Dans ce cas, à combien s'élèveraient :

   a) les bénéfices non répartis au 31 octobre 1994 ?

   b) les rentrées provenant de l'exploitation (basées sur la réponse donnée au point 2) ?

4. La société achète ses stocks en grande quantité. Voici les achats et les ventes de l'exercice précédent (totaux en milliers de dollars) :

1er novembre 1993, stock d'ouverture	8 000 unités à 30 $ = 240 $
Ventes avant le prochain achat	6 000 unités
15 février 1994, achat	7 000 unités à 36 $ = 252 $
Ventes avant le prochain achat	4 000 unités
31 juillet 1994, achat	7 500 unités à 40 $ = 300 $
Ventes avant le 31 octobre 1994	3 500 unités

La société utilise la méthode de l'inventaire périodique pour comptabiliser son stock.

   a) Quel sera le coût du stock au 31 octobre 1994 si l'entreprise applique la méthode DEPS (dernier entré, premier sorti)?

   b) Quel sera le coût des marchandises vendues selon la méthode DEPS ?

5. Le 31 décembre 1994, au cours de son *deuxième* exercice, l'entreprise a vendu divers comptoirs et tables dont elle n'avait pas besoin au prix de 15 000 $. À cette date, ces biens, qui avaient coûté 18 000 $, avaient une valeur comptable de 12 000 $.

a) Journalisez l'écriture destinée à inscrire cette vente.

b) Expliquez pourquoi cette vente a une incidence sur le calcul des rentrées provenant de l'exploitation de l'état de l'évolution de la situation financière de la société pour son *deuxième* exercice.

Problème 10.17

1. Pourquoi les sociétés présentent-elles une charge d'amortissement ? Quel est l'objectif visé par le principe comptable sous-jacent à la base de l'utilisation de ce compte ?

2. Pourquoi l'amortissement est-il présenté comme un redressement du bénéfice dans l'état de l'évolution de la situation financière ?

3. Pourquoi inscrit-on la charge d'amortissement en portant un débit à un compte de charge et un crédit au compte Amortissement cumulé ? Pourquoi ne porte-t-on pas simplement un crédit au coût du bien de façon que le bilan présente seulement le solde du coût non amorti ? Après tout, on utilise bien cette méthode pour les charges payées d'avance, les charges reportées et bien des immobilisations incorporelles comme les brevets et le fonds commercial.

4. Dans quelles circonstances conviendrait-il d'appliquer chacune des méthodes d'amortissement ci-dessous ?

a) L'amortissement linéaire (charge uniforme pendant la durée d'utilisation du bien) ;

b) L'amortissement accéléré (charge d'amortissement décroissante au cours de la durée d'utilisation du bien) ;

c) L'amortissement progressif (charge d'amortissement croissante au cours de la durée d'utilisation du bien) ;

d) L'amortissement proportionnel à l'utilisation (charge périodique variable en fonction de l'utilisation du bien).

5. Sur quelle base une société devrait-elle décider d'amortir ses immobilisations individuellement ou par groupes ?

Problème 10.18

La société Pétrobec ltée exerce ses activités dans le secteur de la production du pétrole. Le 1er janvier 1988, la société a versé 1 000 000 $ pour la location d'un site aux alentours du Grand lac à l'Orignal. Le site loué est censé renfermer de grandes quantités de pétrole sous forme de sables bitumineux.

Au cours des cinq années qui ont suivi, soit jusqu'au 31 décembre 1993, la société a engagé 5 000 000 $ dans des travaux d'exploration destinés à évaluer l'étendue des gisements, dans le perfectionnement de la technique d'extraction et dans la construction de routes d'accès.

1. En supposant que la société ait débuté avec un capital-actions de 3 000 000 $, qu'elle ait emprunté 3 000 000 $ depuis et que seules les opérations indiquées ci-dessus doivent être prises en considération, dressez le bilan de la société Pétrobec au 31 décembre 1993.

2. Au cours de l'exercice 1994, l'entreprise a produit 500 000 barils de pétrole. Les coûts de production engagés durant l'exercice se chiffrent à 1 000 000 $. À la fin de l'exercice, il reste en entrepôt 100 000 barils de pétrole raffiné, et 400 000 barils ont été vendus au prix de 4 $ le baril.

a) En supposant que les frais de vente se montent à 200 000 $, préparez l'état des résultats de la société Pétrobec ltée pour l'exercice 1994. Présentez le calcul du coût des marchandises vendues.

b) Comment se présenterait la section Actif du bilan au 31 décembre 1994 ?

Problème 10.19 Pour chacune des questions suivantes, rédigez une brève réponse :

a) Pourquoi peut-on dire que le choix de conventions comptables n'a pas d'incidence sur les flux de trésorerie, si l'on ne tient pas compte de l'incidence fiscale ?

b) Pourquoi une modification de convention relative à l'amortissement influe-t-elle sur le ratio d'endettement ?

c) Une société envisage de créer un élément de passif relatif à l'obligation découlant des frais de garantie en estimant le coût des réparations garanties qui n'ont pas encore été effectuées pour des clients mais qui seront probablement nécessaires. Une telle modification de convention comptable aura-t-elle une incidence sur le rendement de l'actif ? Pourquoi ?

Problème 10.20 Commentez brièvement les remarques suivantes faites par un homme d'affaires :

1. « Personne ne se préoccupe de nos choix de conventions comptables, car ils n'ont pas d'incidence sur le cours des actions de la société. »

2. « L'an passé, nous avons vendu pour 54 000 $ de matériel d'une valeur comptable de 70 000 $. J'en voulais beaucoup à notre directeur général pour cette perte de 16 000 $, et j'ai failli le mettre à la porte. »

3. « Je ne permets pas à notre société d'inclure des immobilisations incorporelles dans le bilan parce que je préfère présenter un bilan plus prudent ne contenant pas d'éléments discutables. »

4. « Une fois les conventions comptables présentées adéquatement, toutes les notes afférentes aux états financiers sont réellement nuisibles et sans objet. »

Problème 10.21 La compagnie Transports Gaspésie ltée possède un petit parc de camions de livraison. Chaque camion est amorti selon la méthode de l'amortissement dégressif (taux de 20 %; la moitié dans l'année d'acquisition et dans l'année de cession) et n'a pas de valeur de récupération. Le camion 4 a été acheté au prix de 46 000 $ le 1er juillet 1991 et a été vendu trois ans plus tard, le 30 juin 1994, au prix de 15 000 $. La date de fin d'exercice de la société est le 31 décembre.

1. À combien s'élevait l'amortissement cumulé du camion 4 à la date de la cession ?

2. En fonction de la réponse que vous avez donnée au point 1, journalisez l'écriture destinée à inscrire la cession du camion 4.

3. Reprenez les points 1 et 2, en supposant que la société applique la méthode de l'amortissement linéaire à un taux de 15 % par année, et qu'elle estime la valeur de récupération à 6 000 $.

4. Calculez la différence constatée dans les effets entre les deux méthodes d'amortissement sur l'état des résultats et l'état de l'évolution de la situation financière de la société pour l'exercice 1994.

5. En quoi l'utilisation par la société de méthodes d'amortissement différentes (le cas échéant) toucherait-elle les créanciers ou les investisseurs potentiels ?

6. L'utilisation de méthodes d'amortissement différentes pourrait avoir une incidence sur les possibilités de comparaison des résultats financiers d'une même société entre plusieurs exercices, ou entre plusieurs sociétés au cours du même exercice. Comment ces différences sont-elles atténuées ?

Problème 10.22 Depuis des années, Henriette fabrique des courtepointes, des tabliers, des oreillers, des écharpes et d'autres objets du même genre. Récemment, elle a franchi une étape importante en ouvrant sa propre boutique. Elle y vend ses produits et ceux d'autres artisans de la région. Son mari, qui s'intéresse davantage aux sports qu'à la comptabilité, tient ses comptes et a préparé une ébauche d'états financiers :

États financiers de la boutique Artisanat d'Henriette ltée
Bilan au 31 décembre 1994

Actif			Passif et capitaux propres		
À court terme :			À court terme :		
Stock	43 000 $		Dû à la banque	18 000 $	
Dû par les clients	2 140		Dû aux fournisseurs	21 000	
Encaisse	4 600		Impôts dus	3 200	
	49 740 $			42 200 $	
À long terme :			Hypothèque sur le magasin	110 000	
Magasin	187 000 $		Capitaux propres :		
Amortissement actuel	3 740		Actions émises	68 000	
	183 260 $		Bénéfice à ce jour	12 800	
	233 000 $			233 000 $	

Résultats pour l'exercice clos le 31 décembre 1994

Chiffre d'affaires		152 000 $
Coût des marchandises vendues :		
Achats	118 000 $	
Moins : Stock restant	43 000	75 000
Marge bénéficiaire		77 000 $
Charges :		
Exploitation de la boutique	22 000 $	
Salaires	24 000	
Intérêts	15 000	61 000
Bénéfice avant impôts		16 000 $
Impôts sur les bénéfices estimatifs		3 200
Bénéfice de l'exercice		12 800 $

1. Voici les coûts des biens nécessaires à l'exploitation de la boutique : mobilier et étagères, 19 000 $; caisse enregistreuse et matériel, 14 000 $; bâtiment, 114 000 $; terrain, 40 000 $, pour un total de 187 000 $. Le mari d'Henriette a calculé l'amortissement au taux de 2 % du total et a inclus le résultat de son calcul, soit 3 740 $, dans les charges d'exploitation de la boutique.

   a) Donnez votre avis sur la méthode d'amortissement utilisée par le mari d'Henriette.

   b) Proposez une méthode d'amortissement plus convenable en indiquant toutes les hypothèses nécessaires.

   c) Calculez l'amortissement de l'exercice 1994 à partir de la méthode que vous proposez et journalisez l'écriture destinée à redresser les comptes et à refléter vos calculs.

2. La plupart des articles en stock et le coût des marchandises vendues sont comptabilisés à leur coût « réel », parce que chaque article porte une étiquette sur laquelle figurent le nom de la personne qui l'a fabriqué et un numéro d'identification. Henriette se sert de cette information pour déterminer quels sont, parmi les artisans, ceux qui fabriquent des articles populaires et ceux dont les articles sont moins en demande. La boutique vend aussi divers papiers d'emballage à la mode. Voici comment se présentent les achats et les ventes de papiers d'emballage :

Achat initial	200 paquets à 1,20 $	240 $
Ventes au 24 avril	160 paquets	
Achat du 25 avril	300 paquets à 1,30 $	390
Ventes au 15 août	310 paquets	
Achat du 16 août	500 paquets à 1,40 $	700
Ventes au 31 décembre	450 paquets	
		1 330 $

Le mari d'Henriette, se basant sur un vieux manuel de comptabilité, a présenté les chiffres suivants concernant le papier d'emballage :

    Coût unitaire : 1 330 $/1 000 = 1,33 $

    Coût des marchandises vendues : 920 x 1,33 $ = 1 224 $

    Stock de clôture : 80 x 1,33 $ = 106 $

   a) Quelle est la méthode d'évaluation du coût du stock utilisée par le mari d'Henriette ?

   b) Cette méthode est-elle acceptable pour les papiers d'emballage ? Pourquoi ?

   c) Calculez le stock de clôture et le coût des marchandises vendues relatifs aux papiers d'emballage en appliquant la méthode DEPS dans le cas où l'entreprise utilise un système d'inventaire permanent.

3. Henriette envisage d'acheter une petite cuisinette pour la boutique, de façon à pouvoir vendre aux clients de passage du café, des biscuits et d'autres produits. Elle pense que cette initiative aurait beaucoup de succès et rapporterait un montant net de 1 000 $ par année (ventes

provenant de la cuisinette, moins les charges, plus l'augmentation des ventes d'articles d'artisanat, moins les charges). La cuisinette coûterait 4 000 $ et Henriette prévoit pouvoir la revendre 1 500 $ dans quatre ans et en acheter une plus grande si l'idée a du succès. La boutique devrait payer des intérêts de 12 % sur son emprunt à la banque pour couvrir le coût de la cuisinette.

La société devrait-elle en faire l'acquisition ? Présentez vos calculs.

4. Henriette envisage de capitaliser 2 000 $ de salaires payés au cours de l'exercice (payés au début de 1990 pour la fabrication des étagères) et d'inclure ce montant dans le coût du mobilier et des étagères.

   a) Que signifie « capitaliser » une dépense de ce genre ?

   b) Quel serait l'effet de la capitalisation de ces salaires sur le bénéfice de 1994 (*en ne tenant pas compte des impôts*) ?

5. Lorsque Henriette a examiné l'ébauche des états financiers, elle a noté les points suivants :

   • La valeur de réalisation nette du stock s'élève à 41 600 $.

   • Un compte client, d'une valeur de 150 $, est irrécouvrable et le recouvrement de trois autres comptes, qui totalisent 280 $, est incertain.

   • L'encaisse est surévaluée de 1 000 $ parce que son mari a inscrit deux fois un emprunt bancaire de 1 000 $.

   • Une facture de 210 $ relative à des frais d'exploitation qui ne seront engagés qu'en janvier 1995 a été incluse dans les comptes fournisseurs.

   • La tranche à court terme du prêt hypothécaire sur la boutique se monte à 4 200 $.

   En tenant compte de ces éléments et en appliquant la méthode d'amortissement que vous avez choisie au point 1 ainsi que le projet de capitalisation prévu par Henriette au point 4, calculez le *bénéfice avant impôts* révisé de la société pour l'exercice 1994.

6. Le mari d'Henriette a estimé les impôts à payer en multipliant simplement le bénéfice avant impôts par un taux de 20 %. En fait, en raison de la déduction pour amortissement (amortissement fiscal), le bénéfice imposable de 1994 s'élevait seulement à 1 800 $. Le taux d'imposition approprié de la société est de 25 %, non de 20 %.

   a) Journalisez une écriture destinée à redresser le bénéfice imposable estimatif inscrit par le mari selon les renseignements fournis ci-dessus.

   b) En tenant compte de l'énoncé *a* ci-dessus et des points 1, 4 et 5, calculez les éléments suivants au 31 décembre 1994 :
   • Les bénéfices non répartis ;
   • Le total de l'actif.

Problème 10.23* La société Joujoutech inc. invente, fabrique et vend des jouets et des jeux de société. En 1994, la direction de la société a décidé de modifier deux de ses conventions comptables. La première modification a trait à la capitalisation de certains frais de développement de nouveaux jeux éducatifs qui auparavant étaient imputés aux charges au moment où ils étaient engagés. L'entreprise estime que la demande du marché relative à ces jeux a été assez forte depuis plusieurs années et que ces frais de développement devraient procurer des avantages futurs. La seconde modification comptable concerne la méthode d'amortissement utilisée pour une partie du matériel : la société désire maintenant remplacer la méthode de l'amortissement linéaire par la méthode de l'amortissement décroissant à taux double. Nous présentons ci-dessous les effets de ces modifications sur les frais de développement et l'amortissement pour les exercices 1993 et 1994. Le taux d'imposition de la société est de 30 % et les modifications comptables devraient avoir une incidence sur les impôts reportés, mais pas sur les impôts de l'exercice.

Frais de développement	1993	1994
Ancienne convention	75 000 $	85 000 $
Nouvelle convention	70 000	78 000

Charge d'amortissement	1993	1994
Ancienne convention	150 000 $	175 000 $
Nouvelle convention	160 000	170 000

1. Déterminez l'incidence *combinée* des deux modifications comptables sur chacun des éléments suivants en 1993 et en 1994. Précisez si chaque élément augmente, diminue ou n'est pas touché. Vérifiez chaque ratio avec soin de façon à déterminer l'effet de ces modifications à la fois sur le numérateur et sur le dénominateur.

   a) Le bénéfice net;

   b) Le fonds de roulement à la fin de l'exercice;

   c) L'actif total à la fin de l'exercice;

   d) Le ratio d'endettement à la fin de l'exercice;

   e) Le rendement des capitaux propres à la fin de l'exercice;

   f) Le coefficient de rotation de l'actif total.

2. Examinez les changements que vous avez relevés. Comment les investisseurs réagiront-ils à ces changements, selon l'hypothèse de l'efficience du marché des capitaux? Pourquoi?

Problème 10.24 La société Godbout ltée a payé 200 000 $ pour le terrain, les bâtiments, le stock et les comptes fournisseurs d'une autre entreprise qui va devenir une filiale. L'ensemble des éléments d'actif (après déduction des comptes fournisseurs qui s'élèvent à 50 000 $) se monte à 187 000 $.

1. Quel sera, finalement, le compte d'actif que la société présentera dans son bilan?

2. Si la société avait payé 185 000 $ plutôt que 200 000 $, quelle réponse donneriez-vous au point 1?

Problème 10.25 La société Hudon ltée fait le commerce de détail de produits de consommation. Le président de la société se préoccupe de deux problèmes: le problème des liquidités de la société qui s'aggrave (encaisse de 3 000 $ et pas d'emprunt bancaire à la fin de 1993, pas d'encaisse et emprunt bancaire de 7 000 $ à la fin de 1994) et le bénéfice net qui lui paraît inadéquat.

1. Le président ne comprend pas pourquoi la société a fait un bénéfice de 9 000 $, et sa situation financière, comme nous l'avons mentionné ci-dessus, semble encore *s'être détériorée* de 10 000 $. Expliquez brièvement comment se produisent, en général, les écarts entre le bénéfice et les variations des liquidités.

2. Le président a proposé de modifier certaines conventions comptables de la société dans le but de présenter un bénéfice plus élevé. Il a rencontré les vérificateurs de la société pour discuter de ses idées. À votre avis, que lui ont répondu les vérificateurs ?

3. Pour chacune des modifications présentées ci-dessous, *que vous devez examiner séparément*, calculez l'effet sur le bénéfice net de 1994 *et* sur l'actif total au 31 décembre 1994. Supposez que le taux d'imposition de la société est de 30 %.

   a) Le président a suggéré d'anticiper la constatation des produits. Cette modification entraînerait une augmentation des comptes clients nets de 12 000 $ au 31 décembre 1993 et de 23 000 $ au 31 décembre 1994.

   b) Le président a suggéré d'adopter la méthode PEPS pour l'évaluation du coût du stock (laquelle produirait des coûts encore moins élevés que la valeur de réalisation nette). Si l'entreprise adoptait cette modification, le stock augmenterait de 4 000 $ au 31 décembre 1993 et de 1 000 $ au 31 décembre 1994.

   c) Le président a suggéré de ne pas comptabiliser d'impôts reportés mais de considérer plutôt la totalité de la charge fiscale comme une charge de l'exercice. Le passif d'impôts reportés était de 2 800 $ au 31 décembre 1993 et, si l'entreprise n'adoptait pas cette modification, il serait de 2 600 $ au 31 décembre 1994.

   d) Le président a suggéré de capitaliser davantage de frais de développement des produits de la société et d'amortir les montants additionnels capitalisés sur cinq ans, selon la méthode de l'amortissement linéaire. Si cette proposition était adoptée, la société capitaliserait 4 000 $ de frais de 1993 au 31 décembre 1993 et 6 000 $ de frais de 1994 au 31 décembre 1994.

Problème 10.26 Indiquez les différences entre les méthodes de présentation de l'actif à long terme et du passif à long terme du bilan d'une société.

Problème 10.27 Un professeur de comptabilité déclarait récemment : « Notre gouvernement n'est pas le seul à gaspiller l'héritage de nos enfants. Les organismes de normalisation en comptabilité sont aussi coupables, parce qu'ils n'ont pas établi ni fait respecter des normes en matière de présentation des obligations découlant, notamment, des régimes de retraite tant pour le secteur public que pour le secteur privé. »

Expliquez de quelle façon ce prétendu manquement de la part des normalisateurs en matière d'obligations découlant des régimes de retraite retire l'argent des mains des générations futures.

Problème 10.28 Il y a de nombreuses années, lorsqu'un parti politique canadien a traité les sociétés qui présentaient des impôts reportés dans leur bilan de « sociétés vivant de l'assistance sociale », il suscita une vive controverse. Ce parti soutenait que les impôts reportés représentaient des milliards de dollars en impôts non payés dus par les sociétés aux gouvernements fédéral et provinciaux, qui ne seraient probablement jamais payés.

Expliquez ce qu'il en est exactement.

Problème 10.29　Reprenez les notes afférentes aux états financiers de la société Canadien Pacifique ltée présentées dans le chapitre 9 et faites une liste — la plus exhaustive possible — des renseignements *importants* qui ne sont pas inclus dans les états financiers. Expliquez brièvement pourquoi ces renseignements sont importants selon vous.

Problème 10.30　Ce problème constitue une bonne occasion de *mesurer vos connaissances* !

Reprenez la balance de vérification de la société Grimaud ltée (chapitre 4, problème 4.11) ainsi que les états financiers que vous aviez préparés initialement. Supposons que vous ayez obtenu les nouveaux renseignements suivants :

a) À la toute fin de l'année 1994, l'entreprise a vendu du matériel pour une valeur de 1 800 $, matériel qui avait coûté 4 500 $ onze ans plus tôt. Le teneur de livres a porté le produit de la vente au débit du compte Encaisse et au crédit du compte Produits de services.

b) L'entreprise amortit son matériel selon la méthode de l'amortissement linéaire, pendant une durée d'utilisation de quinze ans, sans valeur de récupération. Aucune charge d'amortissement n'est inscrite dans l'année de la vente. L'amortissement du reste des éléments d'actif a été inscrit dans les comptes.

c) Aucun autre matériel n'a été acheté ni vendu en 1994.

d) La société utilise la méthode du coût moyen pour la valorisation de son stock. Elle avait 2 000 unités en stock à la fin de l'année 1994 (à 18,50 $ l'unité) et elle a effectué les achats suivants en 1994, dans l'ordre où ils sont mentionnés : 800 unités à 19,00 $, 1 200 unités à 16,20 $, 2 000 unités à 17,50 $, 1 500 unités à 19,20 $ et 500 unités à 20,50 $. La société a inscrit la vente de 5 666 unités en 1994. Selon la méthode du coût moyen, le coût des marchandises vendues en 1994 était de 103 190 $ et le stock de clôture se montait à 42 500 $. Le coût moyen pondéré est de 18,21 $ et les deux chiffres ci-dessus sont arrondis.

e) La société a décidé de passer de la méthode du coût moyen à la méthode PEPS pour la valorisation de son stock (les coûts seront moins élevés que la valeur de réalisation nette, comme c'est le cas pour la méthode du coût moyen). La modification sera mise en application en 1994, mais le coût unitaire des articles en stock à la fin de 1993 (18,50 $) ne sera pas modifié. Le teneur de livres ne sait vraiment pas comment appliquer la modification comptable.

f) La société n'a pas comptabilisé correctement les primes dues que la société doit au président depuis les trois derniers exercices. Les primes portent sur les exercices 1992, 1993 et 1994, et ont été payées et inscrites à titre de charges dans l'état des résultats de 1994, dans le compte Salaires de service. Voici les montants des primes :

1992	2 000 $
1993	3 000
1994	4 000

g) Le taux d'imposition de la société est de 25 %. Tous les redressements relatifs aux impôts sur les bénéfices seront remboursés ou payés dans l'exercice suivant.

1. Journalisez les écritures de redressement destinées à corriger les livres de la société.

2. Calculez l'incidence des écritures (point 1) sur :

   a) le bénéfice net de 1994,

   b) les bénéfices non répartis au début de 1994,

   c) les bénéfices non répartis à la fin de 1994.

3. Préparez le bilan, l'état des résultats et l'état des bénéfices non répartis révisés pour 1994.

4. Donnez votre avis sur les résultats de l'entreprise en 1994 ainsi que sur sa situation financière à la fin de l'exercice. Présentez toutes les analyses que vous jugez nécessaires, mais ne vous donnez pas la peine de calculer la formule de Scott.

Problème 10.31 Récemment, la société Tessier Sports inc. a accepté d'acheter le centre sportif local au prix de 100 000 $. L'agent immobilier avait fixé le prix de la propriété à 115 000 $, mais Marc Tessier, le président de Tessier Sports, s'est organisé avec le propriétaire actuel, Rêves déçus ltée, pour faire baisser le prix en promettant de payer le tout comptant. Marc a pris connaissance de l'évaluation foncière du centre sportif faite par la municipalité, et il a relevé les renseignements suivants :

Évaluation totale	80 000 $
Proportion de la valeur attribuable au terrain	70 %
Proportion de la valeur attribuable au bâtiment	30 %

Marc sait également que le centre sportif a pris des engagements fermes qu'il doit respecter (quel que soit le propriétaire du centre) pendant les 20 prochaines années avec une équipe de basket-ball et une équipe de hockey locales qui connaissent un grand succès. Les flux de trésorerie nets prévus provenant de ces deux contrats sont d'environ 25 000 $ par année pour la durée totale du contrat. Il s'agit d'une situation plutôt avantageuse, puisque le reste de la durée d'utilisation estimative du centre a été établie à vingt ans par un évaluateur professionnel.

Après avoir consulté un entrepreneur, Marc a appris que le prix qu'il avait offert était plus que convenable puisque la valeur comptable nette du bâtiment dans les livres de la société se montait à seulement 30 000 $.

La société Tessier Sports peut emprunter ou investir à un taux d'intérêt de 10 %.

1. Présentez toutes les évaluations possibles du centre sportif à partir des renseignements dont vous disposez. Présentez les calculs nécessaires.

2. Énumérez les utilisateurs potentiels de chaque évaluation et décrivez comment ils se serviraient de l'information.

Problème 10.32 1. Expliquez pourquoi les valeurs inscrites dans le bilan et la mesure du bénéfice sont liées.

2. Nommez et expliquez brièvement deux des limites relatives aux valeurs présentées dans le bilan au coût d'origine.

3. En période d'inflation, les éléments suivants auront-ils tendance à être surévalués ou sous-évalués ? Pourquoi ?

   a) L'actif ;

   b) Le bénéfice net ;

   c) Le rendement des capitaux propres.

Problème 10.33 Rédigez un court texte sur chacun des sujets suivants :

1. Pourquoi précise-t-on, dans le rapport du vérificateur, que les états financiers de l'entreprise ont été dressés conformément aux principes comptables généralement reconnus ?

2. Pourquoi faut-il exercer son jugement professionnel dans la préparation d'états financiers ?

3. Est-il justifiable d'appliquer une méthode offensive de constatation des produits (en d'autres termes, d'anticiper la constatation des produits dans le cycle production, vente et recouvrement) ?

4. Pourquoi les sociétés devraient-elles préciser les éléments qui composent les « liquidités » lorsqu'elles préparent l'état de l'évolution de la situation financière ?

5. Pourquoi un « redressement affecté aux exercices antérieurs » n'entre-t-il pas dans le calcul du bénéfice de l'exercice et est-il plutôt présenté dans l'état des bénéfices non répartis ?

Problème 10.34 Lors d'un déjeuner avec un membre de la haute direction d'une grande société ouverte, vous êtes amenés à commenter plusieurs de ses réflexions, dont les suivantes :

1. « Les normes et les principes comptables évoluent trop lentement pour tenir compte des changements rapides des besoins des entreprises comme la nôtre. Pourquoi ne pas simplement mettre de côté les normes et les PCGR pour comptabiliser les faits de la façon qui correspond le mieux à nos besoins ? »

2. « J'aimerais bien voir radier notre écart d'acquisition. Je ne comprends pas quel sens peut avoir un élément de ce genre dans l'actif du bilan. Pour moi, il ne s'agit pas d'un élément d'actif comme les autres. »

3. « Vous venez de faire référence à l'exercice du jugement dans l'application des principes comptables. C'est ridicule : le jugement est une notion à laquelle les gens font appel lorsqu'ils préfèrent ne pas suivre les règles. »

4. « J'ai appris que les vérificateurs n'accepteraient peut-être pas les modifications comptables que nous avons envisagées. Peu importe. Nous pouvons toujours changer de vérificateurs ! »

5. « Vous avez évoqué la réaction du marché boursier face à nos modifications de conventions comptables. Le marché boursier réagit-il ? Je pensais qu'il faisait peu de cas de la comptabilité. »

Problème 10.35 Voici un résumé des comptes de la société Ambitieux ltée pour l'exercice en cours et l'exercice précédent, avant la fermeture des produits, des charges et des dividendes dans les bénéfices non répartis.

	Débits			Crédits		
	Exercice courant	**Exercice précédent**			**Exercice courant**	**Exercice précédent**
Impôts remboursables	5 000 $	3 000 $	Emprunt bancaire		42 000 $	41 000 $
Créances irrécouvrables	6 000	8 000	Fournisseurs		73 000	59 000
Encaisse	4 000	10 000	Dette à long terme		70 000	76 000
Clients (nets)	60 000	35 000	Impôts reportés		8 000	6 000
Stocks	88 000	68 000	Amortissement cumulé		41 000	36 000
Placement	48 000	—	Capital-actions		75 000	50 000
Terrain	5 000	15 000	Bénéfices non répartis			
Usine	189 000	187 000	*d'ouverture*		50 000	38 000
Coût des marchandises vendues	179 000	148 000	Chiffre d'affaires		316 000	261 000
Autres charges	97 000	84 000	Autres produits		16 000	11 000
Charge fiscale	15 000	11 000	Gain extraordinaire (net)		15 000	—
Dividendes	10 000	9 000				
	706 000 $	578 000 $			706 000 $	578 000 $

Autres renseignements :

- L'amortissement se montait à 13 000 $ pour l'exercice précédent et s'élève à 15 000 $ pour l'exercice en cours.
- Au cours de l'exercice, du matériel ayant coûté 18 000 $ a été vendu 8 000 $. L'amortissement étant calculé par groupes d'éléments d'actif, aucun gain ni aucune perte n'ont été inscrits sur cette vente.
- Le placement représente une participation de 80 % dans les actions avec droit de vote de la société Tardif ltée, société qui a été acquise au comptant, plus tôt dans le même exercice, pour 40 000 $. À la date d'acquisition, la valeur comptable de l'actif net de la société Tardif s'élevait à 26 000 $ et sa juste valeur marchande estimative était de 31 000 $ (en raison de la valeur du terrain). Depuis l'acquisition, la société Tardif a fait un bénéfice net de 10 000 $ mais n'a pas versé de dividendes. La société Ambitieux ne paie pas d'impôts sur les bénéfices provenant de ce genre de placement.
- Au cours de l'exercice et de façon inattendue, le gouvernement a exproprié une partie du terrain et a versé 30 000 $ à titre d'indemnisation. La société doit verser 5 000 $ d'impôts sur le gain en capital découlant de ce produit.
- La société envisage de changer sa méthode de comptabilisation des créances irrécouvrables. Selon la nouvelle méthode, les comptes clients nets de l'exercice précédent devraient être réduits de 8 000 $ et ceux de l'exercice en cours, de 14 000 $. La société devra faire une déclaration d'impôts révisée dans laquelle elle réclamera le remboursement de 3 000 $

d'impôts pour l'exercice précédent et de 2 000 $ pour l'exercice en cours, soit un total de 5 000 $.

1. Journalisez l'écriture destinée à tenir compte de la modification comptable.

2. Calculez le bénéfice net de l'exercice en cours après avoir inscrit la modification du point 1.

3. Calculez les chiffres suivants relatifs aux états financiers consolidés d'Ambitieux ltée et de Tardif ltée à la fin de l'exercice courant (l'écart d'acquisition est amorti à raison de 1 000 $ par année).

   a) L'écart d'acquisition (net);

   b) La participation des actionnaires sans contrôle dans le passif du bilan consolidé;

   c) Le bénéfice net consolidé;

   d) Les bénéfices non répartis consolidés.

4. Dressez les bilans non consolidés de la société Ambitieux à la fin de l'exercice précédent et à la fin de l'exercice courant.

5. Préparez l'état non consolidé de l'évolution de la situation financière de la société Ambitieux pour l'exercice courant.

RÉFÉRENCES   1. Voir le chapitre 5 de l'ouvrage de M. Gibbins et A. K. Mason, intitulé *Jugement professionnel et information financière*, Toronto, Institut Canadien des Comptables Agréés, 1989.

2. *Financial Reporting in Canada : 1993*, Toronto, Institut Canadien des Comptables Agréés, 1993, p. 96.

3. *Ibid.*, p. 100.

4. *Ibid.*, p. 100.

5. *Ibid.*, p. 25.

6. *Ibid.*, p. 103.

7. *Ibid.*, p. 103.

8. *Ibid.*, p. 103.

9. *Ibid.*, p. 103.

10. Effets d'un changement de méthode pour la méthode du coût moyen pondéré annuel : augmentation du coût des marchandises vendues de 892 $, de sorte que le bénéfice net est réduit de 70 % de ce montant, soit de 624 $. La charge fiscale et le passif absorberont les 30 % restants, soit 268 $. Le fonds de roulement diminuera de 892 $ (diminution du stock) et augmentera de 268 $ (diminution du passif d'impôts), soit une diminution nette de 624 $, égale à la diminution du bénéfice net. Il n'y a pas d'effet immédiat sur les liquidités ni sur les flux de trésorerie.

    Effets d'un changement de méthode pour la méthode de l'inventaire périodique : dans le même ordre que ci-dessus, les chiffres seront les suivants : augmentation de 1 800 $, diminution de 1 260 $, diminution de 540 $, diminution de 1 800 $ et augmentation de 540 $ pour une diminution nette de 1 260 $, pas d'incidence sur les liquidités.

11. *Financial Reporting in Canada : 1993, op. cit.*, p. 100.

12. *Ibid.*, p. 100.

13. *Ibid.*, p. 182.

14. *Ibid.*, p. 182.

15. L'amortissement peut avoir une incidence sur les comptes du fonds de roulement s'il fait partie du coût des marchandises vendues et si certaines de ces marchandises se trouvent dans le stock de clôture. Nous n'aborderons pas ces questions dans cet ouvrage. Elles sont plus pertinentes dans les cours de comptabilité de gestion ou de comptabilité plus avancée.

16. *Financial Reporting in Canada : 1993, op. cit.*, p. 143.

17. Pour en savoir davantage sur les motivations des gestionnaires, voir R. L. Watts et J. L. Zimmerman, *Positive Accounting Theory*, Englewood Cliffs, N.J., Prentice-Hall, 1986, p. 208, 216, 235.

GLOSSAIRE, SOLUTIONS ET AUTRES RENSEIGNEMENTS UTILES

Cette section contient diverses parties destinées à vous aider, au besoin, dans votre étude :

A.1   EXEMPLE DE PRÉPARATION DE L'ÉTAT DE L'ÉVOLUTION DE LA SITUATION FINANCIÈRE

Voici une façon méthodique — mais aussi intuitive, nous l'espérons — de préparer un état de l'évolution de la situation financière (EESF). Dans ce livre, nous n'avons pas expliqué comment dresser un EESF complexe. L'exemple que nous présentons ici est, par conséquent, conçu de manière à être utile à un profane en comptabilité qui veut comprendre d'où proviennent les chiffres apparaissant dans un EESF. Les experts-comptables utilisent des méthodes plus détaillées qui permettent de traiter systématiquement des situations très complexes, mais les idées de base sont semblables à ce que nous expliquons ci-dessous.

La méthode présentée ici se fonde sur la relation qui existe entre les sections principales de l'EESF (activités d'exploitation, activités d'investissement et activités de financement) et les postes correspondants de l'état des résultats et du bilan (bénéfice redressé pour tenir compte des produits et des charges n'ayant pas d'incidence sur les liquidités, dividendes, fonds de roulement autre que les liquidités, actif à long terme, passif à long terme et capital-actions).

Exemples d'états financiers

Voici les bilans comparatifs simplifiés de la société Desserts congelés ltée à la fin de l'exercice en cours et à la fin de l'exercice précédent, ainsi que les états des résultats et des bénéfices non répartis de l'exercice courant :

Desserts congelés ltée
Bilans comparatifs

Actif			Passif et capitaux propres		
	Exercice courant	Exercice précédent		Exercice courant	Exercice précédent
Actif à court terme :			Passif à court terme :		
Encaisse	15 000 $	8 500 $	Emprunt bancaire	19 000 $	21 000 $
Titres négociables	20 000	18 000	Fournisseurs	27 000	26 000
Clients (nets)	61 000	55 000	Dividendes à payer	4 000	0
Stocks	69 000	61 000	Charges à payer	9 500	8 000
	165 000 $	142 500 $		59 500 $	55 000 $
Actif à long terme :			Passif à long terme :		
Terrain (au coût)	15 000 $	15 000 $	Effets à long terme	5 000 $	10 000 $
Bâtiment (au coût)	56 500	56 500	Obligations		
Amortissement cumulé	(16 500)	(8 500)	hypothécaires	50 000	50 000
				55 000 $	60 000 $
Matériel (au coût)	54 000	48 000			
Amortissement cumulé	(30 500)	(25 500)	Capitaux propres :		
			Actions ordinaires	65 000 $	60 000 $
	78 500 $	85 500 $	Bénéfices non répartis	64 000	53 000
				129 000 $	113 000 $
Totaux	243 500 $	228 000 $	Totaux	243 500 $	228 000 $

Résultats de l'exercice courant

Chiffre d'affaires		329 000 $
Coût des marchandises vendues	244 000 $	
Amortissement*	14 200	
Intérêts débiteurs	9 000	
Frais d'exploitation	27 800	295 000
		34 000 $
Impôt sur les bénéfices		16 000
Bénéfice net		18 000 $

* L'amortissement comprend une perte de 200 $ provenant de la vente d'un camion au prix de 900 $ comptant (le coût du camion était de 2 100 $ et l'amortissement cumulé s'élevait à 1 000 $, ce qui donne une valeur comptable de 1 100 $).

Bénéfices non répartis de l'exercice courant	
Solde de clôture de l'exercice précédent	53 000 $
Plus: Bénéfice net de l'exercice courant	18 000
	71 000 $
Moins: Dividendes déclarés dans l'exercice courant	7 000
Solde de clôture de l'exercice courant	64 000 $

Nous nous servirons de cette information pour préparer l'état de l'évolution de la situation financière de l'exercice. Puisque l'EESF explique les variations survenues dans le bilan d'un exercice à l'autre, nous disposons des renseignements nécessaires pour dresser l'EESF de l'exercice courant. Pour préparer celui de l'exercice précédent, il nous aurait fallu disposer des chiffres du bilan de l'exercice précédent.

Étape 1 : Déterminer la composition des liquidités

Décidons que les trois comptes suivants composent les liquidités de la société : l'encaisse, les titres négociables et l'emprunt bancaire.

Étape 2 : Répartir les comptes du bilan entre les catégories de l'EESF

Activités d'exploitation : bénéfices non répartis (bénéfice net) et tout compte du bilan touché par la constatation de produits ou de charges n'ayant pas d'incidence sur les liquidités (l'amortissement cumulé est le seul compte approprié dans notre exemple ; les impôts reportés et l'amortissement du fonds commercial sont deux autres exemples courants).

Autres comptes du fonds de roulement : clients, stocks, fournisseurs, charges à payer.

Dividendes : dividendes à payer (les dividendes déclarés sont inclus dans les bénéfices non répartis).

Activités d'investissement : comptes relatifs au coût de l'actif à long terme.

Activités de financement : comptes du passif à long terme, actions ordinaires.

Étape 3 : Déterminer les variations survenues dans les comptes du bilan par catégories

À la page suivante, vous trouvez les comptes du bilan répartis dans les catégories de l'EESF déterminées à l'étape précédente ainsi que les calculs des *variations* survenues entre la fin de l'exercice précédent et la fin de l'exercice courant. (Vous pourriez calculer ces variations en utilisant simplement les chiffres des bilans comparatifs plutôt que de réécrire le tout comme nous l'avons fait.) Rappelons que l'EESF explique ces variations, c'est d'ailleurs pourquoi nous devons les connaître.

Étape 4 : S'assurer que la somme des variations est nulle

Puisque les variations sont calculées à partir de bilans équilibrés (dans lesquels les débits sont égaux aux crédits), la somme des variations des débits doit être égale à celle des variations touchant les crédits. Dans le tableau suivant, nous avons 42 500 $ = 42 500 $, mais l'obtention de résultats équilibrés prend parfois un certain temps !

Étape 5 : Préparer l'EESF à partir de ces variations

En utilisant les variations et les renseignements tirés des états des résultats et des bénéfices non répartis, vous pouvez classer les chiffres dans les catégories de l'EESF ; c'est ainsi que l'EESF prend forme. Si vous ne parvenez pas à placer tous les éléments du premier coup, revenez-y par la suite. Les commentaires mis entre crochets devraient vous aider à comprendre d'où proviennent les chiffres.

	Exercice courant Dt (Ct)	Exercice précédent Dt (Ct)	Variations Dt	Variations Ct
Liquidités				
Encaisse	15 000	8 500	6 500	
Titres négociables	20 000	18 000	2 000	
Emprunt bancaire	(19 000)	(21 000)	2 000	
	16 000	5 500	10 500	
Activités d'exploitation				
Bénéfices non répartis*	(64 000)	(53 000)	7 000	18 000
Amortissement cumulé – Bâtiment	(16 500)	(8 500)		8 000
Amortissement cumulé – Matériel	(30 500)	(25 500)		5 000
	(111 000)	(87 000)	7 000	31 000
Autres comptes du fonds de roulement				
Clients	61 000	55 000	6 000	
Stocks	69 000	61 000	8 000	
Fournisseurs	(27 000)	(26 000)		1 000
Charges à payer	(9 500)	(8 000)		1 500
	93 500	82 000	14 000	2 500
Dividendes				
Dividendes à payer	(4 000)	0		4 000
Activités d'investissement				
Terrain	15 000	15 000	0	
Bâtiment	56 500	56 500	0	
Matériel	54 000	48 000	6 000	
	125 500	119 500	6 000	
Activités de financement				
Effets à long terme	(5 000)	(10 000)	5 000	
Obligations hypothécaires	(50 000)	(50 000)		0
Actions ordinaires	(65 000)	(60 000)		5 000
	(120 000)	(120 000)	5 000	5 000
Totaux	0	0	42 500	42 500

*Le débit porté aux bénéfices non répartis correspond aux dividendes *déclarés* (déduits des bénéfices non répartis au cours de l'exercice).

Desserts congelés ltée
Évolution de la situation financière pour l'exercice courant

Rentrées provenant des activités d'exploitation

Bénéfice net [tiré de l'état des résultats]	18 000 $
Plus : Charges n'ayant pas d'incidence sur les liquidités :	
Amortissement [État des résultats : Nous devons vérifier si nous avons comptabilisé la variation totale de l'amortissement cumulé, soit 8 000 $ + 5 000 $ = 13 000 $. Crédits provenant de la charge d'amortissement, 14 000 $; débit provenant de la vente du vieux camion, élimination de l'amortissement cumulé de 1 000 $. Par conséquent, 14 000 $ – 1 000 $ = 13 000 $.]	14 000 $
Perte sur cession [État des résultats : Ce compte « tampon » correspond simplement à la différence entre la valeur comptable de 1 100 $ (coût de 2 100 $ moins amortissement cumulé de 1 000 $) et le produit de 900 $. Cet élément n'a pas d'incidence sur les liquidités, car les 900 $ correspondent à un encaissement (montant inscrit dans la section Activités d'investissement). Un gain sur cession constitue aussi un compte « tampon » mais de sens opposé ; il devrait donc être déduit à ce moment.]	200
	14 200 $
	32 200 $
Variations survenues dans les autres comptes du fonds de roulement	
[De l'étape 3 : débits de 14 000 $ moins crédits de 2 500 $ = 11 500 $ de liquidités utilisées.]	(11 500)
Rentrées provenant des activités d'exploitation	20 700 $

Dividendes

Dividendes payés	
[Dividendes déclarés de 7 000 $ déduits des bénéfices non répartis moins dividendes à payer de 4 000 $.]	(3 000) $

Activités d'investissement

[Il faut s'y arrêter un instant. Il n'y a pas de variations pour le terrain ni le bâtiment, mais le matériel a augmenté de 6 000 $. Nous savons qu'un camion ayant coûté 2 100 $ a été vendu à perte. La société a donc dû acheter du matériel pour 8 100 $ si la variation nette est de 6 000 $. Le produit de la vente du vieux camion est de 900 $.]

Acquisition de matériel	(8 100) $
Produit de la vente du camion	900
Rentrées utilisées dans les activités d'investissement	(7 200) $

Activités de financement

Émission d'actions ordinaires	5 000 $
Remboursement d'effets à long terme	(5 000)
Rentrées provenant des activités de financement	0 $
Augmentation nette des liquidités au cours de l'exercice	
[20 700 $ – 3 000 $ – 7 200 $ + 0 $]	10 500 $
Liquidités à la fin de l'exercice précédent	
[De l'étape 3]	5 500
Liquidités à la fin de l'exercice courant	
[De l'étape 3]	16 000 $

A.2 GUIDE DE RÉDACTION

Le professeur R. H. Crandall, de l'École de commerce de l'université Queen's, est l'auteur d'un ouvrage intitulé *The Plain Man's Guide to Writing a Paper*, dont nous nous sommes inspirés pour écrire ces lignes. Ce guide vous sera utile au moment où vous aurez à rédiger un rapport ou un travail de fin de session, ou si vous désirez quelques conseils ou voulez vous faire confirmer certains points.

Au départ, il faut savoir que l'on passe par certaines phases émotionnelles distinctes durant la rédaction d'un document. Si vous savez d'avance quand elles vont se produire, vous pourrez les supporter plus facilement et maîtriser les moins agréables. Ces phases sont les suivantes :

1. Phase euphorique de départ : Vous avez trouvé un sujet intéressant qui va probablement révolutionner la façon d'envisager la question et, en raison de vos talents intellectuels particuliers dans ce domaine, vous devriez être en mesure de produire le meilleur travail de l'année.

2. Phase de désillusion initiale : Il se peut que vous ayez de la difficulté à trouver les ouvrages appropriés pour étayer votre point de vue ; ou encore que les premiers essais de rédaction vous fassent redouter que votre travail soit : (1) banal, (2) tautologique, (3) d'une longueur inadéquate (souvent trop court), ou (4) plus approprié à une publicité de supermarché qu'aux fins auxquelles il est destiné.

3. Phase médiane de panique : En tentant de surmonter les difficultés que nous venons de mentionner, vous constatez que vous renforcez votre sentiment d'impuissance plutôt que de l'atténuer. Si votre document est banal, vous trouvez qu'il est impossible d'améliorer son contenu sans abandonner votre thème principal. Si votre argumentation tourne en rond, vous constatez que, pour sortir de ce cercle vicieux, il vous faut délaisser tout ce que vous trouviez intéressant au départ. Si vous voulez supprimer des longueurs, vous ne trouvez aucune section pouvant être comprimée, et la simple suppression de certaines sections laisse un argument vide de portée. Si vous tentez d'allonger votre article, les ajouts ne semblent être que des banalités et des évidences.

4. Phase de désespoir total : C'est la phase dont vous devez vous méfier le plus, car il se peut que vous détruisiez à ce moment un document parfaitement bon. Voici quelques-uns des signes révélant que les choses sont sur le point de mal tourner : (1) le dernier brouillon a été déchiré frénétiquement et mis au panier, après quoi le rédacteur est retourné à une variante de la phase euphorique de départ, et recommence tout le cycle, ou (2) le rédacteur est convaincu qu'il est une personne sans valeur, qu'on n'aurait jamais dû l'admettre à l'université et qu'il ne sera jamais capable de rédiger un rapport valable. Le rédacteur démissionne, effectue quelques corrections superficielles et fait dactylographier son brouillon tel quel.

Dans cette phase, il importe de souligner le moment où l'expert (1) fait un effort particulier pour avoir des nerfs d'acier et (2) fait preuve d'humilité et d'humour. Après quelques expériences, l'expert prend conscience du fait qu'aucun article ne répondra jamais aux attentes démesurées de la phase euphorique de départ et qu'une personne sensée devrait réduire ses aspirations. Bien plus, un texte contient presque toujours des erreurs de logique, des arguments qui tournent en rond ou des notions clés qui sont inapplicables. Le rédacteur doit être capable de composer avec ces faiblesses d'une façon professionnelle, de montrer au lecteur qu'il en est conscient et qu'il doit en tenir compte. (Il est intéressant de lire dans cet état d'esprit les articles de publications universitaires et d'autres documents pour voir comment les auteurs s'en tirent.)

5. Phase initiale de parenté : Votre document est maintenant achevé et vous espérez que le monde en fera la louange plutôt que la critique. Cependant, vous avez mis tellement d'énergie dans ce travail que vous n'êtes plus aussi sûr qu'il en sera ainsi. Si vous êtes nouveau dans le métier, vous constaterez probablement que vous réagissez de façon émotive aux commentaires faits sur votre article. Si vous avez traversé plusieurs fois les phases 1 à 5, vous pourriez constater que vous réagissez plus objectivement aux commentaires que vous recevez en vous demandant : « Celui qui me critique sait-il de quoi il parle ? » et « Comment puis-je tenir compte des propositions de mon interlocuteur sans déformer mon article ? »

Il n'y a rien d'anormal à traverser les cinq phases décrites ci-dessus. Ce serait une erreur de vous arrêter trop longtemps ou de perdre tout espoir au cours de la phase 4 et de remettre finalement un travail qui est bien au-dessous de vos capacités réelles. Il existe au moins deux moyens de ne pas en arriver là. Le premier est de vous associer à un camarade de classe et de prévoir un moment pour discuter avec lui dans un endroit où vous ne serez pas dérangés. Vous pourrez alors vous présenter une ébauche de vos projets respectifs, la façon dont vous avez l'intention de les développer et ce que vous imaginez que seront les produits finis. Établissez franchement les faiblesses de votre travail. Cette présentation orale vous aidera à préciser votre pensée ; en outre, elle vous fera gagner du temps en vous dispensant de rédiger votre première ébauche.

Le second moyen est de vous obliger à écrire dans un seul paragraphe le sujet principal de votre document. Développez-le ensuite dans ses grandes lignes en utilisant un système de numérotation pour chacun des thèmes de façon à indiquer leurs relations. Évaluez honnêtement la valeur probable du document terminé en fonction du plan élaboré. Ne prétendez pas que les idées « viendront » toutes seules lorsque vous commencerez à rédiger. Le plan permet de réduire la durée de la phase médiane de panique et celle de la phase du désespoir total.

Nous avons mis l'accent sur l'élaboration *théorique* d'un document de niveau universitaire, puisque l'objectif de base est d'utiliser les techniques de rédaction pour (1) mieux structurer l'ensemble des idées et (2) mieux les communiquer au lecteur.

Il nous reste alors à dire que les mots, les phrases, les paragraphes, la grammaire ou le style ne devraient pas constituer un obstacle entre votre lecteur et vous. Votre document doit être une tentative honnête d'aider le lecteur à s'ouvrir aux concepts que vous avez élaborés et à les saisir. Vous pouvez présumer que le lecteur s'intéresse à ce que vous avez à dire et vous pouvez éviter les procédés susceptibles de le distraire (comme les phrases à l'allure dramatique, l'utilisation inadéquate de mots de jargon, les constructions inhabituelles). Vous devez également éviter la rhétorique et le ton solennel propre au « style de qualité » qui peut aussi distraire le lecteur de ce que vous voulez communiquer. De plus, vous n'avez pas à convaincre le lecteur que la valeur de la proposition que vous avancez vous *enchante*. Le lecteur ne s'intéresse pas à vos états d'âme mais biens aux notions que vous exposez. De ce point de vue, votre travail se distingue des articles destinés à des magazines ou à des journaux dans lesquels on cherche, plus souvent qu'il n'est nécessaire, à faire la preuve d'un engagement émotionnel.

Si vous pensez qu'il est utile de vous adresser à un certain type de lecteurs lors de la rédaction de votre document, imaginez que vous rédigez un rapport sur un sujet complexe pour votre nouveau patron. Ce dernier connaît peu le sujet, mais il devra prendre d'importantes décisions sur la base de votre rapport. Sa capacité de compréhension est sensiblement la même que la vôtre. Ainsi, vous devez être : (1) lucide, (2) assez franc pour dire ce que vous savez et ce que vous ne savez pas sur le sujet, et (3) assez sincère pour indiquer, parmi vos conclusions, celles qui sont relativement solides et celles qui sont plus hypothétiques. À long terme, votre patron en saura autant sur le sujet que vous en savez maintenant, mais, à court terme, votre travail consiste à le renseigner, au moyen de votre document, de la façon la plus rapide et la plus rationnelle possible.

Si vous cherchez d'autres conseils sur la rédaction, consultez votre bibliothécaire, votre libraire ou votre professeur. Bien des gens ont leurs sources d'information favorites. De plus, du nouveau matériel pédagogique et de nouveaux guides sont publiés fréquemment.

A.3   GLOSSAIRE

Le glossaire qui suit contient la définition de nombreux termes de comptabilité générale et renvoie le lecteur aux sections des chapitres où ce terme est expliqué. Si, dans une section de chapitre, on fournit une bonne définition ou une explication adéquate de la notion, il se peut qu'on fasse référence à cette section sans répéter la définition. Lorsque c'est utile, on renvoie le lecteur à d'autres termes. Pour trouver des renseignements additionnels, reportez-vous à l'index à la fin du volume.

A ♦ • • • • • • • • • • • • • • • • • • ♦

Actif (*Assets*) – Élément appartenant à l'entreprise ou droit à un avantage économique futur provenant d'un échange économique passé. Voir Actif de trésorerie, Stock, Comptes clients, Actif à court terme, Immobilisations corporelles, Immobilisations incorporelles ainsi que les sections 2.6 et 5.4.

Actif à court terme (*Current assets*) – Encaisse et autres éléments d'actif, tels que les placements temporaires, le stock, les comptes clients et les charges payées d'avance, qui peuvent être réalisés ou seront utilisés au cours de la prochaine période normale d'exploitation de l'entreprise (habituellement un an). Voir d'autres catégories d'actif à court terme, comme Actif de trésorerie, Stock, Comptes clients, et la section 2.6.

Actif à long terme (*Noncurrent assets*) – Éléments d'actif dont on espère retirer des avantages pendant plus d'un exercice. Voir Actif à court terme.

Actif de trésorerie (*Cash equivalent assets*) – Expression servant à décrire l'encaisse et les éléments liquides de l'actif que l'on peut convertir sur demande presque instantanément en encaisse. Par exemple, mentionnons les obligations, les actions, les bons du Trésor et les autres titres financiers que l'on peut convertir facilement et rapidement en encaisse. Voir la section 4.3.

Actions autodétenues (*Treasury shares stock*) – Capital-actions émis, puis racheté par la société émettrice. Il en résulte une diminution des capitaux propres, car on a utilisé des ressources pour diminuer le montant réel des capitaux propres en circulation. Voir la section 10.13.

Actions ordinaires (*Common shares*) – Titres de participation dans une entreprise qui comportent un droit de vote. Voir Sociétés par actions ainsi que les sections 2.8 et 10.13.

Actions privilégiées (*Preferred shares*) – Titres de participation comportant des droits spéciaux en plus (ou à la place) des droits inhérents aux actions ordinaires. Voir la section 2.8.

Actualisation des flux de trésorerie (*Discounted cash flow*) – Analyse de la « valeur actuelle » des flux de trésorerie futurs qu'on a effectuée en extrayant la composante présumée d'intérêts. Voir la section 9.8.

American Institute of Certified Public Accountants (AICPA) – Organisme américain auto-réglementé qui détermine les normes professionnelles de vérification et de comptabilité régissant la pratique des CPA, et qui en surveille l'application.

Amortissement (*Amortization*) – Attribution d'une fraction du coût d'un actif à long terme aux charges de plus d'un exercice, en vue de rapprocher la charge des produits des

exercices dans lesquels l'actif a contribué à générer un revenu. Habituellement, l'amortissement permet aussi la répartition du coût des immobilisations incorporelles telles que les brevets, les franchises, le fonds commercial et l'écart d'acquisition. Voir Épuisement, Immobilisations incorporelles et la section 10.9.

Amortissement accéléré (*Accelerated depreciation*) – Méthode d'amortissement semblable à celle de l'amortissement dégressif, dans laquelle on inscrit un montant plus élevé d'amortissement dans les premières années de la durée d'utilisation d'un bien que si l'on appliquait la méthode de l'amortissement linéaire. Voir Amortissement linéaire, Amortissement dégressif et la section 10.9.

Amortissement cumulé (*Accumulated depreciation*) – Compte de contrepartie d'un compte d'immobilisation du bilan, qui présente le total des charges d'amortissement inscrites au cours d'un certain nombre d'années. Voir Valeur comptable, Comptes de contrepartie, Immobilisations corporelles, Amortissement ainsi que les sections 2.5, 7.12 et 10.9

Amortissement dégressif (*Declining balance*) – Méthode d'amortissement accéléré dans laquelle l'amortissement annuel représente un pourcentage fixe de la valeur comptable du bien, valeur qui diminue à mesure que l'on déduit l'amortissement. Voir Amortissement accéléré, Amortissement et la section 10.9.

Amortissement de l'exercice (*Depreciation*) – Constatation de la charge due relativement à l'utilisation de la valeur économique des immobilisations corporelles (les camions, le bâtiment ou l'usine, par exemple). Voir Amortissement dégressif, Amortissement linéaire, Coût d'origine, Valeur comptable, Amortissement cumulé ainsi que les sections 1.4 et 10.9.

Amortissement en fonction des unités produites (*Units-of-production depreciation*) – Méthode d'amortissement dans laquelle la charge annuelle d'amortissement dépend directement du volume annuel de production. Voir la section 10.9.

Amortissement linéaire (*Straight-line depreciation*) – Méthode de calcul de l'amortissement qui consiste simplement à diviser la différence entre le coût du bien et la valeur résiduelle prévue par le nombre d'années durant lesquelles on prévoit utiliser le bien. Il s'agit de la méthode d'amortissement la plus couramment utilisée au Canada. Voir Amortissement et la section 10.9.

Amortissement proportionnel à l'ordre numérique inversé des années (*Sum-of-years'-digits depreciation*) – Méthode de calcul de l'amortissement accéléré qui produit une charge annuelle décroissante. Elle est utilisée aux États-Unis, mais rarement au Canada. Voir la section 10.9.

Amortissement ralenti (*Decelerated depreciation*) – Opposé à l'amortissement accéléré (voir ce mot). Cette méthode n'est pas acceptable pour la plupart des entreprises. Voir la section 10.9.

Analyse de la valeur actuelle (*Present value analysis*) – Analyse des flux de trésorerie futurs qu'on a effectuée en retirant la composante présumée d'intérêts de ces flux. Voir la section 9.8.

Analyse des effets des changements (*Change effects analysis*) – Analyse des effets de changements comptables ou de variations de la situation économique sur les états financiers. Voir la section 9.9.

Analyse des effets (*Effects analysis*) – Voir Analyse des effets des changements et la section 9.9.

Analyse des états financiers (*Financial statement analysis*) – Utilisation des états financiers pour effectuer des mesures globales (ratios) et interpréter les résultats et la situation financière d'une entreprise. Voir Ratios ainsi que les sections 9.3 et 9.5.

Analyse hypothétique (*What if analysis*) – Voir Analyse des effets des changements et la section 9.9.

Association des comptables généraux licenciés du Canada (*Canadian Certified General Accountants Association*) – Association dont les membres (les CGA) possèdent une formation en comptabilité, en fiscalité, en vérification et dans d'autres domaines des affaires, et qui ont réussi les examens de qualification. Un des trois organismes d'experts-comptables professionnels. Voir Expert-comptable.

Attestation (*Attestation*) – Notion plus large que la vérification. Elle comprend la vérification et d'autres procédés similaires destinés à confirmer et à vérifier la fidélité, le caractère adéquat ou la vérité de rapports ou de faits. Voir Vérification, Rapport du vérificateur et Fidélité.

Avoir des actionnaires (*Shareholders equity*) – Somme des apports directs des actionnaires (capital-actions) et des apports indirects (bénéfices non répartis). Voir Capital-actions, Bénéfices non répartis et la section 10.13.

Avoir du propriétaire (*Owners' equity*) – Voir Capitaux propres ainsi que les sections 2.6 et 10.13.

B ◆◆◆◆◆◆◆◆◆◆◆◆◆◆◆◆◆◆◆◆◆◆

Balance de vérification (*Trial balance*) – Liste de tous les comptes du grand livre général et de leurs soldes. La somme de tous les comptes dont le solde est débiteur doit être égale à celle de tous les comptes créditeurs. À ne pas confondre avec le plan comptable, qui présente seulement la liste de tous les noms de comptes. Voir Compte et la section 6.6.

Bénéfice (*Income*) – Le bénéfice (net) d'une entreprise est le montant qui reste après qu'on a déduit toutes les charges des produits. Il existe plusieurs types de bénéfices. Voir Marge bénéficiaire brute, Bénéfice avant impôts, Bénéfice net et la section 3.2.

Bénéfice avant impôts (*Income before [income] tax*) – Montant égal aux produits d'exploitation plus les autres produits moins toutes les autres charges habituelles sauf les impôts sur le bénéfice. Il est présenté au bas de l'état des résultats. On place quelques éléments spéciaux ou exempts d'impôts, comme les éléments extraordinaires, après la déduction des impôts sur le bénéfice et, par conséquent, ces éléments ne font pas partie du bénéfice avant impôts.

Bénéfice net (*Net income*) – Il correspond au bénéfice avant impôts moins la charge fiscale plus ou moins les éléments extraordinaires ou inhabituels (présentés après impôts). Voir Bénéfice, Bénéfices non répartis, État des bénéfices non répartis, Constatation des produits, Rapprochement des produits et des charges ainsi que les sections 3.2 et 5.9.

Bénéfices non répartis (*Retained earnings*) – Bénéfice net gagné depuis la constitution de la société moins la fraction qui a été distribuée aux propriétaires (les dividendes déclarés). Voir Capitaux propres et la section 2.2.

Bénéfice par action (*Earnings per share*) – Ratio qu'on a obtenu en divisant le bénéfice net par le nombre moyen des actions ordinaires en circulation. Il permet au détenteur d'actions de mettre en relation la capacité de la société à générer des bénéfices et la taille de son placement. Le calcul du bénéfice par action peut s'avérer assez complexe, de sorte que la plupart des sociétés ouvertes en effectuent le calcul pour les utilisateurs (comme l'exigent les PCGR pour ces sociétés) et le présentent dans leur état des résultats. Voir Ratios et la section 9.5.

Bilan (*Balance sheet*) – Liste « équilibrée » des éléments de l'actif, du passif et des capitaux propres constituant un état officiel de la situation financière d'une société à une date donnée. Il présente les éléments d'actif, de passif et de capitaux propres par catégories. On l'appelle parfois état de la situation financière. Voir les sections 2.1, 2.2 et 2.5.

C ◆◆◆◆◆◆◆◆◆◆◆◆◆◆◆◆◆◆◆◆◆◆

Capital (*Capital*) – Apport des propriétaires à l'entreprise ou leur participation dans celle-ci (capitaux propres). Voir Capitaux propres.

Capital-actions (*Share capital*) – Fraction des capitaux propres obtenue par les actions émises en contrepartie d'encaisse ou d'autres considérations. Voir les sections 2.8 et 10.13.

Capitalisation (*Capitalization*) – Constatation dans l'actif d'une dépense qui peut procurer des avantages lors d'un exercice futur plutôt que de l'imputer aux charges de l'exercice au cours duquel elle a été engagée. On capitalise des dépenses s'il est probable qu'elles

procurent des avantages futurs, donc qu'elles répondent aux critères de définition d'un actif. Voir les sections 7.6 et 10.11.

Capitaux propres (*Equity*) – Actif net ou participation résiduelle du propriétaire ou des actionnaires (Actif – Passif = Capitaux propres). Voir les composantes des capitaux propres dans les définitions Avoir des actionnaires et Bénéfices non répartis ainsi que les sections 2.6 et 10.13.

Charge (*Expense*) – Coût d'utilisation des éléments d'actif ou obligations créées lors de la production des revenus. Voir État des résultats, Produits, Rapprochement des produits et des charges, Constatation des charges, Comptabilité d'exercice et la section 3.2.

Charge à payer (*Accrued expense*) – Charge constatée dans les comptes avant d'être payée. Voir les sections 7.2, 7.3 et 10.8.

Charge d'impôts reportés (*Deferred income tax expense*) – Compte de charge destiné à constater les conséquences fiscales futures d'une partie du bénéfice présenté dans l'état des résultats de l'exercice ; cette partie ne sera présentée dans la déclaration des revenus pour fins d'impôts que lors d'un exercice futur. Voir Passif d'impôts reportés, Rapprochement des produits et des charges et la section 8.12.

Charge fiscale (*Income tax expense*) – Montant estimatif des impôts actuels et futurs (reportés) relatifs au bénéfice calculé dans l'état des résultats et rapproché des produits et des charges dans cet état. Voir la section 8.12.

Charges payées d'avance (*Prepaid expense*) – Charges inscrites dans l'actif à court terme parce que le bénéfice correspondant sera obtenu dans un avenir rapproché (par exemple, la couverture d'assurance payée pour l'exercice suivant). Voir Reports, Amortissement et la section 10.8.

Classement des éléments des états financiers (*Classified financial statements*) – Organisation pratique des éléments des états financiers regroupés sous divers sous-titres de façon à augmenter la valeur informative des états financiers. Voir la section 4.4.

Classification chronologique des comptes clients (*Aging of accounts receivable*) – Procédé de classement des comptes clients en fonction du temps écoulé depuis l'inscription du compte. Ce classement sert à l'estimation de la provision pour créances douteuses nécessaire pour constater le montant estimatif des comptes clients irrécouvrables. Voir la section 7.12.

Commission des valeurs mobilières de l'Ontario (*Ontario Securities Commission*) – Organisme de réglementation du marché boursier en Ontario et principal organisme de ce type au Canada.

Comparabilité (*Comparability*) – Caractéristique de l'information qui permet aux utilisateurs de relever les similitudes et les différences entre deux séries de phénomènes économiques tels que les états financiers de deux exercices différents de la même entreprise. La comparabilité entre les sociétés et la permanence des méthodes utilisées par une société constituent des objectifs primordiaux de la comptabilité générale. Voir Fidélité et Permanence des méthodes.

Comptabilisation à la valeur d'acquisition (*Cost basis*) – Méthode servant habituellement à la comptabilisation d'un placement à long terme intersociété lorsque la société investisseuse possède moins de 20 % de l'autre société. On présente le placement à son coût d'acquisition et on comptabilise tout dividende ou profit dans le compte « Autres produits ». Voir Consolidation, Comptabilisation à la valeur de consolidation, Placements intersociétés et la section 5.13.

Comptabilisation à la valeur de consolidation (*Equity method*) – Méthode de comptabilisation des placements intersociétés utilisée habituellement lorsqu'une société détient entre 20 % et 50 % des actions d'une autre société. Le placement est présenté au coût et tout profit ou perte, multiplié par le pourcentage de participation de la société émettrice, s'ajoute au montant du placement (ou en est déduit). Tous les dividendes reçus sont déduits du montant du placement. Voir Comptabilisation à la valeur d'acquisition, Consolidation et la section 5.13.

Comptabilité (*Accounting*) – « Comptabiliser » signifie inscrire une opération telle qu'un décaissement ou un encaissement. « Avoir à rendre des comptes » signifie être responsable de quelque chose ou des actions de quelqu'un. Si l'on regroupe ces deux notions, on peut décrire la pratique de la comptabilité en tant que tenue des comptes et présentation des résultats et de la situation financière d'une entreprise par des chiffres. La direction est responsable des décisions prises dans l'entreprise. La comptabilité produit les rapports à usage interne qui présentent les résultats économiques découlant de ces décisions et les transmet à l'extérieur de l'entreprise aux personnes intéressées, telles que les investisseurs, les bailleurs de fonds et les organismes de réglementation. Voir Comptabilité générale et Comptabilité de gestion.

Comptabilité d'exercice (*Accrual accounting*) – Méthode de constatation des faits économiques dans laquelle les produits et les charges (ainsi que les éléments d'actif et de passif correspondants) sont inscrits dans les comptes de l'exercice auquel ils se rapportent, quel que soit le moment où l'opération monétaire se produit. Elle s'oppose à la comptabilité de caisse. Voir les sections 1.4, 7.2, 7.3 et 10.2.

Comptabilité de gestion (*Management accounting*) – Information comptable conçue pour aider la direction dans son exploitation, son contrôle de l'entreprise et ses prises de décision. Elle diffère de la comptabilité générale, qui est principalement destinée aux utilisateurs externes de l'entreprise. Voir Comptabilité de prix de revient.

Comptabilité de prix de revient (*Cost accounting*) – Classement, récapitulation, inscription, présentation et répartition des coûts réels ou budgetés à l'usage interne de la direction. Elle fait partie de la comptabilité de gestion. Voir Comptabilité générale.

Comptabilité des organismes sans but lucratif (*Not-for-profit accounting*) – Procédés appliqués à la comptabilisation des entités sans but lucratif et des entités privées. Ce type de comptabilité se conforme de plus en plus aux PCGR. Voir la section 8.13.

Comptabilité en partie double (*Double-entry accounting*) – Procédé d'inscription des deux aspects de chaque opération ou fait : l'effet sur les ressources et la source ou l'explication de cet effet. Elle s'est largement développée depuis son invention il y a plusieurs centaines d'années, et elle constitue toujours la base de la tenue des comptes et de la comptabilité générale. Voir les sections 2.4 et 6.4.

Comptabilité générale (*Financial accounting*) – Présentation régulière et périodique de la situation financière et des résultats d'une entreprise au moyen des états financiers s'adressant aux utilisateurs externes. Voir Comptabilité de gestion et la section 1.3.

Comptabilité publique (*Governmental accounting*) – Procédés comptables qui diffèrent fortement des PCGR et qui servent à la comptabilité des organismes publics et parapublics. Voir la section 8.13.

Comptable (*Accountant*) – Personne dont la fonction consiste à organiser le service d'information financière ou comptable de l'entité et à en assurer le bon fonctionnement. Voir Expert-comptable.

Compte (*Account*) – Enregistrement officiel d'un élément d'actif, de passif, des capitaux propres, des produits ou des charges dans lequel on mentionne les effets des opérations, des régularisations et des redressements en dollars (lorsque le dollar est la monnaie du pays). Voir Journal général, Grand livre général, Opération ainsi que les sections 3.4 et 6.5.

Comptes clients (*Accounts receivable*) – Montants dus par les débiteurs (clients) et provenant habituellement de la vente de marchandises ou de services. Voir la section 10.6.

Comptes de contrepartie (*Contra accounts*) – Comptes destinés à accumuler certaines déductions relatives à un élément d'actif, de passif ou des capitaux propres. Voir Valeur comptable, Amortissement, Provision pour créances douteuses et la section 7.12.

Comptes fournisseurs (*Accounts payable*) – Éléments du passif représentant les montants dus à court terme aux fournisseurs. Un compte fournisseur pour le débiteur est un compte client pour le créancier. Voir la section 10.12.

Conseil d'administration (*Board of directors*) – Niveau de gestion supérieur qui représente les propriétaires (actionnaires) et qui a à leur rendre compte en dernier ressort. Voir la section 3.2

Conseil des normes comptables (*Accounting Standards Committee [AcSC]*) – Comité de l'Institut Canadien des Comptables Agréés chargé d'établir les normes de comptabilité générale au Canada (*Manuel de l'ICCA*). Voir la section 5.2.

Consolidation (*Consolidation*) – Méthode utilisée pour dresser les états financiers d'un groupe de sociétés ayant les mêmes propriétaires, de façon à les présenter comme si elles ne constituaient qu'une seule société. Les états financiers consolidés constatent que des entités distinctes sur le plan légal constituent des composantes d'une même unité économique. Ces états financiers se distinguent des états financiers de la société mère, de ceux des filiales et des états combinés de sociétés affiliées. Voir Méthode de la fusion des intérêts communs, Méthode de l'achat pur et simple, Placements intersociétés, Comptabilisation à la valeur de consolidation, Comptabilisation à la valeur d'acquisition et la section 5.14.

Constatation des charges (*Expense recognition*) – Inclusion des dépenses engagées dans la mesure du bénéfice. Voir Rapprochement des produits et des charges, Constatation des produits ainsi que les sections 7.3, 7.6 et 7.11.

Constatation des produits (*Revenue recognition*) – Inscription dans les comptes du montant de produits attribuable à l'exercice en cours, déterminé conformément aux pratiques comptables de la société. Voir Comptabilité d'exercice, Produits ainsi que les sections 7.3, 7.6 et 7.10.

Continuité (*Continuity*) – Postulat selon lequel une société maintiendra la continuité de son exploitation et poursuivra ses activités dans l'avenir.

Continuité de l'exploitation (*Going concern*) – Postulat de base de la comptabilité générale qui suppose qu'une entreprise restera en affaires assez longtemps pour voir la réalisation de tous ses projets actuels. Ce postulat constitue une des raisons fondamentales de l'utilisation du coût d'origine plutôt que de la valeur de liquidation dans les états financiers. Si la continuité de l'exploitation d'une entreprise n'est plus assurée, les principes comptables normaux ne s'appliquent plus. Voir Valeur de liquidation.

Contrat de location (*Lease*) – Contrat par lequel l'utilisateur d'un bien s'engage à payer au propriétaire de ce bien une somme prédéterminée en contrepartie du droit d'utilisation. Voir la section 10.11.

Contrat de location-acquisition (*Capital lease*) – Contrat de location qui présente les caractéristiques économiques de la possession d'un bien. Voir la section 10.11.

Contrôle interne (*Internal control*) – Mécanismes de contrôle visant à assurer la sécurité des biens et à permettre à la direction de contrôler l'encaisse, les stocks et les autres avoirs de l'entreprise. Voir les sections 6.7, 6.8, 6.9 et 6.10.

Conversion de devises (*Foreign currency translation*) – Conversion de monnaies étrangères en monnaie du pays à une date précisée, soit à la date de l'opération, si l'on effectue la conversion d'une seule opération, soit à la date des états financiers si l'on convertit les opérations étrangères de l'entreprise aux fins de consolidation. Voir la fin de la section 10.13.

Coût (*Cost*) – Valeur d'un bien au moment de son acquisition par l'entreprise. Voir Coût d'origine ainsi que les sections 5.5 et 5.8.

Coût d'origine (*Historical cost*) – Valeur monétaire d'une opération à la date où elle est effectuée, puis que l'on conserve habituellement dans les livres comptables, car la comptabilité s'appuie sur les opérations pour la constatation des faits. Le coût, ou coût d'origine, d'un bien correspond donc au montant payé ou qu'on a promis de payer à la date d'acquisition de ce bien. Voir Valeur minimale, Prudence, Juste valeur marchande, Valeur d'utilisation, Coût d'origine indexé, Valeur de liquidation et la section 5.5.

Coût d'origine indexé (*Price-level-adjusted historical cost*) – Méthode de valorisation de l'actif utilisée occasionnellement et par laquelle on réévalue le coût d'origine de chaque élément d'actif pour tenir compte de l'inflation. Voir Coût d'origine, Juste valeur marchande, Valeur d'utilisation, Valeur de liquidation et la section 5.5.

Coût de remplacement (*Replacement cost*) – Prix qu'on devra payer pour remplacer un bien que l'entreprise possède par un bien similaire. Il est probable que ce montant sera différent de la juste valeur marchande ou de la valeur de réalisation nette (voir ces deux rubriques). Voir aussi Valeur minimale ainsi que les sections 5.5 et 10.7.

Coût de revient standard (*Standard cost*) – Méthode de détermination du coût du stock de produits fabriqués, dans laquelle on utilise les coûts normaux de production prévus plutôt que les coûts réels. Voir la section 10.7.

Coût des marchandises vendues (*Cost of goods sold [COGS]*) – Compte de charges indiquant le coût des marchandises qui ont procuré des produits (appelé aussi coût des ventes). La méthode de calcul du coût des marchandises vendues dépend de la méthode de valorisation du stock utilisée. Voir Marge bénéficiaire brute, Ratio de marge brute, Hypothèses du flux des coûts, Valorisation du stock ainsi que les sections 3.5, 6.10 et 10.7.

Coût moyen (*Average cost*) – Hypothèse du flux du coût du stock dans laquelle le coût d'une unité de stock correspond au coût moyen pondéré du stock d'ouverture plus les achats subséquents. Voir Moyenne pondérée et la section 10.7.

Coût moyen mobile (*Moving average cost*) – Voir Coût moyen et la section 10.7.

Créances douteuses (charge de) (*Bad debts expense*) – Compte de charges qui provient de la diminution de la valeur comptable des comptes clients dont le recouvrement est impossible ou douteux. Voir Provision pour créances douteuses, Classification chronologique des comptes clients et la section 7.12.

Créancier (*Creditor*) – Personne qui accorde du crédit, c'est-à-dire qui donne à quelqu'un le droit d'acheter ou d'emprunter maintenant en contrepartie d'une promesse de payer à une date ultérieure. Voir la section 1.5.

Crédit (Ct) (*Credit [CR]*) – Côté droit de la comptabilité en partie double. On peut utiliser le terme crédit pour faire référence au côté droit d'une écriture ou d'un compte. La plupart des comptes qui composent la partie droite du bilan présentent des soldes créditeurs (en d'autres mots, les crédits qui leur ont été portés sont supérieurs aux débits portés à ces mêmes comptes). Le terme crédit fait également référence au droit d'acheter des marchandises ou d'effectuer un emprunt en promettant un remboursement futur. Une écriture au crédit d'un compte de passif ou de capitaux propres du bilan entraîne une augmentation du compte, tandis qu'un crédit porté à un compte d'actif du bilan entraîne une diminution. Voir Comptabilité en partie double, Débit ainsi que les sections 2.4 et 6.4.

D ♦♦♦♦♦♦♦♦♦♦♦♦♦♦♦♦♦♦♦♦♦

Débit (Dt) (*Debit [DR]*) – Côté gauche de la comptabilité en partie double. Il désigne également le côté gauche d'une écriture ou d'un compte. La plupart des comptes (sauf les comptes de contrepartie) du côté gauche du bilan présentent des soldes débiteurs, ce qui signifie que les débits qui sont portés à ces comptes sont plus élevés que leurs crédits. Un débit augmente le montant d'un compte d'actif du bilan, mais diminue le montant d'un compte du passif ou des capitaux propres. Voir Comptabilité en partie double, Crédit ainsi que les sections 2.4 et 6.4.

Déduction pour amortissement (*Capital cost allowance*) – Version de l'amortissement adoptée dans la Loi de l'impôt au Canada. Voir la section 8.12.

DEPS (*LIFO*) – Hypothèse du flux des coûts opposée à PEPS (voir ce mot). L'hypothèse du dernier entré, premier sorti suppose que les unités vendues proviennent des achats les plus récents. Ainsi, le coût des marchandises vendues se base sur les achats les plus récents, et le stock de clôture sur les achats les plus anciens. Pour cette raison, en période d'inflation, on obtient avec la méthode DEPS un coût des marchandises vendues

habituellement plus élevé qu'avec les autres méthodes. Voir Hypothèse du flux des coûts, DEPS, Moyenne pondérée, Valorisation du stock et la section 10.7.

Dette (*Debt*) – Obligation d'effectuer un paiement futur en contrepartie d'un avantage déjà reçu. Voir la section 10.12.

Direction (*Management*) – Personnes qui dirigent les opérations quotidiennes d'une entreprise. À distinguer des propriétaires de l'entreprise.

Dividendes (*Dividends*) – Fractions du bénéfice net distribuées aux actionnaires de la société. Puisque ce type de versement ne concerne pas la performance de l'entreprise, on l'insère dans l'état des bénéfices non répartis plutôt que dans l'état des résultats. Voir État des bénéfices non répartis.

Document source (*Source documents*) – Preuve nécessaire pour inscrire une opération. Voir la section 6.6.

Droits à l'actif (*Equities*) – Expression utilisée quelquefois pour faire référence à la partie droite du bilan (Ressources = Passif + Capitaux propres).

E ♦♦♦♦♦♦♦♦♦♦♦♦♦♦♦♦♦♦♦♦♦♦

Écriture (*Journal entry*) – Inscription d'une opération ou d'une régularisation exigée par la comptabilité d'exercice, dans laquelle on mentionne les comptes touchés et dont le total du débit est égal au total du crédit. Voir Compte et la section 6.6.

Écriture de reclassement (*Reclassification entry*) – Écriture destinée à changer un compte de place dans le bilan ou dans l'état des résultats sans modifier le bénéfice. Voir Classement des éléments des états financiers et la section 2.5.

Écriture de régularisation (*Adjusting entry*) – Écriture mettant en application la comptabilité d'exercice en constatant dans les comptes des faits économiques qui ne sont pas encore comptabilisés adéquatement par le système comptable ordinaire d'inscription des opérations. Par exemple, s'il n'existe pas d'opération permettant d'inscrire l'usure progressive d'une immobilisation, on doit journaliser une écriture de régularisation pour constater cet amortissement. Voir la section 7.8.

Écritures de fermeture (*Closing entries*) – Écritures journalisées à la clôture de l'exercice pour transférer les soldes des comptes temporaires (produits, charges et dividendes) dans le compte Bénéfices non répartis du bilan. Ces écritures remettent à zéro les soldes des comptes pour les préparer à recevoir les inscriptions de l'exercice suivant.

Effet de levier (*Leverage*) – En finance, l'expression « effet de levier » désigne l'augmentation du taux de rendement des capitaux propres, du fait que certains biens procurent un rendement supérieur au taux d'intérêt payé pour leur financement. La formule Scott illustre comment le rendement des capitaux propres se compose du rendement procuré par l'exploitation et du rendement dû à l'effet de levier. Voir Formule Scott ainsi que les sections 9.5 et 9.6.

Efficience du marché des capitaux (*Efficient capital market*) – Théorie décrivant un marché des capitaux dans lequel le cours des titres réagit rapidement et adéquatement à l'information. Voir la section 8.3.

Éléments extraordinaires (*Extraordinary items*) – Gains et pertes provenant de situations qui ne sont pas typiques des activités normales de l'entreprise, sont hors du contrôle de la direction et ne sont pas susceptibles de se répéter fréquemment dans le futur. Voir la section 5.9.

Encaisse (*Cash*) – Billets de banque et pièces de monnaie détenus, comptes bancaires et autres éléments d'actif très facilement convertibles en espèces. Voir la section 6.9.

Entité économique (*Economic entity*) – Définition comptable d'une entreprise servant à déterminer ce qui doit être inclus dans les opérations et les états financiers. Ce terme sert également à désigner un groupe d'entreprises qui sont sous un même contrôle et qui constituent ainsi un groupe économique de plus grande taille. Voir Opérations, Consolidation ainsi que les sections 2.9 et 5.14.

Entreprise à propriétaire unique (*Proprietorship*) – Entreprise qui n'est ni une société par actions ni une société de personnes et qui appartient à une seule personne. Une telle entreprise ne constitue pas une entité légalement distincte de cette personne. Voir Société de personnes, Société par actions et la section 2.8.

Épuisement (*Depletion*) – Méthode d'amortissement servant à calculer l'épuisement physique de biens tels que les ressources naturelles. Voir la section 10.9.

Équation du bilan (*Balance sheet equation*) – Équation de la comptabilité en partie double dans laquelle Actif = Passif + Capitaux propres. Voir la section 2.5.

Espèces et quasi-espèces (liquidités) (*Cash and cash equivalents*) – Actif de trésorerie moins passif de trésorerie. Les variations des liquidités sont expliquées dans l'état de l'évolution de la situation financière (EESF). Voir la section 4.3.

État de l'évolution de la situation financière (EESF) (*Statement of changes in financial position [SCFP]*) – État financier expliquant les changements survenus dans le solde des liquidités au cours de l'exercice. Voir les sections 4.8 et 9.7.

État de la situation financière (*Statement of financial position*) – Synonyme de bilan.

État des bénéfices non répartis (*Statement of retained earnings*) – État financier récapitulant les changements survenus dans les bénéfices non répartis au cours de l'exercice. Le changement des bénéfices non répartis est égal au bénéfice net moins les dividendes plus ou moins les redressements des bénéfices non répartis tels que les redressements affectés aux exercices antérieurs. Voir les sections 3.2 et 5.9.

État des résultats (*Income statement*) – État financier récapitulant les produits et les charges d'une entreprise au cours d'une période donnée et présentant le calcul du bénéfice net (produits moins charges). Voir les composantes de l'état des résultats comme Produits, Charges et Bénéfice ainsi que les sections 3.2 et 5.9.

États financiers (*Financial statements*) – Rapports auxquels on fait référence dans la définition de la comptabilité et qui comprennent généralement un bilan, un état des résultats, un état des bénéfices non répartis, un état de l'évolution de la situation financière et les notes complémentaires annexées à ces états financiers. Voir chacun de ces états dans le glossaire et la section 1.3.

Éthique professionnelle (*Professional ethics*) – Normes incluses dans un code de déontologie. Les professionnels s'y réfèrent dans l'application de leur jugement et les respectent dans leurs activités professionnelles. Voir la section 8.11.

Éventualité (*Contingency*) – Fait économique (spécialement celui qui présente un caractère négatif) qui devrait se produire mais qui ne s'est pas encore réalisé. Dans les éventualités, on inclut, notamment, les procès en cours ou les risques de poursuites, la menace d'expropriation d'un bien, les garanties prises envers un tiers de satisfaire les obligations d'un débiteur et les dettes possibles provenant de l'escompte de lettres de change ou de billets à ordre. Voir Prudence.

Exercice (*Fiscal period*) – Période (habituellement un an, un trimestre ou un mois) au cours de laquelle on mesure les résultats (le bénéfice) de l'entreprise et à la fin de laquelle on détermine sa situation (le bilan). Voir la section 7.9.

Expert-comptable (*Accountant*) – Personne qui exerce la profession d'expert-comptable. Les experts-comptables professionnels ont obtenu leur titre d'un organisme auto-réglementé après avoir suivi les cours de formation adéquats et réussi l'examen d'entrée. Par exemple, un CA ou comptable agréé (Canada et Royaume-Uni), un CGA ou Comptable général licencié (Canada), un CMA ou Comptable en management accrédité (Canada, USA) et un CPA ou Certified Public Accountant (USA). Voir la section 1.5.

Expertise comptable (*Public accounting*) – Compétence permettant d'offrir au public des services de vérification, de comptabilité et d'autres services connexes de façon professionnelle. Certains cabinets d'experts-comptables sont vraiment très importants. Voir la section 1.5.

F ◆◆◆◆◆◆◆◆◆◆◆◆◆◆◆◆◆◆◆◆

Faillite (*Bankruptcy*) – Cessation, habituellement involontaire, des activités d'une entreprise en raison de son incapacité à régler ses dettes et à poursuivre son exploitation. La faillite suppose habituellement des pertes importantes pour les bailleurs de fonds et les propriétaires.

Fiabilité (*Reliability*) – Qualité d'une information fidèle, libre de tout parti pris et vérifiable. Voir Pertinence, Opportunité, Importance relative et Objectivité.

Fidélité (*Fairness*) – En raison des estimations, des jugements portés et des choix de conventions comptables que suppose la préparation des états financiers, aucun ensemble de chiffres ou aucune présentation n'est totalement « exacte ». On préfère parler de fidélité, ce qui signifie qu'on veut « respecter les règles du jeu » et dresser des états financiers avec honnêteté sans tenter de tromper ou de présenter un point de vue particulier. Dans le paragraphe énonçant l'opinion du vérificateur, ce dernier déclare que les états financiers « présentent fidèlement... selon les principes comptables généralement reconnus ». Afin de respecter la fidélité dans l'application des principes comptables, il faut agir avec prudence et avec jugement pour distinguer la substance économique de la forme juridique d'une opération, et déterminer les principes et les pratiques acceptables. Voir Principes comptables, Normes comptables ainsi que les sections 5.4, 8.8 et 8.10.

Filiale (*Subsidiary*) – Société dont la majorité des actions comportant un droit de vote sont la propriété d'une autre société (la société mère). Voir Consolidation et la section 5.14.

Financement hors bilan (*Off-balance-sheet financing*) – Méthodes de financement qui évitent d'inscrire la source dans le passif ou les capitaux propres. Voir la section 10.12.

Financial Accounting Standards Board (FASB) – Organisme américain responsable de l'établissement des normes que doit respecter la présentation de l'information. Voir son équivalent canadien, le Conseil des normes comptables.

Fonction de gérance (*Stewardship*) – Obligation qu'ont certaines personnes (la direction, par exemple) de veiller sur les biens et de protéger les intérêts d'autres personnes (par exemple, les actionnaires) ainsi que de dresser des rapports permettant aux « gérants » d'être tenus responsables des décisions prises au nom des autres personnes. Voir Théorie de la délégation et la section 2.4.

Fonds commercial (écart d'acquisition, achalandage) (*Goodwill*) – Différence entre le prix payé pour un ensemble d'éléments d'actif et la somme de leurs justes valeurs (marchandes) apparentes. On le calcule lors de l'acquisition d'un ensemble de biens ou d'une entreprise au complet et lorsque la différence est positive. On ne constate pas un fonds commercial négatif. L'écart d'acquisition provient de la consolidation des comptes d'une filiale avec ceux de la société mère. Voir les sections 5.14 et 10.11.

Fonds de roulement (*Working capital*) – Différence entre l'actif à court terme et le passif à court terme. Voir Actif à court terme, Passif à court terme et la section 2.6.

Formule de Scott (*Scott formula*) – Voir la définition complète de cette technique d'analyse financière à la section 9.6. Elle consiste à combiner un groupe de ratios pour obtenir une explication plus globale de la performance.

G ◆◆◆◆◆◆◆◆◆◆◆◆◆◆◆◆◆◆◆◆◆◆◆

Gain (perte) sur cession (*Gain [loss] on sale*) – Il y a gain sur cession lorsqu'une société reçoit un montant supérieur à la valeur comptable lors de la vente d'un de ses actifs. On porte alors la différence au crédit d'un compte des résultats. Il y a perte sur cession lorsque la valeur comptable du bien est inférieure au montant tiré de sa vente. On porte alors la différence au débit d'un compte des résultats. Voir Valeur comptable et la section 10.10.

Gestion de la présentation de l'information comptable (*Management of corporate financial disclosure*) – Actions prises par la direction en vue d'organiser le flux des informations concernant l'entreprise. Notion assez semblable aux autres aspects de la gestion d'une entreprise. Voir la section 8.6.

Grand nettoyage (*Big bath*) – Manipulation du bénéfice reporté ayant pour but de présenter des résultats encore pires pour une année où les résultats sont déjà mauvais, en vue d'améliorer les résultats des exercices subséquents. Voir la section 3.7.

Grand livre (*Ledger*) – Tout livre ou enregistrement électronique récapitulant les opérations inscrites dans les journaux sous forme de comptes. Voir Comptes, Grand livre général, Journaux, Balance de vérification et la section 6.6.

Grand livre général (*General ledger*) – Ensemble des comptes individuels qui récapitulent tout le système comptable d'une entreprise. Voir la section 6.6.

H ◆◆◆◆◆◆◆◆◆◆◆◆◆◆◆◆◆◆◆◆◆◆◆

Hypothèse du flux des coûts (*Cost flow assumption*) – Hypothèse portant sur l'ordre dans lequel les articles en stock entrent et sortent de l'entreprise et qui permet de calculer la valeur du stock et du coût des marchandises vendues dans les cas où l'on ne peut préciser ou bien où l'on ne précise pas le flux réel. Parmi les hypothèses possibles, mentionnons celle du premier entré, premier sorti (PEPS), celle du dernier entré, premier sorti (DEPS) et celle de la moyenne pondérée. Pour des exemples précis, voir Coût des marchandises vendues, PEPS, Moyenne pondérée, DEPS et la section 10.7.

I ◆◆◆◆◆◆◆◆◆◆◆◆◆◆◆◆◆◆◆◆◆◆◆

Immobilisations corporelles (*Fixed assets*) – Biens physiques faisant partie de l'actif à long terme, qui ne devraient pas être épuisés après un cycle d'exploitation, mais qui sont destinés à créer des produits pendant plusieurs exercices (par exemple, les machines, les bâtiments, le terrain). Voir Actif à long terme et Actif à court terme.

Immobilisations incorporelles (*Intangible assets*) – Biens n'ayant pas d'existence physique et détenus à long terme, tels que les droits d'auteur, les brevets, les marques de commerce, les licences d'importation et d'exportation et d'autres droits conférant à l'entreprise une situation privilégiée ou exclusive sur le marché. Il faut ajouter à cette liste le fonds commercial (achalandage). Voir Actif, Amortissement, Fonds commercial et la section 10.11.

Importance relative (*Materiality*) – Degré d'importance d'une omission ou d'une inexactitude dans l'information comptable qui, à la lumière des circonstances présentes, risque de modifier ou d'influencer le jugement d'une personne raisonnable se fiant à cette information. On définit l'importance relative et la pertinence en fonction de ce qui a de l'influence ou de l'importance pour un décideur. On peut prendre la décision de ne pas présenter certaines informations parce qu'on pense que les investisseurs et les autres utilisateurs n'ont pas besoin de ce type d'information (il n'est pas pertinent) ou que le montant en cause est trop petit pour faire une différence (il n'est pas significatif). Voir Pertinence et la section 5.4.

Impôts sur le bénéfice (*Income tax*) – Montant des impôts sur le bénéfice établi conformément aux lois fiscales régissant le calcul du bénéfice imposable. Voir les sections 8.12 et 9.2.

Information sectorielle (*Segmented information*) – Information des états financiers regroupée par secteurs d'activité géographiques ou économiques de façon à procurer une perspective différente de la performance et de la situation financière de l'entreprise. L'information sectorielle est habituellement présentée à la fin des notes complémentaires annexées aux états financiers.

Institut canadien des comptables agréés (ICCA) (*Canadian Institute of Chartered Accountants [CICA]*) – Association nationale auto-réglementée qui regroupe les experts-comptables ayant satisfait aux normes canadiennes de formation et d'examen. Cette association établit et contrôle l'application des normes régissant la pratique des CA. Un des trois organismes professionnels nationaux d'experts-comptables. Voir Expert-comptable et Comptable.

J •••••••••••••••••••••••

Journal général (*General journal*) – Registre comptable servant principalement à inscrire les régularisations exigées par la comptabilité d'exercice (écriture de journal) et qui ne sont pas enregistrées dans un journal spécialisé distinct. Voir la section 6.6.

Journal originaire (*Book of original entry*) – Livre dans lequel on inscrit les opérations pour la première fois. Voir la section 6.6.

Journaux (*Journals*) – Registres contenant en permanence les opérations comptables de nature similaire. Voir Journal général et la section 6.6.

Jugement professionnel (*Professional judgment*) – Jugement porté par un professionnel sur des problèmes qui relèvent de sa compétence. Par exemple, les problèmes de comptabilité générale pour un expert-comptable ou un vérificateur. Voir la section 5.11.

Juste valeur (*Fair value*) – Estimation des justes valeurs marchandes des éléments d'actif et de passif d'une société acquise. Ce chiffre sert à l'application de la méthode de l'achat pur et simple pour la comptabilisation d'une consolidation. Voir la section 5.14.

Juste valeur marchande (*Fair market value*) – Valeur ou prix déterminé par un acheteur et un vendeur indépendants qui agissent de façon rationnelle et dans leur propre intérêt. Cette valeur est plus significative lorsqu'elle est déterminée en fonction d'une opération réelle que lorsqu'elle provient d'une estimation hypothétique. Voir deux formes de juste valeur marchande dans les définitions de Valeur de réalisation nette et Coût de remplacement.

Juste valeur nette des capitaux propres (*Net fair value of equity*) – Valeur marchande de l'actif moins la valeur marchande du passif. Cette valeur permet de calculer le fonds commercial de consolidation. Voir Fonds commercial ainsi que les sections 5.14 et 10.11.

L •••••••••••••••••••••

Lignes directrices de classement (*Classification policies*) – Lignes directrices comptables précisant l'endroit des états financiers où doit apparaître un compte ou sa description. Voir la section 10.4.

Liquidité (*Liquidity*) – Excédent des éléments d'actif à très court terme sur le passif à court terme. Elle mesure donc la capacité de l'entreprise à régler comptant et dans l'immédiat ses obligations actuelles. Voir Solvabilité et la section 9.5.

Loi canadienne sur les sociétés par actions (*Canada Business Corporation Act [CBCA]*) – Au Canada, loi fédérale autorisant à constituer des sociétés et établissant les règles générales qui régissent leurs activités. Toute société constituée selon cette loi doit présenter des états financiers annuellement.

M♦♦♦♦♦♦♦♦♦♦♦♦♦♦♦♦♦♦♦♦♦♦♦

Manipulation (*Manipulation*) – Accusation portée contre la direction selon laquelle les choix de conventions comptables et des lignes directrices de présentation de l'information seraient faits en vue de rendre les résultats et la situation de l'entreprise conformes aux souhaits de la direction. Voir la section 10.2.

Manuel de l'ICCA (*CICA Handbook*) – Source des normes de comptabilité faisant autorité au Canada. Voir les sections 3.3 et 5.2.

Marché boursier (*Stock market*) – Marché des capitaux sur lequel se négocient les actions. On utilise parfois ce terme pour désigner l'ensemble des marchés des capitaux.

Marché obligataire (*Bond market*) – Marché des capitaux sur lequel se négocient les instruments de la dette (obligations) plutôt que des actions. Voir Marchés des capitaux.

Marchés des capitaux (*Capital markets*) – Marchés sur lesquels se négocient des titres financiers tels que les actions et les obligations. Voir la section 8.3.

Marge bénéficiaire brute (*Gross margin*) – Produits moins coût des marchandises vendues. Synonyme de « marge brute ».

Méthode de comptabilité d'exercice (pour la comptabilité intersociété) (*Accrual basis*) –

Voir Comptabilisation à la valeur de consolidation et la section 5.13.

Méthode de l'achat pur et simple (*Purchase method*) – Méthode de comptabilisation des regroupements d'entreprises (à comparer avec la méthode de la fusion des intérêts communs). Selon cette méthode, qui est de loin la plus répandue pour déterminer les chiffres des états financiers consolidés, on ajoute la juste valeur marchande des éléments de l'actif et du passif de la société acquise à ceux de la société mère, et toute différence entre la fraction de la somme des justes valeurs des éléments acquis par la société mère et le prix qu'elle a payé pour cet achat est constatée dans un compte d'écart d'acquisition (achalandage). Voir la section 5.14.

Méthode de l'inventaire au prix de détail (*Retail inventory method*) – Méthode assurant un contrôle interne du stock et permettant de calculer le chiffre du stock à présenter dans les états financiers en utilisant les ratios du coût sur le prix de vente. On déduit, par exemple, le coût des marchandises vendues des produits de vente moins les majorations du coût. On peut déterminer le stock de clôture en calculant le stock au prix de détail et en déduisant les majorations. Voir Méthode de l'inventaire permanent, Méthode de l'inventaire périodique, PEPS, DEPS, Coût moyen ainsi que les sections 6.10 et 10.7.

Méthode de l'inventaire périodique (*Periodic inventory method*) — Méthode de calcul de l'inventaire utilisant les données fournies par le stock d'ouverture, les ajouts au stock au cours de l'exercice et les résultats du dénombrement d'inventaire de fin d'exercice pour obtenir par déduction le coût des marchandises vendues. Voir Méthode de l'inventaire permanent, Méthode de l'inventaire au prix de détail et la section 6.10.

Méthode de l'inventaire permanent (*Perpetual inventory method*) – Méthode de contrôle du stock qui tient à jour en permanence le flux des articles du stock dans un registre d'inventaire. On trouve donc dans ce registre le chiffre du stock d'ouverture, le nombre d'unités ajoutées et le nombre d'unités retirées du stock pour être vendues. On peut ainsi déterminer le chiffre du stock de clôture et le vérifier par comparaison avec le chiffre obtenu lors du dénombrement d'inventaire. Cette méthode procure un meilleur contrôle que la méthode de l'inventaire périodique, mais il est coûteux de tenir ce registre supplémentaire. Voir Méthode de l'inventaire périodique, Méthode de l'inventaire au prix de détail et la section 6.10.

Méthode de la fusion des intérêts communs (*Pooling of interests method*) – Type de comptabilisation des regroupements d'entreprises (à comparer avec la méthode de l'achat pur et simple). Dans la fusion des intérêts communs, les éléments de l'actif, du passif, des capitaux propres, des produits et des charges des entreprises sont additionnés à leur valeur comptable. Voir Consolidation et la section 5.14.

Moyenne pondérée (*Weighted average*) – Hypothèse du flux des coûts du stock qui permet de calculer le coût des marchandises vendues et le coût du stock de clôture en faisant la moyenne du coût de tous les articles en stock au cours de l'exercice. Voir Coût moyen, DEPS, PEPS, Valorisation du stock et la section 10.7.

N ••••••••••••••••••••••

Nivellement du bénéfice (*Income smoothing*) – Manipulation du bénéfice net destinée à réduire les variations du chiffre du bénéfice présenté dans les états financiers. Voir la section 3.7.

Normes comptables (*Accounting standards*) – Méthodes ou conventions comptables particulières recommandées par un organisme faisant autorité. Au Canada, ces recommandations sont faites par le Conseil des normes comptables de l'Institut Canadien des Comptables Agréés, et aux États-Unis, par le Financial Accounting Standards Board. Voir Principes comptables, Pratiques comptables et Principes comptables généralement reconnus.

Normes de vérification généralement reconnues (NVGR) (*Generally accepted auditing standards [GAAS]*) – Normes professionnelles régissant la pratique de la vérification et l'accumulation des informations probantes. Tous les vérificateurs sont tenus de les respecter lorsqu'ils préparent leurs rapports

sur les états financiers. Voir Rapport du vérificateur et la section 8.9.

Notes complémentaires annexées aux états financiers (*Notes to the financial statements*) – Notes annexées aux états financiers et fournissant les informations relatives aux conventions comptables choisies par l'entreprise et d'autres informations additionnelles utiles pour l'interprétation des chiffres. Voir les sections 5.6 et 10.14.

O ••••••••••••••••••••••

Objectivité (*Objectivity*) – Qualité de l'information présentée dans les états financiers. Cette information doit être, autant que possible, exempte de préjugés de façon que chaque groupe d'utilisateurs puisse s'y fier. Un expert-comptable s'efforce d'inscrire et de présenter les données en se basant sur des sources objectives, de sorte que ces données soient acceptables pour les tiers de l'extérieur. Du fait que les opérations conclues dans les conditions normales de concurrence sont étayées par des documents qui peuvent être vérifiés par tout observateur qui s'y intéresse, elles constituent la base privilégiée des mesures. Voir Pertinence, Fiabilité, Opportunité et Importance relative.

Opération (*Transaction*) – Une opération comptable est la source fondamentale de la tenue des comptes et se définit à l'aide de quatre critères :
1. Échange : il doit y avoir échange d'argent, de marchandises ou d'autres éléments ayant une valeur économique.
2. Externe : l'échange doit se faire avec une personne de l'extérieur ; s'il se produit à l'intérieur de l'entreprise, il ne s'agit pas d'une opération.
3. Preuve : l'opération doit s'appuyer sur une facture, un rapport informatique ou un autre document source indiquant que l'opération a eu lieu.
4. Dollars : l'opération doit pouvoir être évaluée en dollars.

Voir la section 6.3.

Opportunité (*Timeliness*) – Une information « en temps opportun » est utile parce qu'elle correspond aux besoins actuels des décideurs. L'information fournie tardivement n'aide pas à la prise de décision. Voir Pertinence, Fiabilité, Objectivité et Importance relative.

P ◆◆◆◆◆◆◆◆◆◆◆◆◆◆◆◆◆◆◆◆◆◆◆

Participation des actionnaires sans contrôle (*Minority interest*) – Compte de la partie droite d'un bilan consolidé. On nomme « participation sans contrôle » le pourcentage des capitaux propres d'une société affiliée non détenu par la société mère. Le calcul du bénéfice net consolidé est semblable à celui d'une charge relative à la participation sans contrôle. Voir Consolidation ainsi que les sections 5.14 et 5.15.

Passif (*Liability*) – Dette ou obligation de l'entreprise envers un tiers (créancier) et ayant une valeur légalement reconnue ou déterminée par estimation selon les techniques de la comptabilité d'exercice. Cette dette ou obligation provient d'une opération passée (par exemple, un emprunt bancaire, un prêt accordé par un actionnaire, un compte fournisseur, un prêt hypothécaire, une charge à payer ou un produit reporté). Voir Créanciers ainsi que les sections 2.6, 5.4 et 10.12.

Passif à court terme (*Current liabilities*) – Dettes ou droits estimatifs sur les ressources qu'une entreprise devrait rembourser au cours du cycle normal d'exploitation (habituellement un an). Voir Passif de trésorerie, Comptes fournisseurs et la section 5.5.

Passif de trésorerie (*Cash equivalent liabilities*) – Éléments du passif remboursables sur demande et qui constituent de ce fait une diminution des liquidités présentées à l'actif. Il s'agit, par exemple, d'un emprunt bancaire remboursable sur demande servant à l'achat de placements à court terme. Voir la section 4.3.

Passif d'impôts reportés (*Deferred income tax liability*) – Passif (crédit correspondant à la charge d'impôts reportés) qui existe lorsque le bénéfice avant impôts présenté dans la déclaration aux fins fiscales est moins élevé qu'il le serait si on avait appliqué à son calcul les mêmes règles comptables que celles qui sont appliquées dans les états financiers. Le bénéfice comptable présenté est moins

élevé que le bénéfice imposable, de sorte qu'on prévoit un passif d'impôts dans l'avenir lorsque cette partie du bénéfice sera présentée dans la déclaration fiscale. Voir la section 8.12.

PEPS (*FIFO*) – Hypothèse du flux des coûts du stock dans laquelle le coût des marchandises vendues est déterminé à partir du coût du stock d'ouverture et du coût des achats les plus anciens effectués depuis, d'où l'abréviation PEPS – premier entré, premier sorti. Par conséquent, selon la méthode PEPS, le coût du stock de clôture est déterminé à partir des achats les plus récents. Puisqu'on pose l'hypothèse que les articles en stock les plus anciens sont vendus les premiers, en période d'inflation, le calcul du coût des marchandises vendues selon la méthode PEPS est moins élevé, mais le bénéfice et le stock de clôture sont plus élevés qu'avec les méthodes DEPS ou de la moyenne pondérée (voir ces rubriques). Voir Hypothèse du flux des coûts et la section 10.7.

Permanence des méthodes (*Consistency*) – Traitement identique d'opérations semblables d'un exercice à l'autre de sorte que les états financiers puissent faire l'objet de comparaisons. Les conventions de présentation de l'information supposent que les procédés, une fois qu'ils ont été adoptés, soient appliqués par l'entreprise dans chaque exercice. Voir Pratiques comptables.

Perte nette (*Net loss*) – Solde négatif du poste Bénéfice net.

Perte sur cession (*Loss on sale*) – Voir Gain (perte) sur cession et la section 10.10.

Pertinence (*Relevance*) – Qualité d'une information qui peut modifier une prise de décision en aidant les utilisateurs à prédire ce que produiront des faits passés, présents ou futurs, et à confirmer ou à corriger des attentes antérieures. Voir Importance relative, Fiabilité, Opportunité et Objectivité.

Périodicité de l'information (*Periodic reporting*) – Convention fondamentale de la comptabilité générale stipulant que l'information comptable doit être compilée et présentée aux utilisateurs à intervalles réguliers (au moins annuellement et souvent tous les trimestres ou tous les mois). Voir la section 1.5.

Placements (*Investments*) – Sous cette rubrique, on classe habituellement des biens, tels que les actions ou les obligations, détenus en raison du rendement qu'ils procurent (par exemple, des intérêts ou des dividendes) plutôt que pour être utilisés dans l'exploitation. Voir les sections 5.13, 9.2 et 10.5.

Placements intersociétés (*Intercorporate investments*) – Placements faits par une société dans d'autres sociétés. Voir Consolidation, Méthode de comptabilisation à la valeur de consolidation, Comptabilisation à la valeur d'acquisition et la section 5.13.

Placements temporaires (*Temporary investments*) – Placements à court terme servant souvent à rentabiliser l'excédent provisoire d'encaisse. Voir la section 10.5.

Plan comptable (*Chart of accounts*) – Liste classée des comptes utilisés dans le système comptable. À ne pas confondre avec la balance de vérification qui présente tous les comptes avec leurs soldes débiteurs et leurs soldes créditeurs.

Pratiques comptables (*Accounting policies*) – Méthodes comptables choisies par une société pour constater les faits économiques en comptabilité d'exercice et pour présenter la situation financière et les résultats de son exploitation. On trouvera des exemples dans les notes afférentes aux états financiers d'une société. Voir la section 10.2.

Préparateurs (*Preparers*) – Gestionnaires ou comptables qui établissent les états financiers. Voir la section 1.5.

Présentation de l'information (*Disclosure*) – Information sur des faits économiques plus complète que celle qui est incluse dans les chiffres des états financiers. Elle est habituellement fournie par voie de notes, mais parfois on la retrouve ailleurs que dans les états financiers, comme dans les communiqués de presse, les discours et d'autres annonces. Voir Notes complémentaires annexées aux états financiers, Gestion de la présentation de l'information des sociétés ainsi que les sections 8.4 et 10.4.

Principes comptables (*Accounting conventions*) – Hypothèses, principes ou notions de base qui servent à déterminer les règles à suivre pour la comptabilisation des opérations, les régularisations et les autres faits économiques utiles pour la préparation des états financiers. Les principes comptables les plus courants portent sur les rapports intermédiaires, le rapprochement des produits et des charges, la continuité de l'exploitation, la fidélité, le coût d'origine, la prudence, la pertinence et l'importance relative. Voir Pratiques comptables, Normes comptables et Principes comptables généralement reconnus.

Principes comptables généralement reconnus (PCGR) (*Generally accepted accounting principles [GAAP]*) – Principes et méthodes comptables qui ont été approuvés par les organismes normalisateurs, qui sont admis par la pratique générale, des documents et d'autres sources. Voir Principes comptables, Normes comptables et la section 5.2.

Produit (*Revenue*) – Montant de la contrepartie reçue ou promise lors de la vente de marchandises ou de la prestation de services, avant toute déduction relative au coût de ces biens ou services. Voir État des résultats, Constatation des produits et la section 3.2.

Produit reporté (*Deferred revenue*) – Compte du passif servant à comptabiliser des dépôts ou d'autres encaissements effectués avant que la vente ne soit conclue ou que le service ne soit rendu (par exemple, avant la livraison). Voir la section 7.6.

Propriétaires (*Owners*) – Personnes ayant contribué à l'apport des ressources moyennant un droit aux dividendes et à toute valeur résiduelle (capitaux propres) de l'entreprise. Voir la section 1.5.

Prospectus (*Prospectus*) – Document officiel contenant des informations financières détaillées, exigé par la loi lorsqu'une société invite le public à souscrire à ses titres.

Provision pour créances douteuses (*Allowance for doubtful accountants*) – Montant estimatif des comptes clients qui ne sera pas recouvré (qui est « douteux »). La provision est le compte de contrepartie des comptes clients servant à constater la charge de « créances douteuses » sans devoir retirer ces comptes douteux puisque la société continue à tenter de recouvrer les montants dus. Voir la section 7.12.

Prudence (*Conservatism*) – Attitude prudente devant une incertitude dans le but de s'assurer qu'on tient compte adéquatement des risques intrinsèques de certaines situations d'affaires. On dit souvent de cette attitude qu'elle vise à « anticiper les pertes possibles et pas les gains possibles ». Lorsque les experts-comptables ne sont pas en mesure de décider lequel des traitements comptables est le meilleur en se basant uniquement sur les principes comptables, adopter une attitude prudente signifie que l'on choisit le traitement comptable qui aura l'incidence la moins favorable sur le bénéfice de l'exercice courant. Pour des exemples de prudence, voir Coût d'origine, Valeur minimale et la section 7.13.

R ••••••••••••••••••••••••

Radiation (*Write-off*) – Élimination d'un élément de l'actif (ou du passif) du bilan. S'il existe déjà un compte de contrepartie pour cet élément, on impute la radiation au compte de contrepartie et les charges (et le bénéfice) ne sont pas modifiées. S'il n'existe pas de compte de contrepartie, les radiations sont imputées aux charges et les produits sont réduits du même montant. Voir les sections 7.12 et 10.10.

Rapport annuel (*Annual report*) – Document produit chaque année par les dirigeants d'une société pour les actionnaires. Il comprend les états financiers, les notes complémentaires, le rapport du vérificateur, l'information financière additionnelle tels que les rétrospectives de 5 ou 10 ans et les rapports provenant du conseil d'administration et de la direction de la société. Voir la section 4.2.

Rapport du vérificateur (*Auditor's report*) – Document accompagnant les états financiers et exprimant l'avis du vérificateur concernant la fidélité de présentation des états financiers. Le rapport du vérificateur explique ce que le vérificateur a fait et contient son opinion. Voir les sections 4.9 et 8.10.

Rapprochement des produits et des charges (*Matching*) – Notion voulant qu'on constate les charges dans le même exercice que celui où sont constatés les produits correspondants. Voir Comptabilité d'exercice, Constatation des charges, Constatation des produits ainsi que les sections 7.3 et 7.11.

Ratio (*Ratios*) – Résultat qu'on obtient en divisant un chiffre des états financiers par un autre, comme le ratio du fonds de roulement qu'on obtient en divisant le total de l'actif à court terme par le total du passif à court terme. On utilise les ratios standard pour évaluer certains aspects de l'entreprise, en particulier sa rentabilité, sa solvabilité et sa liquidité. Voir divers ratios dans les sections 9.3 et 9.5.

Ratio de fonds de roulement (*Working capital ratio*) – Actif à court terme divisé par le passif à court terme. Voir les sections 2.6 et 9.5.

Ratio de marge bénéficiaire brute (*Gross margin ratio*) – Marge brute divisée par les produits. Ce ratio donne la portion des produits qui reste après déduction du coût des marchandises vendues seulement.

Redressements affectés aux exercices antérieurs (*Prior-period adjustment*) – Gain ou perte, défini précisément et mis en relation directe avec les activités d'exercices donnés, mais qui n'est pas attribuable à des faits économiques qui se sont produits après cet exercice (de sorte qu'on n'augmente ni ne diminue le bénéfice net de ces exercices parce qu'il se produirait une distorsion des résultats). Le gain, ou la perte, est attribuable à des décisions prises par d'autres personnes que la direction ou les propriétaires, et le montant n'aurait pas pu être estimé avec suffisamment de précision avant que la décision finale ne soit prise (par exemple, un procès qui dure plusieurs années avant qu'un jugement ne soit rendu). Voir État des bénéfices non répartis et la section 5.9.

Régularisation (Rattachement à l'exercice) (*Accrual*) – Constatation dans les comptes d'un fait ou d'une estimation qui ne touche pas (actuellement) l'encaisse, mais qui est économiquement important pour la société. Par exemple, la constatation du produit des ventes à crédit avant l'encaissement de la dette des clients. Voir Comptabilité d'exercice, Constatation des produits, Rapprochement des produits et des charges et Report (Étalement).

Relation coûts-avantages (*Cost-benefit*) – Comparaison des avantages d'un projet particulier avec les coûts de ce projet.

Rendement (*Return*) – Montant du gain (bénéfice ou performance) mesuré habituellement en relation avec le montant investi pour obtenir le rendement. Voir Risque ainsi que les sections 8.3 et 9.2; consulter aussi des ratios comme ceux du rendement des capitaux propres et du rendement de l'actif, aux sections 9.5 et 9.6.

Rendement de l'exploitation (*Operating return*) – Rendement obtenu par une entreprise avant de constater le coût de financement et habituellement avant de tenir compte des éléments qui ne risquent pas de se répéter. Voir la section 9.6.

Report (*Posting*) – Transfert des écritures journalisées dans les comptes du grand livre, ce qui rend leur constatation permanente. La seule façon de corriger une erreur est d'utiliser une écriture d'ajustement ou de correction et d'en effectuer le report. Voir la section 6.6.

Report (Étalement) (*Deferral*) – Partie de la comptabilité d'exercice qui sert souvent à désigner le contraire du rattachement à l'exercice. Un report suppose la comptabilisation d'un encaissement ou d'un décaissement passé au bilan, ce qui signifie qu'il sera imputé à l'état des résultats dans les produits ou les charges à une date ultérieure. Comme exemple, mentionnons la constatation d'un produit reporté au passif en raison de l'encaissement récent de l'abonnement à un magazine qui doit être distribué plus tard. (Au contraire, le rattachement à l'exercice suppose habituellement l'inscription d'un produit ou d'une charge avant que l'encaissement ou le décaissement ait lieu). Voir les sections 7.2, 7.3 et 10.8.

Ressources (*Resources*) – En comptabilité financière, l'actif de l'entreprise tel qu'il est présenté dans le bilan. Voir la section 2.2.

Risque (*Risk*) – Variations probables des résultats futurs à la hausse ou à la baisse par rapport au niveau de résultat prévu (par exemple, les rendements). On s'intéresse principalement aux variations à la baisse. Le risque et le rendement vont de pair parce qu'un degré élevé de risque signifie un potentiel de rendement plus élevé et vice versa. Voir Rendement et la section 8.3.

S ••••••••••••••••••••••••

Securities and Exchange Commission (SEC) – Organisme gouvernemental américain qui contrôle l'inscription des émissions de titres, intente des poursuites contre les manipulations frauduleuses des titres et réglemente les opérations boursières aux États-Unis.

Société (*Corporation*) – Entité légale comportant ou non un capital-actions et juridiquement distincte de ceux qui la possèdent ou qui y travaillent. Elle possède la plupart des droits et responsabilités d'une personne à l'exception de ceux qui ne peuvent s'appliquer qu'à une personne réelle. Sa caractéristique principale est la responsabilité limitée, ce qui signifie que les créanciers ne peuvent faire valoir leurs droits que sur les seuls actifs de la société et non sur ceux des propriétaires. Voir Société de personnes, Entreprise à propriétaire unique et la section 2.8.

Société de personnes (*Partnership*) – Entente contractuelle entre personnes en vue de partager les ressources et l'exploitation d'une entreprise. Cette forme de société ne possède pas le privilège de la responsabilité limitée. Voir Société, Entreprises à propriétaire unique et la section 2.8.

Société des comptables en management du Canada (*Society of Management Accountants of Canada [SMAC]*) – Société dont les membres ont reçu une formation en fiscalité, en comptabilité, en vérification interne et dans d'autres domaines connexes. Cette formation est principalement orientée vers la comptabilité de gestion. Les membres doivent également réussir l'examen d'entrée. Il s'agit d'un des trois organismes d'experts-comptables professionnels du Canada. Voir Expert-comptable.

Société mère (*Parent*) – Société dominante dans un groupe d'entreprises appartenant aux mêmes propriétaires et dont le nom est habituellement utilisé dans les états financiers consolidés. Voir la section 5.14.

Solvabilité (*Solvency*) – Qualité d'une entreprise capable de régler toutes ses dettes et de s'acquitter de toutes ses obligations. Voir État de l'évolution de la situation financière, Liquidité et la section 9.5.

Sources (*Sources*) – Les sources de l'actif de l'entreprise sont présentées dans la partie de droite du bilan (passif et capitaux propres). Voir la section 2.2.

Stock (*Inventory*) – Marchandises achetées ou fabriquées par une entreprise en vue de leur vente ou de leur utilisation dans l'exploitation. Le terme stock englobe les produits finis, les produits en cours, les matières premières et les fournitures. Voir Actif à court terme, Valorisation du stock et la section 10.7.

T ♦♦♦♦♦♦♦♦♦♦♦♦♦♦♦♦♦♦♦♦♦

Tableau synoptique (*Synoptic*) – Liste des opérations portant sur l'encaisse de l'entreprise et servant à la tenue des comptes. Voir la section 6.6.

Tampon (*Plug*) – Le système de comptabilité en partie double requiert que les débits soient égaux aux crédits. Si l'addition de tous les débits et celle de tous les crédits ne donne pas le même chiffre, il faut modifier les états financiers pour rétablir l'équilibre. Le montant de l'ajustement nécessaire est appelé tampon. On ne devrait l'utiliser que lorsqu'il y a eu erreur. Toutefois, on utilise parfois ce terme pour critiquer des comptes de régularisation, de consolidation ou d'autres ajustements.

Tenue des comptes, tenue des livres (*Bookkeeping*) – Processus d'inscription, de classement et de récapitulation des opérations dans les livres de comptes. Voir la section 6.4.

Théorie de la délégation (*Agency theory*) – Théorie qui s'attache aux relations interpersonnelles dans lesquelles une ou plusieurs personnes (les mandataires ou agents : gestionnaires, vérificateurs, avocats et médecins) reçoivent le mandat d'agir au nom d'une ou de plusieurs personnes (les mandants : propriétaires, créanciers, défendeurs et patients). La théorie de la délégation met l'accent sur la conception fiduciaire de l'information comptable, en exerçant une surveillance et un contrôle sur la responsabilité de gérance du mandataire envers le mandant. Les mandants et les mandataires exigeront toute information que peut nécessiter leur relation particulière. Voir la section 8.7.

Théorie de l'intérêt du propriétaire (*Proprietor approach*) – Façon de concevoir les états financiers du point de vue du propriétaire. Voir la section 2.9.

Théorie du marché des capitaux (*Capital market theory*) – Théorie portant sur le comportement des marchés dans l'ensemble (par exemple, les marchés boursiers) et sur le rôle de l'information dans le fonctionnement de ces marchés. Voir la section 8.3.

U ♦♦♦♦♦♦♦♦♦♦♦♦♦♦♦♦♦♦♦♦♦

Utilisateurs (*Users*) – Personnes qui utilisent les états financiers pour orienter leur décision d'investir dans l'entreprise, de lui prêter de l'argent ou de poser toute autre action faisant appel à l'information financière. Voir la section 1.5.

V ♦♦♦♦♦♦♦♦♦♦♦♦♦♦♦♦♦♦♦♦♦

Valeur comptable (*Book value*) – Montant présenté dans les comptes pour chaque élément d'actif, de passif ou des capitaux propres, après déduction du montant de tout compte de contrepartie (par exemple, la valeur comptable d'un camion est égale au coût inscrit moins l'amortissement cumulé). On utilise aussi ce terme de façon courante pour désigner le montant net de l'actif total moins le passif total (valeur inscrite de la participation résiduelle des propriétaires qui est égale au total des capitaux propres : Actif – Passif = Capitaux propres). Voir les sections 2.6 et 5.14.

Valeur comptable nette (*Net book value*) – Coût d'un bien moins l'amortissement cumulé, la provision pour créances douteuses ou un autre compte de contrepartie. Voir Valeur comptable et la section 2.5.

Valeur d'utilisation (*Value in use*) – Valeur d'un bien déterminée en fonction des flux de trésorerie futurs qu'il procurera ou des charges futures qui pourront être évitées grâce à la possession de ce bien. Voir Coût d'origine, Juste valeur marchande, Coût d'origine indexé et la section 5.5.

Valeur de liquidation (*Liquidation value*) – Valeur des biens de l'entreprise s'ils devaient être tous vendus au moment où l'entreprise met fin à son exploitation. Voir Coût d'origine, Juste valeur marchande, Valeur d'utilisation, Coût d'origine indexé et la section 5.5.

Valeur de réalisation nette (*Net realizable value*) – Juste valeur marchande tirée de la vente d'un bien sur le marché normal des produits moins les coûts nécessaires à la préparation de ce bien pour la vente ou les coûts de cession. Voir Juste valeur marchande, Coût de remplacement, Valeur minimale et la section 5.5.

Valeur du marché (*Market value*) – Voir Juste valeur marchande.

Valeur marchande actuelle (*Current market value*) – Valeur estimative tirée de la vente d'un bien, valeur de règlement d'une dette ou valeur négociable d'un titre de participation. Voir la section 5.5.

Valeur minimale (*Lower of cost or market*) – Méthode de valorisation des articles en stock, des placements temporaires ou d'autres éléments de l'actif à court terme. Dans cette méthode, les pertes relatives à la diminution du prix d'articles détenus sous le coût de la valeur marchande sont constatées dans l'exercice où l'on s'aperçoit de cette diminution. Les gains provenant de l'augmentation de la valeur marchande au-dessus du coût ne sont pas constatés avant que l'article ne soit vendu. La méthode de la valeur minimale est une mesure prudente. Voir d'autres valeurs des biens sous les rubriques Juste valeur marchande, Valeur de réalisation nette, Coût de remplacement et Coût d'origine ainsi que les sections 10.5, 10.6 et 10.7.

Valeur temporelle de l'argent (*Time value of money*) – L'argent peut générer des intérêts. Ainsi, l'argent reçu dans le futur a une valeur moindre si on l'« actualise » en raison du montant moins élevé qu'il est possible de placer pour obtenir la même valeur dans le futur. Voir Analyse de la valeur actuelle et la section 9.8.

Valorisation du bilan (*Balance sheet valuation*) – Attribution de valeurs numériques aux comptes de l'actif, du passif et des capitaux propres. Voir la section 5.5.

Valorisation du stock (*Inventory costing*) – Terme regroupant diverses méthodes de détermination du coût du stock à présenter au bilan ainsi que du coût des marchandises vendues. Les méthodes les plus courantes sont PEPS, DEPS et Moyenne pondérée (voir ces mots). Voir aussi les sections 5.8 et 10.7.

Vérificateur (*Auditor*) – Personne ou cabinet qui effectue une vérification dans le but de rédiger le rapport du vérificateur. Voir la section 1.5.

Vérificateur externe (*External auditor*) – Vérificateur indépendant provenant de l'extérieur de l'entreprise et nommé pour vérifier les états financiers. Voir Vérificateur et la section 8.8.

Vérification (*Audit*) – Vérification des livres comptables et de la documentation à l'appui dans le but de déterminer si les états financiers présentent fidèlement la situation financière et les résultats de la société. Voir Vérificateur et Rapport du vérificateur.

A.4 SOLUTIONS PROPOSÉES AUX QUESTIONS ET AUX PROBLÈMES MARQUÉS D'UN ASTÉRISQUE

Certains travaux et problèmes ont été marqués d'un astérisque. Pour vous aider dans votre étude personnelle, nous avons préparé les grandes lignes des solutions. Puisqu'elles sont plus ou moins formelles, vous devez les prendre comme des suggestions et des méthodes valides plutôt que comme les SEULES solutions possibles. Les étudiants et les professeurs considèrent le monde de diverses façons, et leurs conceptions donnent une touche spéciale à leur façon d'élaborer des réponses aux problèmes comptables comme aux autres problèmes importants. Chaque étudiant doit se forger une conception personnelle de la comptabilité, et les solutions que nous présentons ici devraient s'adapter à cette conception et non pas s'y opposer. Les solutions proposées ont pour but de vous aider; elles ont donc été rédigées d'une manière claire et concise. Toutefois, ces solutions ne peuvent pas être complètes et ne remplacent jamais votre intelligence et votre créativité par rapport à ces problèmes.

Parfois, la solution d'un problème vous incitera à émettre certaines hypothèses ou à utiliser des données qui n'ont pas été explicitement fournies dans le problème. C'est habituellement de cette façon que les problèmes réels se présentent: ils ne comportent pas nécessairement tous les détails ou ils sont présentés de façon ambiguë. N'hésitez pas à formuler vos propres hypothèses tout en sachant quelle importance leur accorder parce que, lorsque vous aurez à solutionner des problèmes réels au cours de votre carrière, ces hypothèses pourront être remplacées par des preuves vous permettant de trouver d'excellentes solutions. Il est donc très important de bien connaître les hypothèses.

Avant de consulter la solution, essayez d'abord de résoudre le problème seul ou en groupe, et faites un brouillon de votre solution. Si vous consultez les solutions avant de réfléchir aux problèmes, les solutions perdront l'essentiel de leur intérêt, soit de vous indiquer si vous maîtrisez bien les notions apprises. Les problèmes semblent toujours plus simples quand on consulte d'abord les solutions. En agissant ainsi, vous vous trompez vous-mêmes sur vos capacités réelles.

Solution proposée au problème 1.3

Même si vous ne connaissez pas très bien les exigences des gestionnaires et des propriétaires, vous pourriez, après réflexion, tirer les conclusions suivantes:

1. Les propriétaires voudront savoir dans quelle mesure les gestionnaires atteignent les objectifs fixés. Ainsi, il faut motiver les bons gestionnaires à travailler pour les propriétaires et à faire ce que les propriétaires leur demandent.
2. Les gestionnaires sont des personnes et non pas des machines: ils ont leurs propres attentes concernant un système d'évaluation et nous pouvons prédire que les gestionnaires, surtout s'ils sont efficaces, n'aimeront pas un système d'évaluation qui aurait un parti pris pour les propriétaires.
3. Par conséquent, il est probable que seuls quelques compromis seront acceptables à la fois pour les propriétaires et pour la direction. Ces compromis auront tendance à favoriser les propriétaires ou les gestionnaires,

ou ils seront complètement impartiaux, selon la facilité avec laquelle les propriétaires peuvent remplacer les gestionnaires, selon la facilité avec laquelle les gestionnaires pourraient se trouver un autre emploi ou encore selon des considérations personnelles ou éthiques. Les compromis pourraient toucher les sujets suivants :

a) Il faut que l'évaluation de la performance soit conçue avec soin et compétence afin d'éviter les erreurs importantes.

b) Les évaluations doivent être justes : il faut éviter tout parti pris flagrant, ou au moins le faire ressortir clairement de sorte que les propriétaires et les gestionnaires puissent sentir qu'on protège leurs intérêts.

c) Pour améliorer l'équité et réduire les erreurs, les propriétaires et les gestionnaires pourraient se mettre d'accord pour confier à une personne indépendante la préparation de la mesure ou, du moins, ils pourraient s'entendre pour faire vérifier les calculs par une personne neutre.

d) Il faudrait que le système ne soit pas trop coûteux. Un système très coûteux diminuerait le bénéfice de l'entreprise et, par conséquent, la portion que les propriétaires et les gestionnaires pourraient se partager, comme les dividendes et les primes, serait réduite.

e) Il faut que les mesures soient vérifiables et qu'elles soient basées sur des preuves plutôt que sur des impressions ou des opinions. Ainsi, les gestionnaires et les propriétaires pourront vérifier, en tout temps, si les résultats sont corrects.

f) Le système devrait être stable et les mesures devraient être définitives, jusqu'à un certain point, pour qu'aucun des deux partis ne puisse revenir en arrière et essayer de changer les règles ou les résultats après coup.

g) Il serait utile que le système soit similaire à celui qu'utilisent d'autres entreprises, de sorte que les propriétaires et les gestionnaires puissent comparer la performance de leur gestion avec celle de la direction d'autres entreprises.

4. On pourrait énumérer d'autres principes. Vous en avez peut-être trouvé quelques-uns. À mesure que se développera votre connaissance de la comptabilité, vous verrez que les principes énumérés plus haut (compétence, équité, vérifiabilité, cohérence, comparabilité, etc.) et d'autres constituent des éléments auxquels la comptabilité fait appel tous les jours. En s'appuyant sur ces principes, la comptabilité ne diffère pas vraiment d'autres systèmes de mesures tels que les statistiques, les évaluations médicales, le système de notation des étudiants et les décisions des tribunaux.

5. Sur quels principes est-il facile de s'entendre et lesquels soulèveraient le plus de discussions ? Il n'y a pas de réponse générale à cette question ; elle dépend du genre d'entreprise, de ses propriétaires et de ses gestionnaires. Nous pouvons toutefois nous attendre à ce qu'il soit plus facile de s'entendre sur la stabilité et l'exactitude des critères que sur leur équité et leur comparabilité. En effet, ces derniers critères dépendent davantage de différents points de vue et peuvent toucher les intérêts divergents des propriétaires et des gestionnaires. De même, les notions de rentabilité et d'efficience varient selon la personne à qui l'on impute les coûts. Si le propriétaire assume tous les coûts, les gestionnaires ne s'en soucieront pas, et vice versa.

Solution proposée au problème 1.5

1. Solde du compte bancaire à la fin de 1994: 12 430 $ + 1 000 $ + 68 990 $ – 1 480 $ – 36 910 $ – 28 000 $ = 16 030 $.
2. Bénéfice selon la comptabilité d'exercice pour 1994: 68 990 $ + 850 $ – 36 910 $ – 2 650 $ – 3 740 $ = 26 540 $.

Solution proposée au problème 1.7

En supposant que les dépôts et les chèques en circulation finiront par modifier le compte bancaire de Roland, on obtient le solde suivant de son compte:

Solde selon le relevé bancaire	365 $
Plus le dépôt non crédité	73
	438 $
Moins les chèques en circulation: (145 $ + 37 $ + 86 $ + 92 $)	360
Solde bancaire selon Roland	78 $

Donc, si les informations de Roland sont exactes et si la banque effectue sans tarder le dépôt dans son compte, il peut rembourser les 70 $ qu'il doit à son ami.

Ce petit problème constitue un exemple de l'approche intuitive de la comptabilité. En supposant que Roland garde la trace de ses dépôts et de ses chèques, et qu'il sait à combien s'élève son solde bancaire, nous avons fait un « rapprochement bancaire ». La plupart des entreprises en font au moins un par mois, ce qui permet, s'il y a lieu, de mettre en évidence les irrégularités. Ces rapprochements peuvent comprendre des milliers de chèques et de dépôts, mais ils s'appuient sur la même approche intuitive: prendre le chiffre du relevé bancaire et additionner ou soustraire les éléments dont la banque n'a pas encore tenu compte et ainsi dégager un nouveau solde, soit un solde réel.

Solution proposée au problème 2.4

1. Voici les définitions. Elles sont assez détaillées pour que vous puissiez savoir si vous avez choisi les éléments qui conviennent dans le bilan des Épiciers Unis ltée.

   a) Un actif à court terme est un élément qui comporte des avantages futurs, lesquels seront convertis en espèces ou utilisés dans un délai de un an. Cet élément comprend l'actif de trésorerie, qui inclut l'encaisse ou ce qui peut être converti en encaisse à tout moment, et les autres éléments de l'actif à court terme, qui peuvent être convertis dans un délai de un an, mais pas immédiatement. Exemples d'actif de trésorerie: l'encaisse et les titres négociables à court terme. Exemples d'autres éléments de l'actif à court terme: la plupart des stocks, les comptes clients, les charges payées d'avance et les fournitures.

   b) Un élément d'actif à long terme est un bien qui sera converti en encaisse ou utilisé dans un délai de plus de un an. Exemples: le terrain, le matériel, les placements à long terme, les créances à long terme et les immobilisations incorporelles telles que les frais de développement.

Toute fraction de l'actif à long terme qui sera convertie en encaisse (vendue) dans un délai de un an doit être transférée dans l'actif à court terme.

c) Un élément de passif à court terme est une obligation que l'entreprise doit régler en espèces dans un délai de un an. Ces éléments comprennent le passif de trésorerie dont le remboursement peut être exigé à tout moment et les autres éléments de passif à court terme qui devront être remboursés dans un délai de un an, mais qui ne peuvent être réclamés à tout moment. Exemples de passif de trésorerie : les prêts remboursables sur demande et les avances consenties par la banque. Exemples d'éléments de passif à court terme : les comptes fournisseurs, les dividendes à payer, la fraction de la dette à long terme échéant dans moins de un an et les impôts retenus à la source sur la paie des employés.

d) Un élément de passif à long terme est une obligation qui doit être réglée dans un délai de plus de un an. Si une fraction d'une dette à long terme doit être remboursée dans un délai de un an, on doit la transférer dans le passif à court terme. Exemples : les hypothèques, les emprunts bancaires à long terme, les obligations, l'obligation découlant d'un régime de retraite, les impôts reportés.

e) Les éléments des capitaux propres représentent la participation résiduelle des propriétaires dans une société. Il s'agit d'une des façons dont les éléments de l'actif, comme l'encaisse et les placements à long terme, sont financés (le passif représente l'autre façon). Les capitaux propres se composent de l'apport direct des propriétaires (comme le capital-actions) et de l'apport indirect provenant des bénéfices non répartis, soit le bénéfice accumulé que les propriétaires ont décidé de laisser dans l'entreprise plutôt que de le retirer sous forme de dividendes. Par conséquent, les capitaux propres constituent la source de l'encaisse et des autres éléments de l'actif qui n'ont pas été financés par emprunt (le passif). Au moment de la liquidation ou de la dissolution de la société, les propriétaires reçoivent tout ce qui reste une fois que les détenteurs de titres du passif ont été remboursés.

2. On peut définir l'actif, le passif et les capitaux propres de façon générale, comme nous l'avons fait ci-dessus, mais les circonstances particulières à chaque société peuvent introduire des variations dans la façon dont un élément est classé. Pour une société de fabrication, le terrain sur lequel l'usine est bâtie est un actif à long terme ; dans le cas de terrains qu'une société immobilière achète et revend, il se peut qu'un terrain soit un élément d'actif à court terme (stock). Pour les Épiciers Unis ltée, un emprunt bancaire est un passif, mais pour une banque qui est un bailleur de fonds plutôt qu'un emprunteur, un emprunt bancaire est un élément d'actif (un montant à recevoir de l'emprunteur). Certaines catégories de dettes ressemblent tellement à des titres de participation qu'on pourrait les classer dans les capitaux propres. Par ailleurs, certains titres de participation ressemblent tellement à des dettes qu'on pourrait les classer dans le passif. Le bilan de chaque société doit s'adapter aux circonstances de sorte qu'il constitue une mesure valable de la situation financière de la société.

3. Fonds de roulement = Actif à court terme moins Passif à court terme. Ratio de fonds de roulement = Actif à court terme divisé par Passif à court terme. Si vous calculez ces ratios pour les deux exercices, vous pouvez déterminer s'il y a eu amélioration ou détérioration des résultats.

Solution proposée au problème 2.5

Dressez la liste de tous les éléments d'actif et de tous les montants dus à un moment donné. Le reste constitue les «capitaux propres» ou la valeur nette. Les personnes dont le solde des capitaux propres est négatif, ce qui n'est pas rare pour des étudiants, doivent garder leur sens de l'humour! Dressez seulement la liste des éléments d'actif. Ne tentez pas de rapprocher les éléments d'actif et les éléments de passif un par un. Par exemple, à un moment, vous deviez avoir 2 000 $ d'encaisse correspondant à un emprunt de 2 000 $, mais il se peut que vous ayez maintenant dépensé tout l'argent. Donc, il vous reste peut-être un élément de passif, mais pas d'élément d'actif. Les frais de scolarité payés constituent-ils un actif? Si l'on prévoit que le prêt étudiant ne devra pas être remboursé, cela constitue-t-il un actif? Les emprunts obtenus des parents constituent-ils un élément de passif pour l'étudiant? Essayez de choisir les éléments à inclure pour obtenir une mesure significative de votre situation financière. Un bilan de ce genre pourrait servir à une demande de crédit ou à un emprunt. Il pourrait vous aider à décider de faire un achat important (comme une voiture).

Faites attention au titre et à la date du bilan. Précisez l'entité – votre nom ou celui du couple si vous n'êtes pas en mesure de distinguer vos biens de ceux de votre conjoint.

À titre d'exemple, prenons un étudiant qui possède les biens suivants:

a) 10 $ – Compte bancaire

b) 50 $ – Vêtements (prix d'achat)

c) 1 400 $ – Vélo tout terrain avec de beaux accessoires (prix d'achat)

d) 1 500 $ – Prêt étudiant

e) 300 $ – Livres (prix d'achat)

Bilan de l'étudiant X
à une date donnée

Actif		**Passif et Capitaux propres**	
À court terme:		Passif à court terme:	
Compte bancaire	10 $	Prêt étudiant	500 $
Vêtements	0	(fraction à court terme)	
Livres	130		
		Passif à long terme:	
À long terme:		Prêt étudiant (le solde)	1 000
Vélo (et accessoires)	1 400	Capitaux propres	40
		(par déduction)	
		Total du passif et	
Actif total	1 540 $	des capitaux propres	1 540 $

1. Explications :

   a) Le compte bancaire est sans conteste un actif à court terme. Il s'agit plus précisément d'un actif de trésorerie, parce que l'étudiant X peut retirer cet argent en tout temps.

   b) Les vêtements n'ont pas été inclus dans le bilan parce que nous estimons qu'ils sont sans valeur – il est difficile de trouver preneur pour des t-shirts troués.

   c) Un vélo tout terrain neuf avec les mêmes accessoires coûterait environ 2 000 $, mais, en comptabilité, on utilise le coût d'origine pour le bilan (1 400 $).

   d) Une fraction du prêt étudiant doit être remboursée dans l'année (500 $). Par conséquent, nous avons retiré cette fraction du passif à long terme pour le présenter dans le passif à court terme.

   e) L'étudiant X prévoit vendre ses livres au début de la session prochaine et s'attend à en retirer 130 $. C'est pourquoi nous avons indiqué cette valeur dans le bilan. On présente habituellement les éléments de l'actif à court terme à leur valeur minimale, comme nous l'avons expliqué dans cet ouvrage.

   f) Le montant des capitaux propres est obtenu par déduction, puisque toute fraction de l'actif qui n'est pas financée par le passif (Actif – Passif) représente le montant résiduel des capitaux propres.

2. Informations utiles à la prise de décision :

   a) L'étudiant X risque d'avoir des problèmes immédiats de liquidité, puisque son encaisse s'élève seulement à 10 $ et que le bilan ne montre aucune source évidente d'encaisse, mis à part les livres.

   b) La fraction à court terme du prêt étudiant doit être remboursée dans un an et l'actif à court terme de l'étudiant X ne se monte qu'à 140 $ pour rembourser les 500 $. Il en résulte donc un déficit de 360 $. L'étudiant X doit donc gagner de l'argent ou en emprunter à ses parents.

   c) Les capitaux propres ne sont pas élevés mais ils sont positifs. Cette situation n'est pas étonnante puisque l'étudiant X a été à l'école toute sa vie ! Cependant, l'étudiant devrait s'inquiéter si la situation de ses capitaux propres est la même après plusieurs années de travail. Par conséquent, l'interprétation de l'information financière dépend des circonstances.

3. Reprenez les éléments mentionnés ci-dessus. Vous constatez qu'un bilan personnel peut être assez révélateur. Du point de vue du bilan, la plupart des étudiants n'ont pas une situation financière solide. Le bilan met en évidence leurs maigres ressources passées et présentes alors que l'étudiant rêve d'un avenir prometteur.

Solution proposée au problème 2.6   Ce problème illustre le principe de la personnalité de l'entreprise. Aux numéros 1, 2 et 4, on vous demande de dresser un bilan pour trois entités distinctes : Julie, Simon et le couple formé de Julie et Simon.

1. Julie

État de la situation financière (Bilan) au 3 janvier 1994			
Actif		**Passif et capitaux propres**	
Encaisse	500 $	Passif	0 $
Chaîne stéréo	2 000	Capitaux propres	2 800
Dépôt donné en garantie	300		
	2 800 $		2 800 $

2. Simon

État de la situation financière (Bilan) au 3 janvier 1994			
Actif		**Passif et capitaux propres**	
Encaisse	1 000 $	Passif	
Loyer payé d'avance	300	Emprunt	2 000 $
Meubles	500	Capitaux propres (déficit)	(200)
	1 800 $		1 800 $

3. Les valeurs des meubles et de la chaîne stéréo ont-elles été établies au prix d'achat, à la valeur de réalisation nette ou au coût de remplacement ? Connaissez-vous l'âge de ces objets ou leur condition ? Est-il raisonnable de dire que la valeur nette de Simon (ses capitaux propres) est négative ? Aurions-nous oublié certains de ses biens ?

4. Julie et Simon

État de la situation financière (Bilan) au 8 janvier 1994			
Actif		**Passif et capitaux propres**	
Encaisse	2 500 $	Passif :	
Dépôt donné en garantie	300	American Express	600 $
Chaîne stéréo	2 000	Capitaux propres :	
Meubles	500	Julie et Simon	6 200
Cadeaux	1 500		
	6 800 $		6 800 $

Nous pouvons effectuer le rapprochement de leurs capitaux propres individuels et de leur compte collectif de capitaux propres de la façon suivante :

État de la situation financière (Bilan) (suite)
au 8 janvier 1994

Actif		Passif et capitaux propres
Individuellement:		
Capitaux propres de Julie	2 800 $	
Capitaux propres de Simon	(200)	2 600 $
Changements provenant du mariage:		
Cadeaux de mariage	5 500 $	
Location de la salle	(300)	
Orchestre	(1 000)	
Voyage de noces	(600)	3 600
Capitaux propres conjoints après le voyage de noces		6 200 $

Solution proposée au problème 3.3

1. Le poste «Terrain» est inclus dans le bilan parce qu'il constitue un élément d'actif, c'est-à-dire une ressource détenue ou contrôlée et qui a une valeur économique. Le terrain a le potentiel de produire des bénéfices futurs pour la société, comme les autres éléments de l'actif.

2. Actif = 5 222 $ + 2 410 $ = 7 632 $.

3. Les bénéfices non répartis correspondent à l'accumulation des bénéfices nets moins les dividendes de chaque exercice au cours duquel la société a été en exploitation. Ils constituent la valeur résiduelle cumulée des bénéfices non distribués de la société et ils sont présentés dans le bilan parce que les biens créés par le processus de production du bénéfice n'ont pas tous été versés aux propriétaires.

4. Le capital-actions est une des sources de financement utilisées pour l'acquisition des éléments d'actif présentés du côté gauche du bilan. Par conséquent, le capital-actions n'est pas un actif qui peut servir à acheter le terrain, mais il représente une partie des sources des biens actuellement détenus. On ne peut utiliser les éléments d'actif que pour acheter d'autres biens. Vous devez donc utiliser l'encaisse de 3 000 $ ou un autre élément d'actif pour acheter un nouveau bien. La société ne disposait pas de suffisamment de liquidités, car une partie avait déjà été utilisée pour acheter le stock et le terrain; il fallait donc emprunter de l'argent.

5. Bénéfice net = 10 116 $ – 9 881 $ = 235 $.

6. Les bénéfices non répartis à la clôture s'élevaient à 1 222 $. Si l'on soustrait le bénéfice qui a été ajouté (235 $) et qu'on ajoute les dividendes qui ont été déduits (120 $), on obtient des bénéfices non répartis à l'ouverture de 1 107 $.

Solution proposée au problème 3.4

Limousines Kujuak ltée
Bilan au 30 septembre 1994

Actif	1994	1993
Actif à court terme :		
Encaisse	2 000 $	4 000 $
Comptes clients	0	1 000
	2 000 $	5 000 $
Actif à long terme :		
Matériel (limousines)	90 000 $	60 000 $
Moins amortissement		
cumulé	(30 000)	(20 000)
	60 000 $	40 000 $
Total de l'actif	62 000 $	45 000 $

Passif et capitaux propres	1994	1993
Passif à court terme :		
Emprunt	0 $	10 000 $
Salaires à payer	2 000	0
	2 000 $	10 000 $
Passif à long terme :		
Financement à long terme des limousines	50 000 $	30 000 $
Capitaux propres :		
Capital-actions	1 000 $	1 000 $
Bénéfices non répartis	9 000	4 000
	10 000 $	5 000 $
Total du passif et des capitaux propres	62 000 $	45 000 $

Limousines Kujuak ltée
État des résultats
Pour l'exercice clos le 30 septembre 1994

Produits	300 000 $
Moins charges :	
Salaires	100 000 $
Autres charges	70 000
Amortissement	10 000
	180 000 $
Bénéfice avant impôts	120 000 $
Impôts sur le bénéfice	35 000 $
Bénéfice net	85 000 $

Limousines Kujuak ltée
État des bénéfices non répartis
Pour l'exercice clos le 30 septembre 1994

Solde d'ouverture (30 septembre 1993)	4 000 $
Bénéfice net de l'exercice	85 000 $
Dividendes déclarés	(80 000)
Solde de clôture (30 septembre 1994)	9 000 $

Hypothèses :
- Le montant de la créance due par Jean Grosbois semble être à court terme parce qu'il a été remboursé durant l'année.
- Il semble aussi que l'emprunt était à court terme.
- Les salaires sont à payer dans peu de temps, car on peut raisonnablement supposer que les employés n'admettront pas que leurs salaires restent longtemps impayés.
- Aucune fraction du passif à long terme ne doit être remboursée l'an prochain.

Solution
proposée au
problème 4.2

Clients	6 000 $	AACT
Emprunt bancaire	40 000	PT ou APCT
Fournisseurs	34 000	APCT
Terrain	160 000	ALT
Encaisse	12 000	AT
Obligations à payer	120 000	PLT
Bâtiments	100 000	ALT
Actions ordinaires	6 000	CI
Stock	30 000	AACT
Placements	24 000	ALT

Société Côté ltée
Bilan au 31 décembre 1993

Actif			**Passif et capitaux propres**		
Actif à court terme			Passif à court terme		
Encaisse	12 000 $		Fournisseurs	34 000 $	
Clients	6 000		Emprunt bancaire	40 000	
Stock	30 000			74 000 $	
	48 000 $				
Actif à long terme			Passif à long terme		
Terrain	160 000 $		Obligations à payer	120 000	
Bâtiment	100 000		Total du passif	194 000 $	
Placements	24 000				
	284 000 $				

| | Société Côté ltée (suite) Bilan au 31 décembre 1993 | | |
Actif		Passif et capitaux propres	
		Capitaux propres Actions ordinaires	6 000 $
		Bénéfices non répartis	132 000
		Total des capitaux propres	138 000 $
Total de l'actif	332 000 $	Total du passif et des capitaux propres	332 000 $

Solution proposée au problème 5.1

Vous pouvez lui présenter des idées telles que celles qui sont citées ci-dessous. Si vous en avez d'autres, c'est parfait !

a) Pensez aux utilisateurs des états financiers et au type de préparation et de présentation de l'information qui leur sera le plus utile.

b) Pensez à la société et aux circonstances dans lesquelles elle est placée et à la façon dont la préparation des états financiers et la présentation de l'information s'y adapteront le mieux pour présenter adéquatement la situation et la performance de l'entreprise.

c) Pensez aux principes fondamentaux sur lesquels se basent les PCGR (comme la fidélité et la comparabilité) et à la façon dont une société peut les appliquer à ses états financiers. Ces principes constituent des tentatives valables de production d'une bonne information financière et ils ne sont pas particulièrement obscurs ni complexes.

d) Examinez comment d'autres entreprises semblables dressent leurs états financiers. Il est probable qu'elles évoluent dans des circonstances similaires et que leurs objectifs de présentation de l'information financière sont semblables.

e) Discutez de la comptabilité avec le vérificateur de la société ; il est probablement très compétent et en mesure de vous aider à déterminer comment rendre les états financiers adéquats et fidèles.

Solution proposée au problème 5.5

1. Faux. Simplement en classant, en décrivant et en calculant les sous-totaux de groupes de comptes, on crée dans le bilan une nouvelle information qui n'existait pas dans le système comptable.

2. Faux. Le fonds de roulement est égal à l'actif à court terme moins le passif à court terme. (Le quotient de ces deux éléments donne le ratio de fonds de roulement.)

3. Vrai.

4. Faux. Certains éléments de l'actif à court terme sont convertis en encaisse, comme le recouvrement de comptes clients ou la vente d'articles du stock. D'autres ne se convertissent pas, comme les charges payées d'avance qui deviennent seulement des charges de l'exercice suivant.

5. Vrai.

6. Faux. Le bilan présente la situation financière d'une entreprise à un moment précis.

7. Essentiellement vrai, mais le capital-actions ne constitue qu'une partie des capitaux propres d'une société.

Solution proposée au problème 5.6

Remarque : On a l'habitude de tenir des comptes distincts pour le terrain et le bâtiment, parce que le bâtiment est sujet à amortissement et pas le 581terrain.

Valeur comptable du:		
Terrain	**Bâtiment**	
100 000 $	75 000 $	Le prix d'achat inclut le bâtiment et le terrain. Puisque nous ne disposons pas de données quant à la façon de répartir le prix entre les deux éléments, nous avons supposé que le terrain valait 100 000 $ et que le restant était attribuable au bâtiment.
0	690 000	Il ne faudrait inclure que 690 000 $ dans le coût du bâtiment, car 10 000 $ ont été gaspillés et n'ont pas contribué à améliorer le bâtiment.
0	0	L'installation des équipements ne doit pas être incluse dans les comptes du terrain ou du bâtiment, mais bien dans un compte distinct de l'actif à long terme du bilan sous l'appellation Équipement.
20 000	0	Le nivelage et le drainage rendent le terrain propre à la construction et préviennent les dommages à la structure.
0	460 000	Nous disposons de plusieurs choix relativement au traitement de cet élément. Nous convenons d'inscrire 460 000 $ puisque ce montant correspond à la valeur marchande du travail effectué. Cependant, plusieurs entreprises ne s'embarrasseraient pas de ces calculs et inscriraient simplement les 500 000 $ payés.
0	0	Comme pour l'installation des équipements, l'achat et les frais de livraison ne doivent pas être inclus dans les comptes Terrain ou Bâtiment, mais dans un compte distinct de l'actif à long terme.
0	0	Le terrain de stationnement permet au terrain, donc à toutes les installations, d'être plus accessible. Il est difficile de classer le terrain de stationnement car il fait partie du terrain, mais il est sujet à détérioration en raison des intempéries et de l'utilisation. Il est probable que Simard ltée l'inscrira dans un troisième compte distinct et c'est ce que nous avons fait.
0	0	Le remplacement des fenêtres relève des charges d'entretien et ne fait donc pas partie des comptes d'actif.
0	40 000	Pour classer cet élément, il faut savoir si l'architecte a travaillé sur le terrain ou sur le bâtiment, ou sur les deux. Puisqu'il est probable que la plus grande partie de son travail aura porté sur le bâtiment, nous avons ajouté ces frais à la valeur du bâtiment.
120 000 $	1 265 000 $	Valeur comptable totale

Solution proposée au problème 5.13

Bénéfice de Bilodeau ltée à la valeur d'acquisition	= 0,40 (250 000 $) = 100 000 $
Bénéfice de Bilodeau ltée à la valeur de consolidation	= 0,40 (600 000 $) = 240 000
Bénéfice additionnel si on utilise la valeur de consolidation	140 000 $
Bénéfice actuel de Québec Sports ltée	800 000
Bénéfice révisé	940 000 $

Il s'agit d'un exemple d'analyse de l'effet des changements, que nous verrons aux chapitres 9 et 10.

Solution proposée au problème 5.17

1. Faits importants pour la consolidation :
   • La société n'a acquis que 65 % de l'entreprise.
   • Juste valeur marchande de l'actif à long terme : 33 millions de dollars.
   • Prix d'acquisition : 43 millions de dollars.

   Juste valeur marchande des éléments de l'actif net
   = (10 + 45 + 33) − (10 + 15)
   = 63 millions de dollars

   65 % de 63 millions de dollars = 40,95 millions de dollars de participation de la société mère dans l'actif net. Ainsi, l'écart d'acquisition = 43 millions de dollars − 40,95 millions de dollars = 2,05 millions de dollars.

2. *a)* Actif consolidé = Actif de Pouf ltée − Placement dans Clic ltée + Actif de Clic ltée à la valeur comptable + 65 % de la juste valeur moins différence de valeur comptable pour Clic ltée + Écart d'acquisition.

AT	112	+ 10	+ 0	=	122	
AACT	304	+ 45	+ 0	=	349	
ALT	432	+ 25	+ 0,65(8)*	=	462,20 $	
− Placement					(43)	
+ Écart d'acquisition					2,05 $	
Total de l'actif consolidé					892,25 $	

* 33 − 25 = 8

   b) Capitaux propres consolidés :
   Prendre seulement le capital-actions et les bénéfices non répartis de la société mère (Pouf ltée) = 288 $ (160 $ + 128 $).

   c) Passif consolidé = Passif de Pouf ltée + Valeur comptable du passif de Clic ltée + 65 % de la juste valeur moins la différence de valeur comptable pour Clic + Participation des actionnaires sans contrôle.

PT	128 + 0 + 0		=	128
APCT	160 + 10 + 0		=	170
PLT	272 + 15 + 0		=	287
Participation des actionnaires sans contrôle : 0,35 (15 + 40)			=	19,25 $
Passif total consolidé				604,25 $

Vérification des chiffres consolidés :
892,25 $ (actif) = 604,25 $ (passif) + 288 $ (capitaux propres).

Solution proposée au problème 5.19

1. Écart d'acquisition à la consolidation :
   a) Juste valeur nette des capitaux propres de Souris ltée
      = 16 100 000 $ – 8 300 000 $ = 7 800 000 $

   b) Fraction acquise (80 % de 7 800 000 $)   = 6 240 000 $

   c) Prix d'acquisition de cette fraction   = 10 800 000 $

   d) Écart d'acquisition (c moins b)   = 4 560 000 $

   Remarque : Ce calcul (conforme aux PCGR) attribue l'écart d'acquisition seulement à la participation des actionnaires qui exercent le contrôle et se base sur la juste valeur des éléments de l'actif. Si l'on utilisait une autre base, on obtiendrait ce qui suit :

   a) Participation des seuls actionnaires qui exercent le contrôle, sur la base de la valeur comptable : écart d'acquisition = 10 800 000 $ – (0,80 x 6 400 000 $) = 5 680 000 $.

   b) Participation des actionnaires qui ont un contrôle et de ceux qui n'ont aucun contrôle (écart d'acquisition total implicite), basée sur les justes valeurs = (10 800 000 $ x 100/80) – 7 800 000 $ = 5 700 000 $.

   c) Participation des actionnaires qui ont un contrôle et de ceux qui n'ont aucun contrôle (écart d'acquisition total implicite), basée sur les valeurs comptables = (10 800 000 $ x 100/80) – 6 400 000 $ = 7 100 000 $.

2. On ne crédite aucun écart d'acquisition à la participation des actionnaires sans contrôle, on lui attribue donc 20 % de la valeur comptable des capitaux propres de Souris ltée = 20 % de 6 400 000 $ = 1 280 000 $ (Les options *b* ou *c* ci-dessus augmenteraient la participation des actionnaires sans contrôle parce qu'on lui créditerait une partie de l'écart d'acquisition, soit 20 % de cet écart dans les deux cas.)

3. Les chiffres du bilan consolidé (selon les premières versions des réponses aux points 1 et 2 ci-dessus) se trouvent à la suite. Si les options mentionnées au point 1 étaient choisies, les chiffres de l'actif, du passif, de l'écart d'acquisition et de la participation des actionnaires sans contrôle seraient différents. Il vaut mieux laisser ces questions pour des cours plus avancés.

		Consolidation
Actif général		
Chat ltée	105 000 000 $	
Souris ltée	14 600 000	
Fraction des changements dans les justes valeurs : (0,80 x [16 100 000 $ – 14 600 000 $])	1 200 000 $	120 800 000 $
Placement dans Souris ltée		
N'apparaît pas au bilan consolidé parce qu'il constitue un élément intersociété		0
Écart d'acquisition		
Selon le point 1		4 560 000
Total de l'actif consolidé		125 360 000 $
Passif général		
Chat ltée	83 700 000 $	
Souris ltée	8 200 000	
Fraction des changements dans les justes valeurs : (0,80 x [8 300 000 $ – 8 200 000 $])	80 000	91 980 000 $
Participation des actionnaires sans contrôle		
Selon le point 2		1 280 000
Capitaux propres		
Seuls les capitaux propres de la société mère sont présentés dans le bilan : on ne présente pas ceux de la filiale parce qu'ils constituent un élément intersociété		32 100 000
		125 360 000 $

Solution proposée au problème 6.9

Les utilisateurs des informations financières souhaitent disposer d'informations synthétisées pour diverses raisons. Premièrement, ils ne disposent ni des moyens ni du temps nécessaires pour rechercher eux-mêmes les documents sources d'une entreprise et pour vérifier le grand livre général et les autres journaux. Deuxièmement, la synthèse et le classement présentent une valeur informative en eux-mêmes. Troisièmement, les utilisateurs aiment les nombres condensés qui synthétisent la situation de l'organisation et qui peuvent être utilisés pour faciliter des décisions telles que l'achat ou la vente d'actions. Quatrièmement, si ce condensé reflète le jugement d'experts (en l'occurrence, d'experts-comptables professionnels), il peut être très plausible pour les utilisateurs.

Cependant, il est très important que les utilisateurs comprennent les hypothèses qui sont à la base des données financières. Par exemple, une société qui fait une utilisation intensive de son matériel au cours des premières années peut vouloir en tenir compte dans son amortissement. Le bénéfice net et les ratios de rendement de l'entreprise seront alors différents de ceux d'une entreprise qui amortit son matériel moins rapidement. Par conséquent, les chiffres présentés peuvent être différents d'une entreprise à l'autre, dans la mesure où chacune s'efforce de présenter adéquatement sa situation. Les calculs eux-mêmes font appel à différentes méthodes étudiées dans cet ouvrage, de sorte qu'il faut bien en connaître le fonctionnement si l'on veut comprendre les états financiers qui en découlent.

Solution proposée au problème 6.13

a) Pas d'opération, donc pas d'écriture.

b) Dt Publicité   200
   Ct Comptes fournisseurs (APCT)   200

Il se peut que cette écriture ne soit pas journalisée avant le 31 décembre, car il n'y a pas d'échange économique tant que la publicité n'est pas publiée.

c) Dt Placement en obligations (ALT)   2 000
   Ct Encaisse   2 000

On inscrira les intérêts périodiquement au cours des trois ans. En plus des intérêts encaissés, on finira par journaliser des écritures portant un débit au compte Placement en obligations et un crédit au compte Intérêts créditeurs pour augmenter la valeur de l'actif à 2 500 $, soit le montant qui doit être reçu dans 3 ans. (Les écritures de ce genre ne sont pas étudiées dans ce volume.)

d) Pas d'opération, donc pas d'écriture.

e) Dt Encaisse   300
   Ct Produit reporté au passif (APCT)   300
      (ou dépôts des clients, aussi APCT)

f) Dt Assurance   50   (1/12 x 600)
   Dt Assurance payée d'avance (AACT)   550
   Ct Encaisse   600

On suppose que l'assurance est consommée de façon uniforme au cours de l'exercice.

Solution proposée au problème 6.16

Écriture journalisée (commencer par les comptes les plus faciles)
   Ct Encaisse   1 000 000
   Ct Dette à long terme*   3 200 000
   Dt Stock   280 000
   Dt Terrain   1 500 000
   Dt Bâtiment   1 800 000
   Dt Matériel   470 000
   Dt Droits de concession (ALT)   40 000
   Ct Emprunt   130 000
   Dt Perte (Charge)**   240 000
   ou
   Dt Écart d'acquisition (ALT)**

*   Représente la différence entre le prix d'acquisition et le paiement effectué.

** Pour équilibrer l'écriture, il faut déterminer si le prix supplémentaire payé pour les éléments de l'actif net constitue une charge ou un actif à long terme à amortir progressivement. Nombreux sont ceux qui préfèrent l'imputer aux charges en une seule fois, puisque Ambitions ltée n'a acheté qu'une petite partie des actifs de la société et non pas l'entreprise au complet (l'écart d'acquisition ne peut provenir de chaque élément d'actif en particulier, sauf les droits de concession). Toutefois, d'autres désignent cet écart comme un écart d'acquisition.

*Solution
proposée au
problème 6.17*

1. *a)*

Dt Achats	1 690 000	
Ct Fournisseurs		1 412 000
Ct Encaisse (le reste)		278 000
Dt Fournisseurs	1 364 500	
Ct Encaisse		1 364 500
(1 412 000 – 47 500 = montant payé)		
Dt Stock d'ouverture (charge)	246 720	
Ct Stock		246 720
Dt Stock	324 800	
Ct Stock de clôture (charge)		324 800

b) Coût des marchandises vendues
= 246 720 + 1 690 000 – 324 800 = 1 611 920 $.

2. *a)* Selon la méthode de l'inventaire permanent, le chiffre du stock devrait être : 246 720 + 1 690 000 = 1 936 720

| Dt Coût des marchandises vendues | 1 548 325 | |
| Ct Stock | | 1 548 325 |

(Cette écriture laisse un stock de 388 395)

| Dt Déficit de stock | 63 595 | |
| Ct Stock | | 63 595 |

(388 395 – 324 800 en stock = 63 595)

b) L'ajustement de 63 595 $ laisse supposer que d'importantes pertes se produisent dans le stock.

c) Certaines sociétés n'utilisent pas la méthode de l'inventaire permanent en raison de son coût d'application élevé. Cette société devrait rechercher un meilleur contrôle comptable, mais aussi une meilleure protection physique du stock en raison des pertes qui semblent se produire.

*Solution
proposée au
problème 6.22*

1. Écritures journalisées

a)

Dt Encaisse (AT)	5 100	
Ct Dette à long terme (PLT)		5 000
Ct Capital-actions (CI)		100

Même si l'emprunt ne comporte pas de conditions de remboursement et qu'il est sans intérêt, on l'inscrit dans les dettes et non dans les capitaux propres, car il est probable que Labrèche ltée devra le rembourser.

b)

| Dt Charge payée d'avance (AACT) | 120 | |
| Ct Encaisse | | 120 |

L'entreposage a été payé pour l'année.

| Dt Entreposage (charge) | 120 | |
| Ct Charge payée d'avance (AACT) | | 120 |

À la fin de l'exercice, l'entreposage a été utilisé. Pas d'écriture pour les 130 $ avant 1994.

c)

Dt Stock de pains à hot-dogs (AACT)	500	
Dt Stock de saucisses (AACT)	1 500	
Ct Encaisse		2 000

Pour inscrire l'achat du stock.

d)

Dt Comptoirs à hot-dogs (charge)	600	
Ct Encaisse		100
Ct Comptes fournisseurs (APCT)		500

Puisqu'on prévoit que les comptoirs ne serviront que cet été, leur coût doit être imputé aux charges.

Dt Comptoirs à hot-dogs (charge)   60
    Ct Encaisse   60

Pour inscrire le coût d'installation des comptoirs.

Dt Comptes fournisseurs (APCT)   500
Dt Intérêts débiteurs (charge)   29
    Ct Encaisse   529

Remboursement le 31 décembre du solde de la créance plus les intérêts.
(Intérêts = 500 x 0,10 x 7/12 = 29 $)

e) Dt Encaisse   7 000
    Ct Produits (PROD.)   7 000

Nous supposons que les ventes se sont toutes faites au comptant, car il est inhabituel de faire crédit pour l'achat de hot-dogs !

f) Dt Salaires (charge)   2 400
    Ct Encaisse   2 400

Salaire de l'étudiant

g) Dt Coût des marchandises vendues (charge)   1 960
Dt Marchandises non utilisées (charges)   40
    Ct Stock de pains à hot-dogs   500
    Ct Stock de saucisses   1 500

Il reste en stock dix douzaines de pains et de saucisses. Par conséquent, on en a vendu 490 douzaines au cours de l'été. Nous supposons que le reste du stock ne se conservera pas jusqu'à l'été suivant et on réduit donc à zéro la valeur du stock.

h) Dt Impôts sur le bénéfice (impôts)   358
    Ct Encaisse   358

Bénéfice avant impôts = 7 000 – 120 – 600 – 60
                      – 29 – 2 400 – 1 960 – 40
                      = 1 791
Impôts = 0,20 (1 791) = 358 $.

i) Dt Dette à long terme   5 000
    Ct Encaisse   5 000

Remboursement du père de Gérard

j) Dt Dividendes déclarés (DIV)   500
    Ct Encaisse   500

Dividendes : 5 $ par action x 100 actions

2.

Labrèche ltée Bilan au 31 décembre 1994			
Actif		**Passif et capitaux propres**	
Encaisse	1 033 $	Actions ordinaires	100 $
		Bénéfices non répartis	933
Actif total	1 033 $		1 033 $

```
┌──────────────────────────────────────────────────────────┐
│                                                          │
│                    Labrèche ltée                         │
│      État des résultats et des bénéfices non répartis    │
│         Pour l'exercice clos le 31 décembre 1994         │
│                                                          │
│  Chiffre d'affaires                              7 000 $ │
│  Coût des marchandises vendues                   1 960   │
│                                                          │
│  Marge bénéficiaire brute                        5 040 $ │
│                                                          │
│  Charges                                                 │
│    Marchandises non utilisées                       40 $ │
│    Entreposage                                     120   │
│    Salaires                                      2 400   │
│    Intérêts                                         29   │
│    Comptoirs à hot-dogs                            660   │
│    Total des charges                             3 249 $ │
│                                                          │
│  Bénéfice avant impôts                           1 791 $ │
│  Impôts sur le bénéfice                            358   │
│  Bénéfice net de l'exercice                      1 433 $ │
│  Bénéfices non répartis                                  │
│  Solde d'ouverture                                   0   │
│  Moins dividendes déclarés                        (500)  │
│  Solde de clôture                                  933 $ │
│                                                          │
└──────────────────────────────────────────────────────────┘
```

3. M. Labrèche a gagné un peu d'argent. Sa société a produit 1 791 $ (1 433 $ après impôts) au cours de l'été et il a remboursé son père. Toutefois, son employé a gagné plus pour un travail moindre (un seul des deux comptoirs et pas de gestion). Tout ce que Gérard a reçu jusqu'à présent, ce sont les 500 $ de dividendes. Par conséquent, Gérard devrait se demander s'il peut rendre son entreprise plus rentable pour l'été prochain. Il se peut qu'il ait apprécié le fait d'être son propre patron, mais, jusqu'à présent, la rentabilité des comptoirs à hot-dogs semble assez précaire.

Solution proposée au problème 7.1

1. Un produit est une valeur économique créée grâce à une opération avec un client, que le client paie comptant ou non. Un encaissement correspond au paiement reçu du client.
2. Exemple d'un produit qui ne constitue pas un encaissement: une vente à crédit. Exemples d'encaissements qui ne sont pas des produits: un produit reporté, un acompte ou une avance versée pour du travail à effectuer. Exemple d'un produit qui est aussi un encaissement: vente au comptant.
3. Une charge est le coût d'un bien utilisé ou l'engagement pris de payer (habituellement en espèces) pour la réalisation d'un produit. On le rapproche du produit, mais pas nécessairement du flux de trésorerie correspondant. La constatation de la charge peut précéder, accompagner ou suivre le décaissement. On trouve les charges à l'état des résultats et les changements de l'encaisse dans l'EESF.
4. Exemples de charges qui ne correspondent pas à un décaissement: amortissement, intérêts courus, coût des marchandises vendues (au contraire des achats de marchandises au comptant). Exemples de décaissements qui

ne sont pas inscrits dans les charges : achat d'un élément d'actif, diminution d'un compte fournisseur, paiement de dividendes. Exemples de
charges qui sont aussi des décaissements : petites factures, services publics,
dons.

Solution
proposée au
problème 7.5

1994 Bénéfice net en comptabilité de caisse	147 000 $
1993 Différence dans l'actif à court terme[1]	(56 000)
1994 Différence dans l'actif à court terme[2]	84 000
1994 Changement dans l'actif à long terme[3]	(7 000)
1993 Différence dans le passif à court terme[4]	14 000
1994 Différence dans le passif à court terme[5]	(35 000)
1994 Différence dans le passif à long terme[6]	(14 000)
1994 Bénéfice net en comptabilité d'exercice	133 000 $

1.	Actif à court terme de 1993	en comptabilité de caisse	56 000 $
		en comptabilité d'exercice	112 000
	Différence		56 000 $

Au début de l'exercice, l'actif à court terme en comptabilité d'exercice
dépassait de 56 000 $ celui qui avait été obtenu en comptabilité de caisse.
Donc, au cours de l'exercice, 56 000 $ d'encaissements provenaient de pro-
duits de 1993. En d'autres mots, si l'on avait utilisé la comptabilité d'exercice,
le solde des comptes clients aurait été de 56 000 $ en 1993. Lorsque cet
argent est encaissé en 1994, la comptabilité de caisse inscrit des produits
alors que la comptabilité d'exercice aurait inscrit une diminution des
comptes clients.

Par conséquent, on doit diminuer de ces 56 000 $ le bénéfice net en
comptabilité de caisse pour obtenir le chiffre en comptabilité d'exercice.

2.	Actif à court terme de 1994	en comptabilité de caisse	98 000 $
		en comptabilité d'exercice	182 000
	Différence		84 000 $

L'actif à court terme augmente à la fin de l'année, car on comptabilise les
ventes à crédit dans les comptes clients et l'on constate toute les parties des
charges qui sont payées d'avance, ce qui augmente le bénéfice net de l'exercice de 84 000 $.

3.	Actif à long terme de 1993	en comptabilité de caisse	— $
		en comptabilité d'exercice	28 000
	Différence		28 000 $

Si l'on avait appliqué la comptabilité d'exercice en 1993, la valeur de l'actif à
long terme aurait été de 28 000 $. Ce chiffre correspondrait à des immobili-
sations achetées dans les exercices antérieurs à 1993. Par exemple, étant
donné que la société a appliqué la comptabilité de caisse, elle a imputé la
totalité du coût des actifs dans les charges de l'exercice où elle les a achetés.

4.	Actif à long terme de 1994	en comptabilité de caisse	— $
		en comptabilité d'exercice	21 000
	Différence		21 000 $

À la fin de l'exercice, l'actif à long terme en comptabilité d'exercice devrait se monter à 21 000 $, soit 7 000 $ de moins que les 28 000 $ inscrits au début de l'exercice. Qu'est-ce qui explique cette diminution ? Il s'agit probablement de l'amortissement : la société aurait dû inscrire une charge d'amortissement de 7 000 $ si elle avait appliqué la méthode de la comptabilité d'exercice.

5.	Passif à court terme de 1993	en comptabilité de caisse	35 000 $
		en comptabilité d'exercice	49 000
	Différence		14 000 $

En comptabilité d'exercice, la société aurait inscrit 14 000 $ de charges de plus en 1993. Ces factures ont été payées et inscrites dans les dépenses en 1994. Le passage de la comptabilité de caisse à la comptabilité d'exercice diminuerait de 14 000 $ les charges de 1994, ce qui augmenterait le bénéfice net de 1994.

6.	Passif à court terme de 1994	en comptabilité de caisse	35 000 $
		en comptabilité d'exercice	70 000
	Différence		35 000 $

À la fin de 1994, la société avait pour 35 000 $ de factures à payer qu'elle n'a pas inscrites parce qu'elle appliquait la comptabilité de caisse. Ces charges supplémentaires (à payer) viennent diminuer le bénéfice net de 1994.

7.	Passif à long terme de 1994	en comptabilité de caisse	— $
		en comptabilité d'exercice	14 000
	Différence		14 000 $

À la fin de l'exercice, la société avait 14 000 $ de dettes à long terme. Pour la même raison qu'au point 5, ces dettes diminuent le bénéfice net de 1994 en comptabilité d'exercice. Ce passif peut comprendre des obligations au titre de prestations de retraite à payer plus tard aux employés pour leur travail de 1994.

Solution proposée au problème 7.10

Le montant encaissé s'élève à 5 200 $. Le produit constaté en juillet devrait être de 4/52 x 5 200 $ = 400 $.

Solution proposée au problème 7.12

Key Anarcon Mines Limited : Les frais de développement ont été capitalisés plutôt qu'imputés aux charges de l'exercice. Cette entreprise estime que les frais engagés lui permettront de retirer des avantages importants (vente de minerai) dans le futur. Il est intéressant de constater que la note elle-même laisse planer un doute quant au traitement comptable appliqué. La réalisation des produits dépend de plusieurs facteurs, dont les prix futurs du métal et les frais d'exploitation, chiffres difficiles à prédire.

Bow Valley Resources : Voici une explication plus positive du motif pour lequel les frais de développement ont été capitalisés. On explique également la période d'amortissement. Dès qu'il devient évident qu'on ne retirera pas d'avantages économiques, on retire le poste des frais capitalisés du bilan.

L'objectif fondamental de ces deux politiques est le rapprochement des produits et des charges. Les frais de développement sont capitalisés jusqu'à ce que les avantages soient retirés. Avant ce moment, qu'on appelle habituellement le point de « viabilité commerciale », les frais sont capitalisés. Par la suite, ils sont amortis pendant la durée d'utilisation. Une bonne façon de comprendre les raisons de la capitalisation est d'envisager le point de vue contraire : qu'arriverait-il si les frais n'étaient pas capitalisés ? Dans la note de Key Anarcon ltd, on peut le faire parce que les produits futurs espérés restent incertains. Par conséquent, s'il subsiste un doute important quant au potentiel de profit futur, on impute immédiatement les frais dans les charges. Dans la note de Bow Valley, si l'on imputait immédiatement tous les frais dans les charges, on irait significativement à l'encontre du principe de rapprochement des produits et des charges en constatant une charge dans l'état des résultats de l'exercice courant alors qu'on constaterait des produits dans les états financiers d'exercices suivants.

Solution
proposée au
problème 7.15

1. Constatation des produits :
   a) Au moment de l'encaissement.
   b) Au moment où les établissements sont ouverts.
   c) À la signature du contrat.
   d) Au moment de l'encaissement de l'acompte.
   e) À un autre moment.

2. a) Au moment de l'encaissement.   Solution la plus prudente
   b) Lorsque les établissements sont ouverts.   à
   c) Après encaissement de l'acompte.   la
   d) Après la signature du contrat.   moins prudente.

3. a) Constater immédiatement tous les frais généraux et les frais de fran-chisage.
   b) Constater tous les frais généraux mais seulement 18/28 des frais de franchisage.
   c) Constater tous les frais généraux mais seulement 26/28 des frais de franchisage.
   d) Constater les frais en proportion des encaissements.
   e) Utiliser une autre formule.

4. Rapprochement des produits et des charges :
   a) Rapprocher une fraction des charges proportionnelle aux encaisse-ments et les produits d'encaissements. Par exemple, 5 000 $/20 000 $ x 230 000 $/28 lorsqu'on reçoit l'acompte.
   b) Rapprocher les produits inscrits après que les établissements sont ouverts et les frais généraux plus 18/28 x 230 000 $.
   c) Rapprocher les produits inscrits après l'encaissement de l'acompte ini-tial et les frais généraux plus 26/28 x 230 000 $.
   d) Rapprocher les produits inscrits à la signature du contrat et tous les frais généraux plus les frais de franchisage.

5. *a)* Après l'ouverture des établissements :

Produits :		360 000 $	(20 000 $ x 18)
Charges :			
Frais généraux	55 000 $		
Frais de franchisage	147 857		(18/28 x 230 000 $)
Total des charges		202 857	
Bénéfice net		157 143 $	

b) À l'encaissement :

Produits		130 000 $	(26 x 5 000 $)
Charges :			
Frais généraux	55 000 $		
Frais de franchisage	53 393		(5 000 $/20 000 $ x
Créances douteuses	24 643		230 000 $/28 x 26)
Total des charges		133 036	
Bénéfice (perte) net		(3 036) $	

Explication : Si on suppose que les frais de franchisage de 230 000 $ sont répartis uniformément entre chaque franchise, le coût total de chaque franchise à ce moment est de 230 000 $/28 franchises = 8 214,29 $. Puisque nous nous basons sur les encaissements pour mesurer le bénéfice, les produits valent 26 x 5 000 $ = 130 000 $; les frais de franchisage égalent (8 214,29 $ x 5 000 $/20 000 $ x 26). On n'inclut que 26 franchises parce que les deux autres n'ont encore rien payé (0 $/20 000 $ x 8 214,29 $ = 0 $ de charges). La charge de créances douteuses se monte à (4 x 8 214,29 $ x 15 000 $/20 000 $) = 24 643 $ parce qu'il semble que 4 établissements franchisés ne seront jamais capables de payer les 15 000 $ restants.

6. La seconde méthode de constatation des produits du point 5 semble être la meilleure parce que PTL et ses franchises sont des entreprises nouvelles qui ne sont pas encore bien établies. Cependant, la complexité de cette hypothèse pourrait prêter à confusion.

7. La note complémentaire pourrait se lire comme suit :
La société constate les produits au prorata des encaissements, et les charges sont reportées et constatées selon le pourcentage des encaissements au prorata du total des frais de franchisage qui restent à recevoir. Tous les frais généraux sont imputés aux charges de l'exercice dans lequel ils sont engagés. On radie toutes les charges reportées se rapportant à des établissements insolvables ou fermés.

Solution proposée au problème 7.18

1.

Bénéfice avant impôts	75 000 $
Nouvelle convention de constatation des produits*	26 000
Primes mensuelles à payer*	(11 000)
Remboursement différé de l'emprunt**	0
Marque de commerce capitalisée	14 000
Bénéfice net avant impôts	104 000 $
Impôts sur le bénéfice (30 %)	31 200
Bénéfice net	72 800 $

* En supposant que toutes les modifications ont une incidence sur l'exercice courant seulement.

** Cette modification a une incidence sur le bilan, mais pas sur l'état des résultats.

Parmi les raisons économiques favorisant cette modification, mentionnons un meilleur rapprochement de la constatation des produits et des charges, et des faits économiques qui indiquent la réussite ou l'échec de l'entreprise. Les produits devraient mieux se rapprocher de ce qui a été gagné d'un point de vue économique, et les primes et la diminution de la charge relative à la marque de commerce devraient se rapprocher davantage des sommes réellement engagées. Le critère définitif est celui de la fidélité.

2. Effet nul. (Comme c'est habituellement le cas en comptabilité d'exercice, aucune modification n'a d'incidence sur l'encaisse.)

3. On constate maintenant des charges qui n'ont pas encore fait l'objet d'un décaissement (les primes) et on inscrit à l'actif certaines charges payées (marque de commerce), ce qui augmente les produits. Aucune de ces modifications n'a d'incidence immédiate sur l'encaisse.

Solution proposée au problème 8.1

Vous pouvez utiliser les éléments de réponse suivants :

1. *a)* Si les marchés réagissent rapidement et de façon efficiente à l'information, c'est que les ressources en capitaux sont réparties de façon efficiente. L'argent va aux sociétés viables et quitte celles qui ne le sont pas. Donc, l'information comptable contribue à ce processus de répartition des ressources.

   b) Il existe des risques systématiques et des risques non systématiques sur un marché boursier. L'information comptable peut contribuer à évaluer le risque non systématique d'un titre.

2. *a)* L'information est utilisée dans la fonction de gérance afin de respecter les ententes contractuelles. La comptabilité contribue à la gestion effective des contrats dans l'économie.

   b) La modification des ententes contractuelles entraînera des changements dans l'information comptable requise. L'utilisation de la comptabilité correspond à la nature de la fonction de contrôle et d'administration qu'on lui assigne.

Solution proposée au problème 8.7

Vous pouvez répondre à cette question de différentes façons. Vous pouvez adopter une attitude cynique et déclarer que la comptabilité ne convient à aucun de ces objectifs. Vous pouvez aussi déclarer que la présentation de l'information à usage externe, ou le contrôle interne, est ce qui importe le plus. Quelle que soit votre position, assurez-vous de l'étayer par des arguments solides.

Comme nous le montrons ci-dessous, une personne peut déclarer que la comptabilité financière est destinée à répondre aux deux objectifs.

1. Information à usage externe

   • Cette information permet aux investisseurs de comparer les entreprises puisque celles-ci présentent l'information en respectant les mêmes principes (PCGR).

   • Un vérificateur externe vérifie l'information pour assurer qu'elle présente fidèlement la situation financière de la société.

   • L'information est destinée à tout le monde, parce qu'on suppose que les utilisateurs en auront une bonne compréhension générale s'ils s'appliquent suffisamment à analyser les états financiers.

2. Contrôle interne
- Cette information est utile dans plusieurs domaines, comme le contrôle du stock, ce qui est important pour la gestion de toute l'entreprise.
- On peut baser des régimes incitatifs sur l'information comptable, car celle-ci permet un contrôle.
- Puisque l'information est préparée pour les propriétaires (actionnaires), elle peut éliminer un certain parti pris de la direction et promouvoir une évaluation plus claire de la performance de la direction.

Solution proposée au problème 8.9

Voici quelques brefs commentaires destinés à susciter des réflexions :

1. *a)* On peut présumer que l'entité économique qui intéresse les marchés des capitaux n'est pas nécessairement l'entité juridique. Par exemple, des états financiers consolidés se basent sur l'entité économique présumée.
   b) Le principe du coût d'origine augmente la fiabilité de l'information, mais il peut diminuer la pertinence de l'information pour les décisions actuelles prises par les participants du marché.
   c) La fidélité a pour but d'accroître la confiance dans l'objectivité et l'impartialité de l'information. Ce terme est-il trop vague ? La notion de fidélité se prête-t-elle à des interprétations trop larges de la part de ceux qui préparent l'information ? Est-elle donc trop vague pour être réellement utile aux marchés et aux autres utilisateurs ?
   d) Quoique des choix soient autorisés dans la présentation de l'information comptable, les directives sont là pour définir les limites. Par conséquent, les marchés peuvent accorder une certaine confiance quant aux limites respectées par l'information présentée.
   e) La direction et les préparateurs des états financiers peuvent exercer une influence excessive sur les experts-comptables et les vérificateurs. Les utilisateurs se fient au rapport du vérificateur parce que les vérificateurs sont indépendants. L'éthique professionnelle contribue à assurer cette indépendance de même que la prudence, la diligence et la compétence requises pour effectuer un travail techniquement valable dans la préparation de l'information comptable.

2. *a)* Les états financiers sont consolidés. Les préparateurs ont appliqué une méthode de consolidation qui permet de dresser des états financiers représentatifs de l'entité contrôlée.
   b) Le coût d'origine est la mesure de base de la plupart des soldes des comptes des grandes sociétés ouvertes, dont les comptes des immobilisations, des nouveaux titres de dette émis, etc. Puisque, pour respecter le coût d'origine, chaque société se sert du prix initial, les états financiers répondent à l'une des exigences de base d'une bonne information : l'objectivité.
   c) La principale preuve de la fidélité se trouve dans le rapport du vérificateur. Dans ce rapport, le vérificateur déclare que les états financiers sont fidèles.
   d) Le rapport du vérificateur contient aussi une déclaration à l'effet que les états financiers ont été dressés conformément aux PCGR.
   e) Selon les normes d'éthique professionnelle, on peut présumer que le vérificateur externe est compétent, impartial et indépendant. On s'attend à ce que le vérificateur agisse d'une manière professionnelle et

qu'il ne se conforme pas aux diktats d'une autre personne pour juger de la fidélité des états financiers.

3. Ces notions sont également pertinentes pour les petites entreprises privées. Même si l'information provenant des grandes sociétés intéresse les intervenants sur le marché boursier, alors que ce n'est pas le cas pour l'information provenant des sociétés fermées, une bonne partie des utilisateurs sont les mêmes dans les deux cas : les banques, les autorités fiscales, les gestionnaires et peut-être des propriétaires éventuels. Le contexte d'utilisation peut varier quelque peu, mais les notions fondamentales restent valables.

Solution proposée au problème 8.13

Voici quelques propositions :

1. Avec la taille sans cesse croissante des sociétés, on risque d'éprouver plus de difficultés à obtenir de l'information. Il arrive qu'un petit investisseur n'ait pas accès à l'information au sujet de la fiabilité des états financiers, tandis que les gros investisseurs y ont accès. L'utilisation de l'ordinateur changeant le contexte, les investisseurs ont plus de difficultés à se procurer des informations privilégiées. De plus en plus de fusions et de regroupements d'entreprises ont une incidence sur les valeurs présentées dans le bilan. L'attitude générale de la société a évolué pour passer de la méfiance des acheteurs à la confiance dans la fiabilité des entreprises ou des produits. En tant qu'acheteurs d'actions, les actionnaires risquent davantage de reprocher aux sociétés ou aux vérificateurs les faillites d'entreprise qui n'avaient pas été prévues, car le rapport du vérificateur était favorable. L'augmentation du nombre de règlements adoptés par les gouvernements et d'autres autorités entraîne une vérification plus en détail de la conformité aux normes et aux PCGR.

2. Dans tous les cas où les utilisateurs exigent davantage d'informations, les préparateurs doivent passer plus de temps et consacrer plus d'efforts pour offrir cette information à ceux qui la réclament. Si ceux qui préparent l'information sont des gestionnaires, les actionnaires qui utilisent cette information sont potentiellement en conflit d'intérêts avec la direction en ce qui concerne l'utilisation des états financiers comme mesure des résultats. Les préparateurs gonflent parfois le bénéfice pour assurer, par exemple, l'accroissement de la prime aux gestionnaires. À l'inverse, certains préparateurs veulent parfois réduire le bénéfice au minimum ou le rendre moins intéressant pour les autorités fiscales. Un actionnaire qui veut vendre ses actions aimerait probablement que la comptabilité fasse augmenter leur valeur, mais un acheteur potentiel ne voudrait pas que cela se produise si la valeur ne correspond pas à la réalité.

3. Un vérificateur doit posséder les compétences, les connaissances et l'indépendance nécessaires. Les compétences et les connaissances ne servent à rien sans l'indépendance, en raison de la nature même des principes comptables. Les principes comptables ne sont pas précis, immuables ou reconnus universellement comme le sont les lois de la chimie ou de la biologie. Un vérificateur partial peut confirmer intentionnellement ou par inadvertance des jugements préjudiciables aux utilisateurs des états financiers. Cette situation est analogue à celle d'un arbitre qui serait payé par une équipe de hockey. En quoi consiste réellement une contre-vérification ? On peut trouver dans toutes les professions des

exemples où l'indépendance est nécessaire. Un psychiatre doit-il éviter de s'engager émotivement avec ses clients ? Un professeur doit-il augmenter la note d'un étudiant qui a raté ses examens seulement parce qu'il fréquente sa fille ?

Solution proposée au problème 9.7

1. Rendement des capitaux propres = 6 000 $/45 000 $ = 0,133

2. Calculs (en utilisant les termes de la formule de Scott) :
   Rendement des capitaux propres (RCP) = 0,133 (voir ci-dessus).
   Rendement de l'actif (RA) = (6 000 $ + 2 000 $)/80 000 $ = 0,10
   Taux d'intérêt = 2 000 $/35 000 $ = 0,057 (INT)
   Ratio d'endettement P/CP = 35 000 $/45 000 $ = 0,778
   (RA – INT) = 0,10 – 0,057 = 0,043
   Effet de levier = (0,043)(0,778) = 0,033.

   Donc la performance de la direction (RA) présente un rendement de 10 % et l'effet de levier, un rendement de 3,3 %, soit le tiers du RA.

3. Les actifs financés devraient produire 10 %, selon les calculs présentés ci-dessus. Le coût de l'argent emprunté est de 8 %. Par conséquent, l'effet de levier est positif (2 %) et la société doit procéder à la mise en œuvre de son projet. Cependant, le risque de l'entreprise augmente parce qu'elle doit payer des intérêts et que le rendement de l'actif pourrait baisser ce taux.

4. Voici des informations complémentaires et des ratios possibles (vous pouvez en imaginer d'autres, il ne s'agit que de propositions) :
   - Conditions et garanties données relativement aux emprunts actuels ;
   - Qualité de la direction (en particulier M. Breton) ;
   - Perspectives offertes par le secteur d'activité et par la concurrence ;
   - Garanties personnelles que M. Breton pourrait offrir ;
   - Ratio de couverture des intérêts ;
   - Coefficient de rotation des comptes clients et des stocks ;
   - Rendement des ventes ;
   - Information fiscale.

Solution proposée au problème 9.11

1.

Grande société Bilan au 1er mai 1994 – Postes modifiés (en millions de dollars)			
Actif de trésorerie	–22 $	Passif de trésorerie	
Autres actifs à court terme		Autres passifs à court terme	
Actif à long terme	+58	Passif à long terme	+16 $
		Capital-actions	+20
		Bénéfices non répartis	
		Total du passif et	
Actif total	+36 $	des capitaux propres	+36 $

2. La section des activités de financement présentera deux éléments de plus. Premièrement, l'argent provenant de l'émission d'actions s'élève à 20 millions de dollars et, deuxièmement, l'argent provenant de l'emprunt bancaire se monte à 16 millions de dollars.

3. On présentera une charge d'amortissement plus élevée dans l'état des résultats en raison de l'achat et de la capitalisation des camions. La charge d'intérêts débiteurs augmentera en raison de l'emprunt. Les impôts diminueront car l'amortissement fiscal et les intérêts débiteurs augmentent.

4.
Dt Matériel	58 000 000 $	
Ct Capital-actions		20 000 000 $
Ct Encaisse		22 000 000
Ct Emprunt bancaire à long terme		16 000 000

Solution proposée au problème 9.16

1. La société recevra 100 000 $; le marché applique les mêmes taux que ceux qui servent à calculer les versements d'intérêts. Le marché actualisera les versements à un taux de 9 % :

Intérêt $\dfrac{9\,000}{0,09} \left(1 - \dfrac{1}{(1,09)^4}\right)$ = 29 158 $

Principal $\dfrac{100\,000}{(1,09)^4}$ = 70 842

valeur marchande = 100 000 $

2. Choisissons un taux de 10 % :

Intérêt $\dfrac{9\,000}{0,10} \left(1 - \dfrac{1}{(1,10)^4}\right)$ = 28 529 $

Principal $\dfrac{100\,000}{(1,10)^4}$ = 68 301

valeur marchande = 96 830 $

3. Choisissons un taux de 8 % :

Intérêt $\dfrac{9\,000}{0,08} \left(1 - \dfrac{1}{(1,08)^4}\right)$ = 29 810 $

Principal $\dfrac{100\,000}{(1,08)^4}$ = 73 502

valeur marchande = 103 312 $

Si le taux du marché est plus élevé (10 %, par exemple), le marché paiera moins de 100 000 $ pour les obligations de façon à obtenir le rendement désiré de 10 %. Si le taux du marché est moins élevé (8 %, par exemple), le prix peut augmenter à plus de 100 000 $ et procurer encore le rendement de 8 % désiré par le marché.

Solution proposée au problème 9.19

1. Valeur actualisée = (100 000 $ + 200 000 $)/(1 + 0,08)^5
= 204 175 $.

Par conséquent, la valeur actualisée est supérieure au coût du placement, soit 200 000 $, ce qui signifie que ce placement procure un rendement supérieur aux 8 % requis. Vous devriez donc investir. Un investissement de

204 175 $ devrait procurer un rendement de 8 % alors que vous n'avez que 200 000 $ à payer.

2. Autres facteurs:
- Risque (L'emprunteur remboursera-t-il ce qu'il a promis et le fera-t-il à temps?)
- Stabilité (Un taux de 8 % peut sembler suffisant pour le moment, mais si les taux d'intérêts augmentent, le fait de bloquer 200 000 $ pendant 5 ans pourrait être une erreur.)
- Autres sources possibles de rendement (Ce rendement est légèrement supérieur à 8 %; il existe peut-être un meilleur investissement pour les 200 000 $.)

Solution proposée au problème 9.23

a) Le total de l'actif à court terme est inchangé. (L'encaisse est entrée et sortie le même jour.)

b) L'actif total augmente de 100 000 000 $ (le matériel additionnel).

c) Le total du passif à court terme diminue de 50 000 000 $ (diminution des comptes fournisseurs).

d) Pas de changement dans les capitaux propres (voir tout de même le point e).

e) Pas d'effet direct sur les bénéfices, mais il y aura une augmentation des intérêts débiteurs et de l'amortissement. Donc, à moins que le matériel additionnel ne crée plus de produits, les bénéfices et les capitaux propres futurs diminueront.

f) Pas d'incidence sur les liquidités (pas d'incidence nette sur l'encaisse, comme nous l'avons vu au point a, et il est improbable que les comptes fournisseurs puissent être inclus dans les liquidités). L'encaisse générée par l'exploitation, comme le montre l'état de l'évolution de la situation financière, devrait diminuer de 50 000 000 $ en raison de la diminution des comptes fournisseurs.

g) L'encaisse utilisée pour des activités d'investissement devrait augmenter de 100 000 000 $ (le matériel additionnel).

h) L'encaisse provenant des activités de financement devrait augmenter de 150 000 000 $ (l'emprunt qui devrait être présenté dans le passif à long terme).

Solution proposée au problème 9.24

Une partie de la réponse fait référence au contrôle interne. La méthode de l'inventaire permanent procure un contrôle que la méthode de l'inventaire périodique n'offre pas. Si nous appliquons la méthode de l'inventaire permanent, nous pouvons prédire combien d'articles restent en stock; avec la méthode de l'inventaire périodique, nous ne pouvons rien prédire et nous nous basons uniquement sur ce que nous trouvons dans le dénombrement du stock.

Méthode de l'inventaire périodique:

Stock disponible	= 30 000 $ + 125 000 $	= 155 000 $
Stock de clôture		= 38 000
Nous devons avoir vendu des marchandises pour		= 117 000 $

Méthode de l'inventaire permanent :

Le stock disponible est le même	= 155 000 $
Coût des marchandises vendues	= 114 000 $
Nous devrions avoir un stock de clôture dont le coût se monte à	= 41 000 $
Mais le dénombrement donne	38 000
Déficit d'inventaire	3 000 $

Ainsi, nous pouvons constater que le choix de la méthode de l'inventaire permanent nous permet de découvrir qu'il existe un déficit d'inventaire de 3 000 $ (articles détruits, volés ou égarés). Avec la méthode de l'inventaire périodique, nous disposerions seulement du chiffre du dénombrement et nous pourrions présumer que le coût des marchandises vendues est égal à 117 000 $ alors qu'il n'y a eu, en réalité, que 114 000 $ d'articles vendus.

Selon le président, la méthode de l'inventaire permanent fournit de meilleures informations. Les utilisateurs externes des états financiers disposent aussi de meilleures informations si la société présente séparément le déficit de stock et le coût des marchandises vendues. Si la société ne le fait pas, le coût des marchandises vendues s'élèvera à 117 000 $ (soit 114 000 $ + 3 000 $ de déficit), comme ce serait le cas si elle appliquait la méthode de l'inventaire périodique. Dans ce cas, le choix de la méthode ne serait pas significatif pour les utilisateurs externes.

Solution proposée au problème 10.1

Éléments dont vous pouvez tenir compte en rédigeant votre paragraphe :

1. La contradiction entre les deux objectifs est réelle et ne peut être évitée dans tout le système de mesure à usage général (par exemple, le système d'attribution des diplômes universitaires).

2. D'une certaine façon, il faut atteindre les deux objectifs (au moins en grande partie), sinon les états financiers ne seront utiles à personne en dehors de l'entreprise.

3. Une solution qui s'offre (et qui est appliquée) consiste à se fier au jugement d'un expert en comptabilité pour trouver des solutions applicables à diverses sociétés, et qui rendront leurs états financiers respectifs suffisamment comparables.

4. Le conflit est important. Il occupe la majeure partie du temps et des efforts des experts-comptables, des vérificateurs et des gestionnaires, et les causes portées devant les tribunaux ont débattu ce point. (Dans un important cas porté devant les tribunaux aux États-Unis, le jugement rendu a établi qu'il était possible de se conformer aux PCGR et de produire quand même des états financiers qui ne présentaient pas fidèlement une société donnée.)

5. L'élaboration de la structure imposante des normes comptables et les autres développements des PCGR ont commencé après le krach du marché boursier de 1929 et la dépression qui a suivi. Cette situation a-t-elle contribué à éviter la répétition de ces problèmes ?

6. Un système de mesures qui ne dépend pas de circonstances particulières (votre taille n'est pas modifiée par vos objectifs de gestion) pourrait sans doute procurer une mesure plus crédible et plus utile. Il n'est peut-être

pas nécessaire que la comptabilité ait pour objectif d'ajuster ses normes de mesure à la société. Certains pays ont des règles assez rigides en matière d'états financiers, pourquoi pas le Canada ?

Solution proposée au problème 10.11

	1994	1993	1992
Les données se présentent comme suit :			
Comptes clients à la clôture*	225 000 $	155 000 $	120 000 $
Sans valeur (radiation possible)	10 000	30 000	5 000
Créances douteuses de l'exercice	40 000	15 000	10 000
Méthode (a) comparée à méthode (b)			
Effet sur le bénéfice	+10 000	+30 000	+5 000
Effet sur le fonds de roulement	le même	le même	le même
Méthode (a) comparée à méthode (c)			
Effet sur le bénéfice	+50 000	+45 000	+15 000
Effet sur le fonds de roulement	le même	le même	le même
Méthode (b) comparée à méthode (c)			
Effet sur le bénéfice	+40 000	+15 000	+10 000
Effet sur le fonds de roulement	le même	le même	le même

* Comptes clients à la clôture = Comptes clients à l'ouverture + Ventes à crédit – Encaissements sur ventes à crédit (pas sur les ventes au comptant)
1992 : 0 $ + 500 000 $ – (420 000 $ – 40 000 $)
1993 : 120 000 $ + 600 000 $ – (640 000 $ – 75 000 $)
1994 : 155 000 $ + 900 000 $ – 910 000 $ – 80 000 $

Solution proposée au problème 10.15

1.

	1994	1993	1992
Bénéfice le plus élevé	DEPS	PEPS	PEPS
Bénéfice le moins élevé	PEPS	Coût moyen	DEPS
Différence	22 000 $	13 000 $	23 000 $
Effet sur le bénéfice net (70 %)	15 400	9 100	16 100

2. La société devrait choisir une méthode d'évaluation du coût du stock qui est juste et qui convient aux circonstances, et s'y adapter. Puisque différentes méthodes peuvent procurer un bénéfice plus ou moins élevé dans différents exercices, il ne s'agit pas d'un critère adéquat pour le choix d'une méthode. Ce sont plutôt des manipulations.

Solution proposée au problème 10.23

1. Incidence combinée

	1993		1994	
a) Sur le bénéfice net				
Frais de développement	baisse	5 000 $	baisse	7 000 $
Amortissement	hausse	10 000	baisse	5 000
Changement net dans les charges	hausse	5 000	baisse	12 000
Incidence fiscale (30 %)	baisse	1 500	hausse	3 600
Effet sur le bénéfice net	baisse	3 500 $	hausse	8 400 $

	1993	1994
b) Sur le fonds de roulement à la fin de l'exercice :	sans incidence	sans incidence
c) Sur l'actif total à la clôture : (contraire des charges)	baisse 5 000 $	hausse 12 000 $
d) Sur le ratio d'endettement en fin d'exercice :		
Effet sur le numérateur (impôt)	baisse 1 500 $	hausse 3 600 $
Effet sur le dénominateur (bénéfice)	baisse 3 500	hausse 8 400
Effet probable sur le ratio : Amélioration (plus petit dénominateur)	amélioré	
Détérioration (plus grand dénominateur)		détérioré
e) Sur le rendement des capitaux propres en fin d'exercice :		
Effet sur le numérateur	baisse 3 500 $	hausse 8 400 $
Effet sur le dénominateur	le même	le même
Effet probable sur le ratio : Détérioration (numérateur)	détérioré	
Amélioration (numérateur)		amélioré
f) Sur le coefficient de rotation de l'actif total :		
Effet sur le numérateur	aucun	aucun
Effet sur le dénominateur	baisse 5 000 $	hausse 12 000 $
Effet sur le ratio	amélioré	détérioré

2. Il n'y a pas d'effet sur les flux de trésorerie, le fonds de roulement ou les impôts sur le bénéfice, de sorte qu'il est improbable que les investisseurs réagissent à ces changements à moins qu'ils ne les considèrent comme le signe d'une amélioration ou d'une détérioration de la gestion ou d'un autre facteur. Les changements, en eux-mêmes, n'ont pas d'effet économique.

◆───

A.5   BIBLIOGRAPHIE

ANDERSON, R. J. *The External Audit*, Toronto, Copp Clark Pitman, 1977, vol. 2.

BEAVER, W. H. *Financial Reporting : An Accounting Revolution*, 2ᵉ éd., Englewood Cliffs, N.J., Prentice-Hall, 1989.

BREALEY, R., S. Myers, G. Sick et R. Whaley. *Principles of Corporate Finance*, Toronto, McGraw-Hill Ryerson, 1986.

BRILOFF, A. *Unaccountable Accounting*, New York, Harper & Row, 1972.

BUTTERWORTH, J. E., M. Gibbins et R. D. King, « The Structure of Accounting Theory : Some Basic Conceptual and Methodological Issues », dans *Research to Support Standard Setting in Financial Accounting : A Canadian Perspective*, publié par S. J. Basu et J. A. Milburn, Toronto, Clarkson, Gordon Foundation, 1981.

Canadien Pacifique limitée, Rapport annuel 1993, Montréal.

CARSON, J. W. « Equal Access to Information Cornerstone of TSE Policy », dans *Corporate Disclosure : A Special Report*, Toronto, Canada NEWSWire Limited, 1989.

CHATFIELD, M. « English Medieval Bookkeeping : Exchequer and Manor », dans *Contemporary Studies in the Evolution of Accounting Thought*, publié par M. Chatfield, Belmont, Californie, Dickenson Publishing Company Inc., 1968, p. 30 à 38.

COUSTOUROUS, G. J. *Accounting in the Golden Age of Greece: A Response to Socioeconomic Changes*, Urbana, Ill., Center for International Education and Research in Accounting, University of Illinois, 1979.

CRANDALL, R. H. « Information Economics and Accounting Theory », *The Accounting Review*, juillet 1969.

CRANDALL, R. H. *Intermediate Accounting: An Analytical Approach*, 2ᵉ éd., Scarborough, Ontario, Prentice-Hall Canada, Inc., 1990.

DAVIDSON, S., C. L. Mitchell, C. P. Stickney et R. L. Weil. *Financial Accounting: An Introduction to Concepts, Methods and Uses*, Toronto, Holt, Rinehart and Winston of Canada, 1986.

DRUMMOND, C. S. R. et A. K. Mason. *Guide to Accounting Pronouncements & Sources*, 2ᵉ éd., Toronto, Institut Canadien des Comptables Agréés, 1990.

DYCKMAN, T. R. et D. Morse. *Efficient Capital Markets and Accounting: A Critical Analysis*, 2ᵉ éd., Englewood Cliffs, N.J., Prentice-Hall, 1986.

Financial Reporting in Canada 1993, Toronto, Institut Canadien des Comptables Agréés, 1993.

FOSTER, G. *Financial Statement Analysis*, 2ᵉ éd., Englewood Cliffs, N.J., Prentice-Hall, 1986.

FRASER, R. *Consolidations: A Simplified Approach*, Dubuque, Iowa, Kendall/Hunt, 1981.

Funk & Wagnalls Canadian College Dictionary, Markham, Ontario, Fitzhenry & Whiteside, 1986.

GATES, B. « Reports Deliver Message with Style and Pizzazz », *The Financial Post*, 27 novembre 1990, p. 17.

GIBBINS, M. et A. K. Mason. *Jugement professionnel et information financière*, Toronto, Institut Canadien des Comptables Agréés, 1989.

GIBBINS, M., A. J. Richardson et J. H. Waterhouse. « Si les chiffres pouvaient parler », *CA Magazine*, octobre 1989, p. 29 à 36.

GIBBINS, M., A. J. Richardson et J. H. Waterhouse. « The Management of Corporate Financial Disclosure: Opportunism, Ritualism, Policies, and Processes », *Journal of Accounting Research*, printemps 1990, p. 121 à 143.

GREENE, R. « Internal Bleeding », *Forbes*, 27 février 1984, p. 121 et 122.

GRIFFIN, P. A., édit., *Usefulness to Investors and Creditors of Information Provided by Financial Reporting*, 2ᵉ éd., Stamford, Conn., Financial Accounting Standards Board, 1987.

HASSON, C. J. « The South Sea Bubble and Mr. Snell », dans *Contemporary Studies in the Evolution of Accounting Thought*, publié par M. Chatfield, Belmont, Californie, Dickenson Publishing Company Inc., 1968, p. 86 à 94.

KEISTER, O.R. « The Mechanics of Mesopotamian Record-Keeping », dans *Contemporary Studies in the Evolution of Accounting Thought*, publié par Michael Chatfield, Belmont, Californie, Dickenson Publishing Company Inc., 1968, p. 12 à 20.

LEMKE, K. W. « Asset Valuation and Income Theory », *The Accounting Review*, janvier 1966, p. 32 à 41.

LINDEN, D. W. « If Life is Volatile, Account for It », *Forbes*, 12 novembre 1990, p. 114 et 115.

LINDEN, D. W. « Lies of The Bottom Line », *Forbes*, 12 novembre 1990, p. 106, 108 et 112.

L'information financière publiée par les sociétés: évolution future, Institut Canadien des Comptables Agréés, Étude de recherche, 1981.

Manuel de l'ICCA, Toronto, Institut Canadien des Comptables Agréés.

MILBURN, J. A. *Temporalité et actualisation en comptabilité générale*, Toronto, Institut Canadien des Comptables Agréés (Études de recherche), 1990.

MURPHY, G. « Corporate Reporting Practice in Canada: 1900-1970 », *The Academy of Accounting Historians, Working Paper Series*, The Academy of Accounting Historians, 1979, vol. 1.

NEWMAN, P. C. *Company of Adventurers*, Markham, Ont., Viking/Penguin Books, 1985.

Objectives of Financial Reporting by Business Enterprises (Statement of Financial Accounting Concepts No. 1), Stamford, Conn., Financial Accounting Standards Board, 1978.

POWER, C. « Let's Get Fiscal », *Forbes*, 10 avril 1984, p. 102 et 103.

Present Value-Based Measurements in Accounting, Discussion memorandum, Stamford, Conn., Financial Accounting Standards Board, 7 décembre 1990.

Reporting Cash Flows: A Guide to the Revised Statement of Changes in Financial Position, Toronto, Deloitte, Haskins & Sells (maintenant Deloitte & Touche), 1986.

RONEN, J. et S. Sadan. *Smoothing Income Numbers: Objectives, Means, and Implications*, Reading, Mass., Addison-Wesley, 1981.

SALWEN, K. G. et R. G. Blumenthal. « SEC Starts a Revolution in Accounting », *Globe and Mail*, 15 octobre 1990, p. B8.

« Setting New Standards », *CGA Magazine*, février 1991, p. 36 à 43.

SKINNER, R. M. *Accounting Standards in Evolution*, Toronto, Holt, Rinehart and Winston, 1987.

« Starting out Right », *Your Business Matters Series*, Toronto, Banque Royale du Canada, 1990.

Statement of Financial Accounting Concepts No. 2, Stamford, Conn., Financial Accounting Standards Board, 1980.

STONE, J. « Big Brewhaha of 1800 B.C. », *Discover*, janvier 1991, p. 12, 14 et 16.

TEN HAVE, O. *The History of Accounting*, Palo Alto, Californie, Bay Books, 1976.

The New Auditor's Report, Toronto, Institut Canadien des Comptables Agréés, 1990.

The Spicer & Oppenheim Guide to Financial Statements Around the World, New York, John Wiley & Sons, 1989.

THORNTON, D. J. et B. BRYANT. *GAAP vs. TAP in Lending Agreements : Canadian Evidence*, Toronto, Canadian Academic Accounting Association, 1986.

TRITES, G. D. « Pour de plus amples informations, lisez le rapport annuel », *CA Magazine*, décembre 1990, p. 44 à 47.

WATTS, R. L. et J. L. Zimmerman. *Positive Accounting Theory*, Englewood Cliffs, N.J., Prentice-Hall, 1986.

Index
◆◆◆◆◆◆

MARQUIS
Achevé d'imprimer
en décembre 1996
sur les presses de l'Imprimerie d'édition Marquis
Montmagny (Québec)